Peter Schartner · Jürgen Taeger (Hrsg.)

D·A·CH Security 2012

IT Security & IT Management

herausgegeben von Patrick Horster

In der Buchreihe IT Security & IT Management werden ausgewählte Titel aus den Bereichen der IT-Sicherheit und dem Management von IT-Systemen behandelt. Ziel ist es, einen aktuellen Stand über Forschung und Entwicklung zu geben, administrative und rechtliche Probleme aufzuzeigen sowie existierende Lösungen im relevanten Kontext interdisziplinär zu präsentieren.

In der Buchreihe IT Security & IT Management sind bisher folgende Titel erschienen:

Patrick Horster (Hrsg.)
Elektronische Geschäftsprozesse
ISBN 3-936052-00-X

Patrick Horster (Hrsg.)
Enterprise Security
ISBN 3-936052-02-6

Patrick Horster (Hrsg.)
Sichere Geschäftsprozesse
ISBN 3-936052-07-7

Peter Schartner
Security Tokens
ISBN 3-936052-03-4

Petra Wohlmacher
Digitale Signaturen und Sicherheitsinfrastrukturen
ISBN 3-936052-01-8

Die vorstehenden Bände sind beim IT Verlag in Sauerlach erschienen.

Patrick Horster (Hrsg.)
D·A·CH Security
ISBN 3-00-010941-2

Patrick Horster (Hrsg.)
D·A·CH Security 2004
ISBN 3-00-013137-X

Patrick Horster (Hrsg.)
Elektronische Geschäftsprozesse 2004
ISBN 3-00-014186-3

Patrick Horster (Hrsg.)
D·A·CH Security 2005
ISBN 3-00-015548-1

Patrick Horster (Hrsg.)
D·A·CH Security 2006
ISBN 3-00-018166-0

Patrick Horster (Hrsg.)
D·A·CH Mobility 2006
ISBN 3-00-019635-8

Patrick Horster (Hrsg.)
D·A·CH Security 2007
ISBN 978-3-00-021600-8

Patrick Horster (Hrsg.)
D·A·CH Security 2008
ISBN 978-3-00-024632-6

Patrick Horster · Peter Schartner (Hrsg.)
D·A·CH Security 2009
ISBN 978-3-00-027488-6

Peter Schartner · Edgar Weippl (Hrsg.)
D·A·CH Security 2010
ISBN 978-3-00-031441-4

Peter Schartner · Jürgen Taeger (Hrsg.)
D·A·CH Security 2011
ISBN 978-3-00-034960-7

Peter Schartner · Jürgen Taeger (Hrsg.)
D·A·CH Security 2012
ISBN 978-3-00-039221-4

Peter Schartner · Jürgen Taeger (Hrsg.)

D·A·CH Security 2012

Bestandsaufnahme · Konzepte · Anwendungen · Perspektiven

Bibliografische Information Der Deutschen Nationalbibliothek
Die Deutsche Nationalbibliothek verzeichnet diese Publikation
in der Deutschen Nationalbibliografie; detaillierte bibliografische
Daten sind im Internet über http://dnb.d-nb.de abrufbar.

Alle Rechte vorbehalten
© syssec · Patrick Horster · patrick.horster@t-online.de · Frechen · 2012

Das Werk einschließlich aller seiner Teile ist urheberrechtlich geschützt. Jede Verwertung außerhalb der engen Grenzen des Urheberrechtsgesetzes ist ohne schriftliche Zustimmung des Herausgebers unzulässig und strafbar. Dies gilt insbesondere für Vervielfältigungen, Mikroverfilmungen, Übersetzungen sowie die Speicherung und Verarbeitung in elektronischen Medien und Systemen.

Es wird keine Gewähr dafür übernommen, dass die beschriebenen Verfahren, Programme usw. frei von Schutzrechten Dritter sind. Die Wiedergabe von Gebrauchsnamen, Handelsnamen, Warenbezeichnungen usw. in diesem Werk berechtigen auch ohne besondere Kennzeichnung nicht zu der Annahme, dass solche Namen im Sinne der Warenzeichen- und Markenschutz-Gesetzgebung als frei anzusehen wären und daher von jedermann benutzt werden dürften. Für die Inhalte der Beiträge sind ausschließlich die jeweiligen Autoren verantwortlich.

Titelbild: shutterstock.com © agsandrew

ISBN 978-3-00-039221-4

Vorwort

Unabhängig von der Art der verarbeiteten Daten und unabhängig vom Einsatzszenario ist IT-Sicherheit unumstritten in allen modernen IT-Systemen ein Muss. Insbesondere dann, wenn nicht nur die Benutzer, z.B. durch den Einsatz von Laptops und Smartphones mobil sind, sondern auch die Daten, weil sie beispielsweise in der Cloud abgelegt werden. Für eine effiziente und sichere Umsetzung dieser IT-gestützten Systeme sind neben den rein technischen Aspekten eine ganzheitliche und interdisziplinäre Herangehensweise und eine den Bedrohungsszenarien angemessene, effiziente Organisation der IT-Sicherheit unerlässlich.

Die Arbeitskonferenz D·A·CH Security ist eine gemeinsame Veranstaltung der Gesellschaft für Informatik (GI), der Österreichischen Computergesellschaft (OCG), des Bundesverbands Informationswirtschaft, Telekommunikation und neue Medien (BITKOM), der Schweizer Informatiker Gesellschaft (SI) und TeleTrusT – Bundesverband IT-Sicherheit e.V. Die Konferenz behandelt IT-Sicherheit als interdisziplinäre Aufgabe mit dem Ziel, eine fachübergreifende Übersicht zum aktuellen Stand der IT-Sicherheit in Industrie, Dienstleistung, Verwaltung und Wissenschaft in Deutschland, Österreich und der Schweiz zu geben, administrative, organisatorische, rechtliche und technische Probleme aufzuzeigen, sowie existierende Lösungen zu präsentieren.

Die Beiträge dieses Tagungsbandes decken eine Vielzahl von Aspekten der IT-Sicherheit und des rechtlichen Umfeldes ab. Beginnend bei Management von IT-Sicherheit (behandelt im Workshop der GI FG SECMGT „Ganzheitliches Management von Informationssicherheit") und den zugehörigen Strategien und Modellen wird der Bogen über sicherheitsspezifische Anwendungsfelder wie Elektronische Dokumente, Public-Key- und IT-Infrastrukturen hin zu aktuellen Themen wie Sicherheit in der Cloud, Soziale Netzwerke und ID-Management gespannt. Neben den Themen, welche vorrangig für Betriebe und Organisationen von Interesse sind, werden auch Bereiche betrachtet, die zudem für einzelne Personen relevant sind. Hierzu zählen Anonymisierung, Schutz der Privatsphäre und datenschutzrechtliche Aspekte. Abgerundet wird dieses Spektrum durch die Themen Usability und Benutzerunterstützung.

Die vorliegenden Beiträge zeigen die Vielfalt sicherheitsrelevanter Themen und ihrer rechtlichen Implikationen eindrucksvoll auf. Daher bedanken wir uns insbesondere bei den Autoren, die mit ihren hochaktuellen Beiträgen einen für die weitere Diskussion der behandelten Themen wertvollen Tagungsband möglich machten. Außerdem gilt unser Dank denen, die bei der Vorbereitung und bei der Ausrichtung der Konferenz geholfen und so zum Erfolg beigetragen haben, insbesondere den Mitgliedern des Programmkomitees und des Organisationskomitees. Unser Dank gilt zudem den Sponsoren AVIRA, Cassidian, Q1 Labs und TeleTrusT – Bundesverband IT-Sicherheit e.V. sowie der HTWG Konstanz für die Bereitstellung der Konferenzräume. Nicht zuletzt danken wir Prof. Dr. Patrick Horster, Dagmar Cechak und Raphael Wigoutschnigg (Forschungsgruppe Systemsicherheit, Universität Klagenfurt) sowie Prof. Dr. Jürgen Neuschwander (HTWG Konstanz), die wesentlichen Anteil am Gelingen der Konferenz und des Tagungsbandes haben. Unterstützt wird die Tagung von der Deutschen Stiftung für Informatik und Recht (DSRI), der Information Security Society Switzerland (ISSS) sowie dem deutschen Bundesministerium des Innern.

Wir freuen uns, dass die Arbeitskonferenz als Forum für einen regen Ideenaustausch genutzt wird und somit dazu beiträgt, bestehende Probleme im Umfeld der IT-Sicherheit nicht nur aufzuzeigen, sondern auch zu lösen.

Peter Schartner *peter.schartner@syssec.at*

Jürgen Taeger *j.taeger@uni-oldenburg.de*

Programmkomitee

P. Schartner · Uni Klagenfurt, J. Neuschwander · HTWG Konstanz
J. Taeger · Uni Oldenburg/DSRI (Vorsitz)

R. Ackermann · SAP Research
P. Beenken · Porsche AG
J. Dittmann · Uni Magdeburg
T. Dübendorfer · Google Schweiz
W. Feiel · RTR GmbH
J. Fuß · FH Hagenberg
M. Hartmann · SAP
P. Horster · Uni Klagenfurt
D. Hühnlein · ecsec GmbH
S. Janisch · Uni Salzburg
T. Kob · HiSolutions AG
U. Korte · BSI
P. Kraaibeek · secunet
W. Kühnhauser · Uni Ilmenau
P.J. Kunz · Daimler
S. Lechner · JRC
H. Leitold · A-SIT
M. Matten · AVIRA
H. Mühlbauer · TeleTrusT
I. Münch · BSI

A. Philipp · Utimaco
J. Pohle · DLA Piper Köln
N. Pohlmann · FH Gelsenkirchen
R. Posch · TU Graz
W. Rankl · Giesecke & Devrient
S. Rass · Uni Klagenfurt
H. Reimer · DuD
A. Roßnagel · Uni GH Kassel
W. Schäfer · DATEV
H. Storck · Nokia Siemens
S. Teufel · Uni Fribourg
M. Waldvogel · Uni Konstanz
G. Weck · Infodas
C. Wegener · Uni Bochum
E. Weippl · SBA Research
G. Welsch · BM des Innern
A. Wespi · IBM CH
U. Widmer · RAe Dr. Widmer, Bern
K.-D. Wolfenstetter · DTAG

Organisation

D. Cechak · Uni Klagenfurt
J. Neuschwander · HTWG Konstanz

P. Schartner · Uni Klagenfurt
J. Taeger · Uni Oldenburg/DSRI

GI FG SECMGT Workshop

I. Münch · BSI und B.C. Witt · it.sec GmbH & Co. KG (Leitung)
K. Kirst · PTLV
J. Nedon · IABG mbH

P. Reymann · ITQS
D. Schadt · SPOT Consulting

Inhaltsverzeichnis

Social Media – eine Herausforderung für das Sicherheitsmanagement
S. Teufel 1

Soziale Netzwerke machen Industriespionage wirtschaftlich
P. Helmig · R. Reitze 9

Privatsphärenschutz in dezentralisierten Sozialen Netzwerk-Diensten
B. Greschbach · S. Buchegger 18

Zur Sicherheit von ATA-Festplattenpasswörtern
J. Knauer · H. Baier 26

Design einer sicheren Architektur für mobile Apps
G. Lukas · D. Mahrenholz · S. Schemmer · R. Schumann 38

Firewalls und Virenscanner auf mobilen Plattformen
B. Adolphi · H. Langweg 50

Secure Enterprise Desktop
M. Baentsch · T. Gschwind · P. Scotton · S. Wappler 60

Automatisierte Identifikation von Schatten-IT Komponenten
F. Preussner · J. Hämmerle · J. Neuschwander 69

Information Security Incident Management
H. Kirsch · M. Hoche 83

Kontinuierliches, kollaboratives Risiko-Management
M. Hoche · H. Kirsch 95

IT-Security Risiko Management mit Elementen der Spieltheorie
S. Schauer · S. Rass · B. Rainer 106

Bewertung von Vertrauen in verteilten heterogenen Systemen mittels Spielen
V. Wolff-Marting · V. Gruhn 118

Hackerattacke – Diese Schlagzeile lässt sich vermeiden
K. Olasik · M. Auer 129

Bürgerkarten-Authentifizierung zur Public Cloud
B. Zwattendorfer · K. Stranacher · A. Tauber 136

Anonymisierung/Pseudonymisierung von Daten für den Test
A. Lang 148

Datenschutzgerechter Authentifizierungsdienst
T. Mohnhaupt · R. Krüger 160

Domänenübergreifende profilbasierte Autorschafts-Attribution
O. Halvani · M. Steinebach 174

Verteilte Dienstnutzung mit dem neuen Personalausweis
M. Horsch · J. Braun · A. Wiesmaier · J. Schaaf · C. Baumöller 186

Erhalt von Datenzugriffsrechten im Forschungsumfeld
J. Potthoff 198

Standards und Schnittstellen für das Identitätsmanagement in der Cloud
D. Hühnlein · J. Schmölz · T. Wich · B. Biallowons · M. Horsch · T. Hühnlein 208

Zugriffskontrolle in Webdatenbanken mit Query Rewriting
M. Rossel · B. Große · S. Prijović · P. Trommler 219

Mobile Security – Sprach- und Datenspionage von Smartphones
M. Di Filippo 231

Angriffsdetektion in kabelgebundenen Ethernet-Netzwerken
U.H. Kalinna · C. Koch 243

Malvertising – Bedrohung durch Online-Werbeanzeigen
B. Klein · K. Lemke-Rust 254

Erste Betrachtung einer Metrik für Methoden der IT-Forensik
R. Altschaffel · R. Clausing · S. Kiltz · J. Dittmann 266

Mythos Datenreduktion in der IT-Forensik
H. Baier · C. Dichtelmüller 278

Beweissichere Daten in der digitalisierten Forensik
S. Kiltz · J. Dittmann · C. Vielhauer 288

IT-Forensik im Wandel
B. Roos · H. Baier 301

Gekoppelte Management Systeme in der Informationssicherheit
W. Boehmer 314

Inhaltsverzeichnis

Wege zur Risikobewertung
I. Münch 326

Sicherheit von Messgeräten und der Beweiswert digitaler Daten
C. Rudolph et al. 338

Verhinderung „mobiler Gewalt" an Schulen
B.A. Mester 345

Cloud Computing und USA Patriot Act
M.A. Arning 355

Usability-Evaluierung der österreichischen Handy-Signatur
T. Zefferer · V. Krnjic 365

Erhöhung der IT-Sicherheit durch Konfigurationsunterstützung bei der Virtualisierung
K.-O. Detken · E. Eren · M. Steiner 377

Reduktion von Fehlerraten mittels ergonomischer Passwörter
D. Weich · B. Herres · K. Knorr 389

Rollenbasierte qualifizierte Signaturdienste
R. Krüger · U. Oesing 400

Die BSI-Richtlinien TR-ESOR und TR-RESISCAN
D. Hühnlein · U. Korte · A. Schumacher 409

Ein interoperabler Container für elektronische Dokumente
K. Stranacher · B. Zwattendorfer 421

Reverse Engineering als Werkzeug zur biometrischen Sicherheitsanalyse
K. Kümmel · T. Scheidat · C. Vielhauer · J. Dittmann 432

Automatisches Erkennen mobiler Angriffe auf die IT-Infrastruktur
K.-O. Detken · D. Scheuermann · I. Bente 444

Tatortforensik: Beweissicherer Kunstschweißdruck
J. Sturm · M. Hildebrandt · J. Dittmann · C. Vielhauer 456

Surfen im Büro? Aber sicher!
N. Schirmer 469

Partner stellen sich vor

AVIRA – IT Security made in Germany 481

Cassidian Cybersecurity – Defending World Security 483

Q1 Labs – An IBM Company 485

Das Bundesministerium des Innern – Innenpolitik mit vielen Facetten 487

Deutsche Stiftung für Recht und Informatik (DSRI) 489

TeleTrusT – Bundesverband IT-Sicherheit e.V. 491

Social Media – eine Herausforderung für das Sicherheitsmanagement

Stephanie Teufel

iimt international institute of management in technology
University of Fribourg – Switzerland
stephanie.teufel@unifr.ch

Zusammenfassung

Für Unternehmen und Organisationen bietet das Web 2.0 mit den verfügbaren Social Media Tools sowohl Chancen als auch Risiken. Wie für viele andere Tools gilt auch für die Social Media Plattformen, dass die sichere Integration in die ICT-Infrastruktur einer Organisation vorrangig unter technischen Gesichtspunkten gesehen wird. Das bedeutet, dass im „Social Media Sicherheitsmanagement" häufig der menschliche Faktor ignoriert wird. Es ist offensichtlich, dass technische Massnahmen alleine nicht ausreichend sind: ein bestmöglicher Schutz kann nur durch einen ganzheitlichen Ansatz erreicht werden. Eine Social Media Sicherheitskultur muss geschaffen werden und muss vor allem Teil der allgemeinen Organisationskultur sein. Basierend auf einer Untersuchung bei Schweizer Unternehmen und Organisationen mit dem Ziel, den Stand bezüglich Social Media Richtlinien zu erfassen und solche zu definieren, wurde ein Management Modell zur Einführung und ständigen Überwachung einer Social Media Sicherheitskultur entwickelt. Im Beitrag wird das Modell sowie dessen Unterstützung durch ein entsprechendes Assessment und Reporting Tool vorgestellt.

1 Einführung

Soziale Netzwerke sind lange bekannt und gelten als einer der Pfeiler für innovative Entwicklungen im gesellschaftlichen und technischen Bereich. Die neuen digitalen Tools des Web 2.0 umfassen die vielen sozialen Netzwerke (wie beispielsweise die bekanntesten Facebook, Twitter, LinkedIn oder Xing), aber auch andere Plattformen wie z.B. Picasa, eine Plattform, um Bilder online zur Verfügung zu stellen, oder aber Spiele wie z.B. FarmVille, welches wiederum über Facebook verfügbar ist.

Diese Tools erzeugen eine neue Qualität hinsichtlich Form, Inhalt, aber auch zeitlicher Relevanz von Zusammenarbeit und Kommunikation. Dies verstärkt sich deutlich durch die Möglichkeiten des mobilen Internets. Durch die ständige Verfügbarkeit der entsprechenden Social Media Plattformen verschwimmen einerseits die Grenzen zwischen beruflicher und privat motivierter Kommunikation. Andererseits birgt die Omnipräsenz digitaler Medien natürlich auch Risiken. Es stellt sich die Frage nach Authentizität, Vertrauen und Sozialkontrolle innerhalb einer medialen Dauerpräsenz.

Die Nutzer und Nutzerinnen von Social Media übersehen oftmals die mit einer unvorsichtigen Nutzung verbundenen Risiken, vielfach wird mehr Information preisgegeben, als dies bewusst ist. Dies gilt nicht nur im privaten, sondern auch im beruflichen Umfeld. Arbeitnehmer und Arbeitnehmerinnen können sowohl sich als auch ihrem Unternehmen durch gedankenloses Verhalten auf Social Media Plattformen viel Schaden zufügen.

Effektiver Schutz wird erst durch einen ganzheitlichen Ansatz erreicht. Das heißt, neben technischen Maßnahmen müssen Mitarbeitende lernen, verantwortungsvoll und sicherheitsbewusst zu handeln. Die Implementierung von Maßnahmen zur Förderung des Sicherheitsbewusstseins ist eine Anforderung, der in Zukunft vermehrt Rechnung getragen werden muss. Unter dem Blickwinkel Social Media sind analog zur Informationssicherheit entsprechende Richtlinien und Verhaltensregeln notwendig, um eine einer Organisation entsprechende Kultur aufzubauen. Solche hierfür notwendigen Social Media Richtlinien existieren bislang nur in Ansätzen, eine Social Media Sicherheitskultur ist nur vereinzelt in Organisationen zu finden. ICT-Tools, die den Aufbau einer Social Media Sicherheitskultur und deren Umsetzung sowie insbesondere deren ständige Überprüfung ermöglichen, existieren bislang nicht.

Dieser Beitrag basiert auf einer aktuellen Umfrage in der Schweizer Wirtschaft und öffentlichen Verwaltung zum Thema Social Media, insbesondere unter dem Fokus Social Media Sicherheitskultur. Es wird untersucht, in wie weit Social Media Richtlinien überhaupt in Unternehmen und Organisationen existieren und wenn ja, welche Kriterien sie beinhalten. Diese qualitative Inhaltsanalyse erlaubt es, eine Vorlage zur Erstellung der organisationseigenen Social Media Richtlinien zu entwickeln. Ferner wird mit dem Projekt SCART (*Social Media Culture Assessment and Reporting Tool*) ein Software-Tool vorgestellt, welches Unternehmen und Verwaltungen beim Aufbau einer Social Media Kultur unterstützt und die Überwachung und ständige Überprüfung ihrer Social Media Richtlinien ermöglicht.

2 Social Media

Der Begriff Social Media ist omnipräsent. Wird in der Internetsuchmaschine Google der Begriff „Social Media" eingegeben, so werden weit über 3 Milliarden Ergebnisse als Antwort generiert. Für Verwaltungen, Unternehmen bzw. Organisationen im Allgemeinen führt kein Weg an Social Media vorbei; es ist aktives Mitmachen und Gestalten notwendig, andernfalls besteht die Gefahr, gestaltet zu werden. Der Druck wächst nicht zuletzt aus der Tatsache, dass die Arbeitnehmer und Arbeitnehmerinnen längst im Privaten auf Social Media Plattformen vertreten sind. So zeigt z.B. eine Umfrage unter den öffentlichen Verwaltungen der Schweiz, dass 54 % der befragten Verwaltungsangestellten mindestens 3-4-mal pro Woche Social Media Plattformen privat nutzen, während nur 18 % Social Media überhaupt nicht nutzen [Feic12].

Gleichwohl ist anzumerken, dass klare Definitionen und insbesondere eindeutige Abgrenzungen zwischen den vielen Begrifflichkeiten, wie *Social Networks*, *Social Software*, *Social Media*, etc., schwer zu finden sind. Nach [KoRS07] unterstützt Soziale Software die direkte und indirekte zwischenmenschliche Interaktion und bildet das Beziehungsgeflecht im World Wide Web ab. Unter Social Media verstehen wir damit internetbasierte Software-Applikationen des Web 2.0, also Plattformen, die es erlauben, nutzergenerierte Inhalte in Form von Text, Videos, Audios oder Bildern zu erstellen und zu verbreiten. Im Vordergrund stehen die Interaktion und der Informationsaustausch der beteiligten Akteure oder wie es [AlLu11] ausdrücken: „*it is about people*".

Sprechen wir von Social Media, so sind einerseits die informationstechnische Seite mit entsprechenden Werkzeugen und Applikationen und andererseits die Kommunikationsseite mit entsprechenden Inhalten zu sehen. Die Kommunikationsseite ist hier von besonderem Interesse, da sich durch Social Media deutliche Veränderungen ergeben. Social Media verändern die Beziehungen zu bzw. zwischen Unternehmen und Kunden bzw. Mitarbeitenden. So gilt es, von einer traditionellen „*To-You*" Beziehung zu einer modernen, zukunftsgerichteten und interaktiven „*With-You*" Beziehung zu kommen. Dieser durch den Übergang von Web 1.0 zu Web 2.0 bedingte Paradigmenwechsel ist in Abbildung 1 dargestellt (vergleiche auch [FeFT12]).

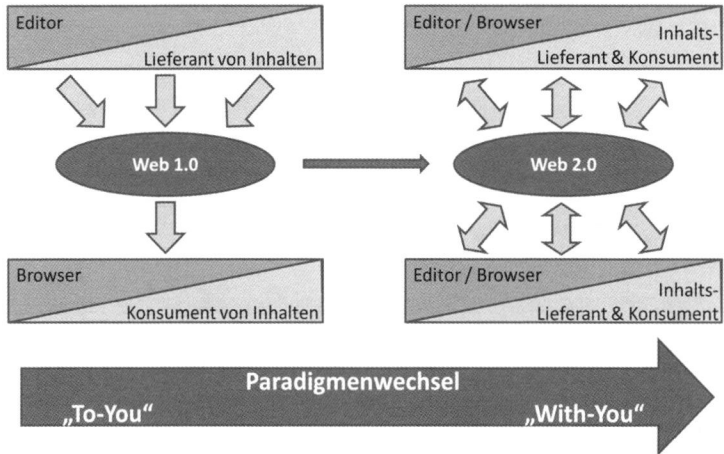

Abb. 1: Paradigmenwechsel des Web 2.0.

Der Paradigmenwechsel erfordert die Verinnerlichung der Erkenntnis, die Akteure in einer Kommunikationsrelation als gleichgestellte Partner zu sehen. Für ein Unternehmen kann z.B. der Kunde damit sowohl als Stimmungsbarometer als auch als Ideengeber dienen. Dialog und Interaktion sind hierzu die Schlüssel. Transparenz, Partizipation und Kollaboration in den Prozessen spielen eine entscheidende Rolle und werden im Social Media Kontext neu definiert.

3 Vorteile und Risiken

Die natürliche Eigenschaft von sozialen Medien, Nachrichten „viral" und global zu verbreiten, kann zwar positiv genutzt werden, kann aber auch zu schwerwiegenden Imageschäden und Vertrauensverlusten führen. Chancen und Risiken existieren gleichermaßen [FcJa11]. Die Verwischung von privaten und geschäftlichen Grenzen kann ebenso positiv genutzt werden, wie sie negative Folgen haben kann. Beispielsweise kann ein geschäftlicher Kontakt, der privat via Social Media positiv ausgebaut wird, neue Chancen für das ganze Unternehmen bringen.

Aus der Sicht von Unternehmen und Organisationen gilt als Konsens, dass zu den Vorteilen von Social Media vor allem Aspekte des Marketings und der Kundenbindung zählen (z.B. mittels sogenannter Unternehmensblogs, vergl. z.B. [Heym11]). Dazu gehören reduzierte Kosten des Marketings und der Kommunikation, die direkte und schnelle Kommunikation, Multiplikator-Effekte, schneller und effektiver Zugang zu internem und externem Expertenwissen sowie Steigerung der Marketingeffektivität und der Kundenzufriedenheit. Gefahren, sprich Nachteile und Risiken, von Social Media können sowohl technischer wie menschlicher Natur sein. Hierzu zählen u.a. Malware, Spam, elektronische Spuren, aber auch Urheberrechte, Kontrollverlust, Cyber Mobbing oder Social Engineering. Ein Überblick hierzu zeigt Abbildung 2. Sogenannten Cyberkriminellen wird es durch die auf Social Media Plattformen eingestellten Informationen zu Personen und/oder Unternehmen und Organisationen leicht gemacht, Angriffe zu planen und durchzuführen. So sind gemäß einer Check Point Studie bereits 48% der befragten Unternehmen Opfer von Social Engineering Attacken geworden [Sarp11].

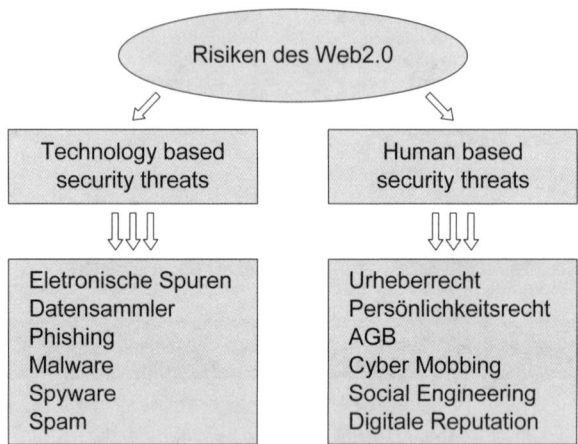

Abb. 2: Risiken des Web 2.0 respektive von Social Media [Oehr12]

Um von den Vorteilen von Social Media zu profitieren und die Nachteile und Risiken zu vermeiden, ist es notwendig, den richtigen Umgang mit Social Media zu kennen. Für Unternehmen und Organisationen bedeutet dies, die Mitarbeitenden im richtigen Umgang (im Sinne der Firmenphilosophie) zu schulen. Vorteile und Risiken hängen direkt mit dem Verhalten der Akteure auf den Social Media Plattformen ab. Es ist entscheidend, was und wie etwas offengelegt wird. Gegen potentielle Gefahren für ein Unternehmen, wie Imageschaden durch unprofessionelle Auftritte, Social Engineering oder Malware, muss aktiv ein hoher Sensibilisierungsgrad der Mitarbeiter angestrebt werden.

Untersuchungen zeigen, dass für viele Unternehmen und Organisationen Social Media zwar ein Thema ist, aber der Umgang mit und auf den Plattformen nicht geregelt ist. Die Bestimmung von Verhaltensregeln, Social Media Richtlinien, ist also notwendig. Darauf aufbauend kann eine Social Media Sicherheitskultur etabliert und in die Organisationskultur integriert werden.

4 Richtlinien und Sicherheitsmanagement

In einer aktuellen Umfrage unter den 138 umsatzstärksten Schweizer Unternehmen (Auswahl gemäß der jährlich von der Schweizer Handelszeitung veröffentlichten Liste) wurde gezeigt, dass 42 % der Unternehmen und Organisationen, die geantwortet haben (Rücklaufquote 36.23%), keinerlei Social Media Richtlinien besitzen [Oehr12]. Dies, obwohl sie auf Social Media Plattformen vertreten sind (siehe Abbildung 3). Unter Sicherheitsgesichtspunkten ist dies eine alarmierende Erkenntnis.

Social Media – eine Herausforderung für das Sicherheitsmanagement

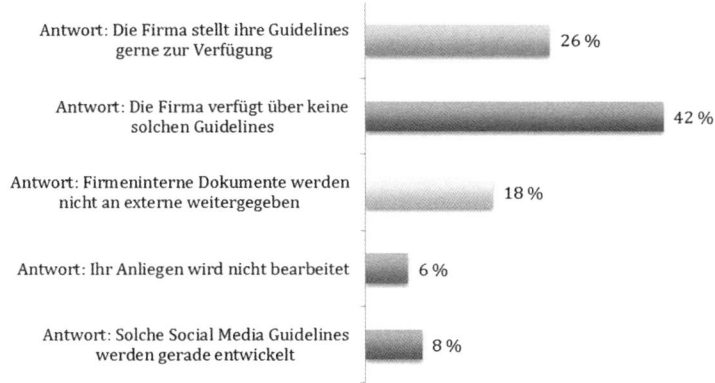

Abb. 3: Frage nach Social Media Guidelines bei Schweizer Unternehmen (n = 50) [Oehr12].

Auf der Basis der von den Unternehmen/Organisationen zur Verfügung gestellten Social Media Guidelines kann festgestellt werden, dass Richtlinien zu Geheimhaltung/Vertraulichkeit und Transparenz mit deutlich über 80 % zu den wichtigsten und am meisten vorhandenen gehören. Die gesamte prozentuale Richtlinien-Verteilung gemäß der durchgeführten Umfrage ist in Abbildung 4 dargestellt.

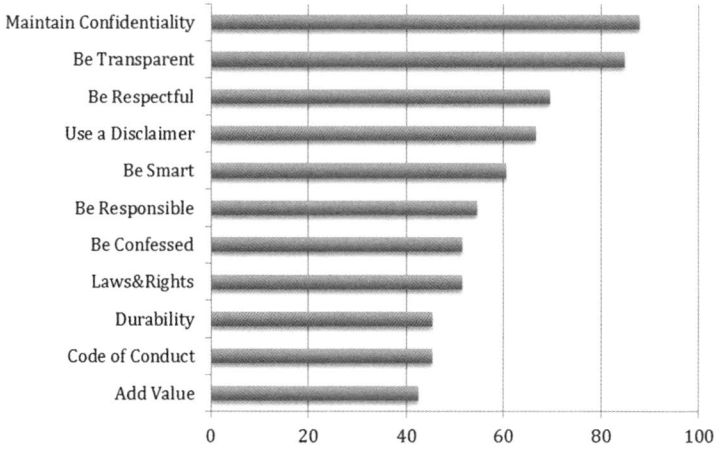

Abb. 4: Prozentuale Verteilung von Richtlinien [Oehr12]

Basierend auf dieser umfangreichen Analyse der Ist-Situation bezüglich Richtlinien für die Anwendung von Social Media in Unternehmen und Organisationen wurde ein Social Media Richtlinien-Katalog definiert. Der entstandene Katalog enthält zwölf Normen, welche den Sollanspruch an das Verhalten bezüglich Social Media definieren. Durch die Einführung eines solchen Sicherheitsdokumentes werden Ziele und Ansprüche an das Verhalten der Mitarbeitenden festgelegt. Durch geeignete Techniken kann überprüft werden, ob die Normen befolgt werden und wo weiterbildende Maßnahmen notwendig sind.

Der Richtlinien-Katalog bildet die Voraussetzung für ein Social Media Sicherheitsmanagement. Eine Social Media Sicherheitskultur ist – wie jede Kultur – ein zeitabhängiges System, d.h. es liegt eine Dynamik vor, die bedingt, dass die Kultur ständig weiterentwickelt und an neue Gegebenheiten angepasst werden muss. Dies ist ein kontinuierlicher (Qualitätssicherungs-) Prozess, der Ähnlichkeit zu einem Regelkreis aufweist und dem Management einer Organisation zugeordnet ist.

Der Prozess stellt sich durch den klassischen Deming-Kreis oder Plan-Do-Check-Act Zyklus (PDCA-Zyklus) dar [Demi82]. Die Prozessphasen stellen sich wie folgt dar:

- *Diagnose*: Am Anfang steht die Ist-Analyse mit Soll-Ist-Vergleich.
- *Planung*: Auf der Basis der gewonnenen Erkenntnisse werden entsprechende Maßnahmen bestimmt.
- *Implementierung*: Umsetzung der Maßnahmen.
- *Evaluation*: Schlussendlich muss der Erfolg überprüft und dokumentiert werden.

Die gewonnenen Erkenntnisse der Evaluationsphase werden erneut in den Prozess-Zyklus führen.

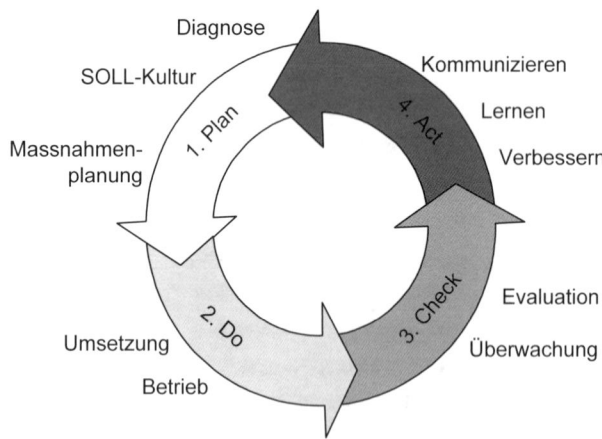

Abb. 5: PDCA-Zyklus zur Qualitätssicherung hinsichtlich Social Media Sicherheitskultur

5 SCART

Die Mitarbeitenden von Unternehmen und Organisationen können durch entsprechendes Verhalten auf Social Media Plattformen positiv wie negativ wirken. Wie in den vorangegangenen Kapiteln gezeigt wurde, sind analog zur Informationssicherheit entsprechende Richtlinien und Verhaltensregeln notwendig, um eine der Organisation entsprechende Kultur aufzubauen. In einem Vorlaufprojekt zu SCART (Social Media Culture Assessment and Reporting Tool) wurde ein allgemeingültiger Richtlinien-Katalog zur Nutzung von Social Media aufgestellt.

Mit SCART wird ein Software-Tool entwickelt, welches Unternehmen und Verwaltungen beim Aufbau einer Social Media Kultur unterstützt und die Überwachung und ständige Überprüfung ihrer Social Media Richtlinien ermöglicht. Das bedeutet einerseits zu analysieren wie Richtlinien für Social Media in Unternehmen und Organisationen umgesetzt werden. Andererseits müssen Schwachstellen identifiziert werden und Lösungsvorschläge bzw. Handlungsempfehlungen zu deren Behebung ausgearbeitet und entsprechend angeboten werden.

Um dies zu erreichen, wird ein dynamisches Assessment und Reporting Tool mit drei Komponenten erstellt:

- Umfragetool
- Auswertungstool / Expertensystem
- Reporting Tool

Assessment-Tool

Das Assessment-Tool deckt die Umfrage und Auswertung ab, wobei, bezogen auf den PDCA-Zyklus, der Prozessteil *Diagnose* durch das Umfragesystem abgebildet wird. Die Anwendung wird als Webservice entwickelt und nutzt vorhandene OpenSource Tools wie beispielsweise LimeSurvey (in PHP programmiert, nutzt MySQL als Datenbank) [Lime12]. Das Umfragesystem stellt dem Benutzer, sprich dem Mitarbeitenden der Organisation, ein Fragebogenformular mit standardisierten Fragen und Antworten zur Verfügung. Der Benutzer muss sich authentifizieren und es wird sichergestellt, dass Datenschutz und Datensicherheit gewährleistet werden. Entsprechende Mechanismen verhindern eine Mehrfachbeantwortung eines Fragebogens.

Auswertungs- und Reporting-Tool

Das Auswertungs- und Reporting Tool wird ebenfalls in PHP programmiert; beide Tools greifen auf die mit dem Umfragetool gemeinsam genutzte MySQL Datenbank zurück. Das Auswertungstool verfügt über eine übersichtliche Benutzeroberfläche für den Administrator, um es zu ermöglichen, die Ergebnisse der Umfrage zu analysieren und Auswertungen anzupassen. Das Reporting Tool liefert eine graphische Darstellung der Ergebnisse und der abgeleiteten Maßnahmen. Das Reporting-Tool ist ebenfalls als Webservice angelegt, und es gelten die gleichen Authentifizierungsregeln wie für das Assessment-Tool. Es ist möglich, die Ergebnisse aus dem Assessment-Teil darzustellen und einen Export der Daten, z.B. im CSV-Format, durchzuführen.

Die Auswertung wird über Schwellwerte getriggert, d.h. wird beispielsweise ein Schwellwert für einen bestimmten Komplex von mehreren Mitarbeitern überschritten, so weist dies auf entsprechenden Handlungsbedarf hin. Dem Administrator werden je nach Ergebnis andere Handlungsempfehlungen zur Verfügung gestellt. Die standardisierten Handlungsempfehlungen bilden zusammen mit dem auf den Richtlinien basierenden Fragenkatalog die Wissensbasis von SCART.

Des Weiteren bietet das Auswertungstool die Möglichkeit, Fragen und Richtlinien für Ergebnisse einfach zu verändern und anzupassen, was in einem dynamischen System von großer Bedeutung ist. Es ist also für den Administrator eine entsprechende Schnittstelle vorhanden. Das Reporting Tool bietet den Entscheidern durch die graphischen Diagramme einen schnellen Überblick über die aktuelle Situation und schlägt geeignete Handlungsempfehlungen vor.

Damit wird dem Sicherheitsverantwortlichen und dem Verantwortlichen für Social Media ein Tool an die Hand gegeben, das es erlaubt, den Ist-Zustand hinsichtlich der Social Media Sicherheitskultur in der Organisation zu analysieren und auszuwerten. Auf der Basis der Ergebnisse können geeignete Schritte zur Weiterentwicklung der Kultur und zur Verbesserung der Sicherheit für die Organisation empfohlen werden. Durch die entsprechenden Schnittstellen ist sichergestellt, dass SCART den dynamischen Prozess im PDCA-Zyklus unterstützt und damit die über die Zeit notwendigen Anpassungen erlaubt.

Danksagung

Die Autorin dankt der Hasler Stiftung, Schweiz, die das Projekt SCART – Social Media Culture Assessment and Reporting Tool – fördert.

Literatur

[AlLu11] L. Alam, R. Lucas: Some Ethical Considerations for Gov 2.0 using Web 2.0. Proceedings IEEE 9th International Conference on Dependable, Autonomic and Secure Computing, Sydney, Australia, 2011.

[Demi82] W. E. Deming: Out of the Crisis. MIT Press, Cambridge, USA, 1982.

[FcJa11] P. R. Scott, J. M. Jacka: Auditing Social Media: A Governance and Risk Guide. Institute of Internal Auditors Research Foundation, John Wiley & Sons, Hoboken, USA, 2011.

[FeFT12] D. Feichtner, T. Friedl, S. Teufel: 4-LIFE-Model – An Approach for a Government-With-You Strategy. Proceedings EEE'12 International Conference on e-Learning, e-Business, Enterprise Information Systems, and e-Government, Las Vegas, USA, 2012.

[Feic12] D. Feichtner: Behörde 2.0? Analyse des Online-Dienstleistungsangebotes des öffentlichen Sektors der Schweiz. iimt University Press, Fribourg, Schweiz, 2012.

[Heym11] D. Heymann-Reder: Social Media Marketing: Erfolgreiche Strategien für Sie und Ihr Unternehmen. Addison-Wesley Verlag, München, Deutschland, 2011.

[KoRS07] M. Koch, A. Richter, A. Schlosser: Produkte zum IT-gestützten Social Networking in Unternehmen. Wirtschaftsinformatik, Nr. 6, 2007.

[Lime12] LimeSurvey. Open source survey application: http://www.limesurvey.org/

[Oehr12] C. Oehri: Social Media Guidelines. Einführung von Richtlinien in die Unternehmenskultur, zur Unterstützung der Sicherheit digitaler Kommunikation. iimt University Press, Fribourg, Schweiz, 2012.

[Sarp11] G. Sarpong: Studie: Sicherheitsrisiko Social Engineering wird unterschätzt. Netzmedien AG: http://www.it-markt.ch/News/2011/09/26/Sicherheitsrisisiko-Social-Engineering-werde-unterschaetzt.aspx

Soziale Netzwerke machen Industriespionage wirtschaftlich

Patrick Helmig · Robert Reitze

INSIDERSKNOWLEDGE
{phelmig | rreitze}@insidersknowledge.com

Zusammenfassung

Zum Einfluss von sozialen Netzwerken auf die Wirtschaftlichkeit von Angriffen auf Unternehmensdaten stellen wir zwei Hypothesen auf. Hypothese 1: Öffentlich zugängliche Unternehmens- und Mitarbeiterprofile in sozialen Netzwerken beeinflussen die Kosten für gezielte Angriffe auf sensible Unternehmensdaten. Hypothese 2: Die Nutzung von sozialen Netzwerken senken die Kosten für mögliche Angreifer und erhöhen so den Wert und die Effizienz eines Angriffs.

1 Einleitung

In den letzten Jahren haben bekannt gewordene Angriffe auf Technologie-Unternehmen, wie Google[Zett10], Nortel[Gorm12], Symantec[Zett12], RSA[Rivn11] und Lockheed Martin[Schw11] zugenommen. Alle diese Fälle haben eines gemeinsam: die Angriffe richteten sich gezielt an nur wenige Mitarbeiter des jeweiligen Unternehmens. Im Internet frei verfügbare Informationen über Mitarbeiter wurden ausgenutzt, um individualisierte Köder-Mails (Spear-Phishing[1] E-Mails) zu versenden. Schadsoftware im Anhang dieser E-Mails ermöglichte den Angreifern langfristigen Zugriff auf das Unternehmensnetzwerk. Der Schaden, den diese Form von Industriespionage anrichtet, ist hoch, da über einen langen Zeitraum sensible Informationen und Daten entwendet werden können. Wenn digitale Industriespionage nicht mehr auf der Ausnutzung von unbekannten oder neuen Sicherheitslücken basiert, sondern Mitarbeiter das neue Angriffsziel sind, dann müssen diese und deren Verhalten als Sicherheitsmerkmal intensiver betrachtet werden. In der folgenden Analyse wird vor allem die verstärkte Nutzung von Spear-Phishing Attacken und die besondere Rolle, die soziale Netzwerke dabei spielen, betrachtet.

Weiterhin wird die veränderte Qualität von gezielten Angriffen auf sensible Unternehmensdaten und der Einfluss von sozialen Netzwerken auf die Kosten-Nutzen-Relation dieser Angriffe mit Hilfe von verschiedenen aktuellen Studien [8,10,11] beleuchtet. Ein Kostenmodell und Einflussfaktoren für die Kosten (monetäre und Opportunitätskosten) von gezielten Angriffen

---

[1] Spear-Phishing: Gezielter Angriff auf eine bestimmte Gruppe oder Einzelperson im Unternehmen. Hierzu werden Mitarbeiter und Informationen identifiziert, die mit einer präparierten Email angeschrieben werden. Der Text oder Inhalt der Email weckt Neugier oder Angst, um den Adressaten dazu zu bewegen einen schädlichen Anhang der Email zu öffnen und dem Angreifer somit Zugang zu gewähren. Ist dieser Anhang geöffnet, wird ein Trojaner installiert, und der Angreifer erlangt Zugriff auf den Rechner des Opfers und somit auf die Unternehmensdaten im Netzwerk. Vom infizierten Rechner innerhalb des Unternehmens werden dann Angriffe auf andere Rechner und Mitarbeiter im Unternehmen gestartet, um weitere sensible Daten zu extrahieren.

auf Unternehmensdaten werden erstellt. Es kann so exemplarisch jeweils ein Angriff mit und ohne die Nutzung sozialer Netzwerke verglichen werden.

2 Modell – Kosten und Nutzen für den Angreifer

In diesem Modell wird von einem risikofreien Szenario für den Angreifer ausgegangen. Dies bedeutet, dass auch bei einem gescheiterten Angriff keine Identifizierung und dementsprechend Strafverfolgung des Angreifers möglich ist. Besonders bei Angriffen aus Ländern mit geringer Strafverfolgung oder „staatlicher Duldung[2]" hat sich in der Vergangenheit gezeigt, dass Angriffe auf ausländische Ziele für Angreifer ohne rechtliche Konsequenzen bleiben.

Diese Einschränkung reduziert das Modell auf zwei wesentliche Kennzahlen: Kosten und Nutzen für den Angreifer. Aus der Perspektive des Angreifers ist ein Angriff lohnenswert, wenn die Kosten niedriger – im Idealfall deutlich niedriger – als der erwartete Ertrag aus einem Angriff sind.

2.1 Nutzen

Der Nutzen für den Angreifer setzt sich aus zwei Einflussfaktoren zusammen:
- der digitalen Verfügbarkeit von sensiblen Informationen und Daten eines Konkurrenten oder anderweitig interessantem (Technologie-) Unternehmen,
- der Verwertbarkeit von extrahierten Informationen.

Unternehmen speichern zunehmend sensible Daten (z.B. Konstruktionspläne, Rezepturen oder Formeln) digital ab. Dies verbessert nicht nur den weltweiten Austausch von Daten innerhalb des Unternehmens, sondern schafft auch ein größeres Risiko für Industriespionage.

Durch den Technologie-Transfer aus westlichen Staaten hin zu günstigeren Produktionsstätten ist auch die Verwertbarkeit von Informationen gestiegen. Länder wie China, Russland und Indien sind heute im Stande, immer komplexere Technologien zu fertigen. Die vergleichsweise einfach gewordene Extraktion von Unternehmensdaten und -geheimnissen, gemeinsam mit der Möglichkeit, neueste Technologien in China kurzfristig und kostengünstig nachzubauen, macht den Kostenpunkt F&E nur für Opfer von Wirtschaftsspionage relevant und erhöht die Gewinnmarge für Angreifer.

2.2 Kosten

Die Kosten für einen Angriff setzen sich aus den folgenden Einflussfaktoren zusammen:
1. Technologiekosten,
2. Arbeitskosten (= Lohn) für einen einzelnen oder ein Team von Hackern, die den Angriff umsetzen,
3. Zeitaufwand des Angriffs (multipliziert mit den Arbeitskosten).

Die Technologiekosten sind hohe Einmalkosten[3] für die „Anschaffung" einer Sicherheitslü-

---

[2] Siehe RSA oder Nortel, häufig werden Angriffe auf Länder wie China oder Russland zurückgeführt, in denen keine Rechtssicherheit für die Opfer existiert.
[3] Eine aktuelle Sicherheitslücke für verschiedene Betriebssysteme, verbreitete Plattformen oder Software variiert zwischen $ 5000 – $ 250,000. [Green12]

cke in der verwendeten Software des Opfers. Unbekannte Sicherheitslücken sind zeitlich nur begrenzt einsetzbar. Die meisten Lücken werden kurz nach dem Bekanntwerden mit einem Softwarepatch behoben.

Kann ein Angriff mit technologisch weniger aufwändigen Mitteln durchgeführt werden, ist dies also ein monetärer Anreiz für die potentiellen Auftraggeber. Die Arbeitskosten für ein Team von Hackern, die im Stande sind, komplexe Angriffe durchzuführen, lassen sich von der Verfügbarkeit entsprechender Dienstleister ableiten. Angebote von verschiedenen Hackern lassen sich über Google suchen. Beispielsweise die Ermittlung eines Passworts wird für ca. $150 USD angeboten [Byra12]. Die zunehmende Anzahl von Anbietern lässt den Preis weiter sinken. Der Zeitaufwand eines Angriffs teilt sich in zwei Phasen:

1. die Informationsbeschaffung und Schwachstellenanalyse,
2. der eigentliche Angriff und Datentransfer.

Je mehr Informationen über ein Angriffsziel öffentlich verfügbar und durchsuchbar sind, desto geringer ist der Aufwand in der ersten Phase.

Der Arbeitsaufwand des eigentlichen Angriffs ist bei den bekannt gewordenen Angriffen ähnlich. Sobald sich beispielsweise ein installierter Trojaner meldet, werden innerhalb des Netzwerks weitere Angriffe durchgeführt. Die gewünschten Daten werden lokalisiert und extrahiert, je nach Komplexität und Verschleierung in unterschiedlichen Größen und Zeitintervallen.

3 Ablauf eines Angriffs – zwei Beispiele

3.1 Industriespionage bei RSA

Der Einbruch beim Hersteller von Authentifizierungslösungen RSA ist ein Beispiel für einen gezielten Spear-Phishing Angriff auf ein amerikanisches Unternehmen, bei dem der Wert der Information für den Angreifer eine große Rolle spielte. Der eigentliche Angriff auf dieses sicherheitsbewusste und gut geschützte Unternehmen erfolgte nach langfristiger Planung und Recherche.

Die Angreifer wussten, auf welche Informationen sie es abgesehen hatten – in diesem Fall den Algorithmus zur Erstellung der Login Codes. Diese werden nicht nur von der Industrie, sondern auch von Rüstungsfirmen, dem Militär und anderen Hochsicherheitseinrichtungen eingesetzt. Die Angreifer machten sich öffentlich zugängliche Informationen zu Nutze, beispielsweise, welche RSA Mitarbeiter in technisch weniger sensiblen und so weniger geschützten Abteilungen arbeiteten. Das Opfer des ersten Angriffs hatte keinen Zugriff auf sicherheitsrelevante Informationen, sondern gehörte der Personalabteilung des Mutterkonzerns EMC an. Diese Zielauswahl ermöglichte es, Zugang zum Netzwerk zu erlangen, ohne sofort aufzufallen. Die Angreifer schickten zwei E-Mails an verschiedene Gruppen in der Firma mit einer Excel Datei im Anhang: „Recruitment 2011". Obwohl die E-Mail im „Junk"-Ordner landete, machte der Titel einen Mitarbeiter so neugierig, dass er die E-Mail und den dazugehörigen Anhang öffnete.

Durch ein in dem Excel-File hinterlegten Adobe Flash Inhalt wurde eine Sicherheitslücke ausgenutzt, die dem Angreifer erlaubte, Code auszuführen, der eine Schadsoftware installierte. Die installierte „Hintertür" meldete danach dem Command & Control Server des Angreifers eine erfolgreiche Installation im Netzwerk und wartete auf weitere Befehle. Dies lässt auf einen relativ hohen Kostenfaktor des Angriffs schließen, da eine solche Lücke im fünfstelligen Bereich [7] gehandelt wird. Der eigentliche Diebstahl der Information zum Algorithmus im Netzwerk dauerte nur wenige Stunden. Anders als in den meisten bekannten Fällen wurde der Zugriff während des Angriffs bemerkt, und es wurden Gegenmaßnahmen ergriffen [Schw11]. Die gestohlenen Daten wurden erfolgreich genutzt, um Zugang zu Netzwerken verschiedener Rüstungshersteller [HoSh11] zu erlangen. Es handelte sich hierbei also um einen mehrstufigen Angriff, um gezielte Informationen zu erlangen. Die Täter befinden sich jedoch weiterhin auf freiem Fuß.

3.1.1 Analyse

Dieses Beispiel zeigt deutlich, dass starke Sicherheitsvorkehrungen und die zeitnahe Erkennung des Angriffs allein den Diebstahl von sensiblen Informationen nicht verhindern konnten. Durch die Täuschung von Mitarbeitern, die gezielt ausgesucht und angeschrieben wurden, konnte der Angreifer sich Zugang zum Firmennetz verschaffen. Die Mitarbeiter und Informationen über deren Arbeitsplatz, Sicherheitslevel und Vorlieben konnten über soziale Netzwerke durchsucht werden und boten den Angreifern eine leichte Möglichkeit, Zugang zu RSAs Systemen zu erhalten. Die geweckte Neugier eines Mitarbeiters reichte aus, um dem Angreifer trotz Sicherheitsmaßnahmen Zugang zu den anvisierten Daten zu verschaffen.

Anzumerken ist jedoch, dass der Mitarbeiter den Angriff hätte erkennen müssen, da das geöffnete Excel Dokument keinen gültigen Inhalt hatte und so verdächtig war. Ohne klare Vorgaben besteht jedoch das Risiko, dass die persönliche Betroffenheit Mitarbeiter davon abhält, richtig zu handeln und den Vorfall sofort zu melden und den eigenen Rechner vom Unternehmensnetzwerk zu entfernen.

3.2 Fallstudie aus Angreiferperspektive:

Im Auftrag eines deutschen, mittelständischen Produktions- und Handelsunternehmen haben die Autoren einen Angriff als Feldversuch durchgeführt. Ziel war es, das Firmennetzwerk auf Geschäftsführerebene zu kompromittieren und bestimmte Daten aus dem Netzwerk zu extrahieren. Dabei standen den Angreifern vor allem Social Engineering[4] Werkzeuge und eine Trojanersoftware in einem Office-Makro zur Verfügung. Aus rechtlichen Gründen war der Angriff auf die Geschäftsführung beschränkt. Zwei separate Teams führten den Auftrag parallel durch:

Dem ersten Team standen nur die Informationen von der Firmenwebseite und einigen Google-Recherchen zur Verfügung. Das zweite Team konnte zusätzlich noch Informationen aus sozialen Netzwerken verwenden.

3.2.1 Angriff ohne Daten aus sozialen Netzwerken

Nach der Recherche auf der Firmenwebseite wurde ein Mitglied der Geschäftsführung aus dem Bereich Recht und Personal als Zielperson festgelegt. Auf Grund der Position im Unternehmen wurde angenommen, dass diese Person über geringe technische Vorkenntnisse verfügt. Anrufe beim Vorzimmer unter verschiedenen Vorgaben stellten sich als mäßig erfolgreich dar, da eine Vermittlung der Telefondurchwahl und Emailadresse erst auf mehrfache

---

[4] Gezielte Manipulation von Menschen, z.B. zur Erlangung von Informationen [Hadn11].

Anfrage erfolgte. Zu dieser Emailadresse wurde eine präparierte Email mit der vorbereiteten Trojanerdatei versandt, persönlich adressiert und mit „Rechtlichen Neuerungen im Personalbereich" beschriftet. Als Absender wurde „info@" des lokalen Arbeitsgerichts verwendet. Diese Email wurde nicht geöffnet. Der Aufwand für den Angreifer betrug, vor allem bedingt durch Telefonate und die Präparation der Email, 24 Stunden, also drei Arbeitstage.

3.2.2 Angriff mit Nutzung von Daten aus sozialen Netzwerken

Um die Vergleichbarkeit zu gewährleisten, wurde auch beim zweiten Angriff dieselbe Zielperson gewählt. Der Name wurde bei Facebook, Linkedin und XING eingegeben und erbrachte Foto, Hobbies, Lebenslauf sowie eine Bestätigung des Arbeitsplatzes. Der Angreifer entschied sich zur weiteren Recherche des Lebenslaufs und fand die Promotionsarbeit sowie den Lehrstuhl des Jura-Studiums an der Universität. Die Emailadresse war in XING zu finden, an die dann eine vorbereitete Email mit dem Betreff: „Neuer Alumni-Newsletter der Jura Fakultät" geschickt wurde. Auch der Anhang, die präparierte Word-Datei wurde mitgeliefert. Die Email war persönlich adressiert und enthielt Informationen zu den angesprochenen Jahrgängen und Themenbereichen, unter anderem einem Alumni Treffen im folgenden Jahr. Es wurde angegeben, dass weitere Informationen und die Anmeldung zu diesem Treffen im angehängten Word-Dokument beschrieben sind.

Diese Email wurde geöffnet, der Angreifer erhielt Zugriff auf den Arbeitsrechner der Geschäftsleitung und somit den Einstieg in das gesamte Firmennetz. Der Arbeitsaufwand betrug acht Stunden, vor allem bedingt durch die Verfassung einer persönlichen Email unter Zuhilfenahme einer Vorlage der Jura-Fakultät.

3.2.3 Analyse

Diese Beispiele zeigen, dass der Recherche-Aufwand zur Identifikation von Schwachstellen einer gezielten Person und persönlichen Kontaktdaten durch soziale Netzwerke verringert wird und die Effizienz von gezielteren Angriffen höher ist. Es ist ein vereinfachtes Beispiel; Angreifer werden ihre ohnehin illegalen Tätigkeiten nicht auf nur wenige Mitarbeiter eines Unternehmens beschränken, sondern versuchen, das bestgeeignete Opfer zu identifizieren. Die strikte Trennung der Zuhilfenahme von Daten aus sozialen Netzwerken erweist sich als schwierig, da eine einfache Internetsuche bereits Ergebnisse auch in sozialen Netzwerken ergibt.

Der Erfolg durch den hohen Grad der Personalisierung der Angriffsemails zeigt, dass ein Angreifer in kürzester Zeit in sozialen Netzwerken verwertbare Informationen über eine Zielpersonen sammeln kann. Auch ist nicht zu vernachlässigen, dass in diesen Netzwerken gezielt nach Mitarbeitern eines bestimmten Arbeitgebers gesucht werden kann. So wird es leichter, geeignete Opfer für gezielte Angriffe ausfindig zu machen.

Die Personalisierung mit Informationen aus der persönlichen Vergangenheit der Zielperson mit einem aktuellen Bezug hat weitaus stärkere Reize für die Zielpersonen, als eine generische „Informationsemail" einer relevanten Stelle. Diese hätte auch unabsichtlich übersehen oder ignoriert werden können, was den Angriff scheitern ließ.

Die Verwendung von öffentlich verfügbaren Informationen bei der Kontaktaufnahme verleiht dem Angreifer Authentizität und führt zu einem Vertrauensvorschuss von Seiten des Opfers. In der Nachbereitung des oben genannten Beispiels stellte sich heraus, dass der Zielperson gar nicht bewusst war, in welchem Umfang Informationen über sie im Internet verfügbar sind.

4 Daten aus sozialen Netzwerken

Aktuelle Studien[5] belegen, dass Social Engineering nach wie vor meist über das Telefon erfolgt. Dennoch zeigt das Beispiel deutlich, dass soziale Netzwerke die Identifikation von möglichen Zielpersonen leichter machen. Informationen, die sonst per Telefon und persönlicher Beobachtung zu erlangen wären, stehen nun für den globalen, öffentlichen Zugang bei Linkedin oder XING zur Verfügung. Erst die Zuordnung eines Mitarbeiters zur Personalabteilung macht es möglich, derart gezielte Angriffe wie im RSA Beispiel durchzuführen. Eine Datei mit dem Namen "Recruitment 2011" hätte in anderen Abteilungen nicht die gleichen Reaktionen hervorgerufen.

4.1 Schlussfolgerung

Durch den Wegfall des direkten Kontakts zur Informationsgewinnung reduzieren sich Recherche, Aufwand und Risiko für Angreifer. Eine E-Mail in einer fremden Sprache ist schneller verfasst, als ein überzeugendes Telefonat. Die Suche nach öffentlichen Informationen erfolgt anonym. Daraus folgt, dass sich die Arbeitszeit bei der Suche nach geeigneten Opfern im Unternehmen durch soziale Netzwerke verkürzt und somit die Kosten für einen Angriff sinken.

So wird ein Angriff im beschriebenen Modell auch schon bei einem geringen erwarteten Ertrag wirtschaftlich. So steigt der Anreiz für Angriffe auf Ziele mit weniger wertvollen oder weniger gut geschützten Daten.

4.2 Betrachtung Hypothesen

4.2.1 Hypothese 1

Öffentlich zugängliche Unternehmens- und Mitarbeiterprofile in sozialen Netzwerken beeinflussen die Kosten für gezielte Angriffe auf sensible Unternehmensdaten.

Der Markt für Hacking zur Industriespionage professionalisiert sich weiter [Syma12]. Dies senkt die Aufwandskosten für die Umsetzung von Angriffen auf Unternehmensdaten. Die in dieser Arbeit verwendeten Fallbeispiele zeigen, dass die Informationsbeschaffung einen maßgeblichen Teil der Vorbereitung eines gezielten Social Engineering Angriffs ausmacht. Dabei spielt die Verfügbarkeit von Informationen im Internet eine entscheidende Rolle, nicht nur für den Rechercheaufwand und somit für die Kosten des Angreifers, sondern auch für die Effektivität. Hypothese 1 wurde hiermit bestätigt.

4.2.2 Hypothese 2

Die Nutzung von sozialen Netzwerken senken die Kosten für mögliche Angreifer und erhöhen so den Wert und die Effizienz eines Angriffs.

Die steigende Nutzung von sozialen Netzwerken erhöht die Menge an öffentlich verfügbaren und durchsuchbaren Informationen zu Unternehmen und einzelnen Mitarbeitern. Dies macht es für einen Angreifer leichter eine geeignete Zielperson zu identifizieren. Das zweite Fallbeispiel unterstreicht die verringerte Arbeitszeit durch den höheren Personalisierungsgrad eines

---

[5] 46% von Social Engineering Angriffen erfolgen per Telefon, 37% in Person, nur 17% per Email [Veri12]

Angriffs unter Zuhilfenahme von Daten aus sozialen Netzwerken. Die Kostenreduktion für den Angreifer durch verringerte Arbeitszeit bestätigt somit Hypothese 2.

5 Ausblick – Gezielte Risikominimierung

Die Evaluierung von Abwehrmaßnahmen kann unter Berücksichtigung der Kosten-Nutzen-Relation potentieller Angreifer erfolgen. Ein Unternehmen hat drei getrennte Optionen bei der Reduktion des Anreizes für gezielte Angriffe:

5.1 Option I – Reduzierung des Nutzens für den Angreifer

Eine Reduktion des erwarteten Nutzens kann über eine Reduktion der digital abgespeicherten Daten erfolgen. Eine weitere Möglichkeit ist Reduktion der öffentlich verfügbaren Informationen zum Unternehmen. Dies ist in der globalen Geschäftswelt jedoch nicht erstrebenswert. Unternehmen nutzen gezielt öffentliche Kommunikationskanäle, um sich, ihre Produkte, Leistungen und Technologien zu positionieren. Es ist nicht davon auszugehen, dass diese Entwicklung umkehrbar ist. Diese theoretische Option ist daher in der Praxis nicht umsetzbar.

5.2 Option II – Erhöhung der Kosten des Angreifers

Die Kosten von Angriffen können durch Patch-Management der eingesetzten Software und Sicherheitstools und -management erhöht werden.

Eine weitere Möglichkeit stellt die Reduktion von öffentlich verfügbaren Informationen zum Unternehmen und dessen Mitarbeitern dar. Die Kontrolle von persönlichen Informationen über Mitarbeiter ist jedoch rechtlich nicht durchsetzbar. Die bereits durch das Marketing eines Unternehmens veröffentlichten Informationen sind für Angreifer bereits ein Ansatzpunkt der Recherche. Dennoch können Angriffe aufwändiger gestaltet werden, wenn einem Angreifer die Recherche und der Zugang zu Daten und Zielpersonen im Unternehmen erschwert wird.

5.3 Option III – Sensibilisierung der Mitarbeiter

Wenn die Verfügbarkeit von persönlichen Informationen zu Mitarbeitern die Kosten für Angreifer senken, dann ergibt sich, dass Informationssicherheit auf die menschliche Komponente von Sicherheit erweitert werden muss [Tren12]. Die Erhöhung der Aufmerksamkeit von Mitarbeitern durch Trainings im Umgang mit verdächtigen Anrufen und E-Mails erhöht den Aufwand für einen Angreifer, sich Zugang zum Unternehmensnetzwerk und sensiblen Informationen zu verschaffen.

Somit kann ein Unternehmen sich im Markt und in der Öffentlichkeit positionieren, ohne einem Angreifer eine Angriffsfläche zu bieten. Hieraus ergeben sich für das Informationssicherheitsmanagement von Unternehmen einige Konsequenzen, vor allem im Umgang mit Mitarbeitern als menschliche Sicherheitslücke, welche Gegenstand weiterer Studien sein müssen.

5.4 Mischform

Die Organisation von Informationssicherheit im Unternehmen zur Kostenerhöhung für Angreifer wird letztendlich auf eine Mischform der drei dargestellten Optionen hinauslaufen. Sowohl die Einschränkung öffentlicher Informationen, der gesonderte Schutz geheimer Daten und die Erhöhung der Kosten für einen Angreifer machen eine gute Verteidigung aus. Auch die Schulung der Mitarbeiter zur Aufmerksamkeit und Zugangserschwerung für Angreifer trägt zur Reduzierung des Risikos eines gezielten Angriffs in das Unternehmen bei.

Literatur- und Quellenverzeichnis

[Zett10] K. Zetter: 'Google' Hackers Had Ability to Alter Source Code. In: WIRED Magazine (Onlineausgabe), Condé-Nast-Verlag (2010), zuletzt geprüft am 30.04.2012. http://www.wired.com/threatlevel/2010/03/source-code-hacks/

[Gorm12] S. Gorman: Chinese Hackers Suspected In Long-Term Nortel Breach. In The Wall Street Journal (Onlineausgabe), Dow Jones & Company Verlag (2012), zuletzt geprüft am 30.04.2012. http://online.wsj.com/article/SB10001424052970203363504577187502201577054.html?mod=WSJEurope_hpp_LEFTTopStories

[Zett12] K. Zetter: Symantec: We Didn't Know in 2006 Source Code Was Stolen. In: WIRED Magazine (Onlineausgabe), Condé-Nast-Verlag (2012), http://www.wired.com/threatlevel/2012/01/symantec-source-code-hack/ zuletzt geprüft am 30.04.2012.

[Rivn11] U. Rivner: Anatomy of an Attach. In: RSA Blogs (2011), http://blogs.rsa.com/rivner/anatomy-of-an-attack/ zuletzt geprüft am 30.04.2012.

[Schw11] M. Schwartz:Lockheed Martin Suffers Massive Cyberattack. In: InformationWeek (Onlineausgabe), United Business Media (2011), http://www.informationweek.com/news/government/security/229700151 zuletzt geprüft am 30.04.2012.

[Ong12] J. Ong: Alleged Foxconn Hack Allowed Bogus Orders To Be Placed For Vendors. In: Apple Insider Online News (2012), zuletzt geprüft am 30.04.2012. http://www.appleinsider.com/articles/12/02/09/alleged_foxconn_hack_allowed_bogus_orders_to_be_placed_for_vendors.html

[Green12] A. Greenberg: Shopping for 0-Days: A Price List for Hackers Secret Software Exploits. In Forbes Magazin (Onlineausgabe), Forbes (2012), http://www.forbes.com/sites/andygreenberg/2012/03/23/shopping-for-zero-days-an-price-list-for-hackers-secret-software-exploits/ zuletzt geprüft am 30.04.2012.

[Veri12] Verizon: Verizon Data Breach Investigations Report, Verizonbusiness.com, Verizon (2012), http://www.verizonbusiness.com/resources/reports/rp_data-breach-investigations-report-2012_en_xg.pdf zuletzt geprüft am 30.04.2012.

[Byra12]] C. Byran-Low: Hackers-for-Hire Are Easy To Find. In: The Wall Street Journal (Onlineausgabe), Dow Jones & Company Verlag (2012), http://online.wsj.com/article/SB10001424052970203471004577145140543496380.html
Weitere Referenz aus Artikel Hacking als Dienstleistung:
http://hiretohack.net/cracking.html, zuletzt geprüft am 12.02.2012.

[Syma12]	Symantec: Symantec Internet Security Threat Report. Symantec Enterprise Publications (2011 Trends, Volume 17), zuletzt geprüft am 29.04.2012. http://www.symantec.com/content/en/us/enterprise/other_resources/b-istr_main_report_2011_21239364.en-us.pdf
[Tren12]	Ponemon Institute: „The Human Factor in Data Protection", Ponemon Institute – sponsored by TrendMicro (2012), http://www.^{trendmicro}.com/cloud-content/us/pdfs/security-intelligence/reports/ rpt_trend-micro_ponemon-survey-2012.pdf
[HoSh11]	N. Hodge, I. Sherr: Lockheed Martin Hit By Security Breach. In: The Wall Street Journal (Onlineausgabe)), Dow Jones & Company Verlag (2011), http://online.wsj.com/article/SB10001424052702303654804576350083016866022.html?mod=googlenews_wsj zuletzt geprüft 30.04.2012.
[Hadn11]	C. Hadnagy: Social Engineering The Art of Human Hacking. Wiley Publishing, Inc. (2011), p.1-3

Privatsphärenschutz in dezentralisierten Sozialen Netzwerk-Diensten

Benjamin Greschbach · Sonja Buchegger

KTH Royal Institute of Technology
Stockholm, Sweden
{bgre | buc}@csc.kth.se

Zusammenfassung

Der Schutz der Privatsphäre von Nutzern Sozialer Netzwerk-Dienste ist eine besondere Herausforderung, da die Verarbeitung von sensiblen Daten über identifizierte Personen das Kerngeschäft dieser Dienste darstellen. Ein Grundproblem stellt dabei der zentrale Dienstanbieter dar, bei dem sich sensible und personenbezogene Inhalte massiv akkumulieren. Einen vielversprechenden Ausweg stellt daher die Dezentralisierung dieser Dienste dar. Verschiedene, meist auf Peer-to-Peer Netzwerken basierende Vorschläge werden dafür in der Literatur diskutiert. Damit gehen aber neue Herausforderungen einher. Neue oder bisher wenig schlagkräftige Angreifermodelle gewinnen an Bedeutung, und Daten, die beim Verwalten der Inhalte anfallen, können sensible Informationen über Benutzer preisgeben, selbst wenn die Inhalte selbst verschlüsselt sind. In dieser Arbeit diskutieren wir diese Konsequenzen der Dezentralisierung, die im schlimmsten Fall die angestrebte Verbesserung des Privatsphärenschutzes der Nutzerinnen und Nutzer zunichte machen können. Wir analysieren dazu das Metadaten-Problem sowie neue Angreifermodelle. Außerdem skizzieren wir Lösungsansätze zur Vermeidung oder Entschärfung der dargestellten Gefahren.

1 Einleitung

Herkömmliche, auf Webservices aufgebaute Soziale Netzwerk-Dienste stellen eine zentrale Sammelstelle von Benutzerdaten dar. Auch wenn diese Dienste von verteilten Zwischenspeichern im Sinne von *content distribution networks* aus Performanzgründen Gebrauch machen, bleiben die Benutzerdaten für den Dienstanbieter zentral zugänglich. Dabei handelt es sich nicht nur um Informationen, die die Benutzer selbst hochladen, sondern auch um Daten zum Benutzerverhalten und andere Sekundärinformationen, die vom Verhalten oder von Verbindungen zu anderen Benutzern abgeleitet werden können. Zentral gesammelte und verwaltete Daten sind immer dem Risiko ausgesetzt, an Dritte weitergegeben zu werden, ob auf Grund von internen oder externen Angreifern, unbeabsichtigter Datenfreigabe oder als Teil eines vertraglichen Abkommens, zum Beispiel mit Werbeanbietern.

Das dezentralisierte Design hat aus der Datenschutzperspektive den bedeutenden Vorteil, keine zentrale Sammlung von sensiblen, personenbezogenen Daten vorzunehmen. Mit der verteilten Architektur ergeben sich aber auch neue Herausforderung für den Schutz der Privatsphäre. Werden diese bei der Implementierung solcher Dienste nicht berücksichtigt, können neue Schwachstellen die gewonnenen Vorteile im schlimmsten Fall überwiegen.

Zum einen werden in der dezentralisierten Architektur neue Angreifermodelle relevant, zum anderen stellen Metadaten eine Bedrohung für die Privatsphäre der Teilnehmer dar.

Nach einer kurzen Beschreibung dezentralisierter Sozialer Netzwerk-Dienste im Abschnitt 2 diskutieren wir die neuen Angreifermodelle im Abschnitt 3 und das Metadaten-Problem im Abschnitt 4. Schließlich skizzieren wir einige Lösungsansätze im Abschnitt 5.

2 Dezentralisierte Soziale Netzwerk-Dienste

Ein Ansatz, um die massive Anhäufung von sensiblen, persönlichen Daten an einer zentralen Stelle zu vermeiden, ist die Dezentralisierung des Sozialen Netzwerk-Dienstes.

In der Literatur findet sich ein breites Spektrum an Architekturen, von komplett zentralisierten (z. B. *Facebook* oder *Google+*) über hybride Ansätze (z. B. *Diaspora*) bis hin zu vollständig verteilten P2P Topologien (z. B. *PeerSoN* [BSVD09], *Safebook* [CuMS09] oder *Persona* [BBSB+09]). In dieser Arbeit konzentrieren wir uns auf letztere, also vollständig dezentralisierte Netzwerke.

Dabei untersuchen wir keine konkrete Implementierung im speziellen, sondern verwenden wie in [GrKB12] ein verallgemeinertes Modell eines dezentralisierten Sozialen Netzwerk-Dienstes, das auf den Gemeinsamkeiten der in der in der Literatur vorgeschlagenen Ansätze basiert.

Abbildung 1 veranschaulicht das Modell anhand von Unterschieden typischer Kommunikationsabläufe in zentralisierten und dezentralisierten Sozialen Netzwerk-Diensten.

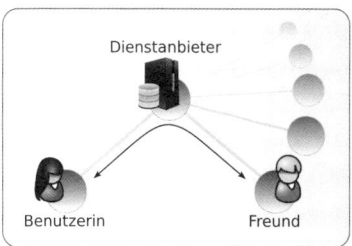
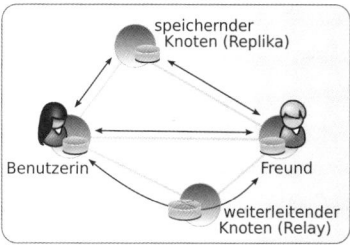

(a) Sämtliche Kommunikation wird vom Dienstanbieter vermittelt.

(b) Neben direkten Verbindungen können weitere Knoten an der Kommunikation beteiligt sein.

Abb. 1: Kommuniktion in (a) zentralen und (b) dezentralen Sozialen Netzwerk-Diensten [GrKB12]

Nutzer hosten dabei ihre Inhalte selbst, während bei anderen Teilnehmern gespeicherte Kopien die Verfügbarkeit der Daten erhöhen helfen. Manche Ansätze bevorzugen für diese Datenreplikation Teilnehmer mit sozialen Verbindungen zur Benutzerin (z. B. *Safebook*), andere verwenden zufällige Auswahlverfahren (z. B. *SuperNova* [ShDa11]). Da diese Anwendungen keinen direkten Zugang zum jeweiligen Betriebssystem der Rechner der Teilnehmer haben, ist eine traditionelle Zugangskontrolle nicht möglich. Um dennoch sicherzustellen, dass die Zugangspräferenzen der Benutzer technisch umgesetzt werden, kommen kryptographische Mittel zum Einsatz. Sämtliche Inhalte werden benutzerseitig vor der Veröffentlichung verschlüsselt, um die Vertraulichkeit sicherzustellen. Verschlüsselte Daten können zwar uneingeschränkt abgerufen werden, dank der Verschlüsselung und einer korrekten Schlüsselverteilung sind aber lediglich die von der Benutzerin definierten Empfänger in der Lage, die Daten zu entschlüsseln.

Neben dem Bereithalten von Kopien der Inhalte anderer Nutzer nehmen die beteiligten Knoten noch weitere administrative Aufgaben wahr, beispielsweise die Vermittlung von Verbindungen zwischen anderen Nutzern, die auf Grund von Firewall-Beschränkungen keine direkte Verbindung aufbauen können oder zur Verschleierung der Kommunikationspartner einer Verbindung (Anonymisierung).

3 Neue Angreifermodelle

Während der zentrale Dienstanbieter als Angreifer im dezentralisierten System schlicht wegfällt, gewinnen andere Akteure an Bedeutung. Durch die P2P Architektur gibt es keine klare Trennung zwischen Teilnehmern und Außenstehenden. Ein Angreifer kann dem Netzwerk ohne Hindernisse beitreten und beispielsweise Speicherplatz zur Verfügung stellen oder anbieten, bei der Vermittlung von Verbindungen behilflich zu sein. Daher müssen grundsätzlich alle Akteure innerhalb des Netzwerkes als potentielle Angreifer betrachtet werden.

Im Folgenden untersuchen wir die verschiedenen Akteure hinsichtlich der ihnen zur Verfügung stehenden Mittel und Informationsquellen, die eine Bedrohung der Privatsphäre von Nutzern des Dienstes darstellen können. Tabelle 1 fasst diese zusammen.

Tab. 1: Angreifermodelle und Informationsquellen

	Speicher Knoten	Freund	Relay	Sniffer	Harvester	zentraler Provider
Zugriffsstatistiken	✓					✓
verschlüsselte Daten	✓	✓			✓	✓
Hintergrundwissen		✓				
Netzwerk (mikro)			✓			✓
Netzwerk (makro)				✓		✓
Inhalte						✓

Knoten, die verschlüsselte Inhalte speichern (zum Beispiel redundante Kopien von Nutzerinhalten zur Erhöhung der Verfügbarkeit), können diese zwar im Allgemeinen nicht entschlüsseln, haben aber die Möglichkeit, die verschlüsselten Daten zu analysieren. Darüber hinaus können sie Zugriffe auf die Daten von anderen Teilnehmern (inklusive Änderungen an den Daten) protokollieren.

Freunde einer Benutzerin können versuchen, mehr Informationen zu erlangen, als ihnen gewährt wurde. Sie haben in Abhängigkeit der verwendeten Implementierung von Datenstrukturen Zugriff auf verschlüsselte Repräsentationen von Inhalten, die nicht für sie bestimmt sind. Darüber hinaus verfügen sie üblicherweise über ein hohes Hintergrundwissen über die Benutzerin, welches sie auch außerhalb des Dienstes erlangt haben können, und das für sensible Schlussfolgerungen eingesetzt werden kann: Kennt ein Freund beispielsweise die bevorzugten Aufenthaltsorte einer Benutzerin, kann er dieses Wissen mit anderen Daten kombinieren. Die IP-Adresse, üblicherweise nur für sehr grobe geographischen Lokalisierung geeignet, kann dann beispielsweise bereits ausreichen, um zu unterscheiden, ob die Benutzerin sich an der Arbeitsstelle, zu Hause oder in ihrem bevorzugten Café befindet.

Teilnehmer, die Verbindungen für andere Nutzer vermitteln (Relay), können den (verschlüsselten) Netzwerkverkehr abhören. Da sich diese Teilnehmer üblicherweise nahe an den abgehörten Nutzern befinden, bekommen sie mit hoher Wahrscheinlichkeit einen Großteil des Datenverkehrs des einzelnen Nutzers mit, haben aber keinen guten Überblick über das gesamte Netzwerk, was wir als *mikro* Perspektive bezeichnen.

Im Gegensatz dazu bekommen Teilnehmer, die den Netzwerkverkehr an zentralerer Stelle überwachen (Sniffer), die Kommunikation von mehr Teilnehmern mit, allerdings mit geringerer Wahrscheinlichkeit den gesamten Datenverkehr einzelner Nutzer (*makro* Perspektive).

Neben diesen passiven Angreifern gibt es auch die Möglichkeit der aktiven Abfrage von verschlüsselten Inhalten von anderen Teilnehmern durch so genannte Harvester.

Vergleicht man diese Angreifermodelle mit dem des Providers in einem zentralisierten System, wird offensichtlich, dass letzterer die größte Bedrohung für die Privatsphäre der Nutzer darstellt. Allerdings sind im dezentralisieren System auch kombinierte Angreifermodelle möglich (wenn ein Teilnehmer mehrere der beschriebenen Rollen gleichzeitig besitzt oder eine große Zahl Netzwerkknoten betreibt).

Wie die beschriebenen Angreifer die ihnen zur Verfügung stehenden Mittel und Informationsquellen nutzen können, um an sensible Informationen über die Nutzer des Sozialen Netzwerk-Dienstes zu gelangen, diskutieren wir im folgenden Abschnitt.

4 Metadaten-Problem

Die vermittelnde Funktion des zentralen Providers erfüllt aus Datenschutzsicht zumindest einen hilfreichen Zweck: Sensible Metadaten, die bei Nutzeranfragen anfallen, werden vom Provider gefiltert und bleiben Außenstehenden verborgen. Fragt ein Benutzer beispielsweise das Profil einer Freundin ab, so wird diese Anfrage im zentralisierten System an den Provider gestellt, welcher die Daten zentral vorhält. Die Anfrage kann daher beantworten werden, ohne dass die Freundin darüber benachrichtigt wird. In einem P2P System ist eine solche Eigenschaft schwerer zu realisieren. Da Inhalte von den beteiligten Nutzern selbst gehostet werden, kann die Profil-Abfrage eine direkte Verbindung zwischen dem Nutzer und der Freundin notwendig machen. Die Aktion des Benutzers wird dadurch zwangsläufig für die Freundin ersichtlich.

Die damit verbundenen Konsequenzen für den Schutz der Privatsphäre sind ein Beispiel für das, was wir im Folgenden als Metadaten-Problem bezeichnen: Die Ableitung sensibler, persönlicher Informationen, nicht von den (verschlüsselten) Inhalten selbst, sondern von Eigenschaften dieser Daten (wie Größe oder Struktur) oder Informationen, die bei der Verarbeitung der Inhalte anfallen (z. B. Verbindungsdaten).

Wir unterscheiden drei Kategorien von Metadaten, die sensible Informationen preisgeben können: Daten, die im Zusammenhang mit der **Speicherung** der Inhalte anfallen, Informationen, die durch die Implementierung von **Zugriffsrechten** mittels Verschlüsselungstechniken entstehen und **Verbindungsdaten**, die mit der Kommunikation zwischen Nutzern des Netzwerkes einhergehen.

4.1 Gespeicherte Inhalte

Die Größe von verschlüsselt gespeicherten Objekten kann Aufschluss über den Typ der enthaltenen Daten geben. Ein Text-Beitrag wird sich erheblich von einem Bild unterscheiden, letzteres wiederum von einem Video. Ist der Inhaltstyp eines Objektes bekannt, können weitere statistische Informationen, wie Textlänge oder Dauer eines Videos aus dem Datenumfang abgeleitet werden. Nicht zuletzt kann die spezifische Größe eines Objektes ein Wiedererkennungsmerkmal darstellen, selbst wenn der Inhalt von anderen Nutzern für andere Empfänger erneut verschlüsselt wurde. Darüber hinaus gibt die Änderungshistorie eines gespeicherten Objektes Aufschluss über die Aktualisierungsfrequenz des repräsentierten Inhaltes und offenbart damit das Nutzungsverhalten der Objekteigentümerin.

4.2 Zugriffsrechte

In Abhängigkeit von verwendeten Verschlüsselungsverfahren kann die Umsetzung der Zugriffsrechte Informationen über die Empfänger preisgeben. Kommen naive Verschlüsselungstechniken zum Einsatz, so kann Schlüsselmaterial, das zusammen mit dem Inhaltsobjekt gespeichert wird, Aufschluss über die Anzahl oder gar Identität der berechtigten Empfänger geben. Schlüsselverteilungsmechanismen, die beim Hinzufügen eines Kontakts oder beim Widerruf einer Freundschaftsbeziehung angestoßen werden, können von Außenstehenden erkannt werden und dienen als Indikatoren für die entsprechenden Nutzeraktionen. Wenn Schlüsselmaterial für verschiedene Inhalte wieder verwendet wird, ergibt sich aus den gespeicherten Daten unmittelbar die Information über identische Empfängerlisten.

4.3 Verbindungsdaten

Ein Angreifer, der Datenverkehr im Netzwerk abhört, kann in einer dezentralisierten Topologie deutlich mehr Rückschlüsse ziehen, als bei einem System in dem sämtliche Verbindungen über einen zentralen Server laufen. Kommunizieren Netzwerk-Teilnehmer über direkte Verbindungen, offenbaren sie unweigerlich ihre IP-Adressen, welche Rückschlüsse auf die Nutzung anderer P2P-Dienste erlauben (selbst wenn sich der Benutzer hinter einer NAT befindet, siehe [BCLR+11]) oder die grobe Bestimmung der geographischen Position ermöglicht. Die Abfrage von Inhalten kann von den speichernden Teilnehmern oder das Netzwerk überwachenden Dritten protokolliert und zu Zugriffsstatistiken verarbeitet werden. Diese wiederum können die anfragende Teilnehmerin identifizieren und ihre Interessen preisgeben. Ebenso kann die Publizierung von Inhalten protokolliert und zu Nutzungsstatistiken verwertet werden. Schließlich kann administrativer Netzwerkverkehr Aufschlüsse über Nutzeraktionen geben. Bestimmte Aktionen, wie das Einloggen, Hinzufügen von Freunden oder Suchanfragen können ein spezifisches Muster von Netzwerknachrichten auslösen und somit Außenstehenden Auskunft über das Nutzungsverhalten einer Benutzerin geben.

5 Schutzmaßnahmen

Um das Metadaten-Problem zu vermeiden und die von den skizzierten Angreifermodelle ausgehenden Gefahren zu entschärfen, gibt es verschiedene mögliche Gegenmaßnahmen. Im Folgenden diskutieren wir diese entsprechend der in Abschnitt 4 vorgenommenen Gliederung.

5.1 Verschleiernde Speicherverfahren

Um Schlussfolgerungen aus (verschlüsselt) gespeicherten Inhalten zu erschweren, können diese vor der Verschlüsselung mit Zufallsdaten aufgefüllt werden (Padding). Dadurch wird verhindert, dass ein bestimmter Inhalt trotz der Verwendung verschiedener Schlüssel anhand der spezifischen Länge der resultierenden Ciphertexte wiedererkannt werden kann. Außerdem werden statistische Aussagen über den Klartext, wie z. B. die ungefähre Textlänge oder die Anzahl von Elementen in einer Liste, deutlich ungenauer. Rückschlüssel auf den Inhaltstyp werden hingegen nur marginal erschwert, da die Unterschiede in der Größenordnung der Ciphertextlänge, z. B. zwischen einem Textbeitrag und einem Video, mittels Padding nicht überbrückbar sind.

Das Aufteilen der Daten in gleichgroße Blöcke stellt eine weitere Strategie dar (siehe beispielsweise [ADBS09]), um Schlussfolgerungen aus der Ciphertextrepräsentation eines Inhaltes auf den Klartext zu erschweren. Dies funktioniert allerdings nur, wenn die Angreiferin nicht ermitteln kann, welche Blöcke zu einem bestimmten Inhalt gehören. Daher kann diese Maßnahme gegenüber kompromittierten speichernden Knoten effektiv sein, zumindest solange die Knoten nur einen Teil der Blöcke eines bestimmten Inhaltes vorhalten. Gegenüber einer Angreiferin, die den Netzwerkverkehr eines bestimmten Nutzers überwacht, ist das Verfahren weniger effektiv, da eine starke zeitliche Korrelation der Anfragen für alle Blöcke eines bestimmten Inhaltes angenommen werden muss.

Die Verwendung von Dummy-Objekten kann ebenfalls dazu beitragen, Schlussfolgerungen auf die gespeicherten Inhalte zu erschweren. Angenommen ein Listenobjekt, welches z. B. die Wall einer Nutzerin repräsentiert, enthält verschlüsselte Verweise auf weitere Inhaltsobjekte in der Form, dass nur beabsichtigte Empfänger in der Lage sind, die entsprechenden Verweise zu entschlüsseln. Werden in diese Liste zusätzlich Dummy-Einträge eingefügt, so kann eine Person, die nur einen Teil der Einträge entschlüsseln kann, daraus nicht mehr schlussfolgern, dass es notwendiger Weise Inhalte auf der Wall gibt, die ihr verborgen sind (da die Möglichkeit besteht, dass alle nicht-entschlüsselbaren Verweise Dummy-Einträge sind).

5.2 Verschlüsselungstechniken

Speziell für Soziale Netzwerk-Dienste geeignete kryptographische Techniken lassen sich einsetzen, um die Informationen zu minimieren, die durch die verwendeten Verschlüsselungsverfahren preisgegeben werden. Eine naive Verschlüsselung des Inhaltes mit einem symmetrischen Schlüssel, welcher für jede Empfängerin mit deren öffentlichen Schlüssel verschlüsselt wird, weist nicht nur die in Abschnitt 4 aufgeführten Probleme für die Privatsphäre auf, sondern skaliert auch denkbar schlecht für die im Kontext eines Sozialen Netzwerk-Dienstes auftretenden Anwendungsszenarien, wo eine Vielzahl von teilweise sehr kleinen Objekten mit hoher zeitlicher Frequenz für wechselnde Empfängerkreise verschlüsselt werden müssen.

Während *broadcast encryption* Techniken verwendet werden können, um die Effizienz zu steigern, kommt es auf die genaue Wahl der Verschlüsselungstechnik an, da manche schon in der Präambel die Information preisgeben, ob ein bestimmter Benutzer beziehungsweise welche anderen Benutzer auch Zugang zu einem gewissen Inhalt haben. *Attribute-based encryption* ist ein weiteres Beispiel für eine Verschlüsselungstechnik, mit Hilfe derer man nicht nur für individuelle Teilnehmer, sondern für bestimmte Gruppierungen von Teilnehmern verschlüsseln und damit die Verwaltung vereinfachen kann. Allerdings gibt auch diese Technik, die unter anderem im *Persona* Projekt zur Anwendung kommt, indirekt Informationen über die Empfänger Preis, da die *access structure* (logischer Ausdruck über die Attribute, welcher definiert, welche Schlüssel zur Entschlüsselung eingesetzt werden können) offen einsehbar ist. Bodriagov und Buchegger [BoBu11] geben eine Übersicht über verschiedene Verschlüsselungsverfahren samt ihrer Vor- und Nachteile für den Einsatz im Kontext von Sozialen Netzwerk-Diensten.

5.3 Verschleierung von Kommunikation

Um die Aussagekraft der anfallenden Verbindungsdaten zu beschränken, können Mix-Netzwerk Techniken eingesetzt werden (wie beispielsweise im *Safebook* Projekt).

Sorgfältiges Protokolldesign ist eine weitere Möglichkeit, indem beispielsweise sichergestellt wird, dass administrativer Netzwerkverkehr nicht von inhaltlichem zu unterscheiden ist. Ein weitergehender Ansatz ist, das Protokoll so zu entwerfen, dass es auf Netzwerkebene von einem anderen, vorzugsweise populären P2P Protokoll (z. B. *BitTorrent*) nicht zu unterscheiden ist. Dies würde es einer Angreiferin nicht nur erschweren, vom Netzwerkverkehr auf Nutzeraktionen zu schließen, sondern auch die Tatsache der Dienstnutzung selbst verschleiern.

Im Allgemeinen gibt es mehrere verschiedene Möglichkeiten zur Verschleierung von Kommunikationsdaten, sowohl auf der Netzwerk- als auch auf der Anwendungsebene. Obwohl einzelne Techniken auf der Netzwerkebene einem starken und gezielten Angreifer nicht allzu viel entgegensetzen können [DCRS12], und eine Kombination von Verschleierungstechniken zu erheblichen Effizienzverlusten führen kann, erscheinen Gegenmaßnahmen auf der Anwendungsebene vielversprechend.

6 Zusammenfassung und Ausblick

Die Dezentralisierung Sozialer Netzwerk-Dienste ist ein viel versprechender Ansatz, um die Privatsphäre der Benutzer zu schützen und das Risiko, dass unbefugte Dritte Zugriff auf deren Daten bekommen, zu reduzieren. Mit dem Übergang von einem zentralisierten System zu einer verteilten Architektur wird zwar der zentrale Dienstanbieter als größtes Angreiferpotential eliminiert, da nun niemand mehr auf alle Daten uneingeschränkt Zugriff hat, es gehen aber auch einige Schutzfunktionen des zentralen Anbieters verloren. Wir haben in diesem Artikel sowohl auf neue als auch auf existierende, aber im verteilten System bestärkte Angreifer hingewiesen. Trotz der Verschlüsselung von Benutzerdaten können in der verteilten Version von Sozialen Netzwerk-Diensten potentiell Schlüsse auf Benutzerdaten oder Verhalten gezogen werden. Dies kann dazu führen, dass genau jene Maßnahme, die die Daten der Benutzer von Sozialen Netzwerk-Diensten schützen soll, eine neue Bedrohung darstellt. Einige Gegenmaßnahmen dazu haben wir in diesem Artikel angeführt. Als nächste Schritte planen wir die Effektivität der vorgeschlagenen Gegenmaßnahmen anhand von konkreten Implementierungen dezentralisierter Sozialer Netzwerk-Dienste zu untersuchen.

Literatur

[ADBS09] J. Anderson, C. Diaz, J. Bonneau, F. Stajano: Privacy-enabling social networking over untrusted networks. *In: WOSN*, ACM (2009).

[BBSB+09] R. Baden, A. Bender, N. Spring, B. Bhattacharjee, D. Starin: Persona: an online social network with user-defined privacy. In: *SIGCOMM Comput. Commun. Rev.*, 39 (2009), 135–146.

[BCLR+11] S. L. Blond, Z. Chao, A. Legout, K. Ross, W. Dabbous: I Know Where You are and What You are Sharing: Exploiting P2P Communications to Invade Users' Privacy. *In: Internet Measurement Conf.* (2011).

[BoBu11] O. Bodriagov, S. Buchegger: Encryption for Peer-to-Peer Social Networks. *In: IEEE SPSN* (2011).

[BSVD09] S. Buchegger, D. Schiöberg, L.-H. Vu, A. Datta: PeerSoN: P2P social networking: early experiences and insights. ACM Press (2009).

[CuMS09] L. A. Cutillo, R. Molva, T. Strufe: Safebook: A privacy-preserving online social network leveraging on real-life trust. In: *IEEE Communications Magazine*, 47, 12 (2009), 94–101.

[DCRS12] K. P. Dyer, S. E. Coull, T. Ristenpart, T. Shrimpton: Peek-a-Boo, I Still See You: Why Efficient Traffic Analysis Countermeasures Fail. *In: IEEE Symposium on Security and Privacy 2012* (2012).

[GrKB12] B. Greschbach, G. Kreitz, S. Buchegger: The Devil is in the Metadata – New Privacy Challenges in Decentralised Online Social Networks. *In: Fourth International Workshop on Security and Social Networking (SeSoc12)* (2012), 339–345.

[ShDa11] R. Sharma, A. Datta: SuperNova: Super-peers Based Architecture for Decentralized Online Social Networks. In: *ArXiv e-prints* (2011).

Zur Sicherheit von ATA-Festplattenpasswörtern

Julian Knauer[1] · Harald Baier[1,2]

[1]Hochschule Darmstadt
Fachbereich Informatik

[2]Center for Advanced Security Research Darmstadt – CASED
{julian.knauer | harald.baier}@cased.de

Zusammenfassung

Festplatten in mobilen IT-Geräten wie Laptops erfordern einen besonderen Schutz der auf ihnen gespeicherten Daten, um im Falle eines Verlustes oder Diebstahls den Zugriff auf die gespeicherten Informationen zu erschweren. Auf Festplattenebene liefert der ATA-Standard die Möglichkeit, durch Vergabe eines ATA-Passworts den Zugriff auf Festplatten einzuschränken. Dieser Beitrag hat zunächst zum Ziel, diese oft ungenutzte Schutzmöglichkeit von Festplatten ins Bewusstsein zu rücken und die unterschiedlichen ATA-Passwortarten vorzustellen. Zentraler Gegenstand dieser Veröffentlichung ist dann eine Diskussion des Sicherheitsniveaus des ATA-Passwortschutzes. Dazu evaluieren wir die verfügbaren Produkte oder Dienstleistungen zu dessen Deaktivierung. Schließlich zeigen wir exemplarisch an Hand einer Festplatte des Herstellers Samsung, dass wir per Zugriff über die Diagnoseschnittstelle der Festplatte ohne weitere Kosten den Passwortschutz ausschalten konnten. Im Ergebnis bedeutet dies, dass ATA-Passwörter im besten Fall Schutz gegen kenntnisarme Angreifer bieten.

1 Einleitung

Im Informationszeitalter kommt dem Schutz von elektronisch gespeicherten Informationen eine immer höhere Bedeutung zu. Gerade Daten auf mobilen Endgeräten müssen geschützt werden, da hier ein unautorisierter physischer Zugriff auf den Datenträger durch Diebstahl oder Verlust wahrscheinlicher ist als bei klassischen stationären IT-Systemen wie Servern oder PCs.

Ein möglicher Weg, Daten auf Festplatten vor unbefugten Zugriffen zu schützen, ist das Einrichten des AT Attachment (ATA) Passwortschutzes. Seit dem ATA-Standard 3 [T1397] existieren mit dem *Security Feature Set* eine Reihe von ATA-Befehlen, die sicherheitsrelevante Funktionen bereitstellen. Sind sie aktiviert, verweigert die Festplatte den Zugriff auf die Daten per ATA-Protokoll. Erst nach Eingabe des korrekten Passworts wird der Zugriff auf den Datenbereich der ATA-Festplatte freigegeben.

Die für das Security Feature Set gespeicherten Datenstrukturen werden in der *Service Area* der Festplatte gespeichert [Rosc03]. Dieser Bereich liegt außerhalb des durch den Nutzer per ATA adressierbaren Speicherbereichs und ist nur für die Firmware der Festplatte les- bzw. schreibbar. Neben den Informationen des Security Feature Set speichert die Service Area auch wichtige geräte-spezifische Informationen wie z.B. Listen über defekte Sektoren [Vids06, Mess99,

Tony07] oder Werte der *Self-Monitoring Analysis and Reporting Technology* (SMART). Mit SMART werden wichtige Parameter der Festplatte überwacht. Es kann Aufschluss über die Gesundheit des Gerätes liefern, wie z.b. Lese-/Schreibfehler melden, die Temperatur überwachen und die Anzahl der aktiven Betriebsstunden der Festplatte speichern [T1397].

Ausgangspunkt der vorliegenden Veröffentlichung ist die Frage, wie schwer es ist, auf den Datenbereich einer passwortgeschützten ATA-Festplatte zuzugreifen, wenn das zugehörige Passwort nicht bekannt ist. Als Metrik für den Schwierigkeitsgrad verwenden wir die Kosten in EUR, die zur erfolgreichen Umgehung des ATA-Passwortschutzes notwendig sind. Typische Anwendungsfälle sind neben Angriffen durch unautorisierte Personen auch IT-forensische Untersuchungen oder schlicht das Vergessen des Passworts durch den Besitzer der Festplatte. In diesem Fall ist das ATA-Passwort zu deaktivieren [Vids06].

ATA-Passwörter können relativ einfach gesetzt und verändert werden. Neben dedizierten Software-Lösungen (z.b. `hdparm`) kann man insbesondere für mobile IT-Geräte wie Laptops das BIOS zum Setzen, Verändern oder Deaktivieren des ATA-Schutzes verwenden. Allerdings ist diese Schutzfunktion relativ unbekannt. Nach persönlichen Gesprächen mit praktisch erfahrenen Forensikern und Strafverfolgern, liegt nach deren Einschätzung die Rate von per ATA-Passwörtern geschützten Festplatten unter 1%. Auch das Fehlen von Publikationen zu diesem Thema zeigt die geringe Verbreitung dieses Schutzmechanismus.

Unser erstes Ziel dieser Publikation ist daher, diesen Schutzmechanismus in das Bewusstsein der Nutzer zu rufen. Hintergrund ist, dass der Besitzer der Festplatte sich so gegen kenntnisarme Angreifer (z.b. Diebe, die das entwendete IT-System direkt weiterverkaufen) schützen kann.

Unser zweites Ziel ist die Frage, mit welchen Kosten eine Deaktivierung des ATA-Passwortschutzes verbunden ist. Es gibt verschiedene kommerzielle Produkte oder Dienstleister (z.b. professionelle Datenrettungsunternehmen), die eine Deaktivierung des ATA-Passwortschutzes versprechen. Diese Dienstleister verfügen meist über das technische Equipment und auch das Wissen, den Schutzmechanismus zu entfernen. Für den Auftraggeber (z.B. Angreifer, IT-Forensiker) ist dies mit Kosten für eine erste Analyse des Datenträgers verbunden, für die eigentliche Wiederherstellung der Daten fallen in der Regel zusätzliche Kosten an. Eine spezielle Option sind Online-Services [AFF12], die mit kostengünstigen Angeboten ebenfalls versprechen, den Passwortschutz der gesperrten Festplatte zu entfernen. Bei einmaliger Nutzung fallen dafür ca. $50 an, um ATA-Passwörter zu entfernen. Diese Kosten zeigen, dass ATA-Passworte keinen Schutz für sensible Daten gegen gezielte Angriffe bieten.

Unser dritter und technisch interessantester Beitrag ist die Darstellung einer eigenen Methode zur Umgehung des ATA-Passwortschutzes. Dazu verwenden wir eine undokumentierte Diagnoseschnittstelle, die bei einigen Festplattenmodellen verschiedener Hersteller zu finden ist. Auf die Schnittstelle wurden wir durch Vortrag „*Data Recovery Techniques*" [Fran10] auf dem 27. Chaos Communication Congress aufmerksam. Per RS-232 Pegelwandler [MAXI] kann eine Terminalverbindung zwischen unserem PC und der zu entsperrenden Festplatte hergestellt werden, die so einen direkten Zugriff auf die Firmwaredaten über eine Eingabekonsole bietet. Mittels Reverse-Engineering ist es uns gelungen, die Konfigurationsstruktur einer Samsung Festplatte zu analysieren und sicherheitskritische Module zu identifizieren und zu manipulieren. Die Kosten für dieses Vorgehen liegen bei unter 10 EUR. Damit wird erneut bestätigt, dass ATA-Passworte keinen Schutz gegen gezielte Angriffe bieten.

Der Artikel ist wie folgt gegliedert: In Abschnitt 1 beschreiben wir die technischen Grundlagen des ATA-Passwortschutzes. Anschließend diskutieren wir in Abschnitt 2 mögliche Angriffsvektoren auf Festplattenpasswörter. Im zentralen Abschnitt 3 evaluieren wir die verschiedenen Deaktivierungsmöglichkeiten für ATA-Passwörter und stellen unseren Zugriff über die Diagnoseschnittstelle vor. Abschließend fassen wir unsere Ergebnisse in Abschnitt 4 zusammen und geben einen kurzen Ausblick.

Dieser Abschnitt erläutert die Grundlagen zu ATA-Passwörtern. Im ATA-Standard [T1308] wird zwischen zwei verschiedenen Passworttypen unterschieden: Dem *User Password* und dem *Master Password*. Jedes der beiden Passwörter kann 32 Zeichen lang sein und für jedes Zeichen kann ein ASCII-Wert zwischen 1 und 255 gewählt werden (d.h. $c \in \{0x01, 0x02, \cdots, 0xFF\}$ für jedes Zeichen c). Der ASCII-Wert $0x00$ ist nicht als Passwortzeichen zulässig, er markiert das Ende der Zeichenkette.

Zusätzlich bestimmt das Sicherheitsniveau (auch *Master Password Capability* genannt), welche der SECURITY-Befehle in Kombination mit dem Master Password erlaubt sind. Zum Zeitpunkt der Auslieferung der Festplatte muss der Hersteller ein beliebiges Master Password setzen. Um den Zugriffsschutz zu aktivieren, setzt der Benutzer ein User Password. Nach dem nächsten Aus- und Einschalten der Festplatte ist der Zugriff auf die Festplatte nur stark eingeschränkt erlaubt. Zum Entsperren der Festplatte wird der ATA-Befehl SECURITY UNLOCK an die Festplatte gesendet. Der Befehl enthält den Typ des Passworts und das Passwort selbst. Stimmt das Passwort mit dem gespeicherten Passwort überein, wird die Zugriffssperre aufgehoben und der SECURITY UNLOCK Befehl wie folgt dargestellt ausgeführt. Tabelle 1 gibt einen Überblick über die sicherheitsrelevanten Befehle, die nach Eingabe des Master Passwords im jeweiligen Sicherheitsniveau ausgeführt werden. Wir erläutern dies im Folgenden.

Tab. 1: Berechtigungen des *Master Password* [T1308]

Security Enabled	Master Password Capability	Password defined	Passwords supplied	SECURITY COMMAND SET PASSWORD	UNLOCK	ERASE UNIT
No	N/A	Master only	Correct Master	N	N	P
No	N/A	Master only	Not Valid	A	A	A
Yes	High	Master and User	Correct Master	P	P	P
Yes	High	Master and User	Correct User	P	P	P
Yes	Maximum	Master and User	Correct Master	A	A	P
Yes	Maximum	Master and User	Correct User	P	P	P

N NOP, do nothing
A Return command aborted
P Process the command (if valid password supplied) otherwise return aborted

Solange die Master Passwort Capability auf *High* gesetzt ist, gibt es im Verhalten zwischen dem User Password und dem Master Password keinen Unterschied. Beide Passworttypen können in diesem Fall dazu eingesetzt werden, die Festplatte zu entsperren oder ein sicheres Löschen mittels SECURITY ERASE UNIT des Datenträgers zu veranlassen und damit die Sicherheitsmechanismen zu deaktivieren und zurückzusetzen. Da in diesem Fall alle HDD Blöcke, beginnend ab LBA 0 bis zum Maximum, das durch den Befehl READ NATIVE MAX ermittelt wird, mit dem Wert $0x00$ überschrieben werden. Dadurch gehen alle Benutzerdaten verloren. HDD Blöcke, die von der Firmware während des Betriebs als defekt makiert wurden, werden dabei nicht berücksichtigt. Hersteller haben die Möglichkeit, einen erweiterten Modus für den SECURITY ERASE UNIT zu implementieren. Im Gegensatz zu dem herkömmlichen Überschreiben der HDD Blöcke mit $0x00$, steht es dabei dem Hersteller frei, mit welchem Wert er die Blöcke überschreibt. Während des Löschens werden so alle Blöcke von LBA 0 bis zum Maximum, das per `DEVICE CONFIGURATION IDENTIFY` ermittelt wird, überschrieben. Es wird außerdem versucht, alle Blöcke zu überschreiben, die während des Betriebs als defekt markiert wurden.

Ist die Master Password Capability auf *Maximum* gesetzt, unterscheidet sich das Master Password in seinem Verhalten von dem User Password. Das Master Password kann nun nicht mehr dazu verwendet werden, den `SECURITY UNLOCK` Befehl auszuführen. Die einzigen ausführbaren ATA-Befehle sind `SECURITY ERASE PREPARE` und `SECURITY ERASE UNIT`. Der erste Befehl muss vor dem eigentlichen Löschbefehl gesendet werden, um ein versehentliches Löschen zu verhindern.

2 Angriffsvektoren auf Festplattenpasswörter

In diesem Abschnitt stellen wir die aus unserer Sicht relevanten vier Angriffe auf den ATA-Passwortschutz dar und diskutieren jeweils die Machbarkeit: Verwendung eines Default Master Passwords, Austausch des Festplattencontrollers, klassisches Passwortbrechen (z.B. Wörterbuchangriff, Brute-Force) sowie Deaktivierung des Passwortschutzes.

Wir stellen zunächst den Angriff per Default Master Password dar. Da Festplatten zum Zeitpunkt ihrer Auslieferung durch den Hersteller ein gesetztes Master Password haben müssen, finden sich im Internet Listen mit möglichen Standardpasswörtern [anon08], Samsung verwendet als standard Master Password 32 „t", gängig sind aber auch 32 Leerzeichen. Dabei sind jedoch einige Randbedingungen zu berücksichtigen. Solange das Sicherheitsniveau für das Master Password auf High gesetzt ist, können diese Passwörter zur Entsperrung genutzt werden – ansonsten ist nur noch ein `SECURITY ERASE UNIT` gestattet. Außerdem verlieren die Passwörter ihre Gültigkeit, sobald der Benutzer ein eigenes Master Password setzt. Als letzter Punkt soll auch erwähnt sein, dass sich die Passwörter mit jeder neuen Festplattenserie und -modell ändern können. Es gibt keine Garantie, dass die Passwörter funktionieren. Die Existenz dieser Standardpasswörter konnte von uns durch die in Kapitel 3.3 dargestellte Analyse der Firmware nachgewiesen werden. Samsung speichert in einigen ihrer Festplatten das Default Master Password im Klartext in der Service Area ab.

Zweiter möglicher Angriffsvektor ist der Austausch des Controllers. Wenn ATA-Passwörter nicht in einem EPROM auf dem Controller der Festplatte gespeichert werden, sondern in der Service Area, ist es nicht möglich, durch den Austausch des Controllers die Festplatte zu entsperren. Für das von uns verwendete Samsung Modell bestätigten wir diese Annahme durch Verwendung von zwei baugleichen Festplatten vom Typ SP2504C P120S. Eine der Festplatten wurde mittels `SECURITY SET PASSWORD` gesperrt. Im Anschluss wurde der Controller der nicht gesperrten Festplatte mit dem der passwortgeschützten Festplatte getauscht. Die Zustände der Festplatten bleiben unverändert.

Ein klassischer Passwortangriff (z.B. Wörterbuchattacke oder Brute-Force Angriff) auf Festplattenpasswörter ist grundsätzlich möglich, die Erfolgschancen in der Praxis aber gering. Der ATA-Standard bietet einen guten Schutz gegen diese Art des Angriffs. Dies liegt einerseits daran, dass der Festplatten-Controller nur maximal fünf Versuche des `SECURITY UNLOCK` Befehls zulässt – mit jedem Versuch wird ein Zähler inkrementiert; ist das Limit erreicht, werden die Sicherheitsfunktionen der Festplatte eingefroren, bis sie einmal komplett aus- und eingeschaltet wurde (mit jedem Einschalten wird der interne Zähler zurückgesetzt). Andererseits führt ein ständiges Aus- und Einschalten der Festplatte zu einem Verschleiß der mechanischen Bauteile und verringert die Lebensdauer des Gerätes.

Tab. 2: Anzahl der Aus-/Einschaltzyklen (lt. SeagateTechnology2007)

Art des Ausschaltens	Anzahl der Zyklen
software-controlled	600.000
hard	20.000

Wichtig für diese Betrachtung ist der Verschleiß durch den Ein-Ausschalte-Prozess. Ein *„software-controlled"* Ausschalten schont die Mechanik der Festplatte, das Gerät ist in der Lage, sich in einen sicheren Zustand zu begeben, wo Lese-/Schreibköpfe geparkt werden und der Motor der Spindel sich ausschaltet. Bei einem *„hard"* Ausschalten wird die Stromzufuhr zum Gerät unterbrochen. Die Lese-/Schreibköpfe können so über dem Datenträger verharren. Da nicht alle Hersteller Zahlen darüber liefern, wie viele Zyklen die Festplatte verträgt, werden repräsentativ für gängige Desktopfestplatten in Tabelle 2 Werte genannt, die aus dem Handbuch der Seagate Momentus 7200.2 Serie stammen [Seag07]. Über diese Werte hinaus ist mit einem Versagen der Hardware zu rechnen. Im Falle eines Software-kontrollierten Ausschaltens können statistisch bis zu $5 \cdot 600.000 = 3$ Mio. Passwörter ausprobiert werden.

Neben der physischen Belastung für die Festplatte sollte auch der zeitliche Aufwand berücksichtigt werden. Die einzelnen Ein- und Ausschaltzyklen benötigen je nach Festplatte mehrere Sekunden. Einen kompletten Zyklus mit unserer Testfestplatte vom Typ SP2504C P120S haben wir einen durchschnittlichen Wert von $6,324$ Sekunden ermittelt. Gemessen haben wir dazu die Zeit bis die Festplatte ausgeschaltet ist, beginnend ab dem Ausschalten bis zum Abklingen des Motorgeräusches. Dazu haben wir den SMART-Wert *Spin_Up_Time* addiert. Dieser liefert die Zeitspanne, die die Festplatte benötigt, um betriebsbereit zu sein [T1308].

Um die Dauer eines Brute-Force-Angriffs auf ein Passwort mit maximaler Länge zu berechnen, haben wir die folgende Formel 1 aufgestellt:

$$\text{maximum time} = c^l \cdot t + \frac{c^l}{5} \cdot r, \qquad (1)$$

wobei c die Größe des Alphabets, l die maximale Länge des Passworts, t die benötigte Zeit per SECURITY UNLOCK Befehl und r die benötigte Zeit per Aus-/Einschaltzyklus darstellen.

Wie wir bereits zu Beginn des Abschnittes erwähnt haben, kann jedes Zeichen c des Passworts einen Wert $c = \{1, \cdots, 255\}$ annehmen, und die maximale Länge l eines Passworts beträgt $l = 32$. Der eigentliche ATA Befehl SECURITY UNLOCK benötigt auf unserem Testsystem durchschnittlich $t = 0,006$ Sekunden. Die Dauer des Ein-/Ausschaltzyklus r haben wir bereits zuvor erklärt ($r = 6,324$). Mit diesen Werten kommen wir auf eine Laufzeit von $1.298 \cdot 10^{77}$ Sekunden. Ein Brute-Force-Angriff ist damit unmöglich, ein erfolgreicher Wörterbuchangriff unwahrscheinlich.

Letzter Angriff ist die Deaktivierung des Passwortschutzes durch Manipulation der Firmware-Daten. Dies ist bei gesetztem User Password die erfolgversprechendste Attacke. Wir stellen diese im Detail in Abschnitt 3 dar.

3 Deaktivierung des ATA-Festplattenschutzes

In diesem Abschnitt evaluieren wir das Sicherheitsniveau von ATA-Passwörtern. In Abschnitt 2 haben wir gezeigt, dass wir den ATA-Passwortschutz mit einfachen Angriffen wie Default-Passwort oder Passwortbrechen typischerweise nicht deaktivieren können. In diesem Abschnitt stellen wir dar, wie dennoch die ATA-Sicherheitsfunktionalität umgangen werden kann und wie teuer dies ist. Neben verfügbaren Online-Services und einer kommerziellen Lösung aus der professionellen Fesplattenanalyse stellen wir auch unsere Methode zum Umgehen der Schutzmaßnahmen von Festplatten vor. Neben den Kosten berücksichtigen wir auch den zeitlichen Aufwand als zusätzliches Kriterium.

Tab. 3: Kostenübersicht für das Entfernen von ATA-Passwörtern

Dienst/Lösung	Kosten pro Dienst/Lösung	Kosten für 100-fache Wiederherstellung	Daten gelöscht	Zeitaufwand pro Datenträger
HDD Unlock	$ 19,95	$ 664.05	Ja	2 Stunden
Repair Station	$ 49,95	$ 3.393,70	Nein	wenige Minuten
PC-3000	$ 3000,00	$ 3000,00	Nein	wenige Minuten
Eigene Methode	10,00 €	10,00 €	Nein	wenige Minuten

Tabelle 3 bietet eine Übersicht über die hier vorgestellten Möglichkeiten. Neben dem Preis für einen einzelnen Vorgang, das Passwort zu entfernen, zeigt die Tabelle zusätzlich den Gesamtpreis für das entfernen von 100 Passwörtern. Speziell die Online-Services bieten hier spezielle Rabatte für höhere Kontingente an. Mit der Abschätzung des Zeitaufwands zeigen wir, wie wenig Aufwand zum Entfernen des Passwortschutzes nötig ist, vorausgesetzt, der Benutzer hat bereits Erfahrungen mit den vorgestellten Methoden und benötigt keine Einarbeitungszeit. Die Tabelle zeigt, dass der ATA-Passwortschutz höchstens Angriffe durch kenntnisarme Gegner ausschließt.

Zunächst erläutern wir in Abschnitt 3.1 Online-Services, insbesondere für welche Zielgruppe sie geeignet sind. Dabei handelt es sich um reine Softwarelösungen, die über die ATA Schnittstelle herstellerspezifische ATA-Befehle senden. Diese Befehle, auch *Super-On* genannt, sind nicht im ATA-Standard dokumentiert. Sie erlauben einen Zugriff auf die Service Area der Festplatte, die normalerweise in einem nicht durch ATA-Befehle adressierbaren Bereich liegt. Anschließend stellen wir in Abschnitt 3.2 die kommerzielle Lösung *PC-3000* [ACE12] vor. Sie ist als universelles Werkzeug bei Forensikern und Datenrettungsunternehmen im Einsatz und bietet Zugriff auf die Festplatten sowohl per Super-On als auch über eine serielle Schnittstelle. Abschließend beschreiben wir in Abschnitt 3.3 unsere Methode, um über die serielle Schnittstelle den ATA-Passwortschutz auszuschalten, und welcher Aufwand dazu nötig war.

3.1 Online-Services

Als Online-Services untersuchten wir die beiden Dienste HDD Unlock und Repair Station der Firma A-FF Laboratory [AFF12]. Beide Dienste richten sich an jeweils unterschiedliche Zielgruppen.

HDD Unlock richtet sich an Kunden, die zwar die Festplatte wiederverwenden wollen, nicht aber deren Daten. Bezahlt wird nach Festplattenkapazität. Der Anwender erwirbt zunächst eine *Virtual Unlock Card* passend zur Kapazität seiner Festplatte. Der Preis für eine Samsung

SP2504C P120S mit 250 GB ist in Tabelle 3 gelistet. Die Software überprüft zunächst online die Gültigkeit des Codes der Virtual Unlock Card und ob die Festplatte unterstützt wird. Anschließend löscht HDD Unlock die Daten der Festplatte und entfernt das ATA-Passwort. Die Dauer des Löschvorgangs ist festplattenabhängig und richtet sich nach der Speicherkapazität und Geschwindigkeit des Laufwerks. Die Dauer für unsere Festplatte ist ebenfalls in Tabelle 3 zu finden.

Die Repair Station richtet sich an Anwender, die an den gespeicherten Daten auf der Festplatte interessiert sind oder eine defekte Firmware reparieren möchten. Wie auch HDD Unlock ist die Repair Station eine reine Softwarelösung. Bei dem Entfernen der Passwörter unterscheidet es sich von HDD Unlock, denn die gespeicherten Daten bleiben unversehrt, und bezahlt wird nicht nach Festplattenkapazität, sondern nach Anzahl der zu entsperrenden Festplatten. Das Deaktivieren eines Passworts einer einzelnen Festplatte kostet $49.95. Weil nur die Sicherheitsmaßnahmen deaktiviert werden, vergehen nur wenige Minuten, bis auf die Festplatte zugegriffen werden kann. Das Unternehmen bietet eine *Bulk*-Lizenz an, mit der mehrere Laufwerke wiederhergestellt werden können. Tabelle 3 zeigt exemplarisch die Kosten für 100 Wiederherstellungen laut Webseite [AFF12].

Da es sich in beiden Fällen um reine Softwarelösungen handelt, kann davon ausgegangen werden, dass die Software mit undokumentierten herstellerspezifischen ATA-Befehlen arbeitet. Im Fall von HDD Unlock wird ein `SECURITY ERASE UNIT` ausgeführt, während die Repair Station die Service Area der Festplatte liest und dort den Passwortschutz entfernt.

3.2 Kommerzielle Software

Wenn es sich um professionelle Datenrettung oder Festplattenanalyse handelt, hat sich die PC-3000 [ACE12] als Standardwerkzeug etabliert. Diese Kombination aus Soft- und Hardware bietet, selbst bei stark beschädigten Datenträgern, die Möglichkeit, auf die gespeicherten Daten und die Firmware zuzugreifen. Die Software bietet bereits viele Funktionen, die bei der Sicherung der Daten hilft. Diese erlaubt auch ein Deaktivieren der ATA-Schutzmaßnahmen. Zusätzlich bietet die PC-3000 eine Hardwareschnittstelle, die es erlaubt, über die serielle Schnittstelle mit der Festplatte zu kommunizieren. Dokumentationen zu den verschiedenen Festplattenserien helfen dem Ermittler zusätzlich, die Festplatte auszuwerten bzw. wiederherzustellen.

Das Bundeskriminalamt (BKA) gab uns die Gelegenheit, unsere Methode, die in Abschnitt 3.3 vorgestellt wird, mit einer PC-3000 zu überprüfen. Auf diese Weise haben wir die Firmwaredaten, die wir mit unserer Methode ausgelesen haben, mit denen der PC-3000 verglichen. Wir konnten so die korrekte Arbeitsweise verifizieren. Weil keine Unterschiede gefunden wurden, die auf Lesefehler hindeuteten, gehen wir von einer korrekten Implementierung aus. Zusätzlich konnten wir bestätigen, dass die Daten, die mittels herstellerspezifischer ATA-Befehle aus der Service Area gelesen werden, identisch mit denen sind, die über die serielle Terminalverbindung gelesen werden.

Die Kosten für eine PC-3000 sind für eine professionelle Lösung gering. Trotz des eingeschränkten Abnehmerkreises kostet die Standardausführung etwa $3.000,–. Bei der PC-3000 handelt es sich um ein komplexes Hard-/Softwareprojekt, welches einiger Einarbeitungszeit und Erfahrung bedarf, bevor es korrekt bedient werden kann. Die abgeschätzte Dauer in Tabelle 3, um den ATA-Schutz zu entfernen, bezieht sich auf einen erfahrenen Ermittler. So dauert das Entfernen des Schutzes, wie bei der Repair Station, nur wenige Minuten.

3.3 Deaktivierung mittels Diagnoseschnittstelle

In diesem Abschnitt stellen wir unseren eigenen Ansatz zur Deaktivierung des ATA-Passwortschutzes vor. Wir griffen dazu über die Diagnoseschnittstelle einer Festplatte auf die Firmware zu und konnten mittels Reverse-Engineering den Passwortschutz deaktivieren. Mit Kosten von 10 € ist es preislich der günstigste Deaktivierungsansatz.

Abb. 1: Beispielkonstruktion eines RS-232 Pegelwandler aus einem MAX-3232 CPE

Um die komplexen Lese-/Schreibalgorithmen zu optimieren und systemunabhängig zu machen, verfügen Festplatten über eine eigene *Microcontroller Unit* (MCU) und eine eigene Betriebssoftware [Mess99]. MCUs verfügen über Schnittstellen, die dazu genutzt werden können, eine serielle Schnittstelle bereitzustellen. Einige Festplattenhersteller nutzen diese Möglichkeit zur Systemdiagnose und haben ein Diagnoseprogramm implementiert, das dann über diese serielle Schnittstelle erreichbar ist. Damit eine Verbindung hergestellt werden kann, muss eine Verbindung nach außen bereitgestellt werden. Samsung versteckt diese Schnittstelle hinter den Jumper-Pins zur Festplattenkonfiguration, Seagate stellt einen eigenen proprietären Anschluss bereit. Um mit der Diagnoseschnittstelle zu kommunizieren, ist es nötig, die Pegel der Logiksignale der Festplatte und des PCs umzuwandeln. Zu diesem Zweck wird zwischen die Verbindung von Festplatte und PC ein RS-232 Pegelwandler (Abbildung 1) geschaltet. Dieser wandelt die höhere Signalspannung des PCs in eine niedrigere Spannung um. Die Verbindung erfolgt dann über ein Terminalprogramm, z.B. minicom [SLMS11]. Zusätzlich ist es wichtig, das Terminal korrekt zu konfigurieren und die BAUD Rate in der passenden Geschwindigkeit anzugeben. Für unser Experiment mit der Samsung SP2504C P120S wurde das Terminalprogramm auf `57600 BAUD, 8-N-1` konfiguriert und über die entsprechenden Pins auf der Rückseite der Festplatte mit der Diagnoseschnittstelle verbunden. Die korrekten Werte für die gängigen Festplattenmodelle können im Internet gefunden werden [hdds10].

Beim Einschalten der Festplatte erscheinen im Terminal Statusmeldungen, die der Bootprozess der Festplatte erzeugt. Ist die Initialisierung der Festplatte abgeschlossen, wartet ein Prompt mit

Tab. 4: Wichtige Terminalbefehle für Samsungs SP2504C P120S

Befehl	Beschreibung
RM Index	Lädt das Firmware Module Index aus dem Servicebereich in den Speicher der Festplatte.
MW Offset Word [Word ...]	Schreibt Word an Adresse Offset im Speicher der Festplatte.
WM Index	Speichert den Inhalt des Speichers als Module Index im Servicebereich ab.

der Bezeichnung ENG> auf Benutzereingaben. Neben der Einführung in einige Befehle durch [Andr06], haben wir durch Ausprobieren herausgefunden, dass alle Befehle auf ein bis zwei Großbuchstaben reduziert sind und erwarten keinen bis maximal zwei Argumente. Wird ein Befehl eingegeben und erwartet dieser einen Parameter, gibt das Diagnoseprogramm einen Syntaxfehler aus. So liefert die Eingabe von HE eine Übersicht über die aktuell verfügbaren Befehle. Zusätzlich konnten wir herausfinden, dass das Kommando HE 1 eine etwas ausführlichere Ausgabe liefert und auch, ob ein Befehl einen Parameter erwartet. Die für unser Experiment erforderlichen Befehle sind in Tabelle 4 aufgeführt. Die Quelle [Andr06] berichtet über die Verwendung der drei Befehle und erklärt kurz deren Arbeitsweise. Mit diesem Wissen können wir alle Firmwaredaten für unsere Analysen lesen und schreiben.

Die Konfigurationseinstellungen der Festplatte sind in separate Teile (Module) aufgeteilt. Module werden über einen Index referenziert und mit dem Befehl RM in den Speicher der Festplatte geladen. Zusätzlich wird der Inhalt des Moduls auf dem Terminal ausgegeben. Die Ausgabe erfolgt als Hexadezimal-String aus einem Offset und den Datenwörtern. Das Modul Adressoffset beginnt immer bei W:005B00. Im Speicher kann das Modul nun mit dem Befehl MW modifiziert werden. Der Befehl erwartet als Argument den Offset und die zu schreibenden Daten, die an den Offset geschrieben werden sollen. Anschließend kann der modifizierte Speicherinhalt in ein beliebiges Modul mit dem Befehl WM zurückgeschrieben werden.

Um die Struktur der Firmwaremodule weiter zu analysieren, haben wir zunächst ein Programm geschrieben, das die Module ausliest und als separate Binärdateien auf dem PC speichert. Module speichern in den ersten vier Datenwörtern den Modulnamen, ähnlich wie ein Dateiname. Das erste wichtige Modul liegt an Index 2. Dort befindet sich das *File Information Table* (FIT). Es beinhaltet ein Inhaltsverzeichnis über alle verwendeten Module; mit Index, Name, Größe und der Cylinder-Head-Sektor Adresse. Um die Bedeutung der Werte zu ermitteln, wurden sie zunächst in Zeichenketten bzw. Dezimalzahlen konvertiert. Mit Hilfe eines *Service Manuals* [SAMS05] für Festplatten vom Typ SP2504C P120S konnten wir den Werten eine Bedeutung zuordnen und unseren eigenen Interpreter für das Inhaltsverzeichnis schreiben.

Durch die FIT konnten wir das Modul 16 als Security-Modul identifizieren und näher untersuchen. Um die Position der Passwörter zu finden, wurde zunächst eine Kopie des Moduls auf dem PC als Referenz gespeichert. Nun wurde zuerst das Master Password gesetzt und anschließend das Modul erneut gespeichert. So konnten wir die beiden Kopien miteinander vergleichen und Änderungen feststellen. Das Master Password wurde im Klartext an Offset W:005B08 des Modules geschrieben. Beim Auslesen muss lediglich auf die Byte-Reihenfolge der Datenwörter geachtet werden, um die Zeichenfolge in die richtige Reihenfolge zu bringen. Wir haben den Schritt noch einmal wiederholt, nachdem wir das User Password gesetzt haben. Dies wird ebenfalls im Klartext an Offset W:005B18 gespeichert. Ab diesem Zeitpunkt waren wir in der Lage, eine gesicherte Festplatte durch manuelle Eingabe der Passwörter zu entsperren.

Eine weitere Möglichkeit ist das Zurücksetzen der Passwörter. Dazu werden die Passwörter mit *Null*-Bytes überschrieben. Dafür wird das Security-Modul einer zuvor gesperrten Festplatte mit dem Befehl RM 16 ausgelesen. Es genügt, das erste Datenwort zu überschreiben. Mit MW 5B08 0000 und MW 5B18 0000 werden jeweils die ersten beiden Zeichen der Passwörter ersetzt und werden als Passwörter der Länge 0 gewertet. Im letzten Schritt muss das modifizierte Modul wieder als Modul 16 gespeichert werden. Dazu wird über das Terminal ein WM 16 gesendet. Beim nächsten Einschalten der Festplatte sind keine Schutzmaßnahmen mehr aktiv, da für die Festplatte keine Passwörter vorhanden sind. Diese einfache Manipulation der Daten ist nur möglich, weil die Firmware keine Prüfsummen vorsieht, um die Integrität der Daten zu überprüfen.

Die letzte Möglichkeit, die in diesem Beitrag vorgestellt werden soll, ist das Überschreiben der *Security Flags*. Diese geben an, ob die Festplatte gesperrt ist und ob das Master Password geändert wurde. Der ATA-Standard gibt vor, dass eine Revisionsnummer angibt, ob das Passwort geändert wurde. Mit jedem Setzen des Master Passwords wird die Revisionsnummer um eins erhöht. Um die Adresse der Security Flags und der Revisionsnummer ausfindig zu machen, wurden die drei Modulkopien aus dem vorangehenden Absatz noch einmal untersucht. Besonders interessant ist hierbei die Beobachtung in der Zustandsänderung vom gesetztem Master Password zu zusätzlich gesetztem User Password. Es zeigen sich in diesem Fall Unterschiede an zwei Datenworten unmittelbar nach dem Modulnamen. Das Adressoffset W:005B05 bezeichnen wir als Security Flags. Hier konnten wir eine Veränderung feststellen. Das untere Ende des Datenworts hat sich von 0x00 nach 0x01 verändert. An Offset W:005B06 findet sich die Revisionsnummer des Master Passwords. Um nun den Passwortschutz zu entfernen, laden wir das Modul 16 erneut in den Speicher. Dies erfolgt mit dem Befehl RM 16. Der Befehl MW 5B05 0000 fffe überschreibt die Security Flags und die Revisionsnummer mit dem Standardwert [T1397] für ein nicht gesetztes Master Password. Bevor die Festplatte ausgeschaltet wird, werden die Änderungen per WM 16 zurück an Index 16 geschrieben. Wird die Festplatte nun eingeschaltet, sind keine Schutzmaßnahmen aktiv und es kann auf die Benutzerdaten zugegriffen werden.

Der Vorteil unserer Methode sind die geringen Kosten der Bauteile. Ein selbst gebauter RS-232 Pegelwandler kostet weniger als 10 €, was im Vergleich zu den anderen die günstigste Lösung darstellt (vergl. Tabelle 3). Der Nachteil ist jedoch die eingeschränkte Kompatibilität zu anderen Festplatten. Da die Terminaleinstellungen variieren und nicht alle Festplatten über diese Schnittstelle verfügen, ist dieser Ansatz nicht für alle Festplattentypen geeignet. Zusätzlich entstehen weitere Kosten, wenn das nötige Equipment nicht bereits vorhanden ist. Eine günstige Lötstation inklusive Lötdraht kostet zusammen 15 €. Alternativ kann der Versuchsaufbau auf einem kleinen Experimentier-Steckboard für 2,55 € zusammengebaut werden. Je nachdem ist also mit einer Kostenspanne von 10 – 25 € zu rechnen.

Unserer Einschätzung nach haben unerfahrene Bastler die Möglichkeit, diese Verfahren in wenigen Stunden umzusetzen. Der von uns verwendete RS-232 Pegelwandler ist als Schaltplan im Datenblatt [MAXI] zu finden. Weil die Schaltung wiederverwendet werden kann, entsteht nur ein einmaliger Mehraufwand an Zeit für den Zusammenbau. Der Anwender muss für jeden Festplattentyp nur einmalig das Security-Modul ausfindig machen und die Struktur analysieren.

4 Zusammenfassung und Ausblick

Wir haben gezeigt, dass es sowohl Online-Services, als auch professionelle kommerzielle Lösungen gibt, die jede Zielgruppe abdecken, um den Passwortschutz einer Festplatte zu entfernen. Unsere Methode zeigt, dass es auch für Personen ohne Vorwissen über die interne Funktionsweise von Festplatten möglich ist, die ATA-Sicherheitsmaßnahmen zu entfernen. Neben der einfachen technischen Konstruktion machen die geringen Kosten das vorgestellte Verfahren besonders interessant, weil nun das Untersuchen der Festplattenfirmware nicht mehr nur Experten vorbehalten ist. Dies bedeutet aber auch, dass bei Verlust des Datenträgers ein gesetztes ATA-Passwort keinen ausreichenden Schutz der Daten mehr gewährleistet. Mit wenig Aufwand ist es möglich, die Schutzmaßnahmen zu umgehen.

Es hat sich außerdem gezeigt, dass die Samsung SP2504C P120S über keine Gegenmaßnahmen verfügt, um Manipulationen an der Konfiguration der Firmware festzustellen. Eine einfache Verifikation von Prüfsummen hätte zumindest gereicht, um Änderungen an den Sicherheitseinstellungen zu erschweren. Dass auch sicherheitsrelevante Informationen (wie Passwörter) unverschlüsselt im Klartext abgespeichert werden, weist auf einen erheblichen Sicherheitsmangel bei der Implementierung des Security Feature Set bei dieser Festplattenserie hin.

Der nächste Schritt zur Verbesserung unseres Verfahrens besteht in der Integration des Super-On-Befehls für dieses Festplattenmodell. Die zusätzliche Hardware würde wegfallen und die Geschwindigkeit, mit der die Firmware ausgelesen werden kann, würde drastisch steigen. Mit Super-On-Befehlen können auch Festplatten ausgelesen werden, die über keine serielle Diagnoseschnittstelle verfügen.

Danksagung

Wir danken den anonymen Gutachtern für ihre Kommentare zur Verbesserung des vorliegenden Beitrags. Außerdem bedanken wir uns bei Sven Schmitt, Thomas Willkomm und Gerhard Wagner vom Bundeskriminalamt für die großartige Unterstützung bei unseren Praxistests.

Literatur

[ACE12] ACE Laboratory, PC-3000 for Windows UDMA. http://www.acelaboratory.com/pc3000.udma.php (2012), last Retrieved: April, 19th 2012.

[AFF12] A-FF Laboratory, Data Recovery. http://hdd-tools.com/ (2012), last retrieved: Jan, 30th 2012.

[Andr06] Andrej: Palo does not come with the preparation of safe (translated). http://www.hardw.net/forum/topic6825.htm (2006).

[anon08] anonymous: List of hard disk ata master passwords. http://ipv5.wordpress.com/2008/04/14/list-of-hard-disk-ata-master-passwords/ (2008).

[Fran10] P. Franck: Data Recovery Techniques. http://events.ccc.de/congress/2010/Fahrplan/events/4231.en.html (2010), last retrieved: Jan, 30th 2012.

[hdds10] hddstudio: Seagate Diagnostic Command List. http://forum.javaxtreme.org/showthread.php?t=103 (2010).

[MAXI] MAXIM: True RS-232 Transceivers. MAXIM, Maxim Integrated Products, Inc. 120 San Gabriel Drive Sunnyvale, CA 94086 USA, rev. 5 Aufl.

[Mess99]   H. Messmer: The Indispensable PC Hardware Book (3rd Edition). Addison-Wesley (1999).

[Rosc03]   W. L. Rosch: The Winn L. Rosch Hardware Bible. Que Corp., Indianapolis, IN, USA, 6th Aufl. (2003).

[SAMS05]   SAMSUNG: Hard Disk Drive service manual - P120S Series. SAMSUNG, Samsung Semiconductor Europe GmbH Kölner Strasse 12 65760 Eschborn, Germany, p120s series Aufl. (2005).

[Seag07]   L. Seagate Technology: Momentus 7200.2 SATA Product Manual. Seagate, 920 Disc Drive, Scotts Valley, California 95066-4544, USA, revision d Aufl. (2007), publication Number: 100451238.

[SLMS11]   M. van Smoorenburg, J. Lahtinen, A. C. de Melo, J. Seymour: minicom - friendly serial communication program (2011).

[T1397]   T13: AT Attachment 3 Interface (ATA-3). http://www.t13.org/documents/UploadedDocuments/project/d2008r7b-ATA-3.pdf (1997).

[T1308]   T13: AT Attachment 8 - ATA/ATAPI Command Set (ATA8-ACS). http://t13.org/Documents/UploadedDocuments/docs2006/D1699r3f-ATA8-ACS.pdf (2008).

[Tony07]   B. J. Tony Sammes: Forensic Computing - Second Edition. Springer (2007).

[Vids06]   A. Vidström: Computer Forensics and the ATA Interface. Technical report E7091, FOI, Swedish Defence Research Agency Command and Control Systems Box 1165 SE-581 11 LINKÖPING Sweden (2006).

Design einer sicheren Architektur für mobile Apps

Georg Lukas[1] · Daniel Mahrenholz[1] · Stefan Schemmer[1]
Ralf Schumann[2]

[1]rt-solutions.de GmbH
{lukas | schemmer | mahrenholz}@rt-solutions.de

[2]FHDW Bergisch Gladbach
ralf.schumann@fhdw.de

Zusammenfassung

Applikationen für mobile Endgeräte („Apps") erlauben den Kunden einen direkten und schnelleren Zugriff auf Informationen eines Unternehmens. Gleichzeitig bieten sie neuartige Funktionen wie mobiles Bezahlen und Couponing. Eine Integration solcher Apps in eine bestehende IT-Landschaft muss allerdings immer auch die neu entstehenden Security-Risiken berücksichtigen. In dieser Arbeit wird eine IT-Architektur für sichere Apps entwickelt. Dabei werden zunächst ausgehend von mehreren Use-Cases die anfallenden Informationsarten mit ihren jeweiligen Schutzzielen herausgestellt und die notwendigen funktionalen Infrastrukturkomponenten abgeleitet. Für diese wird eine Bedrohungsanalyse durchgeführt und entsprechend dieser die notwendigen Sicherheitsmaßnahmen erarbeitet. Aus der Kombination der Sicherheitsmaßnahmen und der funktionalen Komponenten wird dann die Ziel-Architektur entwickelt und präsentiert. Diese systematische Vorgehensweise kann als Vorlage genutzt werden, um in anderen Umgebungen Applikationen einzuführen, die bessere Interaktionsmöglichkeiten für Kunden versprechen und ihre Loyalität nachhaltig verbessern können.

1 Einleitung

Die rasant steigende Verbreitung von Smartphones und Tablets eröffnet nicht nur einen neuen Zugang zu den Waren eines Handelsunternehmens, sondern bietet auch zahlreiche Möglichkeiten, die Kundenbindung durch direktere und zielgerichtetere Kundenkommunikation zu verbessern. Dies kann über mobile Applikationen ("Apps") oder eine für mobile Geräte angepasste Web-Präsenz erfolgen. Zudem entsteht mit den mobilen Geräten auch ein neuer Markt zum Absatz „digitaler Produkte". Um diese neuen Kanäle in die IT-Infrastruktur eines Unternehmens einbinden zu können, muss diese erweitert und auch ein Teil der typischen Abschottung von außen nach innen aufgegeben werden. Dabei müssen die Security-Aspekte angemessen behandelt werden, da insbesondere Kundendaten als persönliche Informationen sehr hohe Schutzanforderungen genießen und die neuen Kommunikationskanäle und –schnittstellen potentielle Angriffsvektoren eröffnen.

In dieser Arbeit wird eine systematische Vorgehensweise aufgezeigt, die ausgehend von den Anwendungsszenarien „*Customer Self-Service*", „*Virtuelle Kundenkarte*" und „*Digitale Produkte*" die nötigen Erweiterungen und Anpassungen bestimmt. Aus einer Analyse der in den

Szenarien zu verarbeitenden *Informationen* wird deren Schutzbedarf ermittelt, und dieser auf die *funktionalen Bausteine* der entwickelten Architektur abgebildet. Anhand einer Bedrohungsanalyse werden die Komponenten der Architektur und die Kommunikationsprotokolle ausgewählt und umgesetzt. Die so entwickelte Architektur wird vorgestellt.

Durch die systematische Herangehensweise ist es möglich, den Schutzbedarf der verarbeiteten Informationen von Beginn an in der Architektur der IT-Systeme zu berücksichtigen und frühzeitig eine risikobewusste Abwägung zwischen Performance- und Security-Aspekten zu ermöglichen, die zu einer effizienteren und kostengünstigeren IT-Infrastruktur führen, ohne dabei die Sicherheit der Informationen zu gefährden.

2 Anwendungsszenarien

Im Folgenden werden drei ausgewählte Anwendungsszenarien vorgestellt, die durch eine Smartphone-/Tablet-App und entsprechende Infrastruktur-Erweiterung umgesetzt werden sollen. Die dabei primär verarbeiteten Daten sind fett hervorgehoben.

2.1 Customer Self-Service

Ein wichtiger Teil der Kundenbeziehung ist der Kontakt zum Kunden. Mittels einer App wird den Kunden eine direktere Interaktionsmöglichkeit mit dem Unternehmen gegeben. Die Kunden erhalten die Möglichkeit, ihre gespeicherten **Kundendaten** einzusehen und zu bearbeiten, Kontakt mit dem Unternehmen aufzunehmen sowie Informationen über **Filialen** und **Werbe-/Rabattaktionen** zu erhalten. Im Gegenzug ergeben sich durch den Self-Service eine höhere Datenqualität und somit Einsparungen im Kundenservice.

Hierzu ist eine Anbindung an ein bestehendes CRM-System notwendig, in dem die Kunden- und Filialdaten gespeichert werden. Ferner müssen sich die Kunden gegenüber dem System authentifizieren können, bevor sie Einblick in ihre persönlichen Daten erhalten.

2.2 Virtuelle Kundenkarte

Zur Stärkung der Kundenbindung wird die Smartphone-App zusätzlich auch als virtuelle Kundenkarte benutzt, um beispielsweise einen Kundenrabatt bei jedem Einkauf anzubieten, oder um persönliche **Coupon-Codes** einzulösen (Mobile Couponing). Dabei kann die Einbindung beim Bezahlvorgang entweder mittels NFC (Near Field Communications) oder über einen auf dem Display eingeblendeten Barcode erfolgen. Für die Kunden hat die virtuelle Kundenkarte den Vorteil, dass sie keine zusätzliche Plastikkarte mitnehmen müssen und auch spontan Gutscheine einlösen können.

Neben der CRM-Anbindung und der Kunden-Authentifizierung muss hierbei auch eine Integration in das Bezahlsystem erfolgen.

2.3 Digitale Produkte

In einigen Branchen, insbesondere bei Kulturgütern wie Musik, Videos und Büchern, ist der Trend zu erkennen, dass immer mehr Kunden elektronische Versionen der jeweiligen Produkte („**digitale Produkte**") nachfragen, um diese auf ihrem Mobilgerät zu konsumieren. Dies setzt allerdings voraus, dass die Inhalte für den Kunden immer verfügbar sind, da hier eine entsprechend hohe Erwartung vorherrscht. Die digitalen Produkte müssen den Kunden, die dafür bezahlt haben, zugänglich gemacht werden, und auch für eine lange Zeit für den Fall eines erneuerten Download-Wunsches vorgehalten werden.

Neben einer auch hier erforderlichen Authentifizierung der Kunden muss das CRM-System erweitert werden, um die einem bestimmten Kunden zugeordneten Käufe/Downloads zu vermerken. Ferner muss ein Storage-System eingerichtet werden, welches die Download-Daten für die (autorisierten) Kunden bereithält. Ein DRM-System zum Einschränken der Weiternutzung durch den Kunden ist nicht Teil der vorgestellten Arbeit, würde bei Bedarf aber durch eine Schlüsselmanagement-Komponente im CRM-System unterstützt werden können.

3 Schutzziele

Als Schutzziele, insbesondere im Zusammenhang mit Kauf-/Zahlungsvorgängen gelten:

- Vertraulichkeit: Unberechtigte dürfen keine Kenntnis von den Kundendaten bzw. Kauf-/Zahlungsvorgängen erlangen können.
- Integrität: die Kundendaten dürfen nur durch berechtigte Personen (Kunden, ggf. Service Center) verändert werden. Informationen zu Kauf-/Zahlungsvorgängen dürfen nachträglich überhaupt nicht mehr verändert werden.
- Verfügbarkeit: der Zugang zu den Diensten bzw. digitalen Gütern ist zu jeder Zeit gewährleistet und die Dienste werden mit einer angemessen Leistung erbracht.
- Datenschutz: die Erfassung, Speicherung, Verarbeitung und Übertragung von Informationen erfolgt in Übereinstimmung mit den gesetzlichen Vorgaben zum Datenschutz (z.B. BDSG).

Als besondere Eigenschaft der Systeme und Prozesse für den Kauf-/Zahlungsvorgang wird die Nichtabstreitbarkeit gefordert, d.h. der Vorgang muss derart nachvollziehbar sein, dass keine Partei die Rechtsverbindlichkeit wirksam abstreiten kann.

4 Grundlegende Komponenten

Ausgehend von den Anwendungsfällen muss eine Architektur entwickelt werden, die den Kunden mittels einer App Zugang zu den für sie freigegebenen Daten und Inhalten erlaubt. Dabei gilt zu beachten, dass einerseits die Authentifizierung auf einem mobilen Gerät für den Kunden aufwändiger ist, andererseits aber auch die Kunden ihre Geräte austauschen können oder über mehrere Geräte verfügen. Ferner greifen sie nicht zwingend über eine breitbandige Internetverbindung auf die Dienste zu, sondern können unterwegs über eine schlechte oder auch gar keine Mobilfunkverbindung verfügen.

Um diese Anforderungen abzudecken, werden bei der Architekturentwicklung im Folgenden die Aspekte Identitätsmanagement, Informationsmanagement und funktionale Bausteine betrachtet.

4.1 Identitätsmanagement

Da mobile Geräte in den allermeisten Fällen persönlich sind und nicht weitergegeben werden, ist es zweckmäßig, bei der ersten Anmeldung mit einem Gerät am Kundenportal dieses an den Kunden zu binden, um zukünftige Anmeldungen zu erleichtern. Allerdings sollte der Kunde die Option haben, sich auf einem bestimmten Gerät nur für eine einmalige Nutzung anzumelden, falls er nicht der (alleinige) Besitzer ist.

Im weiteren Nutzungsverlauf muss dem Kunden die Möglichkeit gegeben werden, einen Überblick über die authentifizierten Geräte zu erhalten, und die Bindungen zu widerrufen. Zur Änderung wichtiger Daten (Anschrift, Bankdaten, Kontaktmöglichkeiten) ist es ferner zweckmäßig, eine erneute Abfrage der Zugangsdaten zur Prüfung der Identität voranzustellen.

4.2 Informationsmanagement

Die Infrastruktur des Unternehmens muss für die Integration von Smartphone-Anwendungen erweitert werden. Dabei werden zusätzliche Daten, über die das Unternehmen verfügt, exponiert. Im Folgenden findet eine Betrachtung der Daten und ihrer Schutzbedarfe statt. Diese werden für die Schutzziele in die Stufen von „niedrig" (kein Schutzbedarf) über „normal" (Basisschutz) zu „hoch" (besonderer Schutzbedarf) quantifiziert.

4.2.1 Filialdaten und Werbeaktionen

Den Kunden müssen Informationen über die Filialen bereitgestellt werden. Ferner können aktuelle Werbeaktionen regional und zielgerichtet den Kunden bekanntgegeben werden. Die vorliegenden Informationen sind öffentlich verfügbar, sollten jedoch nicht von Dritten manipuliert werden können.

Schutzbedarf: Vertraulichkeit (niedrig), Integrität (normal), Verfügbarkeit (normal), Datenschutz (niedrig)

4.2.2 Kundenbestandsdaten

Kundenbestandsdaten sind Informationen über einzelne Kunden, die im CRM gespeichert werden. Dies betrifft nur Kunden, die ein Kundenkonto besitzen oder in den letzten 6 Monaten von etwaigen eCommerce-Diensten des Unternehmens Gebrauch gemacht haben:

- Kundennummer
- Name, Anschrift
- Bankdaten / Bezahlverfahren
- Opt-In-Liste (Werbemaßnahmen, denen der Kunde zugestimmt hat)
- Ausgestellte Kundenkarte(n)
- Verlauf der Kundenkommunikation
- Liste der Authentifizierungs-Token

Schutzbedarf: Vertraulichkeit (hoch), Integrität (hoch), Verfügbarkeit (normal), Datenschutz (hoch)

4.2.3 Virtuelle Kundenkarte bzw. Coupon-Codes

Die Kundennummer bzw. der Gutscheincode muss vom Kassensystem validiert werden. Dabei kann es Einschränkungen geben, die geprüft werden müssen (nur einmalig einlösbar, nur von bestimmten Kunden einlösbar, nur einmal pro Kunde einlösbar, nur für bestimmte Filialen, nur in bestimmten Kombinationen einlösbar). Diese Prüfung muss im CRM oder im Kassensystem erfolgen und bei Erfolg muss der Kaufpreis entsprechend angepasst oder dem Kunden müssen Bonuspunkte gutgeschrieben werden.

Schutzbedarf: Vertraulichkeit (normal), Integrität (hoch), Verfügbarkeit (normal), Datenschutz (normal)

4.2.4 Digitale Produkte

Der Kunde kann Zugriff auf bestimmte digitale Daten erwerben, die ihm danach zum Download angeboten werden. Da der Kunde u.U. sein Gerät wechselt oder zurücksetzt, müssen die Daten auch nach dem unmittelbaren Kauf vorgehalten werden, um ihm den Zugriff zu erlauben. Da das Angebot an digitalen Produkten im Allgemeinen sehr große Datenmengen vorhalten muss, sind diese auf einem geeigneten Server-System zu speichern und den Kunden entsprechend ihren erworbenen Zugriffsrechten verfügbar zu machen.

Schutzbedarf: Vertraulichkeit (normal), Integrität (normal), Verfügbarkeit (hoch), Datenschutz (niedrig)

4.3 Funktionale Bausteine der Infrastruktur

Die Bereitstellung eines Informationsdienstes auf den mobilen Geräten der Kunden ist eine verteilte Anwendung. Die Darstellung und Interaktion mit dem Kunden erfolgt als App auf dem Kundengerät. Um die Daten für die App bereitzustellen, müssen auf Seiten des Unternehmens entsprechende Schnittstellen geschaffen werden. Da der Zugang über das Internet erfolgt, sind diese mit geeigneten Methoden gegen Missbrauch zu schützen. Aus den funktionalen Anforderungen der Anwendung ergeben sich dabei im Wesentlichen drei Arten von Daten: öffentliche Daten mit geringem Volumen (Filialdaten), personenbezogene Daten mit moderatem Volumen (Kundenbestandsdaten und virtuelle Kundenkarte) sowie nicht personenbezogene Downloaddaten mit beschränktem Nutzerkreis und sehr hohem Datenvolumen (digitale Produkte).

Entsprechend dem Datenaufkommen ist es daher zweckmäßig, die Bereitstellung der Dienste und Daten auf separate, neu einzuführende Server zu trennen, die ein für die App geeignetes Protokoll anbieten.

Daraus ergeben sich folgende funktionale Bausteine:

- **Mobile Geräte** des Kunden (Smartphone oder Tablet-PC), führen die App aus,
- **App-Server**, stellen Schnittstellen zum Zugriff auf Kunden- und Filialdaten bereit,
- **CRM-Server**, verwalten die Kundenbestandsdaten in einem internen Format,
- **Bezahlsystem**, wickelt Kaufvorgänge unter Nutzung der Kundenkarte/Gutscheine ab,
- **Digital Media-Server**, stellen Download-Inhalte gegenüber der App bereit,
- **Datenbank-Server**, beinhalten die eigentliche Kundendatenbank,
- **Storage-Server**, beinhalten die eigentlichen digitalen Produkte (Download-Inhalte).

5 Bedrohungsanalyse

Zur Analyse der Bedrohungen und der Ableitung geeigneter Sicherheitsmaßnahmen wird nach zwei parallelen Ansätzen verfahren. Zum ersten werden Bedrohungen im Großen (auf die Prozesse bzw. das Gesamtsystem) und im Kleinen (auf Komponenten und Prozessschritte) betrachtet. Zum zweiten wird der Schutzbedarf der betrachteten Informationsblöcke auf die Systembausteine abgebildet, die damit umgehen. Die Festlegung der Schutzmaßnahmen erfolgt dabei nach einer qualitativen Impact-Analyse, die im Gegensatz zu einer Risikoanalyse nur das potentielle Schadensausmaß und nicht die Eintrittswahrscheinlichkeit betrachtet. Diese in der Praxis typische Vereinfachung wird gewählt, da sich die Wahrscheinlichkeiten kaum schätzen lassen und zudem von den bestehenden Sicherheitsmaßnahmen abhängig sind, die es zu definieren gilt.

Als Bedrohungen im Großen werden betrachtet:

- Fremdnutzung der virtuellen Kundenkarte zum Bezahlen,
- Ausspähen von Kundendaten,
- Denial of Service / Ressourcenmissbrauch der Plattform,
- Manipulation des Fimenauftritts (Defacement).

Die missbräuchliche Nutzung der Kundenkarte ist am schwerwiegendsten, da dabei unmittelbare finanzielle Schäden und die größten Image-Schäden entstehen. Das Ausspähen von Kundendaten führt durch das starke öffentliche Bewusstsein sehr wahrscheinlich zu einem signifikanten Image-Schaden und ggf. zu strafrechtlichen Konsequenzen, wenn Datenschutzgesetze verletzt werden. Die Unterbrechung oder Einschränkung der Dienste (Denial of Service) führt einerseits zu einem wirtschaftlichen Schaden, zieht aber auch einen Reputationsverlust nach sich. Die Manipulation des Firmenauftrittes (z.B. Veränderung des Contents in der App oder auf beteiligten Webseiten) führt ebenfalls zu einem Imageverlust mit entsprechend nachgelagerten wirtschaftliche Schäden.

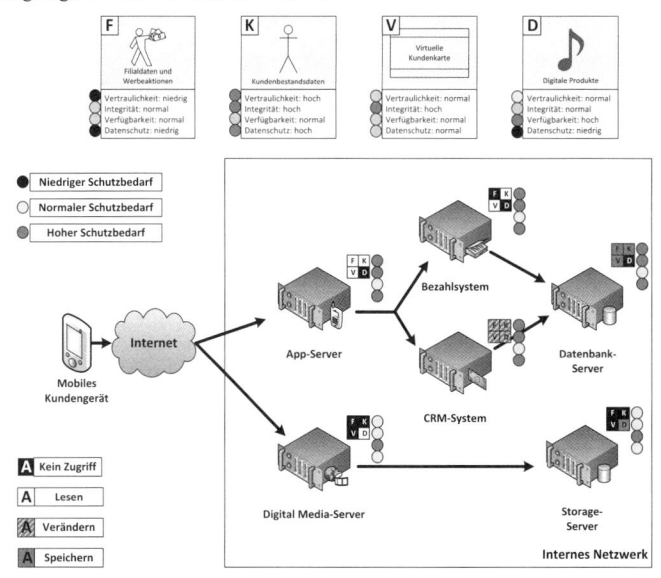

Abb. 1: Abbildung der Schutzbedarfe auf funktionale Bausteine

Die wesentlichen Informationen wurden im Abschnitt 4.2 vorgestellt. Für die Bedrohungs- und Risikoanalyse im Kleinen werden zunächst die Schutzbedarfe der Informationen auf die Infrastruktur abgebildet. Dazu wird für jede Komponente betrachtet, ob und wie sie mit den Informationen interagiert (siehe Abbildung 1). Für jede Information (F – Filialdaten und Werbeaktionen; K – Kundenbestandsdaten; V – Virtuelle Kundenkarte; D – Digitale Produkte) ist dabei farblich kodiert, ob eine Komponente die Information nur liest (oder durchleitet), verändert (verarbeitet) oder dauerhaft speichert – die vorangehenden Interaktionen sind jeweils eingeschlossen. Der Schutzbedarf je Komponente ergibt sich nun aus dem Maximum jeder einzelnen Information, auf die mindestens lesend zugegriffen wird. Das Ergebnis erlaubt es jetzt, für Bedrohungen im Kleinen das Risiko bzw. den Impact zu bewerten.

5.1 Bedrohungen der virtuellen Kundenkarte

Im Folgenden wird die Bedrohungsanalyse im Kleinen für die virtuelle Kundenkarte exemplarisch ausgeführt. Die vollständige Aufzählung würde den Rahmen des Artikels sprengen. Als Bedrohungen werden dabei sowohl konkrete (z.B. Abhören der Internetkommunikation) als auch generische (Lesen, Löschen, Verändern, Kopieren) betrachtet. Die generischen Bedrohungen fassen verschiedene Möglichkeiten zusammen, unberechtigt auf die Informationen zuzugreifen. Kopieren beschreibt dabei die Möglichkeit, Informationen zu lesen und an anderer Stelle (z.B. auf einem anderen Gerät) derart wiederherzustellen, dass sie dort wie beim Original verwendet werden können (Klone). Für alle Bedrohungen werden mögliche Gegenmaßnahmen beschrieben und diese ggf. ebenfalls daraufhin betrachtet, ob und wie sie umgangen werden können.

Tab. 1: Bedrohungsanalyse für die virtuelle Kundenkarte

Bedrohung	Mögliche Auswirkung	Betroffene Schutzziele
Auslesen aus dem Endgerät	Ausspähen Kundendaten / Tracking	Vertraulichkeit, Datenschutz
Abhören bei der NFC-Übertragung		
Abhören bei der Internet-Übertragung		
Auslesen auf dem App-Server		
Löschen auf dem Gerät	Denial-of-Service für Einzelnutzer	Verfügbarkeit
Ändern auf dem Gerät		Integrität, Verfügbarkeit
Ändern bei der Internet-Übertragung		
Ändern auf dem App-Server	Identitätsdiebstahl	Integrität, Verfügbarkeit, Datenschutz
Kopieren/Klonen auf anderes Gerät		Integrität, Datenschutz

5.2 Sicherheitsmaßnahmen

Aus den aufgezählten Bedrohungen ergeben sich die folgenden Sicherheitsmaßnahmen:
- Verschlüsselung der Daten auf dem Endgerät mit Zugriffsschutz (z.B. PIN),

Design einer sicheren Architektur für mobile Kundenapplikationen 45

- Verschlüsselung der Datenübertragung (Einmalschlüssel für NFC, HTTPS für die Internetübertragung),
- Konsistenzprüfung der Daten auf dem Endgerät, Bindung an das Gerät über Hardware-Merkmale und Möglichkeit zur Wiederherstellung nach Löschung oder Veränderung aus den zentral gespeicherten Daten,
- Schutz der App- und Digital Media-Server mit den typischen RZ-Maßnahmen (Zugangs-/Zugriffschutz, Härtung, Patch-Management, etc.) und sofortige Löschung von Informationen nach Weitergabe/Verarbeitung, d.h. kein Caching, lokale Speicherung o.Ä.

Diese Maßnahmen selber sind ggf. auch angreifbar. So könnte ein Angreifer versuchen, die Gerätemerkmale durch Manipulation des Betriebssystems zu fälschen. Dies kann durch Prüfung der Signaturen der Anwendung und des Betriebssystems sowie eines vorhandenen Root-Zugangs/JailBreak erschwert, aber nicht unmöglich gemacht werden. Analog könnte eine HTTPS-Übertragung durch die Einschleusung falscher Root-Zertifikate oder die Manipulation des Netzwerk-Stacks auf dem Endgerät abgehört oder manipuliert werden. Dies sind aber sehr spezielle Angriffe, die auf dem Gerät besondere Rechte erfordern, aber nie ausgeschlossen werden können. Es bleibt somit ein Restrisiko, das akzeptiert werden muss.

Weitere wesentliche Sicherheitsmaßnahmen, die sich nicht aus den obigen Bedrohungen ableiten, aber im Rahmen der Gesamtbetrachtung erarbeitet wurden, sind:

- Trennung des Netzwerks in dedizierte Sicherheitszonen,
- Einschränkung der Schnittstellen zwischen den Sicherheitszonen/Komponenten.

6 Aufbau der Architektur

Aus dem Schutzbedarf der verarbeiteten Informationen und den Eigenschaften der Komponenten leiten sich die sinnvollen Sicherheitsmaßnahmen ab. Die Betrachtung der Anforderungen ergibt zudem, dass sowohl App-Server als auch Digital Media-Server gegenüber dem Internet exponiert sein müssen, und über dieses mit der App kommunizieren. Die Betrachtung der Schutzziele zeigt jedoch auf, dass der App-Server personenbezogene Daten verarbeiten muss, der Digital Media-Server jedoch nicht. Aus diesem Grund empfiehlt sich eine weitere Trennung nach dem need-to-know-Prinzip, bei der auf eine Zusammenlegung der Server auf dieselbe Hardware oder in dasselbe Netzwerksegment verzichtet wird.

6.1 Aufbau der Sicherheitszonen

Aus der Analyse des Schutzbedarfs für die Komponenten ergeben sich stark abweichende Schutzanforderungen für den App-Server und den Digital Media-Server. Aus diesem Grund werden die Server in getrennten Sicherheitszonen in der DMZ aufgestellt. Ferner werden gesicherte Verbindungen von App- und Digital Media-Server zum CRM-System hergestellt, die darauf beschränkt sind, die Kunden-Authentifizierung durchführen bzw. beim App-Server persönliche Daten bearbeiten zu können. Für die Bezahlung digitaler Inhalte „aus der App heraus" wird ferner eine gesicherte Verbindung vom App-Server zum Bezahlsystem eingerichtet.

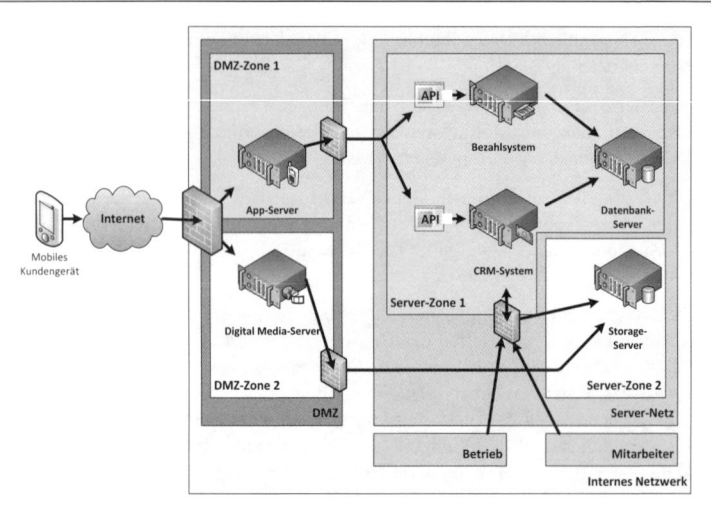

Abb. 2: Architektur mit Sicherheitszonen

Die so entstandene Architektur (Abbildung 2) bietet ein mehrschichtiges Sicherheitskonzept. Nutzer oder eventuelle Angreifer, die das mobile Gerät unter ihrer Kontrolle haben, können lediglich auf relativ unkritische Daten des einen authentifizierten Nutzers zugreifen. App- und Digital Media-Server bieten nach außen lediglich eine Schnittstelle, die persönliche Informationen nur nach Authentifizierung preisgibt. Die jeweiligen Server haben lediglich Zugriff auf die für ihre Funktionsweise erforderlichen Inhalte im separat geschützten CRM-System bzw. Storage-Bereich im Firmen-Backend. Beim CRM wird der Zugriff dabei zusätzlich durch eine speziell angepasste API inhaltlich kontrolliert und beschränkt.

6.2 Mobile Geräte des Kunden

Die Endgeräte werden als bedingt vertrauenswürdig eingestuft, werden jedoch benötigt, um die App auszuführen. Um Missbrauch einzudämmen, müssen sie sich gegenüber der Infrastruktur authentifizieren. Einem Endgerät dürfen nur Informationen angeboten werden, auf die der jeweilige Nutzer Zugriff haben darf. Besonders sensible Daten (Bankdaten, Änderung der Kundendaten) bedürfen einer erneuten Authentifizierung durch PIN oder Kennwort. Auf diese Weise bleibt das Risiko selbst im Fall eines Diebstahls oder einer Gerätemanipulation begrenzt.

Manipulationen an der bei Kunden installierten App können durch eine Betriebssystemseitige Signatur-Prüfung beim Download aus einem kontrollierten App-Portal (iOS: „App Store", Android: „Google Play", …) ausgeschlossen werden. Diese kann jedoch durch Angreifer, die die App auf ihre eigenen Geräte aufspielen, umgangen werden.

Um das Auslesen und Verändern der Kundendaten in der App (Auth-Token, Kundendaten-/Transaktions-Caches) und ihr Klonen zu erschweren, müssen die Daten auf dem Gerät verschlüsselt werden. Der Schlüssel sollte aus einer vom Kunden bei jeder Nutzung einzugebenden PIN in Kombination mit Gerätemerkmalen (IMEI/MAC-Adresse/…) generiert werden.

Ist eine PIN-Authentifizierung aus Usability-Gründen nicht erwünscht, sinkt die erzielbare Sicherheit. Zusätzlich sollte durch geeignete Methoden geprüft werden, ob die App auf einem manipulierten Gerät ausgeführt wird (JailBreak/"root"), z.b. indem man die Betriebssystem-Version gegen eine Whitelist abgleicht.

Die Kommunikation der App mit dem Kassenterminal (NFC) ist durch geeignete Funk-Verschlüsselung und Authentifizierung abzusichern. Für die Kommunikation zu App- und Digital Media-Server kann das verbreitete HTTPS-Protokoll eingesetzt werden. Dabei sollte allerdings nicht der systemweite Zertifikatsspeicher zum Einsatz kommen, sondern das Server- bzw. CA-Zertifikat direkt in der App hinterlegt werden, um Man-in-the-Middle-Angriffe zu erschweren. Authentifizierungsmerkmale sollten nicht direkt übertragen, sondern lediglich mittels Challenge-Response geprüft werden. Diese Maßnahmen können das Abhören und Verändern der Daten auf den Kommunikationswegen sowie das Klonen verhindern.

6.3 App-Server

Der App-Server hat die Aufgabe, für eine mobile App Schnittstellen zu den Daten der Kunden bereitzustellen, die intern von CRM- und Bezahlsystem bezogen werden. Da er gegenüber dem Internet exponiert ist, muss er vor dem Bereitstellen jedweder privater Daten den Kunden (bzw. sein Endgerät) authentifizieren und ihm nur Zugriff auf seine eigenen Daten erlauben. Eine Ausnahme hiervon bilden die öffentlichen Filialdaten, die auch ohne ein Kundenkonto bereitgestellt werden. Ferner kann über den App-Server der Verkauf digitaler Produkte an authentifizierte Nutzer abgewickelt werden. Hierzu ist ggf. eine Anbindung an das Bezahlsystem erforderlich.

Der App-Server muss skalierbar ausgelegt werden, um mit der Nutzerzahl der mobilen App wachsen zu können. Da hier jedoch keine unmittelbare Speicherung von Daten erfolgt, lässt sich ein Wachstum durch Bereitstellung zusätzlicher Server-Instanzen realisieren. Da der App-Server im Internet exponiert ist, werden hier die Best Practices für sichere (Web-)Services, so z.B. [TJSW07] angewendet.

6.4 Digital Media-Server

Im Gegensatz zum App-Server dient der Media-Server dazu, große Datenmengen für die Kunden vorzuhalten, so dass diese im Bedarfsfall heruntergeladen werden können. Hier müssen die Kunden auch authentifiziert werden, und es muss geprüft werden, ob sie Zugang zu bestimmten Dateien erhalten dürfen. Da die vorgehaltenen Daten von den Kunden unmittelbar bezahlt worden sind, wird zusätzlich zur Anwendung der Best Practices ein hoher Verfügbarkeitsgrad erwartet, der durch eine entsprechende Redundanz der Datenspeicher und Frontend-Server abgedeckt werden muss.

Je nach Auslegung der eigenen IT-Infrastruktur kann es zweckmäßig sein, ein Content Delivery Network (CDN) zu nutzen, statt eigene Server bereitzustellen. Dabei ist allerdings zu beachten, dass die eigenen Sicherheitsrichtlinien (vertraglich) auf den Betreiber des CDN übertragen werden müssen, was die Auswahl an möglichen Partnern einschränkt und die finanzielle Attraktivität senkt. Die CDN-basierte Variante wird daher nicht weiter berücksichtigt.

6.5 CRM-Backend

Im CRM-System werden die Kundendaten gespeichert, sowohl persönliche Informationen als auch Daten über das Kundenkonto und die Kundenkarte. Es enthält die zur Authentifizierung von Kunden notwendigen Informationen, bietet allerdings im Allgemeinen keine Authentifizierungs-Schnittstelle, die diese Daten nutzt.

Ferner ist ein direkter Kundenzugang zum CRM-System nicht wünschenswert, da es damit unnötigen Sicherheitsrisiken ausgesetzt wird. Es sollte lediglich authentifizierter Zugriff seitens des App-Servers über eine dedizierte Schnittstelle erlaubt sein. Diese Schnittstelle ist dabei auf die Daten zu beschränken, die durch Kunden gelesen und geändert werden dürfen. Zusätzlich ist eine Integritätsprüfung bei Veränderung durchzuführen.

6.6 Bezahlsystem

Wenn der Kunde seine Kundenkarte oder Coupon-Codes beim Bezahlvorgang nutzt, müssen diese vom CRM überprüft und als Eingabe an das Bezahlsystem gesendet werden. Die Kommunikation erfolgt immer über das Kassensystem des Unternehmens und nicht direkt aus der App heraus. Für den Verkauf digitaler Produkte eignet sich die gleiche Art der Anbindung wie bei dem meistens bereits bestehenden Web-Shop.

6.7 Kommunikationsarchitektur

Als Kommunikationsprotokoll zwischen App und App-Server bzw. Digital Media-Server wird HTTPS eingesetzt, darauf aufbauend die Nutzung von REST+JSON-basierten Web-Services [Croc12], [Rich07]. Durch HTTPS werden die Schutzbedarfe bei der Übertragung im Internet abgedeckt, während die Kombination aus REST+JSON eine leichtgewichtige und funktionale Abstraktion der Daten gewährt. Diese Abstraktion kann sowohl durch native Apps auf verschiedenen Plattformen als auch durch eine (mobile) Web-App effizient genutzt werden. Die App speichert dabei diejenigen Daten lokal ab, die für den Zugriff unterwegs relevant sind (Filial- und Werbeinformationen; Coupon-Codes verschlüsselt), um nicht auf eine mobile Datenverbindung angewiesen zu sein. Relevante Updates können, ein Kunden-Opt-In vorausgesetzt, über einen Push-Mechanismus bereitgestellt werden.

Zur internen Kommunikation werden die von den jeweiligen Systemen bereitgestellten Protokolle verwendet, wobei die Schnittstellen nur nach erfolgter Authentifizierung und nur für die tatsächlich erforderlichen Funktionen freigeschaltet sein dürfen.

6.8 Erstmalige Bindung von Geräten an Kunden

Wie bereits in Abschnitt 4.1 erläutert, ist eine Bindung der Geräte an einen Kunden notwendig, um die Nutzbarkeit zu verbessern und Funktionen wie mobiles Bezahlen und Couponing zu ermöglichen. Um hier eine zusätzliche Hürde gegen das Klonen der Daten zu bieten, wird neben der Kundenkennung und des Passworts ein zusätzliches Merkmal (Aktivierungs-Code) eingeführt, welches dem Kunden auf dem Postweg zugestellt wird. Dieser Code muss bei der Aktivierung der App entweder manuell eingegeben oder mittels QR-Code gescannt werden, und wird dann zusammen mit eindeutigen Gerätemerkmalen verknüpft, um vom App-Server ein Auth-Token zu beziehen.

6.9 Sicherstellung der Nichtabstreitbarkeit

Bei der Nutzung der App für rechtsverbindliche Käufe ist es wichtig, dass beide Parteien im Nachhinein eine Möglichkeit haben, die Wirksamkeit des Geschäfts zu belegen.

Aus Kundensicht gilt hierbei: beim Kauf im Geschäft erhält er neben der Ware auch einen Kassenbon, bei elektronischen Waren kann ein elektronischer Beleg (PDF-Dokument mit Signatur) erstellt und entweder per E-Mail (an eine zu hinterlegende Adresse) oder zusammen mit dem Daten-Download bereitgestellt werden.

Der Nachweis durch den Verkäufer ist schwieriger zu führen. Die Authentizität des Nutzers selbst (und nicht lediglich seines Gerätes) kann nur durch eine PIN-Eingabe beim Bezahlvorgang gewährleistet werden. Dies ist jedoch aus Gründen der Usability, z.b. bei Spontaneinkäufen, nicht immer erwünscht, so dass hier eine Abwägung zwischen Risiko und Beweisbarkeit getroffen werden muss, z.b. in Form der Festlegung eines Mindestbetrags zur PIN-Prüfung. Dabei ist allerdings zu beachten, dass Kunden eine PIN eher vergessen, wenn diese nur selten, also bei großen Beträgen abgefragt wird, was der Usability wieder abträgt.

Wenn keine PIN-Abfrage stattfindet, ist es zweckmäßig, beim Kaufvorgang alle relevanten Daten zu protokollieren – sowohl in der App als auch in der Infrastruktur (App-Server bzw. Kassensystem). Diese Protokolle dienen dann als Indizien für den erfolgten Rechtsvorgang. Um Missbrauch schneller zu erkennen, kann man dem Kunden auf einem anderen Wege (z.b. E-Mail) eine Vorgangsbestätigung zusenden.

7 Resümee

In dieser Arbeit wurde die Einbindung neuartiger Smartphone-Anwendungen in eine bestehende IT-Infrastruktur durch geeignete Vorausplanung systematisch durchgeführt. Ausgehend von drei erwarteten Nutzungsszenarien wurden die jeweiligen Schutzziele und notwendigen Infrastrukturkomponenten definiert. Für diese Komponenten wurden zunächst die Schutzziele ausgehend von den dort verarbeiteten Informationen definiert, und dann mittels einer Bedrohungsanalyse die Sicherheitslösungen abgeleitet. Eine Detailbetrachtung fand dabei nur für eines der drei Anwendungsszenarios statt. Schließlich wurden die angerissenen Lösungen in die Ziel-Architektur integriert. Die daraus abgeleitete Architektur ist nach dem need-to-know-Prinzip in Sicherheitszonen unterteilt und bietet ein mehrschichtiges Schutzsystem für die bearbeiteten personenbezogenen Daten. Dabei werden sowohl die einzelnen Komponenten als auch ihre Kommunikationskanäle untereinander abgesichert. Eine solche Architektur erlaubt das sichere Deployment einer mobilen App, mit der Kunden Zugriff auf ihre persönlichen Daten und digitalen Einkäufe erhalten, und durch die sie mittels Couponing-Aktionen besser angesprochen werden können.

Literatur

[TJSW07] M. Tracy, W. Jansen, K. Scarfone und T. Winograd: SP 800-44v2 Guidelines on Securing Public Web Servers. NIST (2007)

[Croc12] D. Crockford: The application/json Media Type for JavaScript Object Notation (JSON). Online: http://tools.ietf.org/html/rfc4627. (Zugriff am 18. April 2012)

[Rich07] S. R. Leonard Richardson: RESTful Web Services. O'Reilly Media (2007)

Firewalls und Virenscanner auf mobilen Plattformen

Benjamin Adolphi[1] · Hanno Langweg[2]

[1]Promon AS
benjamin.adolphi@promon.no

[2]NISlab – Norwegian Information Security Laboratory
hanno.langweg@hig.no

Zusammenfassung

Das Ziel dieses Papers ist es, einen Überblick über derzeit existierende und erhältliche Firewalls und Virenscanner für mobile Plattformen zu geben. Wir beschäftigen uns mit den Fragen, ob diese Lösungen auf mobilen Plattformen Sinn machen, welchen plattformbedingten Einschränkungen sie unterliegen, welche Lösungen tatsächlich existieren und wie sie funktionieren.

1 Einleitung

In diesem Paper werden Firewalls und Virenscanner auf mobilen Plattformen analysiert. Wir konzentrieren uns hierbei auf Lösungen, die momentan auf diesen Plattformen implementiert sind, und nicht darauf, was theoretisch unter gewissen Voraussetzungen möglich wäre. Unser Ziel ist es, einen Überblick zu verschaffen, wie weit die Sicherheitsindustrie auf mobilen Plattformen gekommen ist, welchen Problemen begegnet wird und ob es überhaupt sinnvoll ist, diese Art von Sicherheitslösungen auf mobilen Plattformen anzubieten. Laut unseres Wissens ist dies der erste Versuch, einen Überblick über tatsächlich implementierte Sicherheitslösungen auf mobilen Plattformen zu verschaffen.

Bei unseren Untersuchungen haben wir uns auf die mobilen Plattformen Android, iOS und Windows Phone beschränkt. Der Grund für die Wahl von Android und iOS liegt in ihrer Popularität. Zur Zeit haben beide Plattformen zusammengenommen laut dem Marktforschungsunternehmen Gartner einen Marktanteil von über 60% [Gart11]. Obwohl Windows Phone zur Zeit noch weit hinter dem Marktanteil von Android und iOS bleibt, ist es eine interessante Plattform, da Microsoft aus der Desktop Welt schon eine Menge Erfahrung mit der Bekämpfung von Malware besitzt und sich dies unter Umständen auch in seiner mobilen Plattform widerspiegelt.

Die untersuchten Sicherheitslösungen zielen darauf ab, die Sicherheit der Systeme zu verbessern. Auf den untersuchten Plattformen ist das Sicherheitsmodell jedoch im Vergleich zu Desktop Plattformen um einiges strikter. Dies liegt vor allem daran, dass Anwendungen in einer Sandbox ausgeführt werden und somit daran gehindert werden, auf Systemressourcen und andere Anwendungen Einfluss zu nehmen. Während dies zum einen dazu dient, die Bedrohung durch Malware zu vermindern, schränkt es natürlich auch Anwendungen ein, die die Sicherheit erhöhen wollen. Das Problem, dem sich ernstzunehmende Sicherheitslösungen ausgesetzt sehen, ist die Tatsache, dass Malware mit allen Mitteln versuchen kann, aus der Sandbox auszubrechen, während Sicherheitslösungen sich nach den Regeln der Plattform richten sollten.

Auf Grund der Popularität von Jailbreaking und Rooting wird es Malwareautoren zunehmend einfacher gemacht, Malware zu entwickeln, die aus der Sandbox ausbrechen können. Unter Android wurde bereits Malware entdeckt, die genau dies tut [FFCH+11]. Im Gegensatz dazu scheint es absurd, würde ein Virenscanner oder eine Firewall voraussetzen, dass der Benutzer zuerst das Sicherheitssystem des Geräts mit einem Jailbreak umgehen muss, bevor die Anwendung lauffähig ist. Dass dies teilweise trotzdem der Fall ist, werden wir später zeigen.

2 Firewalls

Firewalls dienen dazu, den eingehenden und ausgehenden Netzwerkverkehr eines Systems zu kontrollieren. Dies dient auf Desktop Plattformen normalerweise dazu, Zugriff auf Dienste des Systems zu verhindern und um Anwendungen daran zu hindern, sensible Daten des Systems an Unautorisierte weiterzugeben. Auf mobilen Plattformen kann noch eine dritte Motivation gefunden werden: Netzwerkverbindungen über ein Mobilfunknetzwerk sind zur Zeit noch relativ teuer bzw. volumenbeschränkt. Mit Hilfe einer Firewall kann so der Netzwerkzugriff datenintensiver Anwendungen beschränkt werden, wenn das Gerät nicht über ein WLAN Netzwerk verbunden ist.

Unter Android und Windows Phone besteht durch das Rechtesystem die Möglichkeit, Anwendungen Zugriff auf das Netzwerk entweder komplett zu verbieten oder zuzulassen. Das Problem mit diesen Lösungen ist, dass dies vom Benutzer zum Installationszeitpunkt festgelegt werden muss und die Anwendung nur dann installiert werden kann, wenn der Benutzer dies erlaubt. Zu einem späteren Zeitpunkt lässt sich das nicht mehr verändern. Unter iOS hat jede Anwendung Zugriff auf das Netzwerk. Die Möglichkeit, Anwendungen auf diese Art einzuschränken ist ein erster Schritt hin zu einer anwendungsbasierten, vom System bereitgestellten Firewall, jedoch noch viel zu unflexibel. Es wäre wünschenswert, den Zugriff näher zu beschränken, z.B. einer Anwendung nur zu erlauben, mit einem vorher spezifizierten Server zu kommunizieren oder nur ein gewisses Protokoll, z.B. HTTPS, zu verwenden. Da dies zu Zeit zumindest noch nicht möglich ist, machen Firewalls zur Erhöhung der Sicherheit der Systeme durchaus Sinn.

Im Weiteren werden wir nun auf existierende Firewalls unter den verschiedenen Plattformen näher eingehen.

2.1 Android

Im Google Play Store sind derzeit diverse Firewall-Lösungen für Android verfügbar. Alle gefundenen Lösungen benötigen ein gerootetes Gerät. Dies liegt daran, dass im Sicherheitsmodell von Android jede nicht-Systemanwendung in einer Sandbox läuft und somit das Beeinflussen von Systemressourcen und andere Anwendungen verhindert wird.

Um eine repräsentative Auswahl aktueller Firewall-Lösungen zur Analyse zu erhalten, haben wir im Google Play Store nach dem Stichwort *Firewall* gesucht und die fünf derzeit beliebtesten Firewalls ausgewählt:

- Avast Mobile Security 1.0.2129
- Droidwall 1.5.7
- Network Firewall 1.2.2

- Root Firewall 0.93
- Internet Firewall 1.10.27

Alle diese Anwendungen basieren auf dem im Linux Kernel integrierten Paketfilter *Netfilter*. Hierbei ist wichtig zu erwähnen, dass das Netfilter Modul nicht unbedingt in den Kernel jedes Geräts integriert ist, weil die Gerätehersteller ihre Kernel üblicherweise selbst und mit maßgeschneiderten Konfigurationen kompilieren. Netfilter wird über das Userspace Kommandozeilen-Tool *iptables* kontrolliert, welches Root-Rechte voraussetzt. Die Skripte, die zum Konfigurieren des Paketfilters verwendet werden, basieren zum Großteil auf dem Open-Source Projekt *Droidwall* [Rodr11].

Die Firewall-Lösungen ermöglichen es dem Benutzer für jede installierte Anwendung, die die Berechtigung hat, auf das Internet zuzugreifen, festzulegen, ob der Zugriff über WLAN oder das Mobilfunknetz gestattet ist. Des Weiteren bietet die Anwendung *Droidwall* noch die Möglichkeit, weitere Regeln über die sehr umfangreiche iptables-Schnittstelle festzulegen. Dies wird aber auf Grund der Komplexität nur von sehr fortgeschrittenen Anwendern in Anspruch genommen werden können.

2.2 iOS

Der Apple AppStore enthält laut unseres Wissens zur Zeit keine Anwendung, die Firewall Funktionalität enthält. Um trotzdem einen Überblick über die Möglichkeiten, eine Firewall unter iOS zu implementieren, zu bekommen, haben wir uns im Anschluss mit dem Angebot von Cydia, einem inoffiziellen AppStore für gejailbreakte iOS Geräte, näher beschäftigt.

Hier lässt sich eine kostenpflichtige Anwendung namens *Firewall iP 2.04-1* finden, die ein gejailbreaktes iOS Gerät voraussetzt. Sie alarmiert Benutzer wenn eine Anwendung eine TCP oder UDP Verbindung öffnet und lässt den Benutzer entscheiden, was anschließend geschehen soll. So ist es möglich, den Zugriff einmalig zu erlauben oder zu blockieren oder eine permanente Regel festzulegen.

Anschließend haben wir die Anwendung genauer untersucht, um zu verstehen, wie die Firewallfunktionalität implementiert wurde. In der Beschreibung der Anwendung in Cydia findet sich ein wichtiger Hinweis: "It hooks into the applications and will warn you if the app wants to establish a connection [...]" [Ylli11]. Das Überwachen der Netzwerkaktivität von Anwendungen wird also anhand von Hooking realisiert.

Ein Blick in das Anwendungs-Bundle bestätigt diese Vermutung. Es beinhaltet eine *MobileSubstrate* Bibliothek namens *ZFirewall.dylib*. MobileSubstrate ist ein Hooking-Framework für gejailbreakte iOS Geräte [Free08]. Es wird verwendet, um Objective-C Nachrichten und Funktionen zu hooken. Erweiterungen, wie *ZFirewall.dylib* werden von MobileSubstrate in beliebige Anwendungen geladen, die anhand eines Filters festgelegt werden können. *Firewall iP* tut dies bei allen Anwendungen, die gegen das UIKit Framework gelinkt sind, was bedeutet, dass alle Anwendungen, die in irgendeiner Art eine grafische Oberfläche haben, von *Firewall iP* gehooked werden. Ein Open-Source Projekt namens *mobile-firewall* zeigt, wie dies funktionieren kann. Hier werden die Systemfunktionen *connect* und *sendto* gehooked, um das Öffnen von Socket Verbindungen sowie das Senden von Daten zu beeinflussen.

Auf gejailbreakten Geräten sollte des Weiteren noch eine ähnliche Vorgehensweise wie die der Firewalls unter Android funktionieren. Der XNU Kernel von Mac OS X bzw. iOS enthält einen Paketfilter namens *ipfw*. In Cydia sind des weiteren Userspace Tools zum Setzen der Filterregeln für *ipfw* enthalten. Daraus ließe sich eine ähnliche Firewall-Lösung wie unter Android entwickeln.

2.3 Windows Phone

Für Windows Phone war es uns nicht möglich, im Windows Phone Marketplace eine Anwendung zu finden, die Firewallfunktionalität beinhaltet. Dies liegt vermutlich daran, dass das sehr strikte Sicherheitsmodell von Windows Phone den Zugriff auf Systemressourcen sehr stark einschränkt.

3 Virenscanner

Virenscanner dienen dem Erkennen von Malware. Das dies ein nicht triviales Problem darstellt, erkannte schon Fred Cohen, dem Pionier auf dem Gebiet der Computervirenforschung. Er konnte zeigen, dass sich die Erkennung von Viren auf das Halteproblem zurückführen lässt und deshalb theoretisch nicht zuverlässig möglich ist, komplexe Viren zu erkennen [Cohe85]. Trotzdem hat die praktische Erkennung von Viren in den letzten Jahren, vor allem auf Desktop Plattformen einigen Fortschritt erzielt.

Auf mobilen Plattformen wurde die erste Malware namens *Cabir* im Jahr 2004 entdeckt [Hypp06]. Seit diesem Zeitpunkt hat sich Malware auf mobilen Plattformen von anfänglichen Forschungs- und Spaßprojekten hin zu einem lukrativen Geschäft für Kriminelle entwickelt. Diese Entwicklung kann analog zur Entwicklung von Malware auf Desktop Plattformen gesehen werden [FFCH[+]11]. Dies kann daran gezeigt werden, welche Schadfunktion die Malware hat. Eine Analyse aller bekannten Malware zwischen 2004 und 2008 in [SSBC[+]09] zeigt, dass der Großteil der Malware das System lediglich zum Spaß manipulierte und die meiste Malware keinerlei schadhaftes Verhalten aufweist mit Ausnahme ihrer Verbreitung. Eine Analyse aller bekannter Malware zwischen 2009 und 2011 in [FFCH[+]11] zeigt ein anderes Bild: Der Großteil der Malware sammelt entweder persönliche Informationen über den Benutzer des Geräts oder erzeugt seinen Entwicklern direkten Profit, indem sie SMS Nachrichten an kostenpflichtige Telefonnummern versendet.

Bevor wir mit einer Analyse von Virenscannern für die verschiedenen Plattformen beginnen, sollten wir uns zuerst ein Bild über die Bedrohungslage auf den einzelnen Plattformen machen. Denn ein Virenscanner macht nur dann Sinn, wenn auch Viren existieren, die die Plattform infizieren können.

Eine Analyse des russischen Antivirenherstellers Kaspersky zu Folge zielten im Oktober 2011 46,9% aller bekannten Malware auf die Android Plattform ab und daran wird sich laut Kaspersky in der vorhersehbaren Zukunft nichts ändern [Kasp11]. Unter iOS sind derzeit zwei verschiedene Malware Varianten bekannt, die allerdings allesamt auf einer Lücke in gejailbreakten iOS Geräten basieren. Für unmodifizierte iOS Geräte ist uns noch keine Malware bekannt. Dies gilt ebenfalls für Malware unter Windows Phone. Wir vermuten, dass der Hauptgrund für diese Situation darin liegt, dass sich Anwendungen unter iOS und Windows Phone nur über offizielle Distributionsplattformen installieren lassen, die den Anwendungen zuvor einer Untersuchung unterziehen. Unter Android ist es dagegen möglich, Anwendung aus anderen Quellen zu beziehen, und Anwendungen in Google's offiziellem Play Store werden keiner Untersuchung unterzogen bevor sie erhältlich gemacht werden.

Unserer Meinung nach macht es deshalb zur Zeit lediglich unter Android Sinn, Virenscanner einzusetzen.

3.1 Android

Für Android gibt es eine Unmenge an Virenscannern. Um eine repräsentative Auswahl aktueller Virenscanner zu erhalten, haben wir im Google Play Store nach dem Stichwort *Virenscanner* gesucht und die fünf derzeit beliebtesten Virenscanner ausgewählt:

- AVG Antivirus Free 2.10.1
- Avast Mobile Security 1.0.2129
- Norton Antivirus & Sicherheit 2.5.0.398
- Antivirus Free 1.3.4
- Lookout Security & Antivirus 7.8-96e2110

Diese Anwendungen verwenden alle mehr oder weniger die gleichen Methoden, um Malware zu erkennen. Diese werden im Folgenden vorgestellt. Dabei können Methoden zum einen daran unterschieden werden, was gescannt wird: Entweder installierte Anwendungen oder das Dateisystem. Zum anderen kann man sie daran unterscheiden, wann gescannt wird. Dies zeigt Tabelle 1.

Tab. 1: Verschiedene Scannzeitpunkte

Zeitpunkt	Beschreibung
Auf Verlangen	Der Benutzer veranlasst die Anwendung dazu, einen Scan zu starten.
Neue Anwendung wird installiert	Dies ist deshalb möglich, weil es Anwendungen unter Android möglich ist, sich beim System für eine Benachrichtigung zu registrieren, wenn eine neue Anwendung installiert wird.
Neues Speichermedium	Unter Android ist es Anwendungen möglich, sich vom System informieren zu lassen, wenn ein neues externes Speichermedium (z.B. eine Speicherkarte) angeschlossen wird.
Zu festgelegten Zeitpunkten	Der Anwender legt fest, dass Scans an festgelegten Zeitpunkten, z.B. jeden Montag um 3 Uhr Nachts durchgeführt werden.
Zugriff auf die Datei	Android bietet Anwendungen die Möglichkeit, sich für bestimmte Dateitypen zu registrieren. Die Anwendung wird dann beim Öffnen einer Datei dieses Dateityps als Möglichkeit zum öffnen der Datei angezeigt. Dies kann dazu verwendet werden, Dateien zu scannen, bevor sie anderswo geöffnet werden.
Kontinuierlich	Diese Methode verbraucht naturgemäß relativ viele Ressourcen und macht auch nur dann Sinn, wenn es darum geht, das Dateisystem von fest angeschlossenen Medien z.B. auf neue Downloads hin zu scannen.

Im Gegensatz zu anderen Plattformen ist die Sandbox von Android relativ liberal, was den Zugriff auf das Dateisystem angeht. Diese und die Tatsache, dass Malware unter Android bereits üblich ist, sehen wir als Grund für die Verbreitung von Virusscannern unter Android. In Android werden Anwendungen dadurch installiert, dass eine APK-Datei (ein ZIP Archiv, das alles beinhaltet, was eine Android Anwendung ausmacht) in einem gewissen Verzeichnis im Dateisystem abgelegt wird. Dies ist im Normalfall */data/app/*. Diese APK Datei ist für jede Anwendung lesbar und ermöglicht es deshalb, die Datei auf Viren hin zu scannen. Scans des Dateisystems beschränken sich größtenteils auf extern Speichermedien, da der Großteil des restlichen Dateisystems im Normalfall nicht beschreibbar ist und deshalb im Nachhinein nicht ohne weiteres infiziert werden kann.

Um zu verstehen, wie die einzelnen Virenscanner Malware erkennen, wurden die Anwendungen genauer untersucht. Ein genauerer Blick auf *Antivirus Free* zeigt, dass dieser Scanner eine Datenbank mit derzeit 64 Einträgen enthält, die lediglich aus Paketnamen bestehen. Diese Datenbank wird regelmäßig über das Internet aktualisiert. Die einzelnen Paketnamen sind mit Base64 kodiert und werden mit AES verschlüsselt. Als Schlüssel wird von einem Master Schlüssel ein Schlüssel erzeugt, der von einem weiteren Schlüssel abhängt, der ebenfalls statisch zu sein scheint. Es ist also relativ einfach möglich, diese Blacklist von Paketnamen zu rekonstruieren und somit einer Erkennung zu entgehen, da Malware hier nur anhand des Paketnamens erkannt wird.

Andere Anwendungen schienen ebenfalls keine sonderlich ausgereiften Methoden zum Erkennen von Malware zu besitzen. Aufgrund der Dateigröße und der rechtlichen Herausforderungen ausführlichen Reverse Engineerings wurde auf ein vollständiges Rekonstruieren des Erkennungsmechanismus verzichtet. Stattdessen wurde ein mehr experimentelleres Vorgehen gewählt: Bekannte Malware wurde auf verschiedene Arten verändert, um zu beobachten, wann eine Erkennung der verschiedenen Scanner fehlschlägt. Im Google Play Store gibt es mehrere Anwendungen, die die EICAR Testdatei zum Testen von Virenscannern enthält und von jedem Virenscanner erkannt werden sollte. Wir wählten die Anwendung *EICAR Anti-Virus Test 1.0* für unsere Tests. Alle untersuchten Anwendungen erkannten diese Anwendung als Malware. Als nächstes wurde getestet, ob das Neusignieren der Anwendung Einfluss auf die Erkennung hat. Dies war nicht der Fall, was eine Erkennung über die Hashsumme der APK Datei oder die Identität des Signierenden ausschließt.

Als nächstes beschafften wir uns ein Sample einer echten Malware, der Anwendung *iCalendar 2.0*, welche vom Google Play Store entfernt wurde, weil sie SMS Nachrichten an kostenpflichtige Nummern verschickt und welche als *Trojan.Android.Zsone.a* bezeichnet wird. Eine unmodifizierte Version der Malware wurde von allen Scannern außer *Antivirus Free* erkannt. Das selbe Resultat wurde bei einem Neusignieren der ansonsten unveränderten Anwendung erreicht. Anschließend wurde die Anwendung minimal geändert (die Version im Manifest der Anwendung wurde verändert) und neusigniert. Dies hatte den Effekt, dass *Norton Antivirus & Sicherheit* die Anwendung nicht mehr als Malware erkannte. Dies bedeutet, dass dieser Scanner die Datei nicht anhand von schadhaftem Verhalten erkennt, da dieses unverändert blieb. Im nächsten Schritt haben wir den Paketnamen der Anwendung geändert, die Malware aber ansonsten unverändert gelassen. Dies hatte den Effekt, dass lediglich *Lookout Security & Antivirus* die Malware erkannte, obwohl sich an dem Schadverhalten weiterhin nichts geändert hatte. Dies liegt die Vermutung nahe, dass *Lookout Security & Antivirus* Malware anhand von Signaturen von Schadverhalten erkennt, während *Avast Mobile Security*, *Norton Antivirus & Sicherheit* und *AVG Antivirus Free* die Malware an Meta-Informationen über die Anwendung erkennt. Um dies zu bestätigen, machten wir einen Gegenversuch. Wir untersuchten, welchen Effekt das Modifizieren der Schadfunktion hat. Wir änderten die Telefonnummer, an die die Malware SMS verschickt, ließen jedoch sämtliche Meta-Informationen im Originalzustand. Das Ergebnis bestätigte unsere These: *Avast Mobile Security* und *AVG Antivirus Free* erkannten die Malware, während *Lookout Security & Antivirus* dies nicht tat. Die Tatsache, dass *Norton Antivirus & Sicherheit* die Malware in diesem Fall ebenfalls nicht erkennt, liegt vermutlich daran, dass der Scanner die Hashsummen der APK Datei enthaltenen Dateien mit einer Blacklist vergleicht.

Das Resultat unserer Untersuchungen zeigt Tabelle 2. Das Ergebnis ist eher ernüchternd. Mit Ausnahme von *Lookout Security & Antivirus* wird kein Scanner eine Malware erkennen, bei der lediglich Meta-Informationen verändert wurden. Dass bei *Lookout Security & Antivirus* lediglich das Verändern eines kleinen Details der Schadfunktion eine Erkennung verhindert, zeigt, dass auch dieser Erkennungsmechanismus noch nicht sonderlich ausgereift ist. Natürlich ist dieses Ergebnis nur für die untersuchte Malware gülig, die Erkennungsfunktionen könnten für andere Malware auf eine andere Art geschehen. Dass die untersuchte Malware dann aber trotzdem auf solch einfache Art erkannt wird, ist dennoch ernüchternd.

Tab. 2: Vermutliche Funktionsweise der Malwareerkennung

Anwendung	Funktionsweise
Antivirus Free	Vergleich mit Blacklist von Paketnamen.
AVG Antivirus Free	Vergleich mit Blacklist von Paketnamen.
Avast Mobile Security	Vergleich mit Blacklist von Paketnamen.
Norton Antivirus & Sicherheit	Vergleich der Hashsummen von Dateien mit einer Blacklist.
Lookout Security & Antivirus	Vergleich mit Signaturen von Schadverhalten.

3.2 iOS

Für iOS konnten wir lediglich eine Anwendung im AppStore finden, die mit der Virenscanner Funktionalität wirbt: *VirusBarrier 1.3*. Bei einer näheren Untersuchung stellten wir aber fest, dass dessen Funktionalität jedoch stark begrenzt ist. Zum einen lassen sich Scans nicht beim Zugriff oder in regelmäßigen Abständen durchführen und zum Anderen lassen sich nur Dateien scannen, die in iOS mit Hilfe sogenannter *File Type Handler* zwischen Anwendungen geteilt werden. Dies geschieht z.b. dann, wenn der Benutzer eine Email mit Anhang in der iOS Mail Anwendung empfängt und die Datei über den Öffnen Dialog öffnet. Hier muss der Anwender dann manuell einen Scan mit VirusBarrier auswählen anstatt der herkömmlichen Anwendung zum Öffnen der Datei. Ansonsten bietet die Anwendung noch die Möglichkeit, Dateien zu scannen, auf die über das Netzwerk zugegriffen werden kann, z.b. über Dropbox oder FTP. Ein weiterer Nachteil der Anwendung ist die Tatsache, dass sie lediglich nach Mac, Windows und Unix Viren sucht, nicht aber nach Bedrohungen für iOS Geräte. Da es unter iOS aber durchaus Bedrohungen gibt, z.B. die *Malformed CFF Vulnerability* [MITR10] bei der Verarbeitung von Schriftarten in PDF Dokumenten, die zum Jailbreaken von Geräten genutzt wurde, könnte es durchaus Sinn machen, hier auch nach Bedrohungen für iOS zu suchen, z.B. wenn der Benutzer ein PDF Dokument per Email empfängt und öffnen will.

Diese ansonsten sehr beschränkte und umständliche Art, einen Virenscanner zu implementieren rührt daher, dass die Sandbox unter iOS, im Gegensatz zu Android, den Zugriff auf das Dateisystem stark beschränkt. Um z.B. alle installierten Anwendungen auf dem Gerät zu scannen, ist es notwendig, auf die Installationsverzeichnisse anderer Anwendungen lesend zugreifen zu können. Dies wird aber von der Sandbox ausdrücklich verhindert. Auch gibt es unter iOS keine Möglichkeit, darüber informiert zu werden, dass eine neue Anwendung installiert wurde. Selbst festzustellen, welche Anwendungen auf dem System installiert sind, gestaltet sich als schwierig. Lediglich das Auflisten von laufenden Prozessen ist über den wenig dokumentierten System-Call *sysctl* möglich und ließe sich zumindest dazu verwenden, verdächtige Prozesse zu identifizieren.

Auf einem gejailbreakten Gerät ist dies natürlich anders. Hier können Anwendungen mit Root-Rechten voll auf das Dateisystem zugreifen. Uns ist jedoch keine Anwendung bekannt, die einen Virenscanner auf gejailbreakten iOS Geräten implementiert. Dies mag ein Hinweis dazu sein, dass Virenscanner unter iOS zumindest zur Zeit noch nicht notwendig sind.

3.3 Windows Phone

Wir konnten auf unserer Suche nach Virenscannern für Windows Phone keine einzige Anwendung im Windows Phone Marketplace finden, die auch nur im Entferntesten einem Virenscanner ähnelt. Unter Windows Phone ist der Zugriff auf das Dateisystem noch weiter eingeschränkt als bei iOS. Anwendungen können lediglich auf einen isolierten Bereich des Dateisystems zugreifen (Isolated Storage) und haben keine Möglichkeit, darüber hinaus auf andere Verzeichnisse oder gar Installationsverzeichnisse anderer Anwendungen zuzugreifen. Auch ist es nicht möglich, beim Installieren einer anderen Anwendung informiert zu werden. Des weiteren ist uns keine Möglichkeit bekannt, ohne die Firmware des Geräts zu verändern, installierte Programme oder laufende Prozesse aufzulisten.

Dass die Hersteller von Virenscannern trotzdem gerne Software für Windows Phone verkaufen würden, zeigt das Beispiel von AVG. Im Herbst 2011 war für kurze Zeit eine Anwendung namens *AVG Mobilation for Windows Phone 7* im Windows Phone Marketplace erhältlich. Die einzige Möglichkeit, nach Viren zu scannen, war die Möglichkeit, die Medienbibliothek des Geräts zu scannen. Da es für Windows Phone jedoch außerdem noch keine bekannten Viren gab, war die Anwendung relativ nutzlos und wurde von Microsoft nach kurzer Zeit aus dem Windows Phone Marketplace entfernt, da sie zusätzlich noch verdächtigt wurde, sensible Daten an AVG zu schicken [AVG11].

4 Verwandte Arbeiten

Uns sind keine Arbeiten bekannt, die existierende und zur Zeit erhältliche Firewalls und Virusscanner auf mobilen Plattformen untersuchen. Jedoch gibt es theoretische Untersuchungen hierzu.

Was Firewalls angeht, wurde in [SFKE+10] vorgeschlagen, dass Firewalls unter Android dazu eingesetzt werden können, das System sicherer zu machen. In [ViVC11] wird weiterhin angegeben, dass Firewalls unter Android ein gerootetes Gerät voraussetzt, genauer wird darauf aber leider nicht eingegangen.

Was die Erkennung von Malware mittels eines Virusscanners angeht, gibt es weitaus mehr Arbeiten. Ein Problem, das Virenscanner auf mobilen Plattformen beeggnen, ist die Tatsache, dass Ressourcen auf mobilen Plattformen, vor allem was den Energieverbrauch angeht, begrenzt sind. Mehrere Arbeiten zielen deshalb darauf ab, das eigentliche Scannen in die Cloud zu verlagern [ObCJ08, PHAB10].

Einige der Arbeiten zur Malware-Erkennung auf mobilen Geräten beschäftigen sich mit der Frage, anhand welcher Charakteristiken eine Infektion durch Malware erkannt werden kann und verwenden hierzu Informationen, die als nicht privilegiert angesehen werden und deshalb aus der Sandbox heraus erreichbar sind. So beschäftigt sich [JaDa04, KiSS08, LYZC09] z.B. mit der Frage, ob man eine Infektion durch Malware am Energieverbrauch des Geräts erkannt werden kann.

Andere Arbeiten sehen die Tatsache, dass eine Anwendung unter Windows Phone 7 und Android angeben muss, welche Berechtigungen sie benötigen, als Möglichkeit Malware zu erkennen. Die Autoren von [FeGW11] beispielsweise haben beinahe 1000 Android Anwendungen hinsichtlich angeforderter Rechte untersucht, um herauszufinden, ob sich schadhafte Anwendungen daran erkennen lassen, welche Rechte sie anfordern. Dass dies Sinn macht, zeigt folgendes Beispiel: Da eine Anwendung, die das Recht hat, auf das Internet zuzugreifen und das

Adressbuch des Benutzers zu lesen, in der Lage ist, private Informationen an seine Entwickler zu schicken, kann diese Anwendung in dieser Hinsicht als verdächtig angesehen werden, während eine Anwendung, die nur eines der oben genannten Rechte besitzt, diese Möglichkeit nicht besitzt und deshalb als ungefährlich klassifiziert werden kann.

Die Autoren von [BHCR$^+$11] schlagen ein System vor, das Malware unter Android anhand von statischer Codeanalyse erkennt. Dadurch ist es dann z.b. möglich, Anwendungen zu erkennen, die die eindeutige ID des Geräts auslesen wollen. Des weiteren wird vorgeschlagen, wie das System dazu verwendet werden kann, schadhaftes Verhalten aus einer ansonsten nützlichen Anwendung zu patchen.

4.1 Diskussion

Im Vergleich zu Desktop Plattformen sind Firewalls unter mobilen Plattformen nicht besonders ausgereift und verbreitet. Unter allen untersuchten Plattformen werden für eine Anwendung mit Firewall-Funktionalität Rechte benötigt, die auf unmodifizierten Geräten nicht vorhanden sind. Auf Grund der strengeren Sicherheitseinschränkungen, die auf mobilen Plattformen vorausgesetzt werden, und zu einer erhöhten Sicherheit im Gegensatz zu Desktop Plattformen beitragen, wird sich an dieser Situation vermutlich nichts ändern, solange die Hersteller der mobilen Plattformen keine grundlegenden Änderungen an ihren Plattformen vornehmen.

Die Lage bei Virenscannern ist ähnlich. Erste Ansätze unter iOS und Windows Phone zeigen, dass die Antiviren Industrie durchaus daran interessiert ist, Virenscanner auf diesen Plattformen zu entwickeln. Allerdings werden sie von den Sicherheitsmodellen der Plattformen daran noch gehindert. Ein weiteres Problem ist die Tatsache, dass es auf diesen Plattformen noch keine ernstzunehmende Malware gibt, was Virenscannern die Existenzberechtigung zumindest zur Zeit noch verwehrt. Unter Android, wo es mittlerweile eine ganze Reihe von Malware gibt, sieht dies hingegen anders aus. Das System bietet eine große Zahl von Möglichkeiten an, Virenscanner zu implementieren. Diese Tatsachen können als Gründe für die große Auswahl von Virenscannern unter Android gesehen werden. Obwohl diesen Virenscannern noch die Fortgeschrittenheit von Virenscannern auf Desktop Plattformen fehlen, kann diese Entwicklung als ein Schritt in die richtige Richtung angesehen werden.

Literatur

[AVG11]   AVG: AVG's response to community feedback regarding our Windows Phone 7 app. http://blogs.avg.com/product-news/avgs-response-community-feedback-windows-phone-7-app/, Letzter Zugriff: 23.04.2012 (2011).

[BHCR$^+$11] L. Batyuk, M. Herpich, S. Camtepe, K. Raddatz, A. Schmidt, S. Albayrak: Using static analysis for automatic assessment and mitigation of unwanted and malicious activities within Android applications. *In: 6th International Conference on Malicious and Unwanted Software (MALWARE)*, IEEE (2011), 66–72.

[Cohe85] F. Cohen: Computer Viruses. PhD thesis, Uni. of Southern California (1985).

[FeGW11] A. Felt, K. Greenwood, D. Wagner: The effectiveness of application permissions. *In: Proceedings of the USENIX Conference on Web Application Development* (2011), 7–7.

[FFCH$^+$11] A. Felt, M. Finifter, E. Chin, S. Hanna, D. Wagner: A survey of mobile malware

	in the wild. *In: Proceedings of the 1st ACM workshop on Security and privacy in smartphones and mobile devices*, ACM (2011), 3–14.
[Free08]	J. Freeman: MobileSubstrate Projektseite. http://svn.saurik.com/repos/menes/trunk/mobilesubstrate/, Letzter Zugriff: 26.04.2012 (2008).
[Gart11]	Gartner: Gartner Says Sales of Mobile Devices in Second Quarter of 2011 Grew 16.5 Percent Year-on-Year; Smartphone Sales Grew 74 Percent. http://www.gartner.com/it/page.jsp?id=1764714, Letzter Zugriff: 01.05.2012 (2011).
[Hypp06]	M. Hypponen: Malware goes mobile. *In: Scientific American*, 295, 5 (2006), 70–77.
[JaDa04]	G. Jacoby, N. Davis: Battery-based intrusion detection. *In: Global Telecommunications Conference, 2004 – GLOBECOM'04*, IEEE (2004), Bd. 4, 2250–2255.
[Kasp11]	Kaspersky: Monthly Malware Statistics: October 2011. http://www.securelist.com/en/analysis/204792200/Monthly_Malware_Statistics_October_2011, Letzter Zugriff: 01.05.2012 (2011).
[KiSS08]	H. Kim, J. Smith, K. Shin: Detecting energy-greedy anomalies and mobile malware variants. *In: Proceeding of the 6th international conference on Mobile systems, applications, and services* (2008), 239–252.
[LYZC09]	L. Liu, G. Yan, X. Zhang, S. Chen: Virusmeter: Preventing your cellphone from spies. *In: Recent Advances in Intrusion Detection*, Springer (2009), 244–264.
[MITR10]	MITRE: CVE-2010-1797. http://cve.mitre.org/cgi-bin/cvename.cgi?name=CVE-2010-1797, Letzter Zugriff: 23.04.2012 (2010).
[ObCJ08]	J. Oberheide, E. Cooke, F. Jahanian: Cloudav: N-version antivirus in the network cloud. *In: Proceedings of the 17th conference on Security symposium*, USENIX Association (2008), 91–106.
[PHAB10]	G. Portokalidis, P. Homburg, K. Anagnostakis, H. Bos: Paranoid Android: versatile protection for smartphones. *In: Proceedings of the 26th Annual Computer Security Applications Conference*, ACM (2010), 347–356.
[Rodr11]	Rodrigo: Droidwall Projektseite. http://code.google.com/p/droidwall/, Letzter Zugriff: 19.04.2012 (2011).
[SFKE+10]	A. Shabtai, Y. Fledel, U. Kanonov, Y. Elovici, S. Dolev, C. Glezer: Google Android: A comprehensive security assessment. In: *IEEE Security & Privacy*, 8, 2 (2010), 35–44.
[SSBC+09]	A. Schmidt, H. Schmidt, L. Batyuk, J. Clausen, S. Camtepe, S. Albayrak, C. Yildizli: Smartphone malware evolution revisited: Android next target? *In: 4th International Conference on Malicious and Unwanted Software (MALWARE)* (2009), 1–7.
[ViVC11]	T. Vidas, D. Votipka, N. Christin: All your droid are belong to us: A survey of current android attacks. *In: Proceedings of the 5th USENIX conference on Offensive technologies*, USENIX Association (2011), 10–10.
[Ylli11]	Yllier: Firewall IP Projektseite. http://yllier.webs.com/firewall.html, Letzter Zugriff: 20.04.2012 (2011).

Secure Enterprise Desktop

Michael Baentsch[1] · Thomas Gschwind[1]
Paolo Scotton[1] · Stephan Wappler[2]

[1]IBM Research – Zurich
secure-ed@zurich.ibm.com

[2]IBM Deutschland
swappler@de.ibm.com

Zusammenfassung

Es wird ein neuer Lösungsansatz vorgestellt, welcher unter Verwendung eines Sicherheitstokens mit eingebauten kryptographischen und Ein-/Ausgabe-Mechanismen ein unmodifiziertes Firmen-Betriebssystemimage auf einem beliebigen PC, ohne Installation von Software, sicher zur Ausführung bringen kann. Der vorgestellte Ansatz funktioniert auch, wenn der für den Zugriff verwendete Computer mit Schadsoftware, z.b. Keylogger o.ä., „verseucht" ist. Daher ist dieser Ansatz perfekt geeignet, um „Bring Your Own Device" (BYOD) Szenarien, in denen Angestellte ihre Privatrechner zur Erledigung Ihrer Firmenarbeiten einsetzen, zu ermöglichen. Unser Ansatz stellt auch in diesen BYOD Szenarien alle Sicherheitsanforderungen der Firma oder Behörde bezüglich der Integrität des Rechners, seines Betriebssystems und der Vertraulichkeit der verarbeiteten Daten sicher.

1 Problemstellung

Im Laufe der letzten Jahre hat das Konzept der 'Consumerization' zunehmend dazu geführt, dass IT-Geräte im privaten Umfeld leistungsfähiger und einfacher zu benutzen sind, als Arbeitsplatzrechner wie z.b. Notebooks, die ein Unternehmen seinen Mitarbeitern zur Verfügung stellt. Dieser Trend wird durch den schnellen Erneuerungszyklus moderner Ultrabooks und der notwendigen Administration bei der Anschaffung von Firmenrechnern verursacht und führt verstärkt dazu, dass mehr und mehr Mitarbeiter einen Unkostenbeitrag von der Firma erhalten, um sich selbst einen Arbeitsplatzrechner in Form eines Notebooks kaufen zu können.

Das dabei entstehende Problem ist das der Sicherheit: Wie kann eine Firma sicherstellen, dass dieser „Privatrechner" allen Sicherheitsanforderungen genügt, denen ein Computer unterworfen werden muss, wenn er auf vertrauliche Firmendaten Zugriff nehmen soll?

2 State oft he Art

Für die Problemstellung, Angestellten sicheren Zugriff auf vertrauliche Firmendaten zu geben, gibt es bereits eine Vielzahl von Lösungsansätzen, die im Folgenden kurz beleuchtet werden sollen. Die dargestellten Ansätze sind nicht gegenseitig ausschließend, sondern werden im Allgemeinen in Kombination zur Erhöhung der Gesamtsicherheit eingesetzt.

2.1 Dedizierte Firmen-Computer

Der heute hauptsächlich genutzte Ansatz ist die Bereitstellung von physikalischen Computern, Desktops oder Laptops, welche ein Betriebssystem und alle erforderlichen Applikationen enthalten, die für die Arbeit erforderlich sind. Dieses System ist üblicherweise speziell konfiguriert, sodass es einen Fernzugriff auf das Firmennetz erlaubt (VPN Clients), Virenscanner und Firewall-Software enthält und von der zentralen IT der Firma verwaltet und gesteuert werden kann.

Neben den Kosten, die für das Unternehmen hierdurch entstehen, hat dieser Ansatz den nachfolgenden Nachteil. Dieser Ansatz erfordert die Verwendung von Standard-Computer-Modellen, für die entsprechende Standardbetriebssystemimages erstellt worden sind, die über die notwendigen herstellerspezifischen Gerätetreiber verfügen. Ohne eine solche Standardisierung müßte das IT-Support-Team eine nahezu unendlich große Anzahl von Geräten mit unterschiedlichen Gerätetreibern unterstützen. Ein Folgeproblem ist, dass kompatible Ersatzrechner für eine solche Lösung über mehrere Jahre hinweg zur Verfügung stehen müssen.

2.2 SmartCards und Trusted Platform Module

Um den bekannten Schwächen von Betriebssystemen in Bezug auf die Geheimhaltung von sensitiven Informationen begegnen zu können, werden entweder Chipkarten z.b. in Firmenausweise integriert oder in Computer eingebaute Chipkarten, sogenannte Trusted Platform Modules (TPM), eingesetzt. Beide können kryptographische Daten beinhalten und operieren, z.b. Schlüssel zur benutzerspezifischen Festplattenverschlüsselung, welche stark gegen unauthorisierte Extraktion geschützt sind. Ferner wird üblicherweise vor der Aktivierung dieser Karten ein Password oder eine PIN abgefragt, was sicherstellen soll, dass nur authorisierte Benutzer Zugriff auf die Daten nehmen können, wenn die Chipkarte oder der mit TPM ausgestattete Computer verloren geht.

Der wesentliche Nachteil bei diesen Verfahren ist, dass es für den Benutzer nicht ersichtlich ist, wann (und für wen) diese Chips aktiv werden: Da dieselben über keine Ein-/Ausgabemöglichkeiten verfügen, sondern Display und Tastatur des PCs nutzen, in dem sie verwendet werden. Viren und andere Schadsoftware können sämtliche Funktionalitäten der Chips verwenden, ohne dass der Benutzer dies bemerken kann. Dies kann bereits unmittelbar nach Eingabe der Benutzer-PIN erfolgen. Weiterhin kann die Schadsoftware diese Funktionalität einem Angreifer am anderen Ende der Welt zur Verfügung stellen [Hwa12].

2.3 Sicherheitssoftware

Um kontinuierlich Angriffe gegen PCs bemerken zu können, verwenden viele Firmen Software, welche den PC und sein laufendes Betriebssystem beobachten, um so einen sicheren Betriebszustand, z.B. mit korrekten Software-Versionen oder aktivem Virenschutz, zu gewährleisten versuchen.

Dieser Ansatz, der vielen Privatrechnern fehlt, muss allerdings kritisch hinterfragt werden: Ist es möglich, einen Computer durch solche Software, welche wiederum auf anderer Software läuft, nämlich dem Betriebssystem des PCs, zu sichern? In der Realität ist die erste Aktion aktueller Schadsoftware die Elimination der Wirksamkeit solcher „Sicherheitssoftware". Das Abschalten des Virenscanners ist ein sehr bekanntes Beispiel hierfür.

2.4 Boot-Sticks

Um auf einem privaten PC möglicherweise vorhandene Schadsoftware wirkungslos zu machen, ist ein ebenfalls erprobter Ansatz die Verwendung eines USB-Memorysticks mit einem Betriebssystem, welches den Anforderungen einer Firma an den Datenzugriff auf ihre Server genügt. Zur Benutzung muss der Anwender den Rechner neu starten, was bewirkt, dass alle Software auf diesem gestoppt und nur das speziell konstruierte System den PC kontrolliert.

Dieser Ansatz eliminiert die Schwächen vorhandener, nicht durch die Firma kontrollierter PC-Infrastrukturen weitgehend, wenn das Betriebssystem auf dem Memory-Stick seinerseits gemanaged, z.b. kontinuierlich aktualisiert, wird und ein PC-lokaler Schreibzugriff auf dieses Betriebssystem nicht möglich ist: Wäre dies nicht gegeben, kann Schadsoftware vom PC aus auch diese Boot-Sticks verändern und so modifizieren, dass die Sicherheit nicht mehr gegeben ist. Des Weiteren erlauben alle aktuell auf dem Markt verfügbaren Produkte dieser Kategorie nicht, die Kontrolle der Verwendung der kryptographischen Zugangsdaten des Benutzers, die auf manchen Geräten sinnvollerweise dort gespeichert werden, sodass ein ähnliches Problem wie in 2.2 entsteht.

2.5 Virtualisierungsumgebungen

Ein gängiger Ansatz, um eine zusätzliche Kontrollschicht um das Firmenbetriebssystem und seine Anwendungen herum zu errichten, ist die Nutzung einer virtuellen Umgebung oder eines Hypervisors zu deren Ausführung. Es gibt hierfür zwei ähnliche, aber bezüglich des Ausführungsortes sehr verschiedene Möglichkeiten.

2.5.1 Server-seitig

Der bei weitem verbreitetste Ansatz ist die Ausführung des Firmen-Betriebssystems auf strikt kontrollierten Servern, die sich z.b. physisch innerhalb der Firma befinden. Hiermit wird sowohl durch den Hypervisor eine Kontrolle über Aktivitäten des eigentlichen Betriebssystems als auch sämtlicher darauf laufenden Anwendungen und Benutzerdaten ermöglicht: So kann zum Beispiel ein angreifender Virus bereits auf dem ersten Firmen-Image, den er angreift, sehr schnell erkannt und durch geeignete Software eliminiert werden, ohne dass er sich erst über verschiedene andere Images verbreiten kann. Auch ist bei diesem Ansatz gewährleistet, dass die Firmendaten innerhalb der Firewall des Unternehmens verbleiben können, weil lediglich Bildinformationen zum Endanwender übertragen werden.

Dieser Ansatz hat jedoch auch einige Nachteile, von denen wir hier nur zwei hervorheben wollen: Zum einen erfordert hier der Zugriff auf das Firmen-Image eine kontinuierliche Netzwerk-Verbindung, da ja lediglich Bildschirmdaten und lokale Benutzerinteraktion via Tastatur und Maus bidirektional übertragen werden. Dadurch ist eine Nutzung dieses Ansatzes auf Reisen oder in Gebieten mit schlechter Netzwerkabdeckung unmöglich. Zum zweiten besteht auch ein nicht zu vernachlässigendes Sicherheitsproblem in Abhängigkeit vom Mechanismus, mit dem die Verbindung zu dem Server aufgebaut wird: Handelt es sich nämlich um einen PC, der mit Schadsoftware verseucht sein kann, ist es den Herstellern der Schadsoftware problemlos möglich, via „Screenscraping" (Auslesen und Übertragen des Bildschirminhaltes zurück an einen Kontrollserver des Angreifers) und „Keyboard-Logging" (Sammlung aller Eingaben, Passwörter, etc. an denselben Angriffs-Kontrollserver) immer noch an sensitive Informationen heranzukommen.

2.5.2 Clientseitig

Weniger weit verbreitet ist der Ansatz, die Virtualisierung durch einen Hypervisor auf dem lokalen PC des Endanwenders vorzunehmen. Die oben genannten Vorteile bezüglich Kontrolle über alle Aktivitäten des Betriebssystems und der darauf laufenden Anwendungen gelten jedoch immer noch – solange der lokal laufende Hypervisor ausreichend gegen Angriffe geschützt ist. Auch ermöglicht dieser Ansatz, dass der Benutzer ohne Netzwerkverbindung mit seinem Firmenimage arbeiten kann – sofern dieses lokal gut gesichert zur Ausführung bereitsteht. Die beiden zuletzt genannten Voraussetzungen sind Themen, die bisher nicht konzeptionell kohärent angegangen wurden, und stellen somit für uns die in der im Weiteren vorgestellten Lösung zu adressierenden Kernelemente dar.

3 Gewählter Lösungsansatz

Durch den Einsatz eines Sicherheitstokens, des IBM ZTIC (http://www.zurich.ibm.com/ztic) [WKH+08] in Kombination mit einem sicheren Bootloader und einer Abstraktionsschicht (Hypervisor) wird bei der hier vorgeschlagenen Lösung, dem IBM Secure Enterprise Desktop, eine vollständige Trennung zwischen privater und externer organisationsbezogener Nutzung des Rechners erzwungen: Sobald ein Firmenmitarbeiter oder externer Mitarbeiter seinen eigenen Rechner für den Zugriff zu Daten und Programmen im Firmennetz nutzen möchte, muss er den „enterpriseZTIC" an den USB-Port seines Rechners anschließen und diesen neu starten. Der auf dem enterpriseZTIC vorhandene Bootloader übernimmt die Kontrolle über den PC, stellt eine sichere Verbindung zu einem Server der Firma her, validiert die Berechtigungen des Mitarbeiters und lädt dann einen Hypervisor oder „Kontrollbetriebssystem" herunter. Sobald dieses auf dem Rechner installiert ist, kann ein „klassisches" Betriebssystem wie Windows 7 oder Linux aktiviert werden. Dieses Betriebssystem wird vom Server der Firma geliefert und ist mit allen erforderlichen Sicherheitsmechanismen für das Firmennetz ausgestattet. Durch die Einbindung des enterpriseZTIC und des sicheren Hypervisors wird sichergestellt, dass alle möglicherweise auf dem „privaten", bzw. der Firma „unbekannten" Teil des Rechners vorhandene Schadsoftware, z.B. Spionagesoftware wie Key-Logger, unwirksam wird. Um einen schnellen Betrieb des Gesamtsystems zu gewährleisten, wird die Festplatte des Rechners eingesetzt, um bereits einmal heruntergeladene Komponenten des „Firmen-Betriebssystems" verschlüsselt zu speichern und um erneute Netzwerk-Zugriffe für bereits einmal heruntergeladene Komponenten zu vermeiden. Da sämtliche Zugriffe auf die Festplatte vom sicheren Hypervisor kontolliert werden, kann das „Firmen-Betriebssystem" bereits starten, wenn noch nicht alle traditionell in einem Betriebssystem erforderlichen Komponenten heruntergeladen wurden. Dies wird erreicht, indem alle noch nicht vorhandenen Komponenten erst dann dynamisch vom Server geladen werden, sobald sie erstmals angefordert werden.

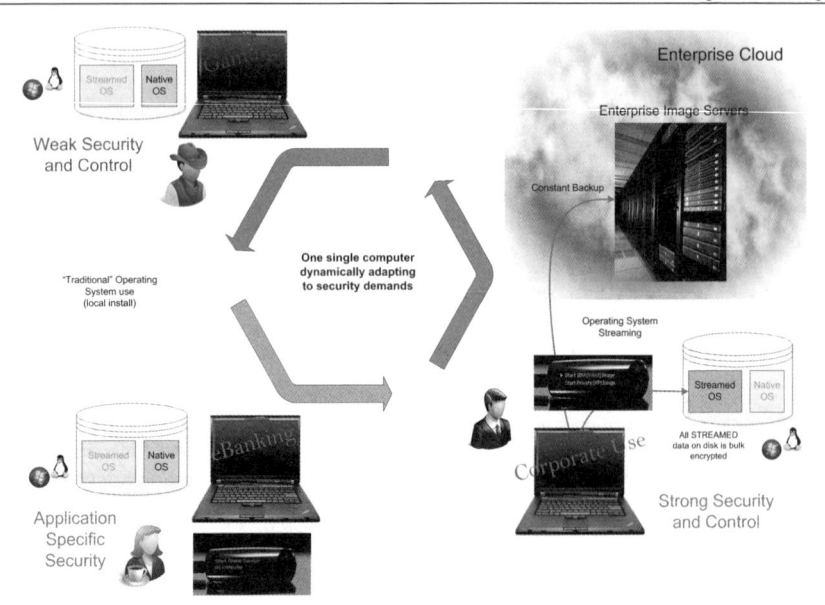

Abb. 1: Wunschzustand: Ein Rechner kann verschiedene Funktionen und Sicherheitsstufen zu unterschiedlichen Zeiten in der Benutzung durch seinen Besitzer bereitstellen.

3.1 Vorteile der Basislösung

Das hier beschriebene System hat einige Vorteile gegenüber klassischen Lösungen wie z.B. einfacher Festplattenverschlüsselung zur Sicherung von Firmengeheimnissen.

Zum einen kann der betreffende Rechner problemlos zur Privatnutzung freigegeben werden und wird nur bei Firmennutzung in einer speziell gesicherten Software-Umgebung betrieben. Zum Zweiten wird durch den Einsatz einer geeigneten Abstraktionsschicht die Umgebung des speziellen „Firmen-Betriebssystems" stark vereinfacht, da diese sämtliche hardwarespezifischen Probleme durch die Bereitstellung von generischen Gerätetreibern verdeckt. Auf diese Art können alle normalerweise in IT Service-Zentren anfallenden Arbeiten, z.B. Auswahl spezieller Rechner und Bereitstellung von auf diese Rechner zugeschnittenen Betriebssystemen, komplett entfallen. Zum Dritten wird durch den kontinuierlichen Abgleich des Inhalts der Festplatte des Rechners mit dem „Firmen-Betriebssystem" des jeweiligen Mitarbeiters, so wie es auf einem zentralen Server gespeichert ist, sichergestellt, dass alle Daten des Mitarbeiters kontinuierlich gesichert werden. Diese Eigenschaft hat auch den positiven Folgeeffekt, dass der Mitarbeiter sich jederzeit an einen anderen Rechner setzen kann, diesen mit seinem „enterpriseZTIC" startet und dadurch sofortigen Zugriff auf das identische Abbild seines eigenen „Firmen-Betriebssystems" erhält und dort weiterarbeiten kann, wo er zuletzt zu arbeiten aufgehört hat. Somit kann der Mitarbeiter tatsächlich immer wieder einen anderen Rechner verwenden. Sämtliche auf dem jeweiligen Rechner abgelegten Daten sind durch den enterpriseZTIC verschlüsselt und können nur bei Anwesenheit desselben (im USB Port) entschlüsselt und verwendet werden.

Secure Enterprise Desktop 65

Eine weitere Implikation dieser Lösung ist, dass die Abbilder sämtlicher Firmenrechner zentral gespeichert sind und daher auch zentral verwaltet werden können, auch wenn der Mitarbeiter mit seinem Arbeitscomputer nicht gerade in der Firma ist.
Folgende Darstellung zeigt eine Übersicht des Gesamtsystems vom Startvorgang bis zur kontinuierlichen Datensicherung.

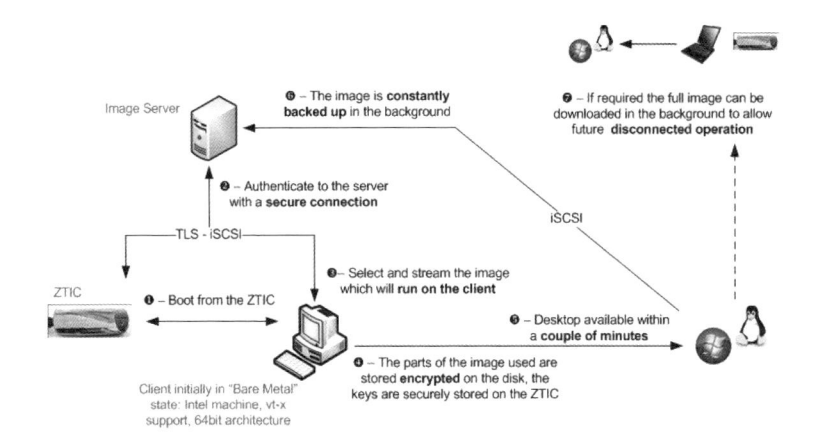

Abb.2: Übersicht sämtlicher Benutzungsschritte des Secure Enterprise Desktop (streaming Modus).

Es besteht auch die Möglichkeit, die Lösung in einem sogenannten „Reisemodus" zu nutzen: Hierbei wird dem System vom Benutzer mitgeteilt, dass er es im Weiteren ohne Netzwerkverbindung nutzen möchte. In diesem Fall werden sämtliche noch nicht lokal vorhandenen Daten heruntergeladen und verschlüsselt gespeichert. Sobald das System nach der offline Nutzung wieder mit dem Netzwerk verbunden ist, werden sämtliche Änderungen zum Server zurück übermittelt.

3.2 Vereinfachung: Secure Remote Desktop

Während der bisher vorgestellte „streaming" Modus des Secure Enterprise Desktops den großen Vorteil hat, dass er auch die Benutzung des PCs ohne Netzwerkverbindung zulässt, so hat er jedoch die hierdurch bedingte Schwäche, dass er die Festplatte des Computers dafür nutzen und verändern muss. Dies kann in einigen Anwendungsfällen durch regulatorische oder technische Bedingungen nicht möglich sein: Obwohl die Daten komplett verschlüsselt werden und somit ein Zugriff ohne den ZTIC technisch unmöglich sein sollte, ist der reine Fakt der Speicherung von sensitiven Daten auf Datenträgern außerhalb der Firma oder Behörde in manchen Umgebungen nicht erlaubt.

Aus diesem Grunde besteht die Möglichkeit, das System ebenfalls in einem limitierten Benutzungsszenario anzubieten: Mit Referenz auf Abbildung 2 werden weiterhin die Schritte 1 und 2 zum Etablieren der sicheren Ausführungsumgebung und der grundlegenden Server- und Client-Authentisierung durchlaufen. Im Anschluss wird jedoch lediglich ein Protokoll gestartet, welches – durch den anfangs etablierten sicheren Kommunikationskanal geschützt – Zugriff auf ein im Backend, also remote, laufendes Image gestattet: Dieser Betriebszustand wird im Weiteren als „Secure Remote Desktop" Modus bezeichnet. Hierbei wird die lokale Festplatte nicht mehr zur Datenspeicherung verwendet, sondern stattdessen eine RAM-Disk. Des Weiteren werden nicht mehr die Imagedaten lokal gehalten, sondern via Übertragung des Bildschirminhaltes vom Server zum PC übertragen, z.b. unter Verwendung eines VDI-Protokolles wie SPICE. Der Nachteil dieses Modus ist, dass er das kontinuierliche Vorhandensein einer Netzwerkverbindung zum Imageserver bedingt und somit sehr ähnlich zu einem klassischen Virtualisierungsansatz ist – mit den großen Unterschieden, dass einerseits keine Zugriffssoftware auf dem PC installiert werden muss, somit keine Verletzlichkeiten des PC in den Kanal eingreifen können und andererseits, dass die Authentizität sowohl des Benutzers als auch des Servers durch kryptographische Mechanismen validiert werden, die vollständig außerhalb des angreifbaren PC liegen.

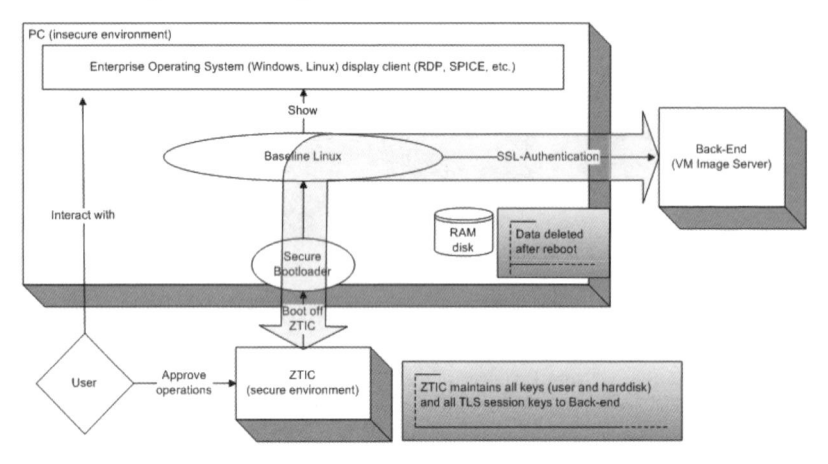

Abb. 3: Secure Remote Desktop Betriebsart

Wie in Abbildung 3 dargestellt, wird bei der Secure Remote Desktop Betriebsart nicht die lokale Festplatte, sondern nur eine temporäre RAM Disk eingerichtet, sodass nach Benutzung des Rechners keine Spuren verbleiben.

4 Geschäftliche Einsatzgebiete

Die dargestellten Vorteile des Secure Enterprise Desktop können eine Vielzahl von heute existierenden IT-Problemen im Umgang mit international reisenden Usern, „Bring your own Device" Anforderungen, Fremdpersonaleinsatz und in Krisensituationen wie zum Beispiel Ausbruch einer Pandemie auf eine elegante Weise lösen. Weiterhin können mit dem Einsatz und der Nutzung dieser Lösung Kosten- und Verwaltungsaufwände im einsetzenden Unternehmen eingespart werden.

4.1 Kostenreduzierung beim Einsatz externer Mitarbeiter

Viele Organisationen, die Fremdpersonal wie zum Beispiel Spezialisten, Consultants, Auditoren usw. beauftragen, statten diese Personen mit eigenem Equipment für den Zeitraum der Beauftragung aus. Dies führt oftmals dazu, dass die externen Mitarbeiter mit 2 Notebooks am Arbeitsplatz erscheinen und dass die Kosten für die Bereitstellung oftmals sehr hoch sind, vor allem, wenn eine vorzeitige Rückgabe vor der standardmäßigen Vertragslaufzeit an den IT-Dienstleister erfolgt. Dies kann durch den Einsatz der vorgeschlagenen Lösungsvarianten umgangen werden. Der externe Mitarbeiter verwendet seine eigene Hardware und bekommt einen entsprechenden Stick mit Zugangsdaten zur Verfügung gestellt. Nach Auftragsende gibt er den Stick zurück, und dieser kann an den nächsten externen Mitarbeiter wieder mit neuen User-Credentials ausgegeben werden. Da dem neuen User eine neue Arbeitsumgebung (z.b. Image) über das Backend einfach zur Verfügung gestellt wird, können erhebliche Kosten in Bezug auf die Verwaltung und den Betrieb eingespart werden.

4.2 Einsparung von Investitionen durch sicheres BYOD

Durch Einführung bzw. Gestattung von Bring your own Device Strategien können Anschaffung von neuen Firmenrechnern für Angestellte vermieden werden, was eine Reduzierung von Investitionen zur Folge hat. Durch eine einmalige oder regelmäßige Nutzungsentschädigung durch den Arbeitgeber können im Gegenzug die Angestellten ihr liebgewonnenes eigenes Equipment auch dienstlich nutzen und transportieren, um, zum Beispiel, auf Reisen nicht ein privates und ein dienstliches Notebook mitnehmen zu müssen.

4.3 Höhere Sicherheit bei reisenden Usern

Viele Organisationen haben Sicherheitsbedenken in Bezug auf mitgenommene organisationskritische Daten auf Notebooks durch international reisende User, zum Beispiel bei Einreisekontrollen oder bei Aufbewahrung des Notebooks im Hotelzimmer. Da der USB-Stick standardmäßig eine Zwei-Faktor-Authentifizierung, bei Nutzung einer zusätzlichen SmartCard sogar eine Drei-Faktor-Authentifizierung ermöglicht (Besitz des USB-Stick, Besitz der SmartCard und Wissen der PIN) und der reisende User keine kritischen Daten auf der Festplatte oder einem anderen Trägermedium mit sich transportieren muss, kann das Verlust- und Spionagerisiko an dieser Stelle durch unbemerktes Kopieren der Festplatteninhalte erheblich gesenkt werden.

4.4 Reduzierung von Geschäftsrisiken und Prozesskosten

Durch den Einsatz der beschriebenen Lösungen können ohne die Einführung kostspieliger Angestelltenausbildungen sowohl eine Festplattenverschlüsselung, Desktop-Management und einfache „2-Faktor" Authentisierungslösung eingeführt werden. Dies führt zum einen zu einer starken Reduktion der Gefährdung (z.B. bzgl. Verlust) von Geschäftsdaten und zum anderen zu einer Reduzierung der Support- und Betriebsaufwände.

4.5 Notfallmaßnahme im Rahmen einer Pandemie

Viele Organisationen stehen vor dem Problem, wie sie im Rahmen einer Pandemie den Notfallbetrieb aufrechterhalten können, ohne die Gesundheit ihrer Angestellten zusätzlich zu gefährenden. Mit Hilfe der vorgestellten Lösungsmöglichkeiten kann ein Arbeiten der Angestellten von zu Hause aus ermöglicht werden und somit eine günstige Notfallmaßnahme auch für die Angestellten ohne zur Verfügung gestelltem Notebook mit Remote Einwahl realisiert werden.

5 Ausblick

Derzeit wird an einer Weiterentwicklung der Funktionalitäten in Bezug auf die userfreundlichere Nutzung von WLAN-Hotspot Services und Modemfunktionalitäten (UMTS, LTE) gearbeitet.

Insbesondere wird an der Lösung spezieller Herausforderungen gearbeitet, die entstehen, wenn Computer von einer Firma genutzt werden sollen, um ein spezielles Firmen-Betriebssystem einer anderen Firma auszuführen. Dies kann der Fall sein, wenn Fremdfirmen-Mitarbeiter die Lösung nutzen sollen, jedoch eine Festplattenverschlüsselung im Einsatz haben, wie auf solchen Firmenrechnern durchaus üblich.

Weiterhin fließen die Erkenntnisse aus der Analyse weiterer Business Cases und deren Anforderungen in die Entwicklung der technischen und organisatorischen Infrastruktur ein.

6 Resumé

Der Secure Enterprise Desktop stellt eine Lösung zur Verfügung, die es Unternehmen erlaubt, den Angestellten ihren Computerarbeitsplatz auf deren privaten Computern zu verwenden, ohne Kompromisse in Bezug auf die Sicherheit des Computerarbeitsplatzes eingehen zu müssen. Der Secure Enterprise Desktop macht die Verwendung des privaten Rechners mindestens so sicher wie die Verwendung eines vom Arbeitgeber ausgegebenen Computers.

Darüber hinaus stellt der Secure Enterprise Desktop alle möglichen Kombinationen von der komplett autonomen Ausführung des Computerarbeitsplatzes, über die Verwendung eines Remote Desktop Lösung bis hin zu einer Hybridlösung, die alle Anforderungen abdecken, zur Verfügung.

Literatur

[WKH+08] Thomas Weigold, Thorsten Kramp, Reto Hermann, Frank Höring, Peter Buhler, Michael Baentsch: The Zurich Trusted Information Channel – An Efficient Defence against Man-in-the-Middle and Malicious Software Attacks, In P. Lipp, A.-R. Sadeghi, and K.-M. Koch (Eds.): TRUST 2008, LNCS 4968, pp. 75–91, 2008, Springer-Verlag Berlin Heidelberg 2008.

[Hwa12] Chong Rong Hwa: Detailed Analysis of Sykipot (Smartcard Proxy Variant), in SANS Institute, April 2012, available online at http://www.sans.org/reading_room/whitepapers/malicious/detailed-analysis-sykipot-smartcard-proxy-variant_33919, retrieved June 25, 2012.

Automatisierte Identifikation von Schatten-IT Komponenten

Felix Preussner[1] · Jochen Hämmerle[1]
Jürgen Neuschwander[2]

[1]SCHUTZWERK GmbH
{fpreussner | jhaemmerle}@schutzwerk.com

[2]Hochschule Konstanz
Technik, Wirtschaft und Gestaltung
juergen.neuschwander@htwg-konstanz.de

Zusammenfassung

In einem idealen Netzwerk sind alle darin befindlichen Netzbereiche und Systeme dem zentralen IT-Management bekannt. Alle Systeme sind in die notwendigen IT-Management-Prozesse eingebunden. Die stattfindende Kommunikation entspricht ausschließlich den Vorgaben und Protokollspezifikationen. Diese Idealvorstellung existiert jedoch nur auf dem Reißbrett und entspricht kaum der Realität. In vielen Fällen werden IT-Systeme in das Unternehmen eingebracht, die nicht den standardisierten und überwachten Prozessen des zentralen IT-Managements unterliegen; man spricht von sogenannten Schatten-Systemen. Diese Systeme gefährden die IT-Sicherheit des Unternehmens.Um die Wirksamkeit der Maßnahmen des IT-Management (z.B. Patchmanagement) zu gewährleisten und somit dem Idealbild sowohl organisatorisch als auch technisch nahe zu kommen, sollten möglichst wenige dieser Schatten-Systeme existieren. Hierfür müssen Schatten-Systemen zunächst identifiziert werden. Ohne das Wissen über die Existenz eines Schatten-Systems lässt sich keine Lösung für die damit verbundenen Probleme finden. Eine Möglichkeit für die Identifikation von Schatten-Systemen ist die manuelle Untersuchung und Kategorisierung aller Netzwerkkomponenten. Diese Vorgehensweise ist mit einem hohen Aufwand verbunden, der mit der Größe des Netzwerks wächst. In großen Netzwerken ist eine manuelle Suche in der Regel zu aufwendig und daher meist nicht umsetzbar. Diese Arbeit beschreibt eine konzeptionelle und technische Methode, um Schatten-Systeme in Netzwerk-Infrastrukturen automatisiert durch maschinelles Lernen zu identifizieren.

1 Einleitung

Die Existenz von Schatten-IT in Unternehmen ist kein neues Phänomen; dennoch wird diese Thematik in der Literatur nur vage und unvollständig behandelt. Aktuelle Trends und Entwicklungen in den Bereichen Unternehmensführung, Technologie und IT-Management führen jedoch dazu, dass das Thema Schatten-IT an Bedeutung gewinnt [ReLM10]. Die Unternehmen benötigen Unterstützung bei der Erfassung, Bewertung und Steuerung der Schatten-IT. In der Literatur werden jedoch derzeit noch keine entsprechenden Werkzeuge beschrieben [ReLM10]. Diese Arbeit soll dazu dienen, entsprechende Werkzeuge zu entwickeln und diese unter realen Bedingungen zu evaluieren.

1.1 Zielsetzung

Eine Möglichkeit für die Identifikation von Schatten-Systemen ist die manuelle Untersuchung und Kategorisierung aller Netzwerkkomponenten. Diese Vorgehensweise ist mit einem hohen Aufwand verbunden, der mit der Größe des Netzwerks wächst. In großen Netzwerken ist eine manuelle Suche somit in der Regel zu aufwendig und daher meist nicht umsetzbar. Aus diesem Grund soll als Ergebnis dieser Arbeit ein Vorgehen vorliegen, mit dem Unternehmen Schatten-Systeme in Unternehmensnetzwerken automatisiert identifizieren können. Hierzu müssen Methoden entwickelt werden, anhand derer eine Entscheidung getroffen werden kann, ob es sich bei einer Netzwerkkomponente (Server, Client, Switch usw.) um ein Schatten- oder ein legitimes System handelt. Da sich Netzwerke in ihrer Ausprägung unterscheiden, müssen diese Methoden in verschiedenen Netzwerkumgebungen einsetzbar sein. Die Methoden werden dann in einer Software-Lösung umgesetzt. Ziel dieser Software-Lösung ist es, alle mit dem Netzwerk verbundenen Systeme zu katalogisieren und selbstständig zu entscheiden, ob es sich um ein Schatten-System oder ein legitimes System handelt. Im Folgenden wird ein Ansatz besprochen, der im Rahmen dieser Arbeit für die Lösung der Problemstellung verwendet wurde.

1.2 Annahme

Folgende Beobachtung ist im Rahmen dieser Arbeit zentraler Ausgangspunkt für die Kategorisierung von IT-Systemen: Ein Trend im Bereich des IT-Managements ist die Industrialisierung der IT [ZaBP05]. Durch die Orientierung an allgemeinen Standards wie ITIL und CobIT streben die Unternehmen eine höhere Qualität und Produktivität bei der IT-Leistungserstellung an. Es wird für die Arbeit angenommen, dass diese Standardisierung dazu führt, dass sich Systeme, die der Verwaltung der zentralen IT-Abteilung unterliegen, in verwendeter Hard- und Software sowie ihrer Konfiguration ähneln. Ferner wird davon ausgegangen, dass sich Systeme außerhalb der Verantwortung der IT-Abteilung von legitimen Systemen unterscheiden. Durch den Vergleich aller mit dem Netzwerk verbundener Systeme anhand bestimmter Merkmale kann also eine Entscheidung getroffen werden, ob es sich bei einem System um ein Schatten-System handelt. Aufgrund der Standardisierung werden Systeme, die der Verantwortung der zentralen IT-Abteilung unterliegen, mehr Ähnlichkeiten aufweisen als Systeme außerhalb dieser Verantwortung.

1.3 Ansatz

Eine grundlegende Voraussetzung für die Identifikation von Schatten-Systemen ist, dass zumindest ein Teil der legitimen Systeme bekannt ist. Ist diese Voraussetzung erfüllt, werden bestimmte Parameter benötigt, die für jedes mit dem Netzwerk verbundene System spezifisch erhoben werden können, um Systeme miteinander vergleichen zu können. Zu möglichen Parametern zählen etwa das verwendete Betriebssystem oder der Hersteller der Netzwerkkarte eines Systems. Diese Parameter sind nicht auf ein spezifisches Netzwerk begrenzt. Sie können in jedem Netzwerk erhoben werden. Mögliche Informationsquellen für die Extraktion benötigter Parameter sind unter anderem eine Analyse eines mitgelesenen Netzwerkverkehrs, Ausgabedateien aus Netzwerkanalysewerkzeugen oder Netzwerkdienste wie DNS oder DHCP. Die Wahl der richtigen Parameter und Datenquellen und deren Qualität ist ausschlaggebend dafür, wie exakt die Ergebnisse dieser Methode sind. Die Software-Lösung soll daher bei der Wahl der Parameter und Datenquellen flexibel an die Situation anpassbar sein.

Anhand der Parameter muss nun ein Maß für die Unterschiedlichkeit zweier Systeme bestimmt werden können. Mögliche Verfahren dazu können den Erkenntnissen des Information Retrievals oder des maschinellen Lernens entnommen werden. Die Kapitel 2.3 - 2.4 erläutern die verwendeten Algorithmen näher und beschreiben die Gründe für die Wahl dieser Algorithmen sowie deren Anpassung an die Problemstellung der Arbeit.

Es muss davon ausgegangen werden, dass einzelne Parameter mehr Aussagekraft über ein System haben als andere. Durch eine geeignete Gewichtung und Kombination der einzelnen Parameter kann somit ein besseres Ergebnis erreicht werden.

2 Umsetzung

Zwei der beschriebenen Anforderungen an die Software-Lösung sind die Flexibilität und die Erweiterbarkeit des Software-Systems. Um diese Anforderungen zu erfüllen, wurde ein Prozess formuliert, nach dem die Software-Lösung vorgeht. Hierfür wurden diejenigen Prozessschritte identifiziert, die für eine Untersuchung eines Netzwerks und die darauf aufbauende Identifikation von Schatten-Systemen notwendig sind. Die einzelnen Schritte sind inhaltlich abgeschlossen, um eine Unabhängigkeit von vor- und nachgelagerten Schritten zu gewährleisten. Beginnend mit der Erfassung von Datenquellen (Capturing) werden die Daten anschließend zusammengefasst (Harvesting) und mit dem Ziel der Mustererkennung (Mining) weiter verarbeitet. Im folgenden Prozessschritt (Analysing) findet die Analyse der Ergebnisse aus dem Harvesting und Mining Prozessschritt statt, die abschließend visualisiert werden (Reporting). Die einzelnen Schritte werden im Folgenden genauer beschrieben.

2.1 Capturing

Nach der Beschreibung geeigneter Charakteristiken gilt es, Möglichkeiten zu finden, wie diese Parameter für jedes einzelne System im Netzwerk bestimmt werden können. Hierfür müssen Informationsquellen erschlossen werden, aus denen sich die erforderlichen Informationen extrahieren lassen. Die Tabelle 1 zeigt eine Auswahl möglicher Informationsquellen und die Informationen, die aus ihnen extrahiert werden können. Gleiche Parameter können dabei aus verschiedenen Quellen extrahiert werden. Dadurch können bestimmte Parameter auch erfasst werden, wenn eine spezifische Datenquelle nicht zur Verfügung steht. Bei den ausgewählten Informationsquellen handelt es sich nur um einen beispielhaften Auszug von Quellen.

2.2 Harvesting

Die Auswertung gegebener Informationsquellen ergibt eine große Menge unstrukturierter Daten. Da die Informationen aus verschiedenen Quellen (Log-Dateien, Netzwerkverkehrdatenanalyse, Dokumentationen) stammen, liegen sie in der Regel in verschiedenen Formaten vor. Um sich einen Überblick über alle verschiedenen Informationsquellen zu verschaffen und eine Möglichkeit zu entwickeln, diese Inhalte auszuwerten, muss ein Weg gefunden werden, die Daten zu strukturieren. Ziel des Prozessschritts Harvesting ist es, für jedes mit dem Netzwerk verbundene System alle notwendigen Parameter aus den Ausgabedateien zu extrahieren und strukturiert in einem Datenhaltungssystem abzulegen.

2.3 Mining

Nach dem Prozessschritt Harvesting liegen für jedes System eine Menge von Parametern vor, anhand derer die Systeme charakterisiert werden können. Ziel des Minings ist es, auf Basis

Tab. 1: Auszug vorhandener Informationsquellen und extrahierbarer Informationen

Quelle	Extrahierbare Parametern
SNMP	<ul><li>System Uptime</li><li>Laufende Prozesse</li><li>ARP-Tabelle</li><li>Routing-Tabelle</li><li>Hostname</li><li>Mountpoints</li><li>Pfade der laufenden Anwendungen</li><li>Liste offener Ports</li><li>Domain</li><li>Angemeldete Benutzer</li><li>Angebotene Shares</li><li>Beschreibung der Netzwerkinterfaces</li></ul>
DHCP	<ul><li>Art der IP-Vergabe</li></ul>
DNS	<ul><li>DNS Name</li><li>Domain Name</li></ul>
Active Directory	<ul><li>Liste legitimer Systeme</li></ul>
Dokumentation	<ul><li>Liste legitimer Systeme</li></ul>
Netzwerkwerkzeuge (z.B. nmap)	<ul><li>System Uptime</li><li>MAC Adresse</li><li>Hersteller des Netzwerkinterfaces</li><li>Betriebssystem Familie</li><li>Version des Betriebssystems</li><li>Generation des Betriebssystems</li><li>Name des Betriebssystems</li><li>Offene Ports</li><li>Angebotene Services</li><li>Position im Netzwerk (Hops zum Ausgangssystem)</li></ul>

der gesammelten Informationen neue Zusammenhänge zu schaffen. Es sollen also Muster innerhalb der Daten erkannt werden. Die zentrale Annahme dieser Arbeit ist, dass sich Systeme, die der Verwaltung der zentralen IT-Abteilung unterliegen, in verwendeter Hard- und Software sowie ihrer Konfiguration ähneln. Es ist also von Interesse herauszufinden, welche der erfassten Systeme sich in ihren Parametern ähneln. Im Rahmen dieser Arbeit bedeutet das, dass Systeme anhand der gesammelten Parameter untersucht und zu Gruppen ähnlicher Systeme zusammengefasst werden. Hierfür können zwei mögliche Ansätze unterschieden werden.

- **Einbeziehung aller verfügbarer Parameter:** Für die Gruppierung werden alle verfügbaren Parameter auf einmal mit einbezogen, um eine Gruppierung vorzunehmen.
- **Gruppierung nach Abhängigkeitsgruppen:** Die verfügbaren Parameter werden zunächst zu Gruppen von ähnlichen Parametern zusammengefasst. Die Systeme werden dann anhand dieser einzelnen Ähnlichkeitsgruppen gruppiert.

Im Rahmen dieser Arbeit wird eine Gruppierung nach Ähnlichkeitsgruppen verwendet. Grund dafür ist, dass die gesammelten Parameter partiell voneinander abhängig sind. Dies trifft beispielsweise auf die Parameter Betriebssystem, Familie des Betriebssystems und Version zu. Bei der Analyse hat dies zur Folge, dass voneinander abhängige Parameter eine Verschiebung der Gewichtung in deren Richtung bewirkt. Die drei Parameter Betriebssystem, Familie des Betriebssystems und Versionsnummer hätten somit eine dreimal so hohe Gewichtung, wie etwa der Parameter Uptime, von dem keine weiteren Parameter abhängig sind. Die Systeme werden fortan nicht mehr anhand der aus Informationsquellen extrahierten Parameter charakterisiert, sondern anhand ihrer Zugehörigkeit zu Gruppen innerhalb der verschiedenen Abhängigkeitsgruppen. Dieses Vorgehen führt zu besseren Resultaten in der Analysephase, da voneinander abhängige Parameter zu einem Parameter zusammengefasst werden.

Wie bereits erwähnt, werden für die Gruppierung der Systeme Algorithmen aus dem Bereich des unüberwachten maschinellen Lernens verwendet. Jedes System wird dabei als Punkt in einem multidimensionalen Raum betrachtet, dessen Dimensionen durch die gesammelten Parameter festgelegt werden. Der dabei eingesetzte Algorithmus ist k-Medoids. Eine Einführung in das Themengebiet des maschinellen Lernens kann [MaRS08] und [Preu11] entnommen werden. Das nachfolgende Kapitel beschreibt den Grund für die Wahl des Algorithmus und seine Anpassung an die Problemstellung dieser Arbeit.

2.3.1 Wahl und Anpassung des Algorithmus

Für die Lösung des Clusterisierungsproblems kommen eine Reihe von Methoden in Frage. Die Suche nach der besten Clustering Methode war bereits Thema vieler Studien, bei denen eine Vielzahl von Algorithmen auf Test-Datensätze angewandt und die Qualität der Ergebnisse bewertet wurde. Dabei wurde festgestellt, dass es selbst unter Laborbedingungen schwierig ist, Cluster-Algorithmen zu evaluieren, da die verschiedenen Methoden verschiedene Eigenschaften und Stärken haben [Lorr83]. Die Wahl des richtigen Algorithmus ist folglich abhängig vom gegebenen Clusterisierungsproblem.

Ein wichtiger Aspekt bei der Wahl von Algorithmen ist deren Leistungsfähigkeit. Die zu entwickelnde Software-Lösung soll in der Lage sein, mit großen Datenmengen umgehen zu können. Es muss also ein Algorithmus gefunden werden, der diese Anforderung erfüllt. Ein möglicher Kandidat dafür ist der Algorithmus k-Means. Dieser Algorithmus liefert gute Ergebnisse bei einer geringen Laufzeit. Die Laufzeit ist linear in der Anzahl der Datenpunkte: $\mathcal{O}(I*k*M*N)$, wobei I die Anzahl der Schleifendurchläufe ist. Dabei ist I oft klein und kann normalerweise gut abgeschätzt werden. Der Speicherbedarf ist gering, da nur die Datenpunkte und die Zentren gespeichert werden: $\mathcal{O}((m+K)*n)$, wobei m die Anzahl der Datenpunkte und n ihre Dimension bezeichnen. Es handelt sich dabei um einen Greedy-Algorithmus, eine Gruppe von Algorithmen, die sich dadurch auszeichnen, dass sie schrittweise den Folgezustand auswählen, der zum Zeitpunkt der Wahl das beste Ergebnis verspricht. Greedy-Algorithmen sind schnell, lösen viele Probleme aber nicht optimal [CLRS01]. Ein k-Means Algorithmus muss nicht die beste mögliche Lösung finden; er garantiert jedoch, dass der Algorithmus eine Lösung findet. Die jeweilige Lösung hängt dabei stark von den gewählten Startpunkten ab. Studien belegen aber, dass der Algorithmus bei geeigneter Wahl der Startpunkte auch bei großen Datensätzen gute Ergebnisse liefert.

"[...]it has been shown [SeIs84] that the k-means method converges to a locally optimal solution. This behavior is linked with the initial seed selection in the k-means algorithm. So if a good initial partition can be obtained quickly [...], k-means will work well even on problems with large data sets." [JaMF00]

Wie schon im Kapitel Grundlagen beschrieben, berechnet k-Means so lange die Schwerpunkte der Cluster und weist jeden Punkt seinem nächsten Schwerpunkt zu, bis die errechneten Schwerpunkte stagnieren. Die Berechnung eines Schwerpunkts ist jedoch aufgrund der Struktur der Datensätze nicht möglich. Die Datensätze bestehen nicht nur aus numerischen Werten, wie es für die Berechnung eines Schwerpunkts notwendig wäre, sondern auch aus String-Werten. Die Berechnung eines Punktes zwischen zwei Stringwerten ist nicht möglich. Beispielsweise kann keine Aussage darüber getroffen werden, welches Wort zwischen den beiden Wörtern "Haus" und "Auto" liegt. Anhand von Algorithmen wie der "Levenshtein-" oder "Jaro-Winkler-Distanz", kann jedoch eine Distanz zwischen Strings berechnet werden [Preu11].

Benötigt wird also ein Algorithmus, der Berechnungen lediglich auf die Distanz und Unterschiede zwischen Punkten stützt. Diese Anforderung erfüllt der Algorithmus k-Medoids, einer Variante von k-Means, bei der Medoiden anstelle von Schwerpunkten als Clusterzentren dienen. Der Medoid eines Cluster ist das Objekt, für das die Summe aller Distanzen zu diesem Objekt minimal ist. Es handelt sich dabei also um ein Objekt aus der Menge der zu gruppierenden Datensätze, nicht um den errechneten Schwerpunkt eines Clusters, so wie es bei k-Means der Fall ist. Des Weiteren ist dieser Algorithmus robuster bezüglich Rauschen und Ausreißern, da er die Summe der Unterschiede minimiert und nicht die Summe der quadrierten euklidischen Distanzen, wie es bei k-Means der Fall ist.

Im Rahmen dieser Arbeit wird der k-Medoids Algorithmus eingesetzt, um ähnliche Systeme bezüglich ihrer Parameter zu Abhängigkeitsgruppen zu clustern.

2.4 Analysis

Ziel der Analyse ist die Einteilung der identifizierten Systeme in legitime und Schatten-Systeme. Für die Lösung dieses Klassifizierungsproblems finden Algorithmen aus dem Bereich des maschinellen Lernens Verwendung. Für die Klassifizierung der Systeme werden Instance-Based Learning und der k-Nearest Neighbor Algorithmus eingesetzt. Nachfolgendes Kapitel beschreibt den Grund für die Wahl dieser Algorithmen und deren Anpassung an die Problemstellung dieser Arbeit.

2.4.1 Wahl und Anpassung des Algorithmus

Verwendet man Algorithmen aus dem Bereich des maschinellen Lernens für die Lösung dieses Klassifizierungsproblems der Identifikation von Schatten-Systemen, so kann dies für die Lern- und Klassifizierungsphase auf zwei unterschiedlichen Wegen geschehen [Kirc10]:

1. **Durch Verwendung einer mehr-klassigen Kategorisierung:** Der Software-Lösung werden während der Lernphase zwei Klassen von Datensätzen zur Verfügung gestellt. Die erste Klasse beinhaltet Datensätze, die Systeme repräsentieren, welche legitim mit dem zu untersuchenden Netzwerk verbunden sind. Die zweite Klasse besteht aus Beispielen für Schatten-Systeme. Bei einer Klassifizierung werden nun die zu kategorisierenden Systeme einer dieser Klassen zugewiesen.
Dieser Ansatz setzt voraus, dass vor der Untersuchung des Netzwerks bekannt ist, wie ein Schatten-System beschaffen ist. Systeme können jedoch in einer unendlichen Vielzahl verschiedener Ausprägungen vorliegen. Ferner steigt die Anzahl verschiedener möglicher Systeme durch die Entwicklung neuer Technologien ständig. Um das System zu konditionieren, müssten Trainingsdatensätze in einer Vielzahl verschiedener Ausprägungen vorliegen, die möglichst alle Konfigurationen von Schatten-Systemen abdecken. Die

Software-Lösung würde dann nur Systeme erkennen, die den erlernten Datensätzen gleichen oder ähneln. Abhängig von ihrer Konfiguration könnten Systeme, die zum jetzigen Zeitpunkt noch unbekannt sind, nicht richtig erkannt werden. Dieser Ansatz wird daher als ungeeignet eingestuft.

2. **Verwendung einer ein-klassigen Kategorisierung:** Die Softwarelösung erstellt nur eine Klasse von Datensätzen, die als "normale" Klasse bezeichnet wird. Signaturen von Schatten-Systemen oder Negativ-Beispielen werden nicht gespeichert. Die gesamten Trainingsdaten werden nur einer einzigen Klasse zugeführt. Die Klassifizierung neuer Datensätze während der operativen Phase ist ein ein-klassiges Klassifizierungsproblem, bei dem die Frage beantwortet werden muss, ob der neue Datensatz der gegebenen Klasse zugeteilt werden kann, ohne über Negativ-Beispielen zu verfügen. Dieser Ansatz wird auch als semi-überwachtes Lernen bezeichnet.

"Techniques that operate in a semi-supervised mode, assume that the training data has labeled instances for only the normal class. Since they do not require labels for the anomaly class, they are more widely applicable than supervised techniques." [ChBK09, Seite 10]

Hinsichtlich der Analyse von Hardware-Systemen hat dieser Ansatz den Vorteil, dass er in der Lage ist, jegliche Art von Abweichung hinsichtlich legitimer Systeme zu erkennen. Er ist nicht von einem limitierten Satz gelernter negativer Trainingsdaten abhängig.

Aus dem Themengebiet des maschinellen Lernens kann eine Vielzahl von Algorithmen, die normalerweise für die mehr-klassige Kategorisierung verwendet werden, für die ein-klassige Kategorisierung angepasst werden. Als Beispiele kommen die Support Vector oder die k-Nearest Neighbor Technik in Betracht. Eine genauere Evaluation verschiedener Algorithmen aus dem Gebiet der ein-klassigen Kategorisierung kann dem Ansatz von Tax [Tax01] entnommen werden. Die Ausarbeitung zeigt, das keiner der untersuchten Algorithmen signifikant besser als andere agiert und dass die Wahl eines geeigneten Algorithmus vom Klassifizierungsproblem abhängt. Des Weiteren folgert die Arbeit, dass:

"[...] for very low sample sizes the nearest neighbor method is to be preferred." [Tax01, Seite 145]

Durch die Verwendung von Instance-Based Learning und einer k-Nearest Neighbor Klassifizierung können somit neue Datensätze passend klassifiziert werden, auch wenn nur eine geringe Anzahl normaler Datensätze zur Verfügung stehen. Im Falle der Identifizierung von Schatten-Systemen muss davon ausgegangen werden, dass nur eine kleine Menge an Trainingsdaten vorhanden sind. Abhängig ist die Anzahl dieser Datensätze von der Verfügbarkeit benötigter Informationsquellen. Die Software-Lösung muss daher auch mit einer geringen Anzahl Trainingsdaten ein gutes Ergebnis liefern können.

Wird die k-Nearest Neighbor Methode für eine ein-klassige Kategorisierung verwendet, so muss eine Anpassung des ursprünglichen mehr-klassigen Ansatzes vorgenommen werden. Dieser Ansatz beantwortet normalerweise die Frage, welcher erlernten Klasse ein neuer, nicht klassifizierter Datensatz am wahrscheinlichsten zugeordnet werden kann. Verwendet man den

Algorithmus für eine ein-klassige Kategorisierung, so wird der neue Datensatz mit seinen nächsten Nachbarn verglichen, um zu entscheiden, ob er ebenfalls der einen gegebenen Klasse angehört. Die Abbildung 1 illustriert die Unterschiede zwischen einer mehr-klassigen und einer ein-klassigen Kategorisierung. Die runden Symbole stehen dabei für zu kategorisierende Datensätze, die Quadrate und Diamanten für Datensätze, die während der Lernphase erlernt wurden.

(a) Mehr-klassige Kategorisierung

(b) Ein-klassige Kategorisierung

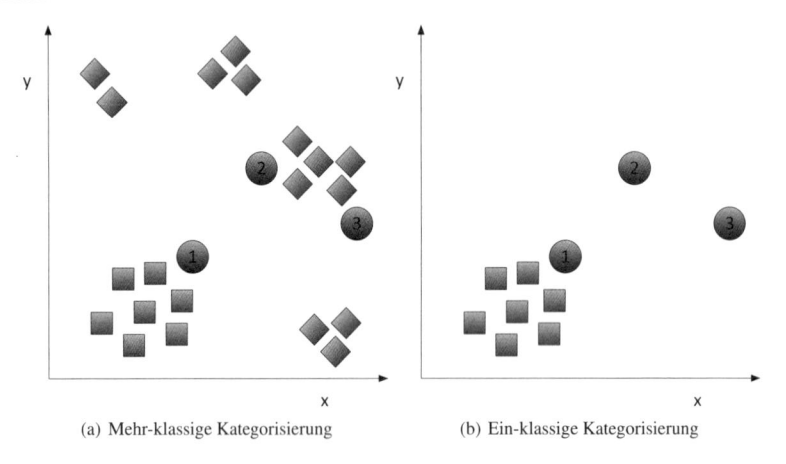

Abb. 1: Unterscheidung zwischen ein-klassiger und mehr-klassiger Klassifizierung

Das Ergebnis der Klassifizierung basiert auf dem Vergleich der Distanzen zwischen Datensätzen. Wenn die Distanz eines neuen Datensatzes zu seinen k-nächsten Nachbarn die lokale Durchschnittsentfernung zwischen den gespeicherten Instanzen übersteigt, so wird der Datensatz als Schatten-System betrachtet.

Bezüglich Abbildung 1(b) bedeutet das, Punkt 1 hat eine kleinere Distanz zu seinen k-nächsten Nachbarn, als Punkt 3. Punkt 1 wird somit eher der Normalgruppe zugeteilt, da er sich näher an den vorher gespeicherten Trainingsdaten befindet. Die Distanz zu Punkt 3 übersteigt die lokale Durchschnittsentfernung der erlernten Datensätze. Er wird daher als Schatten-System klassifiziert. Ob Punkt 2 der Normalgruppe zugeteilt wird, hängt davon ab, welcher Wert für k gewählt wurde. Je höher der Wert für k dabei gewählt wird, je geringer ist die Wahrscheinlichkeit, dass er der Normalgruppe zugeteilt wird, da mehr benachbarte Punkte in die Untersuchung einbezogen werden und somit die Durchschnittsentfernung zur Normalgruppe steigt.

Zu beachten ist allerdings, dass es sich in Abbildung 1(b) um eine ideale Verteilung der Punkte handelt. In realen Szenarien der Identifikation von Schatten-Systemen wird eine solche, ideale Verteilung der Punkte selten zu erreichen sein. Das liegt vor allem an der Tatsache, dass in einem Netzwerk unterschiedliche Typen von Systemen vorkommen, die innerhalb ihrer Gruppen ein ähnliches Verhalten aufweisen, in Bezug zu anderen Gruppen allerdings sehr unterschiedlich sind. So ähneln sich Systeme aus der Gruppe der Server-Systeme sehr, unterscheiden sich jedoch stark von Systemen aus der Gruppe der Client-Systeme. Abbildung 2 zeigt eine Verteilung von Punkten, die der Analyse von Realdaten nahe kommt.

Automatisierte Identifikation von Schatten-IT Komponenten 77

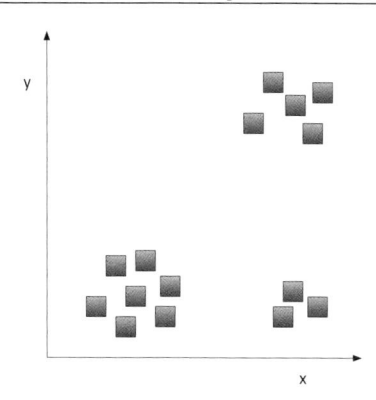

Abb. 2: Verteilung der Vektoren bei der Verwendung des k-Nearest Neighbor Algorithmus

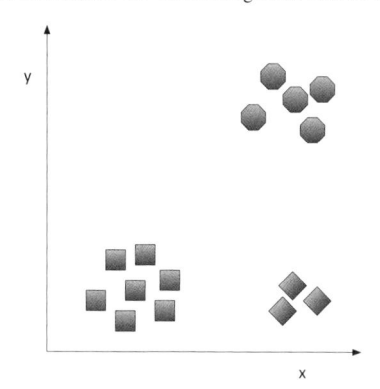

Abb. 3: Kombination von Clusterisierung und Klassifizierung

Wendet man den k-Nearest Neighbor Algorithmus auf die Menge dieser Datensätze an, so stellt man fest, dass die erhaltenen Ergebnisse in ihrer Güte unzureichend sind. Ein Großteil der zu klassifizierenden Datensätze wird der Normalgruppe zugeteilt werden. Nur ein Bruchteil der eigentlichen Schatten-Systeme wird auch als solches klassifiziert. Ursache dafür ist die Berechnung der Distanz, die festlegt, wie weit ein Punkt maximal von seinen k-nächsten Nachbarn entfernt sein darf, um der Normalgruppe zugesprochen zu werden. Diese Distanz entspricht der lokalen Durchschnittsentfernung aller Trainingsdaten. Durch die weite Verteilung der Punkte ist diese Distanz so groß, dass fast der gesamte in Abbildung 2 gezeigte Bereich, der Normalgruppe zugesprochen wird. Um diesem Fehlverhalten entgegenzuwirken, ist es sinnvoll, die Trainingsdaten weiter zu unterteilen. Für die Unterteilung wird der bereits in Kapitel 2.3 beschriebene Algorithmus k-Medoids verwendet.

Abbildung 3 zeigt eine Unterteilung der Trainingsdaten in 3 Gruppen ähnlicher Systeme. Es handelt sich dabei immer noch um eine ein-klassige Kategorisierung. Zwar sind die Trainingsdaten jetzt in 3 Gruppen unterteilt, dennoch beantwortet der Algorithmus weiterhin nur die Frage, ob ein neuer Datensatz einer der gegebenen Klassen zugeteilt werden kann, ohne dabei über Negativ-Beispiele zu verfügen. Die lokale Durchschnittsentfernung wird nun getrennt für jede Gruppe von Trainingsdaten berechnet. Neu zu kategorisierende Punkte werden nun der Gruppe zugewiesen, deren durchschnittliche Distanz zu ihren k-nächsten Nachbarn einer Gruppe minimal ist und die lokale Durchschnittsentfernung der Punkte dieser Gruppe nicht überschreitet. Kann ein Punkt keiner Gruppe zugewiesen werden, so wird er als Schatten-System (runde !-Symbole) betrachtet. Die Abbildungen 4(a) und 4(b) illustrieren dieses Verfahren.

(a) Gruppierung der Trainingsdaten (b) Klassifizierung

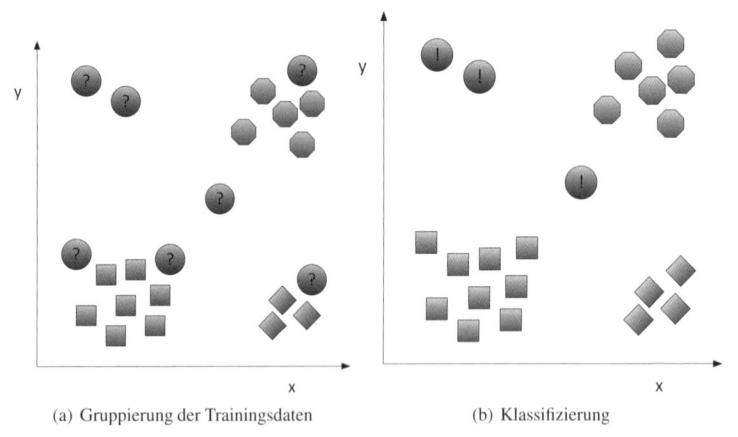

Abb. 4: Clusteranalyse

Die Verwendung von Instance-Based Learning und der k-Nearest Neighbor Klassifizierung hat den Vorteil, dass es ein Modell für die Identifikation von Schatten-Systemen liefert, das von Menschen gemeinhin verstanden und interpretiert werden kann. Distanzen zwischen Datensätzen können nachvollzogen und visualisiert werden, was die Entscheidungen des Systems nachvollziehbar macht. Andere Algorithmen aus den Bereichen maschinelles Lernen und Klassifizierung wie etwa neuronale Netze oder Support Vector Machine verwenden komplexere und verallgemeinerte Modelle, die den Entscheidungsprozess weniger verständlich machen. Dies ist vor allem für die spätere Visualisierung ein entscheidender Faktor. Die Entscheidungen des Systems müssen transparent und bildlich darstellbar sein, um im Prozessschritt des Reportings die Basis für eine aussagekräftige und leicht zu verstehende Dokumentation zu sein.

Da auf ein verallgemeinerndes und verdichtendes Modell verzichtet wird, hat Instanz-Based Learning einen weiteren Vorteil: Der Satz gespeicherter Instanzen kann ohne langwierige Prozesse angepasst werden. Verändern sich etwa die Charakteristiken einer Klasse, wenn die Trainingsdaten etwa um neue Datensätze erweitert werden, so kann die Software-Lösung ebenfalls angepasst werden.

"KNN is an online technique, meaning that new data can be added at any time, unlike techniques such as support-vector machines that require retraining if the data changes. Moreover, adding new data does not require any computation at all; the data is simply added to the set."
[Sega07, Seite 296]

Die gespeicherten Datensätze können direkt verändert, entfernt oder erweitert werden, um die interne Definition, was als "normal" zu betrachten ist, anzupassen. Das Konzept des Instance-Based Learning wird auch als "lazy learning" bezeichnet, da anhand der erlernten Datensätze keine Rückschlüsse gezogen werden, bis das Software-System dazu aufgefordert wird, einen neuen Datensatz zu klassifizieren (siehe [Mitc10]).

Andere Algorithmen des maschinellen Lernens, wie Support Vector Machine oder Entscheidungsbäume werden dagegen "eager learning" genannt, denn sie treffen bereits während der Trainingsphase Rückschlüsse über die erlernten Datensätze. Ergebnis der Trainingsphase ist dann ein Modell von Schlussfolgerungen, das dazu benutzt wird, neue Datensätze zu kategorisieren. Eine Anpassung dieses Modells ist im Allgemeinen nicht möglich, ohne die Trainingsphase erneut zu starten. Abhängig vom verwendeten Algorithmus und der Größe des Trainingsdatensatzes kann die Erstellung des verallgemeinerten Modells ein langwieriger Prozess sein.

Wie Moore [Moor10] es beschreibt, ist die k-Nearest Neighbor Klassifikation in der Lage, den Einfluss von Rauschen in den erlernten Datensätzen zu mindern, weil mehrere benachbarte Instanzen für einen einzelnen Entscheidungsfindungsprozess herangezogen werden. Dies sorgt für eine genauere Klassifikation der zu untersuchenden Systeme.

2.5 Reporting

Ziel der Reportingphase ist, die Analyseergebnisse so aufzubereiten, dass sie von Menschen ohne besondere Vorkenntnisse leicht interpretiert werden können. Mögliche Vorgehensweisen für die Lösung dieser Aufgabe sind:

1. **Ein schriftlicher Bericht:** Die Generierung eines Berichts, der dem Leser alle gesammelten und erzeugten Informationen in aufbereiteter Form zur Verfügung stellt.
2. **Eine grafische Darstellung:** Die Generierung einer grafischen Darstellung, aus der ersichtlich wird, welche Systeme mit welcher Wahrscheinlichkeit als Schatten-System zu betrachten sind und welche Systeme als legitim erachtet werden.

Grundlage des schriftlichen Berichts sind die Informationen, die während der vorherigen Prozessschritte in der Datenbank gespeichert wurden. Diese können ausgelesen und anhand eines definierten Schemas als Bericht exportiert werden. Als Visualisierung bietet sich eine grafische Darstellung der Systeme als Punkte in einem Koordinatensystem an. Die Distanzen zwischen den Punkten beschreiben dabei das Maß der Unterschiedlichkeit zwischen den Systemen. Je weiter Systeme voneinander entfernt liegen, desto unterschiedlicher sind sie.

Während zwei-dimensionale Vektoren leicht anhand ihrer Position in einem Diagramm dargestellt werden können, müssen höher-dimensionale Vektoren auf eine andere Weise visualisiert werden. Die Software-Lösung verwendet eine höhere Zahl von Dimensionen, um ein Hardware-System zu beschreiben. Die Anzahl der Dimensionen ist dabei abhängig von der Anzahl der Parameter, die während des Harvestings für jedes System extrahiert werden konnten. Es muss daher eine Möglichkeit gefunden werden, Vektoren unabhängig von ihrer Dimensionalität darzustellen.

Um Vektoren mit beliebig vielen Dimensionen in einem zwei-dimensionalen Raum darzustellen, wird eine Technik für die multidimensionale Skalierung verwendet. Multidimensionale Skalierung versucht, basierend auf den realen Distanzen zwischen den Punkten, eine niedrig-dimensionale Darstellung von hoch-dimensionalen Punkten zu finden. Eine ausführliche Einführung in das Themengebiet der multidimensionalen Skalierung kann [Preu11] entnommen werden.

Durch diese Art der Darstellung werden ähnliche Systeme wegen ihrer kurzen Distanz zueinander eng beieinanderliegen. Legitime Systeme werden somit in Ballungsgebieten kumulieren, während sich Schatten-Systeme mit einem größeren Abstand zu diesen verteilen.

Im Rahmen dieser Arbeit wurde das Verfahren der nicht-metrischen multidimensionalen Skalierung nach Shepard-Kruskal gewählt. Gründe für diese Entscheidung sind die Nachvollziehbarkeit der Ergebnisse, die einfache Implementierung und ein gutes Laufzeitverhalten des Algorithmus.

3 Evaluation

Die Ergebnisse der anhand der entwickelten Methodik implementierten Software-Lösung wurden im Rahmen eines Pilotprojekts evaluiert. Um möglichst aussagekräftige Ergebnisse zu erzielen, wurde darauf Wert gelegt, die Anwendung unter realen Bedingungen zu testen. Um dies zu gewährleisten, hat sich ein Kunde der Firma SCHUTZWERK GmbH dazu bereit erklärt, sein Netzwerk für die Durchführung der Evaluation zur Verfügung zu stellen. Bei diesem Kunden handelt es sich um ein international aufgestelltes, mittelständisches Unternehmen.

Im Folgenden sollen die Ergebnisse der Software-Lösung hinsichtlich des F1-Scores bewertet werden. Der F1-Score kombiniert Genauigkeit (precision) und Trefferquote (recall) auf Basis des gewichteten harmonischen Mittels. Werte dieses Maßes bewegen sich im Intervall $I \in [0..1]$. Werte im Bereich $F \to 1$ sind für die Evaluation wünschenswert. Tabelle 2 zeigt die F1-Scores hinsichtlich unterschiedlicher Werte für k und Gewichtungen. Die Bewertung zeigt, dass für die Analyse des Testnetzwerkes Werte für k im Bereich 3 - 5 geeignet sind. Bei höheren Werten für k ist die durchschnittliche Entfernung der Punkte innerhalb der Normalgruppen zu gering, um neue Punkte aufzunehmen. Bei geringeren Werten werden auch weit entfernte Punkte den Normalgruppen zugeteilt. Eine Gewichtung in Richtung eines einzelnen Parameters hat sich als ungeeignet erwiesen. Dies liegt daran, dass nicht alle Parameter für jedes System erfasst werden konnten. Bei Systemen, die über einen bestimmten gewichteten Parameter nicht verfügen, erhöht sich durch die Gewichtung die Distanz zu den Normalgruppen. Sie werden daher eher der Gruppe der Schatten-Systeme zugesprochen. Eine Gewichtung in Richtung der Parameter "Betriebssystem" und "offene Ports" lieferte den besten F1-Score. Dies ist ein Zeichen dafür, dass legitime Systeme bezüglich dieser Parameter ein hohes Ähnlichkeitsmaß aufweisen. Bei einer solchen Gewichtung konnten alle vorhandenen Schatten-Systeme bei einer geringen Zahl von falsch-positiven Bewertungen identifiziert werden.

Eine geeignete Gewichtung ist abhängig von der zugrunde liegenden Netzwerkstruktur und den Informationen, die über das Netzwerk gesammelt werden konnten. Sie muss auf die Situation angepasst werden. Im Fall dieser Evaluation war bekannt, dass bestimmte Betriebssysteme eingesetzt werden und dass die Systeme eine spezifische Konfiguration der Ports aufweisen. Daher wurde eine Gewichtung in Richtung dieser Parameter vorgenommen.

Während der Analyse stellte sich heraus, dass die Anzahl der falsch-positiven Kategorisierungen durch die Erhöhung von k zunimmt. Die Zahl der falsch-negativen Kategorisierungen bleibt gering. Nur bei sehr geringen Werten von k konnten solche Zuordnungen überhaupt beobachtet werden. Bei der Analyse hat es sich somit als sinnvoll herausgestellt, die Untersuchung mit geringen Werten von k zu beginnen und diese langsam zu erhöhen. Bei jeder Erhöhung werden neue Systeme der Gruppe der Schatten-Systeme zugesprochen. Je später ein System als Schatten-System deklariert wird, je geringer ist die Wahrscheinlichkeit, dass es sich wirklich um ein solches System handelt. Auf diese Weise kann eine Liste von Systemen erstellt werden, die nach ihrer Wahrscheinlichkeit geordnet sind, ein Schatten-System zu sein. Bei einer manuellen Nachbearbeitung kann diese Liste schrittweise abgearbeitet werden, bis ein falsch-positives Ergebnis identifiziert wird.

Tab. 2: Berechnung des F1-Scores mit verschiedenen Werten für k und unterschiedlichen Gewichtungen

	k = 3	k = 5	k = 7	k = 9	k = 11
Keine Gewichtung	F = 0,4	F = 0,71	F = 0,75	F = 0,46	F = 0,39
Gewichtung auf Betriebssystem	F = 0,77	F = 0,57	F = 0,44	F = 0,28	F = 0,35
Gewichtung auf DNS	F = 0,83	F = 0,63	F = 0,48	F = 0,39	F = 0,33
Gewichtung auf offene Ports	F = 0,5	F = 0,25	F = 0,39	F = 0,37	F = 0,35
Gewichtung auf Betriebssystem und Ports	F = 0,72	F = 0,89	F = 0,76	F = 0,39	F = 0,29

4 Fazit

Ziel dieser Arbeit war die Entwicklung einer Methode zur Identifikation von Schatten-Systemen in Netzwerken. Hierfür wurde ein generischer Prozess definiert, der Basis für die Implementierung einer Software-Lösung war. Die so entstandene Anwendung wurde im Produktiveinsatz evaluiert. Hierbei konnte nachgewiesen werden, dass die Anwendung ohne Einschränkung praktikabel ist und die von ihr erwarteten Ergebnisse liefert. Anhand der Ergebnisse lässt sich nachweisen, dass das umgesetzte Konzept geeignet ist, die gestellte Aufgabe zu lösen und Schatten-Systeme aufzuspüren. Es konnten während der Evaluation Schatten-Systeme identifiziert werden, die der zentralen IT-Abteilung vorher nicht bekannt waren. Das von diesen Systemen ausgehende Sicherheitsrisiko wurde somit reduziert.

Es versteht sich, dass die Software-Lösung auf Informationen von Seiten der zentralen IT-Abteilung angewiesen ist. Eine grundlegende Voraussetzung für die Identifikation von Schatten-Systemen ist, dass zumindest ein Teil der legitimen Systeme bekannt ist. Ohne das Wissen über die Beschaffenheit legitimer Systeme kann keine Aussage darüber getroffen werden, ob es sich bei einem System um ein Schatten-System handelt. Wenn die zentrale IT-Abteilung diese Information nicht zur Verfügung stellt, kann lediglich eine Aussage darüber getroffen werden, welche Systeme ähnlich sind. Bei Systemen, die sich bei dieser Untersuchung stark von allen anderen Systemen unterscheiden, kann angenommen werden, dass es sich um Schatten-Systeme handelt.

Literatur

[ChBK09] V. Chandola, A. Banerjee, V. Kumar: Anomaly detection: A survey. ACM Computing Surveys (2009), volume 41, Ausgabe 3, Seiten 1-58.

[CLRS01] T. H. Cormen, C. E. Leiserson, R. Rivest, C. Stein: Algorithmen - Eine Einführung. Oldenbourg (2001).

[JaMF00] A. K. Jain, M. Murty, P. Flynn: Data Clustering: A Review. IEEE (2000).

[Kirc10] M. Kirchner: Detection of Attacks and Anomalies in HTTP Traffic using Instance-Based Learning and KNN Classification. Diplomarbeit, Hagenberg (2010).

[Lorr83] M. Lorr: Cluster Analysis for Social Scientists: Techniques for Analyzing and Simplifying Complex Blocks of Data. Jossey-Bass (1983).

[MaRS08] C. D. Manning, P. Raghavan, H. Schütze: Introduction to Information Retrieval. Cambridge (2008).

[Mitc10] T. M. Mitchell: Instance Based Learning. Vorlesungs Folien (2010), .

[Moor10] A. W. Moore: Instance-based learning (2010), .

[Preu11] F. Preussner: Automatisierte Identifikation von Schatten-IT Komponenten durch maschinelles Lernen. Diplomarbeit, HTWG Konstanz (2011).

[ReLM10] P. D. C. Rentrop, D. O. van Laak, P. D. M. Mevius: Schatten-IT: ein Thema für die interne Revision? (2010).

[Sega07] T. Segaran: Programming Collective Intelligence. O'Reilly (2007).

[SeIs84] S. Z. Selim, M. A. Ismail: K-means-type algorithms: A generalized convergence theorem and characterization of local optimality. IEEE Trans. Pattern Anal. Mach. Intell. 6 (1984).

[Tax01] D. M. J. Tax: One-class classification, Concept-learning in the absence of counterexamples. Dissertation, Technical University of Delft (2001).

[ZaBP05] R. Zarnekow, W. Brenner, U. Pilgram: Integriertes Informationsmanagement: Strategien und Lösungen für das Management von IT-Dienstleistungen. Springer (2005).

Information Security Incident Management

Heiko Kirsch[1] · Michael Hoche[2]

[1]Secure Mobile Networking Lab
Technische Universität Darmstadt
heiko.kirsch@seemoo.tu-darmstadt.de

[2]Integrated Systems Engineering
EADS Deutschland GmbH / Cassidian
michael.hoche@cassidian.com

Zusammenfassung

Die Bereitstellung und der Betrieb adäquat gesicherter Dienste stellt für Dienstleister einen essentiellen Bereich ihrer Wertschöpfung dar. Darüber hinaus werden sichere und verfügbare Dienste inzwischen regulatorisch gefordert, insbesondere wenn diese als Teile kritischer Infrastrukturen betrachtet werden. Sicherheitsvorfälle, welche zu Beeinträchtungen in der Diensterbringung führen, sollten daher schnellstmöglich erkannt, deren Ursachen identifiziert und risikoorientiert behandelt werden. Hierzu können etablierte Servicemanagement-Prozesse, bspw. die Information Technology Infrastructure Library, mit Methoden des Informationssicherheits- und Risikomanagement ergänzt und integriert werden. Wir zeigen, dass die Zusammenführung von klassischem Servicemanagement mit sicherheitsfokusiertem Incident- und Risikomanagement die Kundenbedürfnisse mit kontinuierlichen Dienstleistungen befriedigen sowie regulatorische Anforderungen erfüllen kann.

1 Einleitung & Motivation

Die gesellschaftliche und wirtschaftliche Abhängigkeit von verfügbaren und sicheren Informationsinfrastrukturen ist ungebrochen weiter steigend (vgl. [BSI11] und [EUD11]). So bildet Informationstechnologie (IT) einen wesentlichen Bestandteil geschäftlicher Abläufe und dient dabei sowohl der Leistungserbringung für Kunden als auch für die eigene Organisation. Die damit verbundenen Anforderungen aus den Geschäftsprozessen bedingen neben funktionalen und ökonomischen Aspekten auch Qualitätsattribute wie Vertraulichkeit, Integrität und Verfügbarkeit der in IT abgebildeten Dienste (vgl. [BSI08]). Den durch Einsatz von IT im Geschäftsumfeld angestrebten ökonomischen Zielen wie Effizienzsteigerungen stehen jedoch auch Risiken gegenüber. Diese werden durch die Nutzung von IT bedingt. Um eine konkrete Beurteilung der Risiken und einen angemessenen Umgang mit diesen sicherzustellen, wird aus regulatorischer Sicht u.a. ein unternehmensweites „Überwachungssystem" gefordert (vgl. [Kon98]).

Die Etablierung eines solchen Systems obliegt der Verantwortung des Organisationsmanagements und soll Risiken identifizieren, analysieren, bewerten und behandeln, welche insbesondere den Fortbestand der Organisation gefährden können. Hierzu werden in der Regel Methoden des Risikomanagement (RM) angewendet. Diese finden sich in etablierten, internationalen Standards wie ISO/IEC 31000:2009 „Risk management - Principles and guidelines" der International Organization for Standardization (ISO) (vgl. [ISO08]) oder dem „Enterprise Risk Management - Integrated Framework" des Committee of Sponsoring Organizations of the Treadway Commission (COSO) (vgl. [COS04]).

Für den Umgang mit Risiken durch den Einsatz von IT sind ergänzende, spezialisierte Vorgehensweisen definiert. Hierzu zählen bspw. die ISO/IEC 27005:2008 „Information technology – Security techniques – Information security risk management" der ISO (vgl. [ISO08], der BSI-Standard 100-3 „Risikoanalyse auf der Basis von IT-Grundschutz" des Bundesamts für Sicherheit in der Informationstechnologie (BSI) (vgl. [BSI08]) oder die SP800-30 „Risk Management Guide for Information Technology Systems" des National Institutes of Standards and Technology (NIST) (vgl. [NIS02]). Diese konkretisieren allgemeinere Methoden des Risikomanagements für Aspekte der IT, insbesondere der Informationssicherheit (IS) und ihrer entsprechenden Schutzziele, u.a. Vertraulichkeit, Integrität und Verfügbarkeit (vgl. [ISO09]).

Neben der Notwendigkeit, Risiken entsprechend des unternehmensspezifischen RM zu erfassen und zu bewerten, müssen Maßnahmen zur Behandlung relevanter Risiken abgeleitet und umgesetzt werden. Hierzu stehen nach [ISO08] Möglichkeiten der Reduktion, Vermeidung, Akzeptanz und des Transfers zur Verfügung. Der resultierende Maßnahmenkatalog wird dabei innerhalb eines eigenen, kontinuierlichen IS-Management-Prozesses bzw. IS Management Systems (ISMS) fortgeschrieben, implementiert, dessen Wirksamkeit überprüft und ggf. verbessert (vgl. [ISO09]). Da nicht alle Risiken mit der Etablierung präventiver Maßnahmen wie Identitätsmanagement adäquat behandelt werden können, müssen diese mit reaktiven Maßnahmen kombiniert und ergänzt werden. Einen wesentlicher Bestandteil bildet hierbei die Behandlung von Sicherheitsvorfällen im Rahmen eines etablierten Prozesses (engl. Incident Management (IM)) (vgl. [ENI11a] und [BSI11]).

Im Folgenden wird durch einen kurzen Überblick regulatorischer Anforderungen die Notwendigkeit eines etablierten IM im operativen Umfeld dargestellt. Die Beschreibung aktueller (Defacto)-Standards im Bereich IM leitet die Grundlagen für eine Integration service- und sicherheitsfokussierter Prozesse innerhalb einer gesamtheitlichen Prozesskette her. Diese wird nachfolgend beispielhaft herausgearbeitet, deren Vor- und Nachteile dargelegt, sowie abschließend zusammengefasst.

2 Information Security Incident Mangement – ISIM

Trotz im Vorfeld getroffener Maßnahmen zur Gewährleistung von IS für bereitgestellte Dienste können während der kontinuierlichen Diensterbringung Vorfälle auftreten, die diese beeinträchtigen. Nach Definition des BSI werden „unerwünschte Ereignisse mit Auswirkungen auf die Informationssicherheit" als Sicherheitsvorfall verstanden. Abhängig vom betroffenen Dienst und Geschäftsprozess sowie dessen Kritikalität und Relevanz für die Organisation entstehen entsprechende Schäden. Diese sind verursacht durch den Verlust von u.a. Vertraulichkeit, Integrität oder Verfügbarkeit der Dienste bzw. der verarbeiteten Informationen (vgl. [BSI11]). Die effiziente Begrenzung bzw. Vermeidung dieser Schäden erfordert die Etablierung eines Incident Management, welches Sicherheitsvorfälle schnellst möglich erkennt, deren Ursachen identifiziert und abhängig vom konkreten Risiko behandelt.

Information Security Incident Management 85

2.1 Anforderungen

Über die einleitend skizzierten regulatorischen Forderungen nach adäquatem RM hinaus fordert u.a die Direktive 2009/140/EC der Europäischen Union (EU) die Umsetzung von Maßnahmen zur Sicherstellung der Kontinuität, Integrität und Sicherheit der Dienesterbringung, insbesondere bei Bereitstellung von öffentlichen Kommunikationsdiensten als Teil kritischer Infrastrukturen (vgl. [EUD09]). Resultierend aus Paragraph 3 des Artikels 13a sind Dienstleister dazu angehalten, „signifikante" Sicherheitsvorfälle gegenüber der verantwortlichen Nationalen Regulierungsautorität (NRA), diese wiederum der European Network and Information Security Agency (ENISA) und der Europäischen Kommission (EC) zu melden. Hierbei werden neben jährlichen Berichten auch Ad-hoc-Meldungen zwischen Dienstleister und zugehöriger NRA bei nationaler Relevanz, zwischen NRAs sowie NRA und ENISA bzw. EC bei multinationaler Relevanz beschrieben.

Um eine entsprechende Umsetzung der Direktive zum Incident Reporting zu ermöglichen, stellt die ENISA neben einer technischen Richtlinie zur Implementierung und Definition der zur Meldung gehörigen Informationen (vgl. [ENI11e]) ergänzend einen Best-Practices-Ansatz (vgl. [ENI10]) zur Verfügung.

2.2 Überblick Standardisierung

Auch im Bereich des IM sind vielfältige Standards vorhanden. Neben etablierten (De-Facto-)Standards wie der Information Technology Infrastructre Library (ITIL) oder Control Objectives for Information and Related Technology (COBIT) zum generellen IT Service Management haben sich insbesondere Richtlinien zum Management von Sicherheitsvorfällen herausgebildet. In diesem Umfeld stehen u.a. die SP800-61 „Computer Security Incident Handling Guide" des NIST (vgl. [NIS08] und branchenspezifische Prozessbeschreibungen wie ITU-T E.409 „Incident organization and security incident handling: Guidelines for telecommunication organizations" (vgl. [ITU04]) zur Verfügung. Darüber hinaus sind übergreifende internationale Standards wie ISO/IEC 27035:2011 „Information technology - Security techniques - Information security incident management" der ISO (vgl. [ISO11]) definiert.

Ausgehend von Aktivitäten der ENISA zum betreiberübergreifenden Informationsaustausch im Umfeld kritischer Infrastrukturen (vgl. [ENI11b]) und des Computer Emergency Response Team Coordination Center (CERT/CC) des Software Engineering Institutes der Carnegie Mellon University zum Aufbau eines standardisierten Notfallbehandlungsprozesses (vgl. [SEI04]) befindet sich derzeit ein „Incident Management Body of Knowledge" (IMBOK) in Entwicklung, welcher eine Vereinheitlichung und die Interoperablität bisheriger Best Practices und Standards ermöglichen soll (vgl. [SEI11]).

2.3 ITIL 2011 – Service Operation

Insbesondere in Europa hat sich zur Erbringung von Diensten ITIL als Prozessframework durchgesetzt. In der aktuellen Version 3, Edition 2011 ist in fünf Publikationen dokumentiert, wie Dienste geplant (vgl. [ITI11d]), beschrieben (vgl. [ITI11b]), betrieben (vgl. [ITI11c]) sowie kontinuierlich gewartet (vgl. [ITI11e]) und verbessert (vgl. [ITI11a]) werden.

Für die Behandlung von Vorfällen, inklusive Sicherheitsvorfällen, ist nach [ITI11c] im Bereich Service Operation ein eigenständiger Prozess IM definiert. Dessen primäres Ziel ist die schnellstmögliche Wiederherstellung des beeinträchtigten Dienstes. IM ist unmittelbar an den

Prozess des Event Managements (EM) als proaktives Monitoring der IT angebunden, um potentielle Beeinträchtigungen bereits im Vorfeld zu verhindern bzw. Ursachen von eingetretenen Vorfällen ermitteln zu können. Darüber hinaus besteht eine Schnittstelle zum Prozess Problem Management (PM), um das wiederholte Auftreten von Vorfällen zu vermeiden bzw. Schäden dauerhaft zu reduzieren (vgl. Abbildung 1 a)).

2.3.1 Event Management

Um das Auftreten von Vorfällen und Beeinträchtigungen proaktiv zu verhindern, ist innerhalb von ITIL der Prozess EM spezifiziert. Dieser beschreibt im Wesentlichen die Etabilierung eines kontinuierlichen Monitorings, um Störungen und deren Ursachen zu identifizieren (vgl. [ITI11c]).

Zur Überwachung des operativen Zustandes eines Dienstes sind dabei mehrere Schritte notwendig. Zunächst müssen präventive Maßnahmen wie Identitätsmanagement und entsprechende Detektionsmechanismen etabliert werden. Hierzu können u.a. Meldungen an der Diensterbringung beteiligter Systeme im Sinne von Log- bzw. Montoring-Informationen gesammelt und ausgewertet (vgl. [ENI11c]) sowie weiter verarbeitet werden (vgl. [NIS11a] und [NIS11b]).

Gesammelte Systemmeldungen müssen gefiltert und kategorisiert werden, um notwendige und geeignete Maßnahmen einzuleiten. Nach [ITI11c] erfolgt die Filterung dabei in zwei Schritten, der sogenannten „1st Level Correlation" bzw. „2nd Level Correlation". Innerhalb der ersten Phase werden nicht relevante Informationen herausgefiltert, abhängig von betrachteten Diensten und den jeweiligen Systemen. Hierzu gehören vor allem Meldungen, welche ein System in „normalem", definiertem Zustand bereitstellt. In der zweiten Phase erfolgt eine Untersuchung der Meldungen im Kontext. Sofern hierbei korrigierende Maßnahmen notwendig sind, werden diese als zukünftige Änderungen, sogenannte „Request for Change (RfC)", des Systems unmittelbar veranlasst. Bei systemischen Defiziten wird an das PM, in Einzelfällen an das IM eskaliert. Darüber hinaus dienen im EM erfasste Informationen der Untersuchung von gemeldeten Vorfällen und deren Ursachen.

2.3.2 Incident Management

Zur Erfassung und Behebung von Vorfällen sieht ITIL den Prozess IM vor, dessen primäres Ziel in der Wiederherstellung des Dienstes für den Kunden ist. Hierzu werden eingehende Meldungen über Störungen bspw. aus dem EM oder direkt vom Kunden erfasst, klassifiziert und priorisiert. Gemeldete Beeinträchtigungen werden unmittelbar mit bekannten Problemen und Lösungen abgeglichen und, sofern möglich, unmittelbar behoben. Hierzu ist ein sogenannter „Service Desk" und „1st Level Support" als Schnittstelle zum Kunden definiert. Ist eine Erst-Lösung des Vorfalls nicht möglich, wird die Störfallbearbeitung mit Hilfe eines sogenannten „Incident Record (IR)" gesteuert.

Diese, in älteren ITIL-Versionen auch als „Trouble Ticket" beschrieben, können nachgelagerte Lösungsschritte beim „2nd Level Support" initiieren. Dabei wird der Vorfall detaillierter untersucht und geeignete Maßnahmen zur Behebung ausgelöst. Zur Ursachenidentifikation und Lösungsfindung kann auf Informationen aus dem EM zurückgegriffen und der IR hiermit ergänzt werden. Sollte die eigentliche Ursache des Vorfalls nicht mit kleinen, zu dokumentierenden RfC's durchführbar sein bzw. eine definierte Lösungszeit überschritten werden, so ist die Hilfe des PM einzufordern. Grundsätzlich sind weitere Eskalations-Level innerhalb des IM

Information Security Incident Management 87

möglich und insbesondere bei der Einbindung externer Dienstleister in die Dienstbringung denkbar.

2.3.3 Problem Management

Systemische und wiederkehrende Vorfälle sind vom EM bzw. IM an das PM zu eskalieren. Die primäre Aufgabe ist hierbei, diese tiefgreifend zu analysieren und umfangreiche Änderungen an der IT einzuleiten. Sollte dies nicht möglich sein, so ist durch gezielte, strukturelle Veränderungen das verbundene Risiko zu minimieren.

Proaktives PM analysiert kontinuierlich eingehende Vorfallsmeldungen und vorhandene IR's bzw. Informationen aus dem EM, um entsprechende Trends oder systemische Defizite eigenständig zu ermitteln. Zur Priorisierung werden hierbei interoperable Methoden des IM's angewendet, wodurch Incident und Problem Management entsprechend verknüpft werden. Strukturelle Ursachen von Vorfällen sind durch die enge Verzahnung beider Prozesse identifizierbar und können somit in die Maßnahmenplanung aufgenommen werden. Die Behebung solcher Defizite erfordert grundsätzlich tiefergehende Änderungen der IT-Infrastruktur, welche zur Dienstbringung genutzt wird.

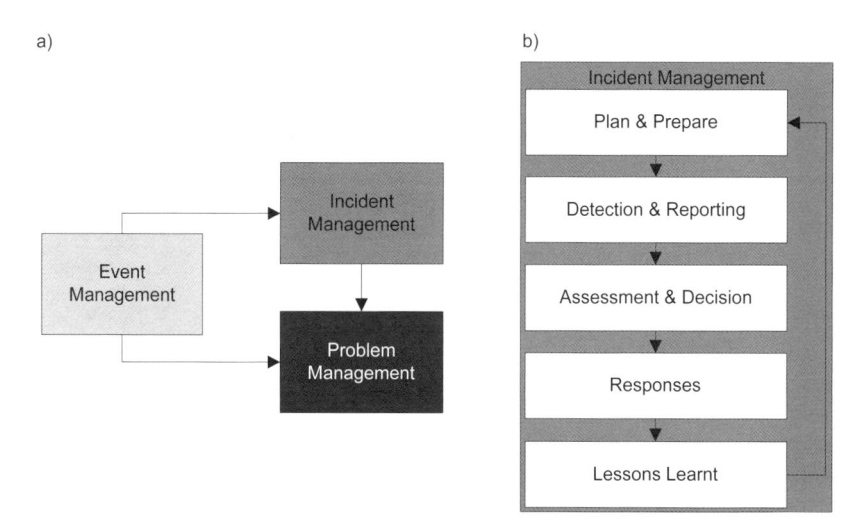

Abb. 1: a) Überlick Incident Management Prozess-Abhängigkeiten nach [ITI11c]
b) Generischer Information Security Incident Mangement Prozess nach [ISO11]

2.4 ISO/IEC 27035 – ISIM

Mit der ISO/IEC 27035:2011 ergänzt die ISO ihre 27k-Normen-Reihe zur Definition sowie Betrieb und Management eines integrierten ISMS (vgl. [ISO09]). Nach diesem sind Risiken, welche durch die Nutzung von IT ausgehen können, innerhalb eines etablierten RM zu adressieren, geeignete Maßnahmen zu ergreifen sowie deren Wirksamkeit kontinuierlich zu prüfen und fortzuschreiben. Hierbei wird vor allem ein strukturierter Ansatz zur gesamtheitlichen Integration betont.

Da Risiken a priori nicht vollständig identifiziert und bewertet werden können, sollen Sicherheitsvorfälle während der Diensterbringung mit einem Information Security Incident Management (ISIM) behandelt werden. Der zugrunde liegende Prozess gliedert sich nach [ISO11] in fünf wesentliche Phasen (vgl. Abbildung 1 b).

2.4.1 Plan and Prepare

Bevor ein entsprechendes ISIM operativ umgesetzt werden kann, sind zunächst grundsätzliche Aspekte innerhalb einer eigenen Richtlinie zu definieren. Diese sollte von sämtlichen relevanten Beteiligten, insbesondere vom Organisationsmanagement, akzeptiert und forciert werden und ist in das eigentliche ISMS und RM zu integrieren.

Neben der organisationsspezifischen Definition des Prozesses und der allgemeinen Vorgehensweisen sind wie beim ISMS Verantwortlichkeiten und Rollenverteilungen festzulegen. Hierbei sollte nach bekannten Typen von potentiellen Sicherheitsvorfällen unterschieden werden, abhängig von den jeweiligen Diensten bzw. der jeweiligen Schutzziele. Zusätzlich ist zu definieren, wie vorhandene Bewertungsmethoden aus dem RM in der Priorisierung der Behandlung von Vorfällen genutzt werden können.

2.4.2 Detection and Reporting

Als erste operationelle Phase ist die proaktive Informationsbeschaffung dargestellt. Hierbei wird auf bekannte, technische Detektionsmechanismen, bspw. nach [ENI11c] bzw. [NIS11a], bzw. organisatorische Maßnahmen wie der Einrichtung eines Meldeweges für Kunden verwiesen.

Sofern hiermit potentielle bzw. eingetretene Sicherheitsvorfälle identifiziert werden können, sind diese Informationen innerhalb einer sogenannten Information Security Incident Management Database (ISIMDB) zu erfassen und zu dokumentieren. Hierbei werden sämtliche zur Verfügung stehende Informationsquellen einbezogen (vgl. [ISO12]. Dies betrifft sowohl interne Meldungen von involvierten Systemen wie Logs und Monitoring-Daten, bspw. von Intrusion Detection / Prevention Systemen (IDS/IPS) oder Security Information and Event Management Systemen (SIEM), als auch externe Informationen, bspw. durch den Austausch mit anderen Organisationen (vgl. [ENI11b]) oder offenen Quellen wie der National Vulnerability Database (vgl. [NIS11a]).

2.4.3 Assessment and Decision

Innerhalb der zweiten operationellen Phase werden die zur Verfügung stehende Informationsbasis ausgewertet und entsprechende Maßnahmen abgeleitet. Hierbei ist insbesondere die Nutzung von Methoden des RM relevant. Eine initiale Bewertung kann bereits während der Erfassung des Sicherheitsvorfalls erfolgen.

Ausgehend vom konkreten Dienst und der entsprechenden Geschäftsrelevanz wird nachfolgend eine detaillierte Risikoeinschätzung durchgeführt, welche wiederum als Grundlage zur Priorisierung genutzt wird. Mit Hilfe dieser Klassifikation können gravierende Beeinträchtigungen identifiziert und einer unmittelbaren Maßnahmenplanung zugeführt werden. Dabei wird ausgehend von der definierten Richtlinie entschieden, welche Vorfälle mit welchen Maßnahmen zu behandeln sind, wer diese Maßnahmen umsetzt und ggf. nach welchen Eskalationsstufen vorgegangen wird. Auch diese Informationen werden innerhalb der ISIMDB erfasst.

Information Security Incident Management

2.4.4 Responses

Ausgehend von der zuvor durchgeführten Risikoabschätzung eines Sicherheitsvorfalls und der Identifikation geeigneter Behandlungsstrategien werden diese innerhalb der dritten operativen Phase umgesetzt. Während der Behandlung ist die Wirksamkeit der gewählten Maßnahme kontinuierlich zu überprüfen.

Sollten die gewählten Maßnahmen nicht die gewünschte Wirkung erzielen, ist gemäß der festgelegten Eskalationsstrategie vorzugehen. Hierzu können einerseits weitere interne Teams, bspw. aus den Bereichen Krisenmanagement, involviert werden. Andererseits kann bei Bedarf auf externe Funktionen und Organisationen, bspw. weitere Dienstleister oder zentrale Ansprechpartner wie die ENISA, zurückgegriffen werden.

Bei der Behandlung eines Vorfalls ist entsprechende Dokumentation der Aktivitäten von besonderer Relevanz. Diese kann ggf. einer forensischen oder strafrechtlichen Untersuchung zugeführt werden und sollte eine entsprechende Beweiskraft nachweisen. Hierzu kann erneut die ISIMDB dienen, in der nach Behebung des Sicherheitsvorfalls die umgesetzten Maßnahmen dokumentiert werden.

2.4.5 Lessons Learnt

Mit Hilfe des dokumentierten Verlaufs der Vorfallsbehandlung innerhalb der ISIMDB kann die Wirksamkeit des IM Prozesses ausgewertet und Verbesserungspotenziale identifiziert werden. Darüber hinaus sollten die gewonnenen Erkenntnisse in das ISMS und das RM zurückfließen. Zusätzlich können Informationen über gewählte und wirksame Maßnahmen wiederum in das entsprechende Umfeld zurückgeführt werden und somit einen organisationsübergreifenden Informationsaustausch initiieren und pflegen (vgl. [ISO12] und [ENI11d]).

3 Integration von ITIL und ISO/IEC 27035

Das klassische Incident Management nach [ITI11c] sieht zunächst keine Unterscheidung zwischen Sicherheitsvorfällen und sonstigen Beeinträchtigungen während der Diensterbringung vor. Dieses Verständnis folgt der Auffassung, dass Sicherheitsvorfälle lediglich eine bestimmte Kategorie von Störungen des Dienstes sind und entsprechend behandelt werden. Störungen eines Dienstes können umgekehrt auch Folge unerkannter Sicherheitsvorfälle sein. Hieraus ergeben sich diverse Vor- und Nachteile, welche nachfolgend überblicksartig dargestellt werden.

3.1 Vor- und Nachteile

Bei der gemeinsame Bearbeitung von Sicherheitsvorfällen und anderen Störungen innerhalb eines konsolidierten IM Prozesses können spezielle Erfordernisse bei der Verletzung von Schutzzielen nur teilweise berücksichtigt werden. Hierzu ist eine weiterführende Qualifizierung sämtlicher Mitarbeiter im IM notwendig, um Sicherheitsvorfälle adäquat zu erkennen und zu klassifizieren. Im Gegensatz dazu führt die Etablierung paralleler, unabhängiger Prozesse während der Diensterbringung zu einer Erhöhung der Kosten der Dienstleistung. Dies birgt darüber hinaus die Gefahr, dass eine klare Verteilung der Verantwortlichkeiten erschwert wird, da eine disjunkte Klassifikation der Vorfälle nicht unmittelbar möglich ist. Zusätzlich erfordert die Umsetzung der Maßnahmen prozessübergreifende Koordination, um ungewollte Wechselwirkungen mit anderen Diensten und Systemen zu vermeiden. Hieraus kann eine empfindliche Verzögerung bei der Behandlung und Wiederherstellung der Diensterbringung resultieren.

Die prozessuale und organisatorische Einbindung der Behandlung von Sicherheitsvorfällen innerhalb eines originären IM ermöglicht, dass etablierte Strukturen nicht vollständig aufgebrochen oder parallele Prozesse geschaffen werden müssen. Die punktuelle Integration von speziellen Mechanismen erfordert „lediglich" punktuelle Ergänzungen. Dies erscheint vor allem unter ökonomischen Aspekten als erstrebenswert (vgl. [BSI05]).

3.2 Integrierte Prozesskette

Die genannten Beispiele zeigen, dass die gezielte Erweiterung der Dienstbereitstellung und des Betriebs nach ITIL mit ISMS, insbesondere ISIM, hinsichtlich der Berücksichtigung von Sicherheitsvorfällen im IM sinnvoll sein kann. Eine mögliche Ausprägung der Zusammenführung beider Bereiche ist in Abbildung 2 dargestellt.

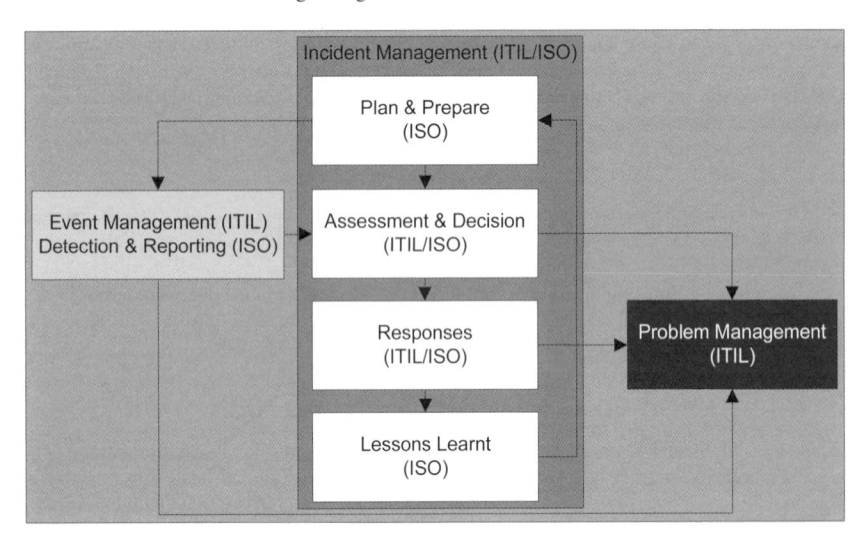

Abb. 2: Intergriertes Information Security Incident Management nach [ISO11] in [ITI11c]-Prozesse

3.2.1 Event Management

Nach [ITI11c] ist das proaktive Monitoren der Dienste und Systeme als eigenständiger Prozess EM außerhalb des IM definiert. Dies steht im Gegensatz zur „Detection and Reporting"-Phase nach [ISO11], welche als Bestandteil des IM gesehen wird. In älteren Versionen von ITIL wurde ebenfalls ein ähnlicher Ansatz verfolgt, jedoch ab Version 3 verworfen und separiert.

Dies begründet sich im Wesentlichen damit, dass nicht alle auftretenden Meldungen unmittelbar eine Störung im Sinne des IM darstellen. Mit dem Modell der zwei Korrelationsstufen können nun relevante Ereignisse bereits im Vorhinein unterschieden und entsprechend dem IM oder unmittelbar dem PM zugeführt werden. Hierdurch kann insbesondere die Maßnahmenableitung bei strukturellen Mängeln forciert und verbessert werden. Zudem können nun Dienste, welche nicht unmittelbar an der Leistungserbringung für Kunden beteiligt sind, innerhalb eines kontinuierlichen Prozesses organisatorisch eingebunden werden. Erkannte und relevante Störungen können entsprechend weiterverabeitet sowie überwacht und überprüft werden.

3.2.2 Incident Management

Eine Zusammenführung der Behandlung von Sicherheitsvorfällen und sonstigen Störungen innerhalb eines IM erfordert eine detaillierte Definition, wie innerhalb des Prozesses vorgegangen werden soll. Hierzu ist eine explizite Richtlinie nach [ISO11] sinnvoll. Neben der Definition, wie die Vorfallsbehandlung durchgeführt wird, kann eine klare Verteilung der Verantwortlichkeiten vorgenommen, die Unterstützung des Managements eingefordert und die Integration in das ISMS und RM beschrieben werden.

Insbesondere die Durchführung der Klassifikation und Priorisierung sollte nach Methoden des RM durchgeführt werden, um die gesamtheitliche, aktuelle Risikolage bestimmen zu können und diese möglichst gering zu halten. Bei Interoperabilität der Vorgehensweisen können die Erkenntnisse aus dem IM innerhalb des RM unmittelbar berücksichtigt werden. Verfahren und Maßnahmen zur Behebung von Sicherheitsstörungen können somit im Zusammenhang mit der Leistungserbringung und des unterstützten Geschäftsprozesses betrachtet und realisiert werden.

Die explizit vorgesehene „Lessons Learnt"-Phase nach [ISO11] innerhalb des IM bietet den Vorteil, unmittelbar nach der Störungsbehebung, Rückschlüsse auf den Ablauf und ggf. vorhandene Verbesserungspotenziale im Prozess zu schlussfolgern. Diese ermöglichen sowohl eine Verbesserung des ISMS und der Wirksamkeit der Maßnahmen nach [ISO09] als auch die Umsetzung eines kontinuierlichen Verbesserungsprozesses der gesamten Dienstberbringung nach [ITI11a]. Darüberhinaus ist die „Lesson Learnt"-Phase als Kommunikationsmöglichkeit mit externen Quellen, Dienstleistern und anderen Orangisationen ideal dafür geeignet, Kooperation betreiber- und länderübergreifend zu etablieren (vgl. [ISO12]).

3.2.3 Problem Management

Da Sicherheitsvorfälle häufig durch systemische und strukturelle Defizite verursacht werden, besitzt auch das PM Implikationen zum IM, insbesondere ISIM. Lösungen und Maßnahmen für erkannte Probleme entprechend sicherheitstechnisch auf Wechselwirkungen zu untersuchen. Dabei können Verfahren des ISMS und ISIM zur Problemanalyse, -behebung und -vermeidung prozessorientiert genutzt und in das PM überführt werden. Diese Verzahung vom IM und PM wird bereits nach [ITI11c] vorgesehen.

Durch ein proaktives PM kann auch unmittelbar das ISMS profitieren, da Sicherheitsvorfälle innerhalb der IR's bzw. ISIMDB dokumentiert und adäquat risiko-orientiert beurteilt werden können. Die Analyse mehrfach auftretender Störungen im Kontext des betroffenen Dienstes, in Ergänzung mit Informationen aus dem EM, macht somit auch Sicherheitslücken identifizierbar und adressierbar.

Hierbei muss berücksichtigt werden, dass insbesondere in der Problemanalyse nicht unmittelbar bekannt ist, ob die Störungsursache zwangsläufig mit Sicherheitsproblemen verbunden ist. Die Integration von ISIM und IM ermöglicht über die IR's eine unmittelbare Beurteilung und nachfolgend das proaktive Management von Schwachstellen innerhalb eines verzahnten Prozesses zwischen ISMS und Dienstbetrieb. Durch diese Einbindung können Sicherheitsmaßnahmen in ihrer Wirkung auf die Diensterbringung entwickelt, umgesetzt und überprüft werden. Wie die Erkenntnisse aus EM und IM sollten die Ergebnisse aus dem PM in das ISMS und RM zurückfließen, dass eine kontinuierliche Verbesserung ermöglicht werden kann.

4 Zusammenfassung und Ausblick

Die Zusammenführung von etablierten Praktiken zum Service-, Incident- sowie Risiko- und Informationssicherheitsmanagement ist vor allem unter ökonomischen Gesichtspunkten für Dienstleister relevant. Der zielgerichtete Einsatz begrenzter Ressourcen zur Behandlung von Sicherheitsvorfällen und den damit verbundenen Risiken ermöglicht ein proaktives Managen der Risikolage. Die risiko-orientierte Priorisierung von Vorfällen versetzt den Provider in die Lage, gleichzeitig seinen ökonomischen Zielen einer effizienten und effektiven Diensterbringung zu folgen, die Bedürfnisse seiner Kunden nach Kontinuität und Sicherheit der genutzten Dienste und seiner Informationen sowie regulatorischen Anforderungen nach adäquatem Risikomanagement und Incident Reporting zu erfüllen.

Darüber hinaus bietet ein risiko-orientierter Ansatz Anreize für Dienstleister, ihre Fähigkeiten und Maßnahmen übergreifend zu koordinieren. Hierdurch werden die Zusammenarbeit und der Austausch auf nationaler, europäischer und internationaler Ebene forciert und damit eine zielgerichtete und zeitnahe Reaktion auf Sicherheitsvorfälle ermöglicht. Dabei ist eine weitere Konkretisierung, Koordinierung und Harmonisierung der regulatorischen Anforderungen auf multinationaler Ebenen notwendig. In Ergänzung sollten vorhandene Standardisierungsansätze und Best Practices weiter konsolidiert werden, sowie die (Weiter-)Entwicklung eines internationalen Incident Management Body of Knowledge intensiviert werden.

Mit der Verfügbarkeit von entsprechenden, interoperablen Standards zum Incident Management sollten diese auf bestehende Prozesse innerhalb einer Organisation adaptiert werden. Dabei ist neben der unternehmensspezifischen Definition als Richtlinie auch die Verteilung entsprechender Verantwortlichkeiten relevant. Eine Erweiterung bzw. Integration der notwendigen Detektionsmechanismen kann ebenfalls zu einer Verbesserung der Sicherheitslage aktiv beitragen.

Erst mit der zeitnahen Erfassung eines aufgetretenen Sicherheitsvorfalls ist eine Behandlung innerhalb des Incident Management möglich. Hierzu stehen sowohl auf organisatorischer als auch technischer Ebene vielfältige Möglichkeiten bereit. Ersteres kann bspw. mit einem ensprechenden Prozess Event Management nach ITIL in Ergänzung zur „Detection and Reporting"-Phase nach ISO/IEC 27035 und dessen Intergration in die gesamtheitliche Diensterbringung umfänglich abgedeckt werden.

Insbesondere die Nutzung technischer Detektionsmechanismen, u.a. Intrusion Detection / Prevention Systemen, in Ergänzung mit geeigneten Werkzeugen zur Auswertung vielfältiger weiterer, auch externer, Informationsquellen, kann eine zeitnahe Erkennung von Sicherheitsvorfällen sicherstellen. Darüber hinaus können diese Quellen sowohl zur Ursachenermittlung beitragen und somit zielgerichtete Maßnahmen ermöglichen als auch die Risiko-Beurteilung eines Sicherheitsvorfalls und somit eine Priorisierung zur Abarbeitung herbeiführen. Diese Erkenntnisse stehen dann widerum als Quelle zur Verbesserung im Management der Organisationsrisikolage zur Verfügung.

Sowohl organisatorische als auch technische Maßnahmen in den Bereichen Erkennung, Bewertung und Behandlung erfordern zur effektiven und effizienten Anwendung kontinuierliche Durchführung und Übungen. So kann die Wirksamkeit präventiver und reaktiver Maßnahmen überprüft werden. Das ist damit insgesamt ein wesentlicher Bestandteil eines organisationsweiten ISMS. Geeignete Metriken und Indikatoren sind notwendig, um eine Beurteilung der Sicherheitslage und der Effizienz sowie Effektivität des Incident Managements zu ermöglichen. Information Security Incident Management stellt somit eine der wesentlichen Ergänzungen zum präventiven Maßnahmenportfolio zum adäquaten Managen von Risiken dar.

Danksagung

Die Autoren bedanken sich für die Möglichkeit, dieses Dokument zu erarbeiten, und für die Unterstützung ihrer Kollegen. Darüber hinaus danken wir den Reviewern für ihre Kommentare. Das diesem Dokument zugrundeliegende Vorhaben "MonIKA – Monitoring durch Informationsfusion und Klassifikation zur Anomalieerkennung" wurde mit Mitteln des Bundesministeriums für Bildung und Forschung unter dem Förderkennzeichen 01PY1208B gefördert. Die Verantwortung für den Inhalt dieser Veröffentlichung liegt bei den Autoren.

Literatur

[BSI05] ITIL und Informationssicherheit - Möglichkeiten und Chancen des Zusammenwirkens von IT-Sicherheit und IT-Service-Management. Bundesamt für Sicherheit in der Informationstechnik (2005).

[BSI08] BSI-Standard 100-3: Risikoanalyse auf der Basis von IT-Grundschutz. Version 2.5, Bundesamt für Sicherheit in der Informationstechnik (2008).

[BSI11] Studie zur IT-Sicherheit in kleinen und mittleren Unternehmen - Grad der Sensibilisierung des Mittelstandes in Deutschland. Bundesamt für Sicherheit in der Informationstechnik, BSI-Stu11101 (2011).

[COS04] Enterprise Risk Management- Integrated Framework. Committee of Sponsoring Organizations of the Treadway Commission (2004).

[ENI10] Good Practice Guide for Incident Management. European Network and Information Security Agency (2010).

[ENI11a] CERT Operational Gaps and Overlaps. European Network and Information Security Agency (2011).

[ENI11b] A flair for sharing - encouraging information exchange between CERTs. Study, European Network and Information Security Agency (2011).

[ENI11c] Proactive detection of network security incidents. Report, European Network and Information Security Agency (2011).

[ENI11d] Secure Communication with the CERTs & Other Stakeholders. Study, European Network and Information Security Agency (2011).

[ENI11e] Technical Guideline on Incident Reporting. European Network and Information Security Agency (2011).

[EUD09] Directive 2009/140/EC of the European Parliament and of the Council. Official Journal of the European Union (2009).

[EUD11] Communication from the Commission to the European Parliament, the Concil, the European Economic and Social Commitee and the Commitee of the Regions on Critical Information Infrastructure Protection - Achievements and next steps: towards global cyber-security. Official Journal of the European Union (2011).

[ISO08] ISO 27005: Information technology - Security techniques - Information security risk management. International Organization for Standardization, ISO/IEC 27005:2008 (2008).

[ISO09] ISO 27001: Information technology - Security techniques - Information security managment systems - Requirements. International Organization for Standardization, ISO/IEC 27001:2008-09 (2009).

[ISO11] ISO 27035: Information technology - Security techniques - Information security incident management. International Organization for Standardization, ISO/IEC 27035:2011 (2011).

[ISO12] ISO 27010: Information technology - Security techniques - Information security management for inter-sector and inter-organizational communications. International Organization for Standardization, ISO/IEC 27010:2012, Final Draft (2012).

[ITI11a] Information Technology Infrastructure Library: Continual Service Improvement. Version 3, Edition 2011, United Kingdom Cabinet Office, 9780113313143 (2011).

[ITI11b] Information Technology Infrastructure Library: Service Design. Version 3, Edition 2011, United Kingdom Cabinet Office, 9780113313112 (2011).

[ITI11c] Information Technology Infrastructure Library: Service Operation. Version 3, Edition 2011, United Kingdom Cabinet Office, 9780113313136 (2011).

[ITI11d] Information Technology Infrastructure Library: Service Strategy. Version 3, Edition 2011, United Kingdom Cabinet Office, 9780113313105 (2011).

[ITI11e] Information Technology Infrastructure Library: Service Transition. Version 3, Edition 2011, United Kingdom Cabinet Office, 9780113313129 (2011).

[ITU04] E.409: Incident organization and security incident handling: Guidelines for telecommunication organizations. International Telecommunication Union, ITU-T Recommendation E.409 (05/2004) (2004).

[Kon98] Gesetz zu Kontrolle und Transparenz im Unternehmensbereich. Bundesgesetzblatt, BGBl. I Nr.24 S. 786 (1998).

[NIS02] SP800-30: Risk Management Guide for Information Technology Systems. NIST, Special Publication 800-30 (2002).

[NIS08] SP800-61: Computer Security Incident Handling Guide. Revision 1, NIST, Special Publication 800-61 (2008).

[NIS11a] SP800-126: The Technical Specification for the Security Content Automation Protocol (SCAP): SCAP Version 1.2. Revision 2, NIST, Special Publication 800-126 (2011).

[NIS11b] SP800-137: Information Security Continuous Monitoring for Federal Information Systems and Organizations. NIST, Special Publication 800-137 (2011).

[SEI04] Defining Incident Management Processes for CSIRTs: A Work in Progress. Carnegie Mellon University - Software Engineering Instute, Technical Report: CMU/SEI-2004-TR-015; ESC-TR-2004-015 (2004).

[SEI11] 2010 CERT Research Report. Carnegie Mellon University - Software Engineering Instute (2011).

Kontinuierliches, kollaboratives Risiko-Management

Michael Hoche[1] · Heiko Kirsch[2]

[1]Integrated Systems Engineering
EADS Deutschland GmbH / Cassidian
michael.hoche@cassidian.com

[2]Secure Mobile Networking Lab
Technische Universität Darmstadt
heiko.kirsch@seemoo.tu-darmstadt.de

Zusammenfassung

Die Sicherheit einer kritischen Informations-Infrastruktur ist ein Kollektivgut und kann auch nur als ein solches behandelt werden. Wir stellen einen von Cassidian entwickelten Ansatz für risikogetriebenes Informationssicherheitsmanagement zum Schutz kritischer Informations-Infrastrukturen vor. Wir ergänzen die bekannten Praktiken durch eine sozio-ökonomische Perspektive und zeigen, wie diese Erweiterung zu einem vereinheitlichenden Sicherheitsmodell führt und ein Anreizsystem für Kollaboration ist. Unser Ziel ist es Sicherheitsrisiken adaptiv und skalenfrei zu bestimmen. Wir stellen vor, wie Erkenntnisse aus Maschinellem Lernen, Spieltheorie und Mechanismus-Design Anwendung finden, um Risiken quantitativ zu erfassen und nachhaltig zur minimieren. Der Ansatz eignet sich für risiko-getriebene Entscheidungsfindung, basierend auf rationalen faktischen Empfehlungen adäquat zu reagieren. Wir argumentieren wie das Anreizsystem zur gesteigerten Reziprozität führt und illustrieren das Anpassen von Gegenmaßnahmen an ökonomisch fundierte Sicherheitsbedürfnisse.

1 Einführung

Aufgrund der steigenden Abhängigkeit unserer Gesellschaft von zuverlässigen und sicheren Informations-Infrastrukturen sowie gesetzlichen und regulatorischen Verpflichtungen, die Sicherheit solcher Infrastrukturen zu gewährleisten, existiert der Bedarf nach einem wirtschaftlichen bzw. ökonomischen Anreizsystem, um mit inhärenten Gefahren und Schwachstellen adäquat umzugehen (siehe [Moor11]). Trotz der fortschreitenden Umsetzung der Anforderungen von der Europäischen Union zur Erarbeitung von Konzepten, um die Sicherheit und das Vertrauen in Informations-Infrastrukturen zu stärken ([EUD11]), ist eine vollständige Umsetzung der Ziele aus der "Communication on *Critical Information Infrastructure Protection (CIIP)*" (siehe [EUD09]) noch nicht erreicht. Folgende fünf Themenbereiche werden in [EUD09] als essentiell betrachtet:

1. **Preparedness and prevention**: Entwicklung von Empfehlungen notwendiger Fähigkeiten und Dienste im Bereich Notfallbehandlung zur Gewährleistung von Interoperabi-

lität und Informationsaustausch (vgl. [ENIS09] und [ENIS10a])

2. **Detection and response**: Bereitstellung angemessener Frühwarnsysteme, die sowohl die Bevölkerung als auch private Organisationen und Unternehmen einbeziehen, um dauerhafte Partnerschaften zu etablieren (vgl. [ENIS11a] und [ENIS06])

3. **Mitigation and recovery**: Zusammenstellung gesamtheitlicher Gegenmaßnahmen, z.b. durch nationale Umsetzungspläne und regelmäßige Übungen zur Vertrauensbildung (vgl. [ENIS10c])

4. **International cooperation**: Forcierung stärkerer Koordination daauf nationaler, europäischer und internationaler Ebene, insbesondere im Bereich regulatorischer und gesetzlicher Anforderungen (vgl. [EUD10])

5. **Criteria for Development**: Identifikationskritierien für kritische Infrastrukturen und Unterstützung bei der Umsetzung zukünftiger Anforderungen (vgl. [ENIS10d])

Die dargestellte Notwendigkeit einer angemessenen Vorbereitung und Reaktion auf Notfall-Situationen und Sicherheitsvorfälle auf organisatorischer, nationaler, europäischer und internationaler Ebene ist jedoch ambivalent. So können Interessenkonflikte der beteiligten Akteure, insbesondere ökonomischer Natur, eine ganzheitliche Realisierung behindern. Die Akteure sind zusätzlich mit einer Vielfalt an rechtlichen und regulatorischen Rahmenbedingungen konfrontiert (siehe [EUD10]). Die a priori intransparente Risikolage aufgrund des asynchronen, asymmetrischen und verteilten Charakters neuer Bedrohungen macht eine isolierte Betrachtung weitgehend unmöglich (siehe [Sche04]). Darüberhinaus erfordern die Märkte eine effiziente und effektive Leistungserbringung (siehe [Ande07]).

Selbst wenn Infrastrukturbetreiber Informationssicherheit als „Enabler" für die kontinuierliche Bereitstellung von Diensten sehen und alle bekannten Praktiken aus einschlägigen Quellen wie *European Network and Information Security Agency (ENISA)*, *National Institute of Standards and Technology (NIST)*, *International Organization for Standardization (ISO)*, oder *Bundesamt für Sicherheit in der Informationstechnologie (BSI)* als Maßnahmen zur Informationssicherheit implementieren würden, um einen sicheren Service-Betrieb nach [ENIS11b], [NIST11] oder [BSI11] zu gewährleisten, verbleiben prinzipbedingt nicht erkannten Lücken oder neuen Schwachstellen kommen im Laufe der Zeit hinzu (siehe [ISO12]).

Obwohl die Maßnahmen einem wiederkehrenden Managementzyklus unterliegen, ist es nicht prinzipiell nicht möglich, alle Bedrohungen vorherzusehen. Etablierte Maßnahmen können ihre Wirksamkeit verlieren und damit insbesondere unerkannte Sicherheitsvorfälle ermöglichen, mit direkten bzw. indirekten negativen Auswirkungen auf die Geschäftsziele einer Organisation. Des Weiteren werden neue bisher nicht identifizierte oder sich entwickelnde Bedrohungen innerhalb eines Zyklus nicht unmittelbar berücksichtigt. Das Ergreifen und Kontrollieren angemessener Maßnahmen bedarf einer ökonomischen, wirtschaftlichen Perspektive um effizient und effektive Risiken zu begegnen (siehe [ENIS10b]).

2 State of the Art

„Klassisch" umfasst die Umsetzung einer wirksamen Reaktionsfähigkeit mehrere Aktivitäten wie die Definition von Strategien, Zielen und Verantwortlichkeiten, sowie den Aufbau operativer Prozesse innerhalb einer Organisation. Dies erfordert die organisation-spezifische Definition von Begriffen wie „Information Security Events" und „Information Security Incident" einschließlich einer Abgrenzung zu Begriffen wie „Early Warning" und „Emergency".

Diesem Ansatz fehlt jedoch eine wesentliche Perspektive, da auf eine Organisation fokussiert wird: die Dimension Sozialität, Zusammenarbeit bzw. Kollaboration. Insbesondere zeichnen sich kritische Infrastrukturen durch gemeinsam nutzbar gemachte Diensten aus. Der auf eine Organisation fokussierte Ansatz führt zu organisatorischen Grenzen mit einem Schwerpunkt auf der ausschließlichen Erfüllung rechtlicher und regulatorischer Anforderungen, um gegebenenfalls Konsequenzen wie Schadensersatz oder Strafen begegnen zu können. Deshalb werden diese durch den Mechanismus geschaffenen Grenzen üblicherweise selbst in netzwerkartigen Systemen etabliert, in denen viele Parteien oder Organisationen beitragen und von denen viele Parteien profitieren und sogar abhängen. In dem sozio-ökonomischen System sind deshalb emergente Eigenschaften wie Sicherheit schwer zusicherbar und können oft nur gemeinsam etabliert werden.

2.1 Monitoring- und Frühwarnsysteme

Die wichtigste Anforderung an ein Incident-Response-Verfahren ist die exakte Erkennung und Bewertung von Ereignissen sowie die zuverlässige Erkennung potentieller Sicherheitsvorfälle. Ein mögliches Verfahren ist kontinuierliches Monitoring (siehe [NIST11] or [ENIS11b]). Monitoring liefert Informationen über den Betriebszustand bereitgestellter oder konsumierter Dienste und der zugrunde liegenden technischen und organisatorischen Systeme.

Unsere primäre Absicht ist es, Indikatoren für neue Angriffe und sicherheitsrelevante Ereignisse für eine kritische Infrastruktur kontinuierlich zu identifizieren, um Gegenmaßnahmen zeitnah ergreifen zu können. Die Interpretation und Prädiktion von Ereignissen kann als Basis für ein Frühwarnsystem dienen. Die so gewonnenen Informationen können darüber hinaus zur Bestimmung des Sicherheitsrisikos und damit zur Priorisierung der zu ergreifenden Maßnahmen verwendet werden wie z.B. in [ISO11b] oder [NIST08].

2.2 Security Events und Incidents

Die ISO betrachtet Sicherheitsvorfälle als unerwünschte Ereignisse. Informationssicherheit wird durch den zu erwartenden Schaden erfasst. Der Schaden ist das Produkt aus der Häufigkeit eines Ereignisses und der Wirkung (vgl. [IS=11a]). Formal ist das Sicherheitsrisiko der Erwartungswert $E(I(X))$ einer Zufallsvariablen $I(X)$, die ein Ereignis X anzeigt, welchem eine Auswirkung I hat. Erkennungsmechanismen müssen sowohl auf seltene Ereignisse mit großer Wirkung als auch auf häufige Ereignisse mit kleiner Wirkung reagieren.

2.3 Incident Handling und Emergency Response

Incident-Handling als kontinuierlicher Prozess umfasst alle Informationen, um auf sicherheitsrelevante Ereignisse reagieren zu können, einschließlich der Aktivierung von geeigneten Kontrollen zur Verhütung bzw. Verringerung der Auswirkungen (siehe [NIST08]). Angemessenes Incident Handling soll die zeitnahe Reaktion und kontinuierliche Leistungserbringung sichern. Soweit das geschätzte Risiko als unmittelbar und hoch eingestuft ist, wird auch von „Emergency Response" gesprochen (siehe [ISO11b]).

2.4 Risiko-informierte Entscheidungsfindung

Eine risiko-informierte Entscheidung berücksichtigt Erkenntnisse aus probabilistischen Risikoanalysen (siehe [NASA10]). Bei Organisationen mit hohem Reifegrad ist der Umgang mit Risiken und der entsprechenden Entscheidungsfindung organisatorisch eingebettet. Häufig existiert ein Verfahren zur Risikobewertung und zur Entscheidungsfindung (siehe [NIST02] oder

[ISO08]). Die Schwäche solcher Verfahren ist die Notwendigkeit einer vollständigen Erfassung und korrekten Bewertung der relevanten Ereignisse X und deren Wirkungen I auf alle betroffenen und beteiligten Akteure — a priori (siehe [Ande07]).

Um eine vollständige und korrekte Risikobewertung zu approximieren, schlagen wir einen kollaborativen und kooperativen Ansatz vor, der auf pragmatischer Messung des tatsächlichen wirtschaftlichen Wertes eines Dienstes sowie auf den beobachteten, durch Anomalien hervorgerufenen Defiziten, basiert. Um der Komplexität der Strategien der involvierten Parteien zu begegnen, benutzen wir ein generisches Modell zur Bewertung der Sicherheitslage. Dazu etablieren wir die Begriffe Agent, Strategie, Verhalten, Wert und Defizit. Dieses Modell ermöglicht, Perspektiven für beliebige Stakeholder-Gruppen zu berechnen, Empfehlungen und Bewertungen für Sicherheitsrisiken zu ermitteln und sogar Risikoentwicklungen vorherzusagen.

3 Ökonomische Perspektive

Wir erweitern den konzeptuellen Risiko-Management-Ansatz um eine ökonomische Perspektive. Security-Ökonomie ist eine etablierte, sich schnell entwickelnde Disziplin geworden. Wir beabsichtigen, mit der Erweiterung für spezifische Parteien vorteilhafte Strategien herzuleiten, die einerseits den Nutzen maximieren und anderseits das Risiko minimieren. Um diese zu erreichen, führen wir ein unifizierendes Modell ein, welches das Erfassen, Transferieren und Prognostizieren von Schäden bzw. Defiziten ermöglicht.

3.1 Agenten, Dienste und Nutzen

Wir fassen die Dienste, die mittels einer Infrastruktur bereitstellt werden, als Assets auf. Ein Asset ist ein Objekt materieller oder immaterieller Art, das Werte darstellt oder produziert. Die Dienste werden durch einen Agenten oder eine Gemeinschaft von mehreren Agenten konsumiert oder bereitgestellt.

Wir bezeichnen beteiligte interagierende Parteien als Agenten. Agenten können eine Strategie verfolgen. Die Wahl der Strategie beruht auf ihren Überzeugungen, Wünschen und Absichten. Von Agenten wird angenommen, dass sie durch ihre Strategien, ihre Entscheidungen, ihren Nutzen maximieren — im Rahmen ihrer Umwelt und den Zwängen, denen sie unterliegen.

Die zulässigen Strategien eines Agenten bestehen aus den Diensten, die er erbringen kann und die er konsumieren kann. Sein Nutzen ist eine Auszahlungsfunktion

$$p(s) = v(S) - c(S) - d(e)$$

die sich aus dem Wert $v(s)$ des durch die Strategie s gewählten Diensterbringung für den konsumierenden Agenten, den Kosten $c(s)$ und dem durch Sicherheitsmängel hervorgerufenem Defizit $d(s)$ zusammen.

3.2 Kategorien von Agenten

Das durch die Agenten, die Strategien und die Nutzen definierte strategische Spiel wird für jede Inanspruchnahme eines Dienstes wiederholt. Die Agenten sind Erbringer und / oder Konsumenten von Diensten. Die Definition erlaubt eine Kategorisierung der Agenten nach ihrer Rolle, die sie in dem Spiel einnehmen:

- Direkt partizipierende Agenten konsumieren einen Dienst oder stellen einen Dienst bereit. Damit sind rekursiv auch alle Agenten, die einen Dienst bereitstellen, von dem der Dienst abhängt, ebenso partizipierende Agenten. Die partizipierenden Agenten in dem beschriebenen Spiel.
- Indirekt partizipierende Agenten haben ein abnormes Service-Verhalten erfahren oder dieses gar verursacht, welches zu Defiziten führt. Diese Menge umfasst potentielle Angreifer, aber auch Verteidiger im Sinne eines klassischen antagonistischen Spiels. Diese Menge enthält insbesondere die Agenten, die bereits Erfahrung mit einer defizitären Strategie sammeln konnten.
- Konstruktive Agenten tragen zum Erkennen von unerwünschten Ereignissen mit defizitären Konsequenzen bei.
- Destruktive Agenten verursachen durch ihre Strategien direkt oder indirekt, wissentlich oder unbewusst, beabsichtigt oder unbeabsichtigt Service-Verhalten, welches zu Defiziten führt. Diese Klasse von Agenten umfasst insbesondere potentielle Angreifer.

Im Gegensatz zu klassischen Spielen geht die Kategorisierung von keiner Absicht aus. Es sind Szenarien denkbar, in denen selbst ein Opfer eines Angriffs als destruktiv klassifiziert wird. Agenten werden nicht vorab in Angreifer oder Verteidiger eingeteilt. Mittels diesem Agenten-Modell lassen sich insbesondere erfahrene Agenten identifizieren. Erfahrungen werden als Profil präsentiert. Profile können genutzt werden, um Beziehungen zwischen Messungen oder Beobachtungen und Defiziten zu erkennen und zu lernen.

3.3 Risiko-Erkennungsprozess

Für den Moment gehen wir davon aus, dass Defizite kontinuierlich anhand von Beobachtungen und den in der Vergangenheit erlernten Beziehungen zwischen Beobachtungen und Diensten geschätzt werden. Diese kontinuierlich geschätzten Defizite werden zu den erfahrenen Agenten allokiert. Defizite werden auf Agenten mit ähnlichen Profilen verteilt, da diese potentiell in der Lage gewesen wären, Warnungen zu formulieren. Diese Zuordnung wirkt der Diffusion des Risikos entgegen und führt zu einer Konzentration von spezifischen Sicherheitsrisiken auf erfahrene Agenten. Die Konzentration kehrt quasi die natürliche Diffusion der Schadensfälle um. Das Profil eines erfahrenen Agenten belegt und aggregiert die Wirkung eines erkannten spezifischen schädlichen Ereignisses. Dieser Prozess ermöglicht die Rückverfolgung zu Defekten in der Infrastruktur oder zu defizitären Strategien, ohne komplexe Vorabbetrachtungen oder Annahmen.

Überschreiten die auf einen Agenten allokierten Defizite einen definierten Wert, kann die Ursache in dem Profil dieses erfahrenen Agenten beispielsweise durch Data Mining Methoden erschlossen werden. Durch Untersuchung eines Profils kann man den Zusammenhang zwischen Beobachtung und Defizit herleiten und einen geeigneten Wächter etablieren. Werte dieses Wächters können zum Schätzen von zu erwarteten Defiziten verwendet werden. Wir gehen davon aus, dass allein die aggregierten, allokierten Defizite Agenten motivieren werden, ihre Erfahrungen, Fähigkeiten und Ressourcen einzubringen, um Sicherheitsrisiken zu reduzieren.

In netzwerkartigen Systemen gibt es häufig nicht unmittelbar wirtschaftlich sanktionierte Risiken. Der Ansatz macht diese Risiken evident und konzentriert Risiken so, dass das Ableiten von Maßnahmen erleichtert bzw. ermöglicht wird.

3.4 Agenten-Profile

Wir definieren für einen Agenten i ein Profil $\pi_i = (R_t)_{t \in T}$ der Ergebnisse. R_t ist ein Tupel (s, v, c, o) wobei $s = (s_1, \ldots, s_n)$ die Strategien der direkt partizipierende Agenten $1, \ldots, n$ sind, $v = v_i(s)$ der Wert für den Agenten i, sowie $c = c_i(s)$ seine Kosten, $d = d_i(s)$ die erfahrenen oder geschätzten Defizite, und $o = o(s,t)$ die durch Wächter gemachten Beobachtungen, die bei der Diensterbringung gemacht wurden. Profile umfassen Historien von gewählten Strategien und deren ökonomische Konsequenzen. Sie reflektieren das Konsumieren und das Erbringen von Diensten und sie repräsentieren die zugrundeliegenden Werteflüsse.

3.5 Semantik

Um die Wächter herzuleiten und damit eine Schätzung der Defizite und die zugehörige Ereignisanalyse zu ermöglichen, ist eine anerkannte Semantik notwendig. Dazu abstrahieren wir die Infrastruktur als ein System mit nicht-beobachtbaren, internen Zuständen. Das Erbringen eines Dienstes formalisieren wir als teilweise beobachtbare Transitionen. Diese beschreiben wir mittels einer Transition-Funktion

$$\xi : X \to \Sigma(X),$$

wobei $\Sigma(X)$ ein Funktor ist, der die möglichen Folgezustände samt möglicher Beobachtungen definiert. Σ kann als konkrete Signatur aufgefasst werden und X als die Zustände.

Die Semantik ist ein Verhaltensmodell, welches die Beziehung zwischen abstrakten Systemen und ihrem beobachtbaren Verhalten formal beschreibt. Ein abstraktes System mit einem Startzustand x_0 bildet einen Prozess $x_0 \Rightarrow \xi(x_0) \Rightarrow \xi^2(x_0) \Rightarrow \xi^3(x_0) \Rightarrow \cdots$. Ein Dienst korrespondiert zu einem Startzustand. Um die Beziehung zwischen solchen Systemen oder Prozessen zu untersuchen, verwenden wir Morphismen als strukturerhaltende Abbildungen. Sein $\xi : X \to \Sigma(X)$ und $\xi' : X' \to \Sigma(X')$ zwei Systeme, dann ist die Funktion $f : X \to X'$ ein Morphiums, wenn folgendes Diagramm kommutativ ist

$$\begin{array}{ccc} X & \xrightarrow{f} & X' \\ \xi \downarrow & & \downarrow \xi' \\ \Sigma(X) & \xrightarrow{\Sigma(f)} & \Sigma(X') \end{array}$$

Die skizzierte co-Algebra stellt eine Spezifikation des Verhaltens der Infrastruktur dar, die es erlaubt, adaptiv beobachtetes Verhalten mit Hilfe von Transitionen formal in Beziehung zu bringen und so Wächter zu spezifizieren und zu vereinbaren.

So lassen sich beispielsweise beobachtbare Transitionen explizit als Transition-Systeme extrahieren und präsentieren. Ein Transition-System ist ein Tupel $(X, \Lambda, \to)$ mit expliziten Zuständen X, Beschriftungen oder Beobachtungen Λ und Transitionen $\to \subseteq X \times \Lambda \times X$. Transition-Systeme können in dem beschriebenen Co-algebra Formalismus durch die folgende Transition-Funktion beschrieben werden:

$$\xi_X : X \to 2^{\Lambda \times X} \cong (2^X)^\Lambda,$$

mit $(\lambda, \tau) \in c_X(s) \Leftrightarrow s \to_\lambda t$. Die Beschriftungen $\lambda \in \Lambda$ sind dabei die Observablen. Damit sind wir beispielsweise in der Lage, Verhalten formal zu vergleichen. Seien zum Beispiel $\xi : X \to 2^{\Lambda \times X}$ und $\xi' : X' \to 2^{\Lambda \times X'}$ zwei Systeme mit dem selben Funktor Σ, dann sind die

Homomorphismen die Funktionen vom Typ $f : X \to X$, bei denen $2^{\Lambda \times f} \circ \xi = \xi' \circ f$ gilt, wobei $2^{\Lambda \times f} : V \mapsto \{(\lambda, f(s)) \mid (\lambda, s) \in V\}$. Diese Kommutation entspricht genau der Definition von Bisimulation.

Wir haben diese Semantik auch genutzt, um verschiedene Monitoringsysteme in eine unifizierende Algebra einzubetten. Jede der unterschiedlichen Beschriftungen $\mathcal{L} = \{\Lambda_i \mid i \in I\}$ erzeugt ihr eigenes System $X \to 2^{\Lambda_i \times X}$. Diese Systeme lassen sich durch die Konstruktion kanonisch in eine unifizierende Algebra $\xi_X : X \to 2^{\bigcup \mathcal{L} \times X}$ einbetten.

Schließlich erlaubt uns die Semantik, explizitem Verhalten ein quantifiziertes Defizit zu zuorden, beispielsweise durch Machine-Learning Techniken. Dabei kann eine reellwertige Funktion von der Menge von Merkmalen in $\Sigma(X)$ durch Supervised Learning anhand von Trainingsdaten ermittelt werden. Trainingsdaten bestehen im Wesentlichen aus einer Menge an beobachteten Schadensfällen, wobei jedes Sample ein Paar (x, y) von beobachtetem Verhalten x und assoziiertem Defizit y ist. Ein Learning-Algorithmus leitet daraus eine Regressions-Funktion $f : x \mapsto y$ mit minimalem Fehler für die beobachteten Fallbeispiele ab.

3.6 Wächter

Ein Wächter Γ ist eine Funktion, die einer Diensterbringung eine Beobachtung o zuordnet. Relevante Wächter werden nach dem oben beschriebenen Verfahren eingeführt. Mit anderen Worten existiert zu jedem Zeitpunkt eine Menge aktiver Wächter. Wächter können einfache Boolsche Werte sein wie zum Beispiel der Vergleich zweier Hash-Werte, die Integrität zusichern. Aber ein Wächter kann auch durch einen Markov-Prozess der Variablen schätzt realisiert sein. Wächter können auch als Dienst bereitgestellt werden und stellen so einen integralen Teil des Informationssystems dar.

3.7 Defizite

In dem kollaborativen Prozess verwenden wir Meldungen von geschädigten Agenten als Trainingsdaten und leiten daraus Regressionsfunktionen für Schadensfälle, Dienste und Agentenklassen her. Damit sind wir in der Lage, kollaborativ relevante Merkmale, die einen Schadensfall belegen, zu identifizieren, zu integrieren, das Modell durch alle Diensterbringungen kollaborativ zu kalibrieren. Dadurch entsteht eine latente Defizit-Semantik ähnlich dem Collaborative Filtering das man von Recommendersystemen kennt.

Das skizzierte Modell und der unterliegende Prozess erlauben uns, den Wert von Informations-Sicherheit als ökonomisches Gut zu betrachten und die Schätzungen kontinuierlich zu verbessern. Wir verwenden die expliziten Defizite als Maßstab. Der Wert ist einfach zwischen Agenten transferierbar.

3.8 Stakeholder und ihre Interessen

Betrachtet man die Stakeholder einer Infrastruktur, so erkennt man im Wesentlichen zwei Interessensgruppen mit folgenden Interessen: Die Maximierung des Nutzens

$$p_i(s) = v_i(s) - c_i(s) - d_i(s)$$

eines Dienstes für einen Agenten i, und die Minimierung der Summe aller Defizite $\sum_{i,s} d_i(s)$ für die Allgemeinheit.

Wie ein spezifischer Agent interagiert – kollaborativ, altruistisch oder egoistisch – bleibt ihm überlassen. Durch die Profilinformation kann man jedoch eine rationale Entscheidung mittels

Value Iteration oder Policy Iteration ableiten. Formal sind die richtigen Strategien die, bei denen der Agent seinen persönlichen Gewinn maximiert. Obgleich die Agenten ihren motivierenden Imperativen und ihren divergenten Interessen folgen, kann mit Hilfe des Models eine optimale Strategie für jeden Agenten berechnet werden.

3.9 Allokation von Defiziten

Die Profil-Definition erlaubt es, relevante Erfahrungen als Distanz $\langle \pi_i, \pi_j \rangle$ zu formulieren. Das hat mehrere Vorteile: Einfachheit, Effizienz, Nachvollziehbarkeit und Stabilität bezüglich sich ändernder Profile und Umstände.

Die Community of Experience kann durch die Ähnlichkeit der Profile definiert werden. Diese Community besteht aus Agenten mit ähnlichen Defiziten bei ähnlichen Strategien und ähnlichen Beobachtungen. Sei $\langle \pi_i, \pi_j \rangle$ eine Ähnlichkeitsmetrik, wie

$$CV(x,y) = \frac{x^T y}{\|x\| \cdot \|y\|}$$

oder

$$PC(x,y) = \frac{(x - E(x))(y - E(y))}{\sqrt{(x - E(x))^2 (y - E(y))^2}}.$$

Formal definieren wir die (S, O)-Ähnlichkeit für eine Menge an Beobachtungen und eine Menge an Strategien zwischen zwei Vektoren $R = (s, v, c, d, o)$ und $R' = (s', v', c', d', o')$ durch

$$\langle R, R' \rangle_{S,O} = \langle (v, c, d), (v', c', d') \rangle \quad s, s' \in S; \psi, \psi' \in \Psi$$

Die (S, O, Θ)-Ähnlichkeit zweier Profile $\pi = (R_t)_{t \in T}$ und $\pi' = (R'_{t'})_{t' \in T'}$ im Zeitinterval Θ definieren wir durch Summation

$$\langle \pi, \pi' \rangle_{(S,O,\Theta)} = \sum_{t, t' \in \Theta} \langle R_t, R'_{t'} \rangle_{(S,O)}$$

Damit umfasst die Community von (α, S, O, Θ)-erfahrenen Agenten für einen Agenten mit Profil π are alle Agenten mit Profile π' wobei $\langle \pi, \pi' \rangle_{(S,O,\Theta)} \leq \alpha$.

Diese Ähnlichkeitsmetriken erlauben uns, Defizite auf erfahrene Agenten automatisiert adaptiv zu konzentrieren. Die erfahrenen Agenten bergen in ihrem Profil die Informationen zur Analyse der etwaigen Bedrohung. Kollaborations-Anforderungen werden durch die Allokation von Defiziten an nahe, erfahrene Agenten gekennzeichnet.

Wir konzentrieren mit dieser Methode diffuse Defizite auf erfahrene Agenten, indem wir das Defizit d_i des Agenten i zum Zeitpunkt t dem Agenten j zuweisen, wenn er ein ähnliches Profil besitzt. Der Allokationsprozess entspricht also einem Vickrey-Clarke-Groves Mechanismus.

Die transferierten Defizite

$$a_j = d_i \frac{\langle \pi_i, \pi_j \rangle}{\sum_j \langle \pi_i, \pi_j \rangle}$$

samt Beobachtung o, Strategie s und Herkunft i werden in einem Transfer-Profile $(X_t)_{t \in T}$ festgehalten, mit $X_t = (s, i, o, a)_t$.

3.10 Analytik

Wir können die Profil-Information zur Risikoanalyse verwenden, so dass gleichzeitig Netz-Reziprozität induziert wird. Wir können für jede Teilmenge der Agenten C und ein definiertes Zeitintervall Ξ, Strategiemenge S und Beobachtungen O die Profilinformation durch Summieren aggregieren (Linearität des Erwartungswertes).

$$\begin{bmatrix} s \\ \sum_{t,s,o} v_t(s,o) \\ \sum_{t,s,o} c_t(s,o) \\ \sum_{t,s,o} d_t(s,o) \\ o \end{bmatrix}_{s \in S, o \in O} \oplus \begin{bmatrix} s \\ \sum_{t,s,o} a_t(s,o) \\ o \end{bmatrix}_{s \in S, o \in O}$$

Um die so gewonnene Risikotransparenz zu illustrieren, geben wir zwei relevant Netze an. Ein Netz ist ein Tupel $(V, E, \lambda_V, \lambda_E)$ in den V die Knoten, $E \subseteq V \times V$ die Kanten, $\lambda_V : V \to \Lambda_V$ Knoten-Beschriftungen, and $\lambda_E : E \to \Lambda_E$ Kantenbeschriftungen sind.

Das erste Netz zeigt die Werteströme für ein definiertes Zeitintervall. Die Knoten sind die mit den Profilen beschrifteten Agenten und die Kanten entsprechen dem aggregierten Nutzen beschrifteter Strategien s.

Das zweite Netz zeigt die transferierten Defizite für ein definiertes Zeitintervall und definierte Beobachtungen. Die Knoten sind auch hier die mit den Profilen beschrifteten Agenten und die Kanten entsprechen den durch den Mechanismus definierten Transfers.

Das erste Netz illustriert den Werte-Fluss, den es zu optimieren gilt, während das zweite die Netz zur Aggregation relevanter Defizite dient und zur erstrebten risikogetriebene Entscheidungen ermöglicht.

4 Zusammenfassung und Ausblick

Explizite Regressions-Modelle für durch anomales Verhalten hervorgerufene Defizite erlauben die Integration heterogener Datenquellen ohne a priori Wissen. Kontinuierliche Adaption durch Feedback von Agenten etabliert eine latente Semantik, wodurch Defizite vorhersagbar werden. Da die Defizite für Agenten vorhersehbar werden, können rationale, den Nutzen maximierende Empfehlungen für Agenten aus den Profilen berechnet werden. Einem Agenten kann zum Beispiel empfohlen werden, einen Service mit einem geringerem Risikoprofil zu nutzen, wenn es der Nutzen rechtfertigt, was zur Reduktion des Gesamtrisikos führt.

Der integrative und adaptive Ansatz beruht auf dem anreizkompatiblen Mechanismus und ermöglicht skalenfreie Auswertungen. Die Auswertung der Schätzfunktionen sind Standardfunktionalitäten die durch Dataminingumgebungen bereitgestellt werden. Das Systemdesign ist modular und minimal invasiv. Insbesondere die Adaption der aktiven Wächter birgt keine wesentlichen Abhängigkeiten.

Ebenso kann für jede Agenten-Community C und jedes Zeitintervall Ξ die kanonische Profilaggregation berechnet werden. Die Defizite werden darin per diskretem Element aufsummiert. Diese Aggregation umfasst relevante Modellteile für eine standardisierte, kanonische Risikosicht. Diese Sicht ermöglicht schließlich eine profunde Analyse mittels Data Mining Methoden oder Prädiktionsmethoden und schließt die im einleitenden Teil dargelegte Fähigkeitslücke.

Unsere Gesellschaft hängt zunehmend von Informations-Infrastrukturen ab. Deshalb ist die Informationssicherheit dieser Infrastrukturen von wachsender Bedeutung. Die kollaborative Behandlung von Sicherheit birgt ein großes Potential zur Verbesserung der Sicherheit. Ein wirtschaftlicher Ansatz fördert die Zusammenarbeit zwischen den beteiligten Parteien selbst in feindlichen, von Konkurrenz geprägten Szenarien.

Die Bedeutung der Zusammenarbeit zwischen verschiedenen Domänen ist bereits als Potential identifiziert. Publikationen der Europäischen Kommission und der ENISA zeigen eine Entwicklung in Richtung Zusammenarbeit und Erfahrungsaustausch bei Sicherheitsvorfällen zwischen den zuständigen Behörden der Regierungen und privaten Organisationen. Langfristig erscheint es uns wichtig, dass alle Organisationen von einen direkten, quantitativ fassbaren, wirtschaftlichen Nutzen haben und so einen Anreiz erfahren, die Risiken gemeinsam zu minimieren.

Literatur

[Ande07]   Anderson, R., Böhme, R., Clayton, R., and Moore, T.: Security economics and the internal market. Report to the European Network and Information Security Agency (ENISA) (2007)

[BSI11]   German Federal Agency for Information Security: IT-Grundschutzkataloge. Bonn (2011)

[EUD09]   European Commission: Communication from the Commission on Critical Infrastructure Protection - Protecting Europe form large scale cyber attacks and disruptions: enhancing prepardness, security and resilience. Official Journal of the European Union, COM (200) 149, Brussels (2009)

[EUD10]   European Commission: Regulatory framework for electronic communications in the European Union. Information Society and Media Directorarte-General, Brussels (2010)

[EUD11]   European Commission: Communication from the Commission on Critical Infrastructure Protection - Achievements and next steps: Towards global cyber security. Official Journal of the European Union, COM (2011) 163 Brussels (2011)

[ENIS06]   European Network and Information Security Agency: CERT Cooperation and its further facilitation by relevant stakeholders. Heraklion (2006)

[ENIS09]   European Network and Information Security Agency: Baseline capabilities for national / governmental CERTs - Operational Aspects. Heraklion (2009)

[ENIS10a]   European Network and Information Security Agency: Baseline capabilities for national / governmental CERTs - Policy Recommendations. Heraklion (2009)

[ENIS10b]   European Network and Information Security Agency: Incentives and Challenges for Information Sharing in the Context of Network and Information Security. Heraklion (2010)

[ENIS10c]   European Network and Information Security Agency: Cyber Europe 2010 - Evaluation Report. Heraklion (2020)

[ENIS10d] European Network and Information Security Agency: Priorities for Reseach on Current and Emerging Network Technologies. Heraklion (2010)

[ENIS11a] European Network and Information Security Agency: EISAS - European Information Sharing and Alert System for citizens and SME's - Implementation trough cooperation. Heraklion (2011)

[ENIS11b] European Network and Information Security Agency: Proactive detection of network security incidents. Heraklion (2011)

[ISO09] International Organization for Standardization: ISO/IEC 27001:2008-09 - Information technology - Security techniques - Information security managment systems - Requirements. Geneva (2009)

[ISO08] International Organization for Standardization: ISO/IEC 27005:2008 - Information technology - Security techniques - Information security risk management. Geneva (2008)

[IS=11a] International Organization for Standardization: ISO/IEC 27000:2011 - Information technology - Security techniques - Overview an vocabulary. Geneva (2011)

[ISO11b] International Organization for Standardization: ISO/IEC 27035:2011 - Information technology - Security techniques - Information security incident management. Geneva (2011)

[ISO12] International Organization for Standardization: ISO/IEC 27010:2012 - Information technology - Security techniques - Information security management for inter-sector and inter-organizational communications, Geneva (2012)

[Moor11] Moore, T. and Anderson, R.: Economics and Internet Security: a Survey of Recent Analytical, Empirical and Behavioral Research. In: Peitz, M., Waldfogel, J. (Eds.), The Oxford Handbook of the Digital Economy, Oxford University Press 2011.

[NASA10] National Aeronautics and Space Administration: NASA Risk-Informed Decision Making Handbook. Version 1.0, Washington D.C. (2010)

[NIST02] United States National Institute of Standards and Technology: NIST Special Publication 800-30 - Risk Management Guide for Information Technology Systems, Gaithersburg (MD) (2002)

[NIST08] United States National Institute of Standards and Technology: NIST Special Publication 800-61, Revision 1 - Computer Security Incident Handling Guide. Gaithersburg (MD) (2008

[NIST11] United States National Institute of Standards and Technology: NIST Special Publication 800-137 - Information Security Continuous Monitoring for Federal Information Systems and Organizations. Gaithersburg (MD)(2011)

[Sche04] Schechter, S.E.: Computer Security Strength & Risk: A Quantitative Approach. In: Ph.D. Thesis, Harvard University, Cambridge, 2004.

IT-Security Risiko Management mit Elementen der Spieltheorie

Stefan Schauer[1] · Stefan Rass[2] · Benjamin Rainer[1]

[1] AIT Austrian Institute of Technology GmbH
stefan.schauer@ait.ac.at, benjamin.rainer@itec.aau.at

[2] Alpen-Adria-Universität Klagenfurt
stefan.rass@syssec.at

Zusammenfassung

In diesem Artikel beschreiben wir die Entwicklung eines Systems für die Risiko-Analyse bei der Kommunikation in Rechner-Netzwerken. Durch den Einsatz von Werkzeugen aus der Spieltheorie wird das Abhör-Risiko in dem zugrundeliegenden Netzwerk mittels individuell definierbaren Taxonomien analysiert. Dabei dienen die entsprechenden Ergebnisse der Analyse als Risiko-Abschätzung (Service Level Agreement) und liefern gleichzeitig Regeln für einen optimalen Betrieb des Netzwerks (Operational Level Agreement), um die Risiko-Garantien einzuhalten. Als Nebenprodukt liefert die hier beschriebene spieltheoretische Analyse auch optimale Angriffsszenarien und liefert somit wertvolle Entscheidungshilfen für Verbesserungen an einer gegebenen Kommunikationsinfrastruktur.

1 Einleitung

Risiko Management hat im Allgemeinen die Aufgabe, Betriebsvermögen zu schützen, sowie Kosten bei Betriebsausfällen zu minimieren, und stellt somit ein zentrales Werkzeug für die Sicherheit innerhalb von Organisationen dar. In den letzten Jahren hat sich eine Reihe von Risiko-Management Werkzeugen für den Schutz von Security-Systemen entwickelt. Allerdings sind die verwendeten Analyse-Methoden meist nicht auf die zugrunde liegende Sicherheitsarchitektur zugeschnitten. So müssen Gegebenheiten und Fakten aus den Unternehmen eventuell an die Analyse-Methode angepasst bzw. Ergebnisse für die bestehenden Strukturen interpretiert werden, da sich die Terminologien der Analyse-Methoden und der Entscheidungsträger unterscheiden. Hierbei gehen oft wichtige Informationen verloren, und der Nutzen einzelner Maßnahmen relativ zum Aufwand der Umsetzung ist nicht mehr klar ersichtlich.

Wir stellen hier den SERIMA-Ansatz für die Risiko-Analyse für Kommunikationsbeziehungen in Netzwerken vor, der neben individuell definierbaren Taxonomien für Risiko-Bewertung (beispielsweise monetäre Verluste, nominale Schadensbemessungen wie „niedrig/mittel/hoch", etc.) eine auf Abhörsicherheit bezogene Analyse von Rechner-Netzwerken sowie eine Optimierung der Kommunikation in diesen Netzwerken im Hinblick auf risikominimalen Betrieb ermöglicht. Das Verfahren basiert auf Algorithmen der Spieltheorie und bietet als Resultat ein *Operational-Level Agreement* für den optimalen Betrieb von Netzwerken sowie eine Risiko-Garantie (*Service Level Agreement*) bzgl. der Abhörsicherheit. Durch die

Integration von Elementen der Spieltheorie liefert der SERIMA-Ansatz auch Worst-Case Angriffsszenarien und somit eine Liste neuralgischer Knoten eines Netzwerks, woraus sich eventuell wertvolle Entscheidungshilfen für Verbesserungen an einer gegebenen Netzwerk-Infrastruktur ergeben.

Im nächsten Abschnitt motivieren wir den vorgestellten Ansatz durch einen Vergleich mit unterschiedlichen Ansätzen im Bereich Risiko-Management. Hierbei werden wir vor allem auf das Problem der unterschiedlichen Taxonomien der Entscheidungsträger und der Security-Spezialisten eingehen. Im Abschnitt 3 wird die SERIMA-Methode, die sich aus dem gleichnamigen Forschungsprojekt entwickelt hat, im Detail beschreiben. Im Zuge dessen werden die Basiskonzepte der Spieltheorie, die in der SERIMA-Methode zur Anwendung kommen, diskutiert und deren Vorteile gegenüber den herkömmlichen Risiko-Management Methode skizziert. Ein Überblick über die praktische Umsetzung wird in Abschnitt 4 gegeben. Hier werden die einzelnen Komponenten des SERIMA-Systems beschrieben.

2 Ansätze im Risiko-Management

Das Problem des Risiko-Managements wurde in der Literatur in zahlreichen Artikeln behandelt. Die Wahl des richtigen Werkzeuges ist jedoch im Allgemeinen schwierig. Die wichtigste Aufgabe des Risiko-Managements ist hierbei die Abschätzung der durch das Eintreten einer Bedrohung entstehenden Kosten. In den meisten Ansätzen wird für diese Abschätzung lediglich die Faustregel *Risiko = Schaden × Eintrittswahrscheinlichkeit* herangezogen (siehe [RAM10] für eine umfangreiche Aufstellung von Risiko-Management Methoden). Diese monetäre Bewertung des Risikos wurde bereits 2001 von Peltler [Pelt01] und später von Schechter [Sche04] angewendet und hat in weiterer Folge auch Einzug in den Security-Standard ISO/IEC 27005:2009 gehalten [3]. Allerdings sind, wie beispielsweise in der NIST Richtlinie [StGF02] oder bei der MEHARI Methode [MEHA04], die Begriffe und Skalen für die Bemessung des Schadenspotentials und der Eintrittswahrscheinlichkeiten i.d.R. fest vorgegeben. Diese starren Vorgaben lassen sich in der Realität oft nur schwer auf die konkreten Anforderungen bzw. Sachverhalte eines Unternehmens abbilden. Daher muss bei der praktischen Anwendung von Werkzeugen zur Risiko-Bewertung in den meisten Fällen ein Kompromiss zwischen der real vorliegenden Terminologie der Anwendung und der fix vorgegebene Terminologie der Risiko-Bewertungsmethode gefunden werden. Neben dem dadurch verursachten Aufwand bei der Modellbildung besteht auch die Gefahr, dass hierbei wichtige Informationen verloren gehen und die Risiko-Abschätzung verfälscht wird.

In der Literatur existieren bereits diverse Ansätze, die versuchen, diesem Problem der vordefinierten Taxonomien entgegen zu wirken [KoWS08] [ChKC09]. So stellt etwa das AURUM System [EkFN09] ein graphisches Werkzeug zur Modellbildung mit Hilfe von Ontologien, also allgemeingültigen Repräsentationen von Wissen, dar. Darin wird ein Ansatz für die Bestimmung von Bedrohungswahrscheinlichkeiten verwendet, der auf dem Bayes'schen Theorem beruht (in [Foro08] ist eine vergleichbare Methode beschrieben). Allerdings fließt in diesen Ansatz ein wesentliches, subjektives Element in Form eines a-priori Modells für den Angreifer ein. Dies kann zu einer Verzerrung der Risiko-Abschätzung führen, da es im Allgemeinen nicht möglich ist, das Verhalten eines Angreifers vorauszusagen. Ein Ansatz, der ohne Angreifer-Modell und ohne Trainingsdaten auskommt, ist der Minimax-Ansatz. Dieses Konzept, das teilweise auf Elementen der Spieltheorie basiert, ermöglicht es, Risiko-Abschätzungen objektiv zu bestimmen. Dieser Weg wird auch im SERIMA-System verfolgt.

Im Allgemeinen versuchen Risiko-Management Methoden, die auf Elementen der Spieltheorie basieren, aus dem Verhalten von Angreifern zu lernen, um die Abwehrmethoden kontinuierlich anzupassen und zu optimieren [CaRY08]. So werden zum Beispiel spezielle Systeme und Netzwerke aufgebaut, die bestimmte Schwachstellen, aber keine wichtigen Daten enthalten. Diese Systeme, sogenannte *Honeypots*, dienen quasi als „Köder" für Hacker. Wird ein solcher Honeypot angegriffen, so kann das Verhalten des Angreifers innerhalb des Netzwerks aufgezeichnet und analysiert werden. Die daraus gewonnenen Informationen über die Angriffsstrategien fließen in weiterer Folge in die Abwehrmechanismen des echten Produktiv-Systems mit ein, um einen optimalen Schutz zu bieten.

Ein entscheidender Nachteil dieses Ansatzes ist, dass das Verhalten eines Angreifers im System bzw. im Netzwerk beobachtbar sein muss. Dies gilt zwar für den Einbruch in ein Honeypot-Netzwerk, wie im vorherigen Absatz beschrieben, nicht aber für einen reinen Lauschangriff. Das Abhören einer Kommunikation über einen Kanal an sich kann – naturgemäß – nicht erkannt werden (Quantenkryptographie bildet eine Ausnahme hierzu, stellt jedoch auch lediglich einen a-posteriori Erkennungsmechanismus für Abhörangriffe beim Schlüsselaustausch zur Verfügung). Ein Hinweis darauf, dass eine Nachricht abgehört wurde, lässt sich häufig erst an den Auswirkungen des Angriffes erkennen, zumeist an dem Schaden, der aus dem Verlust der Information entsteht. Somit kann eine Identifikation eines Angriffs im Nachhinein oft höchstens noch zur Schadensbegrenzung herangezogen werden, womit keine proaktive Maßnahme zur Abwehr eines Lauschangriffs gegeben ist und kaum Möglichkeiten zur Risiko-Abschätzung geliefert werden.

Durch die Aspekte der Spieltheorie, die in der SERIMA-Methode eingesetzt werden, können wir derartige Probleme umgehen, da wir explizite Worst-Case Szenarien betrachten. Dadurch werden für die Risiko-Bewertung lediglich jene Fälle herangezogen, welche die größtmögliche Bedrohung für das zugrundeliegende System darstellen. Ein verwandter Ansatz ist in [CaRY08] beschrieben, allerdings basiert die SERIMA-Methode auf einer stark verallgemeinerten theoretischen Grundlage.

3 Die SERIMA-Methode

Im Folgenden gehen wir in Grundzügen auf die im SERIMA Projekt umgesetzte Risiko-Schätzungsmethode und das zugrunde liegende Verfahren für sichere Kommunikation ein. Für mathematische Details sei an dieser Stelle auf die (zitierte) Literatur verwiesen.

3.1 Grundidee und Zielsetzung

Die in diesem Artikel beschriebene Methode zur Risiko-Analyse wurde im Zuge des Forschungsprojekts *SERIMA* (security risk management based on decision-theory) gemeinsam vom Austrian Institute of Technology (AIT), der Alpen-Adria-Universität Klagenfurt und der Firma SiteXs Databusiness entwickelt. Die Methode beschränkt sich auf die Analyse des Abhörrisikos innerhalb eines Netzwerks und soll zur Lösung zweier Probleme von klassischen Ansätzen im Risiko-Management beitragen. Dies sind einerseits die Verwendung von (oft auf subjektiven Einschätzungen beruhenden) Annahmen über das Verhalten bzw. die Absichten eines Angreifers sowie andererseits das Problem der durch die Risikobemessungsmethode vorgegebenen Taxonomien. Um beide Probleme zu lösen, weicht die SERIMA-Methode von den klassischen Ansätzen des Risiko-Managements ab und führt die Risiko-Analyse mit Methoden der Spieltheorie durch.

Durch den Einsatz der Spieltheorie ist das Verhalten eines Angreifers für die Risiko-Analyse nicht mehr relevant und muss nicht über statistische Verfahren oder subjektive Annahmen modelliert werden. Wie erwähnt, verwendet die SERIMA-Methode Worst-Case Szenarien, um die größtmögliche Bedrohung für ein System abschätzen zu können. Insbesondere findet die Betrachtung von Sender und Angreifer in Form eines 2-Personen Nullsummenspiels statt, d.h. wir behandeln die beiden Spieler in einem *Angreifer-Verteidiger-Szenario* (mathematisches Spiel), in welchem der Gewinn für die Kontrahenten der Wert (gemessen in einer für die Anwendung bedarfsgerechten Taxonomie) der geheimen Botschaft ist, welche der Sender übermitteln möchte. Dies hat zur Folge, dass das Verhalten von Sender und Angreifer *simultan* analysiert und optimiert wird, wodurch die Analyse neben Bedrohungspotentialen auch jene Angriffsstrategie liefert, bei der ein Angreifer den meisten Schaden anrichten würde. Dies ist eine direkte Konsequenz der Modellierung als Nullsummenspiel, welches unterstellt, dass der Gewinn des Angreifers dem Schaden des Senders entspricht und umgekehrt. Obgleich dies die Absichten des Angreifers implizit festschreibt und aus den Bewertungen der ehrlichen Instanz (Sender) ableitet, womit die realen Absichten des Angreifers mit hoher Wahrscheinlichkeit nicht korrekt modelliert werden, so kann dennoch gezeigt werden, dass der zu erwartende Schaden in einem solchen Nullsummenszenario maximal ist, im Vergleich zu alternativen Szenarien. Anders ausgedrückt unterstellt das Nullsummenspiel dem Angreifer die Absicht, größtmöglichen Schaden zufügen zu wollen, was zu einer *Worst-Case Betrachtung* führt und eine obere Schranke für den Schaden liefert, sollte der Angreifer andere Absichten hegen. Die Analyse des Spiels liefert als Ergebnis nicht nur jene Knoten des Netzwerks, die am gefährdetsten sind, sondern zusätzlich auch die optimale Angriffsstrategie auf das zugrundeliegende Netzwerk. Dadurch fallen aber auch die entsprechenden Gegenmaßnahmen für die optimale Angriffsstrategie gleichermaßen als Ergebnis der Analyse an.

In der Praxis bedeutet dies, dass bei der SERIMA-Methode die Analyse eines Netzwerks nicht nur eine Risiko-Abschätzung bzgl. der Übertragungssicherheit, sondern zugleich auch die nötige Network-Provisioning-Strategie liefert, um diese Abschätzung zu garantieren. In dieser Strategie werden jene Kommunikationspfade definiert, mit denen gefährdete Knoten im Netzwerk bis zu einem gewissen Grad umgangen werden können. Insbesondere erfordert dies ein aktives Eingreifen in das Routing des Netzwerkes, welches durch im SERIMA Projekt entwickelte aktive Netzwerkkomponenten ermöglicht wird.

Das Problem der vordefinierten Begriffe und Skalen für Schadensbewertung wird in der SERIMA-Methode durch die Verwendung von individuell definierbaren Taxonomien gelöst, mit denen der Wert der übertragenen Nachrichten und damit der Gewinn der Spieler in der Nullsummen-Auseinandersetzung festgelegt wird. Die konkrete Bewertungs-Skala ist ohne Einfluss auf die theoretischen Eigenschaften der Methode. Sie ist damit austauschbar und kann auf anwendungsspezifische Gegebenheiten optimal zugeschnitten werden. Somit kann einer übertragenen Nachricht etwa ein monetärer Wert zugewiesen werden, zum Beispiel bei der Übertragung von Produkt-Informationen wie Bauplänen oder ähnlichen wirtschaftsrelevanten Informationen. Aber auch die Zuweisung von abstrakten Werten, wie zum Beispiel die Einteilung von Informationen in mehrere Sicherheitslevels (nominale Schadensbewertungsskalen), kann berücksichtigt werden. Alternativ ist in der SERIMA-Methode grundsätzlich auch die Definition einer komplexen, bedarfsgerecht anpassbaren Bewertungsfunktion möglich, die unterschiedliche Zusatzinformationen mit einbezieht. Dies wird in Form von entsprechenden Interfaces im System ermöglicht, welche eine benutzerdefinierbare Bewertungslogik verwenden lassen.

Auf diese Weise erlaubt das System bereits von Beginn der Analyse an eine entsprechende individuelle Bewertung des Verlustes von Informationen. Diese Bewertung zieht sich in weiterer Folge konsequent und konsistent durch die gesamte Risiko-Analyse hindurch. Dadurch wird Unstimmigkeiten entgegengewirkt, und die Vor- und Nachteile einer Investition im Security-Bereich können unter konkreten wirtschaftlichen, d.h. quantitativen, Gesichtspunkten gegeneinander abgewogen werden. Ein besonderer Vorteil hierbei ist, dass der Kunde die ihm vertraute Terminologie seiner Risiko-Bewertung nicht aufgeben muss und die Ergebnisse der Risiko-Schätzung in *denselben* Einheiten vorliegen, in denen der Wert der übertragenen Informationen bemessen wurde.

3.2 Sichere Datenübertragung

Bei der Übertragung von Nachrichten verwendet der SERIMA-Ansatz Verfahren mit informationstheoretischer Sicherheit, um eine maximale Sicherheit gewährleisten zu können und insbesondere keine empirischen Belege oder unbewiesene mathematische Vermutungen als Grundlage einzuführen. Das Paradigma der informationstheoretischen Sicherheit wurde 1949 von Claude Shannon vorgeschlagen [Shan49] und beruht auf dem Grundgedanken, dass ein Angreifer, der eine verschlüsselte Nachricht (Chiffrat) abfängt, nicht mehr Informationen über die eigentliche Nachricht besitzt, als er vor Abfangen des verschlüsselten Textes hatte. Dabei ist es essentiell, dass diese Annahmen nicht auf den technologischen Möglichkeiten basieren, die einem Angreifer zugesprochen werden, wie es etwa bei der Public-Key Kryptographie oder der AES-Verschlüsselung der Fall ist. Ein Beispiel für eine informationstheoretisch sichere Verschlüsselung ist der sogenannte One-Time-Pad (OTP).

Um eine informationstheoretisch sichere Ende-zu-Ende Kommunikation zwischen zwei Parteien, in einem Netzwerk garantieren zu können, ist sogenannte *Mehr-Wege-Kommunikation* (MWK) die einzige geeignete klassische Art der Übertragung [KGSR02] [WaDe08] [FFGV07]. Dabei wird eine Nachricht mit n Schlüsseln verschlüsselt – zum Beispiel mittels OTP – und über $n + 1$ Pfade in einem Netzwerk übertragen (siehe Abbildung 1). Sofern sich die Pfade nicht kreuzen, wird der Angreifer hierdurch gezwungen, wenigsten $n+1$ Knoten im Netzwerk zu kompromittieren, um die geheime Nachricht rekonstruieren zu können. Die informationstheoretische Sicherheit folgt aus der Aufteilung der Nachricht in Blöcke gemäß einem konventionellen Secret-Sharing Verfahren; beispielsweise polynomiale Threshold-Verfahren oder gewöhnliches XOR-Secret-Sharing. Tatsächlich stellt die MWK mit XOR-Sharing eine Verallgemeinerung der üblichen symmetrischen Verschlüsselung mittels OTP dar: eine Verschlüsselung mittels OTP ist eine MWK mit genau 2 Wegen – einem für das Chiffrat und einem für den Schlüssel. Für eine MWK ist es von grundlegender Bedeutung, dass sich diese $n + 1$ Pfade nicht kreuzen. Wie auch vom OTP bekannt, könnte in diesem Fall die Nachricht von einem Angreifer wieder entschlüsselt werden. Gelingt es einem Angreifer allerdings nicht, alle Schlüssel abzufangen (wie in Abbildung 1 illustriert), so gibt es nachweislich keine Möglichkeit, die Nachricht aus dem Chiffrat zu rekonstruieren.

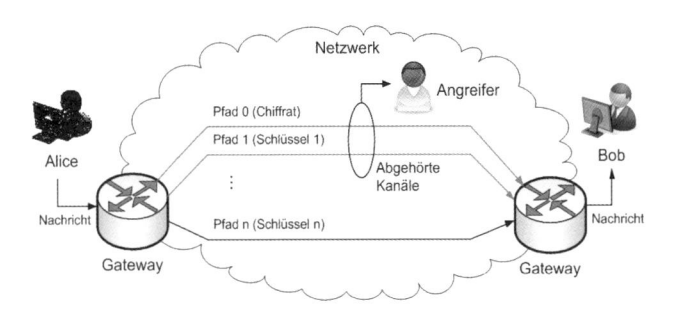

IT-Security Risiko Management mit Elementen der Spieltheorie

Abb. 1 Mehr-Wege-Kommunikation (schematisch)

Die Verwendung der MWK ist aufgrund ihrer guten Eignung zur Risiko-Abschätzung ein wesentlicher Baustein des SERIMA-Systems. Die Sicherheit der Datenübertragung ist somit – anders als bei herkömmlichen Verschlüsselungsverfahren – informationstheoretisch abgesichert und beruht auf keinen unbewiesenen mathematischen Vermutungen. Diese vermeidet insbesondere nicht-quantifizierbare Elemente in der Risiko-Abschätzung, wie etwa die Vermutung über die Schwierigkeit zahlentheoretischer Probleme. Ein weiterer Vorteil der MWK besteht darin, dass hier keine Verschlüsselung im herkömmlichen Sinne vorliegt. Somit entfällt auch das andernfalls erforderliche Key-Management, welches von grundlegender Wichtigkeit für die Sicherheit von konventionellen sicheren Kommunikations-Systemen ist.

3.3 Spieltheoretischer Ansatz

In der SERIMA-Methode wird als Risiko die Gefahr definiert, dass eine vertrauliche Nachricht von Alice an Bob von einem Angreifer abgehört wird. Basierend auf der Netzwerk-Topologie konzentriert sich die Methode hierbei vor allem auf jene Knotenpunkte (Router, Switches, etc.), die zwischen Alice und Bob liegen und von einem Angreifer geknackt bzw. für seine Zwecke verwendet werden könnten. Da in dieser Sicht beide Kommunikationspartner gleichermaßen das Risiko tragen, kann man sich bei der Bewertung des Risikos auf die Sicht des Senders (Alice) beschränken. Analog gelten hier aber alle Schlussfolgerungen auch für den Empfänger (Bob).

Um dieser Bedrohung durch einen Angreifer einen Zahlenwert zuweisen zu können, gehen wir von der einfachen Annahme aus, dass Alice nur die erfolgreich (vertraulich) übermittelten Nachrichten „zählt". Das bedeutet, Alice weist jeder vertraulich übermittelten Nachricht den Wert 1 zu, und jede Nachricht, die abgehört wurde, erhält in unserem Modell den Wert 0. Um dies zu verdeutlichen, ist in Abbildung 2 ein Beispiel skizziert, bei dem Alice versucht, eine Nachricht m über zwei Pfade (hier fett markiert) an Bob zu übermitteln. Ein Angreifer wählt zufällig zwei Knoten aus (hier grau hinterlegt) und hört die Kommunikation an diesen Stellen ab. Nachdem auf der linken Seite die beiden Knoten (5 und 7) jeweils auf einem der Kommunikationspfade liegen, ist es für den Angreifer möglich, die Nachricht m abzuhören. Im Beispiel auf der rechten Seite liegt lediglich der Knoten 5 auf einem der Pfade, wodurch es dem Angreifer nicht möglich ist, die Nachricht zu entschlüsseln.

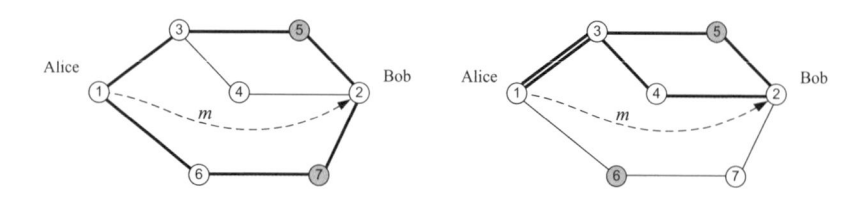

Abb. 2: Misserfolgs- und Erfolgsszenario für die Übertragung der Nachricht m

Obgleich die Bewertung der Übertragungen mit „1" (erfolgreich) bzw. „0" (abgehört) intuitiv einleuchtend erscheint, ist es im Falle der Übertragungssicherheit im Allgemeinen schwierig zu sagen, wann eine Nachricht tatsächlich abgehört wurde und wann nicht, da das Abhören einer Nachricht ein *rein passiver* Vorgang ist. Es gibt also für Alice keine technische Möglichkeit, um eine korrekte Aussage über den Erfolg oder Misserfolg der aktuellen Übertragung zu tätigen. Ebenso ist die genaue Strategie eines Angreifers im Allgemeinen nicht bekannt. Glücklicherweise besteht aufgrund der Nullsummenspielannahme jedoch *kein* Bedarf an diesen Informationen. Um keine Annahmen über die Strategie eines Angreifers machen zu müssen, verwendet die SERIMA-Methode zur Berechnung des Abhör-Risikos das *(asymptotische) Mittel* über alle möglichen Angriffsstrategien bei wiederholten Übertragungen. Dafür werden Wiederholungen der Übertragung unter zufällig ausgewählten Übertragungspfaden (multiple und sich nicht kreuzende Kommunikationswege von Alice zu Bob) und Angriffen simuliert. Dies liefert eine durchschnittliche Erfolgswahrscheinlichkeit für eine vertrauliche Übertragung, wobei das Verhalten für beide Spieler (Sender und Angreifer) simultan optimiert wird. Optimal bedeutet in diesem Fall, dass Alice jene Kommunikationspfade durch das Netzwerk verwendet, welche das geringste Abhörrisiko haben, wobei auch der Angreifer die kompromittierten Knoten optimal für einen Lauschangriff wählt. Aufgrund der Bewertung des Erfolges auf einer 0/1-Skala entspricht die mittlere Erfolgsrate bei einer Übertragung genau der *Wahrscheinlichkeit* für eine erfolgreiche Übertragung. Somit besteht eine direkte Interpretation des Abhör-Risikos in Form einer Wahrscheinlichkeit, welche sich wiederum problemlos in *erwartete Maximal-Verluste*, gemessen in Vermögenswerten oder anderen Skalen, umrechnen lässt.

Bei der Analyse wird nun die gegebene 0/1-Bewertungsfunktion verwendet, um den Versuch der vertraulichen Übertragung einer Nachricht von Alice zu Bob zu gewichten. Im Falle unseres Beispiels aus Abbildung 2 wird, wie oben beschrieben, eine erfolgreiche Übertragung mit 1 bewertet, und ein Misserfolg bei der Übertragung erhält den Wert 0. Hierfür ist die Topologie des zugrundeliegenden Netzwerkes, also die möglichen Verbindungen zwischen Alice und Bob, ausschlaggebend. Basierend auf dem Prinzip der Mehr-Wege-Kommunikation ist es Alice's Strategie, eine Anzahl von Pfaden im Netzwerk auszuwählen, über welche die Kommunikation erfolgen soll.

Im Detail ist die optimale Übertragungsstrategie für Alice eine Menge an Pfaden und entsprechenden Wahrscheinlichkeiten, mit denen diese Pfade gewählt werden müssen. Wie bereits erwähnt, hat Alice keinen Einfluss auf das Verhalten eines Angreifers und kann dieses auch nicht voraussehen. Es ist nun Alice's Bestreben, ihr Verhalten entsprechend der optimalen Strategie eines Angreifers anzupassen, um somit das Worst-Case Risiko für eine Übertragung zu minimieren. Exakt dieses Problem löst die Spieltheorie durch die Bestimmung von Nash-

Gleichgewichten in dem modellierten Kommunikationsspiel (Verteidiger-Angreifer Szenario) [NeMo44]. Dadurch entfallen bei der SERIMA-Methode, im Gegensatz zu anderen Ansätzen, die Spekulationen über das tatsächliche Verhalten eines Angreifers.

Aus mathematischer (spieltheoretischer) Sicht nehmen in der SERIMA-Methode Alice die Rolle des Spielers und ein Angreifer die Rolle des Gegners ein. Der Spielverlauf wird durch eine Auszahlungsmatrix beschrieben, welche den Spielausgang unter jeder möglichen Kombination von Verhaltensstrategien beschreibt; sie ergibt sich somit aus allen Übertragungsmöglichkeiten für Alice und den entsprechenden Angriffsstrategien des Gegners. Dabei werden Erfolg und Misserfolg der Übertragung in jedem Szenario in einer beliebigen und für die Anwendung wählbaren Taxonomie gemessen. Weil keinerlei Angaben über die Absichten des Angreifers bekannt sind und auch keine Annahmen darüber getroffen werden sollen, ist eine Modellierung des Problems als Nullsummenspiel die beste Lösung. Die Lösung des Spiels besteht nun in der Bestimmung eines Nash-Gleichgewichtes, welches folgende Informationen beinhaltet:

- Die optimale Strategie x^* um die Kommunikation über das Netzwerk durchzuführen. Dies ist ein Vektor von Wahrscheinlichkeiten, mit denen die verfügbaren Kommunikationskanäle für die Übertragung gewählt werden sollten.
- Die optimale Angriffsstratgie y^*, welche ebenso ein Vektor von Wahrscheinlichkeiten ist und Wahrscheinlichkeiten für Angriffe auf gewisse Knotenmengen angibt.
- Die mittlere Auszahlung $v(A) = (x^*)^T A y^*$ an Spieler 1, wobei die Matrix A eine 0-1-Matrix ist, in welcher das Element a_{ij} genau dann 1 ist, wenn die Kommunikation über die Pfade gemäß Übertragungsstrategie i bei einem Angriff auf die Knoten gemäß Angriffsstrategie j erfolgreich war.

Die wesentliche Eigenschaft des Wertes $v(A)$ liegt in der *Gleichgewichts-Ungleichung* $x^T A y^* \le (x^*)^T A y^* \le (x^*)^T A y$, welche bei einer Abweichung eines der beiden Spieler vom optimalen Verhaltensprofil (x^*, y^*) eine Verschlechterung der Erfolgsbilanz prognostiziert. Hieraus folgt unmittelbar die Gültigkeit des Modells als Worst-Case Szenario, wie in [Rass09] auch formal bewiesen wird. Der Vektor x^* stellt somit eine Regel zur optimalen Wahl von Übertragungspfaden dar (dies ist das Operational Level Agreement), welche zu der Einhaltung der Risiko-Schranke $v(A)$ notwendig ist (diese stellt das Service-Level Agreement dar). Die neuralgischen Punkte im System lassen sich aus den optimalen Angriffsstrategien, codiert durch y^*, direkt ablesen. Alle drei Variablen lassen sich effizient durch Methoden der linearen Optimierung berechnen.

4 Das SERIMA-Toolset

Aus den obigen Ausführungen ist ersichtlich, dass eine spieltheoretische Risiko-Schätzung ihre Gültigkeit verliert, sobald die tatsächlichen Übertragungen vom optimalen Verhaltensprofil x^* abweichen. Somit ist ein aktives Eingreifen in das Routing des Netzwerkes erforderlich. Dies ist Aufgabe des sog. *Defender-Systems*; die Bestimmung der optimalen Strategie selbst ist Sache der *Analyse-Komponente*.

4.1 Analyse und Network-Provisioning

Das SERIMA-System stellt ein Toolset dar, das in zwei große Bereiche aufgeteilt ist (vgl. auch Abbildung 3): dem *Analyse&Reporting*-Tool und dem *Defender*. In Ersterem wird zunächst die Topologie des zu untersuchenden Netzwerks auf einer abstrakten Ebene nachgebildet. Das Hauptaugenmerk liegt hierbei auf Kommunikationskanälen zwischen einzelnen Netzwerk-Komponenten (Switches, Router, Server, etc.). Zusätzliche Informationen über die Hard- und Software sowie deren genaue Konfiguration werden im Prototypen-Stadium des Systems der Einfachheit halber vernachlässigt. Allerdings können bei der Modellierung jedem Knoten individuelle Sicherheitseigenschaften zugewiesen werden. Dies erleichtert die Abbildung der realen Gegebenheiten innerhalb des Netzwerks und erlaubt, unterschiedliche Sicherheitsstrukturen direkt im Modell zu erfassen. Für eine bessere Darstellung von großen Netzwerk-Strukturen ist die hierarchische Modellierung von Subnetzen möglich. Dies erleichtert in weiterer Folge auch die Analyse des Gesamtnetzwerks, sowohl im Hinblick auf die Modellierung, als auch im Hinblick auf die Komplexität der Analyse. Die Informationen aus dem Modellierungstool werden dem *Analyzer* übergeben (server-seitiges Modul), welcher das Netzwerk entsprechend dem oben beschriebenen Algorithmus aus der Spieltheorie analysiert. Vor allem durch den hierarchischen Aufbau einer Netzwerk-Topologie wird die Analyse drastisch beschleunigt, da Subnetze separat untersucht werden.

Das gesamte *Analyse&Reporting*-Tool liefert zwei Ergebnisse: Erstens, einen Bericht über die potentiellen Schwachstellen des Netzwerks für die Entscheidungsträger. Hierin sind jene Knoten enthalten, die bei einem Angriff die größte Bedrohung für das Gesamtsystem darstellen und am besten geschützt werden sollten. Dieser Bericht stellt zugleich die optimale Angriffsstrategie eines Gegners dar. Diese Strategie ist die Basis für das zweite Ergebnis: eine Network-Provisioning Strategie für den *Defender*.

Die durch das SERIMA System ermittelte Network-Provisioning-Strategie, d.h. die Art und Weise, wie das Netzwerk für die Übertragung durch den *Defender* konfiguriert und genützt wird, ist eine Sammlung von Pfaden, über die eine Nachricht sicher von Alice an Bob übermittelt werden kann. Diese Strategie x^* wird direkt aus der Analyse abgeleitet und in Form von Regeln für das Routing im Netzwerk an den Defender übergeben. Der Defender kann als aktive Netzwerk-Komponente oder als Software-Lösung implementiert sein und setzt diese (Network-Provisioning-)Gleichgewichts-Strategie x^* um. Dafür werden die entsprechenden Veränderungen in den Routern und Switches des Netzwerks vom Defender automatisch durchgeführt. Er stellt somit sicher, dass die Routing-Strategie für die Kommunikation zwischen Alice und Bob im Netzwerk auch eingehalten wird.

4.2 Ergebnisse

Das SERIMA-System liefert als endgültiges Ergebnis für den User eine optimale Network-Provisioning Strategie für die Kommunikation von Alice mit Bob. Befolgt Alice diese Strategie, so ist das Risiko, dass die Nachricht abgehört werden kann, beweisbar minimal. Diese Schranke für das Abhörrisiko kann als *Service-Level Agreement* (SLA) für das aktuelle Netzwerk angesehen werden, wodurch eine Risiko-Garantie für ein bestehendes Netzwerk ausgegeben werden kann. Somit wird einem Netzwerk-Provider ermöglicht, einem Kunden eine garantierte Obergrenze für das Abhörrisiko in seinem Netzwerk anzubieten. Die Kommunikationspfade, die in der Network-Provisioning Strategie definiert sind, stellen in diesem Fall ein Operational-Level Agreement (OLA) dar. Wird das OLA eingehalten, was in der SERIMA-Methode durch den Defender automatisch realisiert wird, so ist sichergestellt, dass auch die Beschränkung des Abhörrisikos (SLA) eingehalten wird.

IT-Security Risiko Management mit Elementen der Spieltheorie 115

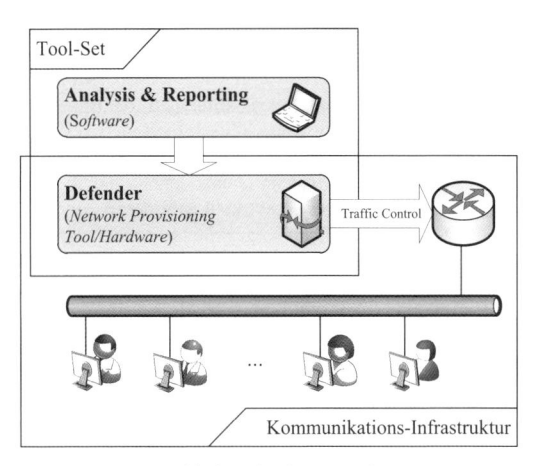

Abb. 3: Architektur des SERIMA-Systems

Zusätzlich zu dem OLA liefert die SERIMA-Methode eine Liste an neuralgischen Knoten im Netzwerk, die besonders schützenswert sind. Dies ergibt sich wiederum direkt aus der optimalen Strategie y^* für einen Angreifer. Ein Angriff auf diese neuralgischen Knoten mit den durch y^* angegebenen Wahrscheinlichkeiten würde dementsprechend einen maximalen Schaden im Netzwerk verursachen. Gleichermaßen stellt die Gleichgewichts-Ungleichung sicher, dass ein Angriff, der sich auf bestimmte Knoten im Netzwerk konzentriert, nur geringeren als den ermittelten Schaden verursachen kann. Anders ausgedrückt wäre ein Angreifer – um maximalen Schaden zu verursachen – gezwungen, seine Strategie ständig zu wechseln, was in der Realität nur schwierig durchführbar wäre. Dennoch existieren neben der optimalen Angriffsstrategie im Allgemeinen noch andere Gleichgewichts-Strategien (also gültige Lösungen für das Kommunikationsspiel), bei denen andere Knoten im Netzwerk attackiert werden könnten. Da keine direkten Annahmen über die Intention eines Angreifers getroffen werden, können solche Mehrdeutigkeiten nicht ausgeschlossen werden. Durch die Eigenschaften des zu Grunde liegenden spieltheoretischen Kommunikationsmodells wird jedoch sichergestellt, dass diese alternativen Optima keinen größeren Schaden verursachen können, als jenen, der durch die Analyse ermittelt wurde. Dieser Umstand kann also weder theoretisch noch praktisch zu einer falschen Risikobewertung führen.

5 Zusammenfassung und Ausblick

Ein effektives Risikomanagement ist vor allem für Entscheidungsträger in Organisationen ein wichtiger Faktor, um einerseits Betriebsvermögen zu schützen, und andererseits, um Kosten zu reduzieren, sollte es zu Betriebsausfällen kommen. In der Praxis existieren zwar eine Reihe entsprechender Werkzeuge für die Risiko-Analyse, diese sind jedoch nicht immer adäquat einsetzbar. Die Bedrohungen werden oft lediglich subjektiv spezifiziert, und das Gefahrenpotential für das zu schützende Betriebsvermögen kann in vielen Fällen nur qualitativ und heuristisch bemessen werden.

Die SERIMA-Methode verbindet die klassischen Ansätze zur Risiko-Analyse von Kommunikationsnetzwerken mit Elementen der Spieltheorie und stellt dadurch einen Schritt in Richtung einer stärker objektivierten Risiko-Bemessungsmethode dar. Subjektive Eingaben und Einschätzungen sind zwar in Form der Angriffsstrategien-Identifikation und der Auszahlungsmatrix für das Kommunikationsspiel weiterhin erforderlich, jedoch ist die errechnete Risiko-Aussage objektiv und optimal im Rahmen der Gegebenheiten. Insbesondere basieren die errechneten Sicherheitsaussagen auf *keinen* anderen oder zusätzlichen (impliziten) Annahmen, als jenen, aus denen das spieltheoretische Modell gebildet wurde. Diese sind jedoch vom User für die Anwendung vollumfänglich vorgegeben und bei Bedarf veränderbar. Die SERIMA-Methode stellt bei der Analyse Worst-Case Szenarien in den Mittelpunkt der Betrachtung, um eine maximale Risiko-Abschätzung geben zu können. Auf diese Weise wird ein optimaler Schutz im Hinblick auf den größtmöglichen Schaden, den ein Angreifer in dem analysierten Netzwerk verursachen kann, ermöglicht.

Einen weiteren großen Vorteil der SERIMA-Methode stellen die individuell spezifizierbaren Bezugsgrößen dar. Dadurch kann etwa der direkte Bezug zu den monetären Kosten für das Unternehmen beim Eintritt einer bestimmten Bedrohung hergestellt werden. Alternativ können die Ergebnisse in abstrakten Skalen angegeben werden, die ebenfalls individuell gestaltet werden können.

Um im Risiko-Management die unterschiedlichen Herangehensweisen quantitativ bewerten zu können, werden in der Praxis für gewöhnlich *Security-Benchmarks* herangezogen. Weil in der SERIMA-Methode eine quantitative Bewertung eines definierten Sicherheitsziels erfolgt, kann diese Methode auf natürliche Weise als Security-Benchmark angesehen werden. Basierend auf den Ergebnissen der Analyse mit der SERIMA-Methode können Security Service Level Agreements und zugehörige Operation Level Agreements einfach formuliert werden. Diese bieten sowohl für Kunden als auch Betreiber eines Netzwerks eine objektive Garantie über die Sicherheit und Verfügbarkeit eines Netzwerkes.

Die entwickelte Methodik ist keinesfalls auf die Abhörsicherheit beschränkt. Das Modell kann auf die Betrachtung anderer Angriffe wie Denial-of-Service oder die Authentifizierung ausgeweitet werden. Darüber hinaus können etwa auch der Bedarf an Bandbreite, Kosten-, preispolitische Überlegungen o.ä. Bestandteile in die Risiko-Analyse mit einfließen. Die zugrunde liegende Modellierung ist entsprechend erweiterbar.

Danksagung

Die Autoren möchten Christian Kollmitzer, Oliver Maurhart für aufschlussreiche Diskussionen und Denkanstöße sowie Matthias Vavti für die Umsetzung der Modellierungssoftware, danken. Diese Arbeit wurde von der österreichischen Forschungsförderungsgesellschaft (FFG) als Projekt Nr. 829570 finanziert.

Literatur

[CaRY08]   H. Cavusoglu, S. Raghunathan und W. T. Yue, Decision-Theoretic and Game-Theoretic Approaches to IT Security Investment, Journal of Management Information Systems, Bd. 25, Nr. 2, pp. 281-304, 2008.

[ChKC09]	T. J. Chiang, J. S. Kouh und R. I. Chang, Ontology-based Risk Control for the Incident Management, International Journal of Computer Science and Network Security, Bd. 9, Nr. 11, p. 181, 2009.
[EkFN09]	A. Ekelhart, S. Fenz und T. Neubauer, Automated Risk and Utility Management, Proceedings of the Sixth International Conference on Information Technology: New Generations, IEEE Computer Society, 2009, pp. 393-398.
[FFGV07]	M. Fitzi, M. K. Franklin, J. Garay und S. H. Vardhan, Towards Optimal and Efficient Perfectly Secure Message Transmission, 2007.
[Foro08]	F. Foroughi, Information Security Risk Assessment by Using Bayesian Learning Technique, Proceedings of the World Congress on Engineering, Bd. 1, International Association of Engineers, 2008, pp. 2-6.
[ISO09]	ISO/IEC, The ISO27k FAQ, [Online]. Available: http://www.iso27001security.com/html/faq.html.
[KGSR02]	M. Ashwin Kumar, P. R. Goundan, K. Srinathan und C. P. Rangan, On perfectly secure communication over arbitrary networks, Proceedings of the twenty-first annual symposium on Principles of distributed computing, 2002.
[KoWS08]	S. Kollarits, N. Wergles und H. Siegel et al., MONITOR - An ontological basis for risk management, 2008. [Online]. Available: http://www.monitor-cadses.org.
[MEHA04]	Clusif Methods Commission, MEHARI V3 Risk Analysis Guide, 2004.
[NeMo44]	J. von Neumann und O. Morgenstern, Theory of games and economic behavior, Princeton University Press, 1944.
[Pelt01]	T. R. Peltier, Information security risk analysis, Auerbach Publications, 2001.
[RAM10]	European Network and Information Security Agency, Inventory of Risk Management / Risk Assessment Methods, 2010. [Online]. Available: rminv.enisa.europa.eu/rm_ra_methods.html.
[Rass09]	S. Rass. On Information-Theoretic Security: Contemporary Problems and Solutions, PhD thesis, Alpen-Adria Universität Klagenfurt, Institute of Applied Informatics, June 2009
[Sche04]	S. E. Schechter, Computer security strength and risk: a quantitative approach, Harvard University, 2004.
[Shan49]	C. Shannon, Communication Theory of Secrecy Systems, Bell System Technical Journal, Nr 28, pp. 656-715, 1949
[StGF02]	G. Stoneburner, A. Goguen und A. Feringa, Special Publication 800-30: Risk Management Guide for Information Technology Systems, National Institute of Standards and Technology, 2002.
[WaDe08]	Y. Wang und Y. Desmedt, Perfectly Secure Message Transmission Revisited, IEEE Transactions on Information Theory, Bd. 54, Nr. 6, pp. 2582-2595, 2008.

Bewertung von Vertrauen in verteilten heterogenen Systemen mittels Spielen in der Extensivform

Vincent Wolff-Marting · Volker Gruhn

paluno – The Ruhr Institute of Software Technology
Universität Duisburg Essen
{vincent.wolff-marting | volker.gruhn}@uni-due.de

Zusammenfassung

In diesem Paper wird ein neuartiger Ansatz zur Bewertung von Vertrauenswürdigkeit in verteilten Systemen mit vielen Akteuren vorgestellt. Die Bewertungsmethode transformiert Ablaufmodelle (z.b. BPMN, UML-Aktivitäten, EPK) der untersuchten Systeme zu Spielen. Anschließend werden die Spiele mit den Methoden der Spieltheorie gelöst, und es können Rückschlüsse auf das Vertrauen, das in die jeweiligen Akteure gesetzt wird, gezogen werden. Es wird erläutert, welche Voraussetzungen das Modell vor der Transformation erfüllen muss und wie positive und negative Effekte der Aktionen und Entscheidungen im Modell annotiert werden können. Im Unterschied zu Reputations-basierten Untersuchungen trifft unsere Methode keine Aussage über die Vertrauenswürdigkeit der Akteure, sondern identifiziert Verantwortungsbereiche, in die ein hohes Vertrauen gesetzt wird. Die Methode kann während des Designs neuer Systeme zur Schwachstellenanalyse eingesetzt werden und das Risk-Management bestehender Systeme unterstützen.

1 Einleitung

In modernen, verteilten Architekturen werden Komponenten und Dienste oft durch voneinander unabhängige Akteure betrieben: Sowohl bei Anything-as-a-Service-Angeboten [BKNT+11], als auch bei service-orientierten Architekturen [WeHS11], die unabhängige Unternehmen miteinander verknüpfen, ist die Unabhängigkeit der einzelnen Dienste und Dienstleister durchaus erwünscht, da ihr nützlichen Eigenschaften – etwa Spezialisierung, Flexibilität und Skalierbarkeit – zugeschrieben werden [WeBl10]. Dennoch erfordert diese Art der Arbeitsteilung von allen Beteiligten ein wechselseitiges Vertrauen, sowohl in die Aufrichtigkeit als auch in die Fähigkeiten der Geschäftspartner. In diesem Paper wird primär der erste Aspekt, das Vertrauen in die Aufrichtigkeit, untersucht. Das umfasst die Erfüllung von Absprachen bezüglich der Vollständigkeit, Korrektheit und Performanz einer Datenverarbeitung, die Bewahrung von Vertraulichkeit und Datenschutzanforderungen, die gewissenhafte Ausführung manueller Tätigkeiten (z. B. Human as a Service), Sicherstellung von Verfügbarkeit sowie Integrität.

Manche dieser Aspekte können durch Verschlüsselung, Authentifikation, Autorisierung und regelmäßige Inspektionen sichergestellt werden, jedoch erfüllen diese Maßnahmen meist nur einen Teil der Erfordernisse [Ande01, FeSK10]. Weiterhin sehen viele moderne Anwendungsfälle ein nur vorübergehendes Zusammenwirken von Akteuren vor, die über die aktuelle Aufgabe hinaus keinerlei Beziehung pflegen [BrHI10]. In solchen Fällen sind die erprobten

Lösungen des Security Engineering oft massiv überdimensioniert. Auch für wiederkehrende Aufgaben in einer langfristigen Unternehmensbeziehung können technische Maßnahmen gegen jeden denkbaren Vertrauensbruch wenig praktikabel oder unwirtschaftlich sein. Vielmehr ist es wünschenswert, die vorhandenen Ressourcen auf die besonders kritischen oder gefährdeten Aspekte zu konzentrieren [WiGo05]. Zur Identifikation der kritischen Aspekte wird in diesem Paper eine Bewertungsmethode vorgeschlagen, die den verteilten Arbeitsablauf und eine Bewertung der möglichen Ausgänge des Ablaufs als Eingabe verwendet. Ziel ist es, Entscheidungen in dem Ablauf zu identifizieren, bei denen ein Akteur durch Vertrauensbruch – das bedeutet, durch eigennütziges Abweichen vom vereinbarten Vorgehen – signifikant profitieren kann, oder umgekehrt einem Akteur deutliche Nachteile drohen. In beiden Fällen ist davon auszugehen, dass an der betreffenden Stelle des Ablaufs besonderes Vertrauen (im Sinne der Definition von Anderson [Ande10, S. 13]) in den handelnden Akteur gesetzt wird. Mit der Bewertung ist es möglich, Entwürfe verteilter Systeme zu vergleichen, um das Risiko durch Vertrauensbruch gering zu halten. Weiterhin ist es möglich, bei gegebenen oder geplanten Systemen Komponenten zu identifizieren, die zur Sicherstellung einer gewünschten Systemzuverlässigkeit nur von vertrauenswürdigen Akteuren ausgeführt werden sollten.

Das restliche Paper ist wie folgt gegliedert: In Abschnitt 2 werden verwandte Ansätze vorgestellt und abgegrenzt. Nach einem Überblick über die Methode in Abschnitt 3.1 werden zunächst die Anforderungen an das Ablaufmodell (Abschnitt 3.2) beschrieben. Es folgt eine detaillierte Beschreibung der Transformation von dem Modell in ein Spiel (Abschnitt 3.3). Schließlich wird in Abschnitt 3.4 dargestellt, wie das Spiel gelöst werden kann und welche Rückschlüsse auf das Modell gezogen werden können. Abschnitt 4 fasst die Ergebnisse zusammen und schließt mit einem Ausblick.

2 Abgrenzung von verwandten Ansätzen

Der Ansatz ermöglicht eine Bewertung, in welchen Schritten des Ablaufs eines verteilten Systems besonderes Vertrauen in die ausführenden Akteure gesetzt wird. Diese Bewertung wird mittels Spielen in der Extensivform (siehe z. B. [Gint09]) ermittelt. Die Spiele werden aus der Choreographie oder Orchestrierung des verteilten Systems entwickelt und mit Daten über den erwarteten Nutzen der jeweiligen Ausgänge des Ablaufs angereichert. Die in diesem Paper beschriebene Bewertungsmethode kommt ohne Betrachtung von Reputation der Akteure des verteilten Systems und ohne Kenntnisse über früheres Verhalten aus. Hierin unterscheidet sich der Ansatz von verwandten Konzepten, die mittels Bewertungssystemen [MaPe09, HAPS+10, HwKH09], Spieltheorie [AgDB04] und Simulation [SiSi10] eine Abschätzung von Vertrauenswürdigkeit vornehmen. Daher bietet die vorgeschlagene Bewertungsmethode auch keine Auskunft darüber, ob die Akteure, denen gemäß Bewertung ein bedeutendes Vertrauen zugute kommt, auch tatsächlich vertrauenswürdig sind. Vielmehr liefert sie Hinweise darauf, welche Schritte des Ablaufs durch vertrauenswürdige Akteure durchgeführt oder besonders überwacht werden sollen, um einen wünschenswerten Ausgang sicherzustellen. Durch den Vergleich verschiedener Konfigurationen eines Ablaufs kann mit der Methode ferner festgestellt werden, welchen Nutzen konkrete Sicherheitsmaßnahmen haben. Weiterhin können mit der Bewertungsmethode auch positive und negative Wechselwirkungen von Designentscheidungen bewertet werden. Die Bewertungsmethode ergänzt die genannten Ansätze, die mittels zentral oder verteilt ermittelter Reputation der Akteure eine Vertrauenswürdigkeit ermitteln.

3 Bewertung von Vertrauen in verteilten Systemen
3.1 Methodenüberblick

Der Zweck der Bewertungsmethode ist, das Vertrauen, das in die jeweiligen Akteure (z. B. Betreiber, Dienstanbieter, Nutzer, Geschäftspartner) eines verteilten Systems gesetzt wird, objektiv bewertbar und vergleichbar zu machen. Dazu wird ein Ablaufmodell des Systems, beispielsweise als BPMN Diagramm [OMG11], UML Aktivität oder ereignisgesteuerte Prozesskette [BMWB$^+$09]) in ein Spiel in Extensivform („Spielbaum") [Gint09] überführt. Sofern das Ablaufmodell einige Voraussetzungen, die im folgenden Abschnitt 3.2 beschrieben sind, erfüllt, kann die Transformation maschinell erfolgen. Die Transformationsvorschrift wird in Abschnitt 3.3 erklärt. Auch die Lösung des Spiels ist maschinell möglich. In Abschnitt 3.4 ist erklärt, wie aus der Lösung des Spiels, Rückschlüsse auf das Vertrauen im Modell gezogen werden können.

In diesem Paper wird die Bewertungsmethode anhand von BPMN Kollaborationsdiagrammen [OMG11] erläutert. Da der BPMN-Standard eine Repräsentation der Modelle im XML-Format vorsieht, sind sie gut für eine maschinelle Weiterverarbeitung geeignet. Die grundsätzlichen Konzepte der Transformation sind uneingeschränkt auf ähnliche Modellierungssprachen übertragbar.

3.2 Vorbereitung des Ablaufmodells

Voraussetzung für die Generierung eines Spiels ist ein Ablaufmodell des zu bewertenden verteilten Systems. Das Modell muss die folgenden Eigenschaften erfüllen, die in diesem Abschnitt erläutert werden:

- **Vollständigkeit der Entscheidungen** Alle Entscheidungsmöglichkeiten der Akteure und damit alle möglichen Ausgänge des Ablaufs müssen in dem Modell angelegt (aber nicht notwendigerweise ausmodelliert) sein.
- **Zurechenbarkeit von Entscheidungen** Aus dem Ablaufdiagramm muss für alle Entscheidungen des Ablaufs erkennbar sein, welcher Akteur sie trifft.
- **Bewertbarkeit der Ergebnisse** Jedem Ergebnis des Ablaufs muss zugeordnet werden können, welchen Wert das Ergebnis für die jeweiligen Akteure hat.

Eine absolute Vollständigkeit und Korrektheit des Modells ist naturgemäß nicht zu erwarten und auch nicht unbedingt erforderlich. Ungenauigkeiten des Modells schwächen die Zuverlässigkeit der Bewertung. Neben den hier angegebenen Anforderungen an das Modell kann es bei komplexen Abläufen nötig sein, Vereinfachungen vorzunehmen, um die kalkulatorische Komplexität der nachfolgenden Berechnungen zu verringern. Untersuchungen dazu werden Gegenstand künftiger Forschung sein.

Das Modell soll möglichst genau den Handlungsspielraum der beteiligten Akteure wiederspiegeln. Insbesondere soll auch Fehlverhalten abgebildet werden. Fehlverhalten beinhaltet hier jegliche Form von Fehlern und Missbrauch, die vom gewünschten Ausgang abweichen. Es ist nicht unbedingt erforderlich, diese unerwünschten Pfade im Zuge einer Missuse-Case Analyse [Alex03] vollständig auszumodellieren. Der Modellierer braucht den exakten Ablauf des Fehlverhaltens nicht zu kennen, und das betrachtete System braucht auch nicht in der Lage zu sein, darauf zu reagieren. Das Fehlverhalten muss lediglich soweit im Modell angelegt sein, dass ihnen entsprechende positive sowie negative Nutzen-Werte zugeordnet werden können.

Damit die Lösung des Spiels realistische Vorhersagen über das Verhalten der Akteure machen kann, ist es erforderlich, alle Entscheidungen des Modells demjenigen Akteur zuzuordnen, der sie trifft. In BPMN Kollaborationsdiagrammen geschieht dies durch die Zuordnung der Entscheidungsknoten (Gateways, [OMG11, 8.3.9]) zu einem Pool, der den Verantwortungsraum des Akteurs repräsentiert [OMG11, 9.2]. Formal bedeutet das, sie müssen Teil eines BPMN Prozesses sein. Die BPMN erlaubt zusätzlich Gateways innerhalb von Choreographien, die jedoch ohne Kontextwissen nicht eindeutig einem Akteur zugeordnet werden können. Ferner werden in der Praxis Entscheidungsknoten häufig aus Sicht des modellierten Systems dargestellt, das mit einer Fallunterscheidung auf implizite Entscheidungen der Systemnutzer oder Nachbarsysteme reagiert (siehe Abbildung 1 – Das System reagiert lediglich auf eine nicht dargestellte Entscheidung des Akteurs). Solche impliziten Entscheidungen sollten ausmodelliert werden.

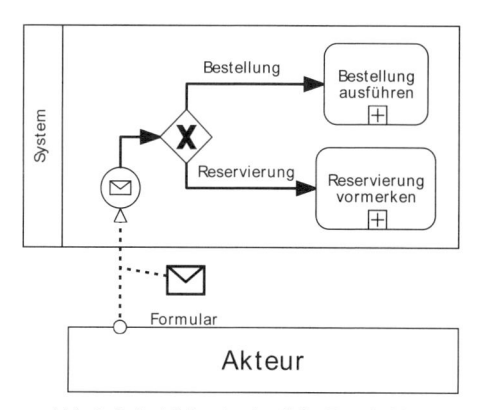

Abb. 1: Beispiel für eine implizite Entscheidung

Zur Ergänzung des Modells wird eine Abschätzung vorgenommen, welchen Nutzen (bzw. Schaden) die verschiedenen Ausgänge des Ablaufs für die einzelnen Akteure haben. In einfachen Modellen können die Nutzenwerte direkt den Endknoten des Ablaufmodels zugeordnet werden. Darüber hinaus kann es sinnvoll oder notwendig sein, Knoten oder Kanten zu kennzeichnen, deren Erreichen im Ablauf direkte Auswirkungen auf den Nutzen des Systems für die Akteure hat. Denn unter Umständen ist nicht nur das endgültige Ergebnis der Durchführung, sondern auch das Zustandekommen dieses Ergebnisses relevant für die Bewertung. Auf diese Weise können beliebige Abhängigkeiten zwischen den Entscheidungen, sowie die Auswirkung von Wiederholungen und Schleifen im Ablauf exakt berücksichtigt werden. In den Beispielen wird dies durch OCL-Annotationen [OMG12] an beliebige Modellelemente erreicht. Dabei können in Form von Nachbedingungen die Nutzenwerte aller betroffenen Akteure direkt zugewiesen oder verändert werden. Weiterhin können beliebig komplexe Marker definiert und später in die Berechnung der Nutzenwerte einbezogen werden. Bei dieser Form der Annotationen kann der Transformator während der Überführung des Modells in ein Spiel die Werte des jeweils aktuellen Zweiges fortlaufend ermitteln und schließlich jeweils den Blättern des Baumes zuordnen.

Abbildung 2a zeigt ein einfaches Beispiel für ein Modell, dass die oben genannten Voraussetzungen erfüllt. Das Fehlverhalten des Akteurs „Service Provider" wurde modelliert, die Entscheidungen sind den jeweiligen Akteuren zugewiesen (zusätzlich existiert eine Zufallssentscheidung, siehe Abschnitt 3.3) und die Veränderungen der Nutzenwerte (mit der Bezeichnung u_<akteur>) sind durch OCL-Annotationen gekennzeichnet.

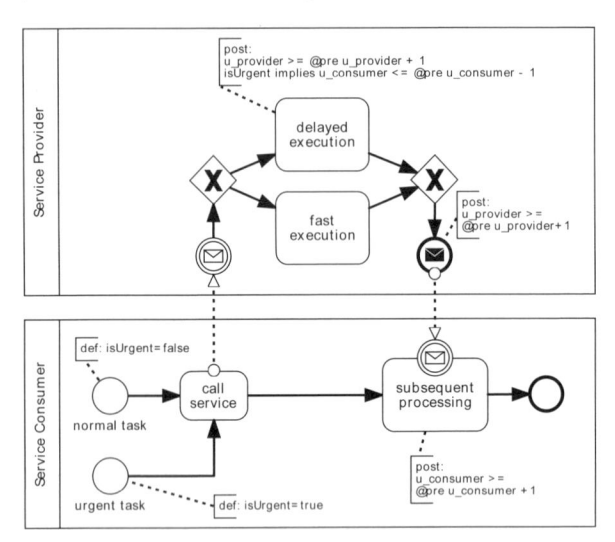

(a) Ablauf (BPMN 2)

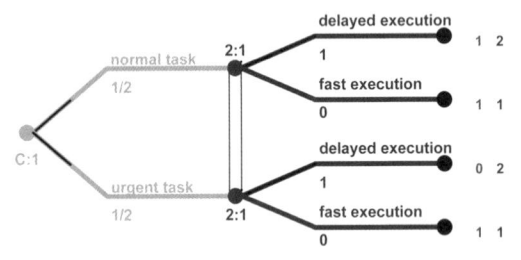

(b) Generiertes Spiel in Extensivform

Abb. 2: Beispiel eines sehr einfachen verteilten Systems mit zwei Akteuren.

3.3 Transformation eins Ablaufmodells in ein Spiel

3.3.1 Überblick

Durch die Transformation werden aus ergebnisrelevanten Entscheidungsknoten im Ablaufmodell Spielzüge im Spiel. Aus den zuvor abgeschätzten Nutzen-Werten, die im Beispiel (Abbildung 2a) durch OCL-Annotationen visualisiert sind, werden Spielergebnisse. Alle Abläufe, die sich einer genauen Beobachtung durch die restlichen Akteure entziehen, werden durch Informationsmengen abgebildet [Hars86, S. 83 ff]. Das bedeutet, der Akteur weiß während des Spiels nur, innerhalb welcher Informationsmenge er sich befindet, nicht jedoch, bei welchem Knoten innerhalb der Informationsmenge er seinen Spielzug wählen muss. Im Beispiel führt etwa die Zufallsentscheidung, durch welche Art von Aufgabe der Ablauf gestartet wird, zu einer Informationsmenge, in der sich die Auswahlmöglichkeiten des Service Providers befinden. Nachfolgende Entscheidungen des Service Consumers sind in dem Modell nicht vorgesehen; gäbe es sie, so befänden sich ebenfalls in einer Informationsmenge, da die Entscheidung des Providers im Kontext des Modells von außen nicht beobachtet werden kann. Eine Besonderheit stellen parallele Abläufe, Schleifen und Rekursionen dar. Sie können den Zustandsraum des Spiels aufblähen und eine Lösung des Spiels erschweren oder verhindern, da die Lösungen von Spielen mathematisch komplex ist (z. b. ist die Bestimmung von Nash-Gleichgewichten PPAD-Vollständig [EtYa07, DaGP06]).

3.3.2 Festlegung der Wurzel des Spielbaums

BPMN erlaubt mehrere Startpunkte innerhalb eines Prozesses: Sämtliche Ereignisse und Aktivitäten, die innerhalb des Modells keine eingehenden Sequenzflüsse haben, werden gestartet, sobald der sie umgebende Prozess gestartet wird [OMG11, 10.2]. Sie führen zu parallelen Abläufen. Ausgenommen davon sind kompensierende Aktivitäten und Sub-Prozesse – die jeweils einer eigenen Aufruflogik folgen – sowie Startereignisse mit Triggern. Jene werden durch die Auslösung des jeweiligen Triggers gestartet. Die BPMN Spezifikation warnt vor der Verwendung mehrerer Startpunkte innerhalb eines Prozesses, da sie das Verständnis des Diagramms erschweren können [OMG11, 10.4.2]. Bei der Transformation werden mehrere Startknoten so wie parallele Abläufe (siehe Abschnitt 3.3.4) behandelt. Zur Transformation von Startknoten mit Triggern wird ein Zufallszug als Wurzel des Spielbaums eingefügt, denn welches Startereignis tatsächlich zuerst stattfindet, kann im Kontext des Diagramms nicht ermittelt werden und ist daher als zufällig zu betrachten. Dabei ist es möglich und sinnvoll, dass einzelne Akteure auf verschiedene externe Ereignisse unterschiedlich reagieren, also in ihrem Prozess verschiedene, jeweils mit Triggern versehende Startpunkte haben.

3.3.3 Überführung von Sequenzflüssen und Entscheidungen

Im nächsten Schritt wird ausgehend von den Startknoten jeweils allen ausgehenden Sequenzflusskanten gefolgt. Sobald ein Knoten mit mehreren ausgehenden Kanten erreicht wird, wird im Spielbaum eine Verzweigung eingefügt. Sobald ein Knoten ohne ausgehende Kanten erreicht wird, wird ein Ergebnisknoten („Blatt") im Spielbaum eingefügt. Entscheidungen können in BPMN durch sogenannte Gateways dargestellt [OMG11, 8.3.9] werden. Weiterhin ist es zulässig, Entscheidungen implizit zu modellieren, in dem mehrere Sequenzflüsse [OMG11, 8.3.13] von einem Ablaufknoten [OMG11, 8.3.7] ausgehen. Bei beiden Arten der Modellierung können die Abläufe durch die Angabe von Bedingungen gesteuert werden. Die Bedeutung der Bedingungen wird bei der Transformation nicht berücksichtigt. Eine Auswertung würde meist umfassendes Kontextwissen und das Verständnis natürlicher Sprache erfordern und damit die Möglichkeiten einer maschinellen Verarbeitung überschreiten. Unter Umständen müssen Bedingungen bei der manuellen Gewichtung von Spielergebnissen berücksichtigt werden. Entscheidungen, die keinem Akteur zugeordnet werden können, werden im Spiel als Zufallsentscheidungen gewertet.

Für die in diesem Paper dargestellten Untersuchungen wurden sonstige Abläufe, die etwa durch Link-, Ausnahme-, und Kompensations-Ereignisse in BPMN dargestellt werden können, nicht berücksichtigt. In wieweit die Einbeziehung dieser Elemente Auswirkung auf die Bewertungsmethode haben, wird Gegenstand künftiger Untersuchungen sein.

3.3.4 Serialisierung paralleler Abläufe

Parallele Abläufe werden serialisiert. Auch dabei wird das Konzept der Informationsmenge [Hars86] genutzt: die parallel handelnden Akteure entscheiden in Unwissenheit über die jeweils anderen Entscheidungen. Dadurch ist es bedeutungslos, in welcher Reihenfolge die Aktionen tatsächlich stattfinden und in welcher Reihenfolge die Serialisierung erfolgt. Falls die Akteure die Entscheidungen der jeweils anderen direkt wahrnehmen können und dadurch beeinflusst werden, ist das Konzept nicht passend. In dem Fall liegt allerdings bei genauer Betrachtung auch kein paralleler Ablauf vor: Bei einem tatsächlich parallelen Ablauf kann über die Abfolge der Aktionen keine Aussage getroffen werden, da sie durch nichts synchronisiert werden. Wenn sich jedoch die Akteure gegenseitig beobachten, gegebenenfalls auf einander warten, um die eigene Handlung vom fremden Handeln abhängig machen zu können, synchronisieren sie sich. Falls dieser Unterschied für die Bewertung des Ablaufs relevant ist, muss der Ablauf entsprechend angepasst werden, bevor er in ein Spiel überführt werden kann. Durch die Verwendung von Informationsmengen zur Darstellung paralleler Abläufe kann die Komplexität des Spiels erheblich zunehmen. Dabei haben nicht alle parallelen Abläufe auch Auswirkung auf das Spiel. Der in Abbildung 3a dargestellte Teilprozess würde beispielsweise bei der Transformation eine Informationsmenge mit zwei identischen Zweigen erzeugen. Zur Vermeidung von Performanzproblemen während der Lösung, können solche Abläufe zusammengefasst werden, wie in Abbildung 3b gezeigt.

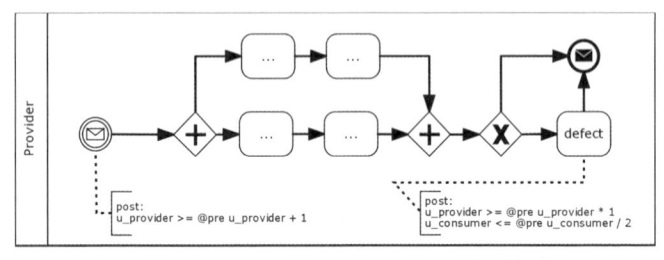

(a) Der parallele Ablauf erhöht die Komplexität des Ablaufs.

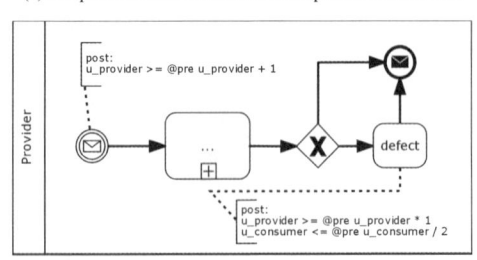

(b) Die Vereinfachung ändert die Lösung des Spiels nicht.

Abb. 3: Ausschnitt eines Ablaufmodells mit parallelen Kontrollflüssen.

3.3.5 Überführung von Nachrichtenflüssen

Die verschiedenen Akteure einer BPMN Kollaboration stimmen ihre Prozesse durch Nachrichten miteinander ab. Der Transformation in einen Spielbaum liegt die Annahme zugrunde, dass

Vertrauen in verteilten Systemen 125

die Nachrichten die exklusive Schnittstelle zwischen den Akteuren bildet, und dass darüber hinausgehende Beobachtungen unmöglich sind oder unterbleiben. Die Abläufe sind bis auf die Nachrichten voneinander abgekapselt. Diese Forderung ist sehr weitgehend und wird in vielen Fällen unrealistisch sein. In solchen Fällen kann es angezeigt sein, weitere Nachrichten in das Modell aufzunehmen, um mögliche oder gar unvermeidbare Beobachtungen zu repräsentieren.

Durch diese Abkapselung ist es möglich, die parallelen Abläufe der verschiedenen Akteure als Informationsmengen (siehe Abschnitt 3.3.4) sequenziell in den Spielbaum aufzunehmen. Die Reihenfolge, in der die parallelen Abschnitte aufeinander folgen, ist nicht signifikant, solange keine neuerliche Nachricht für eine Synchronisation sorgt.

3.3.6 Auflösung von Schleifen und Rekursionen

Schleifen und Rekursion[1] tragen potentiell stark zur Erhöhung der Komplexität eines Spielmodells bei. In vielen Fällen ist eine Abstraktion möglich. Unterschieden werden kann zwischen Schleifen, die eine (zumindest der Größenordnung nach) allgemein bekannte Begrenzung haben und solchen, die sich beliebig wiederholen können. Schleifen, die sich beliebig wiederholen können (beispielsweise das regelmäßige Aufrufen eines Dienstes in einer unbefristeten Geschäftsbeziehung), werden nach Möglichkeit nicht als sich wiederholende Spielzüge, sondern als wiederholte, in sich abgeschlossene Spiele gesondert untersucht. Innerhalb des größeren Modells können sie dann als Black Box behandelt werden. Bei Schleifen mit allgemein bekannten Begrenzungen wissen alle Parteien (zumindest näherungsweise), wann die Wiederholungen enden. Je nach Zusammenhang kann es für böswillige Akteure nützlich sein, entweder bei möglichst frühen oder auch bei besonders späten Wiederholungen vom vorgesehenen Ablauf abzuweichen. Bei anderen Abläufen wird es wiederum egal sein, wann der Ablauf gestört wird. Wenn solche Schleifen abstrahiert werden sollen, kann entsprechend entweder die Störung im für den Angreifer günstigsten Zeitpunkt angenommen werden, oder es kann, sofern der Zeitpunkt nicht relevant ist, mit Durchschnittswerten gerechnet werden.

3.4 Lösung und Auswertung des Spiels

Abbildung 2b zeigt das Spiel in Extensivform als Ergebnis der Transformation. Dieses Spiel kann nun mit den Werkzeugen der Spieltheorie gelöst werden. Die spieltheoretischen Lösungen geben an, wie ein rationaler Akteur seinen eigenen Nutzen in dem Spiel maximieren kann. Sie können daher als Prognose interpretiert werden, wie sich auch der Akteur des zugrundeliegenden verteilten Systems verhalten wird. Die Spieltheorie bietet verschiedene Methoden zur Lösung von Spielen in der Extensivform [Datt03], die sich in Bezug auf Annahmen und Nebenbedingungen, insbesondere in Bezug auf irrationales Verhalten der Akteure, unterscheiden. Auch die Komplexität der Methoden (vgl. [TaVa07, GaSa05])kann ein wichtiges Auswahlkriterium sein. Das Spiel in Abbildung 2b kann bereits durch einfache Dominanzüberlegungen gelöst werden: Die verzögerte Ausführung durch den Service Provider ist die dominante Strategie, zum deutlichen Nachteil des Service Consumers.

Das grundlegende Konzept zur Lösung komplexerer Spiele besteht im Backtracking durch den Baum mit dem Ziel, die Kanten zu identifizieren, die der jeweilige Akteur wählen muss, um ein für ihn optimales Ergebnis zu erreichen. Als Ziel der Optimierung wird dabei die Maximierung des eigenen Nutzens oder in der Minimierung des Nutzens eines anderen Akteurs

---

[1] Die Zusammenhänge werden im Folgenden anhand von Schleifen erklärt. Die Erkenntnisse sind analog auf rekursive Abläufe übertragbar.

angenommen. Eine Lösung, die für alle Spieler optimal ist, d. h. bei der kein Spieler durch einseitige Veränderung seiner Taktik eine Verbesserung erreichen kann, wird als teilspielperfekt bezeichnet [Gint09, S. 57]. In Spielen mit perfekter und vollständiger Information kann die Identifikation einer teilspielperfekten Lösung erreicht werden, indem alle Zweige, die zu einem gewünschten Ergebnis führen, markiert werden. Bei den generierten Spielen gilt jedoch die Annahme, dass die Akteure keine vollständige Information haben, da sie z. B. die Motive der Mitspieler nicht kennen. Auch haben sie keine perfekte Information, da durch Parallelisierung und verdeckte Entscheidungen Informationsmengen entstanden sind. Diese Spiele gehören zu der Klasse der Bayes-Spiele. Solche Spiele können durch Ergänzung von Zufallszügen gelöst werden [Hars67].

Sofern die Lösungen des Spiels nicht mit den gewünschten Ausgängen des Ablaufs übereinstimmen, können im Spielbaum durch Ermittlung der lowest common ancestor (LCA) [FiHe06] von Lösungsknoten und gewünschten Endknoten jene Entscheidungen ermittelt werden, die für den unerwünschten Ausgang ursächlich sind. Durch Anpassung des Modells, etwa durch gezielten Einsatz von Kontrollmaßnahmen, Vereinbarung von Vertragsstrafen oder auch durch die Übertragung kritischer Tätigkeiten an vertrauenswürdige Akteure können die ermittelten kritischen Schritte des Ablaufs zusätzlich abgesichert werden. Ein weiterer Ansatz zur Verbesserung des Ablaufes kann in der Beseitigung von Unsicherheiten bestehen: Sofern viele Entscheidungen in dem Ablauf verdeckt getroffen werden und der resultierende Spielbaum eine hohe Anzahl an Informationsmengen aufweist, wird die Lösung an vielen Stellen ein aktives Randomisieren der Akteure verlangen [Sten07]. Das kann in der Praxis wenig praktikabel sein. Um das Maß an Unsicherheit zu reduzieren, können Kontrollmechanismen in den Ablauf eingeführt werden, mit denen die Akteure beispielsweise Zwischenergebnisse erfahren.

4 Zusammenfassung und Ausblick

Die in diesem Paper beschriebene Methode dient der Bewertung des Vertrauens, das die Akteure eines verteilten Systems ineinander setzen. Dabei wird aus einem Ablaufmodell des Systems ein Spiel generiert. Die spieltheoretische Lösung des Spiels ermöglicht Rückschlüsse darauf, an welchen Stellen des Ablaufs die Akteure ein Interesse daran haben, vom vereinbarten Vorgehen abzuweichen. Im Paper wurde gezeigt, welche Eigenschaften das Ablaufmodell erfüllen muss und wie die Transformation in ein Spiel in Extensivform erfolgt.

Die hier beschriebenen Erkenntnisse bringen Ansatzpunkte für weitere Forschung: In Bezug auf die Berechenbarkeit bleibt zu untersuchen, welche Auswirkungen die Komplexität des Ablaufmodells auf die praktische Lösbarkeit des Spiels haben und in wieweit Lösungsheuristiken einerseits und abstrahierende Vereinfachungen innerhalb des Modells andererseits sich auf Performanz und Aussagekraft der Lösungen auswirken. Dabei gilt es insbesondere wiederkehrende Muster in Modellen zu erkennen, die die Komplexität des Spiels signifikant erhöhen, und Vorschläge zur Vereinfachung dieser Muster zu entwerfen. Mit Blick auf die praktische Anwendbarkeit bleibt zu untersuchen, wie exakt die Modelle in Bezug auf die Darstellung von möglichem Fehlverhalten sein müssen und wie genau die Abschätzung des Nutzens der jeweiligen Ergebnisse für die Akteure sein muss. Dabei wird insbesondere zu untersuchen sein, wieweit auch mit ungenauen Vermutungen über unbekannte Angriffsmöglichkeiten Modelle gestaltet werden können, die realistische Einsichten in das Spielverhalten liefern. Schließlich wird zu untersuchen sein, ob es möglich ist, die Mechanismus-Design-Theorie direkt in den Entwurf von Systemen einzubeziehen, um die Robustheit gegen böswillige Akteure zu verbessern.

Literatur

[AgDB04] A. Agah, S. K. Das, K. Basu: A game theory based approach for security in wireless sensor networks. *In: Performance, Computing, and Communications, 2004 IEEE International Conference on* (2004), 259–263.

[Alex03] I. Alexander: Misuse Cases: Use Cases with Hostile Intent. In: *IEEE Software*, 20 (2003), 58–66.

[Ande01] R. Anderson: Why information security is hard - an economic perspective. *In: Computer Security Applications Conference, 2001. ACSAC 2001. Proceedings 17th Annual* (2001), 358 – 365.

[Ande10] R. Anderson: Security engineering: a guide to building dependable distributed systems. Wiley, 2nd edition Aufl. (2010).

[BKNT+11] C. Baun, M. Kunze, J. Nimis, S. Tai, C. Baun, M. Kunze, J. Nimis, S. Tai: Cloud Architecture. *In: Cloud Computing*, Springer, Berlin, Heidelberg (2011), 15–22.

[BMWB+09] J. Becker, C. Mathas, A. Winkelmann, J. Becker, C. Mathas, A. Winkelmann: Formale Dokumentation von Geschäftsprozessen. *In: O. Günther, W. Karl, R. Lienhart, K. Zeppenfeld (Hrsg.), Geschäftsprozessmanagement*, Informatik im Fokus, Springer Berlin Heidelberg (2009), 35–88.

[BrHI10] J. BrÃ¸nsted, K. M. Hansen, M. Ingstrup: Service Composition Issues in Pervasive Computing. In: *Pervasive Computing, IEEE*, 9, 1 (2010), 62 –70.

[DaGP06] C. Daskalakis, P. W. Goldberg, C. H. Papadimitriou: The complexity of computing a Nash equilibrium. *In: Proceedings of the thirty-eighth annual ACM symposium on Theory of computing*, STOC '06, ACM, New York, NY, USA (2006), 71–78.

[Datt03] R. S. Datta: Using computer algebra to find Nash equilibria. *In: Proceedings of the 2003 international symposium on Symbolic and algebraic computation*, ACM (2003), 74–79.

[EtYa07] K. Etessami, M. Yannakakis: On the Complexity of Nash Equilibria and Other Fixed Points (Extended Abstract). In: *Foundations of Computer Science, Annual IEEE Symposium on* (2007), 113–123.

[FeSK10] N. Ferguson, B. Schneier, T. Kohno: Cryptography Engineering. Wiley & Sons, Indianapolis (2010).

[FiHe06] J. Fischer, V. Heun: Theoretical and Practical Improvements on the RMQ-Problem, with Applications to LCA and LCE. *In: M. Lewenstein, G. Valiente (Hrsg.), Combinatorial Pattern Matching*, Springer Berlin / Heidelberg, *Lecture Notes in Computer Science*, Bd. 4009 (2006), 36–48.

[GaSa05] D. Gale, H. Sabourian: Complexity and Competition. In: *Econometrica*, 73, 3 (2005), 739–769.

[Gint09] H. Gintis: Game theory evolving: a problem-centered introduction to modeling strategic interaction. Princeton University Press (2009).

[HAPS+10]	I. U. Haq, R. Alnemr, A. Paschke, E. Schikuta, H. Boley, C. Meinel: Distributed Trust Management for Validating SLA Choreographies. In: P. Wieder, R. Yahyapour, W. Ziegler (Hrsg.), Grids and Service-Oriented Architectures for Service Level Agreements, Springer US (2010), 45–55.
[Hars67]	J. C. Harsanyi: Games with Incomplete Information Played by "BayesianPlayers, I-III. Part I. The Basic Model. In: Management Science, 14, 3 (1967), 159–182.
[Hars86]	J. C. Harsanyi: Rational behavior and bargaining equilibrium in games and social situations. Cambridge paperback library, Cambridge University Press (1986).
[HwKH09]	K. Hwang, S. Kulkareni, Y. Hu: Cloud Security with Virtualized Defense and Reputation-Based Trust Mangement. In: Proceedings of the 2009 Eighth IEEE International Conference on Dependable, Autonomic and Secure Computing, DASC '09, IEEE Computer Society, Washington, DC, USA (2009), 717–722.
[MaPe09]	F. G. Marmol, G. M. Perez: Security threats scenarios in trust and reputation models for distributed systems. In: Computers & Security, 28, 7 (2009), 545 – 556.
[NRTV07]	N. Nisan, T. Roughgarden, É. Tardos, V. V. Vazirani (Hrsg.): Algorithmic game theory. Cambridge University Press, Cambridge (2007).
[OMG11]	OMG (Hrsg.): Business Process Model and Notation (BPMN). formal/2011-01-03, Needham, MA, USA (2011).
[OMG12]	OMG (Hrsg.): Object Constraint Language (OCL). formal/2012-01-01, v2.3.1 Aufl. (2012).
[SiSi10]	S. I. Singh, S. K. Sinha: A new trust model using Hidden Markov Model based mixture of experts. In: Computer Information Systems and Industrial Management Applications (CISIM), 2010 International Conference on (2010), 502–507.
[Sten07]	B. von Stengel: Algorithmic game theory, Kap. Equilibrium Computation for Two-Player Games in Strategic and Extensive Form. In: Nisan [NRTV07] (2007), 53–99.
[TaVa07]	É. Tardos, V. V. Vazirani: Algorithmic game theory, Kap. Basic Solution Concepts and Computational Issues. In: Nisan [NRTV07] (2007), 3–28.
[WeBl10]	Y. Wei, M. B. Blake: Service-Oriented Computing and Cloud Computing: Challenges and Opportunities. In: IEEE Internet Computing, 14 (2010), 72–75.
[WeHS11]	R. Welke, R. Hirschheim, A. Schwarz: Service-Oriented Architecture Maturity. In: Computer, 44, 2 (2011), 61–67.
[WiGo05]	R. J. Wieringa, J. Gordijn: Value-oriented design of service coordination processes: correctness and trust. In: Proceedings of the 2005 ACM symposium on Applied computing, SAC '05, ACM, New York, NY, USA (2005), 1320–1327.

Hackerattacke – Diese Schlagzeile lässt sich vermeiden

Kerstin Olasik · Markus Auer

Q1 Labs – An IBM Company
Kerstin.olasik@de.ibm.com

Zusammenfassung

Wer nicht hilflos kriminellen Attacken auf sein Netzwerk ausgesetzt sein will, muss wissen, wie man einen Angriff prognostiziert, Risiken erkennt und managt, bevor sie auftreten. Auch im Zeitalter großer Datenmengen gibt es Strategien, wie man proaktiv auf Angriffe auf das Netzwerk agieren kann und nicht zur Reaktion auf derartige Sicherheitsvorfälle verdammt ist. Anhand von fünf einfachen Schritten können Sicherheitslücken im Unternehmen reduziert und damit auch Geschäfts- und Reputationsschäden vermieden werden.

1 Einleitung

Standard-Sicherheitslösungen sind heutzutage in keiner Weise ausreichend. Vorfälle der letzten Monate in Unternehmen und im öffentlichen Bereich deuten darauf hin, dass Sicherheitseinbrüche schneller aufgedeckt werden könnten, wenn eine professionelle Netzwerk-Monitoring Lösung, auch SIEM (Security Information and Event Management) genannt, benutzt wird. Allerdings müssen auch hierbei einige Fakten betrachtet werden.

Als die ersten professionellen SIEM Lösungen vor ca. 10 Jahren auf den Markt kamen, wurden sie als wahre Wunderwaffen propagiert, sowohl die immer größer werdende Flut an Logdaten unter Kontrolle zu bekommen, als auch verdächtige Aktivitäten im Netzwerk automatisch zu erkennen [Will07]. Die Security Abteilung sollte aus der reaktiven Position – man sieht die Logdaten an, wenn etwas passiert ist – in eine proaktive Situation – der Vorfall wird erkannt, bevor Schaden entsteht – gebracht werden.

Durch die Sammlung, Analyse und Korrelation von Logdaten werden verdächtige Aktivitäten im Netz erkannt und der Administrator gewarnt. Als Fallbeispiel kann folgender Vorfall dienen: die Personalabteilung führt eine Urlaubsliste ein Form einer Excel Tabelle. Diese Tabelle wird in regelmäßigen Abständen in die SIEM Lösung eingespeist und mit Log-In Daten am Server korreliert. Sollte sich ein Log-In eines Users zeigen, der offiziell gerade im Urlaub ist, wird über eine Korrelationsregel Alarm ausgelöst. Dies dient nicht dazu, Mitarbeiter vom Arbeiten im Urlaub abzuhalten, sondern evtl. gehackte Log-In Information herauszufinden. In den ersten Jahren wurde das Analysieren und Korrelieren von reinen Logdaten sehr erfolgreich angewandt.

Das Problem heutzutage ist, dass wir mittlerweile in einer sehr dynamischen Welt, auch in Bezug auf Netzwerke und IT Bedrohungen, leben. Während vor 10 Jahren Netzwerke sehr statisch waren und jeder Administrator eigentlich genau wusste, welche Assets im Netzwerk waren, sind Netzwerke heutzutage extrem dynamisch, Web 2.0 und Social Networks wie Facebook oder Xing tun ihr übriges, Applikationen und Datenbanken ins Netzwerk zu schmuggeln (Hand auf's Herz: würden Sie sagen, Sie kennen Ihr Netzwerk bis auf jede IP Adresse und jede kleinste Applikation?). Diese Situation stellt uns vor ein Grundproblem, denn: wie kann ich ein Netzwerk schützen, wenn ich nicht genau weiß, wie es aussieht?

Auf der anderen Seite sind auch Bedrohungen heute ganz anders als vor 10 Jahren. Während sich „Script-Kiddies" [Raym96] durch "I Love You" und "SQL Slammer" [Definitionen, s. FTD12] profilieren wollten, werden heute Schadcodes so geschrieben, dass sie möglichst lange unter dem Radar von Sicherheitsanbietern bleiben, denn anstatt sich zu profilieren, möchte man nun monetäre Erfolge haben und Bank-, Kreditkarten- und andere wertvolle Informationen stehlen.

Diese neuen dynamischen Gegebenheiten können durch SIEM Lösungen der ersten Generation nicht mehr erfasst werden. Logdaten enthalten mittlerweile nur noch einen Teil der benötigten Informationen, um einen Sicherheitsvorfall zu erkennen. Die nächste Generation von SIEM Lösungen muss verschiedene Aspekte des Netzwerkes und verschiedene Arten von Informationen in den Analyse- und Korrelationsprozess einfließen lassen. Hierzu gehören neben Logdaten, Netflow, JFlow und SFlow Daten, um Echtzeit-Informationen aus dem Netzwerk zu bekommen, Layer 7 Flow Daten, um Applikationen zu erkennen und zu überwachen, Vulnerability Daten von Scannern, um Schwachstellen zu erkennen und Konfigurationsdaten und Regeln von Firewalls, Switches und Routern.

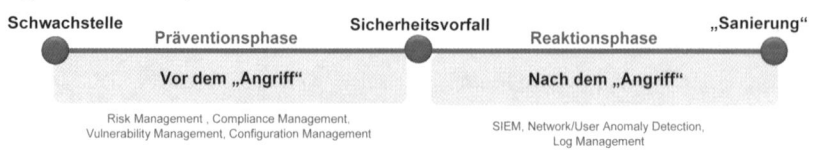

Schwachstelle	Sicherheitsvorfall		„Sanierung"
Präventionsphase		Reaktionsphase	
Vor dem „Angriff"		Nach dem „Angriff"	
Risk Management, Compliance Management, Vulnerability Management, Configuration Management		SIEM, Network/User Anomaly Detection, Log Management	

Abb.1: Die nächste Generation von SIEM Lösungen

Durch die Zusammenführung der verschiedensten Informationen können Unternehmen und öffentliche Bereiche heute einen intelligenten Verteidigungsmechanismus aufbauen, der weit über das banale Sammeln und Korrelieren von Logdaten hinausgeht.

Viele aktuelle Vorfälle zeigen Parallelen von Datenklau bei Wikileaks [Wiki12]. Die erschienenen Tausenden von geheimen Dokumenten zeugen von dem grundsätzlichen Problem, Vorgänge im Netzwerk zu überwachen und die Signale, die Sicherheitslösungen geben, richtig zu deuten. Damit derartige Vorgänge erst gar nicht im Unternehmen auftreten, geben wir einen Überblick über die wichtigsten Ursachen für Sicherheitslücke in Netzwerken und darüber, welche fünf Schritte zum Schutz des Unternehmens beachtet werden sollten.

2 Hauptursachen für Sicherheitslücken

Es gibt viele Statistiken und Einzelberichte von angesehenen Forschungsunternehmen der Branche über die Gründe von Sicherheitslücken im Informationsnetzwerk [z.B. IBM12, IDC11].

Die wesentlichen Gründe für erfolgreiche „Einbrüche" in die Netzwerke von Unternehmen sind aus unserer Erfahrung zusammenfassend:

1. Die Unternehmen investieren nicht in eine Grundtechnologie für die Infrastruktur von Informationssicherheit; sondern in erster Linie in u. a. Firewalls, IPS, VPNs, Schwachstellenscanner und Identitäts-/Zugangsmanagement.
2. Die Unternehmen haben keine ausreichende Security Intelligence im Netzwerk erreicht.
3. Die Unternehmen haben die Technologie zur Informationssicherheit, die sie bereits besitzen, nicht richtig eingesetzt. Dazu gehören schlecht konfigurierte Netzwerke und Sicherheitsgeräte.
4. Die Unternehmen haben die Hauptschwachstellen in ihrer Infrastruktur nicht angesprochen.
5. Durch organisatorische und/oder technische Silos können die Unternehmen Risiken nicht effektiv minimieren.

3 Fünf praktische Security Intelligence-Schritte

Mit den folgenden fünf einfachen Sicherheitsbestrebungen, kann das Unternehmen vor Sicherheitslücken geschützt und Sicherheitslücken erheblich reduziert werden. [Q1Labs12]

SCHRITT 1: Der Einsatz der richtigen Technologie

Eine Aufzählung aller Informationssicherheitstechnologien, die ein Unternehmen berücksichtigen sollte, würde den Umfang diesen Artikel sprengen. Unternehmen sollten vor allem die Technologien einsetzen, die die folgenden Anforderungen erfüllen:

- **Die Kontrolle des Informationsflusses im Netzwerk**
  Dies kann so grundlegend sein wie die Implementierung von Firewalls oder die Hilfe eines fortschrittlicheren Gates wie ein Intrusion Protection System (IPS) oder einen Anwendungsschicht-Switch benötigen. In vielen Fällen ist der Einsatz dieser Technologie im Netzwerk vielschichtig.
- **Die Kontrolle des Informationszugangs**
  Dies kann normalerweise durch ein zentrales Authentifizierungssystem erreicht werden. In einigen Unternehmen wird hierfür ein fortschrittlicheres Verschlüsselungsmanagement benötigt.
- **Die Implementierung vernünftiger Sicherheitstechnologien, die Endsysteme wie Antiviren-, DLP- HIP-, und Datenintegritätsüberwachung beschützt**
  In vielen Unternehmen gibt es diese bereits seit Jahren. Sie sollten regelmäßig evaluiert werden, um zu gewährleisten, dass die Anforderungen weiter erfüllt sind.
- **Die Erhaltung der Sichtbarkeit in den Status der Sicherheit**
  Die grundsätzliche Technologie, die hier benötigt wird, ist die Implementierung eines zentralen Log Managements und/oder SIEM-Lösungen [Maie12], die die Erkennung von Unregelmäßigkeiten und Content-Erfassung integriert.
- **Die Verschlüsselung von Daten, wann immer dies nötig oder erforderlich ist.**
  Unternehmen können hier VPN-Technologie nutzen.
- **Die Suche nach Lücken in der Sicherheitsinfrastruktur**
  Dazu gehören normalerweise ein oder mehrere VA-Scanner (Schwachstelleneinschätzung) und eventuell andere Werkzeuge.

- **Die Erfüllung von fortschrittlicheren Sicherheitsanforderungen, einschließlich, aber nicht begrenzt auf die Prävention von Datenverlust.**
Der Einsatz von fortschrittlicher Technologie, die einen kompletten Security Intelligence-Zyklus ermöglicht: vor, während und nach einen Angriff auf das Netzwerk.

Letztendlich werden die Anforderungen des Unternehmens die eingesetzten Technologien und das Ausmaß ihres Einflusses bestimmen. Eine wichtige Lehre - die aus den Erfahrungen mit Kunden gezogen werden kann - ist, dass der Einsatz von Sicherheitslösungen einen positiven Beitrag zum Unternehmensergebnis erzielen kann.

SCHRITT 2: Nutzung der Daten zum eigenen Vorteil

Unsere Erfahrungswerte zeigen, dass je mehr Daten ein Unternehmen aus dem Netzwerk analysiert, desto besser können Informationsrisiken minimiert und quantifiziert werden.

Grundlegend für diese Voraussetzung ist, dass eine Lösung eingesetzt wurde, die die erfassten Daten verstehen kann. Es gibt unterschiedliche Grade der Erfassung und Analyse von Daten in einem Unternehmen. Einerseits gibt es vielleicht das Bedürfnis nach einem grundlegenden Log Management, um die Informationsrisiken für eine einzige Anwendung zu verwalten, wie es von manchen Compliance-Vorschriften verlangt wird. Andererseits ist es sinnvoll, End to End Security Intelligence-Lösungen einzusetzen, die sich Ereignisse in jedem vorstellbaren Netzwerksystem ansieht.

Bei der Auswahl einer Log Management-, SIEM- und/oder einer Total Security Intelligence-Lösung müssen einige Dinge beachtet werden:

- Wie „einfach" verhält sich die Technologie bei Beschaffung, Einsatz und Wartung? Das versteht sich vielleicht von selbst, aber viele Unternehmen wählen Lösungen, die eine regelrechte Armee an Mitarbeitern und Experten benötigen. Oder wollen Sie vielleicht ein wissenschaftliches Projekt leiten?
- Wie gut normalisiert und kategorisiert die Lösung die Daten? Dies wird bei der SIEM-Bewertung oft übersehen, könnte aber der wichtigste Gesichtspunkt sein. Ereignisdaten sind komplex, und warum sollten man eine Lösung wollen, die keine gemeinsame Taxonomie für alle erfassten Daten liefert?
- Wie gut liefert die Lösung sichere Log-Erfassung, -Lagerung und -Archivierung? Diese Merkmale sollten als zwingend notwendig für alle Security Intelligence-Lösungen angesehen werden.
- Wie gut wandelt die Lösung Milliarden an Ereignissen in eine nutzvolle und anwendbare Einschätzung von Sicherheitsvorfällen? Dies kann schwierig sein, da angeblich jede Lösung eine detaillierte Einschätzung des Sicherheitsstatus bietet. Viele Korrelierungsmaschinen scheitern jedoch, da sie sich nur die Daten in einem einzigen Silo ansehen – sie korrelieren nicht zwischen den Datensilos (Anwendungen, Nutzeridentität, Assets, Inhalt etc.), oder sie gehen nicht tief genug oder sind nicht umfassend genug, was die benötigten Daten betrifft, um Vorfälle richtig zu erkennen.
- Wie leicht ist es, die Lösung so zu ändern, dass sie den Anforderungen des Unternehmens entspricht, einschließlich der Datenanalyse von einzigartigen Quellen oder von Ereignisquellen der Kunden? Unternehmen, die sich Security Intelligence-Lösungen ansehen, sollten sicherstellen,

Hackerattacke – Diese Schlagzeile lässt sich vermeiden 133

dass sowohl kurzfristige als auch langfristige Anforderungen an die Datenerfassung erfüllt werden.
- Wie gut lässt sich die Lösung anpassen?

Anpassungsanforderungen sind unterschiedlich – von hohen Ereignisraten in Datenzentren bis zur Erfüllung von Gesichtspunkten im Bereich der dezentralisierten Anpassung. Es ist wichtig, dass sich die Lösung anpassen lässt, ohne dass es unnötig kompliziert wird. Es gibt zahlreiche Erfolgsgeschichten von Log Management und SIEM. Unternehmen die Daten oder Intelligenz einer effektiven Sicherheitsmanagement-Lösung zu ihrem Vorteil nutzen, sind viel besser in der Lage, das Risiko einer Sicherheitslücke in ihrem Netzwerk zu minimieren.

SCHRITT 3: Kontinuierliche Gerätekonfiguration

Die Gewährleistung einer kontinuierlichen richtigen Gerätekonfiguration kann eine richtige Herausforderung darstellen. Die Grundlagen sind hier ziemlich wesentlich – man stelle sich vor, dass alle Netzwerkzugänge verschlossen sind, außer wenn diese benötigt werden, um spezifische Betriebsanforderungen zu erfüllen. Dazu gehört, dass eine kontinuierliche Einschätzung der Konfigurationseffektivität möglich ist, die im Netzwerk eingesetzt sind. Es gibt automatisierte Konfigurationsprüflösungen, die dabei helfen können, dieses Ziel zu erreichen.

Wichtige Gesichtspunkte bei der Einschätzung von Werkzeugen, die in diesem Bereich helfen sollen, sind:
- Wie gut automatisiert die Lösung die Konfigurationserfassung?
- Wie gut ist die Lösung bei der Gewährleistung der Konfigurationsbeständigkeit in verschiedenen Geräten, auch von verschiedenen Anbietern?
- Wie gut interpretiert die Lösung den Informationsfluss durch das Netzwerk, basierend auf Konfigurationen, und wie einfach ist dies zu analysieren und zu verstehen?
- Kann die Lösung Netzwerkkonfiguration korrekt darstellen, wenn Geräte falsch konfiguriert sind oder es Lücken in der Datenerfassung gibt?
- Kann die Lösung die Überwachung und Benachrichtigung von riskanten Änderungen an der Konfiguration rechtzeitig automatisieren?

Der grundlegende Gesichtspunkt hier sind Werkzeuge, die die Zugangsbarriere zu einer effektiven Gerätekonfiguration senken und außerordentliche Automatisierung bieten, die schnell festlegt und meldet, wenn gefährliche Konfigurationen im Netzwerk eingesetzt werden.

SCHRITT 4: Ansprechen der Schwachstellen

Schwachstellenscanner sind zu einem wichtigen Werkzeug für den Sicherheitsadministrator geworden, damit gewährleistet werden kann, dass Geräte im Netzwerk für bekannte Schwachstellen nicht anfällig sind [Sear12]. Früher wurden Schwachstellenscanner von Herausforderungen begleitet, weil Sie typischerweise Schwachstellen ohne Zusammenhang für die Geräteumgebung meldeten. Dies kann zu vielen falschen positiven Ergebnissen und zu vielen Daten führen. Es gibt wenig Zweifel daran, dass Systeme, die bekannten Schwachstellen ausgesetzt sind, sich ganz oben auf der Liste der Angreifer befinden. Unternehmen, die sicherstellen wollen, dass die wichtigsten Schwachstellen angesprochen werden, sollten ihre Ressourcen mit Lösungen erweitern, die die folgenden Merkmale haben:
- Effektive Normalisierung von Schwachstellen in einem gemeinsamen Rahmen.

- Risikoeinschätzung der Schwachstellen in Verbindung damit, wie das Netzwerk konfiguriert ist. Es ist wichtig, dass Systeme, die leicht angegriffen werden können, priorisiert werden können, da Netzwerkkonfigurationen spezifische Schwachstellen möglicherweise gefährden.
- Analyse von Schwachstellen aus verschiedenen Blickwinkeln, einschließlich Ergebnisse aus verschiedenen Schwachstellenscannern, passiver Schwachstellenanalyse und Verhaltensanalyse.
- Automatisierung der Erkennung von Konfigurationsänderungen im Netzwerk, die neue Schwachstellenrisiken schaffen würden.

Hier ist es wichtig, dass Schwachstellen nicht isoliert betrachtet werden, sondern dass über einen ganzheitlichen risikobasierten Ansatz relevantere Netzwerk- und Sicherheitsanalysen betrachtet werden.

SCHRITT 5: Implementierung einer integrierten Lösung

Viele Unternehmen haben Probleme durch vorhandene organisatorische und/oder technologische Silos, eine nötige Sicherheitstransparenz zu erzielen.

Bei den meisten Sicherheitsmanagementeinsätzen gilt: je mehr Daten an die Lösung geliefert werden, desto besser ist das Unternehmen bei der Erkennung und der Minimierung von Risiken. Für die Aufteilung von Silos werden oft organisatorische und/oder betriebliche Veränderungen benötigt, aber letztendlich, wenn dann die linke Hand auch weiß, was die rechte macht, können die Ergebnisse gigantisch sein, und durch Zusammenlegung können ebenfalls Budgeteinsparungen erreicht werden.

Unternehmen, die eine integrierte Security Intelligence-Lösung einführen wollen, sollten Lösungen erwerben und einsetzen, die Folgendes leisten können:

- Die Aufteilung von Technologie-Silos durch die Integrierung und Analyse von vielen verschiedenen Informationen, einschließlich Daten von Netzwerken, virtuellen Netzwerken, Sicherheit, Schwachstellen, Assets, Anwendungen und Konfigurationen.
- Aufteilung von betrieblichen Silos und die Lieferung der am besten geeigneten Sicherheitsfunktionen, die die Anforderungen von vielen verschiedenen Nutzern erfüllen, einschließlich Betreibern, Analytikern, Prüfern, Managern und Direktoren.
- Priorisierung der Risiken eines Sicherheitsvorfalls, basierend auf den Gesamtauswirkungen für das Unternehmen.
- Automatisierung der Erkennung und Benachrichtigung von neueingeführten Risiken für das Netzwerk
- Lieferung einer integrierten Security Intelligence-Lösung zur Einschätzung des Risikos für alle relevanten Informationen.

Dabei ist es wichtig zu verstehen, dass es sich bei einer Total Security Intelligence um das Hinzufügen von Kontext und die Korrelierung dieser Informationen im gesamten Security Intelligence-Zyklus handelt. Eine Security Intelligence-Lösung sollte in der Lage sein, dem Unternehmen dabei zu helfen, folgende Fragen zu beantworten:

- Welche Risiken bestehen für ein Unternehmen und wie können Risiken reduziert oder überhaupt erst vermieden werden?
- Was passiert derzeit und wie werden Bedrohungen über die Lösung erkannt?

- Was passiert nach einem Angriff und wie versteht man Auswirkung oder Kosten mit Hilfe von Forensiken, um eine Ereignisverbreitung oder das, was gestohlen wurde, zu bestimmen?

4 Die nächsten Schritte

Diese fünf Schritte haben Hinweise darüber gegeben, wie man ein reiferes Programm zum Sicherheitsmanagement von Informationen aufbaut. Ein wichtiger Punkt ist hierbei die Partnerschaft mit einem Anbieter von Security Intelligence [Nico12]. Dieser kann eine Reihe von Lösungen liefern, die die Anforderungen eines Unternehmens erfüllen und somit auch einen wichtigen Beitrag dazu liefert, damit das Unternehmen nicht auf Grund von Sicherheitslücken in den Medien negativ erscheint. Hackerattacken lassen sich vermeiden!

Literatur

[Raym96]   E.S. Raymond: The New Hacker's Dictionary, in: MIT Press, Cambridge, 1996

[Q1Labs12] Q1 Labs Whitepaper, Waltham, 2012

[Will07]   A. Williams: The Future of SIEM – The market will begin to diverge, in: http://techbuddha.wordpress.com/2007/01/01/the-future-of-siem-%E2%80%93-the-market-will-begin-to-diverge/, 2007

[FTD12]   Financial Times Deutschland, http://m.ftd.de/artikel/70043404.xml?v=2.0, 2012-

[IBM12]   IBM X-Force® 2011 Trend and Risk Report, 2012

[IDC11]   IDC, IDC-Studie zum Status der IT-Security-Praxis in Deutschland, Nov 2011

[Wiki12] · http://de.wikipedia.org/wiki/Wikileaks, Juni 2012

[Maie12]   M. Meier: Was SIM und SEM von SIEM unterscheidet?, IN: http://www.computerwoche.de/security/2511108/, Juni 2012

[Nico12]   M. Nicolett: Magic Quadrant for Security Information and Event Management, Gartner, May 2012

[Sear12]   Schwachstellenscanner, in: Glossar http://www.searchsecurity.de/glossar/articles/182203/, Juni 2012

Bürgerkarten-Authentifizierung zur Public Cloud

Bernd Zwattendorfer · Klaus Stranacher · Arne Tauber

E-Government Innovationszentrum
{Bernd.Zwattendorfer | Klaus.Stranacher | Arne.Tauber}@egiz.gv.at

Zusammenfassung

Das Thema Cloud Computing ist eines der am häufigsten verwendeten Schlagworte im IT-Sektor in den letzten Jahren. Dessen hohe Skalierbarkeit und das flexible Abrechnungsmodell versprechen hohe Kostenvorteile und enormes Einsparungspotential. Deshalb setzt sowohl der private als auch der öffentliche Sektor vermehrt auf Cloud Computing und entwickelt entweder neue Cloud Applikationen oder versucht, bestehende Applikationen in die Cloud zu migrieren. Bei Applikationen, in denen sensible Daten verarbeitet werden, ist auch in der Cloud eine sichere Identifizierung und Authentifizierung unerlässlich. Derzeit vertrauen Cloud Service Provider jedoch meist auf den unsicheren Benutzername/Passwort-Authentifizierungsmechanismus. Dieser Beitrag zeigt daher am Beispiel der österreichischen Bürgerkarte, wie auch ein sicherer Authentifizierungsmechanismus für eine Identifizierung und Authentifizierung zur Cloud verwendet werden kann. Als Proof of Concept wird dabei eine Bürgerkarten-Authentifizierung bei zwei ausgewählten Public Cloud Service Providern gezeigt.

1 Einleitung

Cloud Computing ist ein Begriff, der die Informationstechnik derzeit wesentlich prägt. Die Idee dabei ist, IT-Ressourcen wie beispielsweise Rechenleistung oder Datenspeicher nur bei Bedarf zur Verfügung zu stellen und auch wirklich nur die tatsächlich verbrauchten Leistungen zu verrechnen. Dadurch ergeben sich einerseits eine hohe Skalierbarkeit und andererseits ein enormes Kosteneinsparungspotential im Bereich der IT.

Hinsichtlich der Architektur und Klassifizierung von Cloud Computing hat sich die Definition der NIST [MeGr10] als quasi De-Facto Standard etabliert. Dabei kann Cloud Computing einerseits in Deployment-Modelle und andererseits in Service-Modelle unterteilt werden. Bei den Deployment-Modellen werden, auch in der gängigen Literatur, vier Modelle *Public Cloud*, *Private Cloud*, *Community Cloud* und *Hybrid Cloud* unterschieden. In einer Public Cloud werden von einer Organisation oder einem Unternehmen Cloud Services der Allgemeinheit angeboten. Im Rahmen einer Private Cloud wird die Cloud-Infrastruktur nur für eine Organisation betrieben. Bei einer Community Cloud wird die Cloud-Infrastruktur bzw. deren Betrieb von mehreren Organisationen geteilt, die gleiche oder ähnliche Interessen verfolgen. Werden mehrere eigenständige Cloud-Infrastrukturen (Private, Community, Public) miteinander verknüpft, so spricht man von einer Hybrid Cloud. Hinsichtlich Flexibilität und Kostenersparnis bietet die Public Cloud die meisten Vorteile, während Sicherheitsüberlegungen und Kontrollverlust die Hauptnachteile bilden. Diese Nachteile der Public Cloud sind hingegen äquivalent zu den Vorteilen einer Private Cloud, die zwar mehr Kontrolle bietet, jedoch fällt die Kostenersparnis weitaus geringer aus [HaYa10]. Die Community Cloud bzw. die Hybrid Cloud bilden dabei einen Kompromiss zwischen den anderen beiden Lösungen.

Auf technischer Ebene bieten Service-Modelle eine andere Art der Beschreibung für eine Cloud-Architektur. Für die Beschreibung auf dieser Ebene wird ein Schichtenmodell herangezogen, welches meist die folgenden drei Schichten aufweist: *Infrastructure as a Service (IaaS), Platform as a Service (PaaS)* und *Software as a Service (SaaS)*. Beim IaaS-Modell bieten Cloud Service Provider ihren Kunden fundamentale IT-Ressourcen wie Rechenleistung oder Speicherplatz an. Dabei wird den Kunden zwar kein Zugriff auf die eigentliche Cloud-Infrastruktur gewährt, jedoch können sie beliebige Betriebssysteme bzw. Softwarekomponenten installieren. Beim PaaS-Modell bekommt der Kunde über entsprechende Schnittstellen Zugriff zur Cloud-Infrastruktur, womit er selbst Applikationen erstellen und in der Cloud deployen kann. Beim SaaS-Modell wird dem Kunden die Möglichkeit geboten, eine vom Cloud Service Provider entwickelte und in einer Cloud-Infrastruktur zur Verfügung gestellte Applikation zu nutzen.

Durch diese Modelle wird es Kunden einfach ermöglicht, entweder neue Cloud Applikationen zu entwickeln bzw. bestehende Applikationen in die Cloud zu transferieren, um die Vorteile des Cloud Computing nutzen zu können. Obwohl sich durch ein Cloud Deployment von Applikationen neue und andere Anforderungen ergeben, bleiben einige Anforderungen wie für klassische Web Applikationen bestehen. Egal, ob bei klassischen Web Applikationen oder Applikationen in der Cloud, bei Applikationen, die schützenswerte Daten verarbeiten, ist eine Identifizierung bzw. Authentifizierung des Benutzers unabkömmlich. Obwohl sich stärkere und sichere Authentifizierungsmechanismen immer mehr am Vormarsch befinden, ist die Benutzername/Passwort-Authentifizierung immer noch der gängigste und am häufigsten verwendete Ansatz im Internet. Obwohl diverse Schwachstellen dieses Authentifizierungsmechanismus bekannt sind [Kess97], setzen auch die meisten Cloud Service Provider bei ihren Angeboten auf diesen weitestgehend unsicheren Ansatz. Ist der Benutzername/Passwort-Mechanismus für hauptsächlich informelle Cloud Services ausreichend, so sollte bei komplexeren Cloud Anwendungen auf sicherere Authentifizierungsmethoden, wie z.B. Zwei-Faktor-Authentifizierung mittels Smart-Cards, gesetzt werden.

Diese Arbeit beschreibt daher, wie die österreichische Bürgerkarte als sicheres Authentifizierungsinstrument für eine Identifizierung und Authentifizierung an der Cloud verwendet werden kann. Es wird dabei die Authentifizierung mittels Bürgerkarte an zwei ausgewählten Public Cloud Service Providern gezeigt. Details dazu werden in Abschnitt 4 genauer erläutert. Der weitere Aufbau dieses Artikels ist wie folgt: Abschnitt 2 erklärt generell unterschiedliche Cloud Identitätsmodelle. Abschnitt 3 beinhaltet grundlegende Informationen zur österreichischen Bürgerkarte. Abschnitt 3 liefert Hintergrundinformationen zur österreichischen Bürgerkarte und zeigt deren generelles Authentifizierungsmodell. Dieses Modell wird anschließend auch in Kapitel 4 zur Cloud Authentifizierung herangezogen. Schlussendlich wird die Arbeit zusammengefasst und ein Fazit gezogen.

2 Cloud Authentifizierungsmodelle

Nicht nur bei klassischen Web-Applikationen und Service Providern, auch bei Cloud Service Providern oder bei Cloud Applikationen spielen die Identifizierung und die Authentifizierung eine gewichtige Rolle. Im Rahmen der klassischen Web-Architekturen haben sich unterschiedliche Identitätsmodelle durchgesetzt. [PaGa07] unterscheiden beispielsweise drei Ansätze für Identitätsmodelle, abhängig davon, wo die Benutzerdaten gespeichert sind. Alle drei Modelle verfolgen eine sogenannte Dreicks-Architektur, wobei ein Benutzer, ein oder mehrere Identity Provider und ein oder mehrere Service Provider dieses Kommunikationsdreieck bilden. Beim *benutzer-zentrierten Ansatz* sind alle Benutzerdaten unter vollständiger Kontrolle des Benutzers, beispielsweise auf einer Smart Card oder einem anderen eID Token gespeichert. Beim *zentralen Ansatz* hält ein zentraler Identity Provider diese Daten, welche bei Bedarf an den Service Provider übermittelt werden. Die Benutzerverwaltung wurde vom Service Provider an den Identity Provider ausgelagert. In diesem Fall kann es aber auch sein, dass Service Provider und Identity Provider ident sind, und so der Service Provider die Benutzer- und Authentifizierungsdaten wiederum selbst verwaltet. Das dritte Modell beschreibt einen *föderierten Ansatz*, wobei hier Benutzerdaten über mehrere Identity Provider verteilt gespeichert sind.

Diese Modelle können teilweise auch in die Cloud-Welt und die gängige Cloud-Architektur übertragen werden. [Goul10] beschreibt beispielsweise in seinem Whitepaper solche Modelle. Im Folgenden werden drei unterschiedliche Identitätsmodelle und -architekturen vorgestellt, wie eine Benutzerauthentifizierung in der Cloud vonstattengehen kann. In allen vorgestellten Fällen wird nur eine Identifizierung und Authentifizierung an Cloud Applikationen und nicht an gewöhnlichen Web Applikationen betrachtet.

2.1 Identität in der Cloud

Abbildung 1 zeigt das einfachste Modell der Identifizierung und Authentifizierung für eine Cloud Applikation. Dieses Modell deckt sich mit dem klassischen Modell von Web Applikationen, wo der Service Provider, der die Applikation hostet, auch gleichzeitig den Identity Provider spielt. Man kann dieses Modell mit dem von [PaGa07] beschriebenen zentralen Modell vergleichen, wo im Sonderfall Identity und Service Provider miteinander verschmelzen. In diesem Modell werden die Benutzerdaten von einem Cloud Service Provider, der auch selbst die Applikation betreibt, gespeichert. Die Identitätsdaten befinden sich daher *in der Cloud*. Typische praktische Beispiele dafür wären Google[1] oder Force.com[2], die „Software as a Service" mit zugehöriger Benutzerverwaltung anbieten. Ein Vorteil dieses Modells ist, dass sich die Organisation, die ihre Applikation in die Cloud auslagert, sich zusätzlichen Aufwand und Kosten für die Benutzerverwaltung bzw. -registrierung erspart, da Benutzerprofile bzw. Accounts direkt vom Cloud Service Provider angeboten werden.

---

[1] http://www.google.com/.
[2] http://www.force.com/.

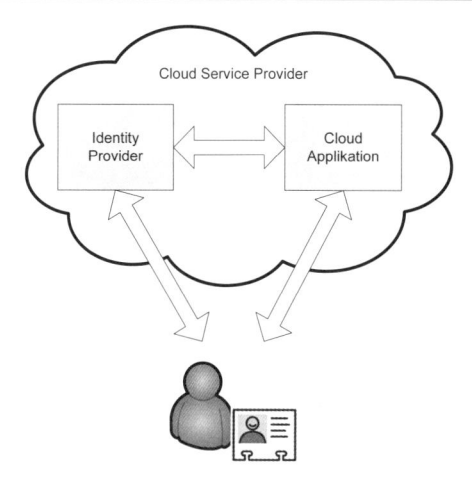

Bürgerkarten-Authentifizierung zur Public Cloud 139

Abb. 1: Identität in der Cloud

2.2 Identität zur Cloud

Dieses Modell überträgt das klassische zentrale Modell von [PaGa07], wo die Benutzerverwaltung vom eigentlichen Service Provider an einen externen Identity Provider ausgelagert wird, in die Cloud. Abbildung 2 veranschaulicht dieses Modell. Im Gegensatz zum bekannten Web-Architektur-Modell handelt es sich beim illustrierten Modell zum einem um einen Cloud Service Provider, der Cloud Applikationen offeriert, und zum anderen um einen Identity Provider, welcher nicht in der Cloud, sondern in einem lokalen Datencenter betrieben wird. Dieser Identity Provider ist somit für die Benutzerverwaltung und Authentifizierung zuständig, der Cloud Service Provider kümmert sich nur mehr um die Applikation. Der Vorteil dieses Modells ist, dass eine bereits bestehende Benutzerverwaltung für Cloud Applikationen genutzt werden kann und keine neue Benutzerverwaltung oder Migration erfolgen muss. Während die Applikation in der Cloud betrieben wird, bleibt die Identitätsverwaltung in der Obhut bzw. im Kontrollbereich der eigenen Organisation. Einige Cloud Service Provider offerieren Schnittstellen, sodass ein externer Identity Provider zur Benutzerverwaltung von Cloud Services genutzt werden kann. Public Cloud Provider wie Google [GCa] bzw. Force.com [SF] bieten beispielsweise sogenannte Single Sign-On (SSO) Schnittstellen auf Basis von SAML[3] (Security Assertion Markup Language) [SAML] an. Auf Basis dieser Schnittstellen kann auch Identitätsföderation geschaffen werden, wie es im föderierten Ansatz von [PaGa07] beschrieben ist.

---

[3] SAML (Security Assertion Markup Language) ist ein XML-Standard speziell für den sicheren Austausch von Identitäts- und Authentifizierungsdaten.

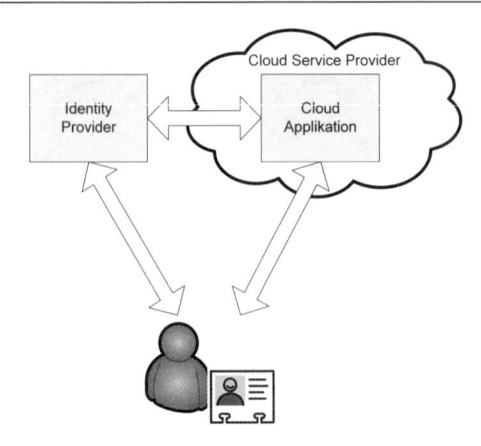

Abb. 2: Identität zur Cloud

2.3 Identität von der Cloud

Das dritte vorgestellte Cloud Identitätsmodell kann den „Everything as a Service" Cloud-Modellen (XaaS) [BKJ+10] zugeordnet werden, und zwar dem Modell des „Identity as a Service" [EBK+07]. Identitäten werden dabei von einem Identity Provider in der Cloud als Service bereitgestellt. Die Identitäten kommen daher *von der Cloud*. In diesem Fall wird sowohl die Cloud Applikation als auch der Identity Provider in der Cloud betrieben. Im Gegensatz zum Modell *Identität in der Cloud* muss der Identity Provider nicht zwingend vom selben Cloud Service Provider, der auch die Applikation hostet, betrieben werden. Der Fall *Identität von der Cloud* ist in Abbildung 3 dargestellt. Natürlich kann dieses Identity as a Service-Modell dabei auch vom Applikation hostenden Cloud Service Provider betrieben werden. Die Prämisse dafür ist jedoch, dass die Benutzerverwaltung vom Identity Provider und vom Cloud Service Provider der Applikation getrennt ist (im Gegensatz zum Modell Identity in der Cloud, siehe Abbildung 1). Im abgebildeten Architekturbild werden nur Cloud Applikationen als Empfänger von Identitäten betrachtet, das Identity as a Service-Modell kann aber auch auf normale Web-Applikationen angewendet werden.

Der Cloud Service Provider (Identity Provider), welcher die Identitätsdaten als Service anbietet, kann dafür eine Public, Private oder Community Cloud verwenden. Im Endeffekt kann dieses dargestellte Modell als hybrides Cloud Identitätsmodell bezeichnet werden, da mehrere Cloud Deployment-Modelle miteinander kombiniert werden können. Ein Vorteil dieses Modells ist, dass sich die Organisation ihren Betreiber zur Benutzerverwaltung aussuchen kann und auf spezifische Anforderungen (z.B. Datenschutz und Speicherung der Identitätsdaten nur innerhalb eines bestimmten Bereichs bzw. Landes) besser eingehen kann, als bei Verwendung vom Identitätsmodell aus Abbildung 1. Ein weiterer Vorteil ist, dass die Benutzerverwaltung von der Organisation ausgelagert wird und somit Wartungsaufwand innerhalb der Organisation vermieden und Kosten gespart werden können.

Bürgerkarten-Authentifizierung zur Public Cloud

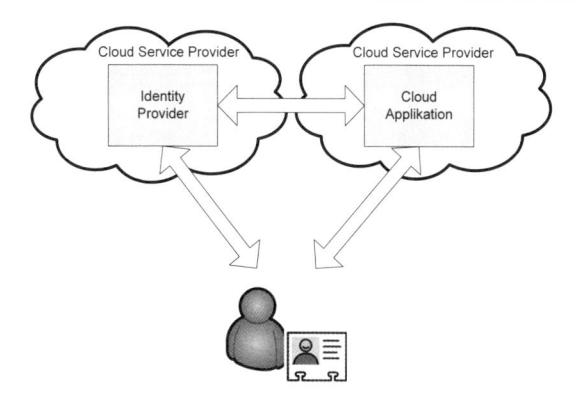

Abb. 3: Identität von der Cloud

3 Das Konzept „Bürgerkarte"

Die österreichische Bürgerkarte [LHP02] ist ein wesentlicher Bestandteil des österreichischen E-Governments, um die Kommunikation zwischen Behörden und Bürgern bei Verfahren des öffentlichen Bereichs zu beschleunigen und sicher zu gestalten. Sie dient sozusagen als amtlicher digitaler Ausweis im Internet für österreichische Bürger und ermöglicht eine „Rund um die Uhr"-Abwicklung von behördlichen Angelegenheiten.

Die derzeit häufigste Ausprägung der Bürgerkarte ist eine Smart-Card, wie sie beispielsweise Studentenkarten, Bankomatkarten oder die Gesundheitskarte der österreichischen Sozialversicherung (*e-card*) darstellen. Jeder österreichische Bürger besitzt beispielsweise eine e-card, bei der nach Wunsch einfach die vorinstallierte Bürgerkartenfunktionalität aktiviert werden kann.

Um sich aber nicht auf eine bestimmte Technologie festzulegen, wird der Begriff „Konzept Bürgerkarte" verwendet. Das E-Government-Gesetz [EGovG] hebt bei seiner Definition die Technologieneutralität und die Unabhängigkeit von technischen Komponenten hervor. Folglich muss die Bürgerkarte nicht zwingend eine Karte, sondern kann auch z.B. via Mobiltelefon implementiert werden. Die sogenannte Handy-Signatur[4], welche auf der Verwendung eines Mobiltelefons basiert, stellt beispielsweise eine weitere Ausprägung der Bürgerkarte dar.

Die Hauptfunktionalität der Bürgerkarte ist im E-Government-Gesetz geregelt und definiert die qualifizierte elektronische Signatur. Eine qualifizierte elektronische Signatur entspricht dabei der in der Europäischen Signaturrichtlinie [SigG] vorgegebenen Funktionalität, welche die elektronische Signatur einer handschriftlichen Unterschrift gesetzlich gleichstellt. Im Allgemeinen kann die Funktionalität der Bürgerkarte folgendermaßen zusammengefasst werden:

- Identifikation bzw. Authentifizierung eines Bürgers,
- Qualifizierte elektronische Signatur.

---

[4] http://www.handy-signatur.at/.

Bei Verwaltungsverfahren muss eine eindeutige Zuordnung der Person sichergestellt werden. Bei elektronischen Verfahren im E-Government erfolgt dies durch die in der Bürgerkarte aufgebrachte Personenbindung, welche aus Vor- und Nachnamen, Geburtsdatum und einem eindeutigen Identifikator des Bürgerkarten-Besitzers (Stammzahl) besteht. Auf Basis dieser Daten kann eine eindeutige Identifikation des Bürgers bei elektronischen Anwendungen vorgenommen werden.

Neben dem Nachweis seiner Identität muss ein Bürger bei behördlichen Verfahren oft auch eine Willenserklärung abgeben. Im Normalfall erfolgt dies durch die eigenhändige Unterschrift des Bürgers. Als Äquivalent zur eigenhändigen Unterschrift wird nach dem österreichischen Signaturgesetz [SigG] die qualifizierte elektronische Signatur der Bürgerkarte bei elektronischen Verfahren zur Abgabe von Willenserklärungen verwendet. Die Funktion der elektronischen Signatur wird in weiterer Folge auch zur Authentifizierung eines Bürgers bei Online Anwendungen verwendet. Neben der einfachen Präsentation seiner Identität beweist ein Bürger mit seiner Unterschrift bei einem Authentifizierungsvorgang auch seine Identität.

Der Prozess der Identifikation und Authentifizierung mittels Bürgerkarte wird von Applikationen meist an das frei verfügbare Modul MOA-ID (Module für Online Applikationen - Identifikation) [MOA-ID] ausgelagert, welches die Kommunkation mit der Bürgerkarte übernimmt und nach erfolgreicher Authentifizierung die Anmeldedaten an die Applikation übermittelt. MOA-ID folgt also auch der Dreiecks-Architektur, wie sie in Abschnitt 2 vorgestellt wurde. Bei einem Authentifizierungsprozess einer von MOA-ID geschützten Applikation kommen die sichere elektronische Signatur und die Personenbindung der Bürgerkarte als Beweis der Authentizität zum Einsatz. MOA-ID überprüft dabei die Daten der Personenbindung und die vom Benutzer bei der Anmeldung erstellte digitale Signatur und stellt die Anmeldedaten den nachfolgenden Online Anwendungen bereit. Abbildung 4 illustriert die Architektur einer Bürgerkartenanmeldung mittels MOA-ID. MOA-ID, und eine Authentifizierungsanfrage kann mittels eines einfachen Aufrufs über eine URL gestartet werden. Nach einer erfolgreichen Authentifizierung mittels Bürgerkarte werden die Anmeldedaten über das Browser/Artifact Profile Version 1.0 von SAML an die Applikation übertragen.

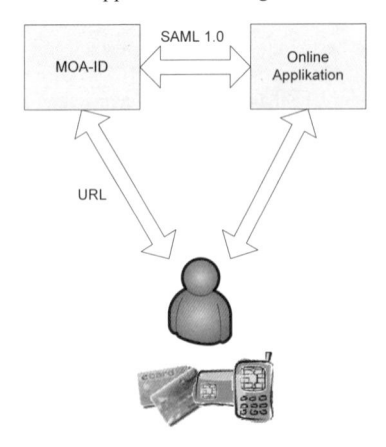

Abb. 4: Bürgerkartenanmeldung mittels MOA-ID

4 Bürgerkarten-Authentifizierung zur Public Cloud

Die österreichische Bürgerkarte eignet sich zur sicheren und eindeutigen Identifizierung und Authentifizierung von Bürgern bei Online Applikationen. Dieser Abschnitt beschreibt nun, wie die Bürgerkarte auch dazu genutzt werden kann, sich sicher bei Cloud Applikationen zu identifizieren und zu authentifizieren. Im Speziellen wird beschrieben, wie das Identitätsmodell aus Abschnitt 2.2 (Identität zur Cloud) mit Hilfe von MOA-ID und der österreichischen Bürgerkarte zur Authentifizierung bei ausgewählten Public Cloud Service Providern umgesetzt wurde. Als „Proof-of-Concept" Public Cloud Service Provider wurden Google und Force.com und deren Software as a Service-Angebote für die Authentifizierung mit der österreichischen Bürgerkarte herangezogen. Abbildung 5 zeigt die entsprechende Architektur dazu.

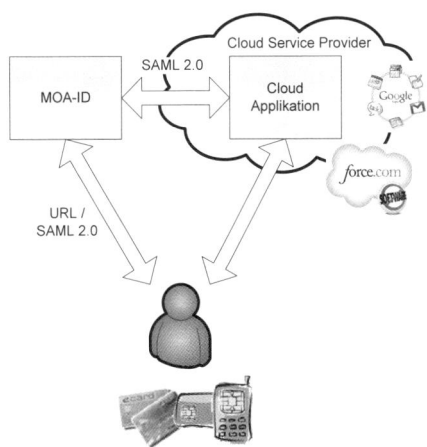

Abb. 5: Bürgerkartenanmeldung bei Google Apps und Force.com

Wie in Abschnitt 2.2 beschrieben, bieten mehrere Cloud Service Provider SSO-Schnittstellen zur Einbindung von externen Identity Providern an. Sowohl Google als auch Force.com offerieren solche Schnittstellen auf Basis von SAML. Während Google nur auf eine Schnittstelle der SAML Version 2.0 setzt, bietet Force.com die Möglichkeit sowohl von SAML Version 1.1 als auch von Version 2.0 an. Beide gemeinsam bieten jedoch das SAML HTTP Post Binding für den Transport von SAML Nachrichten, welche die Identitäts- und Authentifizierungsdaten des anzumeldenden Benutzers beinhalten, an. Ein weiterer Unterschied ist noch, dass eine Authentifizierungsanfrage bei Google nur via SAML 2.0 gestellt werden kann, während bei Force.com der Aufruf über eine URL erfolgen muss.

Um nun bei diesen beiden Cloud Service Providern eine Authentifizierung mittels Bürgerkarte zu ermöglichen, wurde MOA-ID um entsprechende Cloud Konnektoren erweitert. Diese Cloud Konnektoren implementieren jeweils eine SAML 2.0 Schnittstelle gemäß den Anforderungen des Cloud Service Providers. Diese Schnittstellen ermöglichen einerseits den Empfang von SAML 2.0 Authentifizierungsanfragen, und andererseits das Versenden von SAML 2.0 Antworten an den anfragenden Cloud Service Provider nach einer erfolgreichen Bürgerkarten-Authentifizierung. Die Schnittstellen wurden dabei gemäß der von Google bzw. Force.com angebotenen Spezifikation implementiert. Die auf Basis von Konnektoren modulare Erweiterung der MOA-ID-Architektur ermöglicht somit ein einfaches Hinzufügen und Entfernen von Cloud Konnektoren, welche abhängig vom Cloud Service Provider eine entsprechende Authentifizierungsschnittstelle abbilden und implementieren können.

Im österreichischen E-Government wird aus Datenschutzgründen zur eindeutigen Identifikation eines Bürgers bei Online Applikationen nicht der auf der Bürgerkarte gespeicherte Identifikator (Stammzahl) herangezogen, sondern eine sektor-spezifische Einweg-Ableitung (mittels kryptographischer Hash-Funktion) dessen. Dieser abgeleitete Identifikator wird bereichsspezifisches Personenkennzeichen (bPK) genannt. Um Bürgern bei einer Anmeldung bei Cloud-Applikationen auch dasselbe Maß an Sicherheit und Datenschutz zu gewähren, wird für die Identifikation bei den Public Cloud Providern ebenfalls ein abgeleiteter Identifikator für privatwirtschaftliche Betreiber gemäß E-Government Gesetz verwendet. Es wird daher von MOA-ID bei einem Authentifizierungsprozess ein eigener Identifikator für Google bzw. Force.com berechnet. Dieser Identifikator wird von den Cloud Service Providern schließlich zur Identitätsföderation, d.h. zur Verknüpfung mit einem bestehenden Benutzerkonto beim Cloud Service Provider, verwendet.

Die folgende Abbildung 6 veranschaulicht den Authentifizierungsprozess mittels Bürgerkarte bei Google Apps[5]. In diesem Fall möchte ein Benutzer auf ein Software as a Service Angebot von Google (z.B. Google Apps bzw. https://docs.google.com/a/xyz.com) zugreifen. Da in der Konfiguration von Google App ein externer Identity Provider (in diesem Fall MOA-ID) eingetragen wurde, wird der Benutzer bei einem Zugriff automatisch zur Authentifizierung zu MOA-ID umgeleitet. Diese Umleitung passiert mittels HTTP Post und enthält eine SAML 2.0 Authentifizierungsanfrage. Diese SAML Authentifizierungsanfrage wird von MOA-ID validiert, und bei entsprechender Gültigkeit wird ein Bürgerkarten-Anmeldungsprozess gestartet. Dabei wird einerseits die Personenbindung des Benutzers gelesen und andererseits eine qualifizierte Signatur zur Anmeldung erstellt.

Abb. 6: Bürgerkarten-Authentifizierung zu Google Apps

War die Anmeldung erfolgreich, erstellt MOA-ID eine sogenannte SAML 2.0 Assertion, welche den speziellen Identifikator zur Identitätsföderation beinhaltet, und überträgt diese Assertion und die dazugehörige SAML 2.0 Antwort ebenfalls via HTTP Post an den entsprechen-

---

[5] http://www.google.com/apps.

den SSO Endpunkt bei Google. Google validiert diese SAML Nachricht, und bei Gültigkeit ist der Benutzer bei der gewünschten Google Applikation mittels Bürgerkarte angemeldet.

5 Zusammenfassung und Lessons Learned

Cloud Computing ist derzeit einer der dominantesten Begriffe in der IT-Welt. Die quasi nahezu Unendlichkeit von IT-Ressourcen sowie das „Pay as you go"-Abrechnungsmodell, wo nur tatsächlich verbrauchte IT-Ressourcen in Rechnung gestellt werden, versprechen hohes Marktpotential und enorme Kostenvorteile. Daher versuchen auch immer mehr Unternehmen, aber auch Behörden aus dem öffentlichen Sektor, auf den Cloud-Zug aufzuspringen und entweder Applikationen in der Cloud zu entwickeln oder bestehende Applikationen in die Cloud zu migrieren.

Nichtsdestotrotz birgt die Cloud auch eine Vielzahl an Anforderungen, die erfüllt werden müssen. Speziell wenn das Thema Sicherheit (z.b. bei der Verarbeitung sensitiver Daten) eine größere Rolle zu spielen beginnt, stellt das Deployment in der Cloud keine triviale Herausforderung mehr dar. [Zwat11] beispielsweise gibt einen guten Überblick, welche Anforderungen für E-Government Applikationen in der Cloud erfüllt werden müssen. Eine Anforderung, die sowohl normale Web Applikationen als auch Cloud Applikationen, die schützenswerte Daten verarbeiten, erfüllen müssen, ist die Identifizierung und Authentifizierung von Benutzern. Derzeit setzen die meisten Cloud Service Provider immer noch auf Benutzername/Passwort-Authentifizierungen, welche sich aber schon seit längerer Zeit als unsicher erwiesen haben [Kess97]. Speziell bei komplexeren Anwendungen wie z.b. im E-Government bzw. E-Business stoßen solche Mechanismen an ihre Grenzen. Deshalb sollte auch in Cloud Umgebungen vermehrt auf sicherere Authentifizierungsmechanismen, wie z.b. die Zwei-Faktor-Authentifizierung mittels Smart Cards oder Mobiltelefon, gesetzt werden.

Einen sicheren Authentifizierungsmechanismus, vor allem im behördlichen, aber auch im privatwirtschaftlichen Bereich in Österreich stellt die österreichische Bürgerkarte dar. In diesem Artikel wurde gezeigt, wie die österreichische Bürgerkarte als sicherer Authentifizierungsmechanismus zur Cloud eingesetzt werden kann. Dabei wird also ein behördlicher digitaler Ausweis zur Authentifizierung bei einem privatwirtschaftlichen Cloud Service Provider verwendet. Um den Datenschutz entsprechend zu gewährleisten, wird der auf der Bürgerkarte gespeicherte eindeutige Identifikator (Stammzahl) entsprechend abgeleitet.

Als Beispiel wurde eine sichere Identifizierung und Authentifizierung bei zwei ausgewählten Public Cloud Service Providern (Google und Force.com) implementiert. Dafür wurde das Open Source Modul MOA-ID um eine entsprechende SAML 2.0 Schnittstelle erweitert. Schwierigkeiten dabei haben sich unter anderem dadurch ergeben, dass teilweise nur eine schlechte Dokumentation vorhanden war, wie die einzelnen SAML Nachrichten für den Datenaustausch mit dem Cloud Service Provider strukturiert werden müssen. Google's Referenz Implementierung [GCb] wurde generell als veraltet ausgewiesen, und es waren daher viele Tests notwendig, um einen Authentifizierungsvorgang mittels Bürgerkarte erfolgreich abschließen zu können. Im Gegensatz dazu war die Dokumentation von Force.com [SF] ausführlicher, und es wurde auch ein Online-Validierungsservice für die SAML-Nachrichten bereitgestellt. Jedoch war bei beiden Providern zu bemängeln, dass die Fehlermeldungen bei echten Authentifizierungsversuchen sehr wenige Rückschlüsse auf die eigentliche Fehlerursache gaben.

Im Allgemeinen muss erwähnt werden, dass Google nur eine SSO Schnittstelle zur Identitätsföderation bereitstellt. D.h. es muss bei Google bereits ein Benutzer-Account existieren, der mit der vom externen Identity Provider bereitgestellten Identität, in unserem Fall von MOA-ID, verknüpft wird. Diese Verknüpfung muss vom jeweiligen Administrator der Cloud Applikationen manuell in der Konfiguration eingetragen werden. Es können daher keine „on the fly"-Registrierungen, wie es z.B. in [OrZw09] beschrieben ist, vorgenommen werden. Diese Einschränkung erlaubt es daher auch nicht, neben dem Identifikator weitere Benutzer-Attribute, wie z.b. den Namen oder eine E-Mail Adresse, innerhalb der SAML Nachricht an Google und dessen Applikation zu übertragen. Im Gegensatz dazu bietet jedoch Force.com diese Art von automatischer Benutzerregistrierung bzw. automatischer Account-Erstellung beim ersten Login an. Dabei wird eine ausgewählte Anzahl an Attributen unterstützt.

Weitere Tätigkeiten in diese Richtung könnten sich unter anderem damit beschäftigen, wie andere nationale eID Lösungen, wie z.b. der neue deutsche Personalausweis oder die Swiss-ID, zu einer Authentifizierung zur Cloud geeignet sind. Ein möglicher Ansatz dazu wäre die Verwendung des STORK Interoperabilitäts-Frameworks [STORK], welches die Authentifizierung von EU-Bürgern mit deren nationalen eID bei Online Applikationen unterstützt. Ein weiterer Forschungsansatz könnte sein, Single Sign-On über mehrere Cloud Service Provider zu ermöglichen, sodass nur ein einziger Authentifizierungsprozess für den Zugriff auf mehrere Cloud Applikationen notwendig ist. Letztendlich kann auch das Thema untersucht werden, inwiefern sich MOA-ID als Identity Provider in der Cloud eignet und Verwendung finden kann.

Literatur

[BKJ+10]   C. Baun, M. Kunze, J. Nimis, S. Tai: Cloud computing: Web-basierte dynamische IT-Services, 2010, Springer

[EBK+07]   C. Emig, F. Brandt, S. Kreuzer, S. Abeck: Identity as a Service – Towards a Service-Oriented Identity Management Architecture, Lecture Notes in Computer Science, 2007

[EGovG]   Bundesgesetz über Regelungen zur Erleichterung des elektronischen Verkehrs mit öffentlichen Stellen (E-Government-Gesetz - E-GovG) StF: BGBl. I Nr. 10/2004

[GCa]   Google Code: SAML Single Sign-On (SSO) Service for Google Apps, http://code.google.com/googleapps/domain/sso/saml_reference_implementation.html

[GCb]   Google Code: Web-based Reference Implementation of SAML-based SSO for Google Apps, http://code.google.com/googleapps/domain/sso/saml_reference_implementation_web.html

[Goul10]   J. Goulding: identity and access management for the cloud: CA's strategy and vision, Whitepaper, Mai 2010, CA Cloud Business Unit

[HaYa10]   R. Harms, M. Yamartino: The Economics of the Cloud for the EU Public Sector, 2010

[Kess97]   G. Kessler: Passwords – Strengths and Weaknesses, Internet and Networking Security, Auerbach, 1997

[LHP02]	H. Leitold, A. Hollosi, R. Posch: Security Architecture of the Austrian Citizen Card Concept, 18th Annual Computer Security Applications Conference (ACSAC), 2002
[MeGr10]	P. Mell, T. Grance: The NIST definition of cloud computing, NIST, 2010
[MOA-ID]	R. Schamberger, G. Karlinger, L. Moser: "Spezifikation Module für Online Applikationen - ID", 2007, http://moa-idspss.egovlabs.gv.at/
[OrZw09]	C. Orthacker, B. Zwattendorfer: „Seamless eID integration into Web Portals", Electronic Government: Proceedings of ongoing research and projects of EGOV 09, 2009
[PaGa07]	J. Palfrey, U. Gasser: Digital Identity Interoperability and eInnovation, Case Study, November 2007, Berkman Publication Series
[SF]	Salesforce.com: Single Sign-On Implementation Guide, 2012, https://login.salesforce.com/help/doc/en/salesforce_single_sign_on.pdf
[SAML]	Security Assertion Markup Language (SAML), OASIS Security Services (SAML) TC, http://www.oasis-open.org/committees/tc_home.php?wg_abbrev=security
[SigG]	Bundesgesetz über elektronische Signaturen (Signaturgesetz - SigG) StF: BGBl. I Nr. 190/1999
[SigR]	RICHTLINIE 1999/93/EG DES EUROPÄISCHEN PARLAMENTS UND DES RATES vom 13. Dezember 1999 über gemeinschaftliche Rahmenbedingungen für elektronische Signaturen
[STORK]	STORK (Secure Identity Across Borders Linked), https://www.eid-stork.eu/
[Zwat11]	B. Zwattendorfer: „Anforderungen für E-Government Anwendungen in der Cloud", http://demo.egiz.gv.at/plain/content/download/705/4066/file/Anforderungen%20f%C3%BCr%20E-Government%20Anwendungen%20in%20der%20Cloud.pdf

# Anonymisierung/Pseudonymisierung von Daten für den Test

Andreas Lang

T-Systems Multimedia Solutions GmbH
Andreas.Lang@t-systems.com

Zusammenfassung

Noch vor einiger Zeit war das Thema Datenschutz nur wenig im Fokus der Aufmerksamkeit. Durch die Berichte der letzten Monate und Jahre über erhebliche Datenverluste bei diversen Großunternehmen hat sich dieses Bild jedoch gewandelt. Oftmals erfüllt der Umgang mit personenbezogenen Daten nicht in allen Bereichen die Gesetzesanforderungen. Gerade in nichtproduktiven IT-Systemen werden oftmals Produktivdaten für Testzwecke verwendet. Dies ist jedoch nach deutscher Gesetzeslage sowie oftmals nach Unternehmensrichtlinien verboten. Da nichtproduktive IT-Systeme oftmals meist weniger gut gesichert sind, entsteht zusätzlich ein hohes Risiko für einen Datenverlust. Dieser Beitrag fokussiert auf die Datenschutz- und Sicherheitsanforderungen von nichtproduktiven IT-Systemen und Möglichkeiten, diese einzuhalten. Dabei ist der Fokus auf die verwendeten Testdaten gerichtet, welche in Kategorien klassifiziert werden. Darüber hinaus werden Anforderungen sowie Methoden der Anonymisierung und Pseudonymisierung von Produktivdaten für den Test genauso diskutiert und überblicksartig zusammengefasst, wie Erfahrungen bei der praktischen Umsetzung.

1 Einleitung

Das Gefährdungspotential für die einzelnen Unternehmen, die in größerem Umfang mit Kundendaten arbeiten, ergibt sich aus zwei Richtungen. Einerseits ist die Gefährdungslage hinsichtlich potentieller Angriffe aus dem Netz auf die Daten und damit der Diebstahl von Daten [AlHe05] erheblich gestiegen. Andererseits ist die Sensibilität der Öffentlichkeit hinsichtlich des Umgangs mit Kundendaten bei den Unternehmen selbst gestiegen, so dass bei Datenschutzschwachstellen erhebliche Imageverluste und damit Gewinnverluste zu befürchten sind [WSK12].

Der Umgang mit personenbezogenen Daten wird in Deutschland u.a. im Bundesdatenschutzgesetz (BDSG) [GoSc10], Telemediengesetz (TMG) und im Telekommunikationsgesetz (TKG) geregelt. Die Einhaltung des Datenschutzes wird dabei von den zuständigen Aufsichtsbehörden kontrolliert, die gegebenenfalls entsprechende Verfahren einleiten.

Eine zentrale Anforderung des BDSG ist bspw. die Zweckbindung der Datenerhebung, Verarbeitung und Nutzung. Oftmals werden Daten zu dem Zweck erhoben, dass Unternehmen in der Lage sind, Verträge zu begründen, durchzuführen oder zu beenden.[1] Diese zulässige Erhebung beinhaltet dabei auch das Recht, die Daten zu dem jeweiligen Zweck zu nutzen und zu verarbeiten. Davon nicht umfasst ist grundsätzlich die Verwendung der Daten zu jeglicher

---

[1] Vergleiche § 28 Abs. 1 Nr. 1 BDSG.

anderen Art wie beispielsweise von Tests innerhalb der IT-Systeme [Li11]. Eine Nutzung eines vorhandenen Datensatzes in einer Testumgebung, die nicht dieselben Sicherheitsstandards und Datenschutzanforderungen erfüllt wie die Produktivumgebung, ist nur zulässig, wenn er keine Rückschlüsse auf einzelne Personen zulässt. Verschiedene Methoden, die einen solchen Datensatz erzeugen, werden im folgenden Abschnitt vorgestellt.

Der Beitrag gliedert sich wie folgt. Im Abschnitt 2 werden verschiedene Datenkategorien vorgestellt und deren Eigenschaften miteinander verglichen. Daten für den Test werden im Abschnitt 3 diskutiert. Dabei wird in 3.1 auf die Datenschutz- und Sicherheitsanforderungen an Testumgebungen eingegangen. Anforderungen an Testdaten werden im Abschnitt 3.2 diskutiert. Methoden zur Anonymisierung und Pseudonymisierung sind im Abschnitt 3.3 im Fokus und werden vorgestellt sowie mittels Beispielen verdeutlicht. Abschnitt 3.4 stellt einen Grobprozess zur Anonymisierung vor, wobei neben technischen auch organisatorische Aspekte betrachtet werden. Abschnitt 4 reflektiert Erfahrungen, die in verschiedenen Anonymisierungsprojekten gesammelt wurden. Der Beitrag endet im Abschnitt 5 mit einer Zusammenfassung und einem Ausblick.

2 Datenkategorien

In der Literatur [CC10, DT11, GoSc10] wird zwischen vier Datenkategorien unterschieden. Diese vier Datenkategorien werden im Folgenden zusammengefasst, genauer beschrieben und deren Unterschiede hervorgehoben.

- **Synthetische Daten**: Diese Daten werden künstlich erzeugt und haben keinen direkten Bezug zur Realität. Die Datenquelle darf keinen natürlichen Ursprung haben.
- **Anonymisierte Daten:** Im § 3 Abs. 6 BDSG ist die Anonymisierung „das Verändern der Originaldaten derart, dass die Einzelangaben über persönliche oder sachliche Verhältnisse nicht oder nur mit einem unverhältnismäßig hohen Aufwand einer natürlichen Person zugeordnet werden können." [GoSc10]. Diese Daten werden durch den Prozess der Anonymisierung (siehe Abschnitt 3.4) aus Produktivdaten gewonnen. Die Datenquelle ist natürlichen Ursprungs. Durch eine Anonymisierung werden die Daten so verändert, dass diese Daten nicht mehr personenbezogen sind und damit auch nicht mehr den gesetzlichen Datenschutzregelungen unterfallen.
- **Pseudonymisierte Daten**: Nach § 3 Abs. 6a BDSG ist die Pseudonymisierung „das Ersetzen des Namens und anderer Identifikationsmerkmale durch einen Kennzeichner zu dem Zweck, die Bestimmung des Betroffenen auszuschließen oder wesentlich zu erschweren." [GoSc10]. Diese Daten werden durch den Prozess der Pseudonymisierung (siehe Abschnitt 3.4) aus Produktivdaten gewonnen. Dabei ist die Datenquelle natürlichen Ursprungs. Weiterhin gibt es mindestens eine Zuordnungsregel, die einem Originalwert ein Pseudonym zuordnet. Durch diese Zuordnungsregel sind die Daten nicht anonym.
- **Produktivdaten**: Die Wirkdaten sind die realen, schützenswerten und unveränderten Daten eines Unternehmens bzw. einer Behörde. Diese Daten werden oftmals auch Echtdaten, Originaldaten oder Wirkdatendaten genannt.

Synthetische Daten werden nach gegebenen Anforderungen an die Inhalte der Daten künstlich erzeugt und haben keinen Bezug zur Realität. Sie werden nach zuvor definierten Erzeugungsregeln generiert. Einfache synthetische Daten am Beispiel „Namen" können dabei Mustermann01, Mustermann02, etc. sein. Bei anonymisierten Daten werden Originaldaten als

Datenquelle benötigt und anhand zuvor definierter Anonymisierungsregeln verändert. Bei dieser Veränderung muss der Bezug zu den Originaldaten so aufgelöst werden, dass ein Rückschluss bzw. eine Rücktransformation auf die Originaldaten nicht bzw. nur mit hohem Aufwand möglich ist. Bei pseudonymisierten Daten hingegen können teilweise dieselben Methoden zur Datenveränderung verwendet werden wie bei der Anonymisierung. Jedoch existiert bei pseudonymisierten Daten mindestens eine Zuordnungsregel, welche aus dem veränderten Datenbestand wieder auf die Originaldaten schließen lässt. Für diese Zuordnung werden die folgenden verschieden Begriffe verwendet, welche gleichbedeutend bei der Anonymisierung und Pseudonymisierung verwendet werden: Zuordnungsregel, Umsetzungstabelle, Lookuptabelle, Pseudonymisierungsschlüssel, Umschlüsselungstabelle oder Maskierungstabelle. In diesem Beitrag wird der Begriff Lookuptabelle verwendet. Lookuptabellen dienen zur praktischen Umsetzung der Methoden und dazu, diese zur Vermeidung aufwändiger Berechnungen oder hohen Speicherverbrauchs zur Nutzung vorzuhalten. Durch Verwendung der Lookuptabellen und das systematische Ersetzen der Originalwerte durch ihre Pseudonyme werden die gesamten Datensätze pseudonymisiert. Durch eine sichere Aufbewahrung oder gar Vernichtung der Lookuptabellen kann von einer Anonymisierung ausgegangen werden, auch wenn vorher pseudonymisiert wurde. Aus diesem Grund werden pseudonymisierte Daten nochmals dahingehend unterschieden, ob ein Zugriff auf die Lookuptabellen möglich ist oder nicht.

Schützenswerte Produktivdaten sind Informationen, welche zum Einen personenbezogende Daten enthalten und dadurch dem Datenschutzgesetz unterliegen [GoSc10]. Zum Anderen können schützenswerte Produktivdaten unternehmenskritische Informationen enthalten, welche bei Bekanntwerden für unberechtigte Dritte (bspw. Konkurrenz) einen Schaden für das jeweilige Unternehmen darstellen.

Wird der Fokus auf exemplarisch ausgewählte Eigenschaften [DT11] der Datenkategorien gerichtet, ergeben sich daraus die im Folgenden vorgestellten und diskutierten Punkte im Vergleich zu den Originaldaten:

- Schutzwürdigkeit: Die Schutzwürdigkeit der Informationen ist bei Produktivdaten sowie Pseudonymisierungsschlüsseln (Lookuptabellen) relevant. Hier gelten besondere Anforderungen (siehe Abschnitt 3.2). Synthetische, anonymisierte und pseudonymisierte Daten (ohne Zugriffsmöglichkeit auf die Lookuptabellen) sind nicht mehr schützenswert und können frei verwendet werden.

- Datenquelle: Die Datenquelle ist für synthetische Daten künstlich. Das bedeutet, dass hier frei wählbare Eingangswerte bei der Datenerzeugung verwendet werden. Bei der Anonymisierung und Pseudonymisierung werden Produktivdaten als Eingangswerte genutzt.

- Datenqualität: Die Datenqualität gibt Auskunft darüber, inwieweit bei der jeweiligen Datennutzung die Testergebnisse dem entsprechen, als würde mit Produktivdaten getestet werden. Dabei haben unsere Erfahrungen gezeigt, dass Testergebnisse mit anonymisierten oder pseudonymisierten Testdaten sehr nah an den Testergebnissen mit Produktivdaten sein können. Synthetische Daten können, je nach verwendeter Testart [SpLi10], auch nah an den Testergebnissen mit Produktivdaten sein.

- Datenkomplexität: Die Datenkomplexität gibt Auskunft darüber, wie stark die Daten untereinander abhängig sind und miteinander bedingen. So können bspw. Kunden mit Produkten, Verträgen, Bankinformationen und Rechnungen in einem System angelegt sein. Je höher die Datenkomplexität, desto mehr Abhängigkeiten gibt es zwischen den Daten in einem oder in mehreren IT-Systemen.

- Aufwand bei der Datenerzeugung: Die Datenerzeugung kann bei synthetischen Daten sehr einfach und schnell sein, wenn die Datenkomplexität gering ist. Bei anonymisierten und pseudonymisierten Daten hängt der Aufwand primär von den Methoden (siehe Abschnitt 3.3) und somit dem Regelwerk ab.
- Mengengerüst: Das Mengengerüst reflektiert die Mengenverteilung verglichen zwischen dem Produktivdatenbestand und den erzeugten Daten. Dabei haben sich, je nach Anforderung, zwei Sichtweisen etabliert. Einerseits wird das Verhältnis von Attributen betrachtet. Hier wird bspw. an die Häufigkeit von Namen gedacht. Andererseits wird mit dem Mengengerüst die Nutzung von Speicher betrachtet. Hier ist bspw. die Länge von Attributen gemeint, welche sich bei der Synthetisierung, Anonymisierung und Pseudonymisierung ändern kann.

In der folgenden Tabelle 1 sind die vorgestellten Eigenschaften zusammengefasst dargestellt und bewertet. Dabei sind die bewerteten Eigenschaften bei den synthetischen Daten mit geringem Erzeugungsaufwand betrachtet.

Tab. 1: Eigenschaften der Datenkategorien

	Synthetische Daten	Anonymisierte Daten	Pseudonymisierte Daten		Produktivdaten
			Zugriff auf Lookuptabelle nicht möglich	Zugriff auf Lookuptabelle möglich	
Schutzwürdigkeit der Daten	Nein	Nein	Nein	Ja (Lookuptabellen)	Ja
Datenquelle	künstlich	Original			
Datenqualität	mittel	sehr nah an den Produktivdaten			gleich
Datenkomplexität	mittel	den Produktivdaten identisch			
Aufwand bei der Erzeugung	gering	je nach Regelwerk gering bis hoch			keiner
Mengengerüst	gering	den Produktivdaten identisch			

Für Tests sollte der Reihenfolge nach geprüft werden, ob synthetische, anonymisierte oder pseudonymisierte Daten verwendet werden können. Sollten auch pseudonymisierte Daten den Ansprüchen der Tests nicht genügen, können unter entsprechenden Voraussetzungen und Anforderungen auch Produktivdaten genutzt werden.

3 Daten für den Test

Damit in Deutschland gesetzeskonform mit Testdaten gearbeitet werden kann, gibt es Anforderungen, die eingehalten werden müssen. Weiterhin gibt es verschiedene Methoden bei den Prozessen der Anonymisierung und Pseudonymisierung, welche in den folgenden Abschnitten mit den Anforderungen zusammengefasst und beschrieben werden.

3.1 Anforderungen an Testumgebungen

In diesem Abschnitt werden die Sicherheits- und Datenschutzanforderungen an die Testumgebungen beschrieben. Dabei wird unterschieden, ob schützenswerte Daten (Produktivdaten) vorhanden sind oder ob die verwendeten Testdaten nicht mehr schützenswert sind, da synthetische oder anonymisierte bzw. pseudonymisierte Testdaten verwendet werden.

Für Testumgebungen, welche nur mit Produktivdaten funktionsfähig eingesetzt werden können, müssen dieselben Datenschutz- und Sicherheitsanforderungen wie bei dem Produktivsystem gelten. In der folgenden Aufzählung sind die relevanten Anforderungen [CC10, DT11] aufgelistet.

- Nachweis der Datennotwendigkeit: es muss nachgewiesen werden, dass die Testdurchführung nur mit Produktivdaten möglich ist und diese zur Aufrechterhaltung des Betriebs und zur Erfüllung der Verträge zwingend notwendig sind.
- Einschränkungen im Near-/Offshore: Eine Near- oder Offshore Fähigkeit ist durch den Einsatz von Produktivdaten nicht mehr möglich. Geregelt ist dies durch die Gesetzeslage im BDSG [GoSc10] und die EG Datenschutzrichtline [EhHe99].
- Protokollierung und Monitoring: Eine Protokollierung und ein Monitoring bzgl. Zugriff und ggf. Veränderung der Daten muss vorhanden sein, damit eine Kontrolle und Rückverfolgbarkeit der Datenmanipulation und des Datenflusses möglich ist.
- Berechtigungsregelungen: Es müssen Berechtigungen definiert und umgesetzt sein, damit minimale Zugriffe auf die Daten gewährleistet werden können (need to know Prinzip).
- Zutrittskontrolle: Der Zutritt zu den Räumen, in welchen die Hardware steht, die die Daten verarbeitet, muss geregelt und kontrolliert sein. Unberechtigte Personen dürfen keinen Zutritt zu den Serverräumen erhalten.
- Zugangskontrolle: Der Zugang zu den IT-Systemen, die die Daten verarbeiten, muss geregelt und kontrolliert sein. Unberechtigte Personen dürfen keinen Zugang zu den IT-Systemen erhalten.
- Zugriffskontrolle: Der Zugriff auf die Daten die verarbeiten werden, muss geregelt und kontrolliert sein. Unberechtigte Personen dürfen keinen Zugriff auf die Daten erhalten.
- Schnittstellenanforderungen: Es gibt erhöhte Anforderungen an die Schnittstellen, da diese nur zu IT-Systemen existieren dürfen, wenn die angebundenen IT-Systeme mindestens das selbe Datenschutz- und Sicherheitsniveau haben, wie die jeweils betrachtete Umgebung.

Die hohen Anforderungen zur Einhaltung des Datenschutz- und Sicherheitsniveaus verursachen hohe Anschaffungs- und Betriebskosten. Zur Reduzierung dieser Kosten und zur Senkung der Datenschutz- und Sicherheitsanforderungen an die Testumgebung, müssen die zuvor betrachteten Produktivdaten durch synthetische, anonymisierte oder pseudonymisierte Daten ausgetauscht werden. Ist dies der Fall, so gelten die in der folgenden Aufzählung aufgelisteten Anforderungen an die Testumgebung ohne Produktivdaten.

- Nur synthetische, anonymisierte oder pseudonymisierte Daten kommen zum Einsatz
- Keine weiteren schützenswerten Informationen in der Testumgebung
- Keine Schnittstelle zu IT-Systemen mit Produktivdaten (IT-technische Trennung) damit kein Zugriff auf Produktivdaten möglich ist.

Die finanziellen Auswirkungen von Umgebungen mit bzw. ohne Wirkdaten sowie die Datenerzeugung unterscheiden sich durch die in der folgenden Tabelle 2 exemplarisch ausgewählten und aufgezeigten Eigenschaften. Dabei sind die Anschaffungskosten für die Hardware, auf der die Tests durchgeführt werden sollen, unabhängig von den später verwendeten Testdaten zu sehen. Die Unterschiede ergeben sich einerseits durch die Betriebskosten der jeweiligen IT-Umgebung und andererseits durch eine notwendige Testdatenerzeugung und damit verbundenes Testdatenmanagement. Bei der Verwendung von Produktivdaten müssen die hohen Anforderungen an den Datenschutz und die IT-Sicherheit sowie die Rahmenbedingungen eingehalten werden. Dies verursacht im Vergleich zur Nutzung von synthetischen, anonymisierten oder pseudonymisierten Testdaten recht hohe Betriebskosten. Im Gegensatz dazu entstehen durch die Erzeugung bzw. Generierung von synthetischen, anonymisierten oder pseudonymisierten Daten Aufwände, welche bei der Verwendung von Produktivdaten nicht entstehen.

Tab. 2: Finanzieller Vergleich zwischen Umgebungen mit und ohne Produktivdaten

	Testumgebung	
	Mit Produktivdaten	Ohne Produktivdaten
Anschaffungskosten	Kein Unterschied	
Betriebskosten	Sehr hoch	Gering
Datenerzeugung	Keine	Aufwand durch Datenerzeugung

Die finanziellen Vor- und Nachteile sollten gegenübergestellt werden. Weiterhin sollten bei einer Entscheidungsfindung auch die Gesetzesanforderungen im Fokus sein, da diese eingehalten werden müssen.

3.2 Anforderungen an die Testdaten

Neben Anforderungen an die Testumgebung sollten folgende Anforderungen für den Einsatz von synthetischen, anonymisierten oder pseudonymisierten Testdaten umgesetzt werden:

- Synthetische, anonymisierte oder pseudonymisierte Daten sind derart zu kennzeichnen, dass erkennbar ist, dass es sich **nicht** um Produktivdaten handelt.
- Der Aufwand bei der Wiederherstellung der originalen Information aus den anonymisierten/pseudonymisierten Daten muss **unverhältnismäßig groß** sein.

Eine Kennzeichnung der Daten, wie in der ersten Anforderung beschrieben, bewahrt ein Unternehmen oder eine Behörde vor möglichen Falschinformationen in der Presse. Das folgende kurze Beispiel soll dies verdeutlichen. Daten eines Unternehmens oder einer Behörde gelangen an die Öffentlichkeit. Ohne Kennzeichnung würde der Finder/die Presse davon ausgehen, dass es sich um Produktivdaten handelt und entsprechend das Unternehmen/die Behörde bzgl. der Datenschutzprobleme kritisieren. Mit Kennzeichnung hingegen, erkennt der Finder/die Presse, dass es sich nicht um Produktivdaten handelt und einer Kritisierung wird vorgebeugt. In Tabelle 3 sind exemplarisch ausgewählte Beispiele von Markierungen zu sehen, welche eingesetzt, variiert und kombiniert werden können. Wichtig dabei ist es, dass mindestens eine Markierung pro Datensatz vorhanden ist.

Tab. 3: Vorschläge zur Markierung der Datensätze

Attribut	Markierungsmöglichkeit
Textattribute: Name, Vorname, Straße	• Anhängen von „_XX" an ein anonymisiertes Datum • Setzen der letzten 3 Zeichen auf „xxx" • Alle Werte sind gleich
Zahlenattribute: Tel.-Nr. Geb.-Datum	• Setzen der letzten 2 Stellen auf 99 • Alle Werte sind gleich

Von einem unverhältnismäßig großen Aufwand, wie in der zweiten Anforderung gefordert, ist auszugehen, wenn es für die verantwortliche Stelle mit weniger Aufwand verbunden ist, eine erneute Datenerhebung durchzuführen, anstatt die Wiederherstellung des Personenbezugs (Rückzuordnung) der anonymisierten Daten zu betreiben.

3.3 Methoden zur Anonymisierung/Pseudonymisierung

Damit die beschrieben Sicherheits- und Datenschutzanforderungen an die Testdaten erfolgreich umgesetzt werden können, werden in diesem Abschnitt Methoden zur Anonymisierung und Pseudonymisierung vorgestellt [CC10, DT11] und deren Vor- und Nachteile diskutiert.

Zur Veränderung von Daten können verschiedene Methoden, welche in der folgenden Aufzählung zusammengefasst sind, angewandt werden. Die Methoden können durch direkte Manipulation in der Datenbank oder über Anwendung der Methoden mittels Lookuptabellen umgesetzt werden.

- **Nichtangabe**: Die Nichtangabe bedeutet, dass das zu schützende Datum gar nicht verwendet wird, wodurch erreicht wird, dass Daten weggelassen werden (z. B. durch Streichung oder Nicht-Exportieren von Spalten einer Tabelle einer Datenbank oder durch Löschung). Wenn es keine genaue Definition gibt, zu welchem Zweck die Daten benutzt werden, gibt es keine Rechtfertigung, diese einer Verarbeitungsinstanz zur Verfügung zu stellen.

- **Maskierung/Ersetzung**: Das ist das Ersetzen der ursprünglichen Daten mit einem konstanten oder sich ändernden Wert, Zeichen oder Zeichenkette.

- **Mischung/Shuffling**: Hierbei werden Datensätze miteinander „verwürfelt" bzw. die enthaltenen Daten zwischen den Datensätzen getauscht. Es ist zu beachten, dass eindeutige Informationen (bspw. Telefonnummer oder Kreditkartennummer) nicht einfach getauscht, sondern zusätzlich noch mit einer weiteren Methode verfremdet werden müssen, damit der Personenbezug aufgelöst wird. Zudem ist jeweils zu prüfen, ob zufällig dasselbe Datum gezogen wird, welches eigentlich verfremdet werden soll. Diese Methode darf nur bei entsprechend großer Menge (> 5 [DT11]) angewandt werden.

- **Varianzen**: Hierbei werden Daten, die auf Zahlen basieren so verfremdet, dass diese Zahlenwerte in festgelegten Streuungsintervallen verändert werden. Dabei wird das Streuungsintervall zufällig erhöht oder verringert.

- **Kryptographische Methoden**: Bei dieser Methode kommen meist Verschlüsselungs- oder Hashalgorithmen zum Einsatz. Dabei ist zu beachten, dass bei der „Anonymisierung" die Eigenschaften Blocklänge, Ausgabealphabet und Kollisionen der kryptographischen Methoden Auswirkungen auf das Ergebnis der Anonymisierung haben können. Diese Auswirkungen hängen vom verwendeten kryptographischen Algorithmus

Anonymisierung/Pseudonymisierung von Daten für den Test 155

und dessen Parametern ab. Vor der Verwendung von kryptographischen Methoden zur Anonymisierung sind deren Anforderungen und Auswirkungen genau zu prüfen.

Bei der Unterscheidung, ob eine Methode anonymisiert oder pseudonymisiert, verdeutlicht die Tabelle 4 dies im Bezug zu den vorgestellten Methoden:

Tab. 4: Methodenvergleich: Anonymisierung vs. Pseudonymisierung

Methode	Anonymisierung	Pseudonymisierung
Nichtangabe	• kein Export aus den Produktivdaten • entspricht Ersetzung mit NULL	• keine Pseudonymisierung möglich
Ersetzen	• mit gleichbleibendem Wert • mit sich erhöhendem Wert • zufällige Mischung (Initialisierungsschlüssel vernichtet)	• anhand eines Schemas • pseudozufällige Ersetzung (schlüsselabhängig)
Mischen	• zufällige Mischung (Initialisierungsschlüssel vernichtet)	• pseudozufällige Mischung (schlüsselabhängig)
Varianzen	• Varianz ist ausreichend groß	• schlüsselabhängige Abweichung wird aufbewahrt
Kryptographie[2]	• Schlüssel wird vernichtet • Verfahren ist nicht invertierbar	• Schlüssel wird sicher aufbewahrt

Im Folgenden werden exemplarische Anonymisierungs- bzw. Pseudonymisierungsregeln mit verschiedenen Beispielen vorgestellt. Diese Beispiele verdeutlichen, wie verschiedene Attribute derart verändert werden können, dass diese nicht mehr schützenswert sind und für Tests genutzt werden dürfen.

Dabei ist jeweils projektbedingt zu prüfen, ob ein Attribut wie vorgeschlagen verändert werden kann oder nicht. Weiterhin sollten so viele Attribute wie möglich mit einer Markierung versehen werden, sodass leicht erkennbar ist, dass es sich bei den Daten nicht um Produktivdaten handelt.

Es sei angemerkt, dass die Beispiele in der Tabelle 5 nur als Beispiele dienen und entsprechend variiert werden können.

---

[2] Diese Methode kann auch als „Ersetzen" betrachtet werden, wenn die ersetzende Zeichenfolge durch einen kryptographischen Algorithmus erzeugt wird.

Tab. 5: Beispiele zur Anonymisierung und Pseudonymisierung

Attribut	Vorschlag der Regel	Alter Wert	Neuer Wert
Nummer	Neuvergabe der letzten 4 Stellen	1234567890	1234561111
		212345678	212341234
	Ersetzung der Kundennummer durch Zufallszahlen. Da hierdurch neue gültige Kundennummern entstehen können, sind diese extra zu kennzeichnen.	1234567890	47110815XX
		212345678	24711815XX
	Nutzung einer Varianz von bspw. ± ≤10%	23.000 €	25.100 €
		24.000 €	23.900 €
		25.000 €	26.800 €
	Löschung	25.000 €	(NULL)
Name	Neuvergabe über Tabelle	Müller	Lang_Muster
		Lang	Sousa_Muster
	Ersetzung durch festen Namen	Müller	Mustermann
		Lang	Mustermann
	Ersetzung durch festen Namen mit laufender Nummer	Müller	Mustermann_01
		Lang	Mustermann_02
Postleitzahl	Neuvergabe der letzten 2 Stellen über Umsetzungstabelle	01129	01111
	Ersetzen der letzten beiden Stellen durch festen Wert	01129	01199
		39114	34199
Geburtsdatum	Setzen von Tag und Monat auf festen Wert	30.05.1991	01.01.1991
	Setzen des Geburtsdatums auf festen Dummy-Wert	30.05.1991	01.01.1111
Email-Adresse	Löschen	lang@dtag.de	(NULL)
	Ersetzen durch festen Dummy-Wert	lang@dtag.de	max@muster.de
Religion	Ersetzen durch festen Dummy-Wert	Katholisch	Dummyreligion

Die aufgezeigten Beispielattribute sollen dazu motivieren, andere Attribute nach ähnlichen Mustern zu anonymisieren bzw. zu pseudonymisieren. Je nach Kritikalität sollte ein Löschen oder Ersetzen durch einen Festwert oder Dummy-Wert bevorzugt genutzt werden. Wichtig ist in diesem Zusammenhang immer, dass die entsprechende Regel für alle Attribute des Produktivdatenbestandes verändert wird.

3.4 Grobprozess zur Anonymisierung/Pseudonymisierung

In diesem Abschnitt wird auf den in Projekten verwendeten Grobprozess der Anonymisierung und Pseudonymisierung von Daten für den Test eingegangen. Neben den technischen Prozessschritten stehen auch organisatorische Rahmenbedingungen im Fokus.

Das bisher in Projekten genutzte Vorgehen zur Realisierung ist in Abbildung schematisch dargestellt. Generelle Grundvoraussetzung ist die Identifizierung der zu anonymisierenden Datenbestände (IT-Systeme), welche später zu Testzwecken verwendet werden sollen. Hier ist eine Begründung der zu verwendenden Datenkategorie notwendig. Ziel dieser Begründung ist eine kritische Hinterfragung, ob mit synthetischen Daten gearbeitet werden kann. Ist dies mit entsprechender Begründung nicht möglich, sollten anonymisierte Daten genutzt werden. Ist auch dies nicht möglich, sollten pseudonymisierte, bzw. in letzter Konsequenz Produktivdaten für den Testzweck in Frage kommen. Anschließend werden die Datenfelder identifiziert, die schützenswerte Informationen beinhalten. Zu diesen identifizierten Attributen wird ein Regelwerk konzipiert, welches mit dem Datenschutzkoordinator abgestimmt werden muss. Danach wird ein Werkzeug zur späteren Umsetzung herangezogen. Nun muss der Prozess für das betroffene IT-System dokumentiert werden. Inhaltich wird dabei beispielsweise festgehalten wie der Produktivdatenabzug erfolgt. In parallelen Schritten werden dann einerseits die Sicherheits- und Datenschutzkonzepte (SiKo und DSK) angepasst, und andererseits beginnt die Implementierung und Durchführung der Anonymisierung. Dabei findet eine ständige Qualitätssicherung statt. Am Ende steht der anonymisierte Datenbestand dem IT-Projekt zur Verfügung. Die in dem grauen Bereich dargestellten Prozessschritte befinden sich in einem immer wiederkehrenden Zyklus, welcher bei der Wartung der Anonymisierung immer wieder durchlaufen werden müssen.

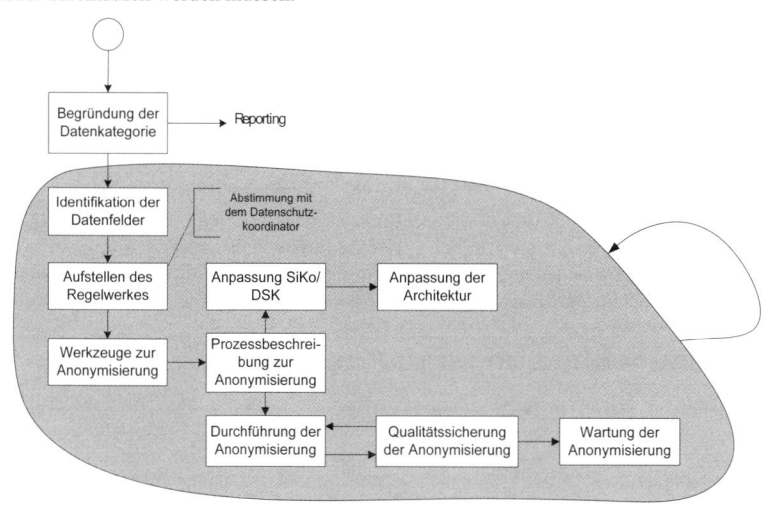

Abb. 1: Grobprozess zur Anonymisierung und Pseudonymisierung

Bei diesen Prozessen handelt es sich nicht um einen einmaligen, sondern um einen fortwährenden Prozess beim Bereitstellen von anonymisierten Testdaten. Diese Prozesse sollten regelmäßig auf ihre Wirksamkeit kontrolliert werden.

4 Praktische Umsetzung

Im Rahmen von mehreren Anonymisierungsprojekten sowie Unterstützungsleistungen bei Kunden konnten verschiedene Erfahrungen auf technischer und organisatorischer Ebene gesammelt werden. Diese Erfahrungen sind im Folgenden überblicksartig zusammengefasst.

- Technische Betrachtung:
    - Anonymisierungsprojekte lassen sich schwer verallgemeinern, da oftmals unterschiedliche Attribute gegeben und die Anforderungen an die Attribute verschieden sind.
    - Es gibt zwischen den verschiedenen Anonymisierungsprojekten unterschiedliche Abhängigkeiten und Schnittstellen des IT-Systems oder IT-Verbundes, die berücksichtigt werden müssen.
    - Die Methoden zur Anonymisierung/Pseudonymisierung sind die gleichen. Lediglich die Parameter der Methoden variieren und die daraus resultierende Implementierung.
- Organisatorische Betrachtung:
    - Die Umsetzung eines Anonymisierungsprojektes kostet Zeit und muss beim Testmanagement mit berücksichtigt werden.
    - Eine vorherige Anforderungsanalyse bereitet den Weg zur Umsetzung und sensibilisiert bereits in einer frühen Phase der betroffenen Fachbereiche.
    - Anonymisierung ist ein immer wiederkehrender Prozessschritt, welcher in den jeweiligen Projektphasen mit berücksichtigt werden sollte.
    - In frühen Projektphasen müssen die Zielsetzungen und Systeme ermittelt werden, damit frühzeitig der Einsatz von unterstützenden Werkzeugen evaluiert und in den Budgetplanungen berücksichtigt werden kann.
    - Die mit der Anonymisierung von Testdaten einhergehende begleitenden Prozess- und Dokumentationsanpassungen sind nicht zu vernachlässigen.

Dabei sei angemerkt, dass die bisher durchgeführten Anonymisierungsprojekte unter anderen mit ihren Anforderungen an die Attribute, Datenbanken und Schnittstellen zu anderen IT-Systemen immer verschieden waren. Dies führte dazu, dass die Anonymisierungsprojekte immer unterschiedliche Laufzeiten (von 3 bis 18 Monate) hatten.

5 Zusammenfassung und Ausblick

Dieser Beitrag betrachtete die Datenschutz- und Sicherheitsanforderungen an nichtproduktive IT-Systeme. Dabei standen die verwendeten Testdaten, welche kategorisiert und diskutiert wurden, im Vordergrund. Eine Nutzung der Produktivdaten in den betrachteten IT-Systemen ist datenschutzrechtlich bedenklich und birgt stark erhöhte Risiken von möglichen Datenschutzverstößen und Datenverlusten mit daraus resultierenden Imageschäden. Aus diesem Grund sollten synthetische, anonymisierte oder pseudonymisierte Testdaten zum Einsatz kommen. Die jeweiligen Unterschiede sind überblicksartig zusammengefasst, verglichen und diskutiert worden. Des Weiteren wurde der Grobprozess der Anonymisierung sowie die verwendeten Methoden beschrieben und anhand von Beispielen verdeutlicht. Darüber hinaus ist der praktische Einsatz anhand einer groben Prozessbeschreibung zur Anonymisierung inkl. des Vorgehens anhand von gesammelten Projekterfahrungen dargestellt.

In zukünftigen Projekten werden weitere praktische Erfahrungen gesammelt und die Praktikabilität der verschiedenen Methoden genauer untersucht. Weiterhin wäre denkbar, die Parameter der Methoden hinsichtlich der Auswirkungen auf die Anonymisierung und Pseudonymisierung zu untersuchen und zu klassifizieren. Außerdem können die Anonymisierungsmethoden mit ihren Parametern, der Grobprozess zur Anonymisierung und die Möglichkeiten zur Markierung detaillierter untersucht werden. Weiterhin wäre denkbar, die Metadaten der Produktivdaten (Verteilung von schützenswerten Attributen, etc.) zu analysieren und zur Synthetisierung oder Anonymisierung heran zu ziehen.

Danksagung

Der Autor bedankt sich an dieser Stelle bei Group Privacy der Deutschen Telekom AG für die gemeinsame Zusammenarbeit, bei der Erstellung der Konzernrichtlinie und den vielen Diskussionen. Weiterhin gilt der Dank den Kollegen aus dem Projektfeld Data Privacy and Security der T-Systems MMS, welche bei der Erstellung dieses Beitrages durch Reviews und inspirative Diskussionen mithalfen.

Literatur

[AlHe05]   H. Alda, D. Herrlinger: LIAB-Datenhandbuch. Version 1.0, FDZ Datenreport, Nr. 07/2005; Nürnberg; 2005

[CC10]   Competence-Center Testdaten Telekom Deutschland GmbH: Leitfaden zur Nutzung von Testdaten, konzernintern veröffentlicht, 10.06.2010

[DT11]   Deutsche Telekom AG Vorstandsbereich Datenschutz, Recht und Compliance: Datenschutzanforderung: Identifikationsschutz (Anonymisierung und Pseudonymisierung) und Datenvermeidung, konzerninterne Richtlinie, 27.10.2011

[EhHe99]   E. Ehmann, M. Helfrich: EG-Datenschutzrichtlinie: Kurzkommentar; Verlag: Otto Schmidt, 1999, ISBN 3504672013

[GaLo10]   K.-U. Gawlik, R. Louis: Testdatenmanagement – datenschutzkonform, sicher, kostensenkend und qualitätsverbessernd. In: http://www.sqs.com/de/group/Download/White_Paper_Testdatenmanagement_DE.pdf, 21.05.2010

[GoSc10]   P. Gola, R. Schomerus: BDSG Bundesdatenschutzgesetz, Verlag: C.H. Beck, 10. Auflage, 2010, ISBN 978 3 406 598340

[Li11]   U. Liss: Arbeitnehmerdatenschutz in IT-Entwicklungsprojekten; Band 17; Diplomica Verlag GmbH; Hamburg 20111; 978-3-8428-0407-4

[SpLi10]   A. Spillner, T. Linz: Basiswissen Softwaretest: Aus- und Weiterbildung zum Certified Tester - Foundation Level nach ISTQB-Standard; dpunkt Verlag, 4. Auflage, 2010, ISBN 3898646242

[WSK12]   H. Wittges, S. Hecht, H. Krcmar: Ein Maßnahmenkatalog für die Datensicherheit in der ERP Anwendungsentwicklung am Beispiel von SAP ERP; online: http://wwwkrcmar.informatik.tu-muenchen.de/lehrstuhl%5C publikat.nsf/ intern01/167DB33278568A5EC125771C0027513D/, 2012

Datenschutzgerechter Authentifizierungsdienst

Thomas Mohnhaupt · Roland Krüger

secunet Security Networks AG
Thomas.Mohnhaupt@secunet.com
Roland.Krueger@secunet.com

Zusammenfassung

Web- und Cloud Dienste bieten unterschiedlichen Nutzergruppen Zugänge zu abstrahierten IT-Infrastrukturen und nachgelagerten Diensteangeboten zu wirtschaftlich komfortablen Konditionen. Allerdings wird insbesondere mit der Nutzung von Cloud Diensten eine Schatten-IT etabliert, die von einzelnen Fachabteilungen genutzt wird, sich aber dem unternehmensweiten Sicherheitsmanagement mehr und mehr entzieht. Dieser Beitrag zeigt, wie die Unternehmensführung die Kontrolle über die Nutzung von dezentralen Fachanwendungen und Cloud Diensten erreichen kann – auch über heterogene IT-Landschaften hinweg an unterschiedlichen Standorten oder komplizierten Unternehmensstrukturen. Die Lösung authega® ist eine zentrale Authentisierungsplattform, die insbesondere häufig vernachlässigte Datenschutzaspekte bei der elektronischen Anmeldung über unsichere Netze berücksichtigt. Entstanden ist die Authentisierungsplattform als Basisdienst im Bereich E-Government, so dass unterschiedliche Behörden einheitlich zentral zur Verfügung gestellte Infrastrukturkomponenten für unterschiedliche Fachanwendungen nutzen können, ohne selbst diesen Dienst betreiben zu müssen. Die Lösung authega zeigt, wie für den Einsatz von Web- und Cloud Diensten eine Verbesserung von Datenschutz und Datensicherheit erfolgreich realisiert werden kann, wenn gleichzeitig eine einfache Bedienbarkeit gewahrt bleibt und die Dienste von den Anwendern möglichst ohne technische Zusatzausrüstung genutzt werden können.

1 Das Projekt AUTHEGA

Um die Vertraulichkeit und Authentizität von Daten zu gewährleisten, müssen Fachanwendungen über sichere Mechanismen zur Registrierung und Authentifizierung ihrer Nutzer verfügen.

An dieser Stelle setzt das Projekt AUTHEGA des IT-Beauftragten (CIO) der Bayerischen Staatsregierung an. AUTHEGA steht für „**Aut**hentifizierungsdienst für **E-G**overnment-Anwendungen" und sorgt als IT-Sicherheitsplattform für eine sichere Authentifizierung und für den Online-Zugang zu den staatlichen bayerischen Verwaltungsverfahren und Portalen. Diese Verfahren erhalten damit eine technisch weit fortgeschrittene Authentifzierungslösung, die nahtlos in bestehende Software integrierbar ist und als zentraler Dienst in Anspruch genommen werden kann. Das im Herbst 2010 gestartete Projekt AUTHEGA wird von der Stabsstelle des IT-Beauftragten der Bayerischen Staatsregierung in Zusammenarbeit mit der IT-Abteilung des Bayerischen Staatsministeriums der Finanzen geleitet. Mit diesem Projekt wurden innerhalb eines Jahres die folgenden Ziele erreicht:

- Entwicklung der authega®-Plattform für die sichere Authentifizierung an Portalen und anderen eGovernment-Anwendungen.
- Betrieb dieser Plattform im staatlichen Rechenzentrum Nord in Nürnberg als zentrale Dienstleistung für alle bayerischen öffentlichen Stellen.
- Pilotierung im Rahmen eines Projekts des Landesamts für Finanzen, das sich dem Aufbau eines Mitarbeiterportals für die Beschäftigten des Freistaats Bayern widmet.

Gemäß den Anforderungen konzentriert sich das Projekt AUTHEGA im ersten Schritt auf die Bereitstellung eines Infrastruktur-Basisdienstes für die Authentifizierung und Registrierung. Zusätzlich kann der Dienst jederzeit modular um Zusatzfunktionen, wie beispielsweise eine elektronische Signatur für übermittelte Daten und Bescheide, erweitert werden. Besonders interessant ist hier die Kombination mit rollenbasierten, zentralen Signaturdiensten.

2 Die authega®-Plattform

Die authega-Plattform ist als generische Lösung auf Basis von Web-Standards für die Integration in beliebige Portale und webbasierte Fachdienste konzipiert. Die Bereitstellung performanter, skalierbarer und hochverfügbarer IT-Sicherheit gewährleistet die Plattform auf Basis der zugrundeliegenden Architektur. Das staatliche Rechenzentrum Nord in Nürnberg stellt exemplarisch die Infrastruktur für das Gesamtsystem bereit. Neben der Plattform selbst werden dabei auch weitere Dienste des Rechenzentrums, wie die zentrale Druck- und Kuvertieranlage, über standardisierte und hochperformante Schnittstellen angebunden.

Abb. 1: authega als zentrale Authentisierungsplattform

Die authega-Plattform bietet dabei folgende Mehrwerte:

- Bereitstellung einer datenschutzgerechten und mandantenfähigen zentralen Authentifizierungslösung mit Single-Sign-On- und Single-Logout-Funktionalität.

- Technische Lösung, die sich einerseits nahtlos in die Fachanwendungen integrieren lässt und andererseits für die Anwender bedienerfreundlich, in der Verwendung von Authentifizierungsmitteln flexibel und skalierbar und soweit als möglich plattformunabhängig bereitgestellt werden kann.

- Entwicklung von dezentralen authega Registrier- und Konnektorkomponenten zur Einbindung des Authentifizierungsdienstes in Fachanwendungen unter Verwendung von standardisierten Schnittstellen.

- Einbindung innovativer und neuer sicherer Registrierverfahren (z.B. zukünftig Registrierverfahren mit dem neuen Personalausweis).

- Ausbau des Authentifizierungsdienstes um weitere technische Lösungen und Sicherheitsservices (in Abhängigkeit der Anforderungen durch die Fachverfahren).

Die Technologie der authega-Plattform wurde ursprünglich als sichere Authentifizierungskomponente im Rahmen von ELSTER für das ElsterOnline-Portal[1] konzipiert und bewährt sich hier seit vielen Jahren erfolgreich.

2.1 Die Pilotanwendung

Im Rahmen der eGovernment-Initiative der Bayerischen Staatsregierung hat das Landesamt für Finanzen im Auftrag des Bayerischen Staatsministeriums der Finanzen ein Serviceportal[2] für Mitarbeiterdienste aufgebaut. Als Pilotanwendung wurde dieses Portal im Rahmen des Projekts AUTHEGA aus dem Internet zugänglich gemacht und wird nun schrittweise einem größeren Nutzerkreis geöffnet. Derzeit wird auch das Verfahren der Bayerischen Staatsbäder zur Erstellung von Gastkarten und Meldescheinen an die authega-Plattform angebunden.

Der Einsatz der authega-Plattform im Serviceportal des Landesamtes für Finanzen zeigt, dass die durch das ELSTER-Verfahren realisierten Sicherheitsmechanismen (Zwei-Faktor-Authentisierung mit vollautomatischer Registrierung und Zertifikatsverwaltung) nicht nur in der Steuerverwaltung verwendbar sind, sondern auch für andere Fachanwendungen verfügbar gemacht werden können.

Anbietern von Fachverfahren, Mitarbeiter- oder Bürgerportalen und anderen eGovernment-Anwendungen wird so nach dem Prinzip „einer für alle" ein technologisch fortschrittlicher, aber dennoch flexibel einsetzbarer Dienst zentral zur Verfügung gestellt, der nahtlos in bestehende Software integrierbar ist. Mit dem Projekt wurde insbesondere das Ziel erreicht, die aufwändige Verwaltung der über Zertifikate gesicherten Benutzerkonten unter Beachtung der Belange des Datenschutzes zu zentralisieren und so den sicheren Online-Zugang zu den staatlichen Verwaltungsverfahren und Portalen zu ermöglichen.

---

[1] https://www.elster.de/eon_home.php.
[2] https://www.lff.bayern.de/persoenlicher_bereich/allgemeine_hinweise.aspx.

3 Vorteile für Diensteanbieter und seine Anwender

3.1 Sichere Authentifizierung durch Besitz und Wissen

Durch die zertifikatsbasierte Authentifizierung[3] beim Nachweis der Identität eines Nutzers wird hohe Sicherheit für den persönlichen Zugang zur Fachanwendung erreicht. Der Anwender erhält bei der Registrierung einen nur ihm zugänglichen privaten Schlüssel (Besitz), welcher durch eine persönliche PIN (Wissen) gesichert ist. Der private Schlüssel kann als Datei am PC des Anwenders abgelegt sein (Software-Zertifikat), sich auf einem USB-Crypto-Stick oder einer Smartcard befinden. Dies ermöglicht verschiedene Anwendungsszenarien mit unterschiedlichem Schutzbedarf.

3.2 Single-Sign-On und Single-Logout

Über standardisierte Webschnittstellen (HTTPS in Verbindung mit SAML 2.0) kann eine bidirektionale Interaktion zwischen den Zugriffsverwaltungen der Webanwendungen und dem Authentifizierungsdienst erfolgen. Beim Login-Vorgang prüft authega, ob der Teilnehmer grundsätzlich berechtigt ist, an einem Fachverfahren teilzunehmen oder nicht. Auf Basis einer erfolgreichen Prüfung erzeugt authega ein Prüfergebnis in Form einer signierten SAML-2.0-Nachricht und übermittelt das Ergebnis an die Anwendung, für die sich der Teilnehmer angemeldet hat. Dort wird nach einer Signaturprüfung das Ergebnis zur Berechtigungsprüfung weitergegeben. Die Signaturprüfung stellt sicher, dass die übermittelten Prüfergebnisse nicht verfälscht werden können.

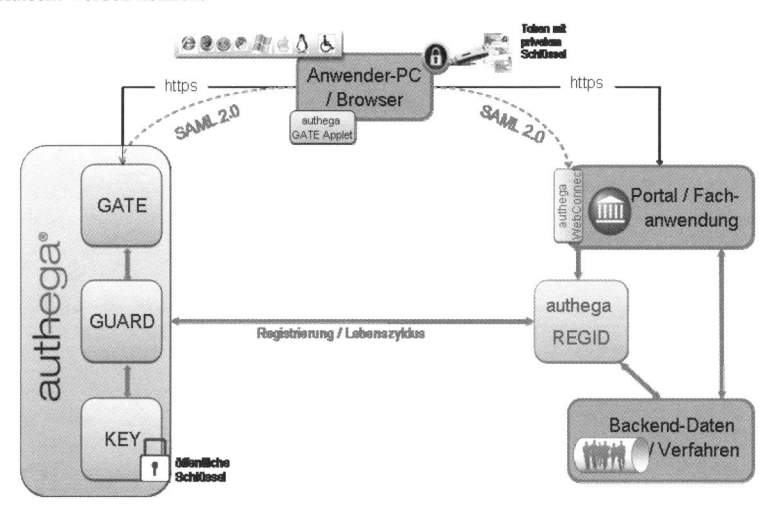

Abb. 2: Komponenten und Ablaufbeschreibung

---

[3] https://www.authega.bayern.de/authega.

authega merkt sich, dass eine erfolgreiche Sitzung existiert. Will der Teilnehmer sich in dieser Zeit an einer weiteren Webanwendung anmelden, die gleichfalls einen Authentifizierungsvorgang erfordert, meldet authega der Webanwendung automatisch und ohne Erfordernis eines erneuten Logins zurück, dass der Teilnehmer bereits erfolgreich authentifiziert ist. Somit muss er sich nur einmal authentifizieren und kann sich an allen anderen teilnehmenden Verfahren einloggen, ohne sich erneut zu authentifizieren.

3.3 Datenschutzgerechtes Design

Der Datenschutz wird im Projekt AUTHEGA groß geschrieben und ist bereits im Design der Komponenten berücksichtigt. Beispielsweise werden im Registrierungsprozess nur die zwingend erforderlichen personenbezogenen Daten der Benutzer erhoben. In den zentralen Datenbanken wird ausschließlich mit Pseudonymen (pseudonyme Account-IDNr.) gearbeitet, die nur im Fachverfahren selbst wieder einer Person zugeordnet werden können.

Die für die Authentifizierung erforderlichen Verwaltungsdaten innerhalb der Accountverwaltung des Authentifizierungsdienstes und die durch den Authentifizierungsdienst ausgegebenen Authentisierungstoken (-zertifikate) werden pseudonymisiert erzeugt, so dass Rückschlüsse auf die Personenidentität oder deren personenbezogenen Daten nicht möglich sind.

Im Rahmen der Registrierung benötigte personenbezogene Daten werden bereits auf dem PC des Benutzers (asymmetrisch) datenverschlüsselt und erst im Bereich des jeweiligen Fachverfahrens, welches die personenbezogene Identifikation durchführt, entschlüsselt.

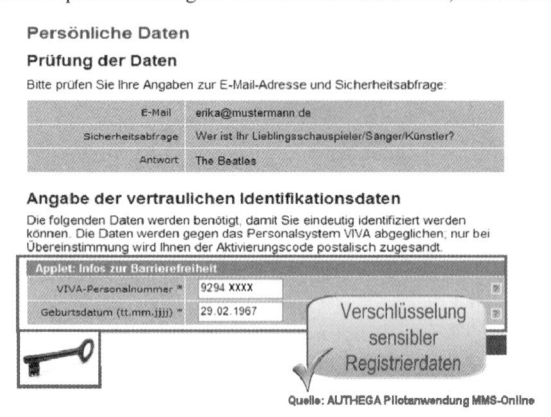

Abb. 3: authega und Registrierung

Um einen datenschutzgerechten Mandantenbetrieb innerhalb der Accountverwaltung des Authentifizierungsdienstes herzustellen, werden neben der eigentlichen Account-IDNr. des registrierten Teilnehmers pro Mandant bereichsspezifische Pseudo-IDs erzeugt, die mit der Account-IDNr. verknüpft sind. Somit kann die bereichsspezifische Pseudo-ID anstelle der Account-IDNr. bei der Registrierung oder beim Login verwendet werden.

Datenschutzgerechter Authentifizierungsdienst 165

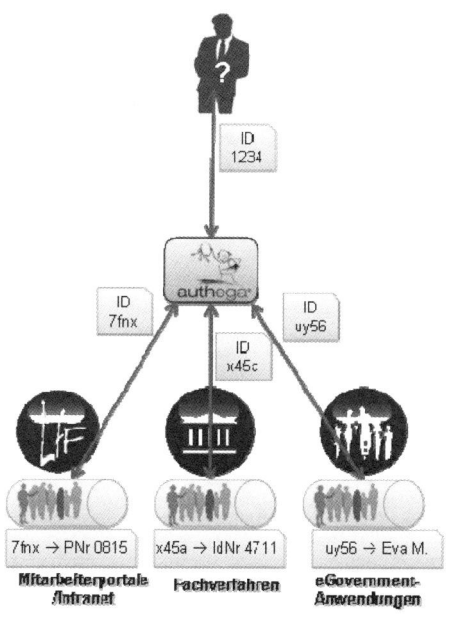

Abb. 4: authega und Pseudonyme

Die beschriebenen Mechanismen verhindern das Entstehen zentraler „Datentöpfe" und stellen sicher, dass der Abgleich der Benutzeridentität erst an der vom Benutzer gewünschten Stelle stattfindet und eine Profilbildung über unterschiedliche Identitätsprovider nicht möglich ist.

3.4 Authentifizierung, Identifizierung und Autorisierung

Unter dem Begriff Identitätsmanagement versteht man das Erheben von Identitätsdaten der Benutzer (Identifizierung) sowie die Zuweisung und Verwaltung von verschiedenen Rollen und deren Verknüpfung mit Pflichten, Verantwortungen und Rechten für den Zugriff auf Ressourcen (Autorisierung). Um in IT-Systemen Zugriff auf Ressourcen zu erhalten, muss ein Benutzer im Rahmen der Anmeldung (Login) seine Identität nachweisen (Authentifizierung).

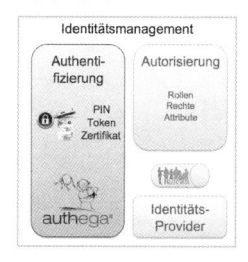

Abb. 5: Identitätsmanagement

Identitätsmanagementsysteme vereinen üblicherweise Identifizierung, Autorisierung und Authentifizierung in einem Produkt. Ein solcher Ansatz ist aber aus Best-Practice-Erwägungen zur Nutzung in unsicheren Netzen jedoch nicht ausreichend flexibel und zudem datenschutzrechtlich höchst problematisch, da personenbezogene Daten zur Identitätsverwaltung aus dem Hoheitsbereich der Behörden gegeben werden müssten.

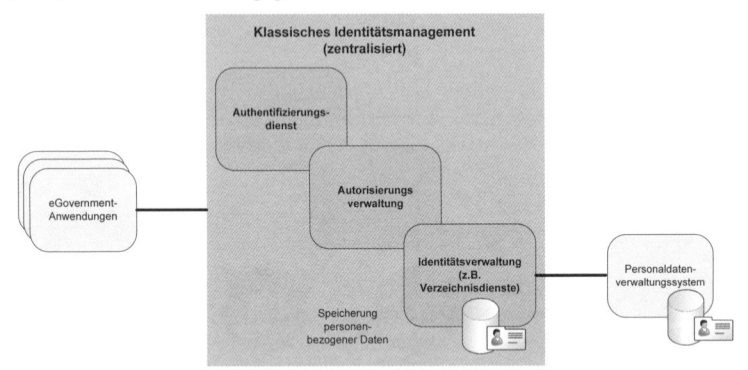

Abb. 6: authega® und die Trennung von Authentifizierung, Identifizierung und Autorisierung

Das Identitätsmanagementsystem ist zudem in der Regel bei einem aus Sicht der Fachanwendung externen Betreiber angesiedelt (Auftragsdatenverarbeitung), und die gespeicherten Daten können zu einer weitergehenden Identifizierung und Profilbildung der Nutzer führen. Mit dem Umzug von Daten und Anwendungen aus dem sicheren Behördennetzwerk in die offene Infrastruktur steigt auch das Risiko unberechtigter Zugriffe.

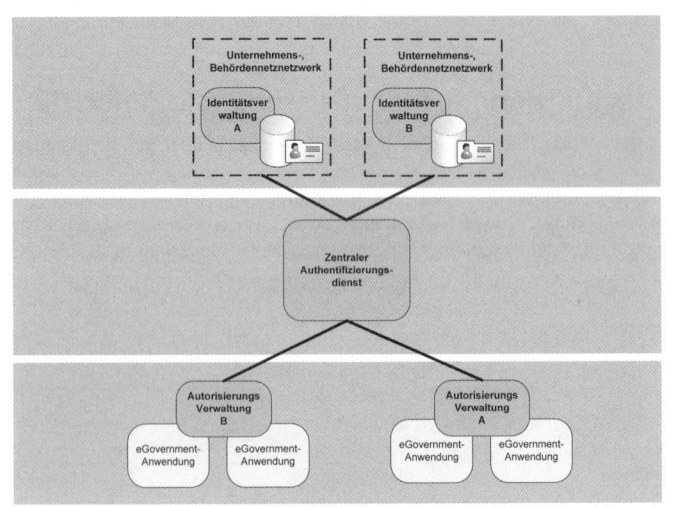

Abb. 7: authega als zentraler Authentifizierungsdienst

Das Projekt AUTHEGA sieht eine strikte Trennung von Authentifizierung, Identifizierung und Autorisierung vor. Damit wird in Übereinstimmung mit dem Datenschutz größtmögliche Flexibilität gewährleistet. Die authega Plattform übernimmt ausschließlich die Authentifizierung; Identifizierung und Autorisierung verbleiben Aufgabe der jeweiligen Fachanwendung, wobei mehrere Anwendungen, die für ihre Benutzer den gleichen Identitätsprovider heranziehen, auf eine gemeinsame Registrierung zurückgreifen können.

Es entsteht somit ein Drei-Schichten-Modell mit dem zentralen Authentifizierungsdienst, den vom jeweiligen Identitätsprovider abhängigen Registrierungsprozessen sowie den auf den Authentifizierungsdienst und die Prozesse zugreifenden Fachanwendungen:

Abb. 8: authega und die Fachverfahren

Die Plattform authega bildet dabei die unterste und zentrale Schicht, auf die alle angeschlossenen Fachverfahren zugreifen, um ihre jeweiligen Nutzer sicher zu authentifizieren.

Die zweite Schicht bildet über sogenannte authega REGIDs[4] die verschiedenen Benutzerkreise und Registrierungsprozesse ab und sorgt für die Identifizierung der Anwender.

Die verschiedenen Portale und eGovernment-Anwendungen schließlich bilden die dritte und letzte Schicht. Dort wird, den fachlichen Vorgaben der Anwendung entsprechend, die Autorisierung der Benutzer vorgenommen und deren Zugriffsmöglichkeiten gesteuert.

3.5 Sichere und automatisierte Registrierung

Mit der Plattform authega lassen sich verschiedene Registrierungsprozesse realisieren. Bei dem für die Pilotanwendung Mitarbeiterportal definierten Prozess kann die Aktivierung eines Benutzerkontos nur erfolgreich durchgeführt werden, wenn der Benutzer sowohl eine Aktivierungs-ID per E-Mail (von authega) als auch einen Aktivierungscode per Postversand an die in der authega REGID hinterlegte Adresse erhält, mit diesen „Geheimnissen" das Zertifikat aktiviert und so letztendlich seine Identität nachweist. Darüber hinaus können selbstverständlich auch andere Varianten einer sicheren Registrierung abgebildet werden, z.B. unter Nutzung des neuen Personalausweises.

---

[4] Eine von der Plattform authega bereitgestellte Komponente für die Registrierung und die Identifizierung im Datenhoheitsbereich der angebundenen Fachverfahren.

3.5.1 Aufgabenverteilung bei der Registrierung

Die Dezentralisierung des Drei-Schichten-Modells erfordert ein Umdenken in der Aufgabenwahrnehmung der Authentifizierungs-, Identifizierungs-, und Autorisierungsdienste, weg von zentral geführten Administrationsvorgängen im Registrierungsprozess, hin zu dezentral verteilten Registrierungsprozessen, die über alle Schichten und unter Einbezug des Anwenders geführt werden.

Die initiale Teilnehmerregistrierung erfolgt als zentrale Dienstleistung vom Authentifizierungsdienst. Somit werden die eGovernment-Anwendungen selbst von dieser Aufgabe entlastet.

Um Datenschutzanforderungen zu genügen, werden vertrauliche Registrierdaten für den Identitätsprovider verschlüsselt eingereicht. Der Authentifizierungsdienst muss lediglich wissen, dass eine Registrierung mit einem nicht lesbaren Datensatz eingeht. Der Authentifizierungsdienst erzeugt auf Basis der nicht lesbaren Registrierungsdaten einen pseudonymen Account (pseudonyme Account-Nummer) und kann seine Teilnehmerverwaltung also vollständig ohne personenbezogene Daten wahrnehmen. Der Account bleibt aber vorerst inaktiv, solange der Registrierungsprozess noch nicht vollständig abgeschlossen wird. Die Weiterführung des Registrierungsprozesses kann flexibel in unterschiedlichen Ausprägungen erfolgen:

3.5.2 Variante A: Aktivierungsdatenversand

Der Teilnehmer ist dem Identitätsmanagement bekannt.

Der Authentifizierungsdienst erzeugt Aktivierungsdaten für die spätere Freischaltung des Accounts und sendet Account-, Aktivierungs-, und nicht lesbare Registrierdaten über festgelegte Schnittstellen an die verantwortliche Identitätsverwaltung. Sollten personenbezogene Registrierdaten zur Aufschlüsselung erforderlich sein, werden diese so im Rahmen der Anwenderregistrierung verschlüsselt, dass nur die dezentrale Identitätsverwaltung die Daten lesen kann.

Erst die Identitätsverwaltung liest die Registrierdaten, führt eine Identifikation des Teilnehmers durch und verknüpft sie mit den Daten in der Identitätsverwaltung (z.B. mit Vor- und Zuname, Anschrift).

Die Aktivierungsdaten werden auf verschiedenen Wegen an den Teilnehmer übermittelt (in der Regel erfolgt dies per Email und per Post).

Anschließend muss der Teilnehmer die Aktivierungsdaten an den Authentifizierungsdienst übermitteln. Damit bestätigt er zweifelsfrei seine Identität.

Im Zuge dieses Prozessschrittes werden die für die Authentifizierung erforderlichen Authentifizierungstoken erzeugt und im Authentifizierungsdienst frei geschaltet.

Datenschutzgerechter Authentifizierungsdienst 169

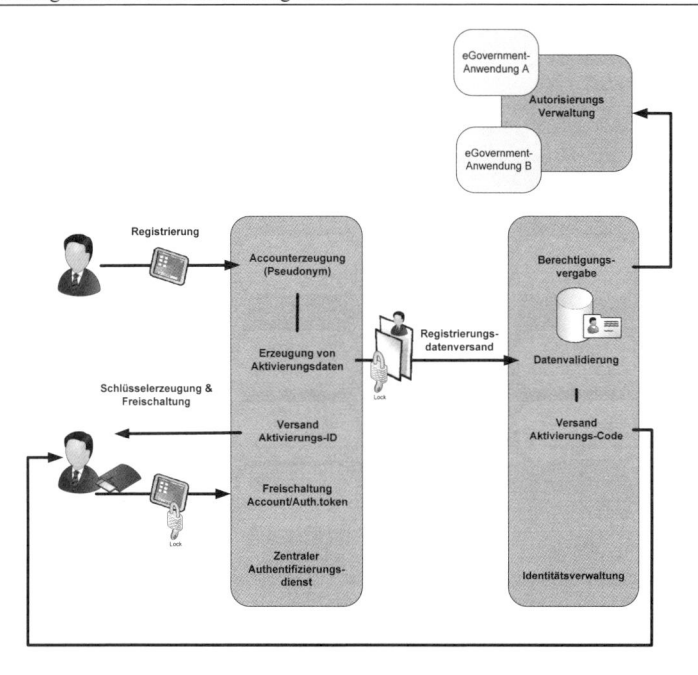

Abb. 9: Variante A: Registrierungsabschluss über Aktivierungsdatenversand

3.5.3 Variante B: Einsatz des neuen Personalausweises (nPA)

Offline-Prozeduren, wie in der ersten Registrierungsvariante dargestellt, die zur Zustellung von Aktivierungsdaten zum Beispiel das Postident-Verfahren oder den postalischen Versand benötigen, unterbrechen den digitalen Prozess und verlangsamen die Abwicklung.

Abhilfe schaffen kann zukünftig der neue Personalausweis mit seiner Funktion zum elektronischen Identitätsnachweis, die eine sichere Online-Identifizierung des Inhabers ermöglicht. Die persönlichen Daten können auf diesem Wege durch eine Behörde oder eine andere Stelle sicher über das Internet ausgelesen und zur Authentifizierung verwendet werden.

Der Registrierungsprozess wird dadurch wesentlich beschleunigt, da dem Nutzer nach erfolgreicher Identifizierung die Authentifizierungs-Zertifikate unmittelbar auf elektronischem Wege ausgestellt werden können. Der zeitaufwändige Postversand zum Versand der Aktivierungsdaten entfällt.

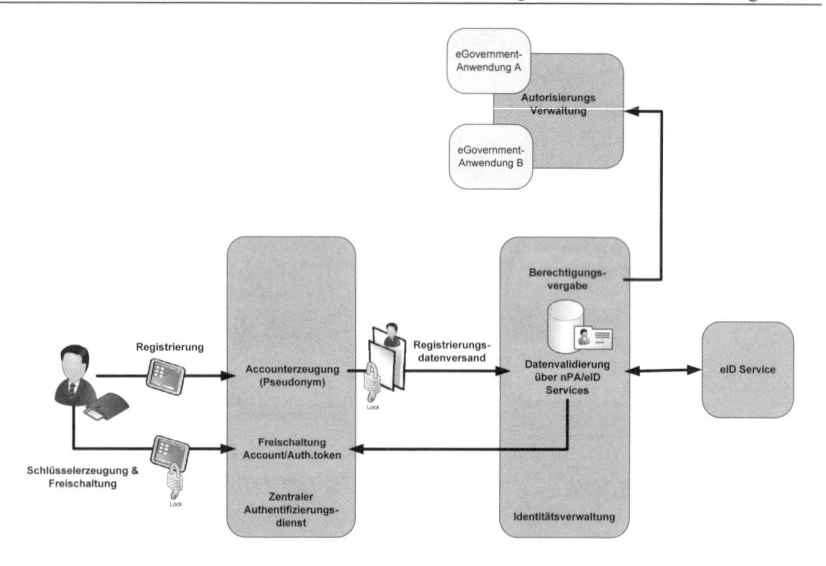

Abb. 10: Variante B: Registrierungsabschluss über Aktivierungsdatenversand

3.6 Flexible Integration

Die Plattform authega lässt sich mit jedem anderen Identitätsmanagementsystem, für jeden Benutzerkreis und damit auch in jede Single-Sign-On-Umgebung (z.b. mit SAML, Kerberos-Ticketsystem) integrieren, ohne eigene schwergewichtige Anwender-, Rechte- und Rollen-Verwaltungsstrukturen additiv in die Umgebung einzuschleusen, welche die Integration, Administrierbarkeit und das Laufzeitverhalten nur belasten würden.

Konzeptionell verfolgt das Projekt AUTHEGA den Ansatz, Funktionalitäten nur soweit zu zentralisieren, als die Flexibilität der angeschlossenen Fachverfahren und das hohe Datenschutzniveau nicht beeinträchtigt werden. Beispielsweise bleibt es den Fachverfahren zwar vorbehalten, den Registrierungsprozess selbst zu definieren, soweit aber einem Benutzerkreis verschiedene Fachverfahren angeboten werden, lassen sich sofort Synergieeffekte erzielen und die Vorteile der Single-Sign-On-Eigenschaften ausspielen.

3.7 Auf jedem PC einsetzbar

Die authega-Plattform stellt dem Anwender-PC ein barrierefreies Java-Applet bereit, das plattformunabhängig, d. h. auf allen gängigen Betriebssystemen und Browsern, ausgeführt werden kann. Die im Applet eingebettete Kryptobibliothek ermöglicht zum einen die Authentifizierung in Web-Anwendungen. Zum anderen bietet sie die Option auf Erweiterung um die elektronische Signatur oder eine anwenderindividuelle Ende-zu-Ende Verschlüsselung. Die Client-Security übernimmt die Erzeugung der Schlüssel sowie die Authentifizierung. Dies geschieht durch Abfrage an der serverseitigen Authentifizierungsprüfkomponente.

Ein Konfigurationsassistent unterstützt den Anwender bei der Validierung seiner Systemumgebung.

Konfigurations-Assistent

Die Überprüfung der Konfiguration Ihres Computers wurde soeben durchgeführt.

✓ **Voraussetzungen erfüllt**

Die Überprüfung war erfolgreich

Ihr System erfüllt die grundlegenden Voraussetzungen zur Nutzung von authega.

▶ zurück zur Registrierung

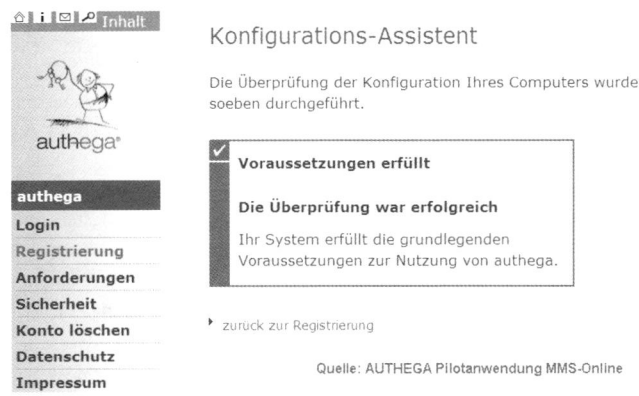

Quelle: AUTHEGA Pilotanwendung MMS-Online

Abb. 11: Der Konfigurationsassistent

Dabei werden fehlende Komponenten erkannt (z.b. eine fehlende Installation von Java) und Hinweise zur Problembeseitigung gegeben.

3.8 Sicherer Betrieb

Die Plattform wird als Dienstleistung für die bayerischen öffentlichen Stellen im staatlichen Rechenzentrum in Nürnberg betrieben und ist technisch analog zur eGovernment-Infrastruktur der Steuerverwaltung aufgebaut. Diese ist bereits nach ISO 27001 zertifiziert und trägt das Datenschutzgütesiegel des Unabhängigen Landeszentrums für Datenschutz Schleswig-Holstein. Serverseitig eingesetzte kryptographische Schlüssel werden in Hardware-Sicherheitsmodulen (HSM) gehalten, die Server sind so zuverlässig gegen Angriffe gehärtet. Jede Änderung an den Systemen wird erst nach Begutachtung durch das IT-Sicherheitsmanagement zugelassen. Sämtliche Komponenten werden redundant in getrennten Brandschutzzonen aufgebaut, wodurch eine sehr hohe Ausfallsicherheit gewährleistet ist.

3.9 Umfassend erweiterbar

Für die Pilotanwendung im Mitarbeiterportal wird authega für die sichere Authentifizierung beim Login eingesetzt. Die Einsatzmöglichkeiten können funktional um die Authentifizierung und die elektronische Signatur sowie die Ende-zu-Ende-Verschlüsselung von Nachrichten und Formularen erweitert werden. Für die Authentisierung können auch die Möglichkeiten des neuen, elektronischen Personalausweises zukünftig zum Einsatz kommen.

4 Die Technik

Die Komponenten des Gesamtsystems sind im Folgenden näher beschrieben:

authega GATE Applet mit ClientSecurity: Applet (Java) mit barrierefreier Umsetzung der zur Registrierung und Authentisierung der Anwender erforderlichen Funktionen und Eingabemasken für alle marktrelevanten Betriebssystem- und Browservarianten sowie in das Applet eingebettete **ClientSecurity** (Krypto-Bibliothek). Dies ermöglicht die Authentifizierung in Web-Anwendungen sowie die Erweiterungsmöglichkeiten zur elektronischen Signatur und anwenderindividuellen Verschlüsselung (Ende-zu-Ende) über das Applet. Das Applet ist über jeden Web-Browser nutzbar.

Die **ClientSecurity** übernimmt die Erzeugung der Schlüssel auf der Anwenderseite sowie die Authentifizierung für die Systemanmeldung durch Abfrage an die serverseitige Authentifizierungsprüfkomponente (authega GUARD).

authega GATE: Portal mit Komponenten zur Realisierung der Registrierung, Authentifizierung und der Lebenszyklusverwaltung der Zertifikate sowie der Dialogsteuerung zwischen Fachportal und authega.

authega GUARD: Zentrale Sicherheitsdienste zur Überprüfung der Identitäten und der elektronischen Signaturen der Benutzer sowie mit Funktionen zur Verwaltung der Identitäten, deren Zertifikate und Profildaten.

authega KEY: Diese Schlüsselmanagementkomponente ermöglicht Schlüssel und Zertifikatsvergabe auf Basis von Software-Schlüsseln, Smartcards oder USB-Kryptosticks. Die Schlüsselmanagementkomponente läuft vollautomatisch im unbedienten Betrieb und erspart dadurch Administrationskosten.

authega REGID: Diese dezentrale Komponente steht in der Verantwortung der jeweiligen Fachanwendung und bildet den verfahrensspezifischen Identifizierungs- und Registrierungsprozess ab. Die Komponente nimmt die Registrierdaten entgegen, entschlüsselt und prüft sie gegen verfahrensspezifische Identitätsprovider und veranlasst den postalischen Versand des Aktivierungscodes. Beim Login ermöglicht sie die Ermittlung des verfahrensspezifischen Identitätsmerkmals aus dem pseudonymisierten authega-Account.

authega WebConnect: Dieses Modul wird in die Fachanwendung integriert und stellt gewissermaßen die softwaretechnische Schnittstelle zu authega und der authega REGID dar. Es werden dabei Plugin-Mechanismen und Interfaces der jeweiligen Architektur, beispielsweise Java oder .NET, angeboten und so eine nahtlose Integration ohne Anpassungen an der eigentlichen Fachanwendung ermöglicht.

5 authega als unternehmensweiter Dienst

Für Authentifizierungsdienste, die als zentrale Services innerhalb von unsicheren Netzwerkumgebungen wie Clouds eingesetzt werden, gelten besondere Anforderungen: Sie müssen sehr flexibel sein, ohne dabei an Sicherheit einzubüßen. Damit der Zugang zu den Verfahren von beliebigen Endgeräten möglich ist, sollten sie als browser- und betriebssystemunabhängige, barrierefreie Lösungen aufgebaut sein. Ein optimaler Authentifizierungsdienst übernimmt zudem die initiale Teilnehmerregistrierung, um die Webanwendungen selbst von dieser Aufgabe zu entlasten.

Cloud Computing lässt sich mit der authega Plattform bereits heute sicher und vertraulich nutzen.

Auf Anwenderseite einfach gehalten, ist authega auf Anbieterseite ein umfassender und anpassungsfähiger Infrastruktur-Basisdienst – für eine sichere Authentifizierung in Online-Portalen. Mit Hilfe von derartigen Authentifizierungslösungen können Unternehmen oder die öffentliche Verwaltung von den Vorteilen des Cloud Computing profitieren, ohne die Kontrolle über ihre Daten zu verlieren – die Dienste können bereits heute sicher und vertraulich genutzt werden. Dazu steht authega als zuverlässige, getestete und ständig aktualisierte Lösung bereit. Der Datenschutz wird dabei durch eine funktionale Trennung von Authentifizierung, Identifizierung und Autorisierung gewährleistet sowie durch die Verwendung von pseudonymisierten Accounts und Verschlüsselung. Dies verhindert das Entstehen zentraler „Datentöpfe" und stellt sicher, dass der Abgleich der Identität erst an der vom Benutzer gewünschten Stelle stattfindet.

Um auf Cloud-Dienste oder webbasierte Fachanwendungen unternehmensweit gesichert zuzugreifen, bietet es sich für Unternehmen und Behörden an, dies über eine authega®-Plattform abzubilden. Hierbei muss sich das Unternehmen oder die Behörde entscheiden, ob es die authega-Plattform selber betreibt oder sich an einen vertrauenswürdigen Dienstleister wendet, der die Plattform bereitstellt.

Domänenübergreifende profilbasierte Autorschafts-Attribution

Oren Halvani · Martin Steinebach

Fraunhofer-Institut für Sichere Informationstechnologie
{Oren.Halvani | Martin.Steinebach}@SIT.Fraunhofer.de

Zusammenfassung

Wir präsentieren in dieser Arbeit einen profilbasierten Ansatz für die automatische Autorschafts-Attribution von anonymen Texten, die aus unterschiedlichen Domänen stammen. Die Autorschafts-Attribution ist dabei eine forensisch linguistische Anwendung, die primär das Schutzziel Authentizität gewährleistet und gleichzeitig das Schutzziel Anonymität aufhebt. Als Ausgangssprache für unsere Untersuchung betrachten wir ausschließlich deutschsprachige Texte. Der Grund dafür ist, dass die meiste Forschungsarbeit auf dem Gebiet der Autorschafts-Attribution im englischsprachigen Raum angesiedelt ist und bisher kaum wissenschaftliche Beiträge für die deutsche Sprache existieren. Unser Ansatz stellt ein zweistufiges Verfahren dar, welches in der ersten Stufe zunächst weniger relevante Autoren aus einer festgelegten Trainingsmenge filtert, um anschließend in der zweiten Stufe die Attribution auf die verbliebene Menge durchzuführen. Wir zeigen in unseren Experimenten, dass der Ansatz eine erfolgreiche automatische Attribution über unterschiedliche Domänen hinweg ermöglichen kann. Dabei testen wir mehrere Parametrisierungen, um eine bestmögliche Performanz zu erzielen.

1 Einleitung

In der heutigen Welt existieren unzählige Informationen, die zumeist in elektronischer Form vorliegen. Viele von ihnen entstehen dabei im Internet oder werden dort vertrieben. Zu finden sind sie unter anderem in Foren, Blogs, (Produkt-)Bewertungen, Erfahrungsberichten oder Kommentierungen in sozialen Netzwerken.

Ein Problem, welches die meisten dieser textuellen Informationen anbelangt, ist die fehlende, anonyme oder nichteindeutige Autorschaft. Der Grund dafür ist, dass Autorschaften von Texten zumeist auf Metadaten beruhen, die unterschiedlich ausgeprägt sind. Dazu zählen beispielsweise Dateinamen, Unterschriften oder auch eingebettete Dokumenteigenschaften wie Benutzername, Urheberinformation, E-Mail-Adresse, etc. In der Praxis kommt es dabei häufig vor, dass solche Metadaten entweder nicht vorhanden sind oder bei entsprechender Präsenz leicht editiert bzw. entfernt werden können (siehe z.B. [Bach12]).

In der Forschung haben sich dazu unterschiedliche Disziplinen etabliert, die das Ziel verfolgen, Autorschaften von Texten (unabhängig von assoziierten Metadaten) zu analysieren. Sinnvollerweise werden diese Disziplinen daher unter dem Oberbegriff „Autorschaftsanalyse" zusammengefasst, wobei die Autorschafts-Attribution die bekannteste Unterdisziplin darstellt. Nach [Stam09] geht es bei dieser Disziplin darum, zu einem gegebenen Dokument eines unbekannten Autors den stilistisch ähnlichsten Autor aus einer festgelegten Trainingsmenge zuordnen zu können. Innerhalb dieser Trainingsmenge existiert für jeden Autor eine bestimmte Anzahl von Beispieltexten, die dessen „Stil-Repertoire" darstellen.

Eine korrekte Attribution ist dabei genau dann gegeben, wenn es sich bei dem stilistisch ähnlichsten Autor auch gleichzeitig um den wahren Autor des anonymen Dokuments handelt. Hierfür wird die Grundannahme vorausgesetzt, dass die Trainingsmenge Beispieltexte des wahren Autors enthält.

Realisiert werden Attributions-Verfahren in der Regel unter Zuhilfenahme stilometrischer Methoden, deren Zielsetzung es ist, relevante Features (Stilmerkmale) innerhalb der zu untersuchenden Texte ausfindig zu machen. Anhand solcher Features können Autorenstile approximiert und anschließend mit Hilfe von Klassifikatoren z.B. Naive Bayes, Support Vector Machines oder $k-$Nearest Neighbours unterschieden werden. Alternativ dazu können auch Ähnlichkeits- bzw. Distanzfunktionen wie z.b. der Dice-Koeffizient oder die euklidische Distanz eingesetzt werden, um die Attribution durchzuführen. Letztere kommen in dieser Arbeit zur Anwendung.

1.1 Notation

Im Verlauf dieser Arbeit werden einige Begriffe des Öfteren wiederverwendet. Aus Gründen der Lesbarkeit werden diese daher wie folgt symbolisiert:

Tab. 1: Notation in dieser Arbeit

Symbol	Erläuterung
$\mathcal{A}, \varepsilon$	Bezeichnet einen bekannten ($\mathcal{A}$) bzw. anonymen (ε) Autor.
$\mathcal{D}$	Bezeichnet einen bekannten ($\mathcal{D}_\mathcal{A}$) bzw. anonymes ($\mathcal{D}_\varepsilon$) Dokument.
f	Bezeichnet ein Feature (z.B. $f_1 = $ „Substantive mit vier aufeinanderfolgenden Vokalen").
$f(\mathcal{D})$	Bezeichnet die Anwendung eines Features f auf das Dokument $\mathcal{D}$. Es gilt $f(\mathcal{D}) \in \mathbb{R}$.
F	Bezeichnet eine Kategorie von Features, es gilt $F = \{ f_1, f_2, \dots \}$
$\mathcal{F}$	Bezeichnet einen Feature-Vektor. Es gilt $\mathcal{F} = (f_1(D), f_2(D), \dots)$
$\mathbb{S}_{train}$	Bezeichnet eine Menge von Trainingsdokumenten.
$\mathcal{K}$	Bezeichnet ein (Dokumenten-)Korpus.

1.2 Bezug zu IT-Sicherheit

Die Autorschafts-Attribution adressiert in erster Linie die Schutzziele Anonymität und Authentizität. Da in der Literatur jedoch keine Einstufung dieser Disziplin in die der IT-Sicherheit gefunden wurde, wird im Folgenden versucht, eine mögliche Einordnung über Umwege zu beschreiben. Nach Heine [Hein10, Seiten: 77–78] kann die Autorschafts-Attribution zunächst als eine Teildisziplin der forensischen Linguistik verstanden werden. Laut [Fobb11] beschäftigt sich diese mit der Analyse von mündlichen und schriftlichen Texten, die Gegenstand einer polizeilichen Ermittlung oder eines gerichtlichen Verfahrens sind. Damit stellt die forensische Linguistik ein Anwendungsgebiet der Forensik dar.

Da in der forensischen Linguistik Methoden und Konzepte zum Einsatz kommen, die aus dem Gebiet der künstlichen Intelligenz stammen (Feature-Selektion, Klassifikation, etc.), kann hier ein Bezug zur Informatik festgestellt werden. Hierdurch lässt sich diese Disziplin anstatt in die allgemeine Form der Forensik in die spezialisierte Form der IT-Forensik kategorisieren, welche Informatik und Forensik in sich vereint. Die IT-Forensik kann wiederum nach [Ploe11, Seite: 8] als ein Teilgebiet der IT-Sicherheit verstanden werden.

Wie oben bereits erwähnt, kann die Verbindung der Autorschafts-Attribution auch direkt über die von ihr adressierten Schutzziele hergestellt werden. Hierbei ist insbesondere das Schutzziel Authentizität zu nennen. Diese hat das Ziel, die Echtheit und Glaubwürdigkeit eines Objekts (1) anhand einer eindeutigen Identität und charakteristischen Eigenschaft (2) überprüfbar zu machen, [Ecke09]. Im Kontext der Autorschafts-Attribution handelt es sich bei (1) um den Text eines Autors, während (2) die Stilmerkmale, die den Schreibstil des Autors repräsentieren, darstellt. Die Authentizität wird dahingehend erfüllt, indem die Identität des Dokuments anhand der Attribution überprüfbar gemacht wird. Wichtig ist hier jedoch zu erwähnen, dass die „eindeutige Identität" auf ein statistischen Wert beruht und daher nicht hundertprozentig gewährleistet werden kann.

Mit der Erfüllung der Authentizität wird gleichzeitig das Schutzziel Anonymität aufgehoben. Diese hat das Ziel, die Zuordnung von Daten zu bestimmten Personen (bzw. deren Identifizierung) erheblich zu erschweren oder gänzlich unmöglich zu machen [BeAc10]. Da die Autorschafts-Attribution eine Demaskierung von Pseudonymen erlaubt, ist die Anonymität eines Dokuments damit nicht mehr gewährleistet.

2 Problemstellung

Die Autorschafts-Attribution stellt ein interdisziplinäres Wissenschaftsfeld dar, welches seit nun mehr als einem Jahrhundert erforscht wird. Beteiligt sind hierbei unter anderem Konzepte und Verfahren aus der Linguistik, Kognitionspsychologie, Informatik oder auch Mathematik.

Trotz langjähriger und vielfältiger Forschungsarbeit auf diesem Gebiet fällt es auf, dass die meisten wissenschaftlichen Beiträge sich nur auf die Untersuchung von englischsprachigen Texten beschränken. Dabei sollte bedacht werden, dass diese Disziplin ein sprachabhängiges Problem darstellt, sodass ein Autorschafts-Attributions System (kurz AAS), welches für die Analyse englischer Texte entwickelt wurde, in der Regel nicht auf deutsche Texte angewendet werden kann. Dies liegt vor allem daran, dass in einer AAS häufig eingesetzte Sprachkomponenten wie etwa Tokenizer oder Parser nicht sprachübergreifend funktionieren und dadurch Features nicht gewonnen werden können, [KPCT03]. Ohne Features ist wiederum keine Attribution seitens des AAS möglich, da sie es sind, die die Autorenstile repräsentieren.

Neben diesem Problem wird ebenso bemerkt, dass zahlreiche wissenschaftliche Beiträge eine domänenspezifische Herangehensweise verfolgen. Diese äußert sich dadurch, dass Features vorgeschlagen werden, die für einzelne Domänen (Romane, Nachrichtentexte, Filmrezensionen, etc.) hohe Erkennungsraten bei der Bestimmung der Autoren erzielen, jedoch bei Anwendung auf andere Domänen wie etwa E-Mails oder wissenschaftliche Ausarbeitungen aufgrund sprachlicher Register oder Genre niedrige Erkennungsraten aufweisen bzw. gänzlich fehlschlagen. Hinzu kommt noch, dass dabei öfters auf eine Erklärung verzichtet wird, aus welchem Grund sich Features für eine bestimmte Domäne nicht eignen.

3 Methodik

In dieser Arbeit wird eine domänenübergreifende Autorschafts-Attribution realisiert, die die Punkte aus dem vorherigen Kapitel aufgreift. Dazu wird ein profilbasiertes Verfahren vorgestellt, welches auf insgesamt sieben (deutschsprachige) Korpora unterschiedlicher Domänen angewendet wird. Hierfür werden für jeden Korpus die selben Features verwendet, um dadurch zu vergleichen, ob eine Domänenunabhängigkeit erreicht werden kann.

Das Verfahren basiert dabei auf zwei Stufen, bei der zunächst eine Ähnlichkeitsfunktion verwendet wird, um die Trainingsmenge nach potentiellen Autoren zu filtern. Anschließend wird mit Hilfe einer Distanzfunktion die Attribution auf die verbliebenen Dokumente der potentiellen Autoren durchgeführt. Das Resultat des Verfahrens ist derjenige Autor, dessen Stil am ähnlichsten zu dem des anonymen Dokuments ist.

Der vorgestellte Ansatz lässt sich dank einer eindeutigen mathematischen Formalisierung leicht nachimplementieren und liefert für ein Großteil der getesteten Korpora erfolgsversprechende Ergebnisse. Maßgebend für eine erfolgreiche Attribution der Autorschaften ist dabei die gewählte Parametrisierung, auf die in den Experimenten genauer eingegangen wird.

4 Attributions Verfahren

In diesem Kapitel wird der sogenannte „Two-Stage Pairwise-Similarity" Verfahren von [Halv12] beschrieben. Dazu werden zunächst einige benötigte Komponenten und damit verbundene Verarbeitungsschritte erläutert.

4.1 Benötigte Komponenten

Sei $\mathbb{D}$ eine Menge von r Dokumenten und $\mathbb{A}$ eine Menge von m Autoren, die diese Dokumente verfasst haben, gegeben. Ein Tupel $(\mathcal{D}_i, \mathcal{A}_j) \in \mathbb{D} \times \mathbb{A}$ beschreibt die Assoziation zwischen einem Dokument $\mathcal{D}_i$ und dessen Autor $\mathcal{A}_j$. Zur Vereinfachung wird anstelle des Tupels die Notation $\mathcal{D}_{i\mathcal{A}_j}$ verwendet. Damit kann nun eine Trainingsmenge $\mathbb{S}_{train}$ wie folgt definiert werden:

$$\mathbb{S}_{train} = \{ \mathcal{D}_{1\mathcal{A}_1}, \mathcal{D}_{2\mathcal{A}_1}, \ldots, \mathcal{D}_{1\mathcal{A}_2}, \mathcal{D}_{2\mathcal{A}_2}, \ldots, \mathcal{D}_{r-1\mathcal{A}_m}, \mathcal{D}_{r\mathcal{A}_m} \}, \text{ mit } m = |\mathbb{A}| \text{ und } r > m$$

Hierbei repräsentiert jedes $\mathcal{D}_{i\mathcal{A}_j}$ das i−te Dokument eines zugehörigen j−ten Autors $\mathcal{A}_j$, wobei von jedem $\mathcal{A}_j \in \mathbb{A}$ eine bestimmte Anzahl an Dokumenten existiert.

4.2 Verarbeitungsschritte

Wie eingangs erwähnt, handelt es sich bei dem vorgestellten Verfahren um einen profilbasierten Ansatz. Dieser erfordert, dass sämtliche r Dokumente der insgesamt m Autoren zu sogenannten Autor-Profilen konkateniert (aneinandergefügt) werden, [Stam09, Seite: 13]. Realisiert wird dies, indem die Dokumente zunächst nach ihren Autoren wie folgt sortiert werden:

$$\mathbb{D}_{\mathcal{A}1} = \{ \mathcal{D}_{1\mathcal{A}_1}, \mathcal{D}_{2\mathcal{A}_1}, \ldots, \}$$
$$\mathbb{D}_{\mathcal{A}2} = \{ \mathcal{D}_{1\mathcal{A}_2}, \mathcal{D}_{2\mathcal{A}_2}, \ldots, \}$$
$$\vdots$$
$$\mathbb{D}_{\mathcal{A}m} = \{ \mathcal{D}_{1\mathcal{A}_m}, \mathcal{D}_{2\mathcal{A}_m}, \ldots, \}$$

Somit entsteht für jeden Autor $\mathcal{A}_j$ eine Dokumentenmenge $\mathbb{D}_{\mathcal{A}_j}$ die dessen Dokumente enthält. Die Menge $\mathbb{S}_{train}$ kann umgeformt werden in:

$$\mathbb{S}_{train} = \mathbb{D}_{\mathcal{A}_1} \cup \mathbb{D}_{\mathcal{A}_2} \cup \ldots \cup \mathbb{D}_{\mathcal{A}_m}$$

Der nächste Schritt besteht darin, sämtliche $\mathcal{D}_{i\mathcal{A}_j} \in \mathbb{D}_{\mathcal{A}_j}$ zu einem Autor-Profil $\mathcal{D}_{BIG\mathcal{A}_j}$ wie folgt zu konkatenieren:

$$\mathcal{D}_{BIG\mathcal{A}_1} = \mathcal{D}_{1_{\mathcal{A}_1}} \circ \mathcal{D}_{2_{\mathcal{A}_1}} \circ \ldots \circ \mathcal{D}_{\ell_{1_{\mathcal{A}_1}}} \text{ für } \ell_1 = |\mathbb{D}_{\mathcal{A}_1}|$$

$$\mathcal{D}_{BIG\mathcal{A}_2} = \mathcal{D}_{1_{\mathcal{A}_2}} \circ \mathcal{D}_{2_{\mathcal{A}_2}} \circ \ldots \circ \mathcal{D}_{\ell_{2_{\mathcal{A}_2}}} \text{ für } \ell_2 = |\mathbb{D}_{\mathcal{A}_2}|$$

$$\vdots$$

$$\mathcal{D}_{BIG\mathcal{A}_m} = \mathcal{D}_{1_{\mathcal{A}_m}} \circ \mathcal{D}_{2_{\mathcal{A}_m}} \circ \ldots \circ \mathcal{D}_{\ell_{m_{\mathcal{A}_m}}} \text{ für } \ell_m = |\mathbb{D}_{\mathcal{A}_m}|$$

Damit ändert sich die Trainingsmenge $\mathbb{S}_{train}$ in:

$$\mathbb{S}'_{train} = \{\mathcal{D}_{BIG\mathcal{A}_1}, \mathcal{D}_{BIG\mathcal{A}_2}, \ldots, \mathcal{D}_{BIG\mathcal{A}_m}\}$$

4.3 Two-Stage Pairwise-Similarity Ansatz

Ausgehend von $\mathbb{S}'_{train}$ werden nun die zwei Stufen des Two-Stage Pairwise-Similarity Ansatzes wie folgt beschrieben.

4.3.1 Erste Stufe

In der ersten Stufe des Verfahrens werden aus dem gegebenen anonymen Dokument $\mathcal{D}_\varepsilon$ sowie jedem Autor-Profil $\mathcal{D}_{BIG\mathcal{A}_j}$ die k−häufigsten n−Gramme extrahiert. Ein n−Gramm stellt dabei einen Ausschnitt einer längeren Zeichenkette dar, welches genau n Einheiten lang ist. Als Einheiten kommen hier unter anderem Buchstaben, Tokens oder Sätze in Frage. Das folgende Beispiel verdeutlicht die Konstruktion von Buchstaben n−Gramme, die in der ersten Stufe verwendet werden. Sei das Wort $\omega = \texttt{Autor}$ gegeben, dann können aus ω die folgenden n−Gramme gebildet werden:

Tab. 2: Beispiel für eine n−Gramm Konstruktion

Größe	Bezeichnung	Ergebniss
$n = 1$	Unigramm	(A),(u),(t),(o),(r)
$n = 2$	Bigramm	(Au),(ut),(to),(or)
$n = 3$	Trigramm	(Aut),(uto),(tor)
$n = 4$	Tetragramm	(Auto),(utor)
$n = 5$	Pentagramm	(Autor)

Die aus $\mathcal{D}_\varepsilon$ und $\mathcal{D}_{BIG\mathcal{A}_j}$ extrahierten n−Gramme werden zunächst in ihre zugehörige Mengen M_ε und $M_{\mathcal{A}_j}$ abgelegt. Mittels einer mengenbasierten Ähnlichkeitsfunktion:

$$sim : (M_1, M_2) \longrightarrow \{s \mid (s \in \mathbb{R}) \land (0 \leq s) \land (s \leq 1)\}$$

werden dann für M_ε sowie die einzelnen $M_{\mathcal{A}_1}, M_{\mathcal{A}_2}, \ldots, M_{\mathcal{A}_m}$ paarweise Ähnlichkeitswerte $sim_j = sim(M_\varepsilon, M_{\mathcal{A}_j})$ berechnet und mit dem korrespondierenden Autor $\mathcal{A}_j$ in einer Folge gespeichert:

$$Similarities = \Big((sim_1, \mathcal{A}_1), (sim_2, \mathcal{A}_2), \ldots, (sim_m, \mathcal{A}_m)\Big)$$

Der nächste Schritt besteht darin, diese Folge nach den Ähnlichkeitswerten absteigend zu sortieren, sodass Autoren die in den vorderen Tuplen vorkommen, die zu ε stilistisch ähnlichsten

Autoren repräsentieren. Anschließend wird $Similarities$ anhand eines Splitparameters SPLIT in zwei Teilfolgen Sub_1, Sub_2 aufgeteilt, wobei SPLIT die prozentuale Größe von Sub_1 angibt. Für das Verfahren ist nur Sub_1 relevant, sodass Sub_2 dagegen verworfen wird. Aus Sub_1 werden dann die Namen der Autoren entnommen, die potentielle Kandidaten für ε darstellen und in der folgenden Menge gespeichert:

$$Candidates = \{\, \mathcal{A}_{c_1}, \mathcal{A}_{c_2}, \ldots, \mathcal{A}_{c_k} \,\} \text{ mit } c_i \in \{\, 1, 2, \ldots, |\mathbb{A}| \,\} \text{ und } k = \left\lceil \frac{\text{SPLIT} \cdot |\mathbb{A}|}{100} \right\rceil$$

Im letzten Schritt der ersten Stufe werden schließlich sämtliche $\mathcal{A}_{c_i} \in Candidates$ mit ihren Autor-Profilen assoziiert. Das Resultat der ersten Stufe ist somit die folgende Trainingsmenge:

$$\mathbb{S}''_{train} = \{\, \mathcal{D}_{BIG \mathcal{A}_{c_1}}, \mathcal{D}_{BIG \mathcal{A}_{c_2}}, \ldots, \mathcal{D}_{BIG \mathcal{A}_{c_k}} \,\}$$

4.3.2 Zweite Stufe

In der zweiten Stufe werden aus $\mathcal{D}_\varepsilon$ sowie jedem $\mathcal{D}_{BIG \mathcal{A}_j} \in \mathbb{S}''_{train}$ genau n Features entnommen, um damit das anonyme Dokument sowie die Autor-Profile in ihre Feature-Vektor Darstellung $\mathcal{F}_{\mathcal{A}_\varepsilon}$ bzw. $\mathcal{F}_{\mathcal{A}_j}$ zu überführen. Ein Feature-Vektor hat dabei die folgende Gestalt:

$$\mathcal{F} = \big(\, f_1(D), f_2(D), \ldots, f_n(D) \,\big)$$

Jedes $f_i(D)$ stellt dabei die Anwendung eines Features f_i auf ein und dasselbe Dokument $\mathcal{D}$ dar. Das Resultat dieser Anwendung entspricht einer relativen Häufigkeit, die in der Regel beschreibt, wie häufig f_i in $\mathcal{D}$ vorgekommen ist. Hierbei gilt stets $f_i(D) \in [0; 1]$. Nach der Feature-Vektor Überführung ändert sich die Trainingsmenge in die folgende endgültige Form:

$$\mathbb{S}'''_{train} = \{\, \mathcal{F}_{\mathcal{A}_{c_1}}, \mathcal{F}_{\mathcal{A}_{c_2}}, \ldots, \mathcal{F}_{\mathcal{A}_{c_k}} \,\}$$

Der nächste Schritt besteht nun darin, mit Hilfe einer beliebigen Distanzfunktion:

$$dist : (\mathcal{F}_1, \mathcal{F}_2) \longrightarrow \big(\, \mathbb{R}^+ \cup \{0\} \,\big)$$

paarweise Stil-Unterscheidungswerte $dist_{c_i} = dist(\mathcal{F}_{\mathcal{A}_\varepsilon}, \mathcal{F}_{\mathcal{A}_{c_i}})$ zwischen den Feature-Vektoren $\mathcal{F}_{\mathcal{A}_\varepsilon}$ und allen $\mathcal{F}_{\mathcal{A}_{c_i}} \in \mathbb{S}'''_{train}$ zu berechnen. Diese werden (analog zu den Ähnlichkeitswerten) mitsamt der dazugehörenden Autoren $\mathcal{A}_{c_i}$ in einer Folge gespeichert:

$$Distances = \Big(\, (dist_{c_1}, \mathcal{A}_{c_1}), (dist_{c_2}, \mathcal{A}_{c_2}), \ldots, (dist_{c_k}, \mathcal{A}_{c_k}) \,\Big)$$

Im letzten Schritt wird $Distances$ anhand der $dist_{c_i}$ aufsteigend sortiert, sodass die Attribution des anonymen Dokuments dadurch erfolgt, dass aus $Distances$ der erste Tupel $(dist_{c_i}, \mathcal{A}_{c_i})$ entnommen wird, der den niedrigsten $dist_{c_i}$ aufweist. Hierbei stellt $\mathcal{A}_{c_i}$ den zu ε stilistisch ähnlichsten Autor dar, welcher zur Vereinfachung durch $\mathcal{A}_{max}$ symbolisiert wird. Eine Attribution wird insgesamt als korrekt bezeichnet, sofern die folgende Konjunktion gilt:

$$\big(\, \mathcal{A}_{max} = \varepsilon \,\big) \wedge \big(\, \mathcal{A}_{max} = \mathcal{A}_{true} \,\big)$$

Hierbei drückt $\mathcal{A}_{true}$ den wahren Autoren des anonymen Dokuments $\mathcal{D}_\varepsilon$ aus.

5 Evaluierung

In diesem Kapitel wird das beschriebene Attributions-Verfahren anhand von drei Experimenten evaluiert. Dazu werden zunächst die benötigten Ressourcen sowie die Parametrisierungen angegeben, mit denen das Verfahren hinsichtlich der Experimente initialisiert wurde. Im Anschluß daran werden die Ergebnisse präsentiert sowie Erkenntnisse dazu erläutert.

5.1 Verwendete Ressourcen

Bevor die Experimente durchgeführt werden konnten, mussten zuvor die folgenden Ressourcen vorliegen:

1. **Korpora:** Unter einem Korpus wird innerhalb dieser Arbeit eine Ansammlung von Dokumenten verstanden, die in einer annotierten Form vorliegen. Die Annotation eines Dokuments repräsentiert dabei eine vereinfachte Darstellung von sprachlichen Ebenen (wie etwa Morphologie, Syntax oder Semantik) und umfasst unter anderem Tokens, tokenisierte Sätze, Wortarten, etc. Eine Menge von Korpusse wird als Korpora bezeichnet.

2. **Features:** Unter diesem Begriff werden im Kontext der Autorschaftsanalyse Stilmerkmale verstanden, mit deren Hilfe Autorenstile angenähert werden können. Features werden aus den sprachlichen Ebenen eines Dokuments entnommen und benötigen daher einen entsprechenden Zugang zu diesen, welcher durch die Annotationen realisiert wird.

5.1.1 Verwendete Korpora

Als Korpora wurden öffentlich zugängliche Daten wie beispielsweise Forenbeiträge, wissenschaftliche Ausarbeitungen sowie Computermagazine verwendet. Zudem wurden auch nichtöffentliche Daten in Form von E-Mails aus privater und geschäftlicher Korrespondenz für die Korpora benutzt. Die folgende Tabelle listet die Korpora auf und erläutert dabei deren Inhalte:

Tab. 3: Verwendete Korpora und deren Kurzbeschreibung

Korpus	Autoren	Beschreibung der Inhalte
$\mathcal{K}_{kom}$	5	Abschnitte einer Studienarbeit über digitale Lernspiele
$\mathcal{K}_{news}$	6	Persönliche Blogs einiger Tagesschau Redakteure
$\mathcal{K}_{thesen}$	15	Master- und Diplomarbeiten von Studenten der TU Darmstadt
$\mathcal{K}_{mails}$	26	E-Mails unterschiedlicher Themengebiete (Studium, Arbeit, Freizeit, ...)
$\mathcal{K}_{recht}$	32	Forenbeiträge rechtsbezogener Themen (Miet-, Straf-, Scheidungsrecht, ...)
$\mathcal{K}_{ct}$	50	Kolumnen mit praxisbezogenen Computerthemen (Software/Hardware)
$\mathcal{K}_{d120}$	50	Forenbeiträge von Studenten (Informatik-Fachbereich der TU Darmstadt)

Neben der Autorenanzahl und der Domänen unterscheiden sich die Korpora zusätzlich durch die Qualität der darin befindlichen Texte. So enthält beispielsweise $\mathcal{K}_{thesen}$ qualitativ hochwertige sachliche Texte, die kaum Rechtschreibfehler aufweisen, während in $\mathcal{K}_{d120}$ überwiegend subjektive Texte vorkommen, die neben Rechtschreibfehlern weitere grammatikalische Eigenarten umfassen. Dazu zählen z.B. unbekannte Wörter, fehlerhafte Wortkombinationen (z.B. bedingt durch Interferenzfehler von Nichtmuttersprachlern) sowie falsche Satzstellungen.

5.1.2 Verwendete Features

In den Experimenten wurden insgesamt 13 Feature-Kategorien eingesetzt. Die folgende Tabelle führt diese anhand ihrer Kennung, Kategorie, Anzahl sowie einiger Beispiel-Features auf:

Tab. 4: Eingesetzte Feature-Kategorien

F_i	Feature-Kategorie	Beispiele	$|F_i|$
F_1	Interpunktionszeichen	(), [], !, ?, ;, :, -, _, ...	17
F_2	Buchstaben	a-z, ä, ö, ü, ß, A-Z, Ä, Ö, Ü	59
F_3	Buchstaben Bi-/Trigramme	en, ch, de, sch, ein, ten, ...	1571
F_4	Funktionswörter	und, oder, als, auch, an, auf, daher, ...	763
F_5	Wort-Komplexität	Wörter bestimmter Länge, Wörter mit x Vokalen, ...	50
F_6	Phrasen	Kollokationen, Wort n-Gramme, ...	530
F_7	Wortart Unigramme	Adjektiv, Adverb, Präposition, Interjektion, ...	54
F_8	Wortart Trigramme	Artikel-Adjektiv-Nomen, Pronomen-Nomen-Artikel, ...	959
F_9	Satz-Anfänge/Endungen	Satzanfang(Nomen), Satzende(finites Verb), ...	80
F_{10}	Grammatikalische Fehler	Falsche Verwendung von Genus, Kasus, Kommata, ...	2292
F_{11}	Anglizismen	Mail, Newsletter, chatten, updaten, einloggen, ...	1304
F_{12}	Redewendungen	Redensarten, feste Wortverbindungen, ...	2954
F_{13}	Text-Komplexität	Funktionswort-Dichte, Satz-Mittelfeld Komplexität, ...	54

5.2 Experimente

Um die Experimente durchzuführen, wurden die Dokumente in jedem Korpus jeweils in eine Trainings- bzw. Testmenge aufgeteilt. Ausgehend von den beiden Mengen wurde anschließend für jeden $\mathcal{A}_j \in \mathbb{A}$ ein Trainingsprofil $\mathcal{P}_{train}(\mathcal{A}_j)$ sowie ein Testprofil $\mathcal{P}_{test}(\mathcal{A}_j)$ generiert. Hierbei entspricht $\mathcal{P}_{test}(\mathcal{A}_j)$ dem anonymen Dokument $\mathcal{D}_\varepsilon$, während $\mathcal{P}_{train}(\mathcal{A}_j)$ ein Trainingsdokument $\mathcal{D}_{BIG\mathcal{A}_j} \in \mathbb{S}_{train}$ darstellt. Als Evaluierungsmethode wurde eine „One-Against-All"-Strategie verwendet, in der jedes $\mathcal{P}_{test}(\mathcal{A}_j)$ gegen alle Trainingsprofile, inklusive $\mathcal{P}_{train}(\mathcal{A}_j)$, verglichen wird. Entscheidend sind dabei die Stil-Unterscheidungswerte in der zweiten Stufe des Verfahrens. Falls und nur falls $\mathcal{P}_{train}(\mathcal{A}_j)$ den niedrigsten Stil-Unterscheidungswert zu $\mathcal{P}_{test}(\mathcal{A}_j)$ aufweist, gilt die Attribution als erfolgreich ($\varepsilon = \mathcal{A}_{true}$).

Bei den Experimenten wurden hierbei die folgenden drei Parametrisierungen verwendet, um dadurch ein optimales Attributions-Ergebniss zu finden:

Tab. 5: Parametrisierung der drei Experimente

Parameter	Experiment 1	Experiment 2	Experiment 3
Stufe 1 + 2, Länge von $\mathcal{D}_\varepsilon$	$\approx$ 4 KByte	$\approx$ 5 KByte	$\approx$ 6 KByte
Stufe 1 + 2, Feature-Kategorien	Alle	F_{1-4}, F_7, F_{13}	F_{1-4}, F_7, F_{13}
Stufe 1, n-Gramm Größe	6	5	5
Stufe 1, n-Gramm Häufigkeit: k	100	120	80
Stufe 1, Ähnlichkeitsfunktion: sim	$dice(\dots)$	$jaccard(\dots)$	$overlap(\dots)$
Stufe 1, Splitparameter: SPLIT	30%	50%	25%
Stufe 2, Distanzfunktion: $dist$	$euclid(\dots)$	$euclid(\dots)$	$euclid(\dots)$

Anmerkung: Eine Auflistung der hier aufgeführten Distanz- bzw. Ähnlichkeitsfunktionen findet sich in [Halv12] (Kapitel „Metriken").

5.2.1 Experiment: 1

Im ersten Experiment wurde für jede Feature-Kategorie F_i eine entsprechende Attribution auf sämtliche Korpora durchgeführt. Das Resultat einer Attribution stellt dabei das sogenannte *Accuracy*-Maß dar, welches wie folgt definiert ist:

$$Accuracy = 100 \cdot \left(\frac{\text{Anzahl aller } \mathcal{A}_{true} \text{ in } \mathcal{K}_i \text{ die als solche vorhergesagt wurden}}{|\mathbb{A}|} \right)$$

Die Ergebnisse dieses Experiments lauten wie folgt:

Tab. 6: Erkennungsgenauigkeiten bzgl. aller Feature-Kategorien

F_i	$\mathcal{K}_{kom}$	$\mathcal{K}_{news}$	$\mathcal{K}_{thesen}$	$\mathcal{K}_{mails}$	$\mathcal{K}_{recht}$	$\mathcal{K}_{ct}$	$\mathcal{K}_{d120}$	∅
F_1	100.00%	88.33%	53.33%	61.54%	31.25%	24.00%	52.00%	57.92%
F_2	80.00%	66.66%	60.00%	38.46%	50.00%	50.00%	56.00%	57.30%
F_3	80.00%	66.66%	93.33%	57.69%	28.12%	72.00%	82.00%	68.54%
F_4	80.00%	66.66%	73.33%	57.69%	28.12%	38.00%	78.00%	60.26%
F_5	80.00%	33.33%	66.66%	42.30%	18.75%	28.00%	42.00%	44.43%
F_6	80.00%	100.00%	53.33%	38.46%	9.37%	26.00%	42.00%	49.88%
F_7	80.00%	83.33%	60.00%	61.53%	28.12%	32.00%	64.00%	58.43%
F_8	80.00%	83.33%	46.66%	42.30%	18.75%	24.00%	30.00%	46.43%
F_9	100.00%	83.33%	66.66%	42.30%	15.62%	20.00%	46.00%	53.42%
F_{10}	60.00%	66.66%	60.00%	46.15%	21.87%	20.00%	40.00%	44.95%
F_{11}	40.00%	50.00%	26.66%	26.92%	9.37%	16.00%	12.00%	25.85%
F_{12}	60.00%	100.00%	80.00%	53.84%	25.00%	40.00%	66.00%	52.11%
F_{13}	100.00%	66.66%	73.33%	42.30%	12.50%	36.00%	34.00%	60.69%
∅	78.46%	73.07%	62.56%	47.04%	22.83%	32.77%	49.54%	

Erkenntnisse: Ausgehend von den Spalten in Tabelle 6 fällt zunächst auf, dass das Verfahren für kleinere Korpora (5 bis 15 Autoren) im Durchschnitt die höchsten Ergebnisse erzielen konnte. Bei einer Betrachtung der Zeilen fällt dagegen insbesondere die Feature-Kategorie F_3 auf, die im Durchschnitt die höchste Erkennungsgenauigkeit von 68.54% gegenüber allen anderen Feature-Kategorien aufweist. Die Begründung für dieses Ergebnis liegt darin, dass die n−Gramme in dieser Feature-Kategorie in der Lage sind, eine Vielfalt von zeichen- als auch wortbasierten Features einzufangen.

Als zeichenbasierte Features konnten so z.B. in einer genaueren Analyse der Testergebnisse morphologische Eigenarten, wie etwa falsche Genus-/Pluralmarkierungen, vergessene Fugenelemente oder unübliche Präfixbildungen, in den einzelnen Autoren-Profile festgestellt werden. Mit Hilfe solcher morphologischer Konstellationen konnten sich Autorenstile, gemessen an anderen Feature-Kategorien, am besten differenzieren lassen. Eine Unterscheidung ist dabei deswegen möglich, weil es unwahrscheinlich ist, dass ein Autor $\mathcal{A}_1$ die selben Fehler wie ein anderer Autor $\mathcal{A}_2$ in einem Text produziert.

Als wortbasierte Features konnten dagegen in den Testergebnissen Funktionswörter wie etwa { so, um, in, und, der, ... } in den oberen Rängen der k−häufigsten n−Gramme beobachtet werden. Der Vorteil dieser Wörter ist dabei, dass sie in jedem Text vorkommen, jedoch in einer unterschiedlichen Häufigkeit. Durch diese differenzierten Häufigkeitsverteilungen innerhalb der Autoren-Profile können wiederum Autorenstile annähernd eindeutig charakterisiert werden. Die Diskriminierungskraft von Funktionswörtern ist auch in der Literatur seit längerem bekannt, zumindest für englischsprachige Texte (siehe z.b. [Stam09]). Anhand des Experiments konnte nun die selbe Aussage auch für deutschsprachige Texte bestätigt werden.

Was die Korpora in Tabelle 6 betrifft, konnte eine interessante Beobachtung bzgl. $\mathcal{K}_{recht}$ gemacht werden, der bei fast jeder Feature-Kategorie schlecht abschneidet. Der Grund dafür liegt vor allem daran, dass die Texte in diesem Korpus sehr einheitlich geschrieben sind, sodass die Autorenstile für nahezu jedes F_i kaum zu unterscheiden waren. Der einheitliche Stil ist dabei hauptsächlich durch den formellen Register bedingt, welcher sich wie folgt bemerkbar macht:

- Erläuterungen von Paragraphen oder Teilen davon aus Gesetzesbücher.
- Fallbeispiele aus abgeschlossenen Gerichtsprozessen.
- Erklärungen zu Vertragsklauseln, AGB's, etc.

Überraschenderweise konnte jedoch festgestellt werden, dass neben dem einheitlichen Stil die juristische Terminologie von $\mathcal{K}_{recht}$ die Ergebnisse in Tabelle 6 nicht beinflusst hat. Diese Aussage wird dadurch bekräftigt, dass eine Attribution anhand von Funktionswörtern und somit von Wörtern, die unabhängig von der Terminologie sind, ebenfalls zu einem schlechten Ergebnis (28.12%) geführt hat.

5.2.2 Experiment: 2

In diesem Experiment wurden zunächst die Feature-Kategorien F_{1-4}, F_7 und F_{13} ausgewählt, die im Durchschnitt die höchsten Ergebnisse in der Tabelle 6 erzielt haben. Das Ziel war zu untersuchen, ob die Erkennungsgenauigkeiten hinsichtlich dieser Kategorien mit Hilfe einer Feature-Selektion übertroffen werden konnten. Dazu diente ein korrelationsbasiertes Verfahren von [Hall98] als Feature-Selektionsalgorithmus, mit dessen Hilfe die vielversprechendsten Features aus den sechs Kategorien automatisch selektiert wurden. Die Anwendung des Verfahrens anhand der selektierten Features führte zu folgendem Resultat:

Tab. 7: Erkennungsgenauigkeiten bei gefilterten Feature-Kategorien

F_i	$\mathcal{K}_{kom}$	$\mathcal{K}_{news}$	$\mathcal{K}_{thesen}$	$\mathcal{K}_{mails}$	$\mathcal{K}_{recht}$	$\mathcal{K}_{ct}$	$\mathcal{K}_{d120}$	⌀
F_1	100.00%	83.33%	46.66%	57.69%	25.00%	24.00%	52.00%	55.53%
F_2	80.00%	66.66%	80.00%	42.30%	28.12%	46.00%	40.00%	54.73%
F_3	60.00%	66.66%	86.66%	42.30%	28.12%	68.00%	64.00%	59.39%
F_4	80.00%	66.66%	86.66%	61.53%	18.75%	38.00%	66.00%	59.66%
F_7	80.00%	66.66%	53.33%	57.69%	25.00%	24.00%	60.00%	52.38%
F_{13}	100.00%	66.66%	60.00%	61.53%	25.00%	36.00%	56.00%	57.88%

Erkenntnisse: Wie hier ersichtlich wird, hat die Feature-Selektion die Ergebnisse im Vergleich zum ersten Experiment größtenteils verschlechtert. Um dies zu begründen, wurden die selektierten Features genauer betrachtet. Dabei stellte sich heraus, dass in fast jeder Kategorie zu viele Features eliminiert worden sind, was in manchen Fällen (z.B. bei F_4) zur Folge hatte, dass eine Attribution mit nur 14 Features durchgeführt wurde, obwohl im Vorfeld 763 Features zur Verfügung standen. Aber auch die Wahl der Features selbst war in manchen Fällen verwunderlich. So wurden einige irrelevante Features selektiert, die kaum Aussagekraft besaßen, wie etwa das Semikolon in der Kategorie F_1, welches in den Beispieltexten nur selten vorkam.

Anmerkungen: Neben dem Verfahren von [Hall98] wurden drei weitere Selektionsalgorithmen getestet. Die Ergebnisse waren jedoch schlechter als die in Tabelle 7, sodass diese gar nicht erst aufgeführt wurden. Als Grund für diese schlechten Ergebnisse wird vermutet, dass die Selektionsalgorithmen sämtliche Einzeldokumente der Autoren als Input benötigen, aber das Verfahren die konkatenierte Form dieser Dokumente verwendet, sodass dadurch die Diskriminierungsstärke der Features zu ungenau ermittelt wird.

5.2.3 Experiment: 3

In diesem Experiment wurden wieder die Feature-Kategorien F_{1-4}, F_7 und F_{13} ausgewählt. Dieses Mal jedoch wurden sie nicht einzeln, sondern stattdessen in einer kombinierten Form angewendet. Da bei sechs Feature-Kategorien insgesamt 64 Kombinationen möglich sind und für jede Kombination Berechnungen für alle Korpora durchgeführt werden müssten, wurden hier intuitiv nur fünf Kombinationen ausgesucht. Die Ergebnisse dazu lauten wie folgt:

Tab. 8: Erkennungsgenauigkeiten bei kombinierten Feature-Kategorien

Kombination	$\mathcal{K}_{kom}$	$\mathcal{K}_{news}$	$\mathcal{K}_{thesen}$	$\mathcal{K}_{mails}$	$\mathcal{K}_{recht}$	$\mathcal{K}_{ct}$	$\mathcal{K}_{d120}$	∅
F_1, F_2, F_3, F_4	100.00%	83.33%	93.33%	69.23%	34.37%	56.00%	86.00%	74.61%
F_1, F_3	100.00%	83.33%	93.33%	65.38%	37.50%	66.00%	76.00%	74.51%
F_1, F_7	100.00%	83.33%	93.33%	69.23%	28.12%	58.00%	68.00%	71.43%
F_2, F_4, F_7, F_{13}	80.00%	83.33%	86.66%	69.23%	31.25%	58.00%	76.00%	69.21%
F_2, F_3, F_4	60.00%	83.33%	93.33%	65.38%	25.00%	58.00%	82.00%	66.72%

Erkenntnisse: Im Vergleich zu den anderen Experimenten sind die Erkennungsgenauigkeiten hier am höchsten. Das beste Ergebnis im Durchschnitt liefert die Kombination F_1, F_2, F_3, F_4 mit 74.61%. Wird von dem problematischen Korpus $\mathcal{K}_{recht}$ abgesehen, so kommt das Verfahren hier sogar auf 81.32%. Neben dieser Kombination liefert die Zusammenführung von F_1, F_3 ein fast identisches Ergebnis und benötigt dabei gleichzeitig 822 Features weniger, was sich wiederum positiv auf die Laufzeit des Verfahrens auswirkt. Somit bietet sich die Kombination von F_1, F_3 als ein optimaler Trade-Off für das Verfahren an, sofern die Laufzeit auch die Erkennungsgenauigkeit die gleiche Priorität haben.

6 Zusammenfassung und Ausblick

In dieser Arbeit wurde gezeigt, dass eine domänenübergreifende Autorschafts-Attribution mit Hilfe eines selbstentwickelten profilbasierten Ansatzes realisiert werden kann. Dafür wurden verschiedene Attributions-Szenarien auf sieben Korpora durchgeführt, welche sich durch Register, Genre und andere sprachliche Varietäten voneinander abgrenzen.

Eine erfolgreiche Attribution ist dabei auf eine geeignete Parametrisierung angewiesen, die gleichzeitig viel Spielraum für Einstellungen offen lässt. Hierbei wird angenommen, dass insbesondere die Größe des Ausgangsdokuments als auch die verwendeten Feature-Kategorien für den Erfolg des Verfahrens maßgebend sind. Die Wahl der Ähnlichkeitsfunktion hat dagegen weniger Einfluss auf das Attributions-Ergebnis, da in den durchgeführten Experimenten kaum Unterschiede dazu festgestellt werden konnten. Anders dagegen verhält sich die Wahl der verwendeten Distanzfunktion. Da dieses, in der zweiten Stufe des Verfahrens über den Erfolg bzw. das Scheitern der Attribution entscheidet, sollte sichergestellt werden, dass die

Stil-Unterscheidungswerte untereinander möglichst große Trennschärfen aufweisen. Gute Erfahrungen wurden hierbei vorwiegend mit der euklidischen Distanz gemacht, sodass nur diese in den drei Parametrisierungen verwendet wurde.

Eine optimale Parametrisierung für beliebige Domänen konnte in dieser Arbeit nicht ermittelt werden. Die Ergebnisse zeigen jedoch, dass für den Großteil der getesteten Korpora erfolgsversprechende Attributions-Vorhersagen erbracht werden können. Dies trifft zu, falls dabei zeichenbasierte Features (insbesondere $n-$Gramme) verwendet werden. In weiterführenden Arbeiten könnte daher überprüft werden, ob weitere Feature-Kategorien existieren, die die Performanz von $n-$Gramme überbieten können. Eine andere interessante Fragestellung wäre, ob mit Hilfe komplexerer Techniken, wie etwa der Klassifikation der Beispieldokumente anhand von soziolinguistischen Variablen, die Menge der Autoren intelligenter gefiltert werden kann. Dadurch würde die gefilterte Trainingsmenge nur diejenigen Autoren enthalten, die hinsichtlich soziolinguistischer Variablen wie etwa Alter, Geschlecht, Bildungsniveau oder Muttersprachlichkeit mit dem anonymen Autor übereinstimmen. Anschließend könnte der stilistisch ähnlichste Autor aus dieser Menge bestimmt werden.

Danksagung

Diese Arbeit wurde unterstützt vom CASED – Center for Advanced Security Research Darmstadt (www.cased.de), gefördert vom Hessischen Ministerium für Wissenschaft und Kunst unter dem LOEWE-Förderprogramm.

Literatur

[Bach12] D. Bachfeld: Aufklärungsarbeit - Verräterische Metadaten aus Web-Dokumenten extrahieren (2012), .

[BeAc10] M. Bedner, T. Ackermann: Schutzziele der IT-Sicherheit. In: *Datenschutz und Datensicherheit*, 34, 5 (2010), 323–328.

[Ecke09] C. Eckert: IT-Sicherheit - Konzepte, Verfahren, Protokolle. Oldenbourg (2009).

[Fobb11] E. Fobbe: Forensische Linguistik: Eine Einführung. Narr Studienbücher, Narr Francke Attempto Verlag GmbH + Co. KG, Tübingen (2011), .

[Hall98] M. A. Hall: Correlation-based Feature Subset Selection for Machine Learning. Dissertation, University of Waikato, Hamilton, New Zealand (1998).

[Halv12] O. Halvani: Autorschaftsanalyse im Kontext der Attribution, Verifikation und intrinsischer Exploration. Diplomarbeit, Technische Universität Darmstadt / Fraunhofer-Institut für Sichere Informationstechnologie, Darmstadt, Germany (2012).

[Hein10] L. Heine: Linguistics@schools: Abenteuer Sprachwissenschaft; Kooperationsmöglichkeiten zwischen Schule und Hochschule. Peter Lang (2010), .

[KPCT03] V. Keselj, F. Peng, N. Cercone, C. Thomas: N-Gram-based Author Profiles for Authorship Attribution. In: *Computational Linguistics*, 3 (2003), 255–264, .

[Ploe11] M. C. Ploetz: Analyse existierender Studiengänge im Bereich IT-Sicherheit, Bachelor Thesis, Fakultät für Mathematik und Informatik, Fernuniversität Hagen (2011).

[Stam09] E. Stamatatos: A Survey of Modern Authorship Attribution Methods. In: *J. Am. Soc. Inf. Sci. Technol.*, 60, 3 (2009), 538–556, .

Verteilte Dienstnutzung mit dem neuen Personalausweis*

Moritz Horsch[1] · Johannes Braun[1] · A. Wiesmaier[2]
Joachim Schaaf[3] · Claas Baumöller[4]

[1]Technische Universität Darmstadt
{jbraun | horsch}@cdc.informatik.tu-darmstadt.de

[2]AGT Group (R&D) GmbH
awiesmaier@agtinternational.com

[3]Deutsche Telekom AG, Telekom Innovation Laboratories
joachim.schaaf@telekom.de

[4]Telekom Deutschland GmbH
claas.baumoeller@telekom.de

Zusammenfassung

Eine Authentisierung mittels Benutzername und Passwort birgt vielfältige Gefahren, wie beispielsweise das Aufzeichnen durch Schadsoftware. Authentisierungsmechanismen auf Basis von Smartcards wirken durch den Besitzfaktor einem solchen Angriff entgegen, sind aber oftmals nicht einsetzbar, weil es an den passenden Kartenlesern fehlt. Die direkte Verbindung von Lesegeräten zum Nutzersystem ermöglicht dabei neue Angriffe, wenn beispielsweise die PIN über die Tastatur des Nutzersystems eingegeben wird. Wir stellen ein Verfahren vor, das es ermöglicht, die Authentisierung gänzlich unabhängig vom Nutzersystem durchzuführen. Dadurch wird das Problem der Verfügbarkeit der Lesegeräte für Smartcards gelöst. Außerdem sind Nutzereingaben nicht weiter durch Schadsoftware auf dem Nutzersystem gefährdet, da diese nur noch auf einem dem Nutzer zugeordneten sicheren Authentisierungsgerät erfasst werden.

1 Einleitung

Eine Authentisierung gegenüber Diensten oder Systemen erfolgt trotz der bekannten Sicherheitsrisiken[1] vorwiegend anhand Benutzernamen und Passwörtern. Dabei birgt eine solche Authentisierung auf Basis von Wissen erhebliche Sicherheitsrisiken in sich. Passwörter lassen sich leicht durch Schadsoftware abgreifen, und Nutzer neigen dazu, gleiche Zugangsdaten für mehrere Dienste zu verwenden.

Authentisierungsverfahren auf Basis von Besitz und Wissen haben hingegen deutliche Vorteile

---

* Das vorliegende Konzept ist ein Ergebnis des Kooperationsprojektes MONA (Mobile Authentisierung mit dem neuen Personalausweis) der Technischen Universität Darmstadt und der Telekom Innovation Laboratories.
[1] http://www.heise.de/security/meldung/Das-Passwort-Die-einzige-Konstante-im-Leben-1030313.html

in Bezug auf die Sicherheit und die Benutzerfreundlichkeit. Für einen flächendeckenden Einsatz mangelt es aber oft an der universellen und flexiblen Einsetzbarkeit. Bei der Verwendung von Smartcards als Besitzkomponente zur Authentisierung fehlt es, beispielsweise unterwegs, oft an den passenden Kartenlesern. Aber auch die Sicherheit der verfügbaren Kartenleser, beispielsweise in Internet-Cafés, kann nur schwer überprüft werden.

Mobile Geräte eignen sich durch ihre starke Verbreitung und hohe Bindung an den Besitzer als persönliche Sicherheitsumgebung (Personal Security Environment) und damit als zentrales besitzbasiertes Authentisierungssystem. Ausgestattet mit der passenden Technologie können diese als Schlüssel-Speicher, Signatur-Erstellungseinheit oder Kartenleser fungieren (vgl. [BHWH11, BrHW12] und damit eine deutlich stärkere Authentisierung ermöglichen. Jedoch haben die kleinen Displaygrößen und eine Steuerung per Touchscreen eine andere visuelle und haptische Wahrnehmung zur Folge als klassische Computer und lassen sich daher für gewisse Dienste nur eingeschränkt nutzen. Dies betrifft insbesondere Dienste mit vielen Multimedia-Inhalten.

Wir stellen ein Verfahren vor, bei dem eine Authentisierung mit einem mobilen Gerät durchgeführt wird (vgl. [BWHB$^+$10, WHBK$^+$11]), die Nutzung der Dienste aber bequem an einem Rechner, Notebook oder Tablet usw. möglich ist. Die strikte Trennung zwischen Systemen zur Authentisierung und zur Dienstnutzung bietet die Möglichkeit, jederzeit eine sichere Identifizierung des Nutzers durchzuführen und die Zugangsdaten vor dem Abhören durch Schadsoftware auf dem Dienstnutzungssystem zu schützen. Der Einsatz eines mobilen Gerätes als zentrales Authentisierungssystem bietet den Nutzern einen sicheren Zugriff auf Dienste von beliebigen Computern aus. Diese verteilte Dienstnutzung kann dabei anhand verschiedener Authentisierungsmechanismen und -verfahren erfolgen und gestattet die Umsetzung verschiedener Sicherheitsanforderungen. Im Folgenden betrachten wir beispielhaft den Einsatz des elektronischen Identitätsnachweises (eID-Funktion) des neuen Personalausweises als Authentisierungsmechanismus für die verteilte Dienstnutzung.

Der vorliegende Beitrag fasst in Kapitel 2 die Grundlagen zum neuen Personalausweis zusammen. In Kapitel 3 stellen wir das Verfahren der verteilten Dienstnutzung ausführlich vor und erörtern es in Kapitel 4.

2 Der neue Personalausweis

Der neue Personalausweis (nPA) verfügt über einen Chip zur Speicherung personenbezogener Daten des Ausweisinhabers und ist mit einer kontaktlosen RFID-Schnittstelle gemäß ISO/IEC 14443 [ISO11] ausgestattet. Neben der klassischen Anwendung als hoheitliches Ausweisdokument unterstützt der Ausweis den elektronischen Identitätsnachweis (eID-Funktion) [BSI11b] und das Erstellen von qualifizierten elektronischen Signaturen (eSign-Funktion) [BSI10a]. Diese Funktionen sind jeweils durch eine sechsstellige PIN geschützt [BSI11a].

Die eID-Funktion ermöglicht eine Registrierung und Anmeldung bei Dienstanbietern im Internet. Im Gegensatz zu einer klassischen Authentisierung wird hierbei das Wissen von Benutzername und Passwort durch eine deutlich sicherere Zwei-Faktor-Methode, nämlich den Besitz des Ausweises und das Wissen der PIN, ersetzt. Darüber hinaus können die erforderlichen Daten (z.B. Name, Anschrift) während der Registrierung (z.B. bei einem Online-Shop) direkt vom Ausweis gelesen werden. Die Durchführung eines Authentisierungsvorgangs mit der eID-Funktion erfolgt in der Regel jedoch nicht direkt durch die Dienstanbieter, sondern wird von speziellen eID-Service-Providern [BSI10b] durchgeführt. Für die Nutzung der Funktionen benötigen Bürger neben einem passenden Kartenleser auch eine installierte eID-Applikation wie beispielsweise die AusweisApp [BSI] oder die Open eCard App [HPSW+12].

Das Sicherheitssystem des Ausweises besteht neben physikalischen Eigenschaften auch aus mehreren kryptografischen Sicherheitsprotokollen, die einen unberechtigten Zugriff verhindern [BSI12a]. Das *Password Authenticated Connection Establishment* (PACE) Protokoll führt anhand der PIN eine Authentisierung des Benutzers durch und sichert gleichzeitig die kontaktlose Schnittstelle ab. Das *Extended Access Control* (EAC) Protokoll führt eine gegenseitige Authentisierung zwischen dem Ausweis und dem Online-Dienst durch. Dabei muss der Online-Dienst anhand eines Berechtigungszertifikates nachweisen, dass er zum Auslesen des Ausweises berechtigt ist. Ist dies erfolgt, muss der Ausweis seine Echtheit gegenüber dem Dienst nachweisen.

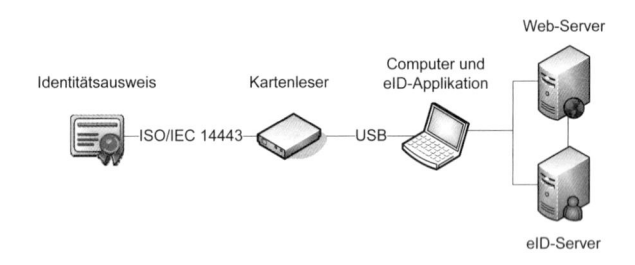

Abb. 1: eID-Infrastruktur

Abbildung 1 zeigt die für die eID-Funktion benötigte Infrastruktur. Auf der Nutzerseite wird der Identitätsausweis, ein Kartenleser und ein Computer mit installierter eID-Applikation benötigt. Die Dienste werden von Web-Servern bereitgestellt, auf die vom Computer aus zugegriffen werden kann. Die eID-Server stellen die benötigte Infrastruktur und Schnittstellen für eine Authentisierung mit dem nPA bereit.

3 Verteilte Dienstnutzung

Im Folgenden stellen wir die verteilte Dienstnutzung vor und zeigen insbesondere, wie die Authentisierung über das Authentisierungssystem ausgelöst wird. Dabei stellen wir zwei unterschiedliche Varianten dar: ein Push-Verfahren, bei dem die Authentisierung von außen ausgelöst wird, sowie ein Pull-Verfahren, bei dem der Authentisierungsvorgang von Seiten des Authentisierungssystems angestoßen wird.

Der Prozess der Nutzung von Diensten lässt sich abstrakt in drei Phasen einteilen:

1. Aufruf des Dienstes
2. Nachweis der Berechtigung zur Nutzung des Dienstes
3. Inanspruchnahme des Dienstes

Das vorgestellte Verfahren verteilt die Phasen der Dienstnutzung auf zwei Systeme: Die erste und dritte Phase erfolgten auf einem Nutzungssystem, von dem der Benutzer den Dienst zu Beginn aufruft und abschließend nutzt. Die zweite Phase erfolgt auf einem Authentisierungssystem, auf dem der Benutzer eine Authentisierung durchführt und damit den Nachweis der Berechtigung zur Nutzung des Dienstes erbringt. Nutzungs- und Authentisierungssystem sind

Verteilte Dienstnutzung mit dem neuen Personalausweis 189

dabei physikalisch getrennt, so dass das Nutzungssystem keinen Zugriff auf Eingaben der zweiten Phase wie Zugangsdaten, Passwörter usw. hat, und das Authentisierungssystem umgekehrt keine Kenntnis bezüglich des Dienstes hat. Das heißt, es folgt eine strikte Trennung zwischen diesen Systemen und damit zwischen Dienstnutzung und Authentisierung. Die einzige Schnittstelle zwischen den Systemen ist der Benutzer.

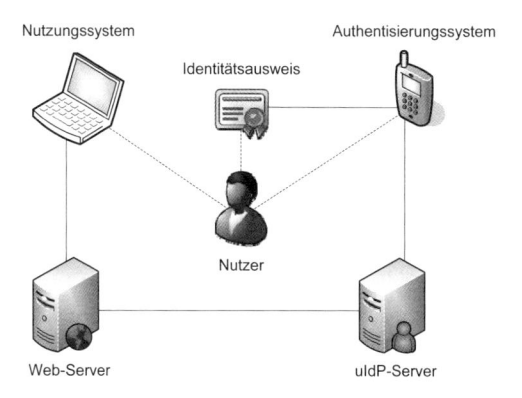

Abb. 2: Verteile Dienstnutzung

Wie in Abbildung 2 ersichtlich, besteht das Gesamtsystem zur verteilten Dienstnutzung aus mehreren Computer- und Serversystemen. Von dem Nutzungssystem wird auf die von Web-Servern bereitgestellten Dienste zugriffen und die Dienste werden genutzt. Die oftmals notwenige Identifizierung und Authentisierung des Nutzers erfolgt nicht durch die Dienstanbieter direkt, sondern wird von universellen Identitiy-Providern (uIdP) übernommen. Im Fall des Personalausweises fungiert der uIdP-Server als eID-Server gemäß TR-03130 [BSI10b]. Der uIdP-Server kann aber auch verschiedene Authentisierungsmechanismen und -verfahren bereitstellen, um dem geforderten Maß an Authentisierungsstärke und -sicherheit gerecht zu werden (vgl. SkIDentity Projekt [HHRS+11]). Die Authentisierung wird dabei auf einem zweiten, dem Nutzer zugeordneten Computersystem (Authentisierungssystem) durchgeführt. Die Authentisierung kann dabei beispielsweise durch Eingabe eines Benutzernamens und Passworts, in eleganterer Form durch den Nachweis eines Zertifikates oder bei NFC-fähigen Geräten mit einer Smartcard erfolgen.

Der Ablauf ist dabei wie folgt: Der Nutzer startet auf dem Nutzungssystem beispielsweise einen Web-Browser und öffnet die Webseite des gewünschten Dienstes. Um Zugriff auf das Angebot zu erhalten, verlangt der Dienst eine Authentisierung des Nutzers. Diese führt der Nutzer mit Hilfe seines Authentisierungssystems und dem uIdP-Server durch. Nach erfolgreicher Authentisierung bestätigt der uIdP-Server die Anmeldung des Nutzers gegenüber dem Dienst (Web-Server) und der Nutzer erhält Zugriff auf den Dienst.

Ein wesentlicher Punkt der verteilten Dienstnutzung ist die Zuordnung des Authentisierungssystems zum Nutzungssystem bzw. die Verknüpfung der Authentisierung auf dem einen Gerät und der Zugriff auf den Dienst von einem anderen Gerät. Wir stellen dazu in den Kapiteln 3.1 und 3.2 die genannten Push- und Pull-Verfahren vor.

3.1 Push-Verfahren

In den folgenden Abschnitten beschreiben wir das Push-Verfahren. Wir geben zunächst einen Überblick, es folgt eine detaillierte Beschreibung des Ablaufs sowie ein konkretes Beispiel für eine Realisierung mittels nPA und einem NFC-fähigem Mobiltelefon.

3.1.1 Zusammenfassung

Beim Push-Verfahren erfolgt das Auslösen des Authentisierungsvorgangs von außen. Das heißt, der uIdP-Server stößt die Authentisierung auf dem Authentisierungssystem des Benutzers an. Dabei muss der Benutzer beim Zugriff auf einen Dienst einen Identifikator (ID) angeben. Anhand der ID kann der uIdP-Server das Authentisierungssystem ermitteln, d.h. eine Zuordnung zwischen ID und Authentisierungssystem vornehmen. Die ID kann beispielsweise eine E-Mail-Adresse, Mobilfunk-Nummer, IP-Adresse oder ein Benutzername sein.

Zum Auslösen des Authentisierungsvorgangs schickt der uIdP-Server eine Nachricht (SMS, E-Mail, o.ä.) an das Authentisierungssystem. Die eintreffende Nachricht startet auf dem Authentisierungssystem eine eID-Applikation, die dann die Authentisierung des Nutzers vornimmt. Beim Einsatz des Personalausweises muss die Nachricht einen TC TOKEN bzw. eine entsprechende URL zum Erhalt eines TC TOKEN gemäß TR-03112 [BSI12b] zur Aktivierung der eID-Applikation beinhalten.

Das Push-Verfahren hat insbesondere den Vorteil, dass es sehr benutzerfreundlich ist, weil der Authentisierungsvorgang automatisch startet. Das Verfahren erfordert aber ggf, dass der Benutzer bereits beim uIdP-Server registriert ist, damit anhand der ID sein Authentisierungssystem identifiziert werden kann. Die Registrierung beim uIdP-Server hat dabei den Vorteil, dass der Authentisierungsvorgang zusätzlich an ein bestimmtes Gerät gebunden werden kann (beispielsweise über die Rufnummer an das Smartphone, bzw. die SIM Karte des Nutzers). Dies bietet den Sicherheitsgewinn, dass die Authentisierung nur durchgeführt werden kann, wenn zusätzlich Zugriff auf dieses dem Nutzer zugeordnete Gerät besteht und bspw. die SIM Karte nicht gesperrt ist.

3.1.2 Ablauf des Push-Verfahrens

In Abbildung 3 ist eine Ausführungsform des Push-Verfahrens dargestellt. Im ersten Schritt wird eine Dienst-Anforderung von dem Nutzersystem an den Web-Server gesendet. Dies kann beispielsweise direkt durch den Nutzer erfolgen, etwa durch Eingabe einer URL in einem Web-Browser. Eine andere Möglichkeit ist beispielsweise das Starten eines Programms, welches die Dienste auswählt, die über einen Web-Server bezogen werden.

Im nächsten Schritt übermittelt der Nutzer eine ID an den Web-Server. Dies erfolgt beispielsweise durch eine Eingabeaufforderung im Browser, oder die ID ist bereits auf dem Nutzersystem gespeichert und wird automatisch übermittelt. Die ID kann beispielsweise eine E-Mail-Adresse, Mobilfunk-Nummer, IP-Adresse oder sonstige URI sein.

Im folgenden Schritt definiert der Web-Server die benötigten Attribute A_1, die für eine Authentisierung oder Identifizierung des Nutzers notwendig sind. Diese Attribute können beispielsweise Identitätsmerkmale wie Name, Vorname, Anschrift, Alter, Wohnort, Geburtsort, Staatsangehörigkeit, Geschlecht oder sonstige elektronischen Identitäten sein. Sie werden zusammen mit der vorher erhaltenen ID (Nutzerkennung) an den uIdP-Server übermittelt.

Der uIdP-Server bestimmt nun das Authentisierungssystem anhand der ID und sendet im darauffolgenden Schritt eine Nachricht mit weiteren Attributen A_2 an das Authentisierungssystem. Dies kann beispielsweise durch eine SMS, MMS, E-Mail o.ä. erfolgen. Die Attribute A_2 können unter anderem Informationen bezüglich des verwendete uIdP-Servers und Dienstanbieters beinhalten, die für Benutzerinformationen, Authentisierung und Verifizierung notwendig sind. Zusätzlich werden die vom Web-Server definierten Attribute A_1 übermittelt. Durch die Übermittlung wird das Starten der eID-Applikation auf dem Authentisierungssystem ausgelöst. Es ist auch möglich, dass die eID-Applikation bereits gestartet ist und auf einer bestimmten Adresse (z.B. Port, Socket) lauscht und die Nachricht des uIdP-Servers entgegen nimmt.

Anschließend erfolgt eine Authentisierung des Nutzers gegenüber dem Identitätsausweis. Dabei können beispielsweise eine Vielzahl Passwort-basierter Protokolle wie PACE (Password Authenticated Connection Establishment), Encrypted Key Exchange (EKE), SPEKE (Simple Password Exponential Key Exchange), Augmented-Encrypted Key Exchange (A-EKE), Diffie-Hellman Encrypted Key Exchange (DH-EKE), Password Authenticated Key Exchange (PAK) oder Open Key Exchange (OKE) verwendet werden.

Im folgenden Schritt wird eine Verbindung zwischen dem Identitätsausweis und dem uIdP-Server aufgebaut. Das Authentisierungssystem fungiert hierbei als Vermittler und Intermediär.

Dann folgt eine wechselseitige Authentisierung zwischen dem Identitätsausweis und dem uIdP-Server. Die Authentisierung könnte abhängig von der Anwendung jedoch auch einseitig erfolgen. Die Authentisierung kann beispielsweise auf Basis von Zertifikaten und einer Public-Key-Infrastruktur oder mittels eines gemeinsamen Geheimnisses erfolgen.

Nach erfolgreichem Abschluss der Authentisierung erfolgt die Übertragung der erforderlichen Attribute A_3 vom Identitätsausweis zum uIdP-Server, welche als Antwort auf die über die Attribute A_1 definierten Anforderungen zu sehen sind. Diese werden dann vom uIdP-Server an den Web-Server übertragen. Dieser prüft die empfangenen Daten und schaltet ggf. die Dienste zur Nutzung über das Nutzersystem.

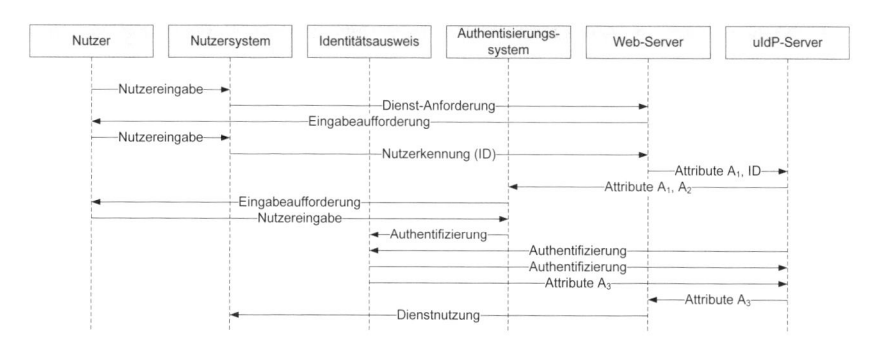

Abb. 3: Ablaufdiagramm Push-Verfahren

3.1.3 Ausführungsbeispiel

In diesem Abschnitt beschreiben wir den Einsatz des Push-Verfahrens im Szenario des neuen Personalausweises und dessen eID-Funktion. Dazu wird ein NFC-fähiges Smartphone als

Authentisierungssystem und mobiler Kartenleser, wie in [Hors11] beschrieben, genutzt. Hier erfolgt die Dienstnutzung über einen beliebigen vom Smartphone unabhängigen (nicht vertrauenswürdigen) Computer.

Um eine sichere Authentisierung des Benutzers vorzunehmen, übermittelt der Benutzer dem Dienstanbieter (Web-Server) seine Mobilfunknummer. Hiermit ist der uIdP in der Lage, den Mobilfunkanbieter des Benutzers auszuwählen und zu kontaktieren. Der Mobilfunkanbieter sendet dann beispielsweise eine Push SMS/MMS, welche die eID-Applikation auf dem mobilen Endgerät startet und die Authentisierung des Benutzers mittels nPA durchführt. Der Mobilfunkanbieter kann dabei sowohl als uIdP oder nur als reiner Vermittler fungieren.

Das Szenario ist in Abbildung 4 illustriert und der Ablauf wird im Folgenden erläutert:

1. Der Benutzer ruft die Webseite eines Dienstanbieters auf und gibt seine Rufnummer als Identifikator (ID) ein.
2. Der Dienstanbieter sendet entsprechende Informationen zum uIdP. Diese beinhalten unter anderem eine SessionID, die zur Zuordnung benötigt wird, und eine Liste mit den erforderlichen Daten, die ausgelesen werden sollen.
3. Der Dienstanbieter kontaktiert den Mobilfunkanbieter und erbittet eine Authentifizierung des Benutzers.
4. Der Mobilfunkanbieter informiert den Kunden bzw. Benutzer z.B. durch eine (Push) SMS über eine gewünschte Authentifizierung und startet ggf. die eID-Applikation auf dem Smartphone. Alternativ kann der Benutzer die Applikation direkt starten und diese erfragt dann bei dem Mobilfunkanbieter die für die Authentisierung benötigten Informationen, welche dieser wiederum in Schritt 2 direkt vom Dienstanbieter mitgeteilt bekommt.
5. Die eID-Applikation baut eine Verbindung zum uIdP-Server (eID-Server) auf, zeigt die Berechtigungen (Zertifikat, Datenschutzerklärung) und erforderlichen Datengruppen an und erfasst die PIN des Ausweisinhabers. Es folgt ein Verbindungsaufbau zwischen nPA und Smartphone und die Durchführung des PACE Protokolls.
6. Nach erfolgreichem Aufbau des PACE Kanals erfolgt das EAC-Protokoll zwischen nPA und uIdP-Server zur wechselseitigen Authentisierung. Ist dies erfolgreich abgeschlossen, besteht ein verschlüsselter Kanal zwischen nPA und uIdP-Server, über den der uIdP-Server die angeforderten Daten ausliest. Die Kommunikation bzw. Datenübertragung zwischen Ausweis und uIdP-Server läuft über die NFC-Schnittstelle und GSM/UMTS Verbindung des Smartphones.
7. Nach erfolgreicher Authentifizierung des Nutzers bestätigt der uIdP dem Dienstanbieter dessen Identität und übergibt ggf. aus dem nPA ausgelesene Daten. Der Anmeldeprozess ist damit abgeschlossen.

Die Zuordnung zwischen Dienst- und Mobilfunkanbieter bzw. Authentisierungssystems muss durch den Benutzer erfolgen und wird in diesem Setup über die Eingabe der Rufnummer realisiert. Eine andere Möglichkeit wären eine einmalige Voranmeldung beim uIdP und die Verwendung eines Pseudonyms als Identifizierungsmerkmal.

Der Vorteil des Einbeziehens des Mobilfunkanbieters ist, dass dieser die Push-Authentisierung als Service anbieten und die entsprechenden Schnittstellen implementieren kann, um als Vermittler zu dienen. Es können dadurch standard eID-Server für die Authentisierung eingesetzt werden, während der Mobilfunkanbieter die Übermittlung der notwendigen Daten an das ent-

Verteilte Dienstnutzung mit dem neuen Personalausweis 193

Abb. 4: Push-Verfahren mit nPA und Mobiltelefon

sprechende Mobiltelefon und die Initialisierung des Authentisierungsverfahrens und somit die uIdP-Funktion übernimmt. Darüber hinaus besteht zum Mobilfunkanbieter bereits eine Kundenbindung. Eine Anmeldung bei einem separaten uIdP kann damit entfallen.

3.2 Pull-Verfahren

Ein Nachteil des Push-Verfahrens ist die Eingabe des Identifizierungsmerkmals (ID) des Nutzers auf dem (nicht vertrauenswürdigen) Nutzersystem und dessen Übermittlung an den Dienstanbieter bzw. uIdP-Server. Dadurch ist das Push-Verfahren zur anonymen Dienstnutzung (wie es beispielsweise die Pseudonymfunktion des nPA ermöglicht) nur eingeschränkt geeignet. Dienste können einen Nutzer eindeutig (insbesondere bei Verwendung der Rufnummer als Identifikator) identifizieren. Darüber hinaus könnte ein uIdP, welcher die Authentisierung für viele Dienste durchführt, trotz Pseudonymisierung Nutzerprofile erstellen.

In diesem Abschnitt stellen wir das Pull-Verfahren vor, welches dieses Problem löst. Allerdings ist beim Pull Verfahren keine Geräte- (bspw. SIM-) Bindung möglich und dieser Sicherheitsfaktor entfällt. Nach einer kurzen Zusammenfassung beschreiben wir das Pull-Verfahren detailliert und zeigen die Unterschiede zum Push-Verfahren auf.

3.2.1 Zusammenfassung

Bei dem Pull-Verfahren wird der Authentisierungsvorgang auf dem Authentisierungssystem durch den Benutzer initialisiert. Das heißt, das Authentisierungssystem kontaktiert den uIdP-Server und fordert die Durchführung einer Authentisierung an. Um eine Zuordnung zwischen Authentisierung und Dienstenutzung zu ermöglichen, muss der Dienst auf dem Nutzersystem einen Identifikator (ID) anzeigen, der vom Benutzer auf dem Authentisierungssystem eingegeben werden muss.

Die ID kann dabei z.B. eine Zeichenfolge oder ein Barcode bzw. QR-Code sein, der beispielsweise mit der Kamera des Smartphones (Authentisierungssystem) erfasst wird. Anhand der ID kann die auf dem Authentisierungssystem gestartete eID-Applikation eine Verbindung zum uIdP-Server aufbauen und die Authentisierung des Nutzers durchführen. Im Falle des Personalausweises besteht die ID aus einer URL unter der die eID-Applikation einen TC TOKEN anfordern kann (siehe [BSI12b, Kapitel 3.2]).

Das Pull-Verfahren hat den Vorteil, dass die Initialisierung vom Authentisierungssystem ausgeht und damit der Benutzer beim uIdP-Server nicht bekannt sein muss. Die Authentisierung kann dadurch mit beliebigen uIdP-Servern durchgeführt werden. Dies ermöglicht eine Vorbeugung von Nutzungsprofilen durch Verwendung mehrerer uIdP-Server und eine höhere Ausfallsicherheit.

3.2.2 Ablauf des Pull-Verfahrens

In Abbildung 5 ist das Pull-Verfahren dargestellt. Zunächst wird wieder der Dienst durch den Nutzer angefordert. Anstelle der Eingabe und Übermittlung eines Identifikators durch den Nutzer, wählt der Web-Server eine ID (der insbesondere zufällig gewählt sein kann, beispielsweise eine Session ID) und sendet diesen und ggf. weitere Information die für die Authentisierung benötigt werden an das Nutzersystem. Die ID wird zusammen mit den oben beschriebenen Attributen A_1 an den uIdP-Server übergeben.

Im nächsten Schritt initialisiert der Nutzer den Authentisierungsvorgang durch Starten der eID-Applikation und Eingabe der ID in das Authentisierungssystem. Die ID könnte beispielsweise aus der Adresse (URL) des uIdP-Servers und einer Zahlenkombination bestehen, die der Nutzer in einem Browser des Authentisierungssystems eingeben kann. Denkbar ist auch ein Erfassen einen Bildes, Barcodes oder QR-Code (Quick-Response-Code) durch die Kamera des Authentisierungssystems im Falle eines Smartphone oder auch das Aufnehmen eines Audiosignals.

Das Authentisierungssystem kann nun mittels des Identifikators die Anforderung der Attribute A_1 und A_2 (Verifikationsinformationen, angeforderte Authentisierungsdaten, siehe auch Abschnitt 3.1.2) auslösen. Hierin liegt der Hauptunterschied zum Push-Verfahren. Mittels des Identifikators kann der uIdP-Server die Anforderung dem Dienst zuordnen und die entsprechenden Attribute A_2 und A_2 übermitteln. Danach erfolgt die Authentisierung des Nutzers und die Dienstfreischaltung analog zum Push-Verfahren.

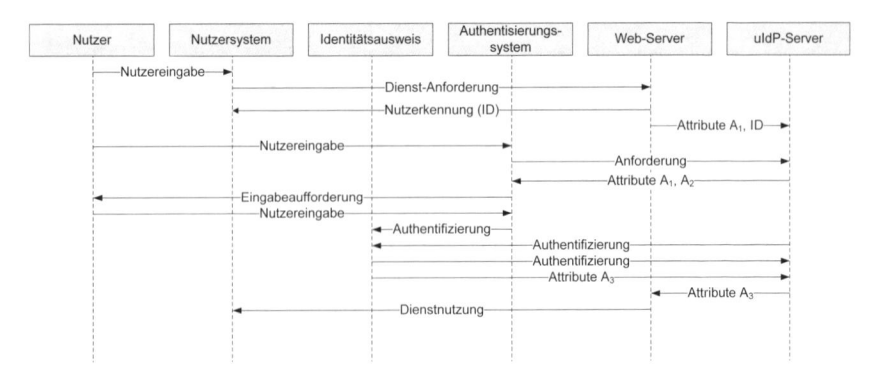

Abb. 5: Ablaufdiagramm Pull-Verfahren

4 Diskussion

Die verteilte Dienstnutzung bietet gegenüber herkömmlichen Authentifizierungsverfahren vielfältige Vorteile. Diese betreffen vor allem die Flexibilität und die Sicherheit. Betrachtet man beispielsweise den Einsatz der eID-Funktion des Personalausweises oder anderer chipkartenbasierter Verfahren mit kontaktlosen Karten, so wird ein spezieller Kartenleser durch den Einsatz eines NFC-fähigen Authentisierungssystems überflüssig. Dabei ersetzt das mobile Gerät jedoch nicht einfach den Kartenleser. Durch die Funktionsweise der verteilten Dienstnutzung wird die Verbindung zum Nutzungssystem obsolet. Dadurch ist eine universelle Einsetzbarkeit gegeben, da proprietäre Schnittstellen und Steckverbindungen oder deren Fehlen, wie das beispielsweise mit USB-Steckplätzen bei einigen Tablet-Computern der Fall ist, irrelevant sind.

Daneben werden sensible Informationen wie Passwörter immer auf einem dem Nutzer gehörenden System eingegeben, was das allgemeine Nutzervertrauen und die Sicherheit steigert. Die Sicherheit des Systems liegt hier unter der Kontrolle des Nutzers, und er muss sich nicht auf die Sicherheitsvorkehrungen anderer, wie beispielsweise bei fremden Arbeitsplatzrechnern in Internetcafés oder an Hotelrechnern, verlassen.

Der Sicherheitsanker der verteilten Dienstnutzung ist das Authentisierungssystem. Eine Kompromittierung dessen birgt dabei zwar ähnliche Angriffsmöglichkeiten wie eine Kompromittierung bei der normalen Nutzung, jedoch ist beim Push-Verfahren ein lesender Zugriff, wie er durch Keylogger realisiert wird, insofern nicht ausreichend, als das Authentisierungssystem beim uIdP-Server registriert ist. Da die Authentisierung in diesem Fall immer über dieses Gerät angefordert wird, muss ein Angreifer zusätzlich die volle Kontrolle über das Gerät haben und beispielsweise Signaltöne unterdrücken und das entsprechende Authentisierungsverfahren einleiten können.

Trotz der wachsenden Anzahl an Angriffen auf Mobiltelefone sind diese auch weiterhin als sicherer zu betrachten als herkömmliche Computer. Betrachtet man beispielsweise Firmenhandys, so ist die Installation von Fremdsoftware oftmals nicht oder nur sehr eingeschränkt gestattet. Daneben ist das Angebot an Software oftmals durch den herstellerspezifischen App-Store beschränkt und unterliegt daher einer gewissen Kontrolle. Darüber hinaus kann durch den Einsatz von *SiMKo* [BSI12c] oder *Mobile Trusted Module* (MTM) [TCG12] Modulen eine Kompromittierung verhindert werden. Zwar ist der Einsatz von MTM-Modulen in mobilen Geräten noch sehr beschränkt, jedoch ist im Vergleich zu normalen Computersystemen hier eine ungleich höhere Kundenakzeptanz und somit leichtere Durchsetzung am Markt zu erwarten. Bei mobilen Geräten ist eine andere Kundenbindung und Besitzverständnis festzustellen. Teilweise entspricht der Erwerb eines mobilen Gerätes bei einigen Mobilfunkanbietern mehr einem Leasing- als einen Kaufvertrag, da das Gerät über die Vertragslaufzeit zu einem festen Entgelt bereitgestellt wird und nach Vertragsende wieder zurückgegeben werden muss. Auch werden Geräte akzeptiert, deren Bauart einen Austausch des Akkus nicht gestattet und bei denen sich der Speicher des Gerätes nicht erweitern lässt. Eine Kombination aus MTM geschütztem mobilen Gerät und unserem Verfahren der verteilten Dienstnutzung kann dadurch einen starken Sicherheitsgewinn schaffen, der weit über das Gerät hinaus geht in dem das MTM verbaut ist.

Im Vergleich zu dem etablierten Mobile TAN (mTAN) Verfahren bietet das hier beschriebene Verfahren der verteilten Dienstnutzung universelle Authentisierungsmöglichkeiten wie beispielsweise mit Chipkarten oder Zertifikaten. Des Weiteren schützt das mTAN-Verfahren nur die Bestätigung eines Überweisungsauftrages, die Anmeldung beim Online-Banking Portal erfolgt weiterhin über eine PIN und ist somit Angriffen durch Schadsoftware ausgesetzt. Das

Verfahren der verteilten Dienstnutzung sichert bereits die Anmeldung ab, die Bestätigung eines Überweisungsauftrages kann dann über eine mTAN erfolgen.

Zusammenfassend ist festzustellen, dass das Verfahren der verteilten Dienstnutzung durch die Trennung zwischen Dienstnutzung und Authentisierung einen hohen Schutz vor Angriffen durch Schadsoftware auf dem Nutzungssystem bietet. Durch den Einsatz eines mobilen Endgerätes als Authentisierungssystem stehen verschiedene Authentisierungsverfahren universell und allgegenwärtig zur Verfügung.

Literatur

[BHWH11] J. Braun, M. Horsch, A. Wiesmaier, D. Hühnlein: Mobile Authentisierung und Signatur. *In: D-A-CH Security 2011* (2011).

[BrHW12] J. Braun, M. Horsch, A. Wiesmaier: iPIN and mTAN for Secure eID Applications. *In: M. Ryan, B. Smyth, G. Wang (Hrsg.), Information Security Practice and Experience*, Springer Berlin / Heidelberg, *Lecture Notes in Computer Science*, Bd. 7232 (2012), 259–276, .

[BSI] BSI: AusweisApp. https://www.ausweisapp.bund.de.

[BSI10a] BSI: Certificate Policy für die eSign-Anwendung des ePA - Elektronische Signaturen mit dem elektronischen Personalausweis. Version 1.01 (2010).

[BSI10b] BSI: Technische Richtlinie eID-Server. Technical Guideline BSI-TR-03130, Version 1.4.1 (2010), https://www.bsi.bund.de/ContentBSI/Publikationen/TechnischeRichtlinien/ tr03130/tr-03130.html.

[BSI11a] BSI: Architektur elektronischer Personalausweis und elektronischer Aufenthaltstitel. Technical Guideline BSI-TR-03127, Version 1.14 (2011), https://www.bsi.bund.de/ContentBSI/Publikationen/TechnischeRichtlinien/tr03127/tr-03127.html.

[BSI11b] BSI: Certificate Policy für die eID-Anwendung des ePA - Elektronischer Identitätsnachweis mit dem elektronischen Personalausweis. Version 1.27 (2011).

[BSI12a] BSI: Advanced Security Mechanisms for Machine Readable Travel Documents. Technical Guideline BSI-TR-03110, Version 2.10, Part 1-3 (2012), https://www.bsi.bund.de/ContentBSI/Publikationen/TechnischeRichtlinien/tr03110/index_htm.html.

[BSI12b] BSI: eCard-API-Framework – Protocols. Technical Guideline BSI-TR-03112-7, Version 1.1.2 (2012), https://www.bsi.bund.de/ContentBSI/Publikationen/TechnischeRichtlinien/tr03112/index_htm.html.

[BSI12c] BSI: SiMKo 2 - eine Lösung für die sichere mobile Kommunikation (2012), https://www.bsi.bund.de/DE/Themen/weitereThemen/MobileSecurity/SiMKo2/simko_node.html.

[BWHB+10] J. Buchmann, A. Wiesmaier, D. Hühnlein, J. Braun, M. Horsch, F. Kiefer, F. Strenzke: Towards a mobile eCard Client. *In: Tagungsband zum 13. KryptoTag* (2010), 4.

[HHRS+11] D. Hühnlein, G. Hornung, H. Roßnagel, J. Schmölz, T. Wich, J. Zibuschka: SkIDentity - Vertrauenswürdige Identitäten für die Cloud. *In: D-A-CH Security 2011* (2011).

[Hors11] M. Horsch: Mobile Authentisierung mit dem neuen Personalausweis (MONA). Master Thesis, TU Darmstadt (2011), http://www-old.cdc.informatik.tu-darmstadt.de/reports/reports/Moritz_Horsch_MONA.master.pdf.

[HPSW+12] D. Hühnlein, D. Petrautzki, J. Schmölz, T. Wich, M. Horsch, T. Wieland, J. Eichholz, A. Wiesmaier, J. Braun, F. Feldmann, S. Potzernheim, J. Schwenk, C. Kahlo, A. Kühne, H. Veit: On the design and implementation of the Open eCard App. *In: Sicherheit 2012* (2012).

[ISO11] ISO/IEC: Identification cards - Contactless integrated circuit(s) cards - Proximity cards - Part 1-4. International Standard, ISO/IEC 14443 (2008 - 2011).

[TCG12] TCG: TCG Mobile Trusted Module Specification. Version 1.0 (2012), http://www.trustedcomputinggroup.org/resources/mobile_phone_work_group_mobile_trusted_module_specification.

[WHBK+11] A. Wiesmaier, M. Horsch, J. Braun, F. Kiefer, D. Hühnlein, F. Strenzke, J. Buchmann: An efficient mobile PACE implementation. *In: Proceedings of the 6th ACM Symposium on Information, Computer and Communications Security*, ASIACCS '11, ACM, New York, NY, USA (2011), 176–185, .

Erhalt von Datenzugriffsrechten im Forschungsumfeld

Jan Potthoff

Karlsruher Institut für Technologie – KIT
jan.potthoff@kit.edu

Zusammenfassung

In zunehmendem Maße entstehen im Forschungsprozess durch den Einsatz des Computers oder von Messgeräten mit digitalem Output elektronische Daten. Die Pflege der Daten und die Dokumentation des Forschungsprozesses werden zusätzlich häufig mithilfe des Computers durchgeführt. Aufgrund organisationsinterner oder gesetzlicher Regelungen müssen Forschungsdaten archiviert werden. Durch die Beschaffenheit der Daten, beispielsweise eine dreidimensionale Darstellung, und das Datenvolumen kann nur eine elektronische Archivierung durchgeführt werden. Die im Forschungsbereich eingesetzten Anwendungen bieten in der Regel Authentifizierungs- und Autorisierungsmechanismen, um die Daten vor ungewollten Zugriffen zu schützen oder Daten gemeinsam nutzen zu können. Um den Datenzugriff und den Schutz vor ungewolltem Zugriff auch langfristig zu erhalten, müssen entsprechende Zugriffsrechte und Zugriffskonzepte in das eingesetzte Langzeitarchiv übernommen werden. Die Pflege mehrerer Zugriffsdefinitionen oder die Übernahme dieser in andere Systeme birgt die Gefahr von Sicherheitslücken. Das Nutzen von Standards und zentralen Authentifizierungs- und Autorisierungskomponenten wirken diesen Gefahren entgegen, setzen jedoch auch die Verfügbarkeit der zentralen Komponente voraus. Die Verknüpfung der Zugriffsrechte mit den zugehörigen Daten stellt hingegen die Verfügbarkeit sicher und erleichtert die Migration der Daten in andere Systeme.

1 Einleitung

Um die Qualität der Forschung zu sichern, sind im Forschungsdatenmanagement u. a. Regeln zur Sicherung der guten wissenschaftlichen Praxis (GWP) zu beachten. Danach sollen Forschungsdaten, die als Grundlage für eine Veröffentlichung genutzt wurden, für zehn Jahre aufbewahrt werden. Zu diesen Daten zählen alle Daten und Erkenntnisse, die im Forschungsprozess gewonnen wurden. Um Ergebnisse nachvollziehen und überprüfen zu können, soll der Prozess beispielsweise mithilfe eines Laborbuchs dokumentiert werden. Die Integrität und Authentizität dieser Daten soll dabei auch über die vorgeschriebene Aufbewahrungszeit gewährleistet sein [DFG98].

Aufgrund der teilweise großen elektronischen Datenmengen im Forschungsprozess ist die Verwaltung, Aufbereitung und Auswertung ohne den Einsatz des Computers und entsprechender Software nicht zu realisieren [BüHM11]. So existieren beispielsweise elektronische Laborbücher (eLab), die den Forschungsablauf zielgerichtet unterstützen [AKGo] oder helfen, die im Prozess angefallenen Daten zu strukturieren und wieder aufzufinden [DLR]. Zur Sicherung der GWP im elektronischen Umfeld kann das im Rahmen des Projekts „Beweissicheres elektronisches Laborbuch" (BeLab) entwickelte BeLab-System, das für eLab eine generische Schnittstelle anbietet, genutzt werden [BeLab].

Um den unautorisierten Zugriff auf Forschungsdaten zu verhindern, ist zur Nutzung eingesetzter Systeme eine Autorisierung notwendig. Aus Sicht der Regeln zur GWP und einer Nachnutzung muss der Datenzugriff langfristig gewährleistet werden [BüHM11]. So werden die Daten beispielsweise über das BeLab-System an ein Archiv übergeben. Neben dem langfristigen Erhalt der Daten ist also der langfristige Datenzugriff bzw. der Schutz vor unautorisierten Zugriffen zu gewährleisten. In der Regel sind die für den Forschungsprozess entwickelten Softwarelösungen, wie auch die hier genannten, autonome Entwicklungen und bringen jeweils einen eigenen Autorisierungsmechanismus mit sich. Das Übertragen von Zugriffsrechten in ein anderes System, wenn überhaupt möglich, steigert die Gefahr von Fehlkonfigurationen und Sicherheitslücken. So werden beispielsweise Rollen mit zu vielen Rechten versehen, um den Administrationsaufwand zu verringern [WiEK05]. Durch die Verwendung von Autorisierungsstandards und die Integration der Zugriffsrechte in Datenaustauschformate von Langzeitarchiven können auch die Zugriffsrechte langfristig gesichert werden.

2 Datenzugriffsmodelle

Um sicherzustellen, dass nur Nutzern der Zugriff auf Daten gewährleistet wird, die dafür auch berechtigt sind, wurden Sicherheitsmodelle entworfen, mit denen die Verwaltung der Rechte übersichtlicher und einfacher wird. So sollen mögliche Fehlkonfigurationen und damit Sicherheitslücken vermieden werden. Beispielsweise werden nach dem rollenbasierten Zugriffsmodell (Role-based Access Control - RBAC) Rechte auf der Grundlage von Rollen verwaltet. Diese Rollen werden Benutzern zugeordnet. Sind z. B. Änderungen an Nutzerrechten notwendig, kann dies einheitlich über die Rechtedefinition der Rolle durchgeführt werden. Handelt es sich jedoch um ein System, bei dem eine große Anzahl Benutzer und große Mengen an Daten verwaltet werden, kann ein RBAC Modell sehr komplex und damit fehleranfällig werden [PFMP04]. Auf dieser Annahme basierend wurde das attributbasierte Zugriffsmodell (Attribute-based Access Control – ABAC) entworfen, das die Berechtigung auf der Grundlage der Attribute eines Benutzers erteilt bzw. verweigert. So kann beispielsweise das Alter des Benutzers über den Datenzugriff entscheiden. Aber auch Metadaten, die zu einem Dokument angegeben wurden, können dazu genutzt werden [PDMP05]. Die Sprache, in der die Zugriffsrechte definiert werden, muss gegenüber den möglichen Autorisierungskonzepten flexibel und standardisiert sein, um eine langfristige Nutzung zu gewährleisten.

In den letzten Jahren haben sich Autorisierungsmechanismen entwickelt, die auf XML basieren. Ein Beispiel dafür ist der von OASIS entwickelte Standard eXtensible Access Control Markup Language (XACML). Über XACML ist sowohl die Sprache, in der Rechte und Autorisierungsanfragen gestellt werden, definiert als auch der Ablauf und die Verarbeitung einer Anfrage. Als Grundlage der Autorisierung werden über den Policy Administration Point (PAP), siehe Abbildung 1, die Regeln definiert und dem Policy Decision Point (PDP) zugänglich gemacht. Die Anfrage eines Benutzers wird zum Policy Enforcement Point (PEP) gesendet, der diese eventuell mit weiteren Attributen an einen Context Handler weiterleitet. Der Context Handler übernimmt die Umwandlung in eine XACML konforme Anfrage. Darauf basierend wertet der PDP die Anfrage des Benutzers aus und gibt die getroffene Entscheidung an den Context Handler zurück. Dem Anwender wird die Entscheidung über den PEP übergeben. Wie in Abbildung 1 dargestellt, werden zusätzliche Attribute zur Auswertung der Autorisierungsanfrage über den Policy Information Point (PIP) und die Ressourcen selbst über den Context Handler abgefragt [Mose05].

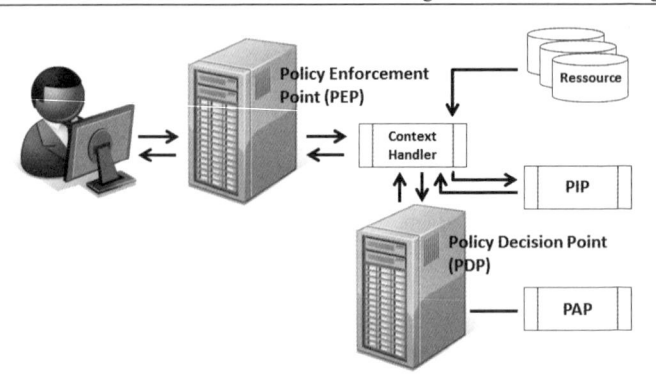

Abb. 1: XACML Auswertung einer Zugriffsanfrage (angelehnt an [Mose05])

Wie in Abbildung 1 dargestellt, werden die Autorisierungsanfragen und die Auswertung der Anfrage durch separate Komponenten durchgeführt. Um die Verfügbarkeit des Autorisierungsmechanismus langfristig zu gewährleisten, müssen diese Komponenten möglichst nah mit der entsprechenden Ressource in Verbindung gebracht werden.

3 Zugriff auf Forschungsdaten und Datenhaltung

Im Forschungsbereich ergeben sich aufgrund der Datennutzung und aus gesetzlichen Regelungen oder der Organisation selbst mehrere Anforderungen an die Archivierung und den Zugriff auf Forschungsdaten. Die nachfolgende Darstellung erhebt dabei jedoch keinerlei Anspruch auf Vollständigkeit.

3.1 Gesetzliche und interne Regelungen

Eine Analyse der Anforderungen von Wissenschaftlern unterschiedlicher Forschungsrichtungen an das Forschungsdatenmanagement ergab, dass in vielen wissenschaftlichen Organisationen die nachhaltige Archivierung von elektronischen Forschungsdaten gefordert wird [NeOS12]. Neben der Archivierung der Forschungsdaten nach den Regeln der GWP ist teilweise auch eine Archivierung der Daten aus gesetzlichen Gründen, z. B. im medizinischen Bereich, vorzusehen. So sind beispielsweise nach § 28 Absatz 4 Röntgenverordnung Aufzeichnungen zu Röntgenbehandlungen bis zu 30 Jahre aufzubewahren.

Des Weiteren ist die Möglichkeit der Nachnutzung der Daten im wissenschaftlichen Bereich von großer Bedeutung. eLab bieten dazu häufig eine Kollaborationsfunktion, wie beispielsweise iPad ELN[1] oder iLabber[2], mit der sich Daten gemeinsam nutzen lassen. Um Kollaborationen auch nach der Archivierung zu erhalten, d. h. nach der Übergabe der Daten an ein Archivsystem, müssen die Datenzugriffsberechtigungen übertragen werden. Im Zusammenhang mit der Nachnutzung der Daten muss es zusätzlich möglich sein, weiteren Personen den Zugriff auf gezielte Daten zu gewähren. Des Weiteren muss es möglich sein, beispielsweise aus

---

[1] Cognium Systems, http://www.ipadeln.com.
[2] contur software, http://www.contur.com.

datenschutzrechtlichen Gründen, gewährte Zugriffsrechte nachträglich zu entziehen, wenn z. B. ein Mitarbeiter aus der Organisation ausscheidet.

3.2 Beweiswert von Forschungsdaten

Forschungsdaten liegen aufgrund des vermehrten Einsatzes von Messgeräten mit digitalen Output und dem Einsatz des Computers mit steigender Tendenz in elektronischer Form vor. So lässt sich in den unterschiedlichen Wissenschaftsdisziplinen ein deutlicher Anstieg des elektronischen Datenvolumens erkennen [NeOS12]. Elektronische Dokumente sind nach § 371 Absatz 1 ZPO Objekte des Augenscheins und unterliegen damit der freien Beweiswürdigung. Um die Regeln einer Urkunde auch für elektronische Daten geltend zu machen, können nach § 371a Absatz 1 ZPO qualifizierte elektronische Signaturen nach dem Signaturgesetz eingesetzt werden. Der Beweiswert eines elektronischen Dokuments kann somit mithilfe von qualifizierten Signaturen gesteigert werden.

Für den Erhalt des Beweiswerts von elektronischen Dokumenten ergeben sich daraus zwei wesentliche Anforderungen: Das verwendete Datenformat ist in Bezug auf den Erhalt der Lesbarkeit (Interpretierbarkeit) der Daten von entscheidender Bedeutung. So kann anhand unterschiedlicher Kriterien, wie die Offenheit des Formats oder die Verwendung von Standards, die Eignung der Formate zur Langzeitarchivierung festgemacht werden [Ludw10]. Mithilfe von Metadaten werden die eigentlichen Daten verwaltet. So werden beispielsweise technische Metadaten aufgenommen, die bei der Interpretation oder Konvertierung der Daten verwendet werden können. Beschreibende Metadaten werden dagegen angegeben, um gewünschte Daten wieder auffinden zu können. Wie auch für die Daten und deren Metadaten muss auf eine langfristige Interpretierbarkeit der Rechtedefinition geachtet werden.

Die zweite Anforderung ergibt sich aus der Verwendung von elektronischen Signaturen und den dazu gehörigen Zertifikaten. Qualifizierte Zertifikate dürfen nach § 14 Absatz 3 Signaturverordnung eine Gültigkeitsdauer von 10 Jahren nicht überschreiten. Zusätzlich muss der Zeitraum der Eignung eingesetzter Algorithmen beachtet werden. Über die Eignung entsprechender kryptographischer Algorithmen gibt die Bundesnetzagentur Auskunft, die jährlich oder bei Bedarf aktualisiert wird [Bund12]. Um die Gültigkeit der Signatur weiterhin zu gewährleisten, muss vor dem Ablauf des Zertifikats eine Übersignatur erfolgen. Dabei werden elektronische Zeitstempel eingesetzt, um den Zeitpunkt der Übersignierung zu dokumentieren. Um dies auch in einem Langzeitarchiv zu gewährleisten kann ein auf der Technischen Richtlinie (TR 03125) des Bundesamtes für Sicherheit in der Informationstechnik (BSI) basiertes Archivsystem eingesetzt werden. In der TR 03125 werden Kriterien aufgeführt, nach denen die Beweiswerterhaltung kryptographisch signierter Dokumente sichergestellt werden kann [BSI11].

4 Systemübergreifende Autorisierung

Aus mehreren Bereichen in der Forschung ergeben sich Anforderungen an ein Zugriffskonzept. Diese Anforderungen gelten jedoch nicht nur für ein System oder einen Bereich der Datenverarbeitung, sondern müssen über den gesamten Forschungsprozess, mit dem im letzten Schritt eine Archivierung der Forschungsdaten durchgeführt wird [HJM+11], gewährleistet sein. Neben dem Erhalt der Forschungsdaten und deren Beweiswert muss weiterhin der autorisierte Zugriff langfristig erhalten bleiben.

4.1 Datenarchivierung und Beweiswerterhaltung

Um u. a. den Regeln der GWP auch im elektronischen Umfeld gerecht zu werden, wurde im Rahmen des Projekts BeLab ein Konzept zur beweiswerterhaltenden Langzeitarchivierung entworfen und prototypisch implementiert. Damit ist es möglich, die Vollständigkeit der im Forschungsprozess entstandenen Daten langfristig zu erhalten und deren Beweiskraft nachzuweisen. Das entwickelte BeLab-System überprüft übergebene Daten auf deren Beweiswert, die Eignung zur Langzeitarchivierung und die Art der Datenerzeugung, bevor die Daten an ein angebundenes Archivsystem übergeben werden, und sichert so den langfristigen Erhalt von Forschungsdaten [PJMR11]. Zur Überprüfung können mehrere Module verwendet werden. Die zuvor vom Benutzer des BeLab-Systems definierten Module werden basierend auf dem Dateiformat geladen. So überprüft beispielsweise ein Modul die Gültigkeit von internen oder externen Signaturen und die zugehörigen Zertifikate. Basierend auf der Gültigkeit und verwendetem Zertifikat wird der Beweiswert klassifiziert. Zur Überprüfung der Vollständigkeit werden die übergebenen Daten auf Zahlenfolgen untersucht und diese auf eventuelle Lücken überprüft [PoRJ12].

Bezüglich der möglichst langfristigen Interpretierbarkeit der Daten, siehe Abschnitt 3.2, werden die Daten auf ihr Format hin überprüft. Basierend darauf werden durch das BeLab-System Empfehlungen für die Wahl des Datenformats ausgegeben. Unterschieden werden die Kategorien „ungeeignet", „geeignet" und „empfohlen", die auf den im nestor Handbuch [Ludw10] beschriebenen Kriterien beruhen. Die Annahme der Daten durch das BeLab-System und damit die Übergabe der Daten an das angebundene Archivsystem wird nicht durch die herausgegebene Empfehlung beeinträchtigt. Die Verantwortung, nicht geeignete Daten umzuformatieren, liegt beim Nutzer [BeLa11].

Die automatisierte Überprüfung erfordert eine fest vorgegebene Struktur der übergebenen Daten. Um Daten an das System, das als Web Service realisiert wurde, zu übergeben, müssen die Daten im universalen Objektformat (UOF) vorliegen [Pott12]. Das UOF entspricht einem TAR- oder ZIP-Archiv in dem die zu archivierenden Dateien zusammengefasst werden. Die Metadaten werden in einer zusätzlichen Datei (mets.xml), die auf Metadata Encoding and Transmission Standard (METS) basiert, hinzugefügt [Stei06]. Mit dem Standard wurde ein Konzept für ein Datenformat entworfen, das mithilfe von Metadaten die Verwaltung und den Austausch von digitalen Objekten ermöglichen soll [Digi10]. Damit ist die langfristige Interpretierbarkeit der zugrundeliegenden Metadaten gewährleistet.

Um den Beweiswert auch im Archiv zu erhalten, wurde eine Schnittstelle zu einem auf der TR 03125, siehe Abschnitt 3.2, basierenden Archivsystem entwickelt. Diese wandelt die übergebenen Daten in das vorgegebene XML Archival Information Package Format und übergibt diese an die Archivschnittstelle. Da die Schnittstelle zum Archivsystem modulbasiert implementiert wurde, ist die Anbindung weiterer Archivsysteme möglich. An das BeLab-System selbst können Daten nur bei einer erfolgreichen Authentifizierung des Nutzers übergeben werden. Die Authentifizierung kann mit dem Benutzernamen und dem zugehörigen Passwort oder einem gültigen Client-Zertifikat durchgeführt werden. Die Authentifizierung des Servers, auf dem das BeLab-System betrieben wird, ist über ein entsprechendes Server-Zertifikat sichergestellt. Die Administration des BeLab-Systems ist des Weiteren über eine gesonderte Schnittstelle vorgesehen. So können administrative Funktionen beispielsweise über ein Vier-Augen-Prinzip abgesichert werden. So können entsprechende Funktionen nur ausgeführt werden, wenn die Einwilligung von zwei Administratoren vorliegt. Dies ist z. B. durch die Verwendung eines geteilten Schlüssels oder Passworts möglich [BeLa11].

4.2 Definition und Übernahme von Zugriffsrechten

Die im Rahmen des BeLab-Projekts zu Demonstrationszwecken entwickelte Clientanwendung (BeLab-Client) kann, ähnlich einer eLab-Anwendung, dazu genutzt werden, Dateien zusammenzustellen, um diese an das BeLab-System zu übergegeben. Zuvor überführt der BeLab-Client, wie in Abbildung 2 dargestellt, die vom Benutzer ausgewählten Dateien in das UOF und fügt teilweise automatisiert Metadaten hinzu.

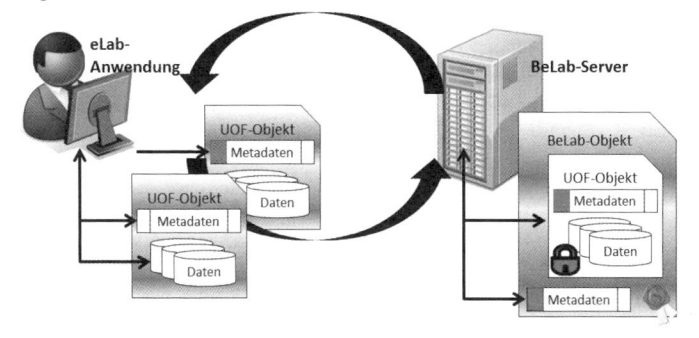

Abb. 2: Definition von Zugriffsrechten für das Langzeitarchiv

Der Client wurde um eine Authentifizierung und eine Autorisierung erweitert. Dateien, die ausgewählt werden, um sie an das BeLab-System zu übergeben, werden in einer Tabelle aufgeführt. In dieser Tabelle ist es möglich, weitere Nutzer zu autorisieren und damit diesen den Zugriff auf diese Dateien zu gewähren. Der Datei-Eigentümer ist fest für den Lese- und Schreibzugriff definiert. Bevor das UOF-Objekt an das BeLab-System übergeben und dort für die beweissichere Langzeitarchivierung aufbereitet wird, werden die zuvor durch den Eigentümer definierten Rechte über das BeLab-Modell in die Metadaten, wie in Abbildung 2 dargestellt, aufgenommen. Damit ist es möglich, entsprechende Rechte in das Archivsystem zu übertragen. Das Übertragen der Daten in das Archivsystem kann von jedem am BeLab-System erfolgreich authentifizierten Nutzer durchgeführt werden.

Ein METS-Dokument ist in sieben Hauptabschnitte, denen die Metadaten (deskriptive, strukturelle und administrative Metadaten) zugeordnet werden, unterteilt [Digi10]. Zur Verwaltung der Daten und zugehörigen Metadaten wurde eine API (BeLab-Modell) implementiert. Über diese Schnittstelle ist es möglich, einem UOF-Objekt Daten zu übergeben und automatisiert die Daten im METS-Dokument zu verzeichnen. Zusätzlich können für entsprechende Daten weitere Metadaten angegeben oder abgefragt werden. Im Abschnitt der administrativen Metadaten des METS-Dokuments können u. a. technische Metadaten erfasst werden, beispielsweise weitere Informationen zum verwendeten Datenformat oder Metadaten über das geistige Eigentum der Daten, wie Copyright und Lizenzen, die nach den Standards CopyrightMD oder rightsDeclarationMD angegeben werden können [Digi10]. In einer Erweiterung des Schemas durch die Nationalbibliothek Australiens, dem Australian METS Profile, lassen sich in diesem Abschnitt auch Daten, die auf dem Standard XACML basieren, integrieren [NLA07]. Mit einer entwickelten Mapping-Komponente, die die systemeigene Autorisierung in ein XACMLbasierte umwandelt, ist es möglich, definierte Zugriffsrechte abzubilden. D. h. für jede Datei, die in die Datentabelle durch den Benutzer eingetragen wurde, werden die autorisierten Benutzer in eine XACML Policy überführt und den Metadaten hinzugefügt. Die Metadaten dienen so als PAP, siehe Abschnitt 2. Da XACML, wie auch METS, auf XML basiert und des Weiteren standardisiert ist, ist die Kombination für die Langzeitarchivierung geeignet. Mit XACML in Version 2 besteht des Weiteren die Möglichkeit, RBAC als Autorisierungskonzept umzusetzen [Mose05]. Somit kann XACML auch für komplexere Autorisierungen genutzt werden. Als Implementierung von XACML kann beispielsweise XACMLight verwendet werden. Diese wurde als Web Service realisiert, mit dem sich Autorisierungsanfragen auswerten lassen [XACML]. Um die Autorisierung auch ohne weiteren externen Service langfristig zu erhalten, wurde in diesem Beitrag die SunXACML Implementierung verwendet. Diese bietet die Möglichkeit der Integration der Autorisierungskomponente als Modul in das entsprechende System [Sun04].

Nach erfolgreicher Datenübergabe erhält der Benutzer als Rückgabewert vom BeLab-System eine Daten-ID. Beispielsweise können zuvor übergebene, archivierte Daten mit dieser ID über den BeLab-Client abgerufen werden. Ausgelesen wird das eingereichte UOF-Objekt inklusive der durch das BeLab-System zusätzlich erfassten Metadaten zur Beweissicherheit (BeLab-Objekt). Bislang war es über das BeLab-System lediglich möglich das gesamte UOF-Objekt, d. h. alle im UOF-Objekt enthaltenen Dateien, auszulesen. Durch eine entsprechende Erweiterung des BeLab-Systems und eine Erweiterung des Clients ist es nun möglich, zu einer Daten-ID, die das BeLab-Objekt identifiziert, eine Datei anzugeben, die aus diesem Archiv gelesen werden soll. Das BeLab-System wurde um eine zusätzliche Autorisierungskomponente (PEP, siehe Abschnitt 2) erweitert. Mit dieser ist es möglich, die entsprechende Datei nur autorisierten Personen zur Verfügung zu stellen, ohne dies im gesamten BeLab-System, z. B. durch ein Rollenkonzept, zu definieren. Die Komponente liest dazu das angeforderte BeLab-Objekt aus dem Archiv aus und greift über das UOF-Objekt auf die zugehörigen Metadaten zu. Die Autorisierung des Benutzers für den Zugriff auf die entsprechende Datei basiert auf der aus den Metadaten ausgelesenen XACML Policy. Dem Benutzer wird bei entsprechender Autorisierung die Datei übergeben. Um den Output des BeLab-Systems einheitlich zu gestalten, wird die entsprechende Datei als BeLab-Objekt übertragen. Dadurch stehen dem anfragenden Benutzer neben der Datei die Metadaten zur Verfügung, die sowohl über die Datei als auch über die durch das BeLab-System durchgeführten Arbeitsschritte, wie Datenprüfungen und Klassifizierung, Auskunft geben.

Es sei als Beispiel angenommen, dass ein Forscher an einem Projekt arbeitet und die im Projekt anfallenden Forschungsdaten mithilfe eines eLab pflegt. Um den Stand in unterschiedlichen Phasen des Projekts zu sichern, werden in regelmäßigen Abständen alle Daten einem angebundenen Archivsystem übergeben. Zur Nachnutzung dieser Daten muss dem Forscher auch auf den Bereich des Archivs der Zugriff gewährt werden. Des Weiteren muss der Zugriff auf entsprechende Daten sowohl über das eLab als auch über das Archiv für weitere am Projekt beteiligte Forscher möglich sein. Scheidet nun beispielsweise ein Forscher aus dem Projekt aus, müssen ihm die entsprechenden Zugriffsrechte, z. B. aus datenschutzrechtlichen Gründen, sowohl für das eLab als auch das Archiv entzogen werden. Der Zugriff auf Daten kann einem Nutzer entzogen werden, indem dem Benutzer z. B. eine andere Rolle zugewiesen oder der Rolle selbst andere Rechte eingeräumt werden. Um zu verhindern, dass durch sich ändernde Rechte Sicherheitslücken entstehen, müssen entsprechende Änderungen auch in an das System (hier: eLab) angebundene Systeme, wie im Beispiel ein Archivsystem, übernommen werden. Die über den BeLab-Client gepflegten Daten können anderen Benutzern, wie einleitend beschrieben, zugänglich gemacht bzw. der Zugriff auf diese Daten kann entzogen werden. Um die Veränderung der Zugriffsrechte auch an das angebundene Archivsystem zu übertragen, kann die vom BeLab-System unterstützte Versionierungsfunktion genutzt werden.

Wird dem BeLab-System z. B. durch den BeLab-Client ein UOF-Objekt mit einer Daten-ID übertragen, erhält das entsprechende UOF-Objekt im Archiv eine zu definierende Versionsnummer und das neu übergebene UOF-Objekt wird als die aktuellste Version deklariert [PJMR11]. Da auf diesem Weg auch die Metadaten aktualisiert werden, werden die über den BeLab-Client neu definierten Zugriffsrechte in das Archiv übernommen. Dadurch ist es möglich, weiteren Personen den Zugriff auf gewünschte Daten sowohl im eLab als auch konsistent dazu im Archiv zu gewähren oder zu entziehen.

5 Fazit und Ausblick

Im Forschungsprozess werden unterschiedliche Softwarelösungen eingesetzt, um Versuche auszuwerten und Ergebnisse daraus zu gewinnen, aber auch um den Prozess selbst zu koordinieren. So werden Forschungsdaten in der Regel nicht nur von einem Forscher verwendet, sondern auch für weitere darauf basierende Forschungsvorhaben genutzt. Auf der anderen Seite ist die Möglichkeit des Datenzugriffs aufgrund unterschiedlicher Restriktionen, wie den Schutz von personenbezogenen Daten oder die Geheimhaltung von Projektergebnissen, einzuschränken. Des Weiteren muss gewährleistet sein, dass der Zugriff auf Forschungsdaten auch nach dem Ausscheiden des Datenerzeugers aus dem Institut möglich ist.

Regeln, welche Daten öffentlich oder in der Forschungsgruppe zugänglich gemacht werden oder welche Daten Zugriffbeschränkungen unterliegen, müssen definiert werden. Diese werden beispielsweise durch eingesetzte Kollaborationswerkzeuge umgesetzt. Sie bleiben durch die Archivierung der Zugriffsrechte in einem geeigneten Datenformat langfristig erhalten und können durch die Versionierungsfunktion nachvollzogen werden. Die Zuordnung der Rechte zu den Daten über die Metadaten ist für die Migration der Daten zwischen unterschiedlichen Archivlösungen geeignet. Da das UOF als Austauschformat für Systeme, die auf dem Referenzmodell Open Archival Information System (OAIS) basieren, konzipiert wurde, können Rechte in andere Systeme übertragen werden, ohne diese im neuen System neu umzusetzen. Lediglich die Autorisierungskomponente muss von dem System unterstützt werden.

In der vorgestellten Autorisierungskomponente werden Zugriffe auf der Grundlage der Identität des Benutzers ermittelt. Nach dem in Abschnitt 2 vorgestellten Datenzugriffsmodell ABAC kann die Autorisierung basierend auf den in den Metadaten enthaltenen Angaben erweitert werden. So können beispielsweise als „abgeschlossen" und „veröffentlichte Projektergebnisse" gekennzeichnete Daten z. B. institutsweit abgerufen werden, während Daten, die als „in Bearbeitung" gekennzeichnet sind, nur der Forschergruppe selbst zugänglich sind. Dabei muss darauf geachtet werden, dass möglichst allgemeingültige Regeln definiert werden.

Daten, die an das BeLab-System übergeben werden, werden nicht auf dem Server selbst archiviert, sondern an ein entsprechend dafür ausgelegtes Archivsystem übergeben. Handelt es sich bei den zu archivierenden Daten um personenbezogene Daten, dürfen diese nach § 4 Absatz 1 Bundesdatenschutzgesetz nicht ohne die Einwilligung des Betroffenen oder eine gesetzliche Erlaubnis verarbeitet werden. Unter dem Gesichtspunkt der GWP ist das BeLab-System als Vertrauensinstanz zu verstehen. Daten werden überprüft, aufbereitet und beweiswerterhaltend archiviert. Durch eine Erweiterung der Metadaten kann dem BeLab-System mitgeteilt werden, ob es sich bei den übergebenen Daten um personenbezogene Daten handelt und für wen diese Daten in welcher Form (pseudonymisiert oder lesbar) zugänglich gemacht werden sollen. Das BeLab-System kann in diesem Fall als Datentreuhänder fungieren und übernimmt die automatisierte Anonymisierung oder Pseudonymisierung. Anschließend können die Daten einem Archivsystem übergeben werden.

Literatur

[AKGo]   AK Gooßen: open enventory, http://www.open-enventory.de - Stand: 27.06.2012.

[BeLab]   Projektgruppe BeLab: Beweissicheres elektronisches Laborbuch, http://belab-foschung.de - Stand: 27.06.2012.

[BeLa11]   Projektgruppe BeLab: Schnittstellenpapier V.1.2, 2011, abzurufen unter: http://www.belab-forschung.de/belab/fileadmin/BeLabSchnittstellenpapier V1.2.pdf - Stand 27.06.2012.

[BüHM11]   S. Büttner, H. C. Hobohm, L. Müller: Research Data Management. In: S. Büttner, H. C. Hobohm, L. Müller: Handbuch Forschungsdatenmanagement, BOCK + HERCHEN Verlag (2011) 13-24.

[Bund12]   Bundesnetzagentur: Qualifizierte elektronische Signatur - Veröffentlichungen – Algorithmen, 2012, abzurufen unter: http://www.bundesnetzagentur.de/DE/Sachgebiete/QES/Veroeffentlichungen/Algorithmen/algorithmen_node.html – Stand: 27.06.2012.

[BSI11]   Bundesamt für Sicherheit in der Informationstechnik: BSI Technische Richtlinie 03125 – Beweiswerterhaltung kryptographisch signierter Dokumente, Version 1.1, 2011, abzurufen unter: https://www.bsi.bund.de/ContentBSI/Publikationen/TechnischeRichtlinien/tr03125/index_htm.html – Stand: 27.06.2012.

[DFG98]   Deutsche Forschungsgemeinschaft: Sicherung guter wissenschaftlicher Praxis – Safeguarding Good Scientific Practice – Denkschrift, WILEY-VCH (1998).

[Digi10]   Digital Library Federation: <METS> Metadata Encoding and Transmission Standard: Primer and Reference Manual, Version 1.6 Revised, 2010, abzurufen unter: http://www.loc.gov/standards/mets/ - Stand: 27.06.2012.

[DLR]   Deutsches Zentrum für Luft- und Raumfahrt (DLR): DataFinder, http://datafinder.sourceforge.net - Stand: 27.06.2012.

[HJM+11]   S. Hackel, P. C. Johannes, M. Madiesh, J. Potthoff, S. Rieger: Scientific Data Lifecycle - Beweiswerterhaltung und Techniken. In: BSI (Hrsg.): Sicher in die digitale Welt von morgen - Tagungsband zum 12. Deutschen IT-Sicherheitskongress, SecuMedia (2011) 403-418.

[Ludw10]   J. Ludwig: Formate – Auswahlkriterien. In: H. Neuroth et. al: Nestor Handbuch – Eine kleine Enzyklopädie der digitalen Langzeitarchivierung (Version 2.0), vwh (2010) Kap.7:9.

[Mose05]   T. Moses: eXtensible Access Control Markup Language (XACML) Version 2.0, OASIS Standard, 2005, abzurufen unter http://docs.oasis-open.org/xacml/2.0/access_control-xacml-2.0-core-spec-os.pdf - Stand: 27.06.2012.

[NLA07] National Library of Australia: Australian METS Profile 1.0, 2007, abzurufen unter http://www.loc.gov/standards/mets/profiles/00000018.html - Stand 27.06.2012.

[NeOS12] H. Neuroth, A. Oßwald, U. Schwiegelsohn: Erkenntnisse und Thesen zur Langzeitarchivierung von Forschungsdaten. In: H. Neuroth, S. Strathmann, A. Oßwald, R. Scheffel, J. Klump, J. Ludwig (Hrsg.): Langzeitarchivierung von Forschungsdaten – Eine Bestandsaufnahme, vwh (2012) 311-320.

[PDMP05] T. Priebe, W. Dobmeier, B. Muschall, G. Permul: ABAC – Ein Referenzmodell für attributbasierte Zugriffskontrolle. In: Bonn Ges. Für Informatik, H. Federrath: Sicherheit 2005. Sicherheit - Schutz und Zuverlässigkeit: Tagung in Regensburg vom 5. bis 8. April 2005, Köllen (2005) 285-296.

[PFMP04] T. Priebe, E. B. Fernandez, J. I. Mehlau, G. Pernul: A Pattern System for Access Control. In: S. Farkas: Research directions in data and applications security XVIII, Kluwer Academic Publisher (2004) 235-249.

[PJMR11] J. Potthoff, P. C. Johannes, M. Madiesh, S. Rieger: Elektronisch signierende Endgeräte im Forschungsprozess. In: P. Schartner, J. Taeger: D-A-CH Security 2011: Bestandsaufnahme - Konzepte - Anwendungen - Perspektiven, syssec (2011) 44-55.

[PoRJ12] J. Potthoff, S. Rieger, P. C. Johannes: Enhancing the Provability in Digital Archives by Using a Verifiable Metadata Analysis Web Service. In: F. Laux, P. Lorenz (Hrsg.): ICIW 2012, The Seventh International Conference on Internet and Web Applications and Services, XPS (2012) 112-117.

[Pott12] J. Potthoff: Beweiswerterhaltendes Datenmanagement im elektronischen Forschungsumfeld. In: Bonn Gesellschaft für Informatik e.V., P. Müller, B. Neumair, H. Reiser, G. D. Rodosek (Hrsg.): Proceedings 203 5. DFN-Forum Kommunikationstechnologien: Fachtagung Regensburg 21.-22.05.2012, Köllen (2012), 109-118.

[Stei06] S. Steinke: Universelles Objektformat - Ein Archiv- und Austauschformat für digitale Objekte. Projekt kopal, 2006, abzurufen unter: http://kopal.langzeitarchivierung.de/downloads/kopal_Universelles_Objektformat.pdf - Stand: 27.06.2012.

[Sun04] Sun's XACML Implementation - Programmer's Guide for Version 1.2, 2004, abzurufen unter http://sunxacml.sourceforge.net/ - Stand 27.06.2012.

[WiEK05] M. Wimmer, P. Ehrnlechner, A. Kemper: Flexible Autorisierung in Web Service-Föderationen. In: G. Vossen, F. Leymann, P. Lockemann, W. Stucky: Datenbanksysteme in Business, Technologie und Web, 11. Fachtagung des GIFachbereichs "Datenbanken und Informationssysteme" (DBIS), GI (2005) 185-204.

[XACML] XACMLight Reference, abzurufen unter http://xacmllight.sourceforge.net/ - Stand 27.06.2012.

Standards und Schnittstellen für das Identitätsmanagement in der Cloud

Detlef Hühnlein · Johannes Schmölz · Tobias Wich
Benedikt Biallowons · Moritz Horsch · Tina Hühnlein

ecsec GmbH
{vorname.nachname}@ecsec.de

Zusammenfassung

Für ein vertrauenswürdiges Cloud Computing werden zuverlässige Mechanismen für die starke Authentisierung in der Cloud benötigt. Der vorliegende Beitrag liefert einen Überblick über existierende und entstehende Standards und Schnittstellen in diesem Bereich und ordnet diese in die im Rahmen des SkIDentity-Projektes für diesen Zweck entwickelte Referenzarchitektur ein.

1 Einleitung

Dem so genannten „Cloud Computing" [BYVB[+]09, NIS11, ShKa09], bei dem verschiedenste IT-Dienste bei Bedarf einfach „aus der Wolke" bezogen werden können, wird eine große Zukunft vorausgesagt. Beispielsweise soll sich das deutsche Marktvolumen im Bereich der öffentlich angebotenen „Public Clouds" von 702 Mio. € im Jahr 2010 bis zum Jahr 2025 auf 21,99 Mrd. € erhöhen und somit mehr als verdreißigfachen [Ber10]. Auf der anderen Seite wurde in [SHJS[+]11] gezeigt, dass selbst die Cloud-Angebote der international führenden Anbieter erfolgreich angegriffen werden können und gezielte Einbrüche in Cloud-Anwendungen [Robe12] zu signifikanten wirtschaftlichen Schäden führen können. Vor diesem Hintergrund ist es wenig verwunderlich, dass das *Bundesamt für Sicherheit in der Informationstechnik* (BSI) in [BSI11b] generell für Administrationszugänge, sowie bei Cloud-Angeboten mit hohem Schutzbedarf, den Einsatz von starken, auf mindestens zwei Faktoren (Besitz, Wissen, Sein, etc.) basierenden, Authentisierungsmechanismen fordert. Damit ein Cloud-Anbieter nicht seinen potentiellen Kunden in einem kostspieligen Prozess erst geeignete Authentisierungstoken zur Verfügung stellen muss, wurde im SkIDentity-Projekt (siehe www.SkIDentity.de und [HHRS[+]11]) vorgeschlagen, die verschiedenen Chipkarten der eCard-Strategie der Bundesregierung [Kowa07] und weitere bereits im Feld befindliche Authentisierungstoken zusammen mit den entsprechenden Authentisierungsdiensten (z.B. eID-Services[1] für den neuen Personalausweis) für die starke Authentisierung in der Cloud zu nutzen.

Damit die Integration dieser sehr unterschiedlichen Dienste zu einer umfassenden Sicherheitsinfrastruktur für die Cloud gelingen kann, wurden in einer ersten Projektphase die relevanten Standards und Schnittstellen für das sichere Identitätsmanagement in der Cloud identifiziert und in eine umfassende Referenzarchitektur für die starke Authentisierung in der Cloud eingeordnet. Diese „SkIDentity-Referenzarchitektur" (siehe Abbildung 1 und Abschnitt 2) und die

---

[1] Siehe http://www.ccepa.de/eid-service-anbieter.

wichtigsten darin integrierten Standards und Schnittstellen (z.b. [CKPM05a, Ope07, JoMc09, ISO08a, CEN08, BSI11a, BSI10, Sun11, Grou97]) sollen in diesem Beitrag kurz vorgestellt werden.

2 Die SkIDentity-Referenzarchitektur

Im Rahmen des SkIDentity-Projektes, das zu den Gewinnern des „Trusted Cloud"[2] Technologiewettbewerbs des *Bundesministerium für Wirtschaft und Technologie* (BMWi) zählt, wurde eine umfassende Referenzarchitektur für die starke Authentisierung in der Cloud entwickelt. Anhand dieser in Abbildung 1 dargestellten Referenzarchitektur werden in Abschnitt 3 die wichtigsten Standards und Schnittstellen für die starke Authentisierung in der Cloud vorgestellt.

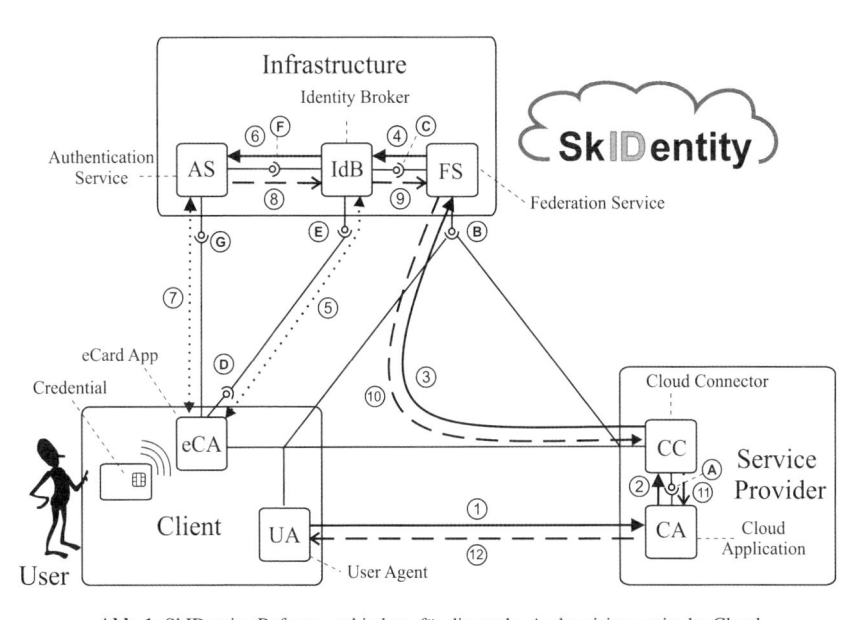

Abb. 1: SkIDentity-Referenzarchitektur für die starke Authentisierung in der Cloud

2.1 Systemkomponenten

Wie in Abbildung 1 ersichtlich, umfasst die SkIDentity-Referenzarchitektur für die starke Authentisierung in der Cloud

- Systemkomponenten beim Benutzer (siehe Abschnitt 2.1.1),
- Systemkomponenten beim Diensteanbieter (siehe Abschnitt 2.1.2), sowie entsprechende
- Infrastrukturkomponenten (siehe Abschnitt 2.1.3).

---
[2] Siehe www.trusted-cloud.de.

2.1.1 System des Benutzers

Das System des Benutzers (Client) umfasst einen *User Agent* (UA), der beispielsweise durch einen beliebigen Browser realisiert sein kann, und eine so genannte *eCard App* (eCA) (vgl. [BSI12, HPSW+12]), die unter Verwendung des *digitalen Ausweises* (Credential) des *Benutzers* (User) eine Authentisierung gegenüber dem *Authentication Service* (AS) in der Infrastruktur durchführt. Darüber hinaus bietet die eCA eine Schnittstelle, die es dem *Identity Broker* (IdB) ermöglicht, die verfügbaren Credentials und Präferenzen des Benutzers zu ermitteln, so dass ein geeigneter Authentisierungsdienst ausgewählt werden kann.

2.1.2 System des Diensteanbieters

Das System des Diensteanbieters (Service Provider) umfasst die eigentliche Anwendung (*Cloud Application* (CA)) und einen so genannten *Cloud Connector* (CC), der die Kommunikation mit dem *Federation Service* (FS) in der SkIDentity-Infrastruktur übernimmt.

2.1.3 SkIDentity-Infrastruktur

In der SkIDentity-Infrastruktur für die starke Authentisierung in der Cloud existieren *Federation Services* (FS) und *Authentication Services* (AS), die über einen *Identity Broker* (IdB) miteinander verbunden sind. Hierbei führt der AS die tatsächliche Authentisierung durch, während der FS die benötigte Funktionalität für ein möglicherweise gewünschtes Single Sign-On bereitstellt und die hierfür vorgesehenen Föderationsprotokolle unterstützt.

2.2 Wesentliche Schnittstellen

In der SkIDentity-Referenzarchitektur existieren insbesondere die folgenden Schnittstellen, die mit den in Abschnitt 3 vorgestellten Standards realisiert werden können:

(A) *Cloud-Interface* – wird vom CC angeboten und von der CA für die Initiierung des Authentisierungsvorganges genutzt.

(B) *Federation-Interface* – wird vom FS angeboten und vom CC für die Übermittlung einer Authentisierungsanfrage genutzt. Diese Schnittstelle kann durch ein geeignetes Föderationsprotokoll (siehe Abschnitt 3.2) realisert werden.

(C) *Broker-Interface* – wird vom IdB angeboten und vom FS bzw. CC genutzt, um die Authentisierung bei einem angeschlossenen Authentisierungsdienst anzustoßen.

(D) *Credential-Interface* – wird von der eCA angeboten und vom IdB für die Ermittlung der aktuell verfügbaren Credentials sowie der Präferenzen des Benutzers genutzt. Die Schnittstelle orientiert sich am Client-Interface wie es in [BSI11a, Part 7, Section 3.2] definiert ist. Insbesondere wird die eCA hierbei instruiert, über das Dispatcher-Interface (E) des IdB eine XML-Struktur mit weiteren Informationen abzuholen.

(E) *Dispatcher-Interface* – wird vom IdB angeboten und von der eCA für die Ermittlung des für die Transaktion zuständigen Authentisierungsdienstes genutzt. Über diese Schnittstelle wird der eCA eine XML-Struktur bereit gestellt, in der insbesondere die Adresse des für die Transaktion zuständigen Authentisierungsdienstes enthalten ist (vgl. [BSI11a, Part 7, Section 3.3]).

(F) *Authentication-Service-Interface* – wird von den verschiedenen AS angeboten und vom IdB für die Initiierung des Authentisierungsvorganges genutzt. Die detaillierte Ausgestaltung dieses Interfaces hängt von den integrierten Authentisierungsdiensten ab.

(G) *Authentication-Interface* – wird vom AS angeboten und von der eCA für die Durchführung des Authentisierungsprotokolles genutzt. Bei einer Authentisierung mit dem neuen Personalausweis läuft hier beispielsweise das *Extended Access Control* (EAC) Protokoll v2.0 gemäß [BSI08] ab.

2.3 Anwendungsfälle

Die wesentlichen Abläufe bei der Registrierung eines Benutzers an einem Dienst und einer nachfolgenden Anmeldung durch einen Authentisierungsvorgang bzw. in einem Single Sign-On Szenario sollen im Folgenden kurz erläutert werden.

2.3.1 Registrierung eines Benutzers

In diesem Anwendungsfall möchte sich der Benutzer bei der CA registrieren.

(1) $UA \rightarrow CA/CC$: Der Benutzer greift über seinen UA auf eine Ressource zu, die über den CC den Registrierungsprozess initiiert.

(2) CC: Im CC wird daraufhin unter Verwendung der konfigurierten Informationen die Registrierung des Benutzers über den FS angestoßen.

(3) $CC \rightarrow FS$: Über die Schnittstelle (B) und ein geeignetes Föderationsprotokoll werden die für die Registrierung akzeptierten Ausweise oder der geforderte Assurance Level (vgl. [ISO12, NIS06]) sowie eine Liste der benötigten Identitätsattribute an den FS übermittelt. Damit der Benutzer bei einer späteren Authentisierung wieder erkannt werden kann, ist es zweckmäßig, dass die Liste der angefragten Attribute auch einen aus dem Credential des Benutzers extrahierten und bezüglich der Applikation eindeutigen "eIdentifier"[3] enthält.

(4) $FS \rightarrow IdB$: Der FS übergibt wiederum über die Schnittstelle (C) die Registrierungsanforderung an den IdB.

(5) $IdB \leftrightarrow eCA$: Der IdB ermittelt über die Schnittstelle (D) die aktuell an der eCA verfügbaren Credentials sowie etwaige Präferenzen des Benutzers. Auf Basis dieser Informationen und den in Schritt (3) übermittelten Informationen (Assurance Level, gewünschte Attribute etc.) ermittelt der IdB einen geeigneten AS, an den sich die eCA in Schritt (7) wenden kann, um die Authentisierung des Benutzers durchzuführen. Die Adresse dieses Authentisierungsdienstes kann von der eCA über die Schnittstelle (E) beim IdB erfragt werden.

(6) $IdB \rightarrow AS$: In diesem Schritt wird die Registrierungsanfrage über die Schnittstelle (F) an den ausgewählten AS weitergeleitet.

(7) $eCA \leftrightarrow AS$: Die eCA kommuniziert mit dem AS, um die Authentisierung des Benutzers durchzuführen und die gewünschten Attribute aus dem Credential des Benutzers auszulesen.

(8) $AS \rightarrow IdB$: Nach erfolgreicher Authentisierung und dem Ermitteln der angefragten Identitätsattribute liefert der AS diese zurück an den IdB.

(11) $IdB \rightarrow FS$: Der IdB leitet das Ergebnis der Authentisierung und die ermittelten Identitätsattribute unverändert an den FS weiter.

(12) $FS \rightarrow CC$: Der FS bildet daraus eine dem Föderationsprotokoll (siehe Abschnitt 3.2) entsprechende "Assertion", die er an den CC sendet.

---

[3] Im Fall des neuen Personalausweises würde dieser Identifikator beispielsweise mit dem "Restricted Identification" Protokoll gemäß [BSI08, Part 2, Section 3.5] erzeugt werden.

(13) $CC \to CA$: Der CC prüft die Assertion und stellt der Cloud Application (CA) die Registrierungsinformationen bereit.
(14) $CA \to UA$: Das Ergebnis des Registrierungsvorgangs wird dem UA angezeigt.

2.3.2 Authentisierung eines registrierten Benutzers

Der Ablauf bei der Authentisierung eines bereits registrierten Benutzers verläuft analog zur Registrierung, wobei jedoch statt der vollständigen Liste der Identitätsattribute (siehe Schritt (3) in Abschnitt 2.3.1) lediglich der eIdentifier angefordert wird.

2.3.3 Single Sign-On

Sofern für den Zugriff auf die Anwendung nicht zwingend eine aktuelle Authentisierung durchgeführt werden muss, sondern eine bereits zu einem früheren Zeitpunkt erfolgte und im FS vermerkte Authentisierung ausreicht, kann ein "Single Sign-On" [PaMi03] realisiert werden. In diesem Fall beginnt der Ablauf wie in Abschnitt 2.3.1 beschrieben, aber nach Schritt (3) kann der FS sofort mit Schritt (12) fortfahren und die Schritte (4) bis einschließlich (11) würden in diesem Fall durch einen Zugriff auf im FS vorgehaltene Informationen ersetzt werden.

3 Standards und Schnittstellen

In diesem Abschnitt werden die wesentlichen Standards für die starke Authentisierung in der Cloud den verschiedenen Schnittstellen der in Abschnitt 1 dargestellten SkIDentity-Referenzarchitektur zugeordnet.

3.1 (A) – Cloud-Interface

Der CC bietet eine Schnittstelle an, über die die CA den Authentisierungs- und Autorisierungsvorgang anstoßen kann. Statt formaler Standards sind hier vielmehr die "Best Practices" im Bereich Authentisierung und Autorisierung je nach verwendeter Programmiersprache zu berücksichtigen. Beispielsweise bietet sich in der Programmiersprache Java die Verwendung des "Java Authentication and Authorization Service" (JAAS) [Sun11] an, der eine Java-basierte Variante der *Pluggable Authentication Module* (PAM) Architektur [Grou97] darstellt. Hierdurch ist es möglich, den verwendeten Authentisierungsmechanismus – im vorliegenden Fall also insbesondere das genutzte Föderationsprotokoll (siehe Abschnitt 3.2) – gegen ein anderes auszutauschen, ohne dass die Anwendung geändert werden muss.

3.2 (B) – Federation-Interface

Das Federation-Interface für einen bestimmten FS wird durch ein entsprechendes Protokoll für das föderierte Identitätsmanagement realisiert. Hierfür existieren verschiedene Standard-Familien, die in den verschiedenen Anwendungsbereichen (E-Business, E-Government, Social Networks etc.) unterschiedlich weit verbreitet sind (vgl. [HüRZ10]).

3.2.1 SAML

Die vielleicht wichtigste Standard-Familie zur Realisierung des Federation-Interfaces ist mit der von OASIS standardisierten "Security Assertion Markup Language" (SAML) [CKPM05a] gegeben. In diesem aus mehreren Teilen bestehenden Standards wird insbesondere das "Authentication Request Protocol" (siehe [CKPM05a, Section 3.4]) definiert, bei dem durch

Übermittlung einer XML-basierten `AuthnRequest`-Struktur an den FS der Authentisierungsvorgang gestartet werden kann. Das Authentisierungsergebnis wird in einer `Response`-Struktur, die insbesondere eine Folge von `saml:Assertion`-Elementen enthalten kann, zurückgeliefert. Eine solche Assertion kann wiederum neben dem Ergebnis der Authentisierung im `AuthnStatement`-Element auch eine Folge von hierbei ermittelten Attributen in Form eines `AttributeStatement` enthalten. Zu beachten ist, dass beim SAML Standard [CKPM05a] die beiden Vorgänge der Authentisierung mittels `AuthnRequest` und der Ermittlung von Attributen mittels `AttributeQuery` voneinander getrennt sind. Deshalb muss die im eID-Kontext nahe liegende Kombination dieser beiden Funktionen, wie in [AHJM$^+$10] oder [BSI10], abweichend vom Basis-Standard [CKPM05a] leider über das `samlp:Extensions`-Element realisiert werden. Da die Spezifikation der Protokolle [CKPM05a] und Profile [CKPM05b] unabhängig von den darunter liegenden Transportprotokollen ist, können für den jeweiligen Anwendungsfall geeignete Bindings [CHKP$^+$05] genutzt werden. Aus dem Blickwinkel der Sicherheit (siehe z.b. [HiPM05, EiHS09]) ist vor allem das so genannte "Holder-of-Key-Binding" interessant [Klin09, Scav09].

3.2.2 OpenID

Eine leichtgewichtige Alternative für die Realisierung des Federation-Interfaces ist mit dem OpenID-Protokoll [Ope07] gegeben, das zusammen mit existierenden Erweiterungen ausführlich erläutert wird (siehe [EHPS$^+$10]).

3.2.3 WS-*

Das Federation-Interface kann auch auf Basis der bei OASIS standardisierten WS-* Standard-Familie umgesetzt werden. Hierbei wird insbesondere die `wst:RequestSecurityToken` Funktion aus [NGGB$^+$09] in Verbindung mit weiteren Web Service Standards [VOHH$^+$07, NKMH06b, GuHR06, JoMc09]) und darauf aufbauenden Profilen wie [BiP07] genutzt.

3.2.4 OAuth

Wenn neben der Authentisierung auch die Autorisierung in einem verteilten Cloud-System erfolgen soll, bietet sich für die Realisierung des Federation-Interfaces der REST-basierte OAuth 1.0 Standard [Hamm10] oder zukünftig die derzeit von der IETF standardisierte OAuth 2.0 Standard-Familie (siehe http://datatracker.ietf.org/wg/oauth/) an. Diese Schnittstellen werden bislang insbesondere im Umfeld sozialer Netzwerke (z.B. bei Facebook, LinkedIn und XING) eingesetzt und könnten deshalb langfristig möglicherweise eine große Verbreitung erreichen.

3.3 (C) – Broker-Interface

Das Broker-Interface dient dazu, die unterschiedlichen Authentisierungsdienste über eine einheitliche Schnittstelle zugänglich zu machen. Welche Schnittstelle besonders geeignet ist, hängt im Allgemeinen von den Schnittstellen der zu unterstützenden Authentisierungsdienste (siehe Abschnitt 3.6) ab. Auf Basis der vorher existierenden SAML-Profile [AHJM$^+$10, BSI10] wurde mit der SOAP-basierten `Authenticate`-Funktion in [CEN08, Part 3, Chapter 11] eine besonders flexible[4] Schnittstelle für diesen Zweck spezifiziert. Sofern kein eigenständiger FS

---

[4] Mit dieser Schnittstelle können beliebige Authentisierungspolicies gemäß [VOHH$^+$07] und wie bei SAML [CKPM05a] beliebige Attribute verarbeitet werden.

genutzt werden soll, kann der CC das Broker-Interface auch direkt über eine entsprechend abgesicherte Verbindung aufrufen und gleichzeitig den UU zum IdB umleiten, wodurch das so genannte „Simple Federation Protocol" (SFP) entsteht.

3.4 (D) – Credential-Interface

Über das Credential-Interface kann der IdB die Fähigkeiten der eCA sowie die Präferenzen des Benutzers abrufen, die in der eCA hinterlegt sind. Diese Informationen sind notwendig, damit der IdB entscheiden kann zu welchem Authentication Service er den Benutzer umleiten muss. Die Schnittstelle orientiert sich am Client-Interface wie es in [BSI11a, Part 7, Section 3.2] definiert ist. Insbesondere wird die eCA hierbei instruiert, über das Dispatcher-Interface (E) des IdB eine XML-Struktur mit weiteren Informationen abzuholen.

3.5 (E) – Dispatcher-Interface

Das vom IdB angebotene Dispatcher-Interface stellt der eCA eine XML-Struktur (vgl. [BSI11a, Part 7, Section 3.3]) bereit, in der insbesondere die Adresse des für die Transaktion zuständigen Authentisierungsdienstes enthalten ist.

3.6 (F) – Authentication-Service-Interface

Über das Authentication-Service-Interface kann der IdB eine Authentisierungsanfrage an den AS stellen. Da das Authentication-Service-Interface nicht für jeden Authentisierungsdienst identitsch ist, muss der IdB eine Vielzahl von unterschiedlichen Schnittstellen bedienen können.

Für die Nutzung des neuen Personalausweises (nPA) spielt die SOAP-basierte eID-Schnittstelle gemäß [BSI10, Kapitel 4] eine wichtige Rolle, da über diese eine Authentisierung mit dem nPA bei einem eID-Server angestoßen werden kann. Darüber hinaus ist in [BSI10, Anhang A] eine SAML-basierte Variante der eID-Schnittstelle definiert, die alternativ genutzt werden kann. Um die Nutzung dieser SAML-basierten Schnittstelle zu erleichtern, werden typischer Weise entsprechende „eID-Connector" Komponenten bereitgestellt. Außerdem können Authentisierungsdienste über die oben genannte Authenticate-Schnittstelle gemäß [CEN08, Part 3, Chapter 11], das PEPS-Interface [AHJM+10] der STORK Initiative, die Active Directory Services [Mic05] oder das von der Firma Reiner SCT initiierte OWOK [Rei12] genutzt werden.

3.7 (G) – Authentication-Interface

Für die Authentifizierung von Benutzern, Geräten und Diensten existieren zahllose kryptographische Protokolle [BoMa03, MePV97]. Selbst bei einer sehr abstrakten Betrachtungsweise können verschiedenste Standardmechanismen unterschieden werden [ISO/09, ISO/08b]. Noch komplexer wird das Bild, wenn zusätzlich die technische Einbettung dieser Verfahren in Kommunikationsprotokolle auf den verschiedenen Schichten des OSI-Modells berücksichtigt wird. Für die Realisierung einer starken Authentisierung in der Cloud erscheinen hierbei beispielsweise die folgenden Standards und Authentisierungsprotokolle relevant:

- Transport Layer Security (TLS) Protokoll [DiRe08],
- Web Service Security basierte Mechanismen zur Authentisierung (siehe [NKMH06b, NKMH06a, NKMH06c])
- Simple Authentication and Security Layer (SASL) basierte Mechanismen in [MeZe06][5]

---

[5] Siehe auch http://www.iana.org/assignments/sasl-mechanisms/sasl-mechanisms.xml.

- Extended Access Control (EAC) Protokoll [BSI08] über die in [BSI11a] spezifizierten XML-basierten Nachrichtenformate und weitere in [ISO08a, Part 3 Annex A, Part 6] spezifizierte Authentisierungsprotokolle für eID-Karten und schließlich
- OTP-basierte Authentisierungsprotokolle der oath-Initiative[6] [MBHN+05, MBHN+11, MRBM+11]

4 Zusammenfassung

Die bekannt gewordenen Angriffe gegen prominente Cloud Angebote [SHJS+11, Robe12] unterstreichen die Bedeutung der starken Authentisierung von privilegierten Nutzern in der Cloud, wie sie vom BSI in [BSI11b] gefordert wird. Vor diesem Hintergrund wurden im SkIDentity-Projekt (siehe www.SkIDentity.de) die hierfür maßgeblichen internationalen Standards identifiziert und zu einer umfassenden Referenzarchitektur (siehe Abbildung 1) für die starke Authentisierung in der Cloud integriert. Mit Unterstützung des Bundesministeriums für Wirtschaft und Technologie (BMWi) wird diese Referenzarchitektur sukzessive umgesetzt und kann fortan von interessierten Parteien für die starke Authentisierung in der Cloud genutzt werden.

Literatur

[AHJM+10] J. Alcalde-Morano, J. L. Hernández-Ardieta, A. Johnston, D. Martinez, B. Zwattendorfer, M. Stern, J. Heppe: Interface Specification. STORK Deliverable D5.8.2b, 04.10.2010 (2010).

[Ber10] Berlecon Research & al.: Das wirtschaftliche Potenzial des Internet der Dienste. Studie im Auftrag des Bundesministeriums für Wirtschaft und Technologie (BMWi) (2010), http://www.berlecon.de/idd.

[BiP07] BiPRO e.V.: Norm 410 – Security Token Service. BiPRO Norm, Release 1, Version 1.0, vom 19. Juni 2007 (2007), http://docs.ecsec.de/BiPRO-410.

[BoMa03] C. Boyd, A. Mathuria: Protocols for authentication and key establishment (2003).

[BSI08] BSI: Advanced Security Mechanism for Machine Readable Travel Documents - Extended Access Control (EAC). Technical Directive (BSI-TR-03110), Version 2.0 - Release Candidate (2008).

[BSI10] BSI: eID-Server. Technical Directive (BSI-TR-031030), Version 1.4, 14.09.2010 (2010), https://www.bsi.bund.de/SharedDocs/Downloads/DE/BSI/Publikationen/TechnischeRichtlinien/TR03130/TR-03130_TR-eID-Server_V1_4_pdf.pdf?__blob=publicationFile.

[BSI11a] BSI: eCard-API-Framework. Technical Directive (BSI-TR-03112), Version 1.1.1, Part 1-7 (2011), https://www.bsi.bund.de/ContentBSI/Publikationen/TechnischeRichtlinien/tr03112/index_htm.html.

[BSI11b] BSI: Sicherheitsempfehlungen für Cloud Computing Anbieter – Mindestsicherheitsanforderungen in der Informationssicherheit. Eckpunktepapier (2011), http://docs.ecsec.de/BSI-MSACC.

[BSI12] BSI: Offizielles Portal für die „AusweisApp" (2012), http://www.ausweisapp.de.

---

[6] Siehe http://www.openauthentication.org/.

[BYVB+09]   R. Buyya, C. Yeo, S. Venugopal, J. Broberg, I. Brandic: Cloud computing and emerging IT platforms: Vision, hype, and reality for delivering computing as the 5th utility. In: *Future Generation Computer Systems*, 25, 6 (2009), 599–616, http://www.buyya.com/gridbus/papers/Cloud-FGCS2009.pdf.

[CEN08]   Comité Européen de Normalisation (CEN): Identification card systems – European Citizen Card – Part 1-4. (Draft of) Technical Specification (2008).

[CHKP+05]   S. Cantor, F. Hirsch, J. Kemp, R. Philpott, E. Maler: Bindings for the OASIS Security Assertion Markup Language (SAML) V2.0. OASIS Standard, 15.03.2005 (2005), http://docs.oasisopen.org/security/saml/v2.0/saml-bindings-2.0-os.pdf.

[CKPM05a]   S. Cantor, J. Kemp, R. Philpott, E. Maler: Assertions and Protocol for the OASIS Security Assertion Markup Language (SAML) V2.0. OASIS Standard, 15.03.2005 (2005), http://docs.oasis-open.org/security/saml/v2.0/saml-core-2.0-os.pdf.

[CKPM05b]   S. Cantor, J. Kemp, R. Philpott, E. Maler: Profiles fo the OASIS Security Assertion Markup Language (SAML) V2.0. OASIS Standard, 15.03.2005 (2005), http://docs.oasis-open.org/security/saml/v2.0/saml-profiles-2.0-os.pdf.

[DiRe08]   T. Dierks, E. Rescorla: The Transport Layer Security (TLS) Protocol Version 1.2. Request For Comments – RFC 5246 (2008), http://www.ietf.org/rfc/rfc5246.txt.

[EHPS+10]   D. Eske, D. Hühnlein, S. Paulus, J. Schmölz, T. Wich, T. Wieland: OpeneGK – Benutzerfreundliche und sichere Authentisierung für Mehrwertdienste im Gesundheitswesen. *In: Tagungsband* perspeGKtive 2010, GI-Edition (2010), *LNI*, Bd. 174, 83–103, http://www.ecsec.de/pub/openeGK.pdf.

[EiHS09]   J. Eichholz, D. Hühnlein, J. Schwenk: SAMLizing the European Citizen Card. *In: Proceedings of* BIOSIG 2009: Biometrics and Electronic Signatures, GI-Edition (2009), *Lecture Notes in Informatics (LNI)*, Bd. 155, 105–117, http://www.ecsec.de/pub/SAMLizing-ECC.pdf.

[Grou97]   T. O. Group: X/Open Single Sign-on Service (XSSO) - Pluggable Authentication Modules. X/Open Document Number: P702, Preliminary Specification (1997), http://www.opengroup.org/onlinepubs/008329799/toc.htm.

[GuHR06]   M. Gudgin, M. Hadley, T. Rogers: Web Services Addressing 1.0 - Core. W3C Recommendation (2006), http://www.w3.org/TR/ws-addr-core.

[Hamm10]   E. Hammer-Lahav: The OAuth 1.0 Protocol. Request For Comments – RFC 5849 (2010), http://www.ietf.org/rfc/rfc5849.txt.

[HHRS+11]   D. Hühnlein, G. Hornung, H. Rossnagel, J. Schmölz, T. Wich, J. Zibuschka: SkIDentity - Vertrauenswürdige Identitäten für die Cloud. DACH-Security 2011 (2011).

[HiPM05]   F. Hirsch, R. Philpott, E. Maler: Security and Privacy Considerations for the OASIS Security Assertion Markup Language (SAML) V2.0. OASIS Standard, 15.03.2005 (2005), http://docs.oasis-open.org/security/saml/v2.0/saml-sec-consider-2.0-os.pdf.

[HPSW+12]   D. Hühnlein, D. Petrautzki, J. Schmölz, T. Wich, M. Horsch, T. Wieland, J. Eichholz, A. Wiesmaier, J. Braun, F. Feldmann, S. Potzernheim, J. Schwenk,

	C. Kahlo, A. Kühne, H. Veit: On the design and implementation of the Open eCard App. *In: Sicherheit 2012*, GI-LNI (2012).
[HüRZ10]	D. Hühnlein, H. Rossnagel, J. Zibuschka: Diffusion of Federated Identity Management. to appear (2010).
[ISO08a]	ISO/IEC 24727: Identification cards – Integrated circuit cards programming interfaces – Part 1-6 (2008).
[ISO/08b]	ISO/IEC: ISO/IEC 11770: Information Technology – Security Techniques – Key Management – Parts 1-4. International Standards (1996-2008).
[ISO/09]	ISO/IEC: ISO/IEC 9798: Information Technology – Security Techniques – Entity Authentication – Part 1-6. International Standards (1997-2009).
[ISO12]	ISO/IEC DIS 29115: Information technology – Security techniques – Entity authentication assurance framework. International Standard (2012).
[JoMc09]	M. B. Jones, M. McIntosh: Identity Metasystem Interoperability Version 1.0. OASIS Standard (2009), http://docs.oasis-open.org/imi/identity/v1.0/os/identity-1.0-spec-os.pdf.
[Klin09]	N. Klingenstein: SAML V2.0 Holder-of-Key Web Browser SSO Profile. OASIS Committee Draft 02, 05.07.2009 (2009), http://www.oasis-open.org/committees/download.php/33239/sstc-saml-holder-of-key-browser-sso-cd-02.pdf.
[Kowa07]	B. Kowalski: Die eCard-Strategie der Bundesregierung im Überblick. *In: BIOSIG 2007: Biometrics and Electronic Signatures* (2007), *LNI*, Bd. 108, 87–96, http://subs.emis.de/LNI/Proceedings/Proceedings108/gi-proc-108-008.pdf.
[MBHN[+]05]	D. M'Raihi, M. Bellare, F. Hoornaert, D. Naccache, O. Ranen: HOTP: An HMAC-Based One-Time Password Algorithm. Request For Comments – RFC 4226 (2005), http://www.ietf.org/rfc/rfc4226.txt.
[MBHN[+]11]	D. M'Raihi, M. Bellare, F. Hoornaert, D. Naccache, O. Ranen: TOTP: Time-Based One-Time Password Algorithm. Request For Comments – RFC 6238 (2011), http://www.ietf.org/rfc/rfc6238.txt.
[MePV97]	A. J. Menezes, Paul C. van Oorschot, S. A. Vanstone: Handbook of Applied Cryptography. CRC Press (1997), http://www.cacr.math.uwaterloo.ca/hac/.
[MeZe06]	A. Melnikov, K. Zeilenga: Simple Authentication and Security Layer (SASL). Request For Comments – RFC 4422 (2006), http://www.ietf.org/rfc/rfc4422.txt.
[Mic05]	Microsoft Inc.: Active Directory (2005), http://www.microsoft.com/windowsserver2008/en/us/active-directory.aspx.
[MRBM[+]11]	D. M'Raihi, J. Rydell, S. Bajaj, S. Machani, D. Naccache: OCRA: OATH Challenge-Response Algorithm. Request For Comments – RFC 6287 (2011), http://www.ietf.org/rfc/rfc6287.txt.
[NGGB[+]09]	A. Nadalin, M. Goodner, M. Gudgin, A. Barbir, H. Granqvist: WS-Trust 1.4. OASIS Standard, 02.02.2009 (2009), http://docs.oasis-open.org/ws-sx/ws-trust/v1.4/os/ws-trust-1.4-spec-os.pdf.

[NIS06] NIST: Electronic Authentication Guideline. NIST Special Publication 800-63 Version 1.0.2 (2006), http://csrc.nist.gov/publications/nistpubs/800-63/SP800-63V1_0_2.pdf.

[NIS11] NIST: The NIST Definition of Cloud Computing. NIST Special Publication 800-145 (2011), http://csrc.nist.gov/publications/nistpubs/800-145/SP800-145.pdf.

[NKMH06a] A. Nadalin, C. Kaler, R. Monzillo, P. Hallam-Baker: Web Services Security Kerberos Token Profile 1.1. OASIS Standard, 01.02.2006 (2006), http://www.oasis-open.org/committees/download.php/16788/wss-v1.1-spec-os-KerberosTokenProfile.pdf.

[NKMH06b] A. Nadalin, C. Kaler, R. Monzillo, P. Hallam-Baker: Web Services Security: SOAP Message Security 1.1. OASIS Standard, 01.02.2006 (2006), http://www.oasis-open.org/committees/download.php/16790/wss-v1.1-spec-os-SOAPMessageSecurity.pdf.

[NKMH06c] A. Nadalin, C. Kaler, R. Monzillo, P. Hallam-Baker: Web Services Security X.509 Certificate Token Profile 1.1. OASIS Standard, 01.02.2006 (2006), http://www.oasis-open.org/committees/download.php/16785/wss-v1.1-spec-os-x509TokenProfile.pdf.

[Ope07] OpenID Foundation: OpenID Authentication 2.0. Final, December 5, 2007 (2007), http://openid.net/specs/openid-authentication-2_0.html.

[PaMi03] A. Pashalidis, C. Mitchell: A taxonomy of single sign-on systems. *In: Information Security and Privacy*, Springer (2003), 219–219.

[Rei12] Reiner SCT: OWOK – One Web, One Key (2012), http://www.reiner-sct.com/owok/.

[Robe12] P. Roberts: Cloud Service Linode Hacked, Bitcoin Accounts Emptied. Threat Post, 02.03.2012 (2012), http://docs.ecsec.de/Robe12.

[Scav09] T. Scavo: SAML V2.0 Holder-of-Key Assertion Profile. OASIS Committee Draft 02, 05.07.2009 (2009), http://www.oasis-open.org/committees/download.php/33236/sstc-saml2-holder-of-key-cd-02.pdf.

[SHJS+11] J. Somorovsky, M. Heiderich, M. Jensen, J. Schwenk, N. Gruschka, L. L. Iacono: All your clouds are belong to us: security analysis of cloud management interfaces. *In: C. Cachin, T. Ristenpart (Hrsg.), CCSW*, ACM (2011), 3–14.

[ShKa09] S. Shankland, J. Kaden: Gartner: Cloud Computing wird wichtigster IT-Trend 2010. ZDNet-Beitrag, 21.10.2009 (2009), http://docs.ecsec.de/ShKa09.

[Sun11] Sun Inc.: Java Authentication and Authorization Service (JAAS). Reference Guide for the Java TM SE Development Kit 6 (2011), http://java.sun.com/javase/6/docs/technotes/guides/security/jaas/JAASRefGuide.html.

[VOHH+07] A. S. Vedamuthu, D. Orchard, F. Hirsch, M. Hondo, P. Yendluri, T. Boubez, Ümit Yalcinalp: Web Services Policy 1.5 - Framework (WS-Policy). W3C Recommendation (2007), http://www.w3.org/TR/ws-policy.

Zugriffskontrolle in Webdatenbanken mit Query Rewriting

Michael Rossel · Benjamin Große
Saša Prijović · Peter Trommler

Georg-Simon-Ohm Hochschule Nürnberg
michael.rossel@gmx.de, benjamin.grosse@i-woas.net
sasa@prijovic.de, peter.trommler@ohm-hochschule.de

Zusammenfassung

Webanwendungen bieten indirekt Zugriff auf firmeninterne Datenbanken und können bei Fehlern in der Autorisierung missbraucht werden, um unberechtigt auf Daten zuzugreifen. Im Sinne einer „Defence in Depth" Strategie kann eine zweite Autorisierung in der Datenbank die Sicherheit der Webanwendung verbessern. In diesem Beitrag wird eine Spezifikationssprache mit einem einfachen Modell präsentiert und untersucht, wie mittels Query Rewriting die Anfragen an die Datenbank derart modifiziert werden können, dass nur autorisierte Zugriffe auf die Daten zugelassen werden. Erste Experimente mit einem Prototypen zeigen, dass die mit Query Rewriting erzeugten Queries unwesentlich mehr Aufwand an Rechenzeit benötigen.

1 Einleitung

Webanwendungen spielen eine zentrale Rolle in der Umsetzung von elektronischen Geschäftsprozessen, insbesondere mit Endkunden. Dazu lesen und verändern sie Daten auf internen Datenbanken nach dem Geschäftsprozess entsprechenden Regeln. Gemäß diesen Regeln ist eine eingeschränkte Menge an Operationen auf der Datenbank zulässig. Die Autorisierung der Operationen ist als ein Teil des Geschäftsprozesses zu verstehen und als solcher auch mit der übrigen Geschäftslogik zu implementieren.

Wird die Autorisierung fehlerhaft implementiert, so wird dieser Fehler im Fall einer zu Unrecht abgewiesenen Operation (z. B. ein Konto fehlt in der Liste der Konten) als Problem der Geschäftsregeln aufgefasst. Anders stellt sich die Interpretation einer fehlerhaften Autorisierung, bei der fälschlicherweise zu viel Information gegeben wird, dar. In diesem Fall wird von einer Sicherheitslücke gesprochen.

Die Problematik besteht darin, dass die Autorisierung über den gesamten Code der Webanwendung verteilt ist und damit zum Nachweis der Vollständigkeit und Korrektheit der Autorisierung auch der gesamte Code betrachtet werden muss. Diese Überprüfung ist damit nicht von der Fachabteilung leistbar, es entsteht ein Bruch zwischen den Spezifikationsdokumenten und der Umsetzung der Spezifikation im Code.

Wird nun die Spezifikation ausreichend formalisiert, dann kann diese als Konfiguration eines Autorisierungsmechanismus dienen. Dieser Autorisierungsmechanismus kann in verschiedener Weise in eine Webapplikation oder deren Umgebung eingebunden werden. Mittels einer Web

Application Firewall kann bereits vor der eigentlichen Webapplication geprüft werden, ob eine Anfrage des Kunden zulässig ist. Zur Integration der Autorisierung in die Webapplikation stehen Mechanismen wie Aspect Oriented Programming zur Verfügung, mit denen Autorisierung in die Webanwendung automatisch eingewoben werden kann. Schließlich kann die Autorisierung in der Datenbank erfolgen, indem die Anfragen an die Datenbank auf Zulässigkeit geprüft werden.

In allen drei Fällen werden die Identität des Benutzers der Webanwendung und der Inhalt der Datenbank für eine Autorisierungsentscheidung herangezogen. Die Web Application Firewall hat über das Verfolgen der Session-Id leicht Zugriff auf die Identität des Benutzers, muss jedoch separat auf die Datenbank zugreifen, um Informationen für die Autorisierungsentscheidung zu erhalten. Die Integration in die Webanwendung scheitert bei den meisten Programmierumgebungen an der Unterstützung für Aspect Oriented Programming. Bei der Umsetzung in der Datenbank muss lediglich in der Webanwendung die Session-Id bis zur Datenbank durch gereicht werden.

Unter den Aspekten Performance und Implementierungsaufwand erschien uns die Implementierung der Autorisierung in der Datenbank als die beste Lösung. Dabei soll diese Autorisierung jedoch nicht die Autorisierung in der Webanwendung ersetzen, sondern diese im Sinne von „Defence in Depth" ergänzen. Wir beziehen uns dabei auf einen Vorschlag von Roichman und Gudes [RoGu07], die das Konzept einer parametrisierten View zur Umsetzung der feingranularen Autorisierung in der Datenbank beschreiben.

Parametrisierte Views sind kein Standardmechanismus in SQL und werden dementsprechend nach unserem Wissen auch von keiner Datenbank unterstützt. Neben dem Vorschlag von Roichman und Gudes, parametrisierte Views mit User defined Functions zu implementieren, gibt es weitere Ansätze [RMSR04], die eine Umsetzung durch Query Rewriting beschreiben. Die so umgeschriebenen Queries entsprechen dann Standard SQL und können auf jedem standardkonformen Datenbank-Management-System ausgeführt werden.

In Abschnitt 2 stellen wir ein Modell für die Formulierung der Autorisierungsregeln einschließlich einer Spezifikationssprache vor. Im folgenden Abschnitt 3 zeigen wir, wie aus der Spezifikation der Autorisierungsregeln eine parametrisierte View abgeleitet wird und wie eine SQL Query mit parametrisierten Views in eine Standard SQL Query transformiert wird. Abschnitt 4 stellt verwandte Arbeiten vor und im Abschnitt 5 findet sich ein Ausblick auf zukünftig geplante Arbeiten.

2 Modell der Zugriffskontrolle

In diesem Abschnitt wird kurz ein fein-granulares Modell der Zugriffskontrolle vorgestellt. Das Modell soll dabei drei Anforderungen Rechnung tragen, die im Rahmen einer Studie [PrTr11] an einem Projekt aus der Pflegeunterstützung erarbeitet und validiert [Trom12] wurden:

1. Zugriff auf eine Teilmenge der Daten einer Tabelle sowie deren Spalten.
2. Zugriff auf die *eigenen Daten* eines Benutzers innerhalb dieser Teilmenge. Die Beschränkung erfolgt auf Zeilenebene.
3. Zugriff auf Daten ist von Aktionen, die in der Vergangenheit erfolgten, abhängig.

Anhand dieser Anforderungen werden im Abschnitt 2.1 wichtige Begriffe des Modells erläutert. Abschnitt 2.2 stellt eine Spezifikationssprache vor, mit der Personal auf einer nicht-technischen

2.1 Elemente des Modells

Ebene die Möglichkeit gegeben werden soll, Zugriffskontrollregeln selbst festzulegen oder zumindest besser zu verstehen.

Unser Sicherheitsmodell lässt sich in vier Begriffen beschreiben:
- Kategorien: Spezialform einer Rolle.
- Principals: Wer braucht Zugriff?
- Ressourcen: Auf was bzw. auf welche Zeile soll Zugriff gegeben werden?
- Aktionen: Welche Operationen sind für bestimmte Ressourcen zulässig?

Die Daten, die einem Principal einer Kategorie zur Verfügung gestellt werden, sollen als seine eigenen Daten bezeichnet werden. Nicht jeder Principal soll über die gleichen Daten verfügen oder die gleichen Manipulationsrechte besitzen. Darin liegt der Unterschied zu einer Rolle. Eine Kategorie ist somit als ein Spezialfall bzw. eine Spezialisierung der Rolle zu betrachten.

Diese Begriffe sind als ein Mengenkonstrukt zu verstehen, sodass eine Security Policy eine Relation auf diesen Mengen ist. Relationen innerhalb dieses Konstrukts bilden dabei die Kategorien und Principals (PCA, **P**rincipals und **Ca**tegories) sowie Ressourcen und Aktionen (PAR, **P**rincipals, **A**ctions und **R**essources). Ein Principal kann mehreren Kategorien angehören, sodass sich folgende Relation ergibt $PCA \subseteq P \times C$. Mit der Relation $PAR \subseteq P \times A \times R$ wird der Zugriff von Principals auf Ressourcen mit Aktionen definiert. Hierzu werden die Ressourcen definiert sowie die auf den Ressourcen zugelassenen Operationen [Bark08].

2.1.1 Modellierung des Zugriffs auf Ressourcen

Für eine domänenspezifische Sprache zur Spezifikation von fein-granularer Zugriffskontrolle müssen folgende Elemente vorhanden sein:
- View
- Navigation
- Anker
- Spur (Trace)

Mit Hilfe einer View können Daten spezifiziert werden, die für einen Benutzer einsehbar sind und die derjenige bearbeiten kann. Eine Datenbank View kann hierfür eingesetzt werden.

Zusätzlich zur Einschränkung durch die View schränkt die Navigation den Zugriff auf einzelne Datentupel ein. Dabei wird die aus UML-Diagrammen bekannte Navigation für den Zweck der Zugriffskontrolle so interpretiert, dass die Datentupel der Tabelle, an der die Navigation beginnt, bestimmen, welche Datentupel der Zieltabelle zugreifbar sind. Durch die Navigation wird also auf der Ebene des einzelnen Datentupels ein Graph definiert, der über die Erreichbarkeitsrelation die Menge der zugreifbaren Datentupel bestimmt.

Die Navigation hat den Ursprung im Anker, der ein Datentupel ist, das für den an der Webanwendung angemeldeten Benutzer steht. Verschiedene Benutzerkategorien können dabei in unterschiedlichen Tabellen verwaltet werden.

Für eine Zugriffskontrolle sind zudem temporale Aspekte bedeutend. Die Zulässigkeit einer Aktion hängt in diesem Fall von anderen Aktionen in der Vergangenheit ab. In dem Fall, dass die

Aktion im Rahmen des Geschäftsfalls in der Datenbank in einem Datensatz dokumentiert wird, z.b. durch das Anlegen eines neuen Datensatzes oder auch durch das Löschen eines Datensatzes, wird diese Information für die Entscheidung über den Zugriff herangezogen. Hinterlässt der Geschäftsfall jedoch keine „natürliche" Spur in der Datenbank, wie dies z. B. beim Lesen eines Datensatzes der Fall ist, muss die betreffende Aktion zusätzlich eine Spur in der Datenbank anlegen.

2.1.2 Manipulation der Daten nach CRUD

Sind die zugreifbaren Datensätze (Ressourcen) festgelegt, muss noch spezifiziert werden, welche Operationen auf diesen Datensätzen zulässig sind. Bei Datenbanken wird dabei häufig von CRUD-Operationen gesprochen, die wir auch hier für die Gruppierung der Operationen verwenden wollen. Für die Autorisierung muss also für Create, Read, Update sowie Delete spezifiziert werden, was zulässig ist.

Das Lesen (Read) wird durch die View und die Navigation über diese geregelt. Jeder bekommt dadurch das zu sehen, was er sehen darf.

Das Ändern (Update) von Daten gestaltet sich einfach, da dies generell nicht möglich ist, sofern es sich nicht um die eigenen Daten handelt. Bei der Änderung von Daten, die in der Navigation verwendet werden, ist der Fall nicht so einfach, da eine solche Aktion ggf. die Rechte von Datensätzen ändert. Ob dies zulässig ist, hängt von der Security Policy ab. Wenn diese eine Rechteweitergabe nicht vorsieht, gibt es zwei Möglichkeiten. Die erste ist eine strikte Ablehnung von Änderungen. Die zweite besteht darin, die möglichen Werte derart einzuschränken, dass das Ergebnis immer noch den eigenen Daten entspricht.

Das Einfügen (Create) von Datensätzen gestaltet sich analog zum Ändern. Löschen (Delete), sofern es zulässig ist, gestaltet sich wie das Lesen einfach, da hier als Parameter lediglich Datensätze der eigenen Daten mitgegeben werden und auch nur diese gelöscht werden können.

2.2 Domänenspezifische Sprache

In diesem Abschnitt wird eine Spezifikationssprache nach den oben genannten Anforderungen entwickelt. Das Endprodukt der Spezifikation ist eine Beschreibung einer parametrisierten View für jede Kategorie von Principals.

Zur Beschreibung einer solchen View werden Anker, Navigation und Zugriff angegeben. Der Anker wird durch eine Abbildung der Information aus der Authentisierung (z.B. ein Benutzername) auf einen Datensatz in einer bestimmten Tabelle festgelegt. Für die Navigation wird festgelegt, welche Assoziationen navigiert werden können, um in der Zieltabelle die zulässigen Datensätze zu bestimmen. Schließlich werden die zulässigen Operationen auf den so ausgewählten Datensätzen direkt als erlaubte Aktion (read, write, ...) oder als SQL View angegeben.

```
View ::= ViewName ":" Anchor Navigation Access
Anchor ::= Änchor:" Tablename "=" Mapping ";"
Navigation ::= Navigationitem+ ";"
Navigationitem ::= Tablename "->" Tablename "VIA" Linkspec
Linkspec ::= Tablename "." Columnname
           | Tablename "." Columnname
             "<->" Tablename "." Columnname
           | Linkspec ÄND" Predicate
Access ::= Tablename ":" Accessspecifier+ ";" | SQLView
```

3 Query Rewriting

Das Konzept des Query Rewriting für fein-granulare Zugriffskontrolle beschreibt einen Prozess (siehe Abbildung 1), bei dem vor der Ausführung einer SQL Query diese so umgeschrieben wird, dass sie nur auf einer Teilmenge des Datenbestandes ausgeführt wird. Hierdurch entsteht eine personalisierte Form einer Rolle, die Kategorie (siehe Abschnitt 2), in der ihre Benutzer über unterschiedliche Rechte verfügen können.

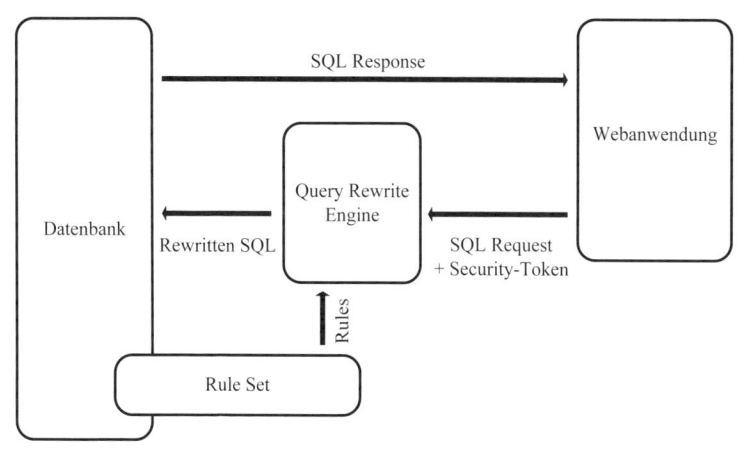

Abb. 1: Query Rewriting Schema

Das Umschreiben der SQL Queries geschieht für die Webanwendung transparent. Es wird lediglich ein Security-Token von der Webanwendung mit übergeben, das den zugreifenden Benutzer eindeutig identifiziert. Dieses Token wird dem Viewnamen in Klammern angehängt: VIEW(Token). Dieses Security-Token wird bei Authentisierung des Benutzers zu Beginn einer Web-Session in der Datenbank generiert und an den Benutzer gegeben. Bei jeder SQL Query an die Datenbank wird dieser Token mit übergeben. Durch ihn lässt sich eine eindeutige Zuordnung des Principals und seiner Kategorie bestimmen. Das Eingrenzen des zugreifbaren Datenbestandes wird, mit Hilfe dieses Security-Tokens, in zwei Schritten erledigt. Der erste umfasst die Beschränkung der vertikalen Ebene einer Tabelle, den Spalten. Dies erfolgt durch die in der Anwendung benutzte View. Im zweiten Schritt werden die Zugriffsberechtigungen auf horizontaler Ebene, den Zeilen, für den jeweiligen Benutzer gewählt. Hierzu werden, ausgehend vom Benutzer als Ankerelement, die Tabellen der Datenbank genutzt, um die Verfügbarkeit der Datentupel mit geschachtelten Selects weiter einzugrenzen. Der genaue Ablauf wird beispielhaft im folgenden Abschnitt 3.1 erläutert.

3.1 Beispiele für Query Rewriting

Um das Vorgehen zu verdeutlichen, wird im Folgenden beispielhaft auf die SQL-Grundfunktionen Insert und Select eingegangen. Alle restlichen SQL Queries werden analog verarbeitet, sodass sich eine vollständige Kapselung der Datenbank durch Query Rewriting ergibt.

Alle Beispiele werden an Hand einer fiktiven Webanwendung gezeigt, mit deren Hilfe ein

Lehrbetrieb unterstützt wird. Sämtliche hierzu benötigten Daten werden in einem DBMS (Datenbank Management System) gehalten. An der Weboberfläche können sich Dozenten sowie Studenten anmelden. Es wird ein vereinfachtes Datenmodell (siehe Abbildung 2) verwendet, mit dessen Hilfe Dozenten, Studenten sowie ihre Kurse abgelegt werden. Jedem Kurs ist mindestens ein Dozent zugeordnet. Eine Anmeldung eines Studenten zu einem Kurs wird durch einen Eintrag in der Tabelle *kurs_anmeldung_student* abgebildet. Eine Anmeldung für eine kursbegleitende Prüfung wird durch einen Eintrag in der Tabelle *klausur_anmeldung_student* festgehalten. Jede der Tabellen enthält aus Gründen der Übersichtlichkeit einen nummerischen Primärschlüssel, der automatisch vergeben wird.

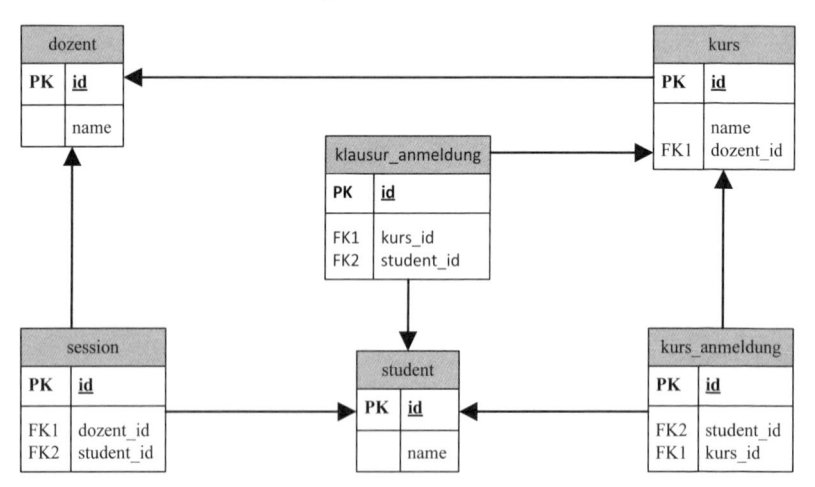

Abb. 2: Schema der Beispiel Datenbank

3.1.1 Der Select Befehl

Der Darstellung des SELECT Befehls wollen wir zunächst die Definition der domänenspezifischen Sprache voranstellen. Das Ankerobjekt stellt die userid des jeweiligen Studenten dar. Diese wird mit Hilfe des Security-Tokens ermittelt, das durch die Webanwendung an die Datenbank in Form eines Parameters für eine View übermittelt wird. Wie an der Sprache zu erkennen ist, wird von dem Studenten auf die Kursanmeldung über die entsprechende ID navigiert. Der Zugriff ist nur lesend und wird mit dem zugehörigen Flag gekennzeichnet.

```
Anchor: student.id = userid;
student -> kurs_anmeldung_student
        VIA kurs_anmeldung_student.student_id;
kurs_anmeldung_student: read only;
```

Das Ziel beim Query Rewriting eines Select Query ist sicherzustellen, dass Benutzern nur ihre eigenen Daten ausgegeben werden. Die hierzu benötigte Identifikation des Benutzers wird über das erwähnte Security-Token ermittelt, das der Query beigefügt wird [RoGu07].

Zur Einsichtnahme der Kursanmeldungen in der Webapplikation steht Studenten und Dozenten jeweils eine eigene View zur Verfügung (kurs_anmeldung_student, kurs_anmeldung_dozent),

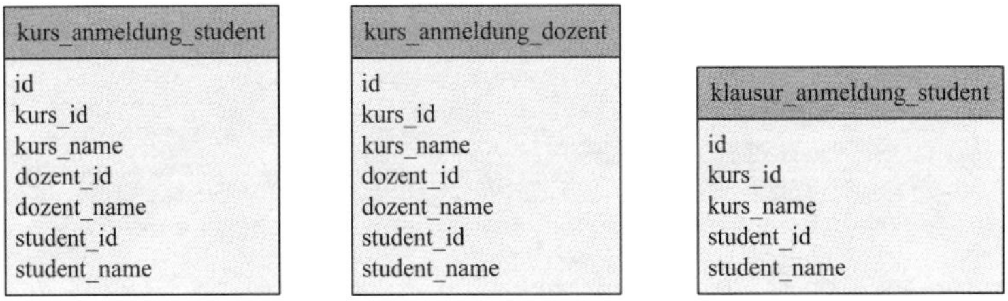

Zugriffskontrolle – Query Rewriting 225

kurs_anmeldung_student	kurs_anmeldung_dozent	klausur_anmeldung_student
id kurs_id kurs_name dozent_id dozent_name student_id student_name	id kurs_id kurs_name dozent_id dozent_name student_id student_name	id kurs_id kurs_name student_id student_name

Abb. 3: Views für vereinfachten Zugriff auf Datenbank

wie in Abbildung 3 dargestellt. Um zu verhindern, dass Studenten und Dozenten Einträge einsehen können, für die sie nicht freigegeben sind, sollen Abfragen dieser Views nur Ergebnisse zurückliefern, wenn Einsatzbereich und die Art des in der Applikation angemeldeten Benutzers übereinstimmen. Weiterhin wird eine aktive Sitzung (Eintrag in der Tabelle Session) der Benutzer vorausgesetzt.

Ein Student mit der Session 123 möchte sich eine Übersicht seiner Anmeldungen zu Grundkursen (der Name soll die Zeichenfolge 101 enthalten) ausgeben lassen. Dieses Statement wird an die Datenbank gesendet:

```
SELECT * FROM kurs_anmeldung_student(123)
WHERE kurs_name LIKE '%101%'
```

Für die View *kurs_anmeldung_student* ist definiert, dass ein Parameter für einen Rewrite benötigt wird und dieser in eine vorhandene oder noch anzufügende Where-Klausel integriert wird: *student_ID = (SELECT student_id FROM session WHERE ID = :param_1)*. Der hier verwendete Parameter (:param_1) wird durch die Zeichenfolge in den Klammern hinter dem Viewnamen ersetzt. Die Klammern und deren Inhalt werden dann aus der SQL-Abfrage entfernt.

```
SELECT * FROM kurs_anmeldung_student
WHERE (kurs_name LIKE '%101%') AND
      (student_id = (SELECT student_id FROM session
                     WHERE ID = 123))
```

Die Ergebnisse des erzeugten Selects werden grundsätzlich nach der ID des Studenten gefiltert, unabhängig von der vorangegangenen Where-Klausel.

3.1.2 Der Insert Befehl

Um sich für eine Prüfung anzumelden, muss der Student auch für den gleichen Kurs angemeldet sein. Für eine gültige Anwendung braucht dieser Schreibrechte. Der Student muss erst über den Kurs navigieren und von dort aus auf die Klausuranmeldung. Die Navigation erfolgt zunächst über die ID des Studenten im Kurs. Diese muss vorhanden sein, sofern er angemeldet ist. Anschließend folgt der Navigationsweg angefangen beim Kurs zur Klausuranmeldung des Kurses selbst. Navigiert wird hier über die ID des Kurses, um die letztlich mit beiden Daten die Kursanmeldungsview zu beschreiben und den Anmeldeprozess damit zu beenden. Das entsprechende Flag muss auf create gesetzt werden, da der Student Schreibrechte benötigt, um sich für seinen Kurs anmelden zu können.

```
Anchor: student.id = userid;
student -> kurs_anmeldung_student
    VIA kurs_anmeldung_student.student_id;
kurs_anmeldung_student -> klausur_anmeldung_student
    VIA kurs_anmeldung_student.student_id <->
        klausur_anmeldung_student.student_id
    AND kurs_anmeldung_student.kurs_id <->
        klausur_anmeldung_student.kurs_id;
klausur_anmeldung_student: create;
```

Dieses Beispiel zeigt weiterhin einen temporalen Aspekt der Zugriffskontrolle. Die Anmeldung für einen Kurs stellt eine Aktion in der Vergangenheit dar, die bestimmt, ob eine Anmeldung zur Prüfung in der Zukunft möglich ist. Die Beschränkung kann alleine durch die Existenz eines entsprechenden Datensatzes bei den Anmeldungen zu den Kursen geprüft werden. Zudem wird dieser Datensatz im neu anzulegenden Datensatz der Prüfungsanmeldung referenziert.

Mit Query Rewriting ist es möglich, Zugriffskontrollen für Inserts zu implementieren, indem die Values-Clause durch ein Subselect ersetzt wird. Die Werte der Values-Clause werden als die Spalten des Subselects übernommen. Sollte das Select keine Zeilen zurückliefern, wird kein Datensatz angelegt.

Der Student mit der ID 16313 möchte sich für die Klausur des Kurses mit der ID 5 anmelden. Dies soll ihm durch das System nur dann gestattet werden, wenn er auch für diesen Kurs angemeldet ist und er über eine gültige Anmeldung an das System verfügt.

```
INSERT INTO klausur_anmeldung_student(123)(kurs_id,student_id)
    VALUES(5, 16313)
```

Für den Rewrite wurde definiert, dass nur Sätze angelegt werden dürfen, wenn der Student auch für den Kurs angemeldet war. Das Subselect benötigt hierzu die ID des Kurses und des Studenten. Der Zugriff auf die View *kurs_anmeldung_student* erfolgt wie in Abschnitt 3.1.1 beschrieben. Der hierfür benötigte Parameter wird dem für das Insert verwendeten View *klausur_anmeldung_student* angehängt.

```
INSERT INTO klausur_anmeldung_view(kurs_id,student_id)
SELECT 5, 16313 FROM kurs_anmeldung_view
WHERE student_id = (SELECT student_id FROM session WHERE ID = 123)
AND (kurs_id = 5
  AND student_id = 16313);
```

Die horizontale Selektion in diesen Beispielen wurde durch die verwendeten Views realisiert. Alternativ kann dies auch für den Query Rewrite definiert werden, indem man je Kategorie festlegt, welche Spalten eines Views diese einsehen oder ändern darf.

3.2 Technische Umsetzung

In diesem Abschnitt wird die Umsetzung des Query Rewriting in PostgreSQL betrachtet. Die schematische Darstellung des Query Rewriting Prozesses in Abbildung 4 zeigt, an welcher Stelle der Queryverarbeitung eingegriffen und die *Query Rewrite Engine* integriert wird.

Der Ablauf der Queryverarbeitung wird vor dem *raw_parser* unterbrochen. An dieser Stelle wird die Query in einer dynamisch eingebundenen Bibliothek, an Hand des Regelsatzes (*Rule Set*) zur Autorisierung, umgeschrieben. Hierbei wird das Security Token ausgewertet und daraus

Zugriffskontrolle – Query Rewriting

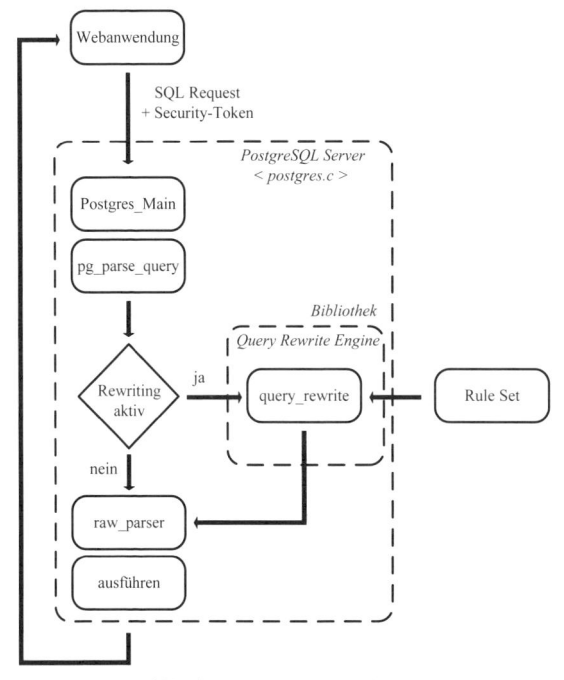

Abb. 4: Schema Queryverarbeitung

das Ankerobjekt bestimmt, dessen Primary Key in die Query eingefügt wird. Das Ergebnis ist eine standardkonforme SQL Query, welche wieder in den regulären Ablauf der PostgreSQL Queryverarbeitung zurück gegeben wird. Dies geschieht durch Übergabe an den *raw_parser*. Das Ergebnis der modifizierten Query wird schließlich direkt an die Webanwendung zurück gegeben.

Alternativ zu dieser Vorgehensweise bietet sich die Modifikation des Quellcodes selbst an. Dieser Weg wurde nicht verfolgt, da in diesem Entwicklungsstadium zunächst ein Proof of Concept durchgeführt werden soll. Das zukünftige Ziel ist, dieses Verfahren in die offiziellen Quellen nativ zu integrieren.

Eine weitere Alternative ist die Entwicklung eines Proxy, der zwischen Datenbank und Webanwendung eingesetzt wird und das Query Rewriting durchführt. Aus der Sicht der Webanwendung verhält sich der Proxy wie eine beliebige Datenbank. Für die Datenbank sieht der Proxy wie die Webanwendung aus.

3.3 Performance

Dieser Abschnitt befasst sich mit der in Abschnitt 3.2 vorgestellten Implementierung. Die Performancetests umfassen hierbei drei Fälle, in denen jeweils 1000 Abfragen abgesetzt werden. Die Messungen wurden auf einem handelsüblichen PC durchgeführt.

Es werden die Kursanmeldungen aus Abschnitt 3.1 zu einem Studenten oder Dozenten, abhängig von der Session, selektiert. Der erste Fall behandelt die Option, dass die Webanwendung direkt die richtige Query an die Datenbank schickt. Dies bedeutet, dass eine legitime Abfrage erfolgt und für den autorisierten Benutzer die entsprechenden Daten angezeigt werden.

Der zweite Fall entspricht einem Standardfall. Ein Benutzer greift auf einen Datenpool zu, der Daten enthält, die nicht für ihn bestimmt sind. Das Ergebnis der Abfrage entspricht demnach einer Teilmenge, die durch einen Query Rewrite aus dem Datenpool herausgenommen wird.

Der dritte Fall behandelt das bloße Absetzen einer Query, wie sie als Ergebnis nach einem Rewrite wie in Testfall 2 entsteht. Dieser Test dient dazu die Performance der Query mit Rewrite mit der Query ohne Rewrite zu vergleichen.

Als Durchschnitt mehrerer Messungen ergaben sich folgende Zeiten:

- **Testfall 1**: 0:29 min
- **Testfall 2**: 3:03 min
- **Testfall 3**: 0:30 min

Die Implementierung ist etwa sechs Mal langsamer als eine Query ohne Autorisierung. Jedoch zeigt Testfall 3, dass die erweiterte Query nicht für die schlechtere Ausführungszeit verantwortlich ist. Im weiteren wird zu untersuchen sein, wie die Implementation und Integration der Rewrite Engine effizienter bewerkstelligt werden kann. Wie im voran gegangenen Abschnitt 3.2 angedeutet wurde, wird eine vollständige Integration in PostgeSQL langfristig die beste Option sein.

4 Verwandte Arbeiten

Die Thematik des Query Rewriting wurde bereits im Kontext von Data-Warehouse Architekturen untersucht [RoSc00]. Dort wurde der Begriff der Zugriffskontrolle in zwei Bereiche, auf „Was" zugegriffen wird und „Wer" darauf zugreifen darf, aufgeteilt. Die Untersuchung lieferte eine Möglichkeit, an das Data-Warehouse geschickte Anfragen abzufangen und derart zu verändern, dass eine äquivalente Anfrage entstand, sofern der jeweilige Nutzer die nötigen Rechte für den Zugriff auf die Ressource hatte.

[RoSD99] setzt die Idee des Query Rewriting fort und zeigt, wie Rechteverwaltung auf Basis der gegebenen Daten und nicht Funktionen für verteilte Datenbanken funktionieren könnte. Wie in dieser Untersuchung erwähnt, greifen [RMSR04] die vorangegangenen Arbeiten des Query Rewriting auf und erweitern diese Technik um die Bedingung zur Überprüfung des Datenbankstatus. Das Papier zeigt, dass eine äquivalente Umformung einer Abfrage nicht reicht, da diese nicht in allen Fällen die gleichen Ergebnisse liefern. Dies wird in Anlehnung an einen Kinofilm als der Truman-Effekt bezeichnet.

Eine Alternative zum Query Rewriting stellt die Verwendung von parametrisierten Views in [RoGu07]. Die Autoren zeigen, wie mit User Defined Functions aus Standard SQL eine sogenannte parametrisierte View erzeugt wird, der ein Security Token übergeben wird und letztlich nur die Daten liefert, für die der jeweilige Benutzer autorisiert ist. Dies unterscheidet sich von unserem Ansatz dadurch, dass die parametrisierte View in der Datenbank nachgebildet wird und nicht, wie in in unserer Darstellung, als konzeptionelles Konstrukt ausschließlich in der Webanwendung zu finden ist.

Folgende Arbeiten zielen nicht darauf ab, die Zugriffskontrolle in der Datenbank abzuwickeln, liefern aber Ansatzpunkte für die grafische Notation der hier vorgestellten Sprache. [Juer05] liefert in seinem Beitrag eine Erweiterung der UML um Bausteine, die einzelne Daten entsprechend markiert, um den Grad des Schutzes für das jeweilige Datum zu bestimmen. Anschließend können in Abhängigkeit solcher Markierungen entsprechende kryptografische Anforderungen definiert werden.

Ein Konzept zur Erstellung von sicherem Code zeigt [BaDL06]. Das Konzept basiert auf den Gedanken der modellgetriebenen Softwareentwicklung, mit der es möglich ist, Teile der Webanwendung auf Basis eines Modells generieren zu lassen.

[WYLL[+]07] erweitern das Verfahren von [RMSR04] um einen Beweis der Korrektheit eines Algorithmus, der die definierte Security Policy für feingranulare Zugriffskontrolle umsetzt. Weiterhin stellen die Autoren eine Möglichkeit vor, die Zugriffskontrolle auf Zellebene erfolgen zu lassen und entsprechende Zellen zu maskieren.

5 Ausblick

Die hier vorgestellte Vorgehensweise wird im Zuge einer Bachelorarbeit für eine PostgreSQL Datenbank implementiert. Als nächster Schritt wird untersucht, wie die Leistung der Query Rewriting Engine und deren Integration in PostgreSQL verbessert werden kann.

Es wird ferner untersucht, wie ein Kapern der Session durch Abfangen des Security Tokens verhindert werden kann. Hierzu wird unter anderem die Verwendung von rollierenden Schlüsseln diskutiert und nach performanteren Lösungen gesucht.

Mit Hilfe der DSL aus Abschnitt 2.2 wird ein Codegenerator entwickelt, der die Implementierung für PostgreSQL automatisiert. Somit wird ein Werkzeug zur Verfügung gestellt, das es einem Domänenexperten ermöglicht, während der Modellierung eines Geschäftsprozesses direkt die Zugriffsregeln zu definieren, ohne dabei ein tieferes technisches Verständnis haben zu müssen.

Ferner wird auf Grund der Ergebnisse die textuelle DSL in eine grafische Notation überführt, um sie als Erweiterung von UML und ER-Diagrammen nutzen zu können.

Literatur

[BaDL06]   D. Basin, J. Doser, T. Lodderstedt: Model driven security: From UML models to access control infrastructures. In: *ACM Trans. Softw. Eng. Methodol.*, 15, 1 (2006), 39–91.

[Bark08]   S. Barker: Access control by action control. *In: Proceedings of the 13th ACM symposium on Access control models and technologies*, ACM, New York, NY, USA (2008), 143–152.

[Juer05]   J. Juerjens: Secure Systems Development with UML. Springer Verlag, Heidelberg (2005).

[PrTr11]   S. Prijovic, P. Trommler: Zugriffskontrolle in der Datenbank: Vamos eine Fallstudie. *In: P. Schartner, J. Taeger (Hrsg.), D-A-CH Security 2011* (2011), 147 – 156.

[RMSR04]   S. Rizvi, A. Mendelzon, S. Sudarshan, P. Roy: Extending query rewriting techniques for fine-grained access control. *In: Proceedings of the 2004 ACM SIGMOD international conference on Management of data*, ACM, New York, NY, USA (2004), 551–562.

[RoGu07]   A. Roichman, E. Gudes: Fine-grained access control to web databases. *In: Proceedings of the 12th ACM symposium on Access control models and technologies*, ACM, New York, NY, USA (2007), 31–40.

[RoSc00]   A. Rosenthal, E. Sciore: View security as the basis for data warehouse security. *In: DMDW* (2000), 8.

[RoSD99]   A. Rosenthal, E. Sciore, V. Doshi: Security Administration for Federations, Warehouses, and other Derived Data. *In: DBSec* (1999), 209–223.

[Trom12]   P. Trommler: A Model for Fine-Grained Access Control to Web Databases: VAMOS—A Case Study. *In: P. Kommers, P. T. Isaías (Hrsg.), Proceedings of the IADIS International Conference Internet Applications and Research 2012, 17-19 July, Lisbon, Portugal*, IADIS Press (2012).

[WYLL+07] Q. Wang, T. Yu, N. Li, J. Lobo, E. Bertino, K. Irwin, J.-W. Byun: On the correctness criteria of fine-grained access control in relational databases. *In: Proceedings of the 33rd international conference on Very large data bases*, VLDB Endowment (2007), 555–566.

Mobile Security – Sprach- und Datenspionage von Smartphones

Marco Di Filippo

Compass Security AG
marco.difilippo@csnc.ch

Zusammenfassung

Jeder, der ein wenig technischen Sachverstand mitbringt, kann den Standort des Handys ermitteln, fremde SMS-Nachrichten lesen, es als Gateway benutzen und sogar Gespräche belauschen. In unserer Studie sind wir von einem Angreifer ausgegangen, der eine Investition von etwa 50 Euro tätigen muss, um mobile Teilnehmer zu kompromittieren.

1 Einleitung

Viele Anwender wissen nicht über die Sicherheitsrisiken ihrer ständigen Begleiter Bescheid. So mancher ignoriert dieses Problem sogar bewusst. Die Science Fiction à la James Bond ist bereits Realität.

Mobile Security – warum? Betrifft mich das? Bin ich so wichtig? Das wird doch nicht ausgerechnet mich treffen, ... Laptop, iPhone, Blackberry & Co. sind heute und morgen die Kommunikationsmittel, die uns überall hin begleiten und dabei offen wie Scheunentore sind. Ohne Mobiltelefon fühlt man sich nicht komplett. Die Funktionsvielfalt der Smartphones nimmt rasant zu, wobei die Möglichkeiten fast unbegrenzt sind. Was vertrauen wir ihnen nicht alles an: Kontaktdaten, Termine, vertrauliche Nachrichten, (persönliche) Bilder, Zugangsdaten für Konten, usw.

Vielen Benutzern ist nicht bewusst, dass es sich um leistungsfähige Rechner in ihren Taschen handelt und, dass diese die Schwachstellen moderner Computersysteme geerbt haben. Zudem sind Smartphones lukrative Ziele für Angreifer mit krimineller wirtschaftlicher Motivation, da die Geräte direkt an monetären Abrechnungssystemen geknüpft sind. Zum einen über die Telefonrechnung an Mehrwertdiensten (z.b. 0900er-Rufnummern oder SMS-Diensten), aber auch durch die Verknüpfung des Smartphones an einem App-Store und somit einer Kreditkarte. Viele IT-Verantwortlichen sehen BYOD (Bring Your Own Device) als Modeerscheinung und setzen sich sehr zögerlich mit der Einführung eines MDM (Mobile Device Managements) auseinander.

Begleitend zur Darstellung von Angriffsszenarien ist jedoch ausdrücklich darauf hinzuweisen, dass die Manipulation von IT- und IKT-Systemen nicht erst seit dem „Hacker-Paragraphen" strafbar ist. Ziel dieses Beitrags ist es, Aufzuklären, Sicherheits- bzw. Problembewusstsein zu schaffen, Schwachstellen und Angriffsszenarien im Umfeld von Smartphones aufzuzeigen und mögliche Lösungsansätze zu diskutieren, um solche Schwachstellen in Zukunft zu vermeiden.

2 Angriffsszenarien

Nachfolgend wird auf einige Angriffsszenarien eingegangen, welche ohne große Investitionen möglich sind. Dabei handelt es sich um Angriffe, die geräteunabhängig (Hard- u. Software) sind und auch von Angreifern ohne großes Know-how durchgeführt werden können. Zudem werden Angriffe demonstriert, welche von der Ferne und ohne das Zutun der Anwender möglich sind.

2.1 Early Media Lauschangriff

Unter Umständen ist es möglich, dass der Empfänger des Gespräches beim Rufaufbau bereits hört, was der Anrufer gerade sagt. Möglich wird dies durch Ausnutzen des Leistungsmerkmals Early Media im SIP Signalisierungsprotokoll (oder Telefonnetz). Hierbei werden Audioinformationen bereits während des Rufaufbaus und vor dem Connect der beiden Teilnehmer übermittelt. Durch diese Sicherheitslücke lassen sich nicht nur Personen belauschen, sondern auch beispielsweise kostenfrei Gespräche sogar aus dem Ausland führen – zu Lasten der Provider.

Als Basis dient hierbei die Signalisierung. Darunter wird in der Telekommunikation die Übertragung von Steuerinformationen verstanden. Außer den Nutzdaten (wie z. B. Sprache) werden auch noch heute Daten zur Signalisierung akustischer Signale, wie das Rufsignal (Klingeln), Hörtöne (Freiton, Besetztzeichen) und Ansagen zum Teilnehmer übertragen. Darüber hinaus gibt es wesentlich komplexere Signalisierungsinformationen, zum Beispiel beim Aufbau von Mobilfunkverbindungen.

Dabei haben sich in der Entstehung des Telefonnetzes mehrere Typen von Signalisierungsinformationen entwickelt. Heute wird fast ohne Ausnahme das Signalling System No. 7 (SS7) verwendet. Als eine Reihe von Protokollen und Verfahren dient es der Signalisierung in Telekommunikationsnetzen wie dem öffentlichen Telefonnetz – ganz gleich, ob ISDN, Festnetz oder Mobilfunknetz – und seit Anfang 2000 auch verstärkt in VoIP-Netzen. Im Gegensatz zum Vorgänger SS5 werden hier die Vorgänge Verbindungsaufbau, die Nutzdaten und der Verbindungsabbau klar getrennt. In VoIP-Netzen wird SS7 nur im Zusammenhang mit Media Gateways angewendet, um einen Übergang ins PSTN zu gewährleisten.

2.1.1 Hörtöne, Freizeichen und Early Media

Früher dienten Hörtöne ausschließlich dazu, Teilnehmer über Zustände und Abläufe (z. B. über den Status beim Verbindungsaufbau in Form von Frei- oder Besetztzeichen) im PSTN zu informieren, insbesondere bei den vom Benutzer selbst zu steuernden Interaktionen. Die Hörtöne sind in der technischen Beschreibung der analogen Wählanschlüsse am T-Net/ISDN der T-Com 1TR110-1 beschrieben.

Sofern Hörtöne für die Information nicht ausreichen, werden auch (Hinweis-)Ansagen eingeblendet (z.B. „Kein Anschluss unter dieser Nummer", „Teilnehmer ist vorübergehend nicht erreichbar", aber auch Preisansagen von Prepaid u. CallByCall-Anbietern etc.).

Im SS7 war für diese Form der Ansagen der sog. Early B3 Connect zuständig. In Telefonnetzen mit SIP (Session Initiation Protocol)-Signalisierung steht das sog. Early Media zur Verfügung. Dies ist besonders wichtig, wenn das Netz mit einem klassischen Telefonnetz verbunden wird, um die Interoperabilität sicherzustellen. Die genauen Spezifikationen werden in der RFC 3960 „Early Media and Ringing Tone Generation in the Session Initiation Protocol

(SIP)" beschrieben [RFC3960]. Wenn der Netzprovider diese unterstützt, hört man bei SIP basierenden Netzen im Telefon nicht die vom Endgerät (Soft oder Hardware) selbst erzeugten Ruf- oder Besetzttöne, sondern die vom Provider erzeugten Töne.

Seit Anfang 2004 bieten Netzbetreiber individuelle Freizeichentöne (auch als persönliches Freizeichen, Ring-Back Tone, Ring-Up Tone, Soundlogo oder Musikalischer Freiton bezeichnet) für Anschlussteilnehmer an. In Deutschland ist dieses zum größten Teil kostenpflichtige Leistungsmerkmal in den Mobilfunknetzen bei T-Mobile Telekom und Vodafone verfügbar und steht seit Ende 2005 auch Festnetzkunden der Deutschen Telekom zur Verfügung.

Da es sich um ein netzseitiges Leistungsmerkmal handelt, funktionieren Freizeichentöne mit allen Telefonen. Anders als z. B. bei Klingeltönen wird hier das Musikstück nicht auf das Endgerät heruntergeladen, sondern durch spezielle Netzelemente der Freiton-Innenband-Signalisierung beigemischt.

Diese Technik wird sowohl in der leitungsgebundenen Telefonie als auch bei VoIP eingesetzt. Der Nutzer hat den Vorteil, dass ihn diese Informationen nichts kosten, denn der Versuch, eine Telefonverbindung aufzubauen, wird üblicherweise nicht berechnet. Die Berechnung beginnt erst ab dem Moment, ab dem beide Teilnehmer aktiv verbunden werden.

Zusammengefasst lässt sich sagen: Mit Early Media werden Audioinformationen bereits während des Rufaufbaus und vor dem Connect der beiden Teilnehmer übermittelt. In der Regel wird Early Media nur in Richtung des Anrufers eingesetzt.

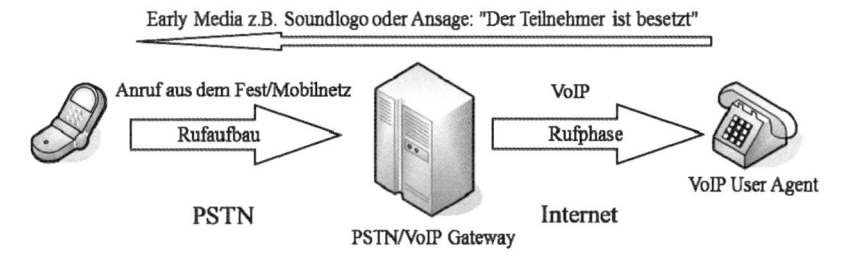

Abb 1: Funktionsweise Early Media

Individuelle Freizeichentöne bzw. das Einblenden von Hinweis-Ansagen konnten bis dato ausschließlich von Netzbetreibern angewendet werden. Mit zunehmender Internettelefonie gibt es keine klare Trennung von PSTN und VoIP-Netzen (z. B. NGN) mehr. Zwischen den Netzen existieren Gateways, die die beiden Technologien miteinander verbinden, um eine Interoperabilität zu gewährleisten. Da diese Gateways zum Teil direkt mit dem UA (Useragent) des VoIP Users kommunizieren, gibt es Möglichkeiten, Leistungsmerkmale zu nutzen, die früher nur Netzprovidern vorbehalten waren. Hinzu kommt, dass die Gateways häufig fehlerhaft konfiguriert sind und so der direkte Zugriff auf Signalisierung und Medien offen gelegt wird.

2.1.2 Bidirektionale Kommunikation im Early Media Stream

Bei der Konfiguration einer VoIP-Telefonanlage für die Nutzung von Early Media fällt auf, dass es nicht nur möglich ist, dem Anrufer Soundfiles vorzuspielen, sondern dass bei Anrufern aus den Mobilfunknetzen auch Audio in die Gegenrichtung übertragen werden kann. Damit sind alle Voraussetzungen für eine Sprachkommunikation erfüllt. Dieser Umstand zeigt sich, wenn für die Tests mit Early Media ein Echo Loopback Test angewendet wird. Bei diesem Test wird alles, was vom Anrufer empfangen wird, sofort an den Anrufer zurückgesendet. Man hört demnach seine eigene Stimme mit kurzer Verzögerung, je nach Laufzeit auf der Internet- und PSTN-Strecke. Somit stellt sich die Herausforderung, eine Livekommunikation über Early Media zu etablieren. Sämtliche VoIP-Hard- und -Software ist darauf ausgelegt, Sprachkommunikation erst nach dem eigentlichen Connect der beiden Teilnehmer zuzulassen. Es gilt einen Weg zu finden, live Audio in beide Richtungen über das PSTN/VoIP Gateway zu senden. Eine Lösungsmöglichkeit ist, eine Telefoniesoftware dahingehend zu modifizieren, dass kein Connect durchgeführt wird, und die Verbindung im Early Media Status verbleibt. Einige VoIP-Lösungen bieten eine Funktion, die sich für diesen Zweck einsetzen lässt. Wenn alle Voraussetzungen erfüllt werden, ist man in der Lage, während der Rufphase in beide Richtungen zu kommunizieren. Die Rufphase ist in allen Telefonnetzen zeitlich begrenzt, danach wird die Signalisierung durch ein Timeout beendet. In den Netzen in Deutschland beträgt diese Zeit bis zu 120 Sekunden. Danach wird die Rufphase zwangsweise beendet, lässt sich aber durch Wiederwahl sofort neu starten.

2.1.3 Gefahren für Nutzer und Netzbetreiber

Auf Grund der Möglichkeit einer bidirektionalen Kommunikation während der Rufphase lassen sich verschiedene Angriffsszenarien realisieren. Durch Kommunikation in der Rufphase entgehen dem Netzbetreiber Einnahmen. Nun mag man in Zeiten von Pauschalpreisen für Telefonie argumentieren, dass hier nicht wirklich Verluste entstehen. Für den Nutzer dieser Sicherheitslücke können die Einsparungen jedoch erheblich sein, wenn die Lücke während des Roaming in fremden Netzen genutzt wird. Weiterhin lässt sich auf diesem Weg auch die Privatsphäre eines Anrufers verletzen, in dem man schon vor der Annahme des Gespräches in der Lage ist, das gesprochene Wort im direkten Umfeld des Anrufers zu hören. Unvorsichtige Kommentare während der Rufphase, könnten dem Angerufenen auf diesem Weg bekannt werden. Auch die Dokumentation von Anrufen zu Abrechnungszwecken findet in der Regel erst statt, wenn der Anrufer erfolgreich mit seinem Gesprächspartner verbunden wird. Gespräche während der Rufphase würden möglicherweise überhaupt nicht erfasst.

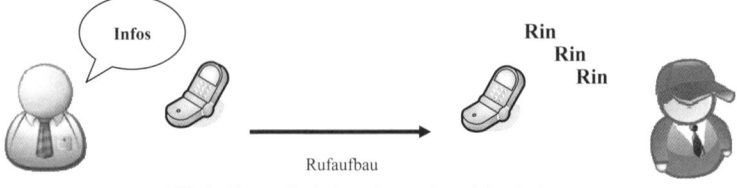

Abb 2: Gespräche belauschen während des Freitons

Dies ist eventuell auch in Bezug auf die häufig diskutierte Vorratsdatenspeicherung ein relevanter Ansatzpunkt.

2.1.4 Testaufbau und Betrieb am Beispiel eines Asterisk Servers

Für den Testaufbau benötigt man einen aktiven User Account bei einem beliebigen SIP Anbieter, der ein PSTN/VoIP Gateway betreibt, das Early Media in beide Richtungen erlaubt. Es gibt mehrere Anbieter, die dieses Kriterium erfüllen. Bei dem durchgeführten Test wurde ein Account bei der Firma Sipgate aus Düsseldorf verwendet. Der Account ist kostenlos, lässt sich online einrichten, und man bekommt eine Festnetznummer aus dem eigenen Ortsnetz zugeteilt.

Für den Betrieb der Nummer sowie die Nutzung von Early Media kommt ein Asterisk VoIP Server zum Einsatz. Asterisk ist eine freie Software (GNU General Public License (GPL)), die alle Funktionalitäten einer herkömmlichen Telefonanlage abdeckt. Die Software ist lauffähig unter den Betriebssystemen GNU/Linux, BSD und Mac OS X (ab OS X 10.2). Es gibt auch Portierungen für Microsoft Windows.

Es wird Asterisk ab Version 1.4.1 benötigt, denn erst ab dieser Version steht die Funktion "Chanspy" mit der Option "Whisper" zur Verfügung. Das Betriebssystem des Test-Servers ist in unserem Fall ein Debian Linux. Um Asterisk zu konfigurieren editiert man die Dateien, die unter /etc/asterisk zu finden sind.

2.1.5 Konfiguration und Dialplan für Asterisk

Zu Beginn wird der Internettelefonie-Account von Sipgate auf der Asterisk eingebunden. Dafür konfiguriert man die Datei sip.conf im Verzeichnis etc/asterisk.sip.conf:

```
[general]
bindport=5060
bindaddr=ip Adresse des Servers
srvlookup=yes
disallow=all ;Hier werden die zulässigen Audiocodecs angegeben.
 allow=ulaw
 allow=alaw
register => sipgateID:geheim@sipgate.de ;Anmeldung bei Provider.
[sipgate_de_in] ;Kontext für eingehende Anrufe.
type=peer
fromdomain=sipgate.de
insecure=very
host=sipgate.de
context=ankommend;in diesen Kontext der extensions.conf werden ankommende Anrufe gesandt.
[sipgate-out] ;Kontext für ausgehende Anrufe.
type=peer
nat=no
username=sipgateID
fromuser=sipgateID
secret=geheim
host=sipgate.de
[300] ;Kontext für ein SIP Telefon zum Annehmen der Anrufe.
callerid="Phone 1" <300>
host=dynamic
domain=ipAdresse
user=username
secret=geheim
```

```
context=app300
type=peer
mailbox=300
nat=yes
qualify=yes
canreinvite=no
```

Diese Konfiguration sorgt dafür, dass ankommende Anrufe auf der Ortsnetznummer an den Asterisk-Server geleitet werden. Da in diesem Beispiel kein normales Telefongespräch geführt werden soll, muss dafür gesorgt werden, dass der Anruf nicht auf herkömmlichem Weg an ein Telefon/Softphone vermittelt wird. Wenn während der Rufphase kommuniziert werden soll, muss diese möglichst in die Länge gezogen werden. Dies wird im Beispiel dadurch erreicht, dass eine Audiodatei mit Early Media an den Anrufer gesendet wird. In diesem Fall wurde ein „stilles Audiofile" mit zwei Minuten Länge erstellt, um die maximale Zeit bis zum Timeout der Rufphase ausnutzen zu können. Die Audiodateien sind im Verzeichnis /var/lib/asterisk/sounds. Das Senden eines Soundfiles mittels Early Media wird im Asterisk Dialplan (/etc/asterisk/extensions.conf) folgendermaßen eingeleitet:

```
[ankommend]
exten => s,1,DumpChan() ;zeigt Informationen auf der CLI an
exten => s,2,Playback(silence,noanswer) ;Wiedergabe des Soundfiles "silence"
exten => s,3,hangup() ;beendet die Verbindung
```

In der ersten Zeile werden mit dem Befehl "DumpChan" Details zum eingehenden Anruf angezeigt. Das ist für den Betrieb nicht notwendig, trägt aber zur Übersicht bei, wenn man den Vorgang auf der CLI überwacht. Das "s" bezeichnet die Standardextension und trifft für alle Anrufe zu, die in diesem Kontext ankommen. In der zweiten Zeile wird das gewünschte Audiofile mit dem Befehl "Playback" aufgerufen. Wichtig ist dabei die Option "noanswer", die verhindert, dass Asterisk den Anruf vor dem Playback beantwortet. Das Audiofile wird jetzt dem Anrufer vorgespielt, am Ende der Wiedergabe wird die Verbindung mit "hangup" beendet. Wenn das Audiofile länger als das Timeout der Rufphase ist, wird die Verbindung durch den Netzbetreiber beendet. Damit während der so bestehenden Rufphase mit dem Anrufer ein Gespräch geführt werden kann, wird die Funktion "Chanspy" genutzt. Mit Hilfe von "Chanspy" kann sich ein Teilnehmer auf eine bestehende Verbindung aufschalten und mithören. Zusätzlich ist es möglich, bei der Verwendung von "Chanspy" die Option "Whisper" zu verwenden. Damit ist man in der Lage, mit dem Anrufer zu sprechen. Diese Funktion ist ursprünglich dafür gedacht, sich in Callcentern für Schulungszwecke in Gespräche einzuschalten und dem Mitarbeiter Hinweise während des Gesprächs zu geben. Diese Anweisungen sind nur für den Teilnehmer zu hören, nicht für seinen Gesprächspartner. Wenn sich nun ein Anrufer in der Rufphase befindet und das Audiofile abgespielt wird, kann sich ein Teilnehmer an der Asterisk-Telefonanlage mittels "Chanspy" und der Option "Whisper" auf die Verbindung aufschalten, und mit dem Anrufer sprechen. Das Entscheidende ist, dass die Verbindung dabei in der Rufphase verbleibt. Der Anruf wird dem Anrufer also nicht berechnet.

Der Dialplan in der extensions.conf sieht dafür folgendermaßen aus:

```
[app300]
exten => 1234,1,Chanspy(all,w)
```

Ein Teilnehmer an der Telefonanlage kann sich so durch Wählen der Nebenstelle 1234, mit dem Anrufer, dem das Audiofile per Early Media vorgespielt wird, verbinden. Der Teilnehmer muss von dem Anruf wissen, um sich aufzuschalten. Dieser Prozess lässt sich aber auch mit Hilfe von so genannten Callfiles automatisieren. In diesem Fall wird beim Eintreffen des Anrufs eine Verbindung hergestellt und die Funktion "Chanspy" aufgerufen. Dann funktioniert das Ganze wie ein normaler Anruf.

Durch eine Modifikation im Aufbau lässt sich auch das zweite beschriebene Angriffsszenario verwirklichen. Wenn man dem Anrufer ein Soundfile mit Freizeichentönen vorspielt und „Chanspy" ohne die "Whisper"-Option aufruft, ist man in der Lage, dem Anrufer während der Rufphase zuzuhören. Der Anrufer hört wie gewohnt das Rufzeichen. Man ist also in der Lage, das Mikrofon des Anrufers während der Rufphase zu nutzen, um Gesprochenes mitzuhören. Wenn man das ankommende Gespräch zeitgleich an einem lokalen Telefon signalisiert, lässt sich das Gespräch auch jederzeit vor dem Timeout beantworten.

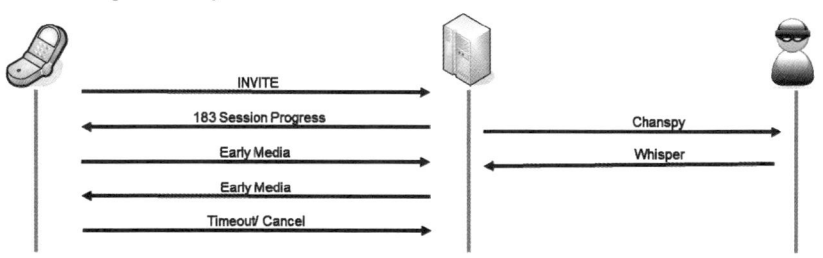

Abb 3: Darstellung einer Rufsignalisierung mit Early Media

2.1.6 Lösungsansätze

Netzbetreiber könnten die Übertragung von Early Media zum Angerufenen unterbinden. Damit wäre die Nutzung für bidirektionale Kommunikation nicht mehr möglich. Auf der Seite des Telefonnutzers kann man lediglich das Bewusstsein wecken, dass das in der Rufphase gesprochene Wort bereits übertragen werden kann. Es gibt mittlerweile einige Endgeräte, die das Mikrophon erst beim connect öffnen. Hierauf sollte ggf. beim Erwerb geachtet werden.

2.2 Ortung von mobilen Teilnehmern

Jeder, der Signale aussendet, kann prinzipiell auch geortet werden. Im Umkehrschluss kann man sich selbst lokalisieren, indem man Signale, welche von bekannten Positionen gesendet werden, auswertet.

Prinzipiell gibt es mehrere Ortungstechniken. In diesem Dokument soll die Ortungstechnik mittels eines HLR (Home Location Register)-LookUp's näher erläutert werden, da diese von nahezu jedermann nutzbar ist.

2.2.1 Datenbanken des Netzbetreibers

Das Home Location Register (HLR) eines Netzbetreibers enthält die persönlichen Daten aller Kunden. Zum einen stehen hier für jeden Kunden permanente Daten wie die International Mobile Subscriber Identity (IMSI) und die Telefonnummer, aber auch seine Rechnung und die Identifikationsnummer des Mobile Switching Centers (MSC), bei dem der Kunde aktuell angemeldet ist.

Jedes MSC hat ein Visitor Location Register (VLR), in dem Daten über jeden Nutzer gespeichert werden, der sich bei einer Basisstation, die von diesem MSC kontrolliert wird, angemeldet hat. Dies gilt auch dann, wenn er kein Kunde des Betreibers dieses MSC ist. Für jeden Nutzer wird hier folgendes gespeichert:

- die IMSI,
- die Rufnummer,
- Adresse des Home Location Register des Nutzers,
- die Location Area Identication, eine Gruppe von Basisstationen, in deren Sendegebiet sich das Telefon befindet.

2.2.2 HLR LookUp

Mittlerweile gibt es eine Vielzahl von Dienstleistern, die ein HLR LookUp anbieten. Ursprünglich war dieser Dienst dazu gedacht, festzustellen, in welchem Zielnetz sich eine MSISDN befindet und dadurch Kosten durch das Routing der Nachrichten in das Zielnetz zu sparen. Die HLR Abfrage kann über Dienstleiter in Echtzeit erfolgen. In unserem Beispiel nutzen wir einen http(s)-request des Dienstleister RoutoMessaging (www.routomessaging.com). Nachfolgend die Ausgabe eines HLR-LookUp.

```
"number":"4915122xxxxxx",
"msc":"41794948000",
"status":"OK",
"msc_mcc":228,
"imsi":"262012249028831",
"mcc":"262",
"operator_country":"Germany",
"msc_operator_name":"Swisscom Mobile",
"msc_mnc":"01",
"msc_operator_country":"Switzerland",
"mnc":"01",
"id":"592286351",
"msc_location":null,"operator_name":"T-Mobile Deutschland GmbH"
```

2.2.3 Aufschlüsselung der Daten

MCC (Mobile Country Code): Anhand der ersten Ziffer kann man eine kontinentale Einordnung vornehmen:

2	Europa	5	Australien und Ozeanien	7	Südamerika
3	Nordamerika und Karibik	6	Afrika	9	Welt
4	Asien, Indien, naher Osten				

Die zweite und dritte Ziffer definiert das Land (nachfolgend eine Auswahl):

262	Germany	234	United Kingdom
228	Switzerland	235	United Kingdom
232	Austria	310 bis 316	United States of America

Wobei "msc_mcc" das aktuell genutzte MCC und "mcc" das Home-MCC angibt. Im aufgeführten Beispiel befindet sich der Teilnehmer in der Schweiz. Wobei sich das Homenetwork in Deutschland befindet.

Mobile Security – Sprach- und Datenspionage von Smartphones 239

Der MNC (Mobile Network Code) steht für den Netzbetreiber. Hierbei ist jeden Netzbetreiber ein eindeutiger Netzwerkcode zugeordnet.

Deutschland		Schweiz	
01,06	T-Mobile	01	Swisscom Mobile
02,04,09	Vodafone	02	Sunrise
07,08,11	O2	03	Orange

"msc_mnc" gibt das aktuell genutzte Netz und "mnc" gibt das Homenetwork an.

Anhand des MSC (Mobile Switching Center) kann die Region des Teilnehmers eingegrenzt werden. Wobei sich bei der Zuordnung des MSC's folgende Logik herauskristallisierte:

	T-Mobile Germany	Vodafone Germany
Berlin	+491710**3**60000	+491720**012**097
Hamburg	+491710**4**00000	+491720**022**097
Frankfurt	+491710**6**50000	+491720**061**097
Stuttgart	+491710**7**00000	+491720**076**097
München	+491710**8**70000	+491720**082**097

Während T-Mobile (Telekom) die Vorwahl im MSC beinhaltet, nutzt Vodafone Fragmente der Postleitzahl.

2.2.4 Erstellung einer MSC-Datenbank

Die Zuordnung von Vorwahlen und Postleitzahlen ist nicht obligatorisch. Um eine aussagekräftige Datenbank zu erstellen, wäre es möglich, mobile Rufnummern z.b. aus öffentlichen Datenbanken/Telefonbüchern abzufragen, um diese dann der Region eindeutig zu zuordnen.

2.2.5 Lösungsansätze

Prinzipiell sollte jedem Teilnehmer bewusst sein, dass eine Positionsbestimmung jederzeit möglich ist. Abhilfe könnte hier ein GSM-Proxy schaffen, dessen Rufnummer (shownumber) nach außen bekannt ist und den Anruf an den Teilnehmer (destinationnummer) vermittelt. Bei einer Ortung würde letztendlich nur der Standort des GSM-Proxy zurückgegeben werden, welcher von der Positionierung frei bestimmbar wäre (z.b. zentral im Headquarter).

2.3 Identifikationsfälschung mittels SMS/Call-ID-Spoofing

Der Begriff Call/SMS ID Spoofing bezeichnet die Methode, mit der Anrufe unter einer für den Angerufenen vorgetäuschten Nummer geführt werden kann. Dabei wird bei einer Rufnummernanzeige des angerufenen Telefons anstatt der Originalrufnummer des Anrufers eine in der Regel frei wählbare "Identifikationsinformation" angezeigt. Hierdurch wird es möglich, die wahre Identität des Anrufers beim Angerufenen zu verschleiern, um gegebenenfalls eine falsche Identität vorzutäuschen. Dabei verlassen sich die Teilnehmer oft uneingeschränkt auf die vorgegebenen Informationen. SMS-Nachrichten beeinflussen bei vielen Teilnehmern das handeln (z.b. Terminabsage, Buchungsbestätigungen etc.).

Zugriffsbeschränkungen mittels Rufnummernidentifizierung können durch Call-ID-Spoofing gänzlich umgangen, bzw. beim Social-Engineering unterstützend eingesetzt werden.

2.3.1 Call-ID-Spoofing Techniken

Seit der Einführung der Call ID gibt es auch Wege, diese zu manipulieren. Die am meisten verbreiteten Varianten basieren entweder auf Voice-over-IP-Techniken oder der Verwendung von ISDN-Anlagenanschlüssen (DDI) mit dem Dienstmerkmal "CLIP no screening". Zusätzlich zu dieser benutzerdefinierten Rufnummer (userprovided) wird die "echte" Rufnummer mitgesendet (networkprovided). Diese "echte" Rufnummer lässt sich jedoch nur mit speziellen Endgeräten auslesen.

Wird bei einem VoIP-Anruf über das Internet ein unreguliertes Kommunikationsnetz verwendet, besteht immer die Möglichkeit, die sogenannte Display-Information frei zu wählen und beim Anrufer anzeigen zu lassen. Diese Methode kann am einfachsten zur Manipulation genutzt werden, ohne die rufende Nummer verändern zu müssen.

Beispiel für eines gespooften VoIP-SIP-Header's mittels SIP-Provider sipgate:

```
T: xx.xx.xx.xx:5060 (UDP)
ACK sip:0041552144160@sipgate.de SIP/2.0
Via: SIP/2.0/UDP 169.254.xx.xx:5060;branch=xxxx;rport
From: "491234567890" <sip:account@sipgate.de>;tag=xxxx
To: <sip: 41552144160@sipgate.de>;tag=xxxx
Call-ID: xxx@169.254.xx.xx
CSeq: 10 ACK
Proxy-Authorization: Digest username="account", realm="sipgate.de", nonce="xxxx", uri="sip:
41552144160@sipgate.de", response="xxxx", algorithm=MD5
Max-Forwards: 70
Content-Length: 0
```

Im oben angeführten Beispiel wird dem Teilnehmer +41552144160 die Rufnummer +491234567890 vorgetäuscht.

Zudem gibt es im Internet einige Dienstleister, welche den zweifelhaften Dienst Call-ID-Spoofing als Dienstleistung anbieten (z.B. www.spoofcard.com).

2.3.2 MidM-Angriff mittels Call-ID-Spoofing

Ein MidM (Man-in-the-Middle)-Angriff wird in zwei Stufen initiiert und ist mit einer Phishing-Attacke vergleichbar. Im ersten Schritt wird dem Opfer durch einmaliges Rufen ein Anruf mit einer Rufnummer (Identität) übermittelt, welche bei diesem im Telefonbuch hinterlegt ist. Hierbei kann der Angreifer beispielsweise Social-Networks zur Recherche nutzen.

Da das Matching der Rufnummern bei den Endgeräten auf 7 bzw. 10 Stellen begrenzt ist, kann der Angreifer eine weitere Zielrufnummer übertragen.

Wenn das Opfer nun die Rückruffunktion nutzt, wird der Ruf über den Server des Angreifers geroutet. In o.a. Beispiel wird eine 0900-Rufnummer genutzt, wodurch dem Opfer Kosten entstehen.

Beispiel:

```
Hinterlegte Daten im Telefonbuch: Max Mustermann: +41552144160
Angreifer überträgt folgende Rufnummer: +49900111111552144160
Anzeige im Display (Anruf in Abwesenheit): Max Mustermann
```

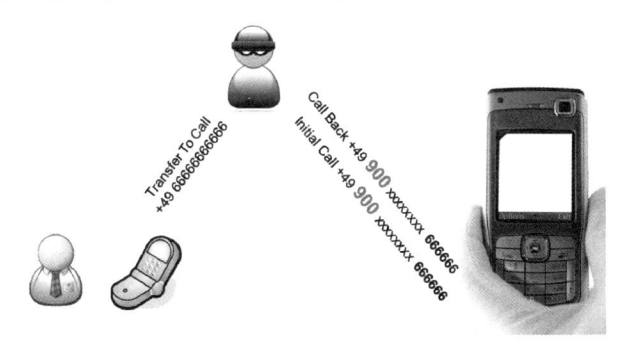

Mobile Security – Sprach- und Datenspionage von Smartphones

Abb 4: Darstellung eines Call-ID-Spoofing-Angriffs

2.3.3 SMS-ID-Spoofing Techniken

Seit der Einführung der SMS gibt es auch hier Wege, diese zu manipulieren. Der Versand einer SMS-Nachricht erfolgt grundsätzlich vom Mobiltelefon an eine Kurzmitteilungszentrale (SMSC), gewöhnlich die des Netzbetreibers. Sie wird nicht von einem Mobiltelefon direkt zu einem anderen gesendet. Die Kurzmitteilungszentrale liest aus dem Header unter anderem die Zielnummer aus und sendet die Nachricht entweder im eigenen Netz an diese Zielnummer oder übergibt sie an den Netzbetreiber der Zielnummer.

Es gibt mehrere Möglichkeiten, Absenderkennung (Identifikationsinformationen) zu fälschen:

- Anbindung an einem SMS-Hub eines Providers (z.B. www.routomessaging)
- Short Message Service Centre (SMSC) mit UCP Zugangsprotokoll (fordert Angabe der Absenderkennung)
- Schnittstelle als "Provider" ans SS7 (Übertragung zwischen MSC und SMSC erfolgt im MAP (MobileApplication Part) des SS7)

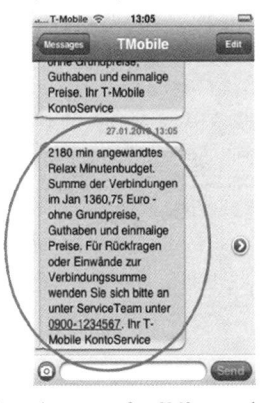

Abb 5: Darstellung einer gespooften SMS gegenüber dem Original

2.3.4 Lösungsansätze

Grundsätzlich sollten den Handynutzern die Spoofing-Techniken bewusst sein. Letztendlich ist jeder Angriff auf das "Zutun" seiner Opfer angewiesen. Die netzweite Authentifikation von Identifikationsinformationen dürfte sich aufgrund des Anspruches nach Interoperabilität der Netze langfristig als schwierig gestalten.

3 Ausblick

Die ständige Verfügbarkeit von Informationen ist in einer modernen Welt sind unerlässlich. Einige Unternehmen versuchen, mit Verboten die Lage in den Griff zu bekommen. Letztendlich werden auch diese vom Lauf der Zeit eingeholt.

Neben kompletten Sicherheitslösungen für den Einsatz von Smartphones in Unternehmen müssen auch die Anwender für die Gefahren sensibilisiert werden. Denn die Anzahl der Bedrohungen für mobile Endgeräte wird auch weiterhin steigen.

Danksagung

Diese Veröffentlichung wurde durch die Unterstützung meines Arbeitgebers erstellt. Daher gilt an dieser Stelle mein besonderer Dank dem ganzen Team der Compass Security AG, das mich bei meinen Recherchen und Experimenten tatkräftig unterstütz hat.

Literatur

[Asterisk] Stefan Wintermeyer, Philipp Kempgen: Asterisk 1.4 - 10.0 - Installation, Programmierung und Betrieb. http://www.das-asterisk-buch.de

[Beli04] Thomas Belling: Behandlung von Early Media II, 2004. http://patentscope.wipo.int/search/en/WO2005039140

[DiFi09] Marco Di Filippo, Daniel Bachfeld: Kanalgeflüster (Heiseverlag), 2009. www.heise.de/security/artikel/Lauschangriff-in-VoIP-Netzen-270128.html

[Enge] Nikolas Engelhard: Mobile Ortungstechniken Lehrstuhl für Kommunikationssysteme

[IPPF] IP-Phone-Forum http://www.ip-phone-forum.de/

[TCom07] Technische Beschreibung der Analogen Wählanschlüsse am T-Net/ISDN der T-Com: 1 TR 110 – 1 – Telefonanschlüsse ohne Durchwahl, 2007. http://www.t-home.de/dlp/eki/downloads/1/1TR110-1%20Ausgabe%2008-2007_V110.pdf

[RFC3960] RFC 3960: Early Media and Ringing Tone Generation in the Session Initiation Protocol (SIP), 2004. http://www.ietf.org/rfc/rfc3960.txt

Angriffsdetektion in kabelgebundenen Ethernet-Netzwerken

Udo H. Kalinna · Carsten Koch

Hochschule Emden/Leer
{udo.kalinna | carsten.koch}@hs-emden-leer.de

Zusammenfassung

Laut der Gartner Studie 2011 [Gart11] geben Unternehmen alleine in diesem Jahr mehr als 38 Milliarden US-Dollar für IT-Sicherheit in den verschiedensten Disziplinen weltweit aus. Tendenz – steigend. Web Application Firewalls (WAF) sind aktuell im Trend, um alte Webapplikationen resistent gegen die neuesten Angriffsarten von außen zu machen; trotzdem – immer wieder verschwinden große Mengen an Daten, ohne dass dies jemand bemerkt. Ist es denn wirklich so einfach, unsere heutigen hochmodernen und komplexen Kommunikationssysteme zu überlisten? Die Antwort ist erschreckend – ja, es ist so einfach und das mit einem Materialeinsatz von weniger als 1 Euro. Diese Art von Angriffen, auch passives Sniffing genannt, sind auch heutzutage selbst mit modernsten und neuesten Netzwerkkomponenten nicht detektierbar. Dieser Artikel beschreibt ein Verfahren, mit dem Angriffe in kabelgebundenen Ethernet-Netzwerken auf dem ISO/OSI-Layer 1 detektiert werden können. Das Verfahren wurde im Mai 2012 zum Patent angemeldet.

1 Einführung

Unternehmen, beziehungsweise ihre Unternehmensnetzwerke, fallen heutzutage zunehmend externen und internen Hacker-Angriffen zum Opfer. Es vergeht kaum ein Tag, an dem nicht in den Printmedien oder im Fernsehen zu besten Sendezeiten über entsprechende Angriffe und Datendiebstal berichtet wird. Die weitaus größte Bedrohung sind jedoch die sogenannten eCrime-Delikte. In diesen Fällen geht es meistens um Datendiebstahl oder um das Ausspähen und Abfangen von wertvollen Unternehmensdaten. Solche Arten von Angriffen sind nicht neu. Schon im Jahre 1994, also noch zu einer Zeit, als das 10 MBit/s Ethernet gegen IBM`s Token Ring Technologie auf dem Vormarsch war, gab es beim amerikanischen Marineforschungsinstitut einen Angriff, bei dem über 100.000 Benutzernamen und deren Passworte gestohlen wurden. Der damalige Direktor für IT-Sicherheit, F. Lynn McNulty, kommt in seinem Statement[1] zu dem Schluss, dass Angriffe mit einem Network Sniffer nicht erkannt worden sind, weil die technischen Möglichkeiten fehlten.

Was hat sich seit nunmehr 18 Jahren und den damaligen Empfehlungen der NIST geändert? Nicht viel. Die Sniffer sind von klobigen und schweren PCs zu leistungsfähigen Laptops mit anwenderfreundlichen Benutzeroberflächen mutiert – mobil und mit einer UMTS-Karte ausgestattet, können somit die ausgespähten Daten „on-the-fly" zum Bestimmungsort gesendet und direkt ausgewertet werden. Eines ist allerdings geblieben: die zum Network-Sniffer mutierten kleinen Helfer (Laptop/Notebooks) sind immer noch nicht in einem Unternehmens-

---

[1] http://www.swiss.ai.mit.edu/6.805/articles/mcnulty-internet-security.txt.

netzwerk zu lokalisieren. So verschwinden Unternehmensdaten auf mysteriöse Weise, und die IT-Verantwortlichen sind ratlos. Dies wird noch durch neue Trends wie BYOD verstärkt.

Doch nicht nur Computernetzwerke, sondern auch intelligente Stromnetze, so genannte Smart Grids [NIST10], die heute größtenteils mit Hilfe von Informations- und Kommunikationstechnologien aufgebaut sind, werden zum Angriffsziel [BeRL11]. Bemerkenswert und auch beunruhigend ist die Tatsache, dass jene Art von Angriffen kaum zu detektieren ist. Diese sogenannten kritischen Infrastrukturen benötigen folglich einen besonders hohen Schutzbedarf. Die gleiche Problematik findet sich im Bereich der Automatisierungstechnik wieder – hier findet zurzeit ein Wandel in großen Schritten statt: weg von den bisher favorisierten proprietären Feldbussen hin zu offenen Systemen, die aus Kostengründen auf der standardisierten Ethernet-Technologie basieren.

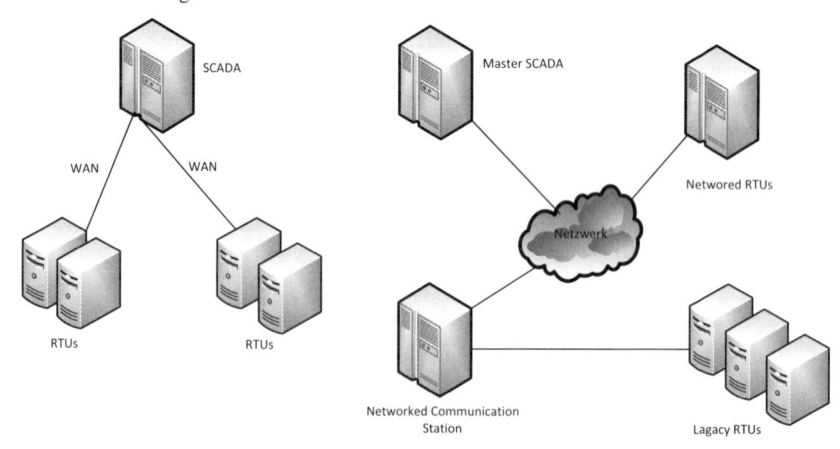

1. Generation „monilitisch" **3. Generation „komplett vernetzt"**

Abb. 1: SCADA Systementwicklung 1G und 3G

Die Herausforderungen, denen sich die Automatisierungstechnik in den folgenden Jahren zu stellen hat, sind folgende: zum einen die Flexibilität zu erhöhen, die Interoperabilität mit allen Zulieferern zu gewährleisten sowie eine höhere Performance und Qualität zu liefern [Ka-Co10]. Die Anwendungen in der Automatisierungstechnik sind völlig anderer Natur als jene in der Informationstechnologie. Hier geht es zum größten Teil um die Echtzeitsteuerung von ganzen Anlangen und Fertigungssystemen. Hinzu kommt, dass dieser Bereich in Zukunft durch Multi-Agentensysteme (MAS), serviceorientierte Architekturen (SoA) und flexible Fertigungssysteme (FFS) erweitert wird.

Abbildung 1 zeigt die SCADA Systementwicklung über die letzen zwei Dekaden. Deutlich zu erkennen ist auch hier ein Paradigmenwechsel hin zu offenen Architekturen.

Zusammenfassend lässt sich an dieser Stelle festhalten, dass die Angreifbarkeit physikalischer Netzwerke nicht nur für die IT-Infrastruktur ein Problem darstellt, sondern mittlerweile ebenso für den Bereich der Automatisierungstechnik als auch für Smart Grids von essentieller Bedeutung ist.

2 Netzwerk-Sniffer

In den komplexen LAN-Infrastrukturen ist es üblich, sogenannte Netzwerk-Sniffer zur Fehleranalyse und Fehlerbehebung passiv in den Datenstrom einzuschleusen. Diese Geräte empfangen, senden, speichern, virtualisieren und analysieren den kompletten Datenverkehr mit einer speziell dafür entwickelten Applikation. Dadurch wird es erst möglich, eine Fehlerursache exakt zu bestimmen und das Problem zu lösen. Tiefergehende Kenntnisse der Protokollabläufe sind dafür unabdingbar. Die Kehrseite der Medaille: Sniffer können auch die Seiten wechseln und für bösartige Angriffe, etwa zum Ausspähen von Daten, eingesetzt werden.

2.1 Begriff und geschichtlicher Hintergrund

Die ersten Produkte stammten aus dem Hause Network General Ende der 1990er-Jahre mit dem Produktnamen Sniffer. Dieser wurde von dem Unternehmen als eingetragenes Warenzeichen geschützt. Der Begriff Sniffer hat sich in der Netzwerkwelt als Synonym für Produkte der LAN-Analyse etabliert. Im Jahre 2007 ist das Unternehmen von der US Firma Netscout übernommen worden. Der englisch Wort *Sniffer (to sniff, riechen, schnüffeln)*, lässt sich am besten mit dem deutschen Wort Schnüffler beschreiben und liefert inhärent eine exakte Beschreibung der Tätigkeit von Sniffern, nämlich Daten im allgemeinen aufzuzeichnen und darzustellen. Für Detail-Informationen sei der Verweis auf diverse Open-Source Projekte wie z.b. WireShark oder Snort [Snort] gestattet.

Wurden in den 80er-Jahren Sniffer nur von wenigen Herstellern zu hohen Kosten angeboten, setzten sich mit dem Aufkommen der Open-Source-Gemeinde und deren Interesse an LAN-Analyse Werkzeuge diverse offene Projekte durch, die diese mächtigen Werkzeuge auf handelsüblichen PCs oder Laptops sowohl unter Windows als auch Linux bewarben. Damit hatten an spezielle Hardware gebundene Systeme der Hersteller eine ernsthafte Konkurrenz.

Aus der Masse der Hersteller von LAN-Analyzern sind nur noch wenige übrig geblieben. Dafür hat sich ein großes Angebot an Open-Source Produkten durchgesetzt, wie z.B.:

- WireShark
- Ettercap
- TCPDUMP

um nur die Bedeutendsten zu nennen. Die Freude darüber, dass Sniffer wie z.B. WireShark, die fast Expertensystemen gleichen, als Open-Source-Software zu bekommen sind, hat sich schnell relativiert, denn nicht nur die Unternehmen setzen die Werkzeuge ein, sondern auch die Angreifer. Die Kenntnisse der Bedienung solcher Expertensysteme nutzen mittlerweile Computer-Hacker, um gezielte Angriffe auf die IT-Infrastruktur der Unternehmen durchzuführen.

Zudem kommen noch unerfahrene Script Kiddies hinzu, die sich in sozialen Medien, etwa über Videodienste wie YouTube, unter Eingabe der richtigen Suchwörter in der Masse der Anleitungen eine (für ihre Zwecke) geeignete aussuchen können.

2.2 Funktionsweise von Sniffern

Waren Sniffer der 1. Generation noch mit proprietärer Hardware zu erwerben, die ihre Unähnlichkeit mit einem Arbeitsplatzrechner direkt offenbarte, werden die Geräte der 2. Generation auch heute noch gerne zur Fehlerlokation eingesetzt. Mit modernen Oberflächen und gezielten Funktionen sind sie zudem relativ handlich. Aber auch hier zeigt sich der Geist der Zeit und die ersten Tools werden schon für die Generation iPad und Co. angeboten.

Abb. 2: Sniffer der 1. und 2. Generation

Sniffer der heutigen Generation bestehen hauptsächlich nur noch aus Software und können mit handelsüblicher Hardware genutzt werden. Konsequenz: ein Sniffer nicht mehr eindeutig an seiner Bauform, wie die der 1. und 2. Generation, zu erkennen.

Generell setzen sich Sniffer aus drei Komponenten zusammen: Capture Driver, Buffer und Filter. Durch direktes Einbinden des Capture Driver in den Treiber der Netzwerkkarte (NIC) können die Daten, die an der Netzwerkkarte ankommen, direkt in einem Buffer geschrieben werden. Sniffer wie WireShark lassen sich so konfigurieren, dass schon vorab Filter gesetzt werden können, um die große Anzahl von Datenpaketen vorzuselektieren. Damit ist sichergestellt, dass die Menge an Daten nicht zu groß wird. Zur Analyse lassen sich unzählige Filter einstellen. Aber: Ohne tiefergehende Protokoll-Abläufe wird die Analyse sehr schwierig [KrVV05].

2.3 Angriffsszenarien mit Sniffern

Wie schon in der Einführung beschrieben, können Sniffer auch zur Fehlerlokalisierung eingesetzt werden. In heutigen modernen Netzwerken verfügen Switche meist über einen so genannten Mirow Port, das ist ein spezieller Port eines Switches, auf dem der gesamte Datenverkehr gespiegelt wird. Damit lassen sich beispielsweise alle 24 oder auch mehr Ports eines Switches, und damit der gesamte Datenverkehr, aufzeichnen. Ein weiterer Angriffsvektor bei Switchen ist der Man-in-the-Middle Angriff. Hier kann gezielt der Datenverkehr über den Angreifer umgeleitet werden. Wer sich all die Mühe nicht machen will, kauft bei einem Elektronikausrüster ein RJ45 Y-Adapter und schließt diesen parallel an seinem Firmenrechner an. BYOD macht es möglich.

Die Abbildung Nr. 3 zeigt einen originalen (links) und einen modifizierten (rechts) Y-Adapter zum aktiven oder passiven Sniffing.

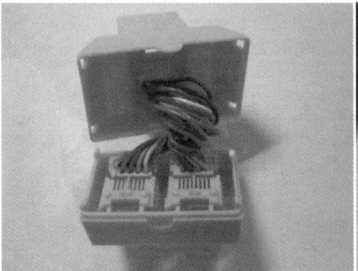

Abb. 3: Y-Adapter

2.4 Schutzmaßnahmen vor Sniffern

In komplexen Netzwerken mit mehreren Tausend Systemen ist das Auffinden von Sniffern schier unmöglich, bzw. nur durch bloßen Zufall oder die Unachtsamkeit des Angreifers möglich. Handelt es sich um passive Sniffer, die nicht aktiv in die Kommunikation eingreifen, wird das Auffinden fast aussichtslos. Schützen kann man sich durch eine starke Verschlüsselung des gesamten Datenverkehrs. Dieser Ansatz ist in der Praxis aus Kostengründen nicht machbar. Zudem kommt das Problem der Fehlersuche in einem verschlüsselten Netzwerk erschwerend mit hinzu.

Ein anderer, aber in der Praxis auch nur schwer zu realisierender Weg wäre, eine Mikrosegmentierung des Netzes vorzunehmen, was sich aber je nach Komplexität in einem nicht zu überschaubaren administrativen Aufwand und damit enorm hohen Kosten widerspiegeln würde.

Um passive Angriffe zu detektieren müssen andere innovative, kostengünstige und einfache Verfahren entwickelt werden. In Abschnitt 3 wird solch ein Verfahren vorgestellt.

3 Detektion von Anomalien in Ethernet- Netzwerken

Die Ethernet-Technologie hat sich in den letzten 25 Jahren allgemein zu dem de facto Standard in der Informationstechnologie (IT) und im Speziellen im Bereich der Computernetze (Local Area Networks, LAN) entwickelt [802.3an]. Auch in der Automatisierungstechnik hält die Ethernet-Technologie aufgrund ihrer einheitlichen Standardisierung, und demzufolge wegen der geringen Kosten für die Komponenten, verstärkt Einzug. Selbst Geräte wie Beamer, Kameras, WLAN Access Points, Sensoren, etc. verfügen heute über einen Ethernet-Anschluss, um Zugang zu einem Computernetz (LAN) zur Verfügung zu stellen.

Die oben aufgeführten Geräte haben eine Gemeinsamkeit, sie werden in der Regel mittels Kupferkabel, deren Qualität abhängig von der Übertragungsgeschwindigkeit ist, über einen Switch der als Netzzugangselement dient, verbunden. Der Switch arbeitet auf der ISO/OSI Layer 2, der so genannten Sicherungsschicht und regelt die Vernetzung und die Kommunikation der Geräte untereinander. Zur Koppelung von Netzen werden Router eingesetzt. Vor 1994, also bevor sich Switche durchgesetzt haben, dienten sogenannte HUBs als Netzzugangselement. Diese HUBs sind aktuell noch, insbesondere in der Automatisierungstechnik, im Einsatz. Ebenso ist das Stecksystem aus RJ45-Stecker und –Buchse bis heute der Standard für kupferbasierte Netzwerke bis zu einer Datenrate von 1 GBit/s.

Moderne Switchen ermöglichen es, an einem Port mehrere Ethernet-fähige Geräte anzuschließen. Das mag unter Umständen gewollt sein, z.B. wenn kein Port mehr frei ist – stellt aber im Allgemeinen eine große Schwachstelle in Computernetzen dar. Im Allgemeinen können an einen Switch so viele Geräte angeschlossen werden, wie es sein CAM-Speicher (Abbildung 3: Content Addressable Memory) zulässt. Die angeschlossenen Geräte an einem Switch ordnet der Switch in einer Tabelle aus Portnummern und MAC-Adressen zu. In der Regel verfügen handelsübliche Switche mit 48-Port über eine Größe der CAM-Speicher von 2048 Adressen.

Tab. 1: Beispielhafter CAM-Speicher Eintrag

CAM	
Port	MAC
1	00-1B-B1-62-5E-A1
1	00-1B-B1-62-5E-A2
2	-
3	-
4	-
5	-
6	00-1B-B1-62-5E-A3

Tabelle 1 zeigt die Zuweisung von Ports zu MAC-Adressen im CAM-Speicher eines Netzzugangselementes (hier Etagen-Switch). In Abbildung 4 ist die Konfiguration wiedergegeben, in der PC1 und PC2 an dem gleichen Port 1 angeschlossen sind. Theoretisch wäre es auch möglich, alle Geräte an einem Port anzuschließen, was natürlich dem Sinn eines Switches vollkommen widersprechen würde. In der CAM-Tabelle befinden sich nun zwei MAC-Adressen die am Port 1, die am Port 1 angeschlossen sind.

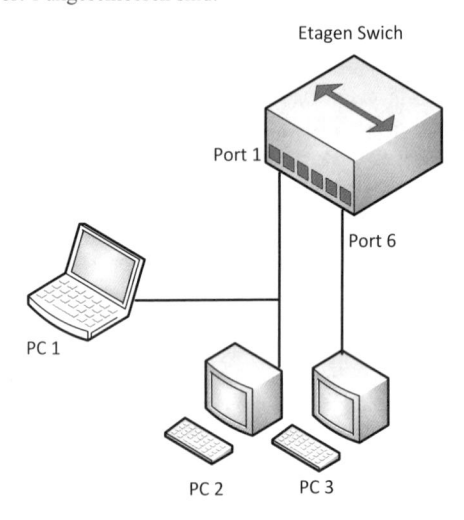

Abb. 4: Beispielhafte Ethernet-Konfiguration

Nehmen wir an dieser Stelle an, PC1 besitzt keine Legitimation zum Zutritt in das Computernetzwerk. Er kann sich dennoch mit dem Netzzugangselement verbinden und mit entsprechender Schadsoftware seine MAC-Adresse verschleiern. Der Angreifer wird vom Switch nicht erkannt und seine MAC-Adresse wird nicht im CAM-Speicher eingetragen. Der Angreifer ist nicht zu detektieren. Nun ist es dem Angreifer möglich, den kompletten Datenverkehr mitzulesen und zu stehlen.

Um diesem Problem zu begegnen, wurden verschiedene Ansätze und Verfahren entwickelt. Diese lassen sich grob in zwei Gruppen aufteilen:

Die erste Gruppe versucht, mit neuen Vorrichtungen, Verfahren und Protokollen auf dem ISO/OSI Layer 2, fremde Geräte anhand einer Erweiterung eines neu entwickelten ARP-Protokolls zu detektieren. Eine dieser Vorrichtungen ist das so genannte „Host Tracking in a Layer 2 IP Ethernet Network" [US8107396 (B1)]. Dieses hat verschiedene Nachteile. Zuerst müssen die neuen ARP-Request-Header und ARP-Replay-Header sowie deren neue Protokolle in die entsprechenden Netzwerkkomponenten wie Switche und Router implementiert werden. Gleiches gilt für die kompletten TCP/IP Software Stacks in Systemen, wie Server, PCs, Laptop, etc. Zudem wird man bei älteren Netzwerkkomponenten nicht um einen Austausch herumkommen. Die Kosten für eine solche Umstellung wären signifikant hoch.

Die zweite Gruppe, hier sei exemplarisch das Verfahren [KR101081773 (B1)] als Beispiel angeführt, unternimmt den Ansatz, durch Verschlüsselung der Datenfelder im Ethernet Protokoll das Mitlesen der Daten im Klartext zu verhindern. Verschlüsselte Daten müssen jedoch stets auch wieder entschlüsselt werden. Dies führt unweigerlich zu einem höheren Aufwand bei der Hardware, der Schlüsselgenerierung sowie zu Kosten für zusätzliche Prozessoren für die Ver- und Entschlüsselung.

Die beiden hier exemplarisch vorgestellten Vorrichtungen und Verfahren sowie leicht abgewandelten weitere Vorrichtungen wie [CN101577711 (A)], [CN101577711 (A)], [US2010228964 (A1)] oder [KR20080050245 (A)], haben alle den Nachteil, passive Lauschangriffe in kabelgebundenen Ethernet-Netzwerken nicht detektieren zu können. Sicherlich ist die Hürde bei verschlüsselten Daten wesentlich höher, die Daten wieder zu entschlüsseln; sie stellt aber bei der heutigen Rechenleistung mit Grafikkartenbeschleunigern kein gravierendes Problem mehr dar. Die beiden hier vorgestellten Verfahren basieren auf der Absicherung des ISO/OSI Layer 2 und höher. Angriffe oder Eindringlinge auf dem ISO/OSI Layer 1 werden von beiden hier vorgestellten Gruppen nicht berücksichtigt.

Die Aufgabe des präsentierten Verfahrens ist es, eine elektronische Detektion von Anomalien in kabelgebundenen Ethernet- Netzwerken auf dem physikalischen Layer 1 des ISO/OSI Modells zu ermöglichen. Unter Anomalien sind hierbei Unregelmäßigkeiten bzw. die Abweichungen der elektrischen Ethernet-Signale auf dem physikalischen Übertragungskanal von der Normalform zu verstehen. Eine Abweichung kann sich in der Amplitude, der Signal-Frequenz, der Phasenverschiebung oder einer Reflexion bemerkbar machen. Ein weiteres Ziel des Verfahrens ist es, eine kostengünstige Implementierung zu gewährleisten. Ebenfalls kann das präsentierte Verfahren in Netzwerkkomponenten als auch als Stand-alone Geräte realisiert werden.

In der Vorrichtung zur Anomaliedetektion (Abbildung 6, 100) wird das symmetrische Ethernet-Sendesignal (110) direkt vor dem Übertrager (Magnetics) sehr hochohmig ausgekoppelt, um eine Beeinflussung des Signals zu vermeiden. In der Einheit (120) werden die signalabhängigen Kenngrößen ermittelt. Aus dem Eingangssignal wird die Übertragungsfrequenz des anliegenden Signals ermittelt.

Abhängig von der Übertragungsfrequenz und dem vorgegebenen Spannungshub laut IEEE 802.3xx Norm für die verschiedenen Ethernet-Varianten, wird dem Signal ein Offset in Höhe der maximalen Spitzenspannung U_s zuaddiert. Dieses neue Signal wird einer schnellen

Gleichrichterschaltung zugeführt, dessen Zeitkonstante abhängig von der Übertragungsfrequenz gewählt wird. Das gleichgerichtete Signal wird nun zur Referenzspannung $U_{Ref\_x\_MBit}$ (x steht für Übertragungsgeschwindigkeit der Ethernet Norm) für die jeweilige Übertragungsfrequenz und einem A/D-Wandler zugeführt und digitalisiert. Abhängig von der Übertragungsfrequenz werden dem gleichgerichteten Signal-Proben, im Abstand von 1/100 – 1/10 der Übertragungsfrequenz, entnommen. Es wird sich an dieser Stelle, je nach Bitkombinationen der unterschiedlichen Möglichkeiten der Kanalcodierungen der Ethernet-Varianten, ein um $\Delta U_{Ref\_x\_MBit}$ nach oben und unten abweichender Referenzwert ergeben. Aus dieser Abweichung wird $U_{Ref\_x\_MBit}$ in Abhängigkeit der Übertragungsrate der arithmetische Mittelwert bestimmt.

Die Einheit 120 leitet die Referenzspannung $U_{Ref\_x\_MBit}$ über die Ausgänge 122, 124, und 126 an die Einheiten 130, 132, und 134 weiter. In diesen Einheiten (130, 132, 134) wird der neue diskrete Spannungswert in einem Soll/Ist-Vergleich mit der alten Referenzspannung verglichen und zur Kurzzeitspeicherung zugeführt. Um Histogramme über einen größeren Zeitraum zu ermöglichen, kann der Inhalt des Kurzzeitspeichers einem übergeordneten Management-System übergeben werden.

Weicht der Ist-Wert zu weit vom Referenzwert ab, können die Ergebnisse der Analysedarstellung direkt an das Management-System der höheren Schichten als Alarm weitergeleitet werden. Das Management-System könnte den betroffenen Port direkt vom Netz nehmen.

Das kupferbasierte Verkabelungssystem für Ethernet ist für eine Impedanz von 100 Ω ausgelegt. Das bedeutet, dass bei einer korrekten Terminierung (das geschieht durch ein Endsystem mit der gleichen Impedanz) im Idealfall keine Reflexionen auf dem Übertragungskanal (Datenkabel) auftreten werden. Wird auf dem Übertragungskanal eine Verbindung auch nur kurzzeitig unterbrochen, werden die hinlaufenden Signalwellen an der Stoßstelle zurück zum Übertrager reflektiert. Der Übertrager (Magnetics) hat nach IEEE 802.3xx eine Vorgabe für das Übersetzungsverhältnis von fast 1:1. Ein idealer Übertrager überträgt Spannungen entsprechend seines Übersetzungsverhältnisses. Somit wird sich die hin- und rücklaufende Welle überlagern und eine Änderung der Referenzspannung $U_{Ref\_x\_MBit}$ erwirken. Diese kann je nach Art der Überlagerung größer oder auch kleiner als der sich im Speicher der Einheit 130 befindende Wert sein. Weicht diese neue Spannung weiter als $\Delta U_{Ref\_x\_MBit}$ ab, so wird ein Alarm der Analysedarstellung 150 an ein Management-System weitergeleitet.

Abhängig von den Eigenschaften des Datenkabels (Cat.5 –Cat.7) [E50173], ist die Signalgeschwindigkeit von Wellen auf Leitungen etwa 0,7 – 0,8 c. Mit dieser Kenntnis lässt sich der genaue Ort in Metern vom Messpunkt über die zeitliche Differenz der hin- und rücklaufenden Welle eindeutig bestimmen. Dieser Wert wird ebenfalls in der Einheit 130 berechnet und als weiteres Analyse-Ergebnis dem Management-System mitgeteilt. Damit wird der Zugang von unerlaubten Geräten in den Kommunikationskanal erkannt und verhindert. Kurzzeitige Störungen im Kommunikationskanal werden nicht als False-Positiv bewertet.

Eine materialbedingte Verschlechterung des Datenkabels, z.B. des Dämpfungsfaktors, kann durch einen kontinuierlichen Abfall der Referenzspannung über einen längeren Zeitraum nachgewiesen werden. Das gilt ebenfalls für Kabelbrüche oder Stoßstellen innerhalb des Übertragungskanals, die sich in ungewollten Reflexionen äußern.

Die Analysewerte können dem nachgeschalteten Phy übergeben werden, welche dann diese Informationen einem übergeordneten Managementsystem zur weiteren Verarbeitung weiterleitet.

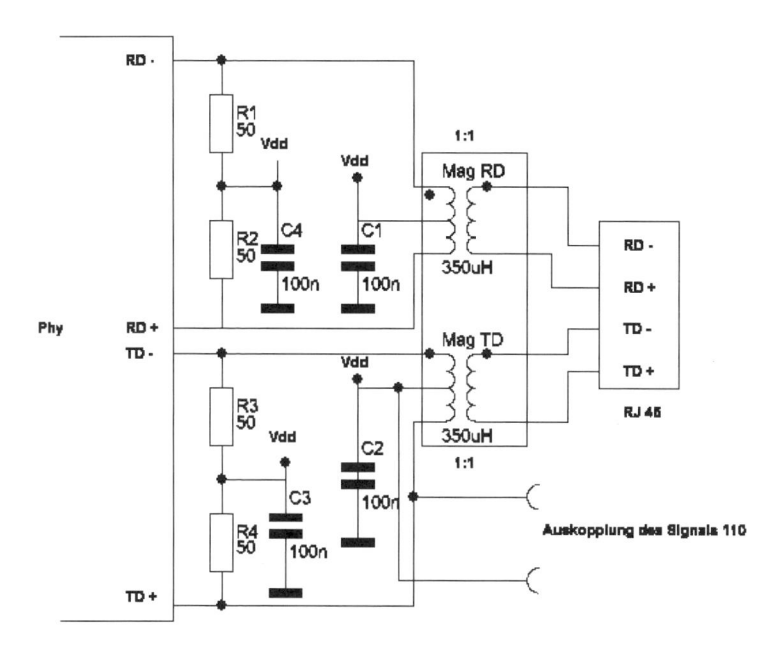

Abb. 5: Physikalisache Schaltung eines Media Dependent Interface nach IEEE 802.3

4 Fazit und Ausblick

Angriffe auf die Ethernet-Technologie, in der Art, wie sie derzeit mit ihrer MDI nahezu durchgängig implementiert und eingesetzt wird, sind innerhalb eines Netzwerkes überall möglich. Mit dem Einsatz der Ethernet-Technologie speziell in der Automatisierungstechnik steigt das Potential zur Sabotage noch zusätzlich.

Nur durch ein sicheres, funktionales und einfaches Verfahren, wie das in Abschnitt 3 beschriebene, werden zukünftige Schnittstellen der ISO/OSI Schicht 1 gegen diese Art von Angriffen geschützt. Ziel der Forschung und Entwicklung ist die Implementierung des beschriebenen Verfahrens in einem neuartigen MAC Phy Chip.

Interessierte Leser finden nach dem Literaturverzeichnis eine Auswahl an Patenten, die diese Thematik ebenfalls adressieren.

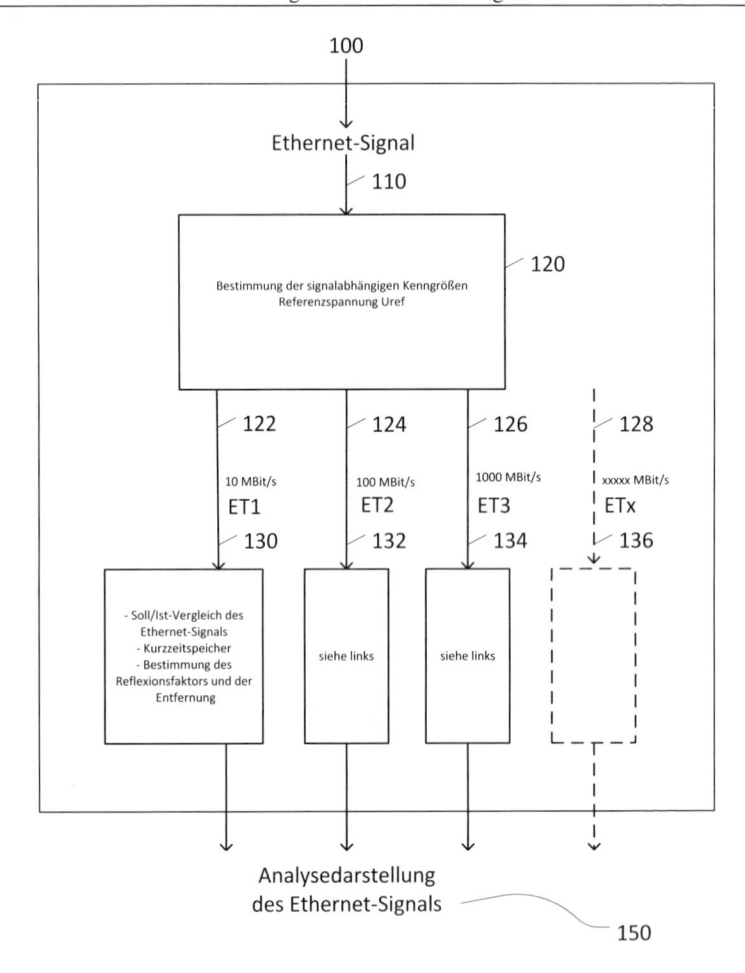

Abb. 6: Blockschaltbild: Detektion von Anomalien in kabelgebundenen Ethernet-Netzwerken

Literatur

[802.3an] IEEE 802.3an; Amendment 1: Physical Layer and Management Parameters for 10 Gb/s Operation, Type 10GBASE-T

[BeRL11] P. Beenken, C. Rosinger, S. Lehnhoff: Mustererkennungsverfahren zur Angriffsdetektion im Smart Grid. In: DACH Security 2011, S. 100

[E50173] Europäische Norm EN 50173-1 für anwendungsneutrale Verkabelungssysteme (November 2002), die International verwandte Norm ISO/IEC 11801

[Gart11]	http://www.gartner.com/it/page.jsp?id=184411, Gartner Says Worldwide Security Service Spending on Pace to Reach $35.1 Billion in 2011, STAMFORD, Conn., 9 th of November, 2011
[KaCo10]	Karnouskos, S.; Colombo, A. W.; Jammes, F.; Delsing, J. & Bangemann, T. Towards an Architecture for Service-Oriented Process Monitoring and Control 36th Annual Conference of the IEEE Industrial Electronics Society (IECON-2010), Phoenix, AZ., 2010
[KrVV05]	C. Krüger, F. Valeur, G. Vigna: Intrusion Detection Correlation, Springer Verlag, 2005
[NIST10]	The Smart Grid Interoperability Panel – Cyber Security Work Group: NISTIR7628 – Guidelines for Smart Grid Cyber Security Vol. 1-3, 08/2010
[Snort]	Snort – the de facto standard for intrusion detection/prevention www.snort.com

Patente

[US8107396 (B1)]	Host Tracking in a Layer 2 IP Ethernet Network
[KR101081773 (B1)]	Data Encryption/Decryption Equipment and Method in the Physical Layer of Ethernet LAN
[CN101577711 (A)]	Method for Realizing Network Security Platform of IP Software Router by Utilizing VLAN Technology
[US2010228964 (A1)]	Ethernet PHY Level Security
[KR20080050245 (A)]	Ethernet-Based Stand-Alone Network Security System
[WO2007118071 (A2)]	Apparatus and Methods for Providing Network Security
[EP1195959 (A1)]	Baseline Wander Correction for MLT3 Signals

Malvertising – Bedrohung durch Online-Werbeanzeigen

Benjamin Klein · Kerstin Lemke-Rust

Hochschule Bonn-Rhein-Sieg
{benjamin.klein | kerstin.lemke-rust}@inf.h-brs.de

Zusammenfassung

Im Internet sind Werbeanzeigen seit vielen Jahren allgegenwärtig und erreichen täglich eine Vielzahl an Verbrauchern. Gleichzeitig verändern sich die Methoden von Kriminellen im Internet zur Verbreitung von Malware. In den vergangenen Jahren versuchten diese zunehmend, ihre schädlichen Programme über Webbrowser auf fremde Systeme zu verbreiten. Dazu werden Sicherheitslücken in Browsern ausgenutzt oder versucht, mittels Social Engineering ahnungslose Nutzer zum Herunterladen von vermeintlich vertrauenswürdigen Dateien zu verleiten. Dieser Beitrag gibt einen Einblick in das Problem „Malvertising". Es wird gezeigt, wie die Schaltung von Werbeanzeigen im Internet abläuft, welche Bedrohungen von der Verbreitung von Schadsoftware durch Werbeanzeigen existieren und wie diesen Bedrohungen entgegengewirkt werden kann. Neben empfohlenen Sicherheitsmaßnahmen der Online Trust Alliance und Google wird in diesem Beitrag auch eine neue Sicherheitsinstanz, die Ad Serving Sandbox, vorgestellt.

1 Einleitung

Innerhalb der vergangenen Jahre haben sich die Verbreitungswege von Malware (Schadsoftware) stark gewandelt. Wurde Malware zu Beginn meist über Datenträger wie Disketten oder CDs verbreitet, folgte kurze Zeit später die Verbreitung über das Internet, etwa über Dateianhänge in E-Mails oder infizierte Dateien in Filesharing-Diensten. Gleichzeitig wurden einzelne Systeme gezielt aus dem Internet angegriffen, nachdem sie durch automatisiertes Scannen nach angreifbaren Systemen und Netzwerkdiensten gefunden wurden. Seitdem Netzwerkfirewalls und Techniken wie NAT (Network Address Translation) einen Verbindungsaufbau zu fremden Systemen aus dem Internet heraus erschweren und Internetnutzer hinsichtlich der Gefahr von Dateianhängen in E-Mails zunehmend sensibilisiert sind, verfolgen Internetkriminelle zunehmend andere Strategien, um Malware auf fremde Computersysteme zu installieren. Kriminelle sind zunehmend darauf fokussiert, Internetnutzer zur selbständigen Installation von Schadsoftware auf das eigene System zu verleiten. Zu einem wichtigen Instrument hat sich dabei der Webbrowser entwickelt (vgl. [PMRM08, PMMW+07]).

Durch die Verlagerung vieler Anwendungen und Dienste in das Web sind Webbrowser in den vergangenen Jahren zu immer komplexeren Anwendungen geworden. So bietet ein moderner Webbrowser eine Vielzahl an Schnittstellen, Zugang zu verschiedenen Skriptsprachen (z. B. JavaScript) sowie externe Plugins zur Erweiterung der Funktionalität. Mit der zunehmenden Komplexität der Software hat bei einigen Produkten auch die Anzahl an Sicherheitslücken zugenommen. Eine Übersicht über Schwachstellen führender Webbrowser ist in Tabelle 1 dargestellt (basierend auf Zahlen von [Net12] und [US12]).

Tab. 1: Marktanteil und veröffentlichte Schwachstellen nach Browser.

Browser	Marktanteil 2011	Marktanteil 2010	Schwachstellen 2011	Schwachstellen 2010
Internet Explorer	56,24%	61,57%	49	63
Firefox	22,71%	24,24%	106	104
Chrome	14,20%	7,50%	270	152
Safari	4,56%	3,89%	50	118
Opera	1,93%	2,35%	56	36

Internetkriminelle nutzen diese Schwachstellen aus, um unbemerkt infizierte Dateien nachzuladen und auf den Clientsystemen auszuführen. Unbemerkt deshalb, weil der Download der Datei nicht durch den Anwender, sondern voll automatisch initiiert wird. Diese Vorgehensweise wird als Drive-by Download bezeichnet.

Der Vermarktung von Werbung auf Webseiten mit hohem Besucheraufkommen kommt eine immer größere Bedeutung zu. Das Onlineportal „T-Online" konnte im Jahr 2010 beispielsweise durchschnittlich 26,64 Millionen Besucher (engl. *Unique User*) pro Monat verzeichnen [Onli11, S. 13]. Die Nachrichtenseite „SPIEGEL ONLINE" kam in demselben Zeitraum auf durchschnittlich 9,35 Millionen Besucher pro Monat [Onli11, S. 13]. Beide Seiten haben gemeinsam, dass sie mit vielen Werbeflächen versehen sind. Dieser Umstand wurde in jüngster Vergangenheit auch zur Verbreitung von Schadsoftware ausgenutzt. Eine Methode zur Verteilung von Malware an eine Vielzahl von Computersystemen ist dabei das Schalten von präparierten Werbeanzeigen, die Schadcode enthalten, oder das Einschleusen von bösartigem JavaScript-Code zum Nachladen von Malware. Diese Methode ist unter dem Begriff Malvertising (engl. von Malware und Advertising) bekannt [Salu07]. Werbeanzeigen eigenen sich deshalb besonders für die Verbreitung von Schadsoftware, da sie i. d. R. über eine hohe Reichweite verfügen und vor allem auch auf scheinbar vertrauenswürdigen Webseiten geschaltet werden.

Betreibern von Webseiten droht bei dieser missbräuchlichen Nutzung der Werbeflächen ein Verlust an Reputation, sollten die Systeme von Verbrauchern als Folge des Besuchs ihrer Webseite mit Schadprogrammen infiziert werden. Gleichzeitig möchten jedoch sowohl Webseitenbetreiber als auch Werbekunden nicht auf die Einnahmen durch Werbeanzeigen verzichten. Es müssen also Maßnahmen getroffen werden, die sicherstellen, dass über Inhalte Dritter – hier Werbeanzeigen – keine bösartigen Inhalte in Webseiten eingebunden werden, die dann die Computersysteme von Internetnutzern kompromittieren können. Dieser Beitrag zeigt, wie Werbeanzeigen in Webseiten eingebunden werden, wie der Ladevorgang aus Sicht des Endverbrauchers abläuft und welche Systeme daran beteiligt sind. Im Anschluss daran erfolgt eine Betrachtung der Bedrohungen durch Malvertising und die Diskussion von Sicherheitsmaßnahmen zum Schutz davor. Zudem wird ein Konzept einer zentralen Absicherungsinstanz, der Ad Serving Sandbox, vorgestellt.

2 Auslieferung von Werbemitteln

Die Auslieferung von Online-Werbeanzeigen an Verbraucher ist ein mehrstufiger Prozess. Zunächst müssen die Anzeigen entworfen und programmiert werden, dann an geeignete Werbeträger (z. B. Webseiten) vermarktet und schließlich durch einen Auslieferungsprozess an den Verbraucher ausgeliefert werden. Was die Vermarktung betrifft, so existieren verschiedene Modelle. Der kürzeste Weg ist die direkte Kontaktaufnahme mit der Anzeigenabteilung eines

Werbeträgers (Direktvermarktung). Eine weitere Möglichkeit ist die Vermarktung von Anzeigeflächen über einen Dienstleister, der gleichzeitig mit Anzeigekunden in Kontakt steht und somit einen Pool an Anzeigen und Anzeigeflächen verwaltet (Ad Network). Hinzu kommen Auktionsplattformen, auf denen Anzeigeflächen gebotsbasiert verkauft werden (Ad Exchanges).

2.1 Ad Server

Während des Ladevorganges von Webseiten mit Werbeflächen erscheinen nach und nach einzelne Werbeanzeigen. Die Anzeigen werden dabei oftmals nicht direkt in die Webseite eingebunden, sondern durch Ad Server (dt. Werbemittelserver) ausgeliefert. Abbildung 1 stellt die Auslieferung einer Werbeanzeige durch einen Ad Server grafisch dar.

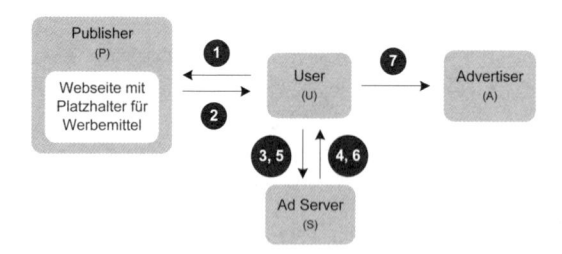

Abb. 1: Interaktion mit einem Ad Server beim Laden und Anklicken einer Werbeanzeige.

Der vereinfachte Kommunikationsablauf von dem Aufruf einer Webseite über das Anzeigen einer Werbeanzeige bis hin zum Klick auf die Anzeige stellt sich in Anlehnung an Abbildung 1 wie folgt dar:

1. $U \rightarrow P$: Benutzer fordert HTML-Code der Webseite beim Webserver an.
2. $P \rightarrow U$: Der Webserver antwortet mit dem Quellcode der Webseite, den der Browser des Nutzers auswertet und darstellt. An jeder Stelle, wo eine Werbeanzeige auf der Seite erscheinen soll, ist im Quelltext ein Verweis auf den Ad Server gesetzt. Hierzu werden häufig Inlineframes, sogenannte Iframes, oder JavaScript-Code verwendet. Ein Iframe veranlasst den Browser zum Einbetten einer (externen) Webseite in die eigentliche Seite. Der Verweis zum Laden der Werbeanzeige wird dabei auch als Ad Tag bezeichnet.
3. $U \rightarrow S$: Das Ad Tag veranlasst den Browser, eine Anfrage an den Ad Server zu senden, um von diesem eine Werbeanzeige zu laden. Bei der Anfrage überträgt der Browser herkömmliche Informationen, wie etwa IP-Adresse und Browserkennung (UserAgent-Feld im HTTP-Kopf), sowie etwaige Cookies, die zur URL des Ad Servers gehören. All diese Informationen können von dem Werbemittelserver zum Targeting (dem gezielten Einblenden von nutzerprofilspezifischen Anzeigen) verwendet werden.
4. $S \rightarrow U$: Im Anschluss wird die Werbeanzeige an den Browser zurück geliefert und dieser zeigt die Anzeige gemeinsam mit der Webseite an.

Häufig liegen die Mediendateien nicht auf einem Ad Server, sondern werden über ein CDN (Content Delivery Network) bereitgestellt. CDNs werden für die performante Auslieferung von Daten verwendet und bestehen aus einem Verbund geographisch verteilter Server.

Eine Werbeanzeige wird i. d. R. nicht direkt mit der Webseite des Werbetreibenden verlinkt, sondern zunächst mit dem Ad Server. Das ermöglicht es, die Reaktion der Besucher auf eine Werbeanzeige zu erfassen und Klickraten (wie oft wurde eine Anzeige angeklickt) für die Anzeigen zu berechnen.

5. $U \to S$: Klickt der Nutzer auf eine Werbeanzeige, so sendet der Browser eine Anfrage an den Ad Server. Dieser ordnet die Anfrage über ein in der Anfrage kodiertes Identifikationsmerkmal einem Werbemittel zu und zählt den Klick.
6. $S \to U$: Daraufhin ermittelt der Server die Ziel-URL der Werbeanzeige und sendet eine Weiterleitung an den Browser zurück, um diesen auf die Zielseite des Werbetreibenden umzulenken (z.B. mittels HTTP-Redirect).
7. $U \to A$: Der Webbrowser des Verbrauchers empfängt die Weiterleitung und ruft die darin enthaltene Adresse auf.

2.2 Ad Networks/Exchanges

Eine spezielle Form der Vermarktung von Online-Werbung stellen Werbenetzwerke, sogenannte Ad Networks, dar. Ein Ad Network verkauft Werbeflächen von angeschlossenen Werbeträgern an ebenfalls angeschlossene Werbekunden und besitzt die notwendige Technik zur Auslieferung der Anzeigen (Ad Serving Technology). Das Ziel eines solchen Netzwerkes ist es also, den angeschlossenen Werbeträgern (z. B. Webseiten) möglichst gewinnbringende Werbeanzeigen zu vermitteln und gleichzeitig die Werbekunden an möglichst erfolgversprechende Werbeträger zu vermitteln (vgl. [KWKP+07]).

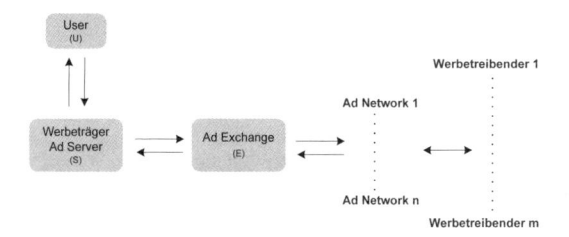

Abb. 2: Einordnung eines Ad Exchange in die Werbemittelauslieferung.

Weiterhin existieren sogenannte Ad Exchanges (dt. „Werbebörsen"), welche das auktionsbasierte Verkaufen und Kaufen von Werbeflächen und Werbeanzeigen im Internet in Echtzeit ermöglichen. Dazu schließen sich, wie in Abbildung 2 dargestellt, mehrere Ad Networks einem Ad Exchange an und bieten über diesen auf freie Anzeigeflächen.

Durch diese dynamische Vermarktung von Anzeigen und Anzeigeflächen wird deutlich, dass die in Abbildung 1 dargestellte Werbemittelauslieferung situationsabhängig deutlich komplexer abläuft und mehrere Ad Server an der Auslieferung beteiligt sein können. Die einzelnen Server leiten den Browser zum jeweils nächsten Vermarktungspartner weiter. Dabei kommunizieren diese Server direkt mit dem Webbrowser, wodurch jeder Server zu einem bestimmten Zeitpunkt die Kontrolle über den weiteren Kommunikationsablauf hat.

3 Bisheriger Forschungsstand

Bisher konzentriert sich die Forschung im Bereich Malvertising auf die Beschreibung von verschiedenen Angriffswegen, die Erkennung von infizierten Webseiten sowie die Analyse bereits stattgefundener Angriffe.

In [PMMW+07] beschreiben Provos et al. den Trend der Ausnutzung von Sicherheitslücken in Browsern zur Verbreitung von Malware. Dabei identifizieren sie vier verschiedene Ursachen, die zunehmend für die Infizierung von Webseiten mit Malware verantwortlich sind: Online-Werbung, 3rd-Party Widgets, von Nutzern bereitgestellte Inhalte und Sicherheitslücken in Web-Applikationen.

In [PMRM08] stellen Provos et al. die Ergebnisse einer Studie über die Verbreitung von Drive-by Downloads vor, für die ein automatisiertes Verfahren zur Identifikation von Webseiten, über die Schadcode verbreitet wird, entwickelt wurde. Diese Webseiten werden auch als bösartige Webseiten bezeichnet. Um die Bedeutung von Online-Werbung als Verbreitungskanal zu belegen, analysierten sie URL-Ketten, die ein Browser durchläuft, bevor eine infizierte Datei erreicht wird. Dazu wurden die URL-Ketten auf Adressen von zweitausend bekannten Ad Networks hin untersucht. Wie die Untersuchung ergab, konnten bei zwei Prozent aller Malware-verbreitenden Webseiten Werbeanzeigen als Ursache identifiziert werden. Weiterhin konnte festgestellt werden, dass durchschnittlich 12% aller Suchergebnisse von Google, die infizierte Webseiten enthielten, im Zusammenhang mit Malvertising standen. Das, so Provos et al., stehe in Zusammenhang mit der Reichweite von Werbeanzeigen. Oftmals würden Werbeanzeigen auf populären Webseiten geschaltet, die eine enorme Reichweite haben und in einer Vielzahl von Suchergebnissen enthalten sind. Des Weiteren wurde herausgefunden, dass bei 75% der identifizierten Fälle, in denen Malware über Online-Werbung verbreitet wurde, eine Verkettung der Werbeflächenvermietung stattgefunden hat, also mehrere Anbieter in die Vermarktung der Werbefläche involviert waren. So waren in 50% der Fälle mehr als sechs Weiterleitungen notwendig, bis der Browser Schadcode durch ein Ad Tag erhalten hat.

In [VrMH11] beschreiben Vratonjic et al. Malvertising als eine rasch ansteigende Bedrohung im Web. Sie zeigen Möglichkeiten auf, wie Internetkriminelle bösartige Werbeanzeigen in Umlauf bringen können und weisen insbesondere auf sogenannte „remnant advertising networks" hin. Diese Netzwerke vermarkten kurzfristig freistehende Werbeflächen und führen vergleichsweise wenig Kontrollen der vermittelten Anzeigen und Anzeigekunden durch.

In [SoEn11] zeigen Sood et al. verschiedene Wege auf, um Malware über Online Werbung zu verbreiten. An einem Beispiel zeigen sie, wie über JavaScript-Code in einem Widget Besucher auf eine infizierte Seiten umgeleitet werden können. Ein weiteres Beispiel zeigt, wie bösartiger JavaScript-Code über versteckte Iframes in fremde Seiten eingebunden werden kann. Es wird auf die Möglichkeit hingewiesen, infizierte Dateien über ein CDN (Content Delivery Network) an eine Vielzahl von Seiten ausliefern zu lassen.

4 Vergangene Sicherheitsvorfälle

In den vergangenen Jahren sind einige Fälle bekannt geworden, in denen Werbeanzeigen für die Verbreitung von Malware missbraucht wurden. Die gemeldeten Angriffe nutzten dabei sowohl Drive-by Downloads als auch Social-Engineering Techniken. Zur Verdeutlichung der Präsenz von Malvertising-Angriffen sind nachfolgend drei Fälle geschildert.

Im September 2009 wurde die Online-Ausgabe der New York Times (http://www.nytimes.com)

Opfer eines Malvertising-Angriffs. Besucher der Seite berichteten über ein Fenster mit einem Virenscanner, der vorgab, mehrere Schadprogramme auf dem System gefunden zu haben. Anschließend wurde den Besuchern ein Virenscanner angeboten, um das Problem zu beheben. Dabei handelte es sich jedoch um Malware [Vanc09]. Zu diesem Zeitpunkt wurden etwa die Hälfte aller Anzeien der NYT über Ad Networks vermarktet. Entgegen ersten Vermutungen des Magazines wurde die Anzeige jedoch direkt vermarktet und nicht über ein Ad Network geliefert [Vanc09]. Eine Analyse des Angriffs ergab, dass die Besucher der Seite über nachgeladenen JavaScript-Code auf eine präparierte Webseite umgeleitet wurden, wo ihnen der vermeintliche Virenscanner angezeigt wurde [Davi09]. Eingebettet wurde die Anzeige über ein Ad Tag, welches einen Iframe verwendete, der die Einbindung des Scriptcode ermöglichte.

Im Dezember 2010 wurde bekannt, dass zuerst über den Ad Exchange des Anbieters Doubleclick, später auch über einen Ad Server von MSN, die Malware „HDD Plus" verbreitet wurde. Eine Analyse von Armorize Technologies ergab zunächst, dass auf den betroffenen Webseiten die manipulierte Anzeige über ein JavaScript-basiertes Ad-Tag eingebunden wurde. Um ihre manipulierte Anzeige über Doubleclick anbieten zu können, verwendeten die Angreifer die Domain „ADShufffle.com", die der Adresse eines legitimen Anbieters diverser Ad Serving-Dienstleistungen, „AdShuffle.com" (zwei f), sehr ähnlich sieht. Über ihren Ad Server lieferten die Angreifer JavaScript-Code aus, der neben einem Flash-Banner auch zwei versteckte Iframes in die Webseiten einfügte. Diese versuchten mittels JavaScript-basierten Exploits und einer manipulierten PDF-Datei Zugang zu den Systemen zu erhalten (vgl. [HSHL10]).

Das Ad Network Unamis lieferte im Februar 2011 eine manipulierte Werbeanzeige an die ihm angeschlossenen Webseiten aus. Zu den betroffenen Kunden zählten u.a. „ebay.co.uk", „londonstockexchange.com", „Myvue.com" und „Autotrader.co.uk" [Shar11]. Dabei kontrollierten die Angreifer einen Ad Server, der eingehende Werbemittelanfragen an eine für einen Drive-by Download präparierte Webseite weiterleitete. Die präparierte Webseite versuchte über JavaScript-Code mindestens zwei Schwachstellen durch eine manipulierte PDF-Datei und eine manipulierte Java JAR-Datei auszunutzen [Shar11].

5 Bedrohungen durch Werbeanzeigen

Zur Analyse von Bedrohungen (engl. *Threats*) im Kontext von Malvertising werden diese nachfolgend in zwei Klassen unterteilt.

- **Infrastrukturelle Bedrohungen:** Bedrohungen für Systeme und Dienstleister im Bereich der Werbemittelauslieferung, deren Ausnutzung entsprechender Schwachstellen die Verbreitung von Schadsoftware über Werbeanzeigen ermöglicht.
- **Ad Serving Bedrohungen:** Technische Bedrohungen im Kontext der Werbemittelauslieferung, deren Ausnutzung entsprechender Schwachstellen zu Schäden an den Computersystemen von Endverbrauchern führen kann.

5.1 Infrastrukturelle Bedrohungen

Die erste Betrachtung konzentriert sich auf Bedrohungen für die an der Werbemittelauslieferung beteiligten Infrastrukturen, wie sie in Abbildung 3 in Form eines Bedrohungsbaumes dargestellt sind. Aus der Abbildung wird deutlich, dass die Gefahr, vom Missbrauch von Werbeanzeigen zur Verbreitung von Schadsoftware, von den eingesetzten Ad Servern und CDN ausgeht. Diese Systeme verwalten die Anzeigen und sind maßgeblich an der Auslieferung der Daten an den

Endverbraucher beteiligt. Damit ergeben sich auf Ebene der an der Werbemittelauslieferung beteiligten Systeme die folgenden Bedrohungen:

- **Malware-Verbreitung über Ad Server:** Angreifer manipulieren die von Ad Servern verwalteten Werbeanzeigen und nutzen diese zur Verbreitung von bösartiger Software. Dazu benötigen Sie Zugang zu einem bereits existierenden System oder setzen selbst einen solchen Werbemittelserver auf und vermarkten dessen Anzeigen erfolgreich (Direktvermarktung, Ad Network/Exchange). Dabei können sowohl infizierte Mediendateien (u. U. auf einem CDN gehostet) zur Übertragung von Schadcode genutzt werden, als auch bösartiger Code (z. B. JavaScript-Code), der an den Webbrowser zurückgegeben und durch diesen im Kontext eines Ad Tags interpretiert und ausgeführt wird.
- **Malware-Verbreitung über CDN:** Angreifer manipulieren auf einem CDN gehostete Dateien, die im Rahmen einer Werbemittelauslieferung durch den Webbrowser von Verbrauchern abgerufen werden. Dazu zählen neben der Mediendatei (jpg, gif, ...) auch andere Dateien, die durch ein Ad Tag angefordert werden (z. B. Scriptdateien).

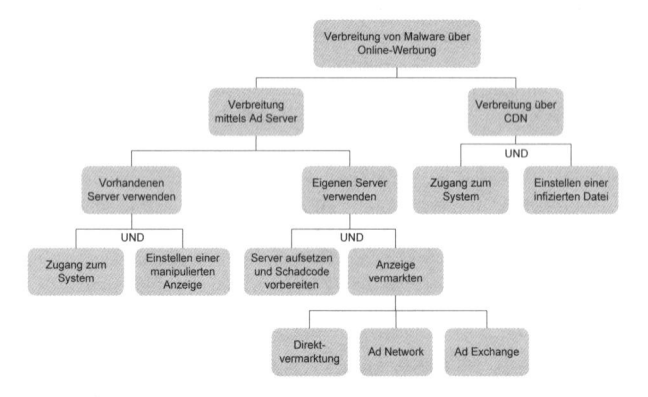

Abb. 3: Bedrohungen für die Infrastrukturen der Online-Werbe-Industrie durch Malvertising.

5.2 Ad Serving Bedrohungen

Zur Auslieferung von Werbeanzeigen an Endverbraucher werden diese über Ad Tags in Webseiten angebunden. Diese Verweise veranlassen den Browser zu einer dedizierten Anfrage eines Ad Servers. Durch die technischen Gegebenheiten der Werbemittelauslieferung besteht die Gefahr von bösartigen Manipulationen einer Anzeige. Darunter fallen die Weiterleitung des Nutzers auf manipulierte Webseiten, das Einschleusen von bösartigen Code zur automatischen Installation von Malware (Drive-by Download) sowie Social Engineering-Techniken. Abbildung 4 stellt diese Bedrohungen in Form eines Bedrohungsbaumes dar.

Damit ergeben sich auf Ebene der an der Werbemittelauslieferung beteiligten Systeme die folgenden Bedrohungen:

- **Schadhafte Weiterleitung des Nutzers:** Die mit Anzeigen verknüpfte Webadresse (sog. Click-Through-URL), die beim Klick auf Anzeigen aufgerufen wird, kann manipuliert

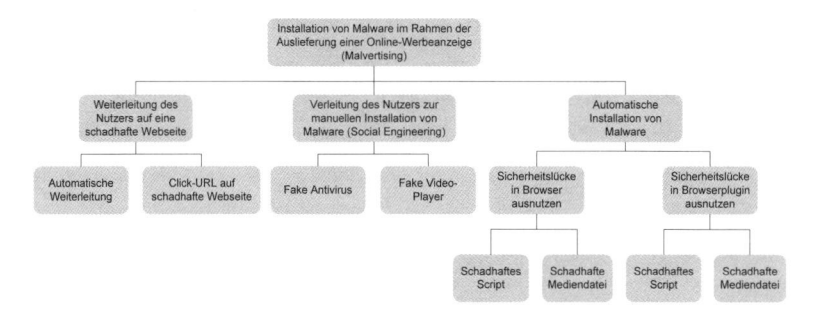

Abb. 4: Bedrohungen der Werbemittelauslieferung durch Malvertising.

werden und auf eine präparierte Webseite verweisen. Zudem besteht die Gefahr durch automatische Weiterleitungen, hervorgerufen durch Scriptcode in Ad Tags.

- **Malware-Installation mittels Social-Engineering:** Durch gezielte Gestaltung von Werbeanzeigen können Verbraucher unter einem Vorwand dazu verleitet werden, infizierte Dateien herunterzuladen und auszuführen. Dabei liegt keine Manipulation im technischen Sinne vor, sondern vielmehr eine Täuschung der Nutzer durch eine irreführende Werbebotschaft, die suggeriert, eine ungefährliche Datei herunterzuladen und auszuführen. Verbreitete Beispiele hierfür sind die Szenarien „Fake Antivirus" und „Fake Video-Player" (vgl. [PrRM09, S. 46]).

- **Automatische Installation von Malware:** Angreifer können Medien- oder Scriptdateien mit Schadcode manipulieren, der Sicherheitslücken auf den Systemen der Endverbraucher ausnutzt, um automatisiert und ohne Mithilfe des Nutzers Malware auf dem System zu installieren (sog. Drive-by Download).

6 Schutz vor Malvertising

Um den Bedrohungen durch Malvertising entgegenzuwirken, existieren bereits einige Lösungsansätze sowie Best Practice Verfahren. So haben das „Anti-Malvertising Team" von Google und die „Anti-Malvertising Working Task Force" der Online Trust Alliance (OTA) verschiedene Maßnahmen zum Schutz vor Malvertising in Form von Empfehlungen veröffentlicht.

Ein erster Ansatzpunkt ist die Identitätsprüfung neuer Werbepartner und Werbekunden. Ziel ist es, die Echtheit der Identität zu bestätigen und die Seriösität neuer Kunden zu bewerten. Als Teil dieser Prüfung können öffentlich verfügbare Informationen wie Adressen und whois-Abfragen von Domains verglichen werden. Bei Domains sollte geprüft werden, ob diese erst seit kurzem registriert sind und ob die hinterlegten Kontaktdaten verifiziert werden können. Wenn möglich, sollte der Kunde Referenzen zum Nachweis seiner Legitimität vorweisen. Weiterhin empfehlen sowohl Google als auch die OTA die Prüfung von Anzeigen und Ad Tags von Drittanbietern. So sind neue Anzeigen vor der ersten Auslieferung in einer Sandbox (Geschützte Laufzeitumgebung) zu testen. Hierzu können automatisierte Malware Scanner wie z. B. Wepawet (wepawet.iseclab.org) verwendet werden. Die OTA rät außerdem dazu, Anzeigen von unbekannten Kunden auf eigenen Ad Servern zu hosten, um die volle Hoheit über Anzeigen aus neuen Quellen zu behalten (vgl. [Onl10, Goo12c, Goo12b]).

Aus Sicht von Werbeträgern und Verbrauchern sind diese Maßnahmen jedoch nicht geeignet, um große Werbenetzwerke oder gar Ad Exchanges abzusichern (vgl. [Goel10, Vanc09, Dev11]). Letztlich beruht die Sicherheit vielmehr auf dem Vertrauen der einzelnen Parteien untereinander. Um ein angemessenes Sicherheitsniveau zu erreichen, bedarf es der regelmäßigen Prüfung jeder einzelnen Anzeige und der damit verbundenen Bestandteile wie etwa den eingesetzten Ad Tags und letztlich den Mediendateien. Idealerweise wird eine solche Überprüfung als Bestandteil des Werbemittelauslieferungsprozesses verstanden und sichert somit jede Auslieferung einer Anzeige ab. Ferner sollte die Click-Through-URL, die beim Klick eines Nutzers auf eine Anzeige aufgerufen wird, durch den Ad Server geprüft werden und dem Nutzer gegebenenfalls ein Warnhinweis angezeigt werden. Einen ersten Ansatz der Echtzeitprüfung auf Malware liefern bereits moderne Browser mit dem Abgleich aufzurufender URLs mit Blacklists, wie sie etwa durch Googles „Safe-Browsing-API" bereitgestellt werden (vgl. [Goo12a]).

7 Ad Serving Sandbox

Aufgrund der dynamisch ablaufenden Auslieferung von Anzeigen über Ad Networks/Exchanges erscheint die Wirksamkeit stichprobenartiger Überprüfungen von Werbeanzeigen nicht sehr effektiv. Hinzu kommen Änderungen an den Anzeigedateien oder Ad Tags der manipulierten Anzeigen, die für eine gewisse Zeit unentdeckt bleiben. Gleichzeitig haben Webseitenbetreiber ein Interesse daran, ihre Besucher nicht der Gefahr von manipulierten Anzeigen auszusetzen. Um dies zu gewährleisten, ist eine Prüfung jeder auszuliefernden Anzeige erforderlich. Benötigt wird somit eine Instanz, die sowohl die Mediendateien der Anzeige sowie den zur Einbettung in die Webseite verwendeten Code (Ad Tag) untersucht und gegebenenfalls eine Auslieferung an den Browser unterbindet. Eine solche Instanz ist in Abbildung 5 dargestellt. Die gebräuchlichen Kommunikationspfade während der Werbemittelauslieferung mit Ad Networks/Exchanges sind zum Vergleich in der Abbildung gestrichelt dargestellt.

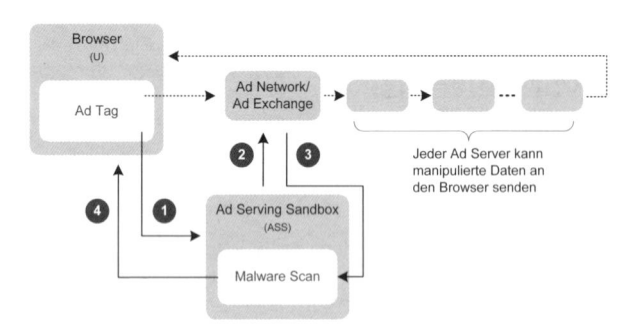

Abb. 5: Konzept einer zentralen Instanz zur Überprüfung von Werbeanzeigen auf Schadcode.

Statt wie bislang Ad Tags fremder Anbieter direkt in die eigene Webseite einzubinden, wird ein Verweis eingefügt, der auf eine „Ad Serving Sandbox" (ASS, dt. Geschützte Laufzeitumgebung zur Auslieferung von Werbeanzeigen) zeigt, welche die Auslieferung der Werbeanzeige an den Endverbraucher übernimmt. Durch den Einsatz dieses zentralen Systems wird die Weitergabe der Verbindung des Endverbraucher zu den jeweils beteiligten einzelnen Servern des Ad Networks/Exchanges unterbrochen, was die Kontrollhoheit über die letztlich ausgelieferten

Daten auf das zentrale System verlagert. Die Kommunikationsbeziehungen zur Auslieferung einer Werbeanzeige beim Besuch einer Webseite sind bei diesem Verfahren wie folgt:

1. $U \rightarrow ASS$: Webbrowser fordert Werbeanzeige bei Ad Serving Sandbox an.
2. $ASS \rightarrow N/E$: Die ASS fordert stellvertretend für den Verbraucher eine Anzeige bei einem Ad Network/Exchange an.
3. $N/E \rightarrow ASS$: Die ausgewählte Anzeige wird durch die ASS entgegengenommen und hinsichtlich Malware geprüft.
4. $ASS \rightarrow U$: Auslieferung der geprüften Werbeanzeige an den Verbraucher.

In Schritt 3 führt die ASS-Instanz eine Überprüfung der Anzeige durch. Dabei werden Mediendatei und Ad Tag auf bekannte Muster hin untersucht. Denkbar ist an dieser Stelle ein Abgleich mit einer Liste bereits bekannter URLs, über die Schadcode verbreitet wird, wie sie etwa der Internetkonzern Google über seine „Safe-Browsing-API" bereitstellt (vgl. [Goo12a]). Gleichzeitig kann von dem System auch eine dedizierte Untersuchung der Daten in Echtzeit vorgenommen werden. Bekannte Verfahren zur Erkennung von Schadcode untersuchen etwa Scriptcode auf auffällige Muster wie *Code Obfuscation* (dt. Quelltextverschleierung). Ein weiterer Sicherheitsmechanismus ist die Überprüfung der Click-Through-URL einer Anzeige. Dadurch kann die Ziel-Webseite untersucht und eine Umleitung auf bösartige Webseiten erkannt werden. Sollten Anzeichen für eine manipulierte Anzeige vorliegen, so kann beispielsweise auf einen Pool von Standardanzeigen zurückgegriffen oder eine erneute Anfrage der Ad Networks/Exchanges eingeleitet werden. Wie die Erkennung letztlich stattfindet, soll an dieser Stelle nicht vollständig beschrieben werden. Abhängig von der Gesamtperformance des Systems sollte die Wahl zwischen einem einfachen Blacklist-Abgleich oder einer individuellen Prüfung in Echtzeit getroffen werden.

Um die Funktionsweise der ASS sicherzustellen, ist es wichtig, dass diese lediglich das letzte und zielführende Ad Tag an den Browser des Verbrauchers weiterleitet, und somit keine „Zwischen-Tags" die Kontrolle über die Auslieferung übernehmen können. Zusätzlich könnten die durch das Ad Tag eingebundenen Scripte und Mediendateien auf einem eigenen Server zwischengespeichert und die Verweise im Ad Tag entsprechend angepasst werden. Durch diesen zusätzlichen Schritt wird sichergestellt, dass der Verbraucher auch die gleichen Daten erhält, die zuvor durch die ASS geprüft wurden.

Weitere funktionale Anforderungen werden durch die Werbeindustrie an das System gestellt. So stellen Werbekunden i. d. R. hohe Ansprüche an die Performance bei der Auslieferung ihrer Anzeigen. Aufgrund der zwischengeschalteten Instanz ergeben sich jedoch zusätzliche Latenzzeiten, die möglichst gering gehalten werden müssen. Daher kann es sinnvoll sein, anstelle einer vollständigen Überprüfung der Anzeige, lediglich einen Fingerabdruck dieser (z. B. mittels kryptographischem Hashwert) zu generieren und diesen mit einem zuvor generierten Referenzwert zu vergleichen. Eine wichtige Anforderung seitens der Werbeindustrie ist zudem das Targeting der Nutzer. Targeting setzt mindestens die Erkennung der IP-Adresse des Nutzers sowie das Setzen und Auslesen von Cookies voraus. Da die ASS für den Nutzer die Anfrage eines Werbemittels vornimmt, muss den Ad Servern die IP-Adresse des Verbrauchers in einem anderen Datenfeld übermittelt werden. Ebenfalls zu berücksichtigen ist die korrekte Erfassung der Impressionen einer Anzeige, also wie oft diese an einen Verbraucher ausgeliefert wurde. Dazu sollte die Anforderung eines Werbemittels durch die ASS nur dann gezählt werden, wenn das System die Anzeige zwischenspeichert und an den Webbrowser zurück gibt. Unter der Annahme, dass die Mechanismen der ASS zum Erkennen von Malware zuverlässig sind, kann das vorgestellte Verfahren den Sicherheitsgrad von Werbeanzeigen wirksam erhöhen. Durch die Anzeigenprüfung bei jeder stattfindenden Auslieferung wird gewährleistet, dass Angreifern nicht die Möglichkeit gegeben wird, Zeitspannen zwischen zwei periodischen Prüfungen auszunutzen.

8 Zusammenfassung

In diesem Beitrag wurden grundlegende Abläufe im Online-Werbemarkt sowie die Problematik und Bedrohung durch die Verbreitung von Malware über Online-Werbeanzeigen diskutiert. Dazu wurden vergangene Sicherheitsvorfälle vorgestellt und eine Bedrohungsanalyse der beteiligten Systeme und der Werbemittelauslieferung durchgeführt. Bei der Vermarktung von Anzeigeflächen über Dritte können u. U. ganze Kaskaden an Weitervermarktungen entstehen. Im Besonderen wenn große Ad Networks/Exchanges an der Auslieferung beteiligt sind, kann die Anzahl an involvierten Ad Servern schnell steigen. Die Auslieferung wird dadurch intransparent und die Gefahr eines Angreifers in der Kette wächst. Bekannte Best Practice Maßnahmen beinhalten die Identitätsprüfung neuer Werbepartner sowie die stichprobenartige Überprüfung von Werbeanzeigen. Um der dynamischen Auslieferung von Werbeanzeigen zu begegnen und die Gefahr durch manipulierte Anzeigen zu verringern, wurde in diesem Beitrag ein Verfahren unter der Bezeichnung Ad Serving Sandbox vorgestellt. Das beschriebene System übernimmt stellvertretend für den Endverbraucher die Anforderung einer Anzeige und prüft diese vor der Weiterleitung an den Nutzer. Auf diese Weise können einzelne Server nicht aus der Auslieferungskaskade ausbrechen und direkt Schadcode an Internetnutzer ausliefern.

Literatur

[Davi09] T. Davis: ANATOMY OF A MALWARE AD ON NYTIMES COM. http://troy.yort.com/anatomy-of-a-malware-ad-on-nytimes-com (2009), [Stand 24.01.2012].

[Dev11] Our Ongoing Battle Against Malicious Ads. http://heidi.deviantart.com/journal/Our-Ongoing-Battle-Against-Malicious-Ads-252351667 (2011), [Stand 28.02.2012].

[Goel10] R. Goel: Malware, Bad Ads Still a Threat to Top Publishers. http://www.adexchanger.com/the-sell-sider/malware-malvertising/ (2010), [Stand 27.02.2012].

[Goo12a] Google Inc.: Google Safe Browsing API. http://code.google.com/apis/safebrowsing (2012), [Stand 04.01.2012].

[Goo12b] Google Inc.: Tips For Ad Operations. http://www.anti-malvertising.com/tips-for-ad-operations (2012), [Stand 23.02.2012].

[Goo12c] Google Inc.: Tips For Publishers. http://www.anti-malvertising.com/tips-for-publishers (2012), [Stand 23.02.2012].

[HSHL10] W. Huang, C. Sima, C. Hsiao, N. Lin: "HDD Plus" malware spread through major ad networks, using malvertising and drive-by download. http://blog.armorize.com/2010/12/hdd-plus-malware-spread-through.html (2010), [Stand 25.01.2012].

[KWKP+07] I. Khan, B. Weisshaar, V. Karasyov, L. Polinsky, J. Boushelle: The Rise of Ad Networks - An In-Depth Look at Ad Networks. http://www.itsupplierindex.com/uploads/5_1277452962_JPMorgan.pdf (2007).

[Net12] Net Applications: Desktop Browser Market Share. http://www.netmarketshare.com/browser-market-share.aspx?qprid=0&qpcustomd=0 (2012), [Stand 11.01.2012].

[Onl10] Online Trust Alliance: Voluntary Anti-Malvertising Guidelines & Best Practices - Helping to Combat Malvertising and Preserve Trust in Interactive Advertising. https://otalliance.org/docs/OTA_guidlines_final10_18.pdf (2010).

[Onli11] Online-Vermarkterkreis: OVK ONLINE - REPORT 2011/ 01 - Zahlen und Trends im Überblick. http://www.bvdw.org/mybvdw/media/download/ovk-online-report-2011-01.pdf?file=1977 (2011).

[PMMW+07] N. Provos, D. McNamee, P. Mavrommatis, K. Wang, N. Modadugu: The Ghost In The Browser Analysis of Web-based Malware. In: *Proceedings of the first conference on First Workshop on Hot Topics in Understanding Botnets*, USENIX Association, Berkeley, CA, USA (2007), 4–4.

[PMRM08] N. Provos, P. Mavrommatis, M. A. Rajab, F. Monrose: All your iFRAMEs point to Us. In: *Proceedings of the 17th conference on Security symposium*, USENIX Association, Berkeley, CA, USA (2008), 1–15.

[PrRM09] N. Provos, M. A. Rajab, P. Mavrommatis: Cybercrime 2.0: When the Cloud Turns Dark. In: *Communications of the ACM*, 53 (2009), 42–47.

[Salu07] W. Salusky: Malvertising. http://isc.sans.edu/diary.html?storyid=3727 (2007), [Stand 24.11.2011].

[Shar11] E. Sharf: Myvue.com, Autotrader.co.uk and other high profile Websites infected with Malvertising. http://community.websense.com/blogs/securitylabs/archive/2011/02/28/myvue-com-and-autotrader-co-uk-infected-with-malvertizing.aspx (2011), [Stand 28.01.2012].

[SoEn11] A. K. Sood, R. J. Enbody: Malvertising – exploiting web advertising. In: *Computer Fraud & Security*, 2011, 4 (2011), 11–16.

[US12] U.S. Dept. of Commerce, Technology Administration and National Institute of Standards and Technology: National Vulnerability Database. http://nvd.nist.gov/ (2012), [Stand 11.01.2012].

[Vanc09] A. Vance: Times Web Ads Show Security Breach. http://www.nytimes.com/2009/09/15/technology/internet/15adco.html (2009), [Stand 06.12.2011].

[VrMH11] N. Vratonjic, M. Manshaei, J.-P. Hubaux: Online Advertising Fraud. Tech. Rep. (2011), http://infoscience.epfl.ch/record/165674/files/OnlineAdFraud.pdf.

Erste Betrachtung einer Metrik für Methoden der IT-Forensik

Robert Altschaffel · Robert Clausing · Stefan Kiltz · Jana Dittmann

Otto-von-Guericke-Universität
{Robert.Altschaffel | Stefan.Kiltz | Jana.Dittmann}@iti.cs.uni-magdeburg.de
Robert.Clausing@student.uni-magdeburg.de

Zusammenfassung

Die IT-Forensik ist ein breites Feld, das sich mit der Aufklärung von Vorfällen beschäftigt. Aus Praxis und Forschung gibt es einige Ansätze, die aufzeigen, wie eine IT-forensische Untersuchung durchgeführt werden sollte. Die in [KHA+09] vorgestellte Systematik bietet dabei die Möglichkeit, den gesamten Umfang der IT-Forensik systematisch zu erfassen. Sie setzt sich jedoch nicht zum Ziel, Kriterien für eine Bewertung, wann welche forensischen Methoden angewendet werden sollen, zu liefern. In diesem Beitrag werden Grundüberlegungen zur Beantwortung dieser Frage angestellt. Dazu wird eine Metrik zur Bewertung des Nutzens durch den Einsatz forensischer Werkzeuge entworfen. Diese betrachtet sowohl den durch den Einsatz des Werkzeugs entstehenden Gewinn als auch die damit verbundenen Kosten.

1 Motivation

Die Aufgabe der IT-Forensik ist die Ergründung von Vorfällen, in denen Informationstechnologie eine Rolle spielt. Dies kann man sowohl auf Funktionsstörungen als auch auf Delikte, die gegen oder mit Unterstützung eines IT-Systems durchgeführt wurden, beziehen.

Das in [KHA+09] vorgestellte Modell bietet einen vollständigen Blick auf das Gebiet der IT-Forensik. Dabei wird ein Ablaufmodell für den forensischen Prozess sowie verschiedene Kategorien zur Einordnung forensischer Werkzeuge gegeben. Diese Kategorien geben einen Rahmen für die Auswahl forensischer Werkzeuge, in dem eine Zuordnung zu bestimmten Abschnitten der Untersuchung oder Aktivitäten stattfindet. Sie können jedoch keine Metrik dafür geben, ob oder wann eine forensische Methode angewandt werden sollte. Zwar mag es in der wissenschaftlichen Theorie sinnvoll erscheinen, alle verfügbaren Methoden anzuwenden, jedoch unterliegt eine praktische Umsetzung immer auch Einschränkungen und Abwägungen. Daher muss für eine praktische forensische Untersuchung eine Aussage getroffen werden, ob eine forensische Methode angewandt werden soll oder nicht.

Diese Arbeit stellt Ansätze für die Entwicklung einer Metrik vor, mit der die Frage nach der Angemessenheit einer forensischen Methode beantwortet werden kann. Dabei wird auf die in [KHA+09] vorgestellte Systematik zurückgegriffen, um daraus Kriterien für die Bewertung forensischer Methoden zu entwickeln. Hierzu wird die Systematik vorgestellt. Danach wird anhand eines Beispiels eine Metrik für die Bewertung der Nützlichkeit forensischer Werkzeuge entworfen. Diese Metrik gliedert sich in dabei in den durch den Einsatz der Methode entstehenden Gewinn und die verursachten Kosten. Die entworfenen Kriterien werden dann anhand eines weiteren Beispiels hinsichtlich ihrer Allgemeingültigkeit überprüft. Abschließend werden offene Forschungsfragen vorgestellt und diskutiert.

2 Stand der Technik

Um die Notwendigkeit einer Systematik zur Durchführung forensischer Untersuchungen zu verdeutlichen, ist es notwendig, zunächst den Begriff der Computerforensik – oder der Digitalen Forensik – zu erläutern. Eine gängige Definition ergibt sich beispielsweise nach ([DFRW01]):

„The use of scientifically derived and proven methods toward the preservation, collection, validation, identification, analysis, interpretation, documentation and presentation of digital evidence derived from digital sources for the purpose of facilitating or furthering the reconstruction of events found to be criminal, or helping to anticipate unauthorized actions shown to be disruptive to planned operations."

Entsprechend handelt es sich bei der Computerforensik also um einen systematischen und dokumentierten Prozess, der die Fragen "Was geschah wann, wo, wie und durch wen wurde es ausgelöst?" zu beantworten sucht.

Zur Durchführung einer forensischen Untersuchung wurden verschiedene Verlaufsmodelle vorgeschlagen. Das Ziel dieser Modelle ist es, einen systematischen und dokumentierten Prozess zu beschreiben, in dessen Rahmen eine forensische Untersuchung durchgeführt werden kann. Dabei wird in dieser Arbeit die in [KHA+09] vorgeschlagene Systematik verwendet. Sie wurde als Grundlage für diesen Beitrag ausgewählt, da sie den forensischen Prozess in seiner Gesamtheit erfasst. Das heißt, dass der gesamte forensische Prozess, inklusive möglichen Vorarbeiten betrachtet wird. Da die Bewertung des Gewinns durch den Einsatz einer forensischen Methode immer anhand der gewonnen Daten oder Informationen geschieht, ist die daten-zentrische Sicht dieser Systematik weiterhin hilfreich.

Die Systematik setzt sich aus unterschiedlichen Untersuchungsabschnitten, Datenarten sowie grundlegende Methoden zur Datengewinnung zusammen. Die einzelnen Bestandteile werden in den Abschnitten 2.1, 2.2 sowie 2.3 kurz vorgestellt.

2.1 Abschnitte einer forensischen Untersuchung

Im diesem Abschnitt soll die in [KHA+09] vorgestellte Unterteilung des forensischen Prozesses in verschiedene Untersuchungsabschnitte vorgestellt werden. Diese Unterteilung stellt einen für diesen Beitrag wichtigen Punkt dar. Im Verlauf der Ausarbeitung wird sich zeigen, dass bestimmte Teile der Metrik einen unterschiedlichen Einfluss haben, je nach dem in welchem Untersuchungsabschnitt sich die betrachtete Methode befindet.

Eine Besonderheit der hier vorgestellten Systematik ist, dass eine forensische Untersuchung nicht erst zu dem Zeitpunkt beginnt, an dem sie notwendig wird. Sie beginnt in dieser Systematik bereits vorher und inkludiert explizit eine Vorbereitung. Im Vergleich zu anderen Systematiken wurde hier entsprechend ein vorbereitender Untersuchungsabschnitt vorangestellt. Daher umfasst die Systematik die sechs folgenden Untersuchungsabschnitte:

- *Strategische Vorbereitung* (SV) umfasst alle Maßnahmen, die in Erwartung eines Vorfalls getroffen werden. Diese Maßnahmen werden also durchgeführt, bevor ein Zwischenfall eintritt oder eine Untersuchung notwendig wird.

- *Operationale Vorbereitung (OV)* beginnt sobald die Notwendigkeit einer forensischen Untersuchung erkannt wird. In der Operationalen Vorbereitung werden Datenquellen identifiziert und das Grundgerüst für die weitere Vorgehensweise erzeugt.
- *Datensammlung (DS)* findet statt, sobald die unterschiedlichen Datenquellen identifiziert wurden. Sie umfasst die eigentliche Datenerfassung. Wichtig ist, dass hier die Integrität und die Authentizität der gesammelten Daten beachtet werden muss. Die Erstellung von Datenträgerabbildern wäre hier ein gutes Beispiel.
- *Untersuchung (US)* beschreibt all jene Maßnahmen, welche aus den erhobenen Daten die für die weitere Untersuchung sinnvollen Bestandteile extrahieren.
- *Datenanalyse (DA)* umfasst das Zusammenführen von unterschiedlichen Quellen sowie die Auswertung der in der Untersuchung identifizierten forensischen sinnvollen Bestandteile.
- *Dokumentation (DO)* unterteilt sich in die Erzeugung des Endberichts sowie eine prozessbegleitende Dokumentation. Der prozessbegleitende Dokumentationsprozess verläuft zeitgleich mit den anderen Untersuchungsabschnitten und zeichnet die durchgeführten Maßnahmen und ihre Resultate auf. Für die Erzeugung des Endberichts werden nach Abschluss der Analyse alle gefundenen Einzelergebnisse zu einem Gesamtergebnis zusammengefasst.

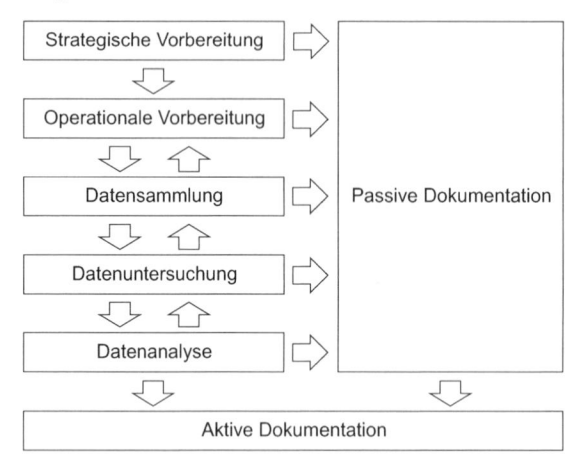

Abb. 1: Abschnitte eines forensischen Prozesses

Abbildung 1 macht den zeitlichen Zusammenhang zwischen den einzelnen Abschnitten der Untersuchung deutlich. Dabei ist zunächst das besondere Verhältnis der prozessbegleitenden Dokumentation zu den anderen Untersuchungsabschnitten zu nennen. Diese findet sich während des gesamten Prozesses und protokolliert dabei die angewandten Methoden sowie die erlangten Daten und Informationen. Der eigentliche forensische Prozess beginnt in der strategischen Vorbereitung und verläuft grob chronologisch bis zur Erstellung eines Abschlussberichtes. Datei sind an einigen Stellen Rückgriffe möglich. In der Datenuntersuchung oder Datenanalyse können sich Hinweise auf weitere Datenquellen ergeben, die dann unter Umständen in einer weiteren Datensammlung erlangt und verwendet werden können.

2.2 Datenarten

Die in [KHA+09] vorgeschlagene Systematik ist datenzentriert. Das heißt, dass ausgehend von den Daten betrachtet wird, welcher Schritt in welchen Untersuchungsabschnitt möglich und sinnvoll ist. Entsprechend findet eine Gliederung in unterschiedliche Datenarten statt:

- *Hardwaredaten (DA1)* sind Daten, die durch die Software eines Systems im Allgemeinen nicht beeinflusst werden können. Dabei handelt es zum Beispiel sich um Kennzahlen der Hardware, wie die Größe eines Datenträgers.
- *Rohdaten (DA2)* stellen nicht weiter interpretierte Bitfolgen dar. Diese können alle anderen Datenarten beinhalten. Als Beispiel hierfür ergeben sich Datenträgerabbilder.
- *Details über Daten (DA3)* sind Metadaten, die Rohdateninhalte organisieren. In einfachen Fällen könnte dies das Dateisystem in einem Datenträgerabbild sein.
- *Konfigurationsdaten (DA4)* sind von Betriebssystem und Anwendungsprogrammen verwendete Daten, die das Systemverhalten beeinflussen. Daten, die das Kommunikationsverhalten eines Systems verändern, sind hier ausgenommen.
- *Kommunikationsprotokolldaten (DA5)* hingegen sind Daten, die das Kommunikationsverhalten von Systemen untereinander kontrollieren.
- *Prozessdaten (DA6)* sind Daten über einen laufenden Prozess.
- *Sitzungsdaten (DA7)* umfassen Daten, die über eine beliebig geartete Sitzung anfallen. Dabei spielt es keine Rolle ob die Sitzung explizit von einem Nutzer oder implizit von einer Anwendung oder dem Betriebssystem gestartet wurde.
- *Anwenderdaten (DA8)* stellen die Multimediadaten des Benutzers dar. Dabei kann es sich z.B. um Texte, Video- oder Audiodateien handeln.

Die Datenarten sind grob nach aufsteigender Entfernung von der physikalischen Hardware angeordnet. Es ist dabei nicht ausgeschlossen, dass unterschiedlichen Datenarten angehören. Dies ergibt z.B daraus, dass alle Datenarten auf der niedrigsten Abstraktionsebene aus Rohdaten bestehen.

2.3 Methoden der Datengewinnung

Die in [KHA+09] vorgestellte Vorgehensweise unterscheidet sechs verschiedene grundlegende Klassen von Methoden zur Gewinnung von forensisch wertvollen Daten. Um die für diese Arbeit grundlegende Systematik zu vervollständigen, werden diese folgend kurz vorgestellt. Bei den Methoden handelt es sich um:

- *Methoden des Betriebssystems (BS)*: Das Betriebssystem ist für die Ressourcenzuteilung innerhalb eines Computersystems zuständigen. Maßnahmen aus dieser Methodenklasse werden direkt durch das Betriebssystem zur Verfügung gestellt.
- *Methoden des Dateisystems (FS)*: Das Dateisystem organisiert die Speicherung, das Auslesen und die Manipulation nichtflüchtiger Daten. Methoden aus dieser Methodenklasse nutzen dabei Eigenschaften und Werkzeuge des Dateisystems. Ein Beispiel für eine Methode des Dateisystems wäre hierbei eine Dateiwiederherstellung unter dem Dateisystem Ext2.
- *Methoden der expliziten Einbruchserkennung (EME)*: Hierbei handelt es sich um Methoden, die größtenteils automatisiert ablaufen und ohne konkreten Verdachtsfall routi-

nemäßige Überprüfungen durchführen. Ein klassisches Beispiel hierfür sind permanent aktive Virenscanner.

- *Methoden von IT-Anwendungen (ITA)*: Diese Methodenklasse umfasst die Menge an forensisch nutzbaren Informationen, die bei der Benutzung allgemeiner IT-Software entsteht. Dies könnten beispielsweise automatisch erzeugte Sicherungskopien von bearbeiteten Daten oder ein Verlauf der betrachteten Dokumente sein.

- *Methoden der Skalierung von Beweismöglichkeiten (SB)*: Methoden aus dieser Klasse kommen erst dann zum Einsatz, wenn aufgrund eines konkreten Verdachtsfalls eine Ermittlung gestartet ist. Der Unterschied zu Methoden der expliziten Einbruchserkennung liegt darin begründet, dass sie für den Dauereinsatz 'im Hintergrund' nicht geeignet sind.

- *Methoden der Datenbearbeitung und Auswertung (DBA)*: Hierbei handelt es sich um Methoden, welche die ausführliche Untersuchung, Darstellung und Erläuterung von Daten oder Mechanismen der IT-Forensik ermöglichen. Ein Beispiel für diese Methodenklasse stellen Werkzeuge dar, die unterschiedliche Datenquellen korrelieren um eine z.b. eine Zeitleiste zu erzeugen.

3 Metrik zur Auswahl forensischer Werkzeuge

Aus der vorgestellten Systematik nach [KHA+09] ergeben sich einige Implikationen für den Einsatz von forensischen Werkzeugen. Dabei ist es ersichtlich, dass forensische Werkzeuge ausschließlich in einem bestimmten Untersuchungsabschnitt zum Einsatz gelangen oder bestimmte Datenarten bearbeiten können. Dies ordnet die Werkzeuge zwar in einen forensischen Prozess ein, trifft aber keine Aussage darüber, ob und welche forensischen Werkzeuge in einer konkreten Untersuchung eingesetzt werden sollten. Hierzu muss eine Metrik entworfen werden, die unterschiedliche Aspekte und Faktoren betrachtet. Zur besseren Übersichtlichkeit gliedert sich diese Metrik in zwei Aspekte. Auf der einen Seite gibt es eine *Gewinnfunktion*, die ein Maß für die Nützlichkeit des Einsatzes einer speziellen forensischen Methode zu einem bestimmten Zeitpunkt gibt. Auf der anderen Seite ergibt sich eine *Kostenfunktion*, die den Aufwand, die Voraussetzungen und allgemein die Kosten für den Einsatz einer forensischen Methode beschreibt. Aus dem Verhältnis dieser beiden Faktoren lässt sich der *Nutzen* durch den Einsatz einer bestimmten forensischen Maßnahme abschätzen.

Da die in dieser Arbeit vorgestellte Metrik erweiterbar ist, und dies für spezielle Fälle auch sein muss, wird sie nicht als fertiges Konstrukt gesehen, sondern viel mehr ihr Entwurf. Daher wird ihre Entwicklung vorgestellt. Als einfaches Ausgangsbeispiel wird dabei eine klassische Methode aus dem Abschnitt der Datensammlung gewählt. Hierbei wird die Erstellung von Netzwerkmitschnitten betrachtet und anhand von zwei unterschiedlichen Werkzeugen Vergleichseigenschaften gewonnen. Bei den Werkzeugen handelt es sich um Wireshark (siehe [Chap10]) und netsniff-ng (http://netsniff-ng.org/). Wireshark basiert auf libpcap, einer Programmbibliothek, die in zahlreichen Anwendungen zur Erstellung von Netzwerkmitschnitten verwendet wird. Bei netsniff-ng handelt es sich um ein zum libpcap-Format kompatibles, aber davon unabhängiges Werkzeug.

Anhand dieses Beispiels werden Kriterien für *Gewinn-* und *Kostenfunktion* entworfen. Anschließend werden diese unter Verwendung eines zweiten Beispiels erweitert. Hier wird aufgezeigt, inwiefern die Metrik für bestimmte Klassen von Werkzeugen angepasst werden muss. Weiterhin wird dadurch deutlich, dass für unterschiedliche Untersuchungsabschnitte aus dem in Abschnitt 2.1 vorgestellten Verlaufsmodell einzelne Faktoren unterschiedlich zu interpretieren sind.

3.1 Die Gewinnfunktion (GW)

Ziel des Einsatzes von forensischen Methoden ist immer die möglichst vollständige Gewinnung oder die Interpretation von Daten. Die in Abschnitt 2.2 vorgestellten Datenarten bieten dabei eine Möglichkeit, um die Art der betrachteten Daten oder Informationen zu erfassen. Der *Gewinn* einer Methode ergibt sich daraus, wie gut sie die Gewinnung oder Interpretation von Daten erfüllt.

Bei den beiden Beispielen aus der Datensammlung liegt keine Interpretation vor. Viel mehr gilt es, eine bestimmte Menge an Daten zu gewinnen. Wenn ein Werkzeug diese Menge an Daten gewinnen kann, ist der *Gewinn* durch die Anwendung des Werkzeugs maximal. Wenn nur ein bestimmter Anteil der Daten gewonnen werden kann, reduziert sich der Gewinn.

Bei einer Betrachtung der beiden ausgewählten Werkzeuge zeigt sich, dass Wireshark von einem Grundproblem der Programmbibliothek libpcap betroffen ist und unter entsprechender Netzwerkauslastung große Teile des Netzwerkdatenstroms nicht aufzeichnet. netsniff-ng ist von diesen Problemen nicht betroffen, auch wenn es ebenso wenig die komplette Sicherung des Datenstroms garantieren kann. [Deri12] erläutert dieses Problem.

In diesem Fall hängt der Anteil an Daten, die tatsächlich gesammelt werden, von der Netzwerklast ab. Daraus ergibt sich, dass sich die Bewertung eines Werkzeugs immer auf einen bestimmten Anwendungsfall mit bestimmten Voraussetzungen bezieht. Für das *Ausmaß an gewonnen Daten* kann der Prozentsatz der gewonnenen Daten als Kenngröße verwendet werden.

Neben dem Ausmaß der tatsächlich verarbeiteten Daten spielen auch weitere Faktoren für den Gewinn durch den Einsatz einer forensischen Methode eine Rolle. Ein zentraler Punkt ist dabei die *Belastbarkeit der gewonnenen Daten*. Diese hängt sowohl von der verwendeten Methode als auch im gewissen Maße vom Untersuchenden ab. Es ist dabei ersichtlich, dass eine erprobte Vorgehensweise, die bereits umfassend getestet und diskutiert wurde, zuverlässiger ist als eine Vorgehensweise, deren Funktionsweise unzuverlässig oder schlecht dokumentiert ist. Wie bereits genannt, spielt auch die Vertrautheit des Bearbeiters mit dem Werkzeug eine Rolle. Ist der Untersuchende mit ihr nicht vertraut, wird der *Gewinn* durch den Einsatz dieser Methode verringert. Dieser Faktor lässt sich jedoch nur schwer quantifizieren. Daher findet hier eine Abschätzung zwischen 0 (absolut nicht vertrauenswürdig) und 1 (erprobt, getestet und anerkannt) statt.

Entsprechend ergeben sich für den *Gewinn* durch den Einsatz einer forensischen Methode folgende Faktoren:

- Das Ausmaß an gewonnenen Daten (DV(SZ) - Datenvolumen): Hierbei handelt es sich um das Ausmaß der gewonnenen Daten in Relation zu der Gesamtmenge der verfügbaren Daten. Dieses Maß ist von Einflüssen des Umgebungsszenarios, wie beispielsweise dem Datendurchsatz abhängig. Sie ist somit eine Funktion des Ausgangsszenarios (SZ).
- Belastbarkeit der gewonnen Daten (DB - Datenbelastbarkeit): Hierbei handelt es sich um die Glaubwürdigkeit der durch die Methode gewonnenen Daten. Dabei spielen die generelle Zuverlässigkeit und Erprobtheit des eingesetzten Werkzeugs eine Rolle.

Diese beiden Faktoren werden anschließend verbunden, um den *Gewinn* durch den Einsatz der betrachteten Methode zu ermitteln. Die Verknüpfung erfolgt in dieser Arbeit multiplikativ. Entsprechend ergibt sich daraus folgende Form für die Gewinnfunktion durch den Einsatz einer forensischen Methode:

$$GW = DV(SZ) \cdot DB$$

Bezogen auf die beiden hier betrachteten Werkzeuge ergibt sich jeweils eine *Belastbarkeit* von 1. Dies ist darin begründet, dass beide Werkzeuge erprobt und hinreichend diskutiert sind. Dass je nach der Ausgangslage nur ein Teil der Daten gesammelt wird, hat Auswirkungen auf das *Ausmaß der gewonnenen Daten*. Hier ergibt sich im Falle einer leichten Netzwerklast für beide Werkzeuge ein Wert von 1, da alle Daten gesammelt werden können. Ändert sich jedoch das Szenario und die Netzwerklast steigt stark an, sinkt das Ausmaß der Daten, die mittels Wireshark gewonnen werden, während netsniff-ng seine Leistung aufrecht erhält. In diesem Fall bietet Wireshark bei bestimmten Szenarien einen reduzierten *Gewinn*.

3.2 Die Kostenfunktion (KO)

Im Gegensatz zu dem *Gewinn* stehen die *Kosten*, die durch den Einsatz einer forensischen Methode entstehen. Die *Kosten* setzen sich aus zwei wichtigen Faktoren zusammen. Dies sind einerseits der *Aufwand*, den der Einsatz dieses Werkzeugs bedingt, und andererseits die mit dem Einsatz des Werkzeugs verbundene *Strukturwirkung*.

Der offenkundigste Faktor für den *Aufwand* ist dabei die Rechenzeit respektive der Zeitaufwand für den Untersuchenden. Entsprechend ist der Begriff in dieser Arbeit als gleichbedeutend mit *Zeitaufwand* zu verstehen. Weiterhin stellen die *Anschaffungs- und Betriebskosten* des Werkzeugs einen Faktor dar. Ist dabei die Strategische Vorbereitung involviert, so muss der Einsatz bereits im Vorfeld vorbereitet werden. Da diese Vorbereitungskosten unabhängig von dem Eintreten einer forensischen Untersuchung nötig werden, müssen sie gesondert betrachtet werden.

Bei dem *Aufwand*, der sich aus dem Einsatz des Werkzeugs direkt ergibt, muss auch eine eventuelle Absicherung von Integrität und Authentizität (siehe [KrHe02]) der gewonnenen Daten mit einbezogen werden. Bei einer forensischen Untersuchung ist die Wahrung dieser Sicherheitsaspekte unumgänglich. Sollte die betrachtete Maßnahme die Authentizität und Integrität der gewonnenen Daten nicht sicherstellen, so muss dies durch ein externes Werkzeug geschehen. Dafür existieren zahlreiche Lösungen (beispielsweise kryptografische Prüfsummen nach einem aktuell als sicher geltenden Algorithmus), die aber jeweils einen Mehraufwand mit sich bringen.

Diese aufwandsspezifischen Faktoren sind von dem jeweiligen Szenario abhängig. Es ist in der Theorie denkbar, dass ein forensischer Prozess keiner Zeitbeschränkung unterliegt. In diesem Fall würde der *Zeitaufwand* keinen Anteil an den *Kosten* einer Maßnahme haben. Gleiches gilt für die *Anschaffungs- und Betriebskosten*. Entsprechend werden für *Zeitaufwand* sowie *Anschaffungs- und Betriebskosten Gewichte* eingeführt.

Diese Gewichte werden mit GKSV, GZSV, GKFM und GZFM bezeichnet. GKSV (Faktor für die gesamten Anschaffungs- und Betriebskosten der SV) und GZSV (Faktor für den Gesamtaufwand der SV) sind dabei jeweils Gewichte für eine strategische Vorbereitung, die eine Maßnahme benötigt. Da diese Maßnahmen unabhängig davon, ob eine konkrete forensische Ermittlung auch notwendig wird, durchgeführt werden müssen, ist es sinnvoll, hier gesonderte Gewichte anzuwenden. GKFM (Faktor für die gesamten Anschaffungs- und Betriebskosten der forensischen Maßnahme) und GZFM (Faktor für den Gesamtaufwand der forensischen Maßnahme) sind die jeweiligen Gewichte für den Einsatz einer forensischen Maßnahme. Die von ihnen betroffenen Kosten treten bei jeder Durchführung eines forensischen Prozesses auf, während eine strategische Vorbereitung in der Regel nur einmal durchgeführt wird. Da sich die zeitlichen Einschränkungen während einer forensischen Untersuchung stark von denen im Vorfeld unterscheiden können, ist hier eine Trennung sinnvoll. Da eine eventuell notwendige externe Absicherung von Authentizität und Integrität zu einem Bestandteil der Maßnahme wird, ergibt sich für deren Kosten daher die gleiche Gewichtung.

Der zweite große Bestandteil der *Kosten* ergibt sich aus der sogenannten *Strukturwirkung* einer Maßnahme. Die *Strukturwirkung* stellt den (negativen) Einfluss auf den gesamten forensischen Prozess dar, den die Durchführung einer Maßnahme mit sich bringt. Beispielsweise kann der Einsatz bestimmter Methoden andere Methoden ausschließen oder deren Ergebnisse verfälschen. Dies ist bei vielen Möglichkeiten in der Live-Analyse der Fall, da z.B. viele Methoden den Arbeitsspeicher verändern und somit die Unverfälschtheit der Daten reduzieren. In der klassischen Offline-Forensik spielt die *Strukturwirkung* meist keine Rolle, da hier alle Maßnahmen beliebig oft und in beliebigen Kombinationen durchgeführt werden können – die Ausgangsdaten werden nicht verändert.

Ein weiterer Aspekt der *Strukturwirkung* ergibt sich aus den beiden hier betrachteten Beispielen. Diese finden während einer Live-Datensammlung statt. Das heißt, dass die Daten, die bei diesem Schritt nicht erhoben werden, unwiederbringlich verloren sind. Man kann hier also von einem Datenverlust sprechen. Hier besteht eine gewisse Analogie zum Faktor der gewonnenen Daten aus der *Gewinn*funktion. Der Hauptunterschied ist, dass bei einer Offline-Maßnahme, die Daten untersucht, die Ausgangsdaten nicht verloren gehen. Entsprechend können diese Ausgangsdaten danach auch ein weiteres Mal mit einer anderen Maßnahme untersucht werden. Bei einer Live-Datensammlung sind die Daten, die im ersten Durchgang nicht erfasst wurden, hingegen verloren. Analog liegt auch hier jedoch ein Einfluss durch das Ausgangsszenario (SZ) vor. In dem betrachteten Beispiel ergibt sich dieses aus dem Datenvolumen.

Als Faktoren für die Kosten einer Maßnahme ergeben sich somit:

- *Zeitaufwand der forensischen Methode (ZFM)*: Hierbei handelt es sich um ein generelles Zeitmaß, das die Dauer des Einsatzes einer forensischen Maßnahme abschätzt.
- *Betriebskosten der forensischen Methode (KFM)*: Dies umfasst die gesamten Betriebskosten, um eine forensische Methode durchzuführen. Hierzu gehören außergewöhnliche Ansprüche an Hardware oder Rechentechnik sowie die Anschaffung von großen Speichermedien.
- *Zeitaufwand der Strategischen Vorbereitung (ZSV)*: Benötigt die forensische Maßnahme eine Strategische Vorbereitung, so müssen im Vorfeld Maßnahmen getroffen werden. Diese benötigen unweigerlich Zeit.
- *Kosten der Strategischen Vorbereitung (KSZ)*: Es kann weiterhin notwendig sein, dass für eine Maßnahme aus der Strategischen Vorbereitung spezialisierte Hard- oder Software verwendet werden muss. Als Beispiel kann hier die Anschaffung eines Systems zur Netzwerkmitschnittanfertigung gelten.
- *Zeitaufwand für die Absicherung von Authentizität und Integrität (ZAI)*: Verfügt die betrachtete Maßnahme nicht über eigene Möglichkeiten zur Sicherstellung der Authentizi-

tät und Integrität der gewonnenen Daten, so müssen diese durch externe Werkzeuge sichergestellt werden. Auch hier ergibt sich analog Aufwand für den Bearbeiter.

- *Kosten für die Absicherung von Authentizität und Integrität (KAI)*: Weiterhin ist es möglich, dass sich daraus direkt Kosten ergeben. Müssen beispielsweise große Datenmengen zur Absicherung der Integrität gespeichert werden, werden hierfür Speichermedien benötigt.
- *Strukturwirkung (SW)*: Eine Strukturwirkung ergibt sich nur in der Live-Forensik. Sie ist ein Maß dafür, inwiefern der Einsatz einer bestimmten Maßnahme das Untersuchungsobjekt selbst verändert. Dies geschieht beispielsweise dann, wenn eine Maßnahme zur Laufzeit Prozessdaten analysiert und dabei z.B. den Arbeitsspeicher selbst verändert.
- *Verlust (VL(SZ))*: Bei einem Verlust wird nicht das Untersuchungsobjekt selbst verändert. Viel mehr tritt Verlust bei Maßnahmen auf, die bestimmte Live-Daten aufzeichnen und diese sammeln. Schafft es die Maßnahme nicht, alle diese Daten aufzuzeichnen, sind die restlichen Daten verloren.

Wie auch bei der Gewinnfunktion werden diese Faktoren zusammengeführt, um die *Kosten (KO)* für eine forensische Maßnahme zu ermitteln:

KO = ((ZFM + ZAI)·GZFM + (KFM + KAI)·KZFM + ZSV·GZSV + KSV·GKSV)
+ SW + VL(SZ)

Die beiden hier beispielhaft betrachteten Werkzeuge haben sehr ähnliche Charakteristika in Bezug auf ihre *Kosten*. Bei beiden handelt es sich um frei verfügbare Lösungen, die bei der Live-Datensammlung eingesetzt werden. Für beide muss entsprechend genügend Datenspeicher für die gesammelte Datenmenge zur Verfügung gestellt werden. Ein Unterschied ergibt sich erst bei dem Verlust. Wie zuvor diskutiert (siehe Abschnitt 3.1), können bei bestimmten Szenarien nicht alle Daten aufgezeichnet werden. Wenn der Datendurchsatz in dem betrachteten Netzwerk entsprechend hoch ist, ergibt sich ein *Verlust*. Dieser fällt bei Wireshark Ansatz hoch aus. Während die restlichen Faktoren sich prinzipiell gleichen, verursacht Wireshark hier durch den Datenverlust höhere *Kosten*.

3.3 Die Zusammenführung – Nutzen (NU)

Eine große Herausforderung stellt die Zusammenführung der *Gewinn-* und der *Kostenfunktion* zu einer Metrik dar. Bei zwei Werkzeugen, deren *Gewinn* gleich, aber deren *Kosten* unterschiedlich sind, ist eine Aussage darüber, welches den größeren *Nutzen* hat, einfach. In der Praxis wird es jedoch viel mehr so sein, dass sich die betrachteten Werkzeuge sowohl in *Gewinn* als auch in den *Kosten* unterscheiden. Entsprechend ist es nötig, den *Nutzen* explizit zu ermitteln. Dabei bedingt der intuitive Ansatz, dass der Nutzen dem Gewinn abzüglich der Kosten entspricht, die Einführung von Gewichten für die einzelnen Faktoren. Es erscheint sinnvoll, dass diese Gewichte sich je nach betrachtetem Szenario unterscheiden können. Ein Lösungsansatz, um die Gewichte zu ermitteln, kann in der Spieltheorie (siehe [REWI12]) gefunden werden. Hierbei stellen diese unterschiedlichen Szenarien ein jeweils unterschiedliches Verhalten des Gegenspielers dar. Jedoch würde eine umfassende Betrachtung den Rahmen dieser Arbeit sprengen und stellt somit weiteren Forschungsbedarf dar.

4 Betrachtung ausgewählter Beispiele

Um aufzuzeigen, welche Erweiterungen für die Metrik notwendig sind und wie diese geschehen können, sollen in diesem Abschnitt weitere Beispiele aus anderen Bereichen des forensischen Prozesses vorgestellt werden. Dabei werden zwei unterschiedliche Ansätze zur Untersuchung des Inhalts von Datenübertragungen vorgestellt. Anschließend wird gezeigt, welche Erweiterungen der Faktoren durch diese veränderte Sichtweise notwendig werden.

Bei dem ersten Ansatz handelt es sich um tcpxtract (http://tcpxtract.sourceforge.net/). tcpxtract verfolgt einen klassischen Ansatz, wie er im File Carving bekannt ist. Wie in [Cohe07] beschrieben, wird dabei die Datenmenge nach charakteristischen Dateiheadern durchsucht. Findet sich ein Dateiheader, ist der Beginn einer Datei gefunden. Wird dazu ein passendes Dateiende gefunden oder ist ein bestimmter Schwellwert erreicht, werden die Daten extrahiert.

Bei dem zweiten Ansatz handelt es sich um die Verwendung von Mustererkennung zur Analyse des Netzwerkverkehrs.

Nach [DuHS02] ist Mustererkennung die Verarbeitung von Rohdaten zu Merkmalsvektoren und die Einteilung dieser Merkmalsvektoren anhand eines Musters in verschiedene Klassen.

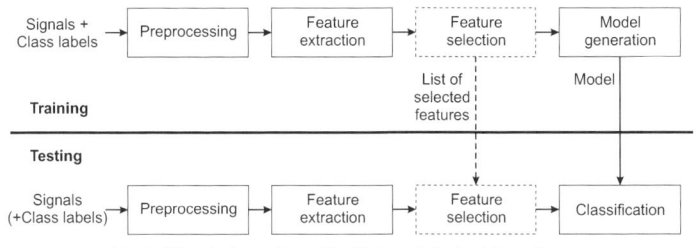

Abb. 2: Verarbeitungskette für die heuristische Mustererkennung

Abbildung 2 zeigt den hierfür verwendeten Prozess. Grundsätzlich ist der Vorgang in zwei Abschnitte unterteilt. Zunächst werden Referenzdaten erhoben, diese verarbeitet und gespeichert. Die Referenzdaten werden dann mit einem Label versehen, das die Zugehörigkeit zu einer bestimmten Klasse anzeigt. Diese Phase wird häufig als Trainingsphase bezeichnet.

In der zweiten Phase werden basierend auf den in der ersten Phase gewonnen Informationen den zu untersuchenden Daten bestimmte Klassen zugeordnet. Die zweite Phase wird im Allgemeinen als Test bezeichnet. In diesem Fall wird sie als Klassifikation bezeichnet.

Die vier grundlegenden Operationen in der Trainingsphase sind die Vorverarbeitung, die Merkmalsextraktion, die Merkmalsselektion und die Erzeugung des Referenz-Datensatzes. Die Aufgabe der Vorverarbeitung ist es dabei Störfaktoren, die aus den Sensoren – also der Art und Weise, wie die Daten erfasst werden – resultieren, herauszufiltern. Da die Entscheidung in der heuristischen Merkmalserkennung stets auf Merkmalen beruht, müssen diese in der Merkmalsextraktion ermittelt werden. In der Merkmalsselektion werden Merkmale, die keinen positiven Einfluss auf die Klassifikationsgenauigkeit haben, entfernt. Am Ende dieser Phase steht die Erstellung eines Modells, mit dessen Hilfe später andere Daten den bestimmten Klassen zugeordnet werden.

In der Testphase werden Vorverarbeitung, Merkmalsextraktion und Merkmalsselektion analog durchgeführt. Anschließend werden entsprechend des in der Trainingsphase erzeugten Modells die Testdaten bestimmten Klassen zugeordnet. Dadurch lässt sich für den Untersuchenden eine Aussage darüber treffen, von welcher Art der untersuchte Datenverkehr ist. Dabei ist eine Unterteilung in unterschiedliche Klassen möglich und notwendig. Für das hier verwendete Beispiel wird hinsichtlich einer bestimmten Aktivitätsklasse (Dateidownload, bidirektionale Verbindung, asymmetrische Nutzung) unterschieden. Bei internen Tests konnte dabei eine Klassifikationsgenauigkeit von 80% und mehr innerhalb der Klassen bezogen auf verschiedene Testdaten erreicht waren. Diese Genauigkeit wurde auch durch verschlüsselte Kanäle nicht wesentlich reduziert.

Diese beiden sehr gegensätzlichen Ansätze erlauben einen differenzierten Blick auf die unterschiedlichen Einflussfaktoren von Gewinn- und Kostenfunktion.

4.1 Einfluss auf die Gewinnfunktion

Um das Ausmaß an gewonnenen Daten abzuschätzen, ist an dieser Stelle ein umfassender Blick auf die Arbeitsweise forensischer Werkzeuge nötig. In der Datensammlung ist dies einfach darüber zu realisieren, dass eine bestimmte Datenmenge gesichert werden muss. Je größer der Anteil der gewonnen Daten, desto höher ist der Gewinn. Für alle anderen Untersuchungsabschnitte ist eine andere Herangehensweise notwendig. Hierbei wird vereinfacht gesagt, dass alle nicht interpretierten Daten zunächst Rohdaten sind. Durch eine forensische Maßnahme werden diese zu interpretierten Daten und gehören einer anderen Datenart an. Entsprechend ist das Ausmaß der gewonnen Daten dann hoch, wenn der Anteil der noch uninterpretierten Rohdaten nach Durchführung der Maßnahme möglichst gering ist.

Angewendet auf die beiden hier vorliegenden Beispiele ist das *Ausmaß der gewonnenen Daten* bei der Verwendung von tcpxtract geringer als bei dem Einsatz einer Mustererkennung. tcpxtract wertet die ihm bekannten Dateisignaturen aus, während die Mustererkennung den gesamten Datenstrom betrachtet und daraus Aussagen über die durchgeführten Aktivitäten treffen kann. Die Ergebnisse von tcpxtract können dabei konkreter sein, leiden aber sehr stark unter externen *Einflüssen des Szenarios* (wie die Fragmentierung der Daten).

Die *Belastbarkeit der Daten* ist bei beiden Einsätzen gegeben, da sowohl das File Carving als auch die heuristische Musterkennung als erprobt gelten.

Um diese Sichtweise erweitert, sind die vorgestellten Faktoren entsprechend dazu in der Lage, diese beiden Anwendungsbeispiele abzudecken.

4.2 Einfluss auf die Kostenfunktion

Die beiden hier vorgestellten Maßnahmen unterscheiden sich radikal im benötigten *Aufwand*. Die Mustererkennung benötigt eine umfassende Trainingsphase, die sich in die strategische Vorbereitung einordnet. In der eigentlichen Untersuchung benötigen beide Werkzeuge ähnliche Ressourcen, wobei tcpxtract als File Carving-Ansatz eine große Menge an Daten produziert, was sich auf die *Kosten* der Maßnahme auswirkt.

Als Vorgehensweisen der Offline-Forensik haben die beiden hier vorgestellten Werkzeuge keine *Strukturwirkung* und sorgen auch für keinen *Datenverlust*.

Entsprechend den eingangs vorgestellten Faktoren können diese unterschiedlichen *Kosten*aspekte berücksichtigt werden. Dabei verfügt die heuristische Mustererkennung über einen hohen *Aufwand (ZSV)* und hohe *Kosten in der strategischen Vorbereitung (KSV)*, während tcpxtract über etwas höhere *Kosten bei der Durchführung (KFM)* verfügt. Beide Werkzeuge müssen durch externe Methoden in Authentizität und Integrität der Untersuchungsziele abgesichert werden. Für *Kosten (KAI) und Aufwand (ZAI) für die Absicherung von Authentizität und Integrität* ergibt sich damit bei beiden Vorgehensweisen das gleiche Resultat.

Die Metrik muss aus diesem Beispiel heraus nicht erweitert werden.

5 Zusammenfassung und Ausblick

Im Rahmen dieser Arbeit wird erläutert, warum eine Metrik für die Bewertung der Nützlichkeit von forensischen Werkzeugen notwendig ist. Dabei wird auf die etablierte Systematik aus [KHA+09] aufgebaut. Die entstehende Metrik ist in *Gewinn-* und *Kostenfunktion* unterteilt und für beide Funktionen werden unterschiedliche *Faktoren* und *Gewichte* aus einem Anwendungsbeispiel entworfen. Dabei wurde aufgezeigt, dass diese *Faktoren* und *Gewichte* für einen breiteren Raum von Beispielen gültig sind.

Da diese Arbeit einleitenden Charakter hat, ergibt sich an zahlreichen Stellen weiterer Forschungsbedarf. Aus Sicht der Autoren betrifft dies primär die Überprüfung der Gültigkeit der eingeführten *Faktoren* anhand weiterer Beispiele. Ein weiterer wichtiger Punkt ist die Quantifizierung einiger der hier vorgestellten *Faktoren*. Während sich einerseits die (finanziellen) Kosten einer Maßnahme sehr gut beschreiben lassen, ist bis für die Strukturwirkung noch nicht möglich. Ein weiterer großer Punkt ist die *Gewichtung* der unterschiedlichen eingeführten Faktoren der Metrik. Diese muss an den Anwendungsfall angepasst und damit ähnlich den *Gewichten* für die einzelnen Kostenfunktionen umzusetzen sein.

Literatur

[Chap10] Laura Chappel: Wireshark Network Analysis: The Official Wireshark Certified Network Analyst Study Guide (2010)

[Cohe07] Michael Cohen: Advanced Carving techniques (2007)

[Deri12] Luca Deri: Improving Passive Packet Capture: Beyond Device Polling.

[DFRW01] DFRWS: A Road Map for Digital Forensic Research (2001)

[DuHS02] R.O. Duda, P.E. Hart and D.G. Stork: Pattern classification, Wiley Interscience, New York, 2nd edition (2002)

[KHA+09] Stefan Kiltz, Mario Hildebrandt, Robert Altschaffel, Jana Dittmann, Claus Vielhauer, Carsten Schulz: Sicherstellung von gelöschtem Schadcode anhand von RAM-Analysen und Filecarving mit Hilfe eines forensischen Datenmodells in Sichere Wege in der vernetzten Welt . - Gau-Algesheim : SecuMedia-Verl., ISBN 978-3-922746-97-3, S. 473-488, 2009

[KrHe02] W.G. Kruse, J. G. Heiser: Computer Forensics – Incident Response Essentials (2002)

[REWI12] REWIND: First report on mathematical models (2012)

Datenreduktion mittels kryptographischer Hashfunktionen in der IT-Forensik: Nur ein Mythos?

Harald Baier[1,2] · Christian Dichtelmüller[1]

[1]Hochschule Darmstadt – Fachbereich Informatik
christian.dichtelmueller@stud.h-da.de

[2]Center for Advanced Security Research Darmstadt – CASED
harald.baier@cased.de

Zusammenfassung

Kryptographische Hashfunktionen werden in der Computerforensik unter Anderem dazu eingesetzt, bereits bekannte Dateien effizient an Hand ihres Hashwerts zu erkennen. Enthält diese bekannte Datei keine strafbaren Inhalte, kann diese zunächst für die weitere forensische Untersuchung ausgeblendet werden. Dies führt zu einer Datenreduktion der tatsächlich zu untersuchenden Dateien. Die weltweit verbreitetste Datenbank für diese Methode der Datenreduktion ist das Reference Data Set (RDS) der National Software Reference Library (NSRL) des National Institute of Standards and Technology (NIST). Trotz des hohen Verbreitungsgrades des RDS ist bis heute unklar, wie gut dieser Ansatz zur Datenreduktion tatsächlich funktioniert. Die vorliegende Arbeit hat daher zum Ziel, die Datenreduktion mittels RDS in der Praxis zu bestimmen. Dazu definieren wir unterschiedliche Nutzergruppen, wie sie im Rahmen einer forensischen Untersuchung auftreten werden, und bestimmen jeweils die Datenreduktionsrate. Im Ergebnis führt die Anwendung der RDS zu Datenreduktionsraten, die für praktisch relevante Szenarien in der Größenordnung von 20 Prozent liegen. Aus unserer Sicht erfüllt dieser Ansatz daher in der Praxis nicht die an ihn gestellten Anforderungen.

1 Einleitung

Computer, mobile Endgeräte oder andere IT-Systeme sind in der heutigen Welt weit verbreitet. Ein Großteil der Arbeit in Büros, aber auch privat, wird mit Hilfe dieser Geräte ausgeführt. Ob dies das Schreiben von Briefen, das Versenden von E-Mails oder das Führen von elektronischen Kalendern ist, alle diese Tätigkeiten erzeugen Daten. Im Falle einer IT-forensischen Untersuchung können diese Daten dazu beitragen, Verbrechen aufzuklären oder Beschuldigte zu entlasten.

Oft werden dazu persistente Speicher (magnetische Festplatten, Flashspeicher) untersucht, deren Speicherkapazität sich dem Mooreschen Gesetz entsprechend exponentiell steigert. Damit vergrößert sich auch die Datenmenge exponentiell, die Computerforensiker analysieren müssen. Wo früher noch ein paar hundert Megabyte an Daten auf einem privaten Computer anfielen, sind dies heute schon mehrere Hundert Gigabyte oder sogar Terabyte. Server können noch deutlich mehr Daten enthalten. Diese erheblichen Mengen an Daten erschweren es Forensikern, relevante Spuren zu finden. Eine Vorsortierung der Daten, eine Datenreduktion also, ist deswegen wünschenswert.

Das Auffinden von strafbaren Inhalten gleicht daher oft der sprichwörtlichen Suche nach der Nadel im Heuhaufen. Um diese Suche zu vereinfachen, stehen dem IT-Forensiker zwei Ansätze zur Verfügung: Whitelisting 'verkleinert den Heuhaufen', während Blacklisting die 'Nadel vergrößert'.

Eine Whitelist ist eine Datenbank nicht-inkriminierter Dateien. Typische Dateien einer Whitelist sind Dateien gängiger Betriebssysteme sowie Applikationen wie Browser, Mailclients oder Office-Suiten. Im Rahmen einer forensischen Untersuchung werden die auf dem beschlagnahmten Datenträger gefundenen Dateien automatisiert gegen die Dateien der Whitelist abgeglichen. Diese Vorgehensweise ist in Standardwerken der Computerforensik wie [Ges11], [Carr05] oder [Case10] beschrieben. Gängige forensische Software wie EnCase oder FTK bieten Importfunktionen für Whitelists an.

Aus Effizienzgründen (insbesondere im Hinblick auf Speicherbedarf der Whitelist) referenziert die Whitelist Dateien mittels kryptographischer Hashwerte. Die Sicherheitseigenschaften solcher Hashfunktionen, insbesondere die Preimage-Resistance, garantieren, dass ein vorgelegter Hashwert der Whitelist tatsächlich zu der Datei auf dem untersuchten Datenträger gehört.

Die Erzeugung einer Whitelist ist aufwändig, da für jede Datei entschieden werden muss, ob diese potenziell strafbare Inhalte enthält oder nicht. Ein koordiniertes Vorgehen ist daher wünschenswert. Die weltweit verbreitetste Datenbank für diese Methode der Datenreduktion ist das Reference Data Set (RDS) der National Software Reference Library (NSRL) des US-amerikanischen National Institute of Standards and Technology (NIST) [NIST12].

Trotz des hohen Verbreitungsgrades des RDS ist bis heute unklar, wie gut dieser Ansatz zur Datenreduktion tatsächlich funktioniert. Die einzige uns bekannte Arbeit, die sich mit der Datenreduktionsrate beschäftigt, ist ein Vortrag des NIST-Mitarbeiters Douglas White [Whit08]. Darin behauptet er, dass nach Anwendung der RDS nur noch 30% des Datenträgers manuell untersucht werden müssen, die Datenreduktionsrate also 70% beträgt.

Die vorliegende Arbeit hat daher zum Ziel, die Datenreduktion mittels RDS in der Praxis zu bestimmen, da wir die von White behaupteten Raten für viel zu optimistisch halten. Für unsere Untersuchung simulieren wir verschiedene Computeranwender und legen für diese ein Datenträgerimage an. Für jedes der Images bestimmen wir die Datenreduktionsrate. Im Ergebnis führt die Anwendung der RDS zu Datenreduktionsraten, die für praktisch relevante Szenarien in der Größenordnung von 20 Prozent liegen, d.h. dass 80 Prozent der Dateien nicht ausgefiltert werden und daher manuell untersucht werden müssen. Aus unserer Sicht erfüllt dieser Ansatz daher in der Praxis nicht die an ihn gestellten Anforderungen.

Der weitere Aufbau dieser Arbeit ist wie folgt: In Abschnitt 2 erläutern wir die Grundlagen von kryptographischen Hashfunktionen sowie ihren Einsatz im Whitelisting der Computerforensik. Danach stellen wir in Abschnitt 3 typische Nutzungsformen von Computern vor, auf deren Grundlage wir die von uns simulierten Anwenderprofile erstellen. Anschließend geben wir in Abschnitt 4 die Datenreduktionsraten für die von uns simulierten Computernutzer vor. Wir schließen diese Arbeit mit einer Zusammenfassung und einem Ausblick in Abschnitt 5.

2 Hashfunktionen und Whitelisting

In diesem Kapitel erklären wir zunächst in Abschnitt 2.1, was eine Hashfunktion ist und welche Anforderungen wir an diese für den Einsatz in kryptographischen Anwendungen stellen. Danach erklären wir in Abschnitt 2.2, warum kryptographische Hashfunktionen den Zweck für Whitelisting erfüllen und erläutern die RDS.

2.1 Kryptographische Hashfunktionen

Es bezeichne $\{0,1\}^*$ die Menge der Bitstrings nicht-limitierter Länge, und es sei $bs \in \{0,1\}^*$. Wie üblich bezeichne h eine Hashfunktion. Ist n eine positive ganze Zahl, dann ist gemäß [MeOV97] h eine Funktion mit zwei Eigenschaften:

- *Komprimierung*: $h : \{0,1\}^* \longrightarrow \{0,1\}^n$.
- *Effiziente Berechnung*: Die Berechnung des Hashwerts $h(bs)$ ist 'schnell' in der Praxis.

Zur Anwendung in der Kryptographie muss h weitere Bedingungen erfüllen:

1. *Urbild-Resistenz (Preimage Resistance)*: Es sei ein Hashwert $H \in \{0,1\}^n$ gegeben. Dann ist es **in der Praxis** nicht möglich, eine Eingabe (d.h. einen Bitstring bs) mit $H = h(bs)$ zu finden.

2. *Zweite-Urbild-Resistenz (Second Preimage Resistance)*: Es sei ein Bitstring $bs_1 \in \{0,1\}^*$ gegeben. Dann ist es **in der Praxis** nicht möglich, eine weitere Eingabe (d.h. einen zweiten Bitstring) $bs_2 \in \{0,1\}^*$ zu finden, der $bs_1 \neq bs_2$ und $h(bs_1) = h(bs_2)$ erfüllt.

3. *Kollisionsresistenz (Collision Resistance)*: Es ist nicht möglich **in der Praxis**, irgendwelche zwei Bitstrings $bs_1, bs_2 \in \{0,1\}^*$ mit $bs_1 \neq bs_2$ und $h(bs_1) = h(bs_2)$ zu finden.

Diese Sicherheitsanforderungen sind nicht unabhängig voneinander. Zum Beispiel folgt aus der Kollisionsresistenz auch die Urbild-Resistenz (d.h. die erstere Forderung ist stärker). Details finden sich in [MeOV97]. Die Sicherheitsanforderungen implizieren eine wichtige Eigenschaft kryptographischer Hashwerte: Den *Lawineneffekt (avalanche effect)*. Dazu sei ein Bitstring bs mit zugehörigem Hashwert $h(bs)$ gegeben. Ersetzen wir bs durch einen anderen Bitstring bs', dann verhält sich $h(bs')$ pseudo-zufällig, wir haben also keine Kontrolle über die Ausgabe einer Hashfunktion, wenn wir die Eingabe ändern. Unterscheiden sich zum Beispiel bs und bs' in genau einem Bit, sehen die beiden zugehörigen Ausgaben $h(bs)$ und $h(bs')$ 'sehr' verschieden aus. Genauer formuliert ändert sich jedes Bit in $h(bs')$ mit einer Wahrscheinlichkeit von 50%, unabhängig von der Anzahl geänderter Bits in bs'. Typische kryptographische Hashfunktionen finden sich in Tabelle 1.

Tab. 1: Typische kryptographische Hashfunktionen

Name	MD5	SHA-1	SHA-256	SHA-512	RIPEMD-160
n	128	160	256	512	160

2.2 White- und Blacklisting in der Computerforensik

In diesem Abschnitt gehen wir auf zwei prominente Anwendungsfälle kryptographischer Hashfunktionen in der Computerforensik ein: White- und Blacklisting. Wir diskutieren insbesondere Whitelisting und die weltweit verbreiteteste Whitelist, das Reference Data Set (RDS) des

US-amerikanischen NIST. Wir erläutern auch, warum deutsche Strafverfolgungsbehörden und Sachverständige auf die US-amerikanische RDS zurückgreifen.

White- und Blacklists zielen darauf ab, bereits bekannte Dateien auf einem zu untersuchenden Datenträger wiederzuerkennen. Aus Effizienzgründen (insbesondere im Hinblick auf Speicherbedarf der Liste) referenziert die White- oder Blacklist Dateien mittels kryptographischer Hashwerte. Die zugrundeliegende Idee ist sehr einfach: Da kryptographische Hashfunktionen pseudozufällige Ausgaben bei Änderung der Eingabe produzieren, können die Hashwerte einer Eingabe als eindeutige und sehr kurze Identifikatoren eines beliebig langen Eingabestrings angesehen werden. In der Computerforensik berechnet man typischerweise die Hashwerte über den Payload einer Datei (d.h. die Hashfunktionen werden auf Dateiebenen angewendet).

Die in Abschnitt 2.1 vorgestellten Sicherheitseigenschaften solcher Hashfunktionen, insbesondere die Preimage-Resistance, garantieren, dass ein vorgelegter Hashwert der White- oder Blacklist tatsächlich zu der Datei auf dem untersuchten Datenträger gehört. Aus heutiger Sicht ist es zeitlich zu aufwändig, zu einem gegebenen Hashwert der Liste eine andere Eingabe zu finden, insbesondere in der Kombination mehrerer kryptographischer Hashfunktionen, wie es unten dargestellt in der RDS realisiert wird.

Eine Whitelist ist eine Datenbank nicht-inkriminierter Dateien. Typische Dateien einer Whitelist sind Dateien gängiger Betriebssysteme sowie Applikationen wie Browser, Mailclients oder Office-Suiten. Im Rahmen einer forensischen Untersuchung werden die auf dem beschlagnahmten Datenträger gefundenen Dateien automatisiert gegen die Dateien der Whitelist abgeglichen. Diese Vorgehensweise ist in Standardwerken der Computerforensik wie [Ges11], [Carr05] oder [Case10] beschrieben. Gängige forensische Software wie EnCase oder FTK bieten Importfunktionen für Whitelists an. Die Dateien der Whitelist werden zunächst für die weitere Untersuchung ausgeblendet. Daher hat der Ermittler manuell weniger Dateien zu sichten.

Eine Blacklist hingegen enthält bekanntermaßen inkriminierte Dateien. Findet der Computerforensiker durch automatisierten Abgleich der Hashwerte eines Datenträgers einen Treffer in der Blacklist, sieht er sich diese Datei 'per Hand' an, um über einen möglichen strafbaren Inhalt direkt zu entscheiden.

Beide Listen tragen zur Datenreduktion bei. Liefert eine Blacklist aber direkt Indizien für strafbare Inhalte, reduziert eine Whitelist lediglich die händisch zu untersuchenden Dateien. Wir diskutieren daher im Folgenden nur noch Whitelists.

Die Erzeugung einer Whitelist ist aufwändig, da für jede Datei entschieden werden muss, ob diese potenziell strafbare Inhalte enthält oder nicht. Ein koordiniertes Vorgehen ist daher wünschenswert. Die weltweit verbreitetste Datenbank für diese Methode der Datenreduktion ist das Reference Data Set (RDS) der National Software Reference Library (NSRL) des US-amerikanischen National Institute of Standards and Technology (NIST) [NIST12].

```
"SHA-1","MD5","CRC32","FileName","FileSize","ProductCode","OpSystemCode","SpecialCode"
"AC91EF00F33F12DD491CC91EF00F33F12DD491CA","DC2311FFDC0015FCCC12130FF145DE78",
"14CCE9061FFDC001","WORD.EXE",1217654,103,"T4WKS",""
```

Abb. 1: Beispieleintrag in der NIST Reference Data Set (RDS)

Jeder Eintrag der RDS[1] besteht aus dem SHA-1 Hashwert (Secure Hash Algorithm 1, [SHS95]),

---
[1] http://www.nsrl.nist.gov, besucht am 30.04.2012.

dem MD5 Hashwert (Message Digest Algorithm 5, [Rive92]), der CRC-32 Prüfsumme, dem Dateinamen und der Dateilänge der hinterlegten Datei. Ein Beispieleintrag der RDS für ein verbreitetes Textverarbeitungsprogramm der Größe ca. 1,2 MiB findet sich in Abbildung 2.2. Da die RDS keine illegalen Inhalte enthält, wird sie weltweit zur Datenreduktion eingesetzt, auch von deutschen Strafverfolgern, Sachverständigen oder sonstigen Computerforensikern. Damit steht eine weltweit akzeptierte Datenbank für Whitelisting zur Verfügung.

3 Anwenderprofile und Testumgebungen

Unsere Aussagen über die Datenreduktion sollen praxisnah sein, d.h. wir wollen reale Benutzerprofile für unsere Tests simulieren. Daher beschreiben wir zunächst in Abschnitt 3.1 typische Anwendungsfälle für die Computernutzung, da daraus die im Rahmen einer Post-Mortem-Analyse relevanten Dateien entstehen. Im Anschluss beschreiben wir in Abschnitt 3.2 die Auswahl von Hard- und Software sowie die Anwenderprofile für unsere Tests zur Datenreduktion.

3.1 Anwendungsfälle der Computernutzung

Die Verwendungsmöglichkeiten eines Computers oder eines mobilen Endgerätes sind sehr vielseitig. Im Jahr 2010 haben laut einer Studie für den IT-Verband BITKOM[2] 83% der Bundesbürger einen Computer genutzt. Eine neuere Studie [BITK11b] vom 08.04.2011 besagt sogar, dass 79% der Bundesbürger einen Computer täglich nutzen. Eine Studie über das Nutzungsverhalten von Computernutzern ist leider nicht vorhanden, aber es existieren mehrere Studien über einzelne Anwendungsmöglichkeiten für den Computer. Im Folgenden sind einige der Anwendungsmöglichkeiten aufgeführt:

1. *Internet*: Eine Studie [BIT11d] für den BITKOM gibt an, dass 74% der 16- bis 74-jährigen Privatpersonen 2010 das Internet benutzt haben.

2. *Musik*: Musik wird nicht mehr ausschließlich über das Radio oder eine Stereoanlage konsumiert. 30% der Bundesbürger nutzen auch den Computer oder ein mobiles Endgerät zum Musik hören. Dies ergab eine Umfrage, welche ebenfalls der BITKOM in Auftrag gegeben hat [BITK11c].

3. *Spielen*: Nach einer durch die Universität Hohenheim veröffentlichten Studie [Quan11] spielen etwa 25% der Bundesbürger ab 14 Jahren regelmäßig. Sie nutzen dazu einen Computer oder eine Konsole.

4. *Speichern von Fotografien*: Laut einer Studie [BITK09] des Meinungsforschungsinstitutes Forsa für den BITKOM aus dem Jahr 2009 fotografieren 60% der Deutschen digital und ein Großteil speichert seine Fotografien auf einem Computer. Die Studie gibt weiterhin an, dass jeder zweite seine Fotos auch am Rechner nachbearbeitet.

5. *Anschauen von Filmen*: Eine ebenfalls durch den BITKOM in Auftrag gegebene Studie [BITK11a] aus dem Jahr 2011 hat ermittelt, dass etwa 25% der Internetnutzer Filme aus dem Internet herunterladen oder im Internet DVDs bestellen.

6. *Arbeiten*. Der Hauptverwendungszweck für den Computer ist aber immer noch das Arbeiten. Der Hightech-Verband BITKOM [BITK10] ermittelte, dass in Deutschland 61% der Beschäftigten einen Computer regelmäßig während der Arbeit verwenden.

---

[2] www.bitkom.org.

3.2 Testumgebungen

Um die Testumgebungen flexibel und einfach handhabbar zu machen, sind die Testumgebungen nur virtuell erstellt worden. Für die Erstellung der virtuellen Systeme ist der kostenlose VMWare Player[3] verwendet worden. Mit Hilfe dieser Software lassen sich virtuelle Umgebungen erstellen, in denen unterschiedliche Betriebssysteme lauffähig sind. Für diese Arbeit wurde der VMWare-Player in der Version 3.1.4 verwendet.

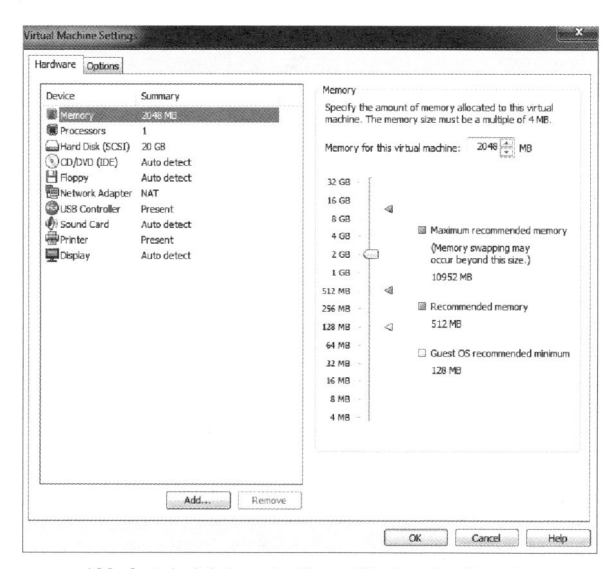

Abb. 2: Beispiel einer simulierten Hardwarekonfiguration

Die simulierte Hardware wurde je nach Anforderung ausgelegt. Besonders die Größe des simulierten Festplattenspeichers variierte zwischen den einzelnen Testumgebungen und ihren dargestellten Verwendungszwecken. Abbildung 2 zeigt eine beispielhafte Grundkonfiguration für die simulierte Hardware. Der Grundkonfiguration wurde ein Prozessor, ein 2048 Megabyte Arbeitsspeicher und 20 Gigabyte Festplattenspeicher zugeordnet. Die restliche Hardware wurde durch den VMWare-Player automatisch zugewiesen.

Im Hinblick auf die Auswahl der Betriebssysteme sind wir wie folgt vorgegangen: Um einen Vergleich mit den von Douglas White erhobenen Daten in Bezug auf die Datenreduktion zu erhalten, ist als ein Betriebssystem Windows XP ausgewählt worden. Das ebenfalls von Douglas White verwendete Windows 2000 eignet sich nicht mehr, da dieses Betriebssystem zu alt ist und deswegen eine sehr geringe Verbreitung hat. Da wir auch ein neueres Betriebssystem untersuchen wollen, haben wir uns neben Windows XP auch für Windows 7 entschieden. Windows Vista eignet sich auf Grund seiner Unbeliebtheit und der damit verbundenen Seltenheit nicht. Zusätzlich zu den beiden wohl am häufigsten verwendeten Betriebssystemen wollten wir auch eine weniger verbreitete Alternative testen. Hier fiel die Wahl auf Linux, weil wir dies

---

[3] www.vmware.com/de/products/desktop_virtualization/player/overview.html.

in unserem akademischen Umfeld selbst verwenden. Aus der großen Anzahl an Distributionen wählten wir die im Moment beliebteste Linux-Distribution Ubuntu zum Testen der Datenreduktion aus. Die Marktanteile von Windows XP und Windows 7 rechtfertigen wie in Tabelle 2 dargestellt unsere Wahl im Hinblick auf die Verbreitung der beiden Betriebssysteme, Linux ist dabei als zusätzlicher Testfall zu sehen. Die Zahlen in Tabelle 2 stammen für Net Applications aus einem Artikel der PCWelt[4], für StatCounter von deren Webseite[5].

Tab. 2: Marktanteile ausgewählter Betriebssysteme 12/2010 (Quelle: Siehe Fließtext)

Anbieter \ Betriebssystem	Windows XP	Windows 7	Linux
Net Applications	56,72%	20,87%	0,96%
StatCounter	50,59%	25,86%	0,75%

Auf Basis der in Abschnitt 3.1 genannten Nutzungsformen von Computern und mit der Hilfe der Testumgebungen simulieren wir in dieser Arbeit folgende Datenträger bzw. Anwenderprofile:

1. Windows XP Professional mit Service Pack 3 (nur Betriebssysteminstallation)
2. Windows XP mit Standardsoftware
3. Windows XP Spieler
4. Windows 7 Professional 32bit (nur Betriebssysteminstallation)
5. Windows 7 mit Standardsoftware
6. Windows 7 Universal (d.h. alle Nutzungsformen)
7. Ubuntu 11.04

Die 'nackten' Betriebssysteminstallationen dienen als grundlegender Test, da eine Whitelist alle diese Dateien enthalten und die Datenreduktionsrate bei ca. 100% liegen sollte. Gleiches gilt für die Installation samt Standardsoftware. Diese Softwareauswahl haben wir für alle Anwenderprofile unterstellt; sie befindet sich daher außer bei den reinen Betriebssysteminstallationen auf allen Testumgebungen. Die installierte Software ist Adobe Reader X (Version 10.1), Avira Antivir Personal (Free Antivirus 10.0.0.650), Firefox 4.0, Internet Explorer 8.0, Skype, ICQ 7.5, OpenOffice 3.3.0, Microsoft Office 2007 Home and Student, Irfan View 4.30 sowie Winamp 5.62. Eine Begründung für diese Softwareauswahl haben wir in [Dich] dargestellt.

Beim Spielerprofil wurde der Festplattenspeicher auf 250 Gigabyte und das RAM auf 4 Gigabyte erhöht. Wir installierten zahlreiche Spiele und Zusatzsoftware für Spieler, z.B. Total War Shogun 2, Fallout 3 – New Vegas, World of Warcraft, Starcraft 2, Dragon Age Origins, Civilisation 5, Civilisation 4 mit den beiden Addons Warlords und Beyond the Sword.

Beim Benutzerprofil *Universal* haben wir weitere Nutzungsformen aus Abschnitt 3.1 hinzugefügt und durch private Dokumente ergänzt. Diese wurden zufällig nach Dateityp (z.B. jpg, doc, avi) aus dem Internet heruntergeladen.

Die Ergebnisse unserer Tests stellen wir in Abschnitt 4 vor. Weitere Anwenderprofile samt zugehöriger Datenreduktionsraten sind in [Dich] dargestellt.

---

[4] www.pcwelt.de/news/Januar-2011-Aktuelle-Marktanteile-Browser-OS-Google-1457221.html.
[5] gs.statcounter.com/#os-ww-monthly-201012-201012-bar.

4 Datenreduktionsraten

In diesem Abschnitt stellen wir für die in Abschnitt 3 diskutierten Profile die Datenreduktionsraten bei Anwendung der weltweit bekanntesten Whitelist vor, der Reference Data Set (RDS) 2.36 des US-amerikanischen NIST.

Es bezeichne M_G die Gesamtanzahl der Dateien auf dem zu untersuchenden Datenträger und M_{RDS} die Anzahl der Dateien auf dem Datenträger, die in der RDS indiziert sind. Wir schreiben R für die *Datenreduktionsrate* der RDS angewandt auf diesen Datenträger. Dann setzen wir

$$R = \frac{M_{RDS}}{M_G}.\tag{1}$$

Offensichtlich gilt $0 \leq R \leq 1$ und wir können R als Prozentsatz der bekanntermaßen nichtinkriminierten Dateien auf dem Datenträger ansehen. Es ist klar, dass ein größeres R eine größere Menge an automatisch ausgeblendeten Dateien bedeutet. Daher sollte R möglichst groß sein.

Wir weisen darauf hin, dass unsere Maßeinheit der Datenreduktionsrate die Anzahl an Dateien ist im Unterschied zu Douglas White [Whit08], der die Datenreduktion in Bytes misst. Da wir allerdings auf Dateiebene die Datenreduktion durchführen und die Anzahl bekannter bzw. unbekannter Dateien für den Erfolg bzw. Misserfolg relevant ist, halten wir unsere Maßeinheit für aussagekräftiger. Für eine Umrechnung muss man nur die durchschnittliche Dateigröße verwenden, die für große Datenträger nicht allzu unterschiedlich sein dürfte.

Tab. 3: Datenreduktionsraten

Profil	Dateien gesamt: M_G	In RDS hinterlegt: M_{RDS}	Datenreduktionsrate: R
Windows XP (nur OS)	10.467	5.490	52,45%
Windows XP Standardsoftware	22.801	9.689	42,49%
Windows XP Spieler	126.684	18.213	14,38%
Windows 7 (nur OS)	56.233	18.703	33,26%
Windows 7 Standardsoftware	77.601	23.414	30,17%
Windows 7 Universal	322.128	42.296	13,13%
Ubuntu	172.789	26.664	15,43%

Unsere Testergebnisse für die 7 in dieser Arbeit dargestellten Anwenderprofile sind in Tabelle 3 zusammengefasst. Die Spalte *Dateien gesamt* bezeichnet die Anzahl der Dateien, die sich für das jeweilige Profil auf dem Datenträger befunden haben. Wie oben definiert verwenden wir dafür die Variable M_G. Die Spalte *In RDS hinterlegt* beschreibt die Anzahl der Dateien, die in der RDS referenziert sind und daher automatisiert ausgeblendet werden. Die zugehörige Variable ist M_{RDS}. Die Spalte *Datenreduktionsrate* ist wie oben erklärt der Quotient aus den beiden vorhergehenden Spalten, d.h. der Anteil der Dateien, die in der RDS referenziert werden bezogen auf die auf dem Datenträger gespeicherten Dateien.

Es fällt auf, dass bereits die 'nackte' Installation eines Windows XP Betriebsystems nur eine Datenreduktionsrate von knapp über 50% erreicht und damit weit unter der behaupteten Rate von 70% von Douglas White [Whit08] liegt (wir weisen erneut auf die unterschiedlichen Maßeinheiten von White und uns hin). Für Windwos 7 liegt die Datenreduktion sogar nur bei ca. 33%. Hintergrund ist, dass in der RDS folgende Dateiklassen nicht indiziert sind:

1. *Lokalisierte Dateien*: Da die RDS vom US-amerikanischen NIST gepflegt wird, finden lokalisierte Dateien für nicht-englische Betriebssysteminstallationen oder Anwendungen kaum Einzug in die RDS. Daher werden diese lokalisierten Dateien nicht erkannt. Beispieldateien sind in Abbildung 4 dargestellt.
2. *Installationsdateien der VMware*: Wir verwenden eine virtuelle Maschine als Host für unsere Testumgebungen. Dadurch liegen eine Reihe von VMware spezifischen Dateien vor, die nicht durch die RDS erkannt werden. Als Anwendungsfall denke man etwa an eine Ermittlung im Web-Hosting- oder Cloud-Bereich, wo oft virtuelle Maschinen gesichert werden.
3. *Veränderbare benutzer- oder hostspezifische Dateien*: Nicht alle Dateien eines Betriebssystems sind starr und invariant bei bzw. nach der Installation. Einige Dateien unterliegen einem ständigen Wandel ihrer Inhalte oder haben von sich aus einen individuellen Inhalt. Beispiele für solche Dateien sind Log-Files oder auch Verknüpfungen, temporäre Installations- oder Wiederherstellungsdateien. Auch solche Dateien, die speziell für die Benutzer eines Betriebssystems angelegt werden, sind individuell und daher nicht in der RDS indiziert. Während der Installation des Betriebssystems wird z.B. ein Benutzername verlangt, wodurch sich einige dieser Dateien immer unterscheiden.

```
Lokalisierte Beispieldateien:
Dokumente und Einstellungen/Administrator/Eigene Dateien/Eigene Bilder/Beispielbilder.lnk
Dokumente und Einstellungen/Administrator/Eigene Dateien/Eigene Musik/Desktop.ini

VMware-spezifische Beispieldateien:
Program Files/VMware/VMware Tools/intl.dll
Documents and Settings/All Users/Application Data/VMware/VMware Tools/Unity
Filters/adobeflashcs3.txt

Benutzerspezifische Beispieldateien:
Documents and Settings/Administrator/Favorites/Desktop.ini oder
Documents and Settings/Administrator/Local Settings/History/History.IE5/index.dat
```

Abb. 3: Beispieldateien für nicht-indizierte Dateien eines 'nackten' Windows-Betriebssystems

Offensichtlich gelten vergleichbare Argumente auch für Installationen mit Standardsoftware (diese ist am Ende von Abschnitt 3.2 genannt). Beim Spieler, dessen Profil ebenfalls am Ende von Abschnitt 3.2 erläutert wird, beträgt die Datenreduktionsrate gar nur knapp 15%.

Es ist klar, dass durch Hinzunahme individueller Dateien, wie wir es für den allgemeinen Nutzer *Universal* angelegt haben, die Datenreduktionsrate nur sinken kann. Für den praktisch vermutlich am realistischsten Nutzer *Universal* liegt die Datenreduktionsrate für Windows 7 nur bei 13,13%.

Dies führt uns zu dem Schluss, dass Datenreduktion mittels Whitelist zwar ein Standardverfahren der Computerforensik ist, dieses aber bei weitem nicht das hält, was man sich davon verspricht.

5 Zusammenfassung und Ausblick

Wir haben die Datenreduktionsraten für praktisch relevante Nutzergruppen bestimmt und gezeigt, dass die Anwendung der RDS zu Datenreduktionsraten in der Größenordnung von 20 Prozent führt. Aus unserer Sicht erfüllt dieser Ansatz daher in der Praxis nicht die an ihn gestellten Anforderungen.

Offensichtliche Verbesserungen sind die Aufnahme lokalisierter Dateien in eine landesspezifische Whitelist. Dafür müsste es dann pro Land eine verantwortliche Stelle und wenn möglich eine international standardisierte Austauschschnittstelle geben.

In einem nächsten Schritt wäre zu untersuchen, inwiefern andere Ansätze für das Whitelisting (z.b. auf Basis von Fuzzy Hashing Ansätzen) erfolgversprechender sind. Die RDS kann auf Grund der Eigenschaften jedenfalls nicht für die Erkennung ähnlicher Inhalte oder von Fragmenten eingesetzt werden.

Literatur

[BITK09] BITKOM: Digitalfotos auf Papier bleiben beliebt . http://www.bitkom.org/de/markt_statistik/62013_61435.aspx (2009).

[BITK10] BITKOM: 61 Prozent aller Berufstätigen arbeiten mit dem Computer. http://www.bitkom.org/de/presse/66442_64770.aspx (2010).

[BITK11a] BITKOM: 12 Millionen Deutsche kaufen Filme im Internet. http://www.bitkom.org/de/markt_statistik/64038_67900.aspx (2011).

[BITK11b] BITKOM: Computernutzung nimmt weiter zu. http://www.bitkom.org/de/markt_statistik/64050_67616.aspx (2011).

[BITK11c] BITKOM: Fast jeder Dritte hört Musik mit dem PC, jeder Vierte mit dem Handy. http://www.bitkom.org/de/markt_statistik/64050_68464.aspx (2011).

[Carr05] B. Carrier: File System Forensic Analysis. Addison-Wesley (2005).

[Case10] E. Casey: Handbook of Digital Forensics and Investigation. Elsevier Academic Press (2010).

[Dich]   C. Dichtelmüller: Zur Bedeutung von Hashfunktionen für die Datenreduktion in der computerforensischen Ermittlung. Diplomarbeit, Hochschule Darmstadt.

[Ges11]   Computer Forensik : Systemeinbrüche erkennen. dpunkt Verlag (2011).

[MeOV97] A. Menezes, P. Oorschot, S. Vanstone: Handbook of Applied Cryptography. CRC Press (1997).

[NIST12] NIST: NSRL download – description of the RDS contents. http://www.nsrl.nist.gov/RDS/rds_2.36/READ_ME.txt (2012).

[Quan11] T. Quandt: Deutsche Computerspieler: viele Gelegenheitszocker, wenige Extremgamer. https://www.uni-hohenheim.de/thema.html?&tx_ttnews (2011).

[Rive92] R. Rivest: The MD5 Message-Digest Algorithm. In: (1992).

[SHS95]   SHS: Secure Hash Standard. In: (1995).

[Whit08] D. White: Hashing of File Blocks: When Exact Matches Are Not Useful. http://www.nsrl.nist.gov/Presentations.htm (2008).

Beweissichere Daten in der digitalisierten Forensik

Stefan Kiltz[1] · Jana Dittmann[1] · Claus Vielhauer[2]

[1]Otto-von-Guericke-Universität Magdeburg
{stefan.kiltz | Jana.Dittmann}@iti.cs.uni-magdeburg.de

[2]Fachhochschule Brandenburg
vielhauer@fh-brandenburg.de

Zusammenfassung

Aufgrund der Bestrebungen zu einer Digitalisierung der traditionellen Tatortforensik (z.B. Daktyloskopie, Ballistik) und der damit einhergehenden (idealerweise kontaktlosen) Überführung physischer Spuren in elektronische Spurendaten und deren digitaler Analyse entstehen eine Vielzahl neuer Möglichkeiten. Zeitgleich entsteht die wissenschaftliche Herausforderung, auch während einer Untersuchung der digitalisierten Forensik die Vollständigkeit und Nachvollziehbarkeit des Untersuchungsverlaufs nachweisen zu können und zusätzlich eine lückenlose Beweiskette (Chain-of-Custody) für digitale Objekte zu erstellen, welche mit IT-Sicherheitsmechanismen bezüglich Authentizität, Integrität und Vertraulichkeit abgesichert ist. Am Beispiel der Daktyloskopie wird unter Einbeziehung traditioneller Vorgehensweisen [HoRL11] und unter Verwendung eines existierenden Vorgehensmodells [KHDV09] für die IT-Forensik erstmalig ein Vorschlag erbracht, forensische Datenarten und Mengen von Methoden des Modells auf die Daktyloskopie anzuwenden. Eine existierende Aufteilung von Untersuchungsschritten für die digitalisierte Forensik am Beispiel der Daktyloskopie [KGDV11] wird übernommen. Es werden ein Rechte- und Rollenmanagement und eine Intra-Case Datenfusion sowie die neue Möglichkeit der Inter-Case Datenfusion motiviert.

1 Motivation

Spurensicherungs- und Analysetechniken in traditionellen forensischen Disziplinen der Tatortforensik (u.a. in der Ballistik, in der Daktyloskopie) werden derzeit in Bezug auf eine mögliche Digitalisierung erforscht. Für den folgenden Beitrag beschreibt dabei der Begriff der „digitalisierten Forensik" die Anwendung von IT-Systemen zur Unterstützung von Bereichen der traditionellen Tatortforensik, bei der *elektronische Spurendaten* eingesetzt werden. Diese repräsentieren Daten und Informationen mit einer Relevanz für eine forensische Untersuchung, welche durch ein elektronisches Gerät (typischerweise als digitale Daten) gespeichert und übermittelt werden [Newm07]. Durch die Digitalisierung, z.B. mittels kontaktloser optischer Spurenerfassung und den Einsatz von Bildverarbeitungs- und Mustererkennungsmethoden ergeben sich neue Möglichkeiten (z.B. für die Daktyloskopie), aber auch neue wissenschaftliche Herausforderungen. Diese sind u.a. eine Folge der Digitalisierung von physischen Spuren zu einer Repräsentation als elektronische Spurendaten. Die Digitalisierung bedingt neue Ansätze, um Vollständigkeit und Nachvollziehbarkeit des Untersuchungsverlaufs nachweisen zu können. Vor allem müssen alle Transformationen, welche auf den digitalisierten latenten (d.h. ohne Bearbeitung unsichtbaren) Spurendaten angewendet worden, in einer Verhandlung technischen Laien nachvollziehbar erläutert werden. In einigen Ländern wird dazu das Daubert-Hearing [HoRL11] eingesetzt. Um in Gerichtsverhandlungen einsetzbar zu sein, muss der Einsatz einer lückenlosen Beweiskette (engl. Chain-of-Custody) für Spurenträger während der gesamten Untersuchung nachgewiesen werden. Dabei sichert die lückenlose Beweiskette Integrität und Authentizität von Spurenträgern zu und beantwortet [KrHe02]:

- Wer sammelte die Spurenträger,
- wie und wo wurden die Spurenträger gesammelt,
- wer hatte Zugriff auf die Spurenträger,
- wie wurden die Spurenträger in der Asservatenkammer gelagert und gesichert,
- wer entnahm die Spurenträger aus der Asservatenkammer und zu welchem Zweck.

In der traditionellen Forensik werden diese Fragestellungen hauptsächlich auf physische Objekte des Tatorts angewendet. Für die digitalisierte Forensik, aber auch die IT-Forensik, muss zusätzlich auch noch eine lückenlose Beweiskette für digitale Objekte als elektronische Spurendaten geführt werden, welche die Einhaltung der IT-Sicherheitsaspekte Integrität, Authentizität und Vertraulichkeit zusichert. Dazu ist auch unbedingt ein systemübergreifendes Rechtemanagement auf allen involvierten IT-Systemen zwingend erforderlich. Eine umfassende Dokumentation [CoSG09] ist für alle forensischen Untersuchungen absolut notwendig. Modelle des forensischen Prozesses können einen systematischen Untersuchungsverlauf unterstützen und sicherstellen, dass ein Maximum an fallrelevanten Daten gesammelt und analysiert wird. Dadurch können sie die lückenlose Beweiskette und die umfassende Dokumentation erheblich unterstützen. In diesem Beitrag wird ein bestehendes Modell des forensischen Prozesses für die IT-Forensik [KHDV09], bestehend aus Mengen von Untersuchungsschritten, Mengen von Methoden und forensischen Datenarten aufgegriffen und für die digitalisierte Forensik am Beispiel der Daktyloskopie latenter Fingerspuren an Tatorten im Detail adaptiert. Neu sind die daraus resultierenden forensischen Datenarten und Mengen von Methoden für die digitalisierte Forensik am Beispiel der Daktyloskopie. Durch den Einsatz von kontaktloser 3D Oberflächenerfassung und digitaler Untersuchung sowie Analyse wird es erstmals in diesem Beitrag motivierte *Inter-* und *Intra-Case Fusion* möglich. Kapitel 2 umreißt den Stand der Technik für IT-forensische Modelle und eine Aufteilung der Untersuchungsschritte für die digitalisierte Forensik am Beispiel der Daktyloskopie. Kapitel 3 beschreibt die Anwendung des Modells nach [KHDV09] und die Ableitung von Mengen von Methoden und der forensischen Datenarten für die digitalisierte Forensik am Beispiel der Daktyloskopie. Der Artikel schließt mit einer Zusammenfassung und einem Ausblick in Kapitel 4.

2 Stand der Technik

Nachfolgend werden überblicksartig forensische Vorgehensmodelle für die IT-Forensik vorgestellt und ein existierender Vorschlag für die Aufteilung von Untersuchungsschritten für die digitalisierte Forensik am Beispiel der Daktyloskopie beschrieben.

2.1 Forensische Prozessmodelle für die IT-Forensik

Für die IT-Forensik ist eine Reihe von unterschiedlichen Prozessmodellen bekannt (z.B. Investigative-Process-Model [Case04], Common-Model [FrSc07], Integrated-Digital-Investigation-Process [CaSp03]). Diese Modelle eint, dass sie inhaltlich zusammenhängende Tätigkeiten in einzelne *Untersuchungsschritte* gruppieren. Zusätzlich unterteilt das in [KHDV09] vorgestellte Modell in *Mengen von Methoden* und *forensischen Datenarten*, was eine Beschreibung der untersuchten Daten, der eingesetzten Methoden und des Untersuchungsverlaufs erlaubt. Durch den Einsatz des Modells können Untersuchungen verglichen und Vorgehensweisen auf andere Anwendungsgebiete transferiert werden (z.b. andere Hardware, Betriebssystem). Die Anwendung des Modells unterstützt die Überprüfung der Vollständigkeit der Untersuchung und ist im Modell der Cyber-Forensic-Assurance [Dard10] neben der Anwendbarkeit/Relevanz und den IT-Sicherheitsaspekten Vertraulichkeit, Integrität, Authentizität sowie Nichtabstreitbarkeit enthalten. Weiterhin sind in [Dard10] mit Besitz und dessen Kontrolle explizit die lückenlose Beweiskette aufgegriffen worden.

2.1.1 Forensische Datentypen und der forensische Prozess

In [KHDV09] werden elektronische Spurendaten als forensische Datenarten (DA) beschrieben. Danach werden elektronische Spurendaten als eine Datenquelle betrachtet, welche durch Mengen von Methoden bearbeitet (akquiriert, untersucht, analysiert bzw. dokumentiert) wird. Ähnlich zu [Carr03] wird in [KHDV09] eine Aufteilung in Schichten verwendet. Beginnend mit der untersten Schicht (IT-Hardware) werden immer abstraktere Schichten benannt, welche eine unterschiedliche Interpretation der forensischen Datenarten ermöglichen (Tabelle 1).

Tab. 1: Forensische Datenarten nach [KHDV09]

Hardwaredaten DA_1	Daten, welche nicht oder nur sehr begrenzt durch das Betriebssystem oder die Anwendungen beeinflusst werden (z.B. Seriennummern von Hardwaregeräten)
Rohdaten DA_2	Nicht näher bestimmte Daten als Bitfolge oder Datenströme von Systemkomponenten (z.B. Sektoreninhalte von Massenspeichern)
Details über Daten DA_3	Metadaten zur Datenbeschreibung (z.B. Inodes in Dateisystemen)
Konfigurationsdaten DA_4	Daten, welche das System- und Anwendungsverhalten beeinflussen (z.B. Voreinstellungen)
Kommunikationsprotokoll–daten DA_5	Daten, welche das Kommunikationsverhalten eines Systems beeinflussen (z.B. Interprozesskommunikation)
Prozessdaten DA_6	Daten über laufende Prozesse (z.B. Besitzer, Priorität)
Sitzungsdaten DA_7	Von einem System gesammelte Daten über eine Sitzung (z.B. offene Webseiten, geöffnete Dokumente)
Anwenderdaten DA_8	Daten, welche vom Nutzer erzeugt, bearbeitet oder konsumiert werden (z.B. Bilder, Texte, Videos)

Durch die Deutung einer forensischen Datenart einer bestimmten Schicht wird eine semantische Suche nach speziellen Spuren und Ereignissen unterstützt. Die Datenarten ermöglichen die Einstufung akquirierter Daten und Anwendung geeigneter Methoden für die jeweilige Schicht. Diese Einstufung unterstützt potentiell die Abschätzung der Schwere eines IT-Sicherheitsvorfalls anhand des Schutzbedarfs bestimmter forensischer Datenarten. Zur Speicherung von (Zwischen-)Ergebnissen und eingesetzten Parametern während der gesamten Untersuchung können forensische Datenstrukturen als Unterstützung für die lückenlose Beweiskette für digitale Objekte eingesetzt werden, z.B. der XML-basierten Forensic-Container aus [KiVL11]. Fallübergreifend wird z.B. das XML-basierte Forensic Information Data Exchange Format (FIDEX) eingesetzt [Ford01]. Dieses setzt das National Exchange Model (NIEM) und damit Spezifikationen für den papierlosen Dokumentenaustausch zwischen Behörden um [NPMO07]. FIDEX enthält ein umfassendes Rechte- und Rollenmanagement.

Der forensische Prozess ist in [KHDV09] in sechs *Mengen von Untersuchungsschritten* aufgeteilt, welche eine Restklassenstruktur bilden. Diese Einordnung unterstützt einen Funktionsvergleich unterschiedlicher forensischer Vorgehensweisen und damit u.a. eine Unabhängigkeit von spezifischen Softwareprodukten. Dabei beinhaltet die *strategische Vorbereitung* SV typischerweise durch den Anlagenbetreiber getroffene proaktive Maßnahmen *vor* einem spezifischen Vorfall (z.b. erweitertes Logging, Einbruchserkennung). Die *operationale Vorbereitung* OV beschreibt Maßnahmen *nach* der Erkennung oder eines Verdachtes auf einen Sicherheitsvorfall (z.b. Identifikation von konkreten Datenquellen). Die *Datensammlung* DS enthält Maßnahmen zur forensisch sicheren Off- und Onlinedatenakquise, typischerweise in der Reihenfolge der Flüchtigkeit der Daten. Die *Datenuntersuchung* US beinhaltet Maßnahmen zur Extraktion von forensisch relevanten Daten (z.b. Wiederherstellung von gelöschten Daten). Die *Datenanalyse* DA enthält Methoden zur Zusammenführung und Korrelation von Ergebnissen der Datenuntersuchung (z.b. Timelining, Why-Because-Analyse). Die *Dokumentation* DO beinhaltet Methoden zur Abschlussberichterstellung. Parallel zum gesamten Untersuchungsverlauf werden in der prozessbegleitende Dokumentation Ein- und Ausgabedaten, die Örtlichkeit, die Umgebung und Methoden zur Führung der Chain-of-Custody und der umfassenden Dokumentation aufgezeichnet.

Der forensische Prozess ist in [KHDV09] in sechs *Mengen von Methoden* als Restklassenstruktur aufgeteilt. Diese enthalten Methoden zur Akquise, Untersuchung, Analyse und Dokumentation forensischer Datenarten. Die Einordnung unterstützt die Methodenauswahl und Reihenfolge entsprechend der jeweiligen Vorbedingungen. Die Menge von Methoden des *Betriebssystems* BS beinhaltet Methoden zur Bereitstellung forensisch relevanter Daten neben der Hauptfunktionalität des Betriebssystems (u.a. Ressourcenverwaltung). Die Menge von Methoden des *Dateisystems* DS enthält Methoden zur Bereitstellung forensisch relevanter Daten neben der Verwaltung des Dateisystems. Die Menge von *Methoden der expliziten Einbruchserkennung* EME beinhaltet Methoden zur Bereitstellung forensisch relevanter Daten durch routinemäßig automatisch ausgeführte Maßnahmen ohne konkreten Vorfallsverdacht. Die Menge von Methoden von *IT-Anwendungen* ITA enthält Methoden zur Bereitstellung forensisch relevanter Daten neben der vom Anwender genutzten Funktionalität. Die Menge von Methoden zur *Skalierung von Beweismöglichkeiten* SB beinhaltet Methoden zur verdachtsbezogenen Bereitstellung forensisch relevanter Daten, welche für den regelmäßigen produktiven Einsatz ungeeignet sind (z.B. hohe CPU Last), aber vorfallsrelevante Daten liefern können. Die Menge von Methoden zur *Datenbearbeitung und Auswertung* DBA enthält dedizierte forensische Methoden zur Erfassung, Bearbeitung, Anzeige und Dokumentation von Daten.

2.2 Untersuchungsschritte für die digitalisierte Forensik

Forensische Vorgehensmodelle der IT-Forensik sind durch die Verwendung von elektronischen Spurendaten und eines allgemein akzeptierten Untersuchungsverlaufs auch für die digitalisierte Forensik bedeutsam. Ähnlich den Untersuchungsschritten in der IT-Forensik wurde bereits gezeigt, dass auch eine Gruppierung von Untersuchungsschritten für die digitalisierte Forensik am Beispiel der Daktyloskopie gefunden werden kann [KGDV11]. Hier werden die biometrische Pipeline [Viel06] für die Anwendung auf latente Fingerabdruckspuren adaptiert und die ACE-V Methodologie aus der Daktyloskopie in die *Menge von Untersuchungsschritten* integriert (Abb. 1). ACE-V wird bereits in der traditionellen Daktyloskopie für Tatorte eingesetzt [HoRL11]. Es wird ein MicroProf200 Oberflächenmessgerät mit einem kontaktlosen optischen CWL 600 Sensor zur Erfassung latenter Fingerabdruckspuren eingesetzt, welcher Intensitäts- und Topographiedaten akquiriert [FRTG12].

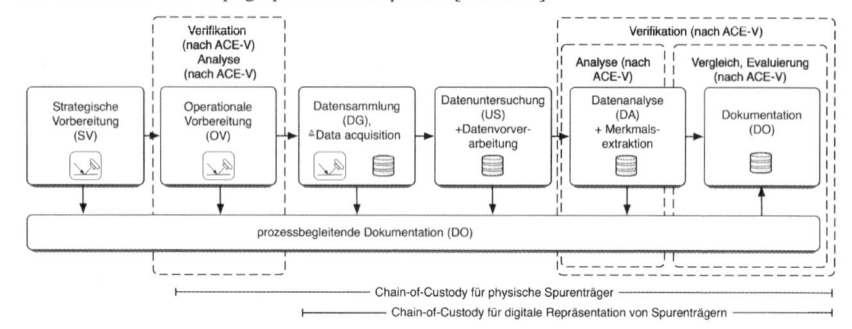

Abb. 1: Menge von Untersuchungsschritten für die Daktyloskopie nach [KGDV11]

Nach [KGDV11] sollen in der *strategischen Vorbereitung* SP die kontaktlose Sensorik und die nachfolgenden digitalen Verarbeitungsschritte einem Benchmarking unterzogen werden, um für unterschiedliche Oberflächen die geeignetsten Sensortechnologien zusammen mit deren Parametrisierung zu erforschen. Es werden hier die Modelle für die automatische Klassifikation z.b. in der Alterungsbestimmung trainiert. In der *operationalen Vorbereitung* OP sollen die für die konkreten identifizierten Spurenträger eines Tatorts beste Sensorik und deren Parametrisierung bestimmt sowie ggf. Transportmodalitäten zu einem forensischen Labor bestimmt werden. Hier wird auch die Chain-of-Custody für physische Spurenträger initiiert. Ein Daktyloskop analysiert, ob daktyloskopisches Material vorhanden ist (als Teil von ACE-V, verifiziert durch einen zweiten Experten). In der *Datensammlung* DS werden die Spurenträgeroberflächen und kontextuelle Umgebungsdaten (z.B. Temperatur, Luftfeuchte) mit kontaktlosen Sensoren akquiriert, was auch die Chain-of-Custody für digitale Objekte initiiert. In der *Datenuntersuchung* US werden Bild- und Metadaten extrahiert, überlappende Fingerabdrücke separiert und eine Altersbestimmung durchgeführt. Die Resultate werden durch eine Datenvorverarbeitung gefiltert. Während der *Datenanalyse* DA wird eine Klassifikation in Oberflächenmaterial und Fingerspur unter Einbeziehung einer Merkmalsextraktion durchgeführt. Ergebnis ist eine für Daktyloskopen geeignete Bildrepräsentation des Fingerabdrucks, welche nach ACE-V die Analyse ermöglicht (Verifikation durch einen zweiten Experten). Die Analyse wird durch den Vergleich und die Evaluierung nach ACE-V (Verifikation durch zweiten Experten) abgeschlossen. In der *Dokumentation* DO wird dann der Abschlussbericht angefertigt mit einer Aussage zu Identifikationsnachweis, Ausschluss oder Nichtausschluss. Jeder Untersuchungsschritt involviert die umfassende prozessbegleitende Dokumentation mit allen Parametern, Umgebungsbedingungen, eingesetzten Methoden sowie Ein- und Ausgabedaten. Die IT-Sicherheitsaspekte der Integrität, Authentizität und Vertraulichkeit müssen während der gesamten Untersuchung nachweisbar gewahrt werden. Die prozessbegleitende Dokumentation und Daten der Chain-of-Custody müssen in den Abschlussreport integriert werden.

3 Datenarten und Methoden für die Tatortforensik

In diesem Abschnitt werden, basierend auf den Mengen von Untersuchungsschritten, forensischen Datenarten und den Mengen von Methoden der IT-Forensik (Kapitel 2.1), Vorschläge für deren Anwendung für den Untersuchungsprozess von Tatorten in der digitalisierten Forensik am Beispiel der Daktyloskopie vorgestellt. Dazu wird jeder Untersuchungsschritt im Detail analysiert, und es werden erstmalig Vorschläge für *forensische Datenarten* (DD_{1-10}) und Mengen von Methoden in der Daktyloskopie unterbreitet. Dabei wird mit dem Fingerprint-Sourcebook [HoRL11] ein existierender Leitfaden für die traditionelle latente Fingerspurenuntersuchung einbezogen. Durch den Einsatz der kontaktlosen 3D Oberflächenakquise und der digitalen Untersuchung und Analyse wird eine *Intra-Case Fusion* möglich, bei der Daten aus unterschiedlichen Abschnitten des Untersuchungsprozesses *eines Falls* unter Verwendung unterschiedlicher Methoden fusioniert werden können (z.B. durch Einsatz unterschiedlicher Sensoren, unterschiedlicher Merkmale und Klassifikationsstrategien). Weiterhin ergibt sich die Möglichkeit einer *Inter-Case Fusion*, bei der Daten aus unterschiedlichen Fällen fusioniert werden können. Diese beiden Möglichkeiten werden in diesem Beitrag erstmalig identifiziert.

3.1 Strategische Vorbereitung für die digitalisierte Forensik

Im Untersuchungsschritt der strategischen Vorbereitung wird das Benchmarking [KLD+11] von kontaktloser Sensorik, und Hard- und Software für die adaptierte biometrische Pipeline [KGDV11] vorgeschlagen, in welchem optimale Sensorik und Parametrisierung für unterschiedliche Oberflächen erforscht wird. Die originale biometrische Pipeline [Viel06] kann auf vollautomatische Systeme zur Authentifizierung eingesetzt werden. Sie setzt typischerweise exemplarische Fingerabdrücke hoher Qualität und das Nutzereinverständnis voraus. Wenn diese auf latente Fingerabdruckspuren eingesetzt wird, ist eine Genauigkeit von nur 79.5% (Rank-1) erreichbar [JFNN08]. Deshalb wird der modifizierte Ansatz nach [KGDV11] unter Einbeziehung von ACE-V verwendet, in welchem Daktyloskopen die finale Entscheidung über Identifikationsnachweis, Ausschluss oder Nichtausschluss zwischen zwei Fingerabdruckspuren treffen. Das Benchmarking kann zur Adressierung der Daubert-Faktoren [HoRL11], insbesondere der bekannten Fehlerraten und des Testens von Methoden eingesetzt werden. Dabei muss jeder Aspekt der modifizierten biometrischen Pipeline [KGDV11] dem Benchmarking unterzogen werden. Die Benchmarkingresultate sind u.a. optimale Parameter für die betrachteten Oberflächen und Sensortechnologien.

Methoden aus der *Menge von Methoden für die Digitalisierung von physischen Spurenobjekten* DPO werden getestet und erzeugen *rohe Sensordaten* DD_1 (z.B. Scans von Testproben), welche auch für Erzeugung von Modelldaten für die Klassifizierung relevant sind. Sie erzeugen auch *Parameterdaten* DD_4 (z.B. Auflösung, Scankoordinaten) zusammen mit den Methoden der *Menge von Methoden der Parameterextraktion* PE.

Für Kontextinformationen (z.B. Umgebungsdaten wie Temperatur und Luftfeuchte, aber auch Ortsparameter für die Messtischposition oder auch Geräteseriennummern) werden Methoden aus der *Menge von Methoden der Digitalisierung von Kontextinformationen* DKI einem Benchmarking unterzogen. Diese liefern *Kontextdaten* DD_3 und liefern mit Methoden der *Menge von Methoden für die Parameterextraktion* die *Parameterdaten* DD_4.

Methoden aus der *Menge der Methoden für die Bildverbesserung* BV (z.B. Bildbearbeitungsfilter), welche Bilddaten extrahieren und verbessern und *bearbeitete Signaldaten* DD_2 erzeugen, werden dem Benchmarking unterzogen. Zusammen mit Methoden aus der *Menge der Parameterextraktion* PE erzeugen sie *Parameterdaten* DD_4 (z.B. Filtereinstellungen).

Das Benchmarking der Leistung der Alterungsbestimmung involviert Methoden aus der *Menge der Methoden für Merkmalsextraktion* ME, welche *spurencharakteristische Merkmalsdaten* DD_5 (z.B. das Binary-Pixel-Alterungsmerkmal [MeDV11]) erzeugen.

Diese Methoden erzeugen auch *substratcharakteristische Merkmalsdaten* DD_6 (z.B. Rauheit), welche für den Untersuchungsschritt der Datensammlung DS relevant sind. Dazu sind Methoden aus der *Menge von Methoden für die Klassifikation* KL (z.B. substratabhängiger Schwellwert [HDVL11]) notwendig, welche *Klassifikationsresultatdaten* DD_8 erzeugen. Weiterhin sind Methoden aus der *Menge der Methoden für die Datenfusion* DF (z.B. Mehrheitsvotum, [HDVL11]) erforderlich, welche *bearbeitete Signaldaten* DD_2 erzeugen.

Das Benchmarking der Methoden aus der *Menge der Methoden für die Wahrung der Chain-of-Custody* CC involviert die Bewertung des Authentizitäts-, Integritäts- und Vertraulichkeitsschutzes und erzeugt *Chain-of-Custody-Daten* DD_9.

Abschließend erzeugt das Benchmarking von Methoden aus der *Menge von Methoden zur Präsentation und Annotierung von Beweisen* PA *bearbeitete Signaldaten* DD_2 (z.B. aufbereitete Fingerabdrucksbilder) und *Reportdaten* DD_{10} erzeugt. Dies enthält die Bewertung der Genauigkeit und Vollständigkeit der dargestellten Informationen.

Neben dem Benchmarking werden in der strategischen Vorbereitung SV Modelle für das maschinelle Lernen und die Klassifikation z.B. für eine automatische Trennung von Untergrund und Fingerabdruckspur trainiert, welche im Untersuchungsschritt der Datenanalyse benötigt werden. Methoden aus der *Menge von Methoden für die Modellerzeugung* ME erzeugen *Modelldaten* DD_7 (z.B. für Papillarleistenlinien- oder Oberflächenklassifikation).

In der strategischen Vorbereitung werden allgemeingültige Vorgaben für ein systemübergreifendes Rollen- und Rechtemanagement sämtlicher eingesetzter IT-Systeme erstellt und evaluiert. Ein derartiges Management für digitale Objekte ist aus forensischen Werkzeugsammlungen der IT-Forensik (z.B. EnCase[1], X-Ways Forensics[2]) bekannt. Dazu kann z.B. ein Baustein aus dem IT-Grundschutz[3] zum Rollen- und Rechtemanagement umgesetzt werden.

3.2 Operationale Vorbereitung für die digitalisierte Forensik

Dieser Schritt folgt der physischen Tatortuntersuchung nach den traditionellen Vorgehensweisen, welche im Detail im Fingerprint-Sourcebook [HoRL11] beschrieben sind. Diese schließen die Identifikation von potentiellen Spurenträgern, deren Lagebeziehungen am Tatort und dessen vollständige Dokumentation ein. In diesem Artikel wird die physische Inspektion ausgelassen, da sie i.A. keine IT-Systeme betrifft. Einige Daten können aber manuell in das Fallbearbeitungssystem eingegeben werden. Im Untersuchungsschritt der operationalen Vorbereitung OP werden die am besten geeigneten Sensoren und Methoden und deren Parametrisierung für einen gegebenen Tatort basierend auf dem Benchmarking gewählt. Auch die

---

[1] http://www.guidancesoftware.com/forensic.htm.
[2] http://www.x-ways.net/forensics/index-d.html.
[3] https://www.bsi.bund.de/DE/Themen/ITGrundschutz/itgrundschutz_node.html.

Einsatzreihenfolge der Methoden wird festgelegt (u.a. bei kontaktbehafteten Methoden kann der Einsatz einer Methode andere Methoden ausschließen). Wenn ein Gegenstand transportierbar ist, sollte die Datenakquise (idealerweise mit topographischen Daten [HDVL11]) im forensischen Labor erfolgen, wo die Umweltbedingungen i.A. besser kontrollierbar sind. Die digitale Chain-of-Custody wird durch die Einrichtung einer forensischen Speicherstruktur (z.b. forensischer Container [KiVL11]) initialisiert und mit ersten fallrelevanten Daten gefüllt. Dazu müssen vorher die Massenspeicher nach forensischen Standards gelöscht werden, um die Vertraulichkeit vorheriger Daten zu wahren und eine Kontamination zu verhindern. Nach [HoRL11] müssen primäre Gewahrsamsinformationen erfasst und gesichert werden (u.a. Fallnummer, Name des Verwahrenden, Tatortadresse, Ankunfts- und Abfahrtszeiten von Spurensicherern). Es wird vorgeschlagen, feste Fallnummern für jeden Fingerabdruck zu vergeben, welche für jede potentielle Fingerspurenregion (Region-of-Interest) und für jeden Grob- und Feinscan (siehe Kapitel 3.3) beibehalten werden sollte. Dies wird besonders relevant bei der Trennung übergriffener Fingerabdrücke, welche von der traditionellen Tatortforensik typischerweise verworfen werden.

Die Initialisierung nutzt Methoden aus der Menge der *Menge der Methoden für die Wahrung der Chain-of-Custody* CC involviert die Bewertung des Authentizitäts-, Integritäts- und Vertraulichkeitsschutzes und erzeugt *Chain-of-Custody-Daten* DD_9 (z.B. kryptographische Hashsummen, Zertifikate, Geräteidentifikation, Zeitstempel).

3.3 Datensammlung für die digitalisierte Forensik

Während des Untersuchungsschrittes der Datensammlung DS werden kontaktlose Sensoren zur Akquise der digitalen Repräsentation physischer Objekte mit enthaltenen Fingerspuren eingesetzt. Es werden patente (offensichtliche) und latente Fingerspuren erfasst [HoRL11]. Latente Fingerspuren benötigen eine vorangehende Lokalisierung potentieller Spuren. Drei Durchläufe [HDVL11] beinhalten zunächst eine automatische Parameteroptimierung, die Erkennung von Regions-of-Interest (Grobscan) und einen Feinscan der erkannten Regionen. Da jedoch die zu untersuchenden Spurenträger häufig nichtplanare Oberflächen besitzen, sollte am Ende der automatischen Parameteroptimierung eine Topologie-Entzerrung vorgenommen werden und die Detektion von Nichtplanarität vermerkt werden. Im Grobscan werden erste Hinweise auf übergriffene Fingerspuren und die Überlagerung mit anderen Spurenarten vermerkt. Eine Fusion der Daten mehrerer Sensoren kann zielführend sein. Es wird derzeit das exemplarisch gewählte Oberflächenmessgerät FRT MicroProf200 mit CWL600 Sensor eingesetzt, welches Intensitäts- und Topographiedaten von Spurenträger und Spur akquiriert.

In der automatischen Parameteroptimierung wird eine Methode aus der *Menge von Methoden für die Digitalisierung von physischen Spurenobjekten* DPO in einer für die Parameteroptimierung geeigneten Parametrisierung eingesetzt. Die Methode überführt physische Spurenträger- und Spurendaten in *rohe Sensordaten* DD_1 (z.B. Profilscans mit nichtplanaren Verzerrungen). Methoden aus der *Menge von Methoden der Parameterextraktion* PE werden auf *rohe Sensordaten* DD_1 angewandt, um *substratcharakteristische Merkmalsdaten* DD_6 (z.B. Rauheit) zu erfassen. Diese sind Eingangsdaten für Methoden aus der *Menge von Methoden für die Klassifikation* KL, welche *Klassifikationsresultatdaten* DD_8 (z.B. Glasoberfläche) erzeugen. Diese werden von Methoden aus der *Menge von Methoden der Parameterextraktion* PE zur Gewinnung von *Parameterdaten* DD_4 (z.B. z-Achseneinstellung) verwendet, welche für die betrachtete Oberfläche optimale Einstellungen enthält.

Im zweiten Durchgang des Grobscans werden diese Parameterdaten verwendet, um Regions-of-Interest zu identifizieren, welche potentiell Fingerspuren enthalten. Dazu werden erneut Methoden aus *Menge von Methoden für die Digitalisierung von physischen Spurenobjekten* DPO zur Gewinnung von geringfügig höher aufgelösten *rohen Sensordaten* DD_1 genutzt. Methoden aus der *Menge der Methoden für Merkmalsextraktion* ME werden auf die *rohen Sensordaten* DD_1 angewendet, um *spurencharakteristische Merkmalsdaten* DD_5 (z.B. Strukturmuster) abzuleiten. Diese bilden die Eingabedaten für eine Methode aus der *Menge von Methoden für die Klassifikation* KL, welche *Klassifikationsresultatdaten* DD_8 (z.b. Regions-of-Interest) erzeugen. Diese werden für eine Methode aus der *Menge von Methoden der Parameterextraktion* PE zur Gewinnung von *Parameterdaten* DD_4 eingesetzt, welche die Koordinaten der Regions-of-Interest enthalten.

Im dritten Durchgang des Feinscans werden die Koordinaten der Regions-of-Interest von Methoden aus der *Menge von Methoden für die Digitalisierung von physischen Spurenobjekten* DPO in einer Parametrisierung genutzt, welche die für die nächsten Schritte notwendigen Auflösungen gewährleistet und *rohe Sensordaten* DD_1 erzeugt. Alle vorgenannten Schritte in der Datensammlung DS werden vom Methoden aus der *Menge von Methoden der Digitalisierung von Kontextinformationen* DKI begleitet, welche physische Kontextinformationen in digitale Daten überführen (z.b. Umweltdaten wie Temperatur). *Rohe Sensordaten* DD_1, welche digitale Daten aus dem Digitalisierungsprozess von Spurenträgerdaten enthalten, können (messgeräteabhängig) auch *Kontextdaten* DD_3 enthalten (z.b. Tischposition, Ortsposition, räumliche Abhängigkeiten zwischen Spuren). Im Akquisitionsprozess werden *Parameterdaten* DD_4 eingesetzt (z.b. Scanauflösung, Scankoordinaten).

3.4 Datenuntersuchung für digitalisierte Forensik

Im Schritt der Datenuntersuchung werden Daten von der Spurenträgeroberfläche und den enthaltenen Fingerabdruckspuren mit dem Ziel der Trennung beider extrahiert. Dies entspricht der Entwicklung latenter Fingerspuren in der traditionellen Daktyloskopie [HoRL11] mittels kontaktbehafteter physischer (z.B. Karbonpulver, Akquise mit einem Klebestreifen) bzw. chemischer Techniken (z.b. Ninhydrin), welche dort jedoch in der Regel vor der Datensammlung erfolgt. Derzeit werden kontaktlose optische Technologien (z.b. FRT MicroProf200 CWL600 mit Intensitäts- und Topographiedaten) und digitale Bearbeitung erforscht.

In mehreren Durchläufen werden überlappende Fingerabdrücke und andere Spurenarten getrennt. Dazu wird zunächst versucht, die Art und Anzahl der überlagerten Spuren zu detektieren. Weiterhin wird eine Altersbestimmung vorgenommen. Auch eine Datenvorverarbeitung unter Einsatz von Filtern (z.b. Bildunschärfe, Schwellwert) wird durchgeführt. Alle Durchläufe involvieren typischerweise die Merkmalsextraktion von Spur und Spurenträger (z.b. Orientierungsfelder, und statistische Merkmale z.b. Varianz, Median, Max-Min Spanne) unter Einsatz von Methoden aus der *Menge der Methoden für Merkmalsextraktion* ME. Sie liefern *spurencharakteristische Merkmalsdaten* DD_5 (z.b. Minutien, Poren) und *substratcharakteristische Merkmalsdaten* DD_6 (z.b. Rauheit). Diese Datenarten werden von Methoden aus der *Menge von Methoden für die Klassifikation* KL genutzt, welche eine (typischerweise automatische) Klassifikation unter Verwendung von *Modelldaten* DD_7 des Modelltrainings aus der strategischen Vorbereitung SV durchführen. Das Ergebnis sind *Klassifikationsresultatdaten* DD_8 (z.B. Zugehörigkeit zu einer Papillarlinienleiste, zu einem gewissen Spurenenalter).

Methoden, welche Parameter z.b. vom Klassifikationsresultat zur Verwendung für eine optimierte Akquise und für die Filterung ableiten, finden sich in der *Menge von Methoden der Parameterextraktion* PE und liefern *Parameterdaten* DD_4 (z.b. Schwellwerte für die Binarisierung). Methoden zum Einsatz in der Datenvorverarbeitung zur Kontrastverbesserung zwischen Spur und Spurenträger (z.b. Histogrammkorrektur, Schwellwertverfahren) finden sich in der *Menge der Methoden für die Bildverbesserung* BV und erzeugen *bearbeitete Signaldaten* DD_2 (z.b. Entfernung von Strukturmustern).

Die *Menge der Methoden für die Datenfusion* DF enthält Methoden zur Kombination von akquirierten und vorverarbeiteten Daten (z.b. von mehreren Eingangssensoren und Vorverarbeitungsmethoden), welche *bearbeitete Signaldaten* DD_2 erzeugen (z.b. kontrastreichere Fingerspurmuster). Die Datenfusion kann dabei zwischen Daten aus einem untersuchten Fall – „Intra-Case" – oder zwischen Daten aus mehreren Fällen „Inter-Case" erfolgen. Dazu müssen aber die entsprechenden Zugriffsrechte auf die anderen Falldaten vorhanden sein.

3.5 Datenanalyse für die digitalisierte Forensik

Im Untersuchungsschritt der Datenanalyse DA werden Fingerspurinformationen und Oberflächeninformationen getrennt. In mehreren Durchläufen wird der Daktyloskop durch einen Softwaredemonstrator bei der Durchführung der ACE-V Methodologie (Kapitel 2.2) bzgl. der Analyse, dem Vergleich, der Evaluierung und der Verifikation unterstützt. Hier wird dem Daktyloskopen auch die Information über die Präsenz von Nichtplanaritäten und der vorgenommenen Topologieentzerrung geliefert.

Die Analyse unter Einsatz von ACE-V enthält die manuelle, rechnerunterstützte Spur- und Substratmerkmalsextraktion (z.b. Spurenqualität und -nutzbarkeit, potentielle Herkunft) unter Verwendung von Methoden aus der *Menge der Methoden für Merkmalsextraktion* ME. Sie liefern *spurencharakteristische Merkmalsdaten* DD_5 (z.b. Anzahl gültiger Minutien, Sichtbarkeit des Grundmusters) und *substratcharakteristische Merkmalsdaten* DD_6 (z.b. Strukturen, welche die Sichtbarkeit der Fingerspur beeinträchtigen, Nichtplanarität). Die *Menge der Methoden für die Datenfusion* DF enthält Methoden zur Kombination von vorverarbeiteten Daten (z.b. von mehreren Vorverarbeitungsmethoden), welche *bearbeitete Signaldaten* DD_2 erzeugen (z.b. verbesserte Fingerspurmuster). Diese werden von Methoden zur Herausstellung von bedeutsamen Fingerspur- und Substratinformationen aus der *Menge von Methoden zur Präsentation und Annotierung von Beweisen* PA genutzt und erzeugen *bearbeitete Signaldaten* DD_2 zur daktyloskopischen Auswertung. Sie unterstützen den Daktyloskopen in der Feststellung, ob es sich überhaupt um Fingerspurmaterial handelt [HoRL11].

Im Vergleich nach ACE-V werden *bearbeitete Signaldaten* DD_2 (z.b. verbesserte Fingerspurdaten) durch Methoden aus der *Menge von Methoden für die Klassifikation* KL für die Durchführung einer manuellen, rechnerunterstützten Klassifikation auf Basis trainierter Modelle aus der strategischen Vorbereitung verwendet. Sie liefern *Klassifikationsresultatdaten* DD_8 (z.b. Anzahl übereinstimmender biometrischer Merkmale zwischen zwei Spuren). Diese Daten werden mit *bearbeiteten Signaldaten* DD_2 von Fingerspuren und *spurencharakteristische Merkmalsdaten* DD_5 von Methoden aus der *Menge der Methoden für die Datenfusion* DF verwendet (Intra-Case und Inter-Case), um *bearbeitete Signaldaten* DD_2 (z.b. Graustufenbilder von Fingerabdrücken) zu erzeugen . Diese werden von Methoden zur Herausstellung von wichtigen Fingerspur- und Substratinformationen aus der *Menge von Methoden zur*

Präsentation und Annotierung von Beweisen PA genutzt und erzeugen *bearbeitete Signaldaten* DD_2 zur Auswertung durch den Daktyloskopen im Vergleich zu einem Referenzabdruck.

In der Evaluierung nach ACE-V werden *bearbeitete Signaldaten* DD_2 durch eine Methode aus der *Menge von Methoden zur Präsentation und Annotierung von Beweisen* PA dem Daktyloskopen zur Aussage zu Identifikationsnachweis, Ausschluss bzw. Nichtausschluss gezeigt.

In der Verifikation nach ACE-V wird der gesamte Datenanalyseprozess durch einen zweiten, unabhängigen Daktyloskopen erneut durchlaufen.

3.6 Dokumentation für digitalisierte Forensik

Der Datenanalyse folgt die Anfertigung des Abschlussberichtes in der Dokumentation DO. Alle Untersuchungsschritte werden durch eine prozessbegleitende Dokumentation flankiert.

Die prozessbegleitende Dokumentation unterstützt die digitale Chain-of-Custody durch die Aufzeichnung aller benutzten Methoden zusammen mit den verwendeten Parametern sowie den Ein- und Ausgabedaten. Dazu kommen Sicherheitsmechanismen zur Absicherung von Authentizität, Integrität und Vertraulichkeit zum Einsatz. Dieser Vorschlag entspricht und übertrifft die Anforderungen der traditionellen Daktyloskopie [HoRL11] nach einer umfassenden und detaillierten Dokumentation des Untersuchungsverlaufs. Für die Authentizitäts- und Integritätssicherung kommen traditionell häufig organisatorische Maßnahmen (z.B. Vier-Augen-Prinzip) und vereinzelt technische Maßnahmen zum Einsatz (z.B. Einsatz von Siegeln). Das für den Einsatz im Automated Fingerprint Identification System AFIS [HoRL11] vorgesehene Format ANSI/NIST-ITL 1-2000 [NIST97] ist bzgl. der Sicherheitsaspekte überhaupt nicht abgesichert. Für digitale Objekte wird der Einsatz kryptographischer Maßnahmen vorgeschlagen. In einem Demonstrator werden dazu derzeitig zur Authentizitätssicherung Zertifikate auf Basis des RSA-SHA1 Algorithmus und zur Integritätssicherung der SHA256 Algorithmus eingesetzt. Zur Vertraulichkeitsabsicherung ist der Einsatz des AES256 Algorithmus vorgesehen. Diese repräsentieren Methoden aus der *Menge der Methoden für die Wahrung der Chain-of-Custody* CC und erzeugen *Chain-of-Custody-Daten* DD_9 (z.B. kryptographische Hashsummen, Zertifikate, Geräteidentifikationen, Zeitstempel).

Der Abschlussbericht beendet die forensische Untersuchung. Dabei wird die Chain-of-Custody für physische und für digitale Objekte ausgewertet, und die Erkenntnisse beider, voneinander unabhängiger Daktyloskopen (nach ACE-V) werden integriert. Alle Resultate werden umfassend schriftlich unter Verwendung von Methoden aus der *Menge der Methoden zur Präsentation und Annotierung von Beweisen* PA, welche *Reportdaten* DD_{10} erzeugen, fixiert. Sollten durch Routinekontrollen oder Symptome Anzeichen für einen IT-Sicherheitsvorfall an einem IT-System zur digitalisierten Forensik am Beispiel der Daktyloskopie bemerkt werden, müssen alle involvierten IT-Systeme einer IT-forensischen Untersuchung unterzogen werden.

4 Zusammenfassung und Ausblick

In diesem Beitrag wurde eine Strategie der beweissicheren Datenhaltung in der digitalisierten Forensik am Beispiel der Daktyloskopie in der Tatortforensik vorgestellt, welche die Forderung an eine forensische Untersuchung nach einer umfassenden Dokumentation und der Wahrung einer Chain-of-Custody unter Einbeziehung einer forensischen Speicherstruktur aufgreift. Aufbauend auf einem existierenden Modell der IT-Forensik, das neben einer Aufteilung in Untersuchungsschritte auch forensische Datenarten und Mengen von Methoden beschreibt, und einer detaillierten Analyse wurden in diesem Beitrag neue forensische Datenarten und Mengen von Methoden für den Einsatz in der digitalisierten Forensik am Beispiel der Daktyloskopie vorgeschlagen. Erstmalig wurden aufgrund der Möglichkeiten durch die kontaktlose 3D Oberflächenakquise und digitale Untersuchung sowie Analyse eine Intra-Case und eine Inter-Case Fusion identifiziert. Die Notwendigkeit eines Rechtemanagements für die digitalisierte Forensik am Beispiel der Daktyloskopie wurde motiviert. Zukünftige Forschungsarbeiten sollten auf die Konkretisierung der vorgeschlagenen forensischen Datenarten und Mengen von Methoden fokussieren. Weiterhin sollte die Übertragbarkeit auf andere Bereiche der digitalisierten Forensik erforscht werden. Die Zusammenhänge zwischen forensischen Datenarten und Mengen von Methoden der digitalisierten Forensik und der IT-Forensik sollten vor dem Hintergrund von IT-Sicherheitsvorfällen analysiert werden.

Danksagung

Teile dieser Veröffentlichung entstanden aus dem Forschungsvorhaben „Digitale Fingerspuren (Digi-Dak)" mit den Projektnummern FKZ:13N10818 und FKZ:13N10816, welches vom Bundesministerium für Bildung und Forschung (BMBF) gefördert wird. Die Autoren danken Mario Hildebrandt für die geleistete Unterstützung.

Literatur

[Carr03]   B. Carrier, "Defining Digital Forensic Examination and Analysis Tools Using Abstraction Layers", In International Journal of Digital Evidence, Volume 1, Issue 4, pp. 1-12, 2003

[CaSp03]   B. Carrier, E. Spafford: Getting Phyiscal with the Digital Investigation Process. In: International Journal of Digital Evidence, Vol2, Issue2, (2003) 1-20.

[Case04]   E. Casey: Digital Evidence and Computer Crime. Academic Press, ISBN 0-12-1631044 (2004).

[Dard10]   G. S. Dardick: Cyber Forensic Assurance. In: Proceedings of the 8th Australian Digital Forensics Conference (2010) 57-64.

[Ford10]   Wiliam Ford, "Forensic Information Data Exchange (FIDEX) Implementation Guide", http://www.nfstc.org/wp-content/uploads/2011/06/Implementation-Guide_Final.pdf, (2010)

[FrSc07]   F. Freiling und B. Schwittay: A Common Process Model for Incident Response and Digital Forensics. In: Proceedings of the IMF2007, (2007) S.19-40.

[FRTG12]   Fries Research & Technology GmbH (FRT) [Online] http://www.frt-gmbh.com/de/ (2012)

[HDVL11]   M. Hildebrandt, J. Dittmann, C. Vielhauer, M. Leich: Optical techniques: using coarse and detailed scans for the preventive acquisition of fingerprints with chromatic white-light sensors. In: Proceedings of SPIE Vol. 8187, 81870P, (2011) DOI: 10.1117/12.897701.

[HoRL11] E. H. Holder, L. O. Robinson, J. H. Laub: The Fingerprint Sourcebook. U.S. Department of Justice, Office for Justice Programs, [Online] https://www.ncjrs.gov/pdffiles1/nij/225320.pdf (2011).

[JFNN08] A. K. Jain, J. Feng, A. Nagar, K. Nandakumar: On matching latent fingerprints. In: IEEE Computer Society Conference on Computer Vision and Pattern Recognition Workshops, (2008) p1-8.

[KGDV11] S. Kiltz, I. Großmann, J. Dittmann, C. Vielhauer: Fingerspurenfälschungsdetektion - ein erstes Vorgehensmodell. In D-A-CH Security 2011, IT Verlag Sauerlach, ISBN 978-3-00-034960-7, (2011) S. 361-373.

[KHDV09] S. Kiltz, T. Hoppe, J. Dittmann, and C. Vielhauer: Video surveillance: A new forensic model for the forensically sound retrieval of picture content off a memory dump. In Proceedings of Informatik2009 - Digitale Multimedia-Forensik, (2009) S 1619–1633.

[KiVL11] T. Kiertscher, C. Vielhauer, M. Leich: Automated Forensic Fingerprint Analysis: A Novel Generic Process Model and Container Format. In: C. Vielhauer et al. (Eds) Biometrics and ID Management, Springer, Berlin, ISBN 3-642-19529-6, (2011) pp. 262-273.

[KLD+11] S. Kiltz, M. Leich, J. Dittmann, C. Vielhauer and M. Ulrich: Revised benchmarking of contact-less fingerprint scanners for forensic fingerprint detection: challenges and results for chromatic white light scanners (CWL). In: Proc. SPIE 7881, (2011) doi: 10.1117/12.872362.

[MeDV11] R. Merkel, J. Dittmann, C. Vielhauer: Approximation of a Mathematical Aging Function for Latent Fingerprint Traces Based on First Experiments Using a Chromatic White Light (CWL) Sensor and the Binary Pixel Aging Feature" In: B. de Decker et al. (Eds.), CMS 2011, LNCS 7025, IFIP International Federation for Information Processing (2011) pp 59-71.

[Newm07] R. C. Newman: "Computer Forensics: evidence collection and Management", Auerbach Publications, ISBN: 978-0-8493-0561-0, (2007)

[NIST97] NIST: American National Standard for Information Systems - Data Format for the Interchange of Fingerprint, Facial, & Scar Mark & Tattoo (SMT) Information. [Online:] http://www.itl.nist.gov/ANSIASD/sp500-245-a16.pdf (1997)

[NPMO07] NIEM Program Management Office, "Introduction to the National Information Exchange Model (NIEM)", [Online] https://www.niem.gov/documentsdb/Documents/Overview/NIEM_Introduction.pdf (2007)

[Viel06] C. Vielhauer: Biometric User Authentication for IT-Security - From Fundamentals to Handwriting. In: Springer Science+Business Media Inc., ISBN 0-387-26194-X, (2006)

IT-Forensik im Wandel

Björn Roos · Harald Baier

Center for Advanced Security Research Darmstadt (CASED)
Hochschule Darmstadt
{bjoern.roos | harald.baier}@h-da.de

Zusammenfassung

Wie bei allen forensischen Untersuchungen gilt auch bei IT-forensischen Ermittlungen das Paradigma der „Unveränderheit der Daten". Eine Veränderung des zugrundeliegenden Speichermediums kann zu einer Minderung des Beweiswertes oder sogar zu einem Beweisverwertungsverbot führen. Daraus hat sich die Vorgehensweise in der IT-Forensik abgeleitet, nach einer lesenden Datenakquise nur auf den Kopien der beweiserheblichen Daten zu arbeiten und mittels Prüfsumme zu belegen, dass die Kopie 1:1 mit dem Original übereinstimmt. IT-forensische Untersuchungen von mobilen Endgeräten können aber typischerweise nur vorgenommen werden, wenn der Datenträger verändert wird. Analysen von erfahrenen Computerforensikern an Geräten mit dem Windows Phone 7 Betriebssystem haben gezeigt, dass momentan eine softwarebasierte Datenakquise nur mit einer Veränderung des Datenspeichers erfolgen kann. Die vorliegende Publikation leistet einen Beitrag zu der immer wichtiger werdenden Frage, wie mit einem veränderten Datenspeicher, der unter Verwendung bestimmter Techniken zur forensischen Untersuchung mobiler Datenträger auftreten kann, prozessrechtlich umgegangen werden soll. Aufgrund der technischen Gegebenheiten müssen für solche Ermittlungen die Prinzipien für forensische Untersuchungen aufgeweicht werden, um beweisrelevante Daten zu erhalten. Um dennoch dem Prozessrecht gerecht zu werden, schlagen wir bestimmte feste Regeln vor, bei deren Beachtung von einer Unveränderheit der beweiserheblichen Daten ausgegangen werden kann, obwohl Teile des Datenträgers verändert wurden. Wir zeigen die Gültigkeit dieser Regeln am Fallbeispiel eines synthetischen Ermittlungsverfahrens zum Besitz kinderpornographischen Materials.

1 Einleitung

IT-forensische Untersuchungen an mobilen Endgeräten, wie Smartphones, sind mit herkömmlichen IT-forensischen Untersuchungen an Desktop-PCs nicht zu vergleichen. Eine Post-Mortem-Analyse des internen Speichers kann, wenn überhaupt, nur selten erfolgen. Bei IT-forensischen Untersuchungen gilt das Gebot der „Unveränderheit der Daten". Eine Veränderung des Speichers kann unter Umständen zu einer Minderung des Beweiswertes oder sogar zu einem Beweisverwertungsverbot führen [Knop09]. Der Einsatz als Beweismittel in einem juristischen Verfahren ist nicht immer ein direktes Ziel einer Ermittlung. Da sich die Beweisrelevanz typischerweise im Laufe der Ermittlungen oder nach den Ermittlungen ergibt, muss jedes Indiz, das belastbar und nutzbar sein soll, zwingend „lege artis", also nach den Regeln der Kunst (rechts- und technikgerecht) erhoben worden sein. Beweise dürfen unter keinen Umständen alteriert werden. Dies führt somit zum gängigen Paradigma der IT-Forensik, nur an den Kopien der beweiserheblichen Daten zu arbeiten und mittels Prüfsumme zu belegen, dass die Kopie 1:1 mit dem Original übereinstimmt [Beck12].

IT-forensische Untersuchungen von mobilen Endgeräten können oftmals nur vorgenommen werden, wenn der Speicher verändert wird, da spezielle Software- oder Hardware-Tools verwendet und auf das Gerät installiert werden. Hierzu existieren unterschiedliche Techniken, die jeweils ihre Vor- und Nachteile haben. Nach [BJKKR] gibt es drei Verfahren für die Sicherung des internen Flash Speichers [PBOZ97]. Die Live Analyse mithilfe von installierten Applikationen gehört dort allerdings nicht dazu, obwohl diese bei vielen Geräten oftmals die am wenigsten riskante und verwendbare Analysemethode ist. Eine Sicherung des internen Speichers mithilfe des Betriebssystems, wie von Distefano in [ME2008] propagiert, ist aufgrund des Sicherheitskonzeptes des Windows Phone Betriebssystems im Moment nicht möglich. Die Forensiker verwenden deshalb, wenn es keine andere Möglichkeit als die riskante Chipextraktion gibt, die Live Analyse, um die Untersuchung durchzuführen. Die Live Analyse führt aber dazu, dass der interne Speicher im Laufe der Untersuchung verändert wird. Alleine das Einschalten des Gerätes bewirkt eine Veränderung des internen Datenspeichers.

Die zentrale Frage ist nun, wie mit einer Veränderung des internen Speichers bei der forensischen Untersuchung prozessrechtlich umgegangen wird, da dies gegen den Grundsatz der Unveränderheit von Beweismitteln verstößt und vor Gericht zu einem Beweisverwertungsverbot führen kann. Was ist erlaubt? Was nicht? Auf diese Fragen gibt der vorliegende Artikel Antworten.

Im Artikel [Ro2011] werden Regeln für zulässige Veränderungen am Beweismaterial im Rahmen einer Fallstudie für eine kontrollierte Veränderung an einem Notebook vorgestellt und auf alle forensischen Untersuchungen übertragen. Wir stellen allgemeine Regeln für ein Vorgehen an Smartphones vor, die trotz parzieller Veränderung des Datenspeichers des Gerätes die Unveränderheit der beweiserheblichen Daten gewährleisten. Die Veränderung darf daher nur irrelevante Dateien außerhalb der Nutzerdaten betreffen. Unserem Regelwerk liegt auch wie bei [Ro2011] die Idee zugrunde, dass aufgrund der technischen Gegebenheiten für solche Ermittlungen die Prinzipien für forensische Untersuchungen aufgeweicht werden müssen, um beweisrelevante Daten zu erhalten. Allerdings führt die differenzierte Sichtweise auf Smartphones zu einem abweichenden Regelwerk.

Die Gültigkeit dieser Regeln werden am Fallbeispiel eines synthetischen Ermittlungsverfahrens zum Besitz kinderpornographischen Materials gezeigt. Dazu wird ein Smartphone mit dem Windows Phone 7 Betriebssystem verwendet, um exemplarisch die Anwendbarkeit unserer Regeln zu zeigen.

Die aktuellen Arbeiten von Schuba, Höfken und Schäfer ([ScHS11], [MaSc12]) an Geräten mit dem Windows Phone 7 haben gezeigt, dass momentan softwarebasierte Untersuchungen nur mit einer Veränderung des Datenspeichers erfolgen können. Daher eignet sich ein solches Smartphone gut als Proof of Concept der Regeln.

Das Problem, auf einem gesperrten Gerät eine forensische Untersuchung durchzuführen, ist nicht Ziel dieses Dokumentes. Es wird deshalb nicht weiter darauf eingegangen.

In Kapitel 2 werden das Windows Phone Betriebssystem und das verwendete Gerät vorgestellt. Im anschließenden Kapitel 3 wird die Vorgehensweise erläutert, wie eine Datenakquise auf einem Smartphone mit dem Windows Phone 7 Betriebssystem durchgeführt werden kann. Die durch den Jailbreak und durch die Analyse auftretenden Veränderungen am Speicher werden dabei aufgezeigt. Im Kapitel 4 werden die Regeln zur minimal-invasiven forensischen Ermittlung vorgestellt und deren Anwendbarkeit anhand einer beispielhaften forensischen Untersuchung

IT-Forensik im Wandel   303

unter Annahme des Straftatbestandes *Besitz kinderpornographischen Materials* diskutiert. Dieser Beitrag schließt mit einer Zusammenfassung und einem Ausblick in Kapitel 5.

2 Das Windows Phone 7 Betriebssystem

Das Windows Phone 7 OS ist vom Hersteller Microsoft ein für Mobiltelefone entwickeltes Betriebssystem. Es wird seit dem 21. Oktober 2010 in Deutschland auf Smartphones vertrieben. Das Betriebssystem ist für eine Bedienung mit Fingern und Multi Touch entwickelt worden und basiert auf der Benutzeroberfläche des Zune HD.

2.1 Aufbau

Das Windows Phone 7 Betriebssystem basiert auf dem Windows Embedded CE 6.0 Kernel und kann in Hardware- und Softwarekomponenten unterteilt werden. Microsoft gibt die Hardware Komponenten der Smartphones vor, welche von den Herstellern erfüllen werden müssen. Die Software Komponenten können in einem Kernel Mode und einem User Mode Bereich aufgeteilt werden [Corp10]:

- Kernel Mode: Bereich mit Kernel, Board Support Package (BSP), Grafiken und Rendering Technologien, Netzwerk, Dateisystem und Telefonupdate.
- User Mode: Bereich mit Service Host, User Mode, Treiber Host, Shell, Telefon Dialer, Applikation Layer und Windows Phone Applikations Plattform.

2.1.1 Speicher Modell und Management

Das Windows Phone 7 OS ist ein 32 Bit Betriebssystem, das einen 4 GB virtuellen Adressraum verwendet. 2 GB Speicher sind für den Kernel vorgesehen. Dieser beinhaltet auch das Dateisystem und den Kernel Mode Geräte Treiber Manager. Die verbleibenden 2 GB sind für den derzeit ausgeführten Prozess. Der Prozess Code, User-Mode DLLs und im Speicher abgelegten Dateien sind diesem virtuellen Applikations-Adressraum zugeordnet [Corp10].

2.1.2 Wichtige Verzeichnisse und Speicherstruktur von Apps

Für Forensiker sind vor allem die Ordner: Application Data, Applications, My Documents und Windows interessant. Im Ordner "Application Data" sind die vorinstallierten Applikationen, wie Outlock, Internet Explorer, Maps usw. gespeichert. Der Ordner "Applications" beinhaltet Anwendungen, die vom Benutzer installiert werden. Der Ordner "My Documents" enthält unter anderem verschiedene Office Dokumente, Musik, Bilder und Videos. Im "Windows" Ordner werden die Dateien für das Betriebssystem gespeichert. Der Ordner "IsolatedStore" besitzt jede Applikation und stellt den isolierten Speicherbereich der Anwendung dar. Bei der Installation von Anwendungen können Umgebungsvariablen in der Registry des Gerätes gespeichert werden. Die WP7 Registry ist eine Datenbank analog zu den Windows Betriebssystemen auf Desktop PCs [SchS11].

2.2 Sicherheitskonzept

Das Windows Phone 7 Sicherheitsmodel basiert auf dem Prinzip der Isolation und der geringsten Vergabe von Rechten. Es verwendet das sogenannte „Kammer" Konzept. Jede Kammer stellt eine Sicherheitsgrenze dar und durch Konfiguration eine Isolationsgrenze dar, innerhalb derer ein Prozess läuft. Jede Kammer wird umgesetzt und mithilfe eines Systems aus Richtlinien definiert. Die Sicherheitsrichtlinien einer Kammer definieren, auf welche Betriebssystem-Funktionen die Prozesse dieser Kammer zugreifen können [Corp10]. Das Sicherheitsmodell verwendet vier Typen von Kammern. Drei dieser Kammern verwenden feste Berechtigungssätze. Beim vierten Kammertyp sind die Berechtigungen variabel. Applikationen, die diesen Kammertyp verwenden, haben Leistungsanforderungen, die während der Installation und zur Laufzeit berücksichtigt werden [Corp10].

Kammertypen [Corp10]:

- Trusted Computing Base (TCB): Dieser Kammertyp besitzt die umfassendsten Rechte. Sie erlaubt Prozessen uneingeschränkten Zugriff auf die meisten Ressourcen des Windows Phone 7 Betriebssystems. Die TCB Kammer kann Sicherheitsrichtlinien verändern und das Sicherheitsmodell durchsetzen. Der Kernel und die Kernel-Mode Treiber laufen in diesem Kammertyp. Je weniger Software den TCP Typ verwendet, umso weniger Angriffsfläche bietet das Betriebssystem.

- Elevated Rights Chamber (ERC): Die Prozesse können auf alle Ressourcen außer der Sicherheitsrichtlinie zugreifen. Der ERC Kammertyp wird für Service und User-Mode Treiber verwendet, die die Funktionalität für die Nutzung durch andere Telefonanwendungen liefern.

- Standard Rights Chamber (SRC): Dies ist die Standard Kammer für vorinstallierte Anwendungen. Alle Anwendungen, die keine geräteweiten Dienste anbieten, laufen in dieser Kammer.

- Least Privileged Chamber (LPC). Die Standard Kammer für alle Nicht-Microsoft Anwendungen, die über den Marktplatz Hub verfügbar sind. Die LPC Kammern werden durch die „Capabilities" konfiguriert.

2.2.1 Capabilities

Eine Capability ist eine Ressource im Windows Phone 7 Betriebssystem für die hinsichtlich Privatsphäre, Sicherheit, Kosten oder Business Bedenken bestehen. Solche Ressourcen sind zum Beispiel die Lokation mittels GPS, Kamera, Mikrophone, Netzwerk und Sensoren. Standardmäßig ist in der LPC Kammer ein minimaler Satz von Zugriffsrechten definiert. Allerdings ist dieser Kammertyp dynamisch und kann unter Verwendung von Capabilities erweitert werden. Die Capabilities werden während der Installation der Anwendung bewilligt. Die dazugehörigen Privilegien können nicht während der Laufzeit erhöht werden [Corp10].

2.2.2 Sandbox

Alle Anwendungen im Windows Phone 7 Betriebssystem laufen in ihrer eigenen isolierten Kammer. Diese werden durch die deklarierten Capabilities definiert, die die Anwendung benötigt. Grundsätzlich wird jeder Anwendung ein Basis-Berechtigungssatz gewährt. Hierzu gehört auch der Zugang zu einer isolierten Speicherdatei. Es gibt im Gegensatz zur Cloud Umgebung keine Kommunikationskanäle zwischen den Anwendungen auf dem Telefon. Jede Anwendung ist isoliert von der anderen. Auf den verwendeten Speicher oder die gespeicherten Daten können fremde Anwendungen nicht zugreifen [Corp10].

3 Datenakquise

Die forensische Untersuchung des internen Speichers eines Smartphones ist nicht mit der herkömmlichen Untersuchung eines Desktop PCs vergleichbar. Der interne Speicher von Mobiltelefone ist fest installiert. Aus diesem Grund gibt es unterschiedliche Methoden, um dennoch eine forensische Analyse durchzuführen. Der Ausbau des Flash Speichers und die anschließende Analyse liefert zwar die meisten Ergebnisse, allerdings birgt diese Methode auch die Gefahr, dass der Speicher zerstört wird, da dieser heraus gelötet werden muss. Das Auslesen des Flash Speichers mittels JTAG Prüfpunkte ist eine weitere Methode. Leider ist diese Methode nur bedingt einsetzbar, da viele Geräte keine JTAG Prüfpunkte besitzen oder nicht gefunden werden können. Die dritte Methode ist eine softwarebasierte Methode. Hierzu wird entweder eine Applikation auf das zu untersuchende Gerät installiert oder das Gerät wird in den Bootstrap Modus versetzt und eine Flash Loader Software in den RAM geschrieben. Diese Software besitzt einen Low Level Zugriff auf den Flash Speicher [Krau10]. Die Bootstrap Methode ist aber nicht auf allen Geräten möglich, so dass auf Root Tools zurückgegriffen wird, um eine 1:1 Kopie zu erstellen oder um eine Live Analyse durchzuführen. Allerdings ist eine 1:1 Kopie des internen Speichers abhängig vom Betriebssystem und kann nicht auf allen Geräten durchgeführt werden. Dies führt zwangsläufig zu einer Live Analyse. Alle Methoden sind stark abhängig von den Geräten und installierten Betriebssystemen und haben ihre Vor- und Nachteile. Im Weiteren wird auf die softwarebasierte Live Analyse Methode eingegangen, welche eine installierte Applikation auf dem Gerät verwendet und ein Jailbreak des Gerätes voraussetzt. Im Moment existieren keine kommerzielle- und open-source Software für forensische Untersuchungen an Geräten mit dem Windows Phone 7 Betriebssystem.

Applikationen, die nicht im Microsoft Marktplace angeboten werden, können normalerweise nicht auf ein Smartphone mit dem Windows Phone 7 OS installiert werden. Anwendungen zur forensischen Untersuchungen sind im Markplace nicht vorhanden und müssen unter Umgehung des Marktplaces auf das Gerät gebracht werden. Um dies zu bewerkstelligen, muss die Sperre von Microsoft umgangen werden (Jailbreak). Hierzu existieren unterschiedliche Methoden, die ihre Vor- und Nachteile haben und auf die im Folgenden näher eingegangen wird. Eine beispielhafte forensische Analyse erfolgt zu einem späteren Zeitpunkt anhand von aufgestellten Regeln für einen minimalen invasiven Eingriff.

3.1 Windows Phone 7 Unlock-Typen und Methoden

Für das Windows Phone 7 OS existieren unterschiedliche Unlocks. Abhängig vom Gerät und der OS Version gewähren sie unterschiedliche Rechte am Gerät. Nicht jede Unlock Variante ist auf allen Geräten und OS Versionen einsetzbar.

3.1.1 Developer Unlock /Chevron WP7 Unlock

Mit Hilfe dieses Unlock Typs ist es möglich, mittels Sideloading über die Entwicklungsumgebung Applikationen außerhalb des Marketplace vom Desktop des angeschlossenen PCs auf das Gerät zu installieren. Selbsterstellte Homebrew Applikationen können so auf dem Gerät deployed werden. Das Gerät wird hierbei in den Developer Modus versetzt. Außer in der Registry werden am Betriebssystem keine weiteren Modifikationen vorgenommen. Der Unlock kann jederzeit wieder rückgängig gemacht werden. Ein legaler Developer Unlock kostet $99 pro Jahr. Eine kostengünstigere Variante für einen Developer Unlock ist mit dem ChevronWP7 Tool möglich. Sie kostet einmalig $ 9 und die Verwendung ist von Mircosoft legitimiert. Hierzu hat Microsoft dem ChevronWP7 Team Tokens zur Verfügung gestellt. Für jedes Gerät wird ein eigener Token benötigt. Allerdings sind im Moment alle vergriffen. Dieser Unlock Typ funktioniert auf allen Geräten und OS Versionen [XDA10].

3.1.2 Interop Unlock

Seit Windows Phone 7 Mango besteht eine sogenannte Interop Sperre. Sie verhindert, dass nativer Code aus einer .NET-Anwendung aufgerufen wird, um z.b. Zugriff auf die Systemtreiber zu erlangen. Der Interop Unlock ist ein erweiterter Unlock eines Developer Unlocks. Mit dessen Hilfe ist es möglich, unsignierte Applikationen zu installieren, um z.B. auf die Registry des Gerätes zuzugreifen. Die Vorgehensweise für diesen Unlock ist trivial. In der Registry wird, wenn nicht vorhanden, der Eintrag *MaxUnsignedApp* angelegt. Der Wert des Eintrages wird normalerweise durch den Typ des Developer Unlocks bestimmt. Bei einem AppHub Account ist dieser Wert auf 10 und bei einem Studenten Account auf 3 gesetzt. Bei dem Interop Unlock wird dieser Wert auf 300 oder mehr gesetzt, was unrealistisch für einen normalen Developer Account ist. Es ist aber denkbar, dass dieser Wert nur für Microsoft Mitarbeiter und OEM Developer eingestellt werden kann. Es existieren unterschiedliche Varianten, um den Interop Unlock durchzuführen. Aber alle haben gemeinsam das Ziel, den *MaxUnsignedApp* Wert hochzusetzen [XDA10].

Es existiert eine Variante, die einen Developer Unlock voraussetzt, oder eine Variante, auf die nun näher eingegangen wird, die keinen Developer Unlock benötigt. Dieser Interop Unlock wurde von Jaxbox aus dem Windows Phone Hacker Team entwickelt. Dieser Unlock verwendet eine Schwachstelle in der Microsoft ZipView Applikation und in der Geräte Provisioning Funktionalität. Durch die ZipView Applikation ist es möglich, Dateien in übergeordnete Verzeichnisse zu entpacken. Normalerweise speichert ZipView die Daten im Verzeichnis Data "\Volatile\Zipview\<random id >". Wird nun der Verzeichniseintrag "./././../provxml" in der ZIP Datei vorgenommen, so können Dateien in das Verzeichnis \provxml gespeichert werden. Normalerweise unterbindet das Sandbox Sicherheitsmodel das Speichern von Dateien durch weniger privilegierte Applikationen [XDA11].

Abb. 1: Dateien des Interop Unlocks von Heathcliff74.

Im Verzeichnis "*provxml*" werden Provisioning XML Dateien gespeichert. Sie werden verwendet, um das Mobile Gerät einzurichten. Die ausführbare Datei *RapiConfig.exe* ist ein Desktop Konfigurationstool. Es erlaubt die Ausführung von Provisioning XML Dateien, die im Verzeichnis "*provxml*" gespeichert sind. Allerdings besitzt die Least Privileged Chamber (LPC) nicht die Rechte, binäre Dateien auszuführen. Um dies zu erreichen ist es notwendig, ein ungesichertes Geräte IOCTL Interface zu verwenden, um die *RapiConfig.exe* auszuführen.

IT-Forensik im Wandel 307

```xml
<?xml version="1.0"?>
<wap-provisioningdoc>
  - <characteristic type="Registry">
    - <characteristic type="HKLM\Comm\Security\LVMod">
        <parm datatype="integer" value="1" name="DeveloperUnlockState"/>
      </characteristic>
    - <characteristic type="HKLM\Software\Microsoft\DeviceReg">
        <parm datatype="string" value="" name="PortalUrlProd"/>
        <parm datatype="string" value="" name="PortalUrlInt"/>
      </characteristic>
    - <characteristic type="HKLM\Software\Microsoft\DeviceReg\Install">
        <parm datatype="integer" value="2147483647" name="MaxUnsignedApp"/>
      </characteristic>
</wap-provisioningdoc>
```

Abb. 2: Provisioning XML Datei, um den MaxUnsignedApp Eintrag zu verändern

Bei Samsung Geräten wird hierzu z.b. der GPRS Treiber verwendet. Im GPRS Manager wird ein weiterer Verzeichniseintrag zur Verfügung gestellt, der die *RapiConfig.exe* Datei mit den entsprechenden Konfigurationsdaten ausführt.

Dieser Interop-Unlock funktioniert im Moment nur auf Samsung Geräten, auf denen nicht das KK2 Update eingespielt wurde. Im Prinzip funktioniert dieser Unlock auch auf Geräten anderer Hersteller, jedoch blockieren Nokia und HTC Registry Einträge in Provisioning Dateien. Smartphones vom Hersteller LG sind eine Ausnahme, denn diese können mit dem von Haus aus installierten Registry Editor gejailbreaked werden.

3.1.3 Full Unlock und Full Root Access

Ein voller Unlock ermöglicht es, „Nativ Executables" auszuführen. Alle Applikationen sind Silverlight Applikationen, die in einer Sandbox laufen. Sie werden als DLL kompiliert und laufen in der TaskHost.exe mit den geringst möglichen Privilegien. Im Moment existieren keine veröffentlichten „Full Unlocks". Es wird aber an ROMs mit „Full Unlocks" gearbeitet. Für eine forensische Untersuchung ist aber ein flashen mit einem ROM keine Alternative [XDA10].

Ein „Full Root Access" für alle Smartphones mit dem Windows Phone 7 OS existiert im Moment nur für das HTC HD2 Smartphone. Er ermöglicht Applikationen, die Restriktionen des Policy Systems zu umgehen, indem das Policy System einfach abgeschaltet wird. Allerdings muss auch hier das Gerät mit einem neuen ROM geflasht werden [XDA10].

3.2 Forensische Software

Auf dem Markt existieren zahlreiche kommerzielle Produkte für forensische Untersuchungen, wie z.B. Paraben Device Seizure, Oxygen Forensic Suite, EnCase, MobilEdit usw. Allerdings kann kein Tool softwarebasierte forensische Untersuchungen an Geräten mit dem Windows Phone 7 Betriebssystem vornehmen.

Es existieren auch keine spezielle Open Source Software für forensische Untersuchungen. Allerdings gibt es Software, wie Touchxperience, mit deren Hilfe sehr gute Untersuchungsergebnisse erzielt werden können. Der Zugriff auf das System ist hierbei aufgrund von fehlenden Rechten eingeschränkt. Ein voller Zugriff auf das System ist nicht möglich, und es wird ein Interop Jailbreak bzw. Unlock benötigt.

4 Regeln zur minimal invasiven Ermittlung

Im Kapitel 3 wurde aufgezeigt, dass die forensische Untersuchung von mobilen Geräten zum Teil eine andere Vorgehensweise erfordert, als bei Desktop PCs. Oftmals ist eine Untersuchung nur mittels einer Live Analyse möglich. Aus diesem Grund muss das Paradigma der Unverändertheit des zu untersuchenden Speichers aufgeweicht werden. Hierzu werden Regeln vorgestellt, die die neuen Anforderungen an Hardware und an Betriebssysteme berücksichtigen.

4.1 Regeln

Die Einhaltung von Regeln bei der forensischen Untersuchung ist ein Muss für jeden Forensiker. Umso wichtiger ist es bei der Veränderung von Beweismitteln, dass diese eingehalten werden, da eine Verletzung sonst zu einem Beweisverwertungsverbot führen könnte. Die folgenden Regeln konnten aufgrund der Untersuchungsergebnisse und der neuen Anforderungen ermittelt werden:

- **Die Veränderung muss gerechtfertigt sein.**
  Eine Veränderung des Speichers sollte wenn möglich vermieden werden. Falls eine andere Untersuchungsmethode ebenso gute Untersuchungsergebnisse erzielt und der Speicher der Gefahr der Zerstörung dabei nicht ausgesetzt wird, dann sollte diese verwendet werden. Es besteht die Gefahr eines Beweisverwertungsverbotes oder der Beweisminderung, wenn eine Untersuchungsmethode eingesetzt wird, die den Speicher verändert, obwohl es eine andere gibt, die gleich gute Ergebnisse liefert und den Speicher nicht verändert. Eine Rechtfertigung für das Handeln dürfte in diesem Fall schwierig sein.

- **Die Veränderung des Speichers sollte so minimal wie möglich sein.**
  Für die forensische Analyse können unterschiedliche Untersuchungsmethoden und Tools bestehen. Es sollte deshalb immer die Variante gewählt werden, die den Speicher am geringsten verändert. Als Beispiel könnte hier der Einsatz von Jailbreak Tools angeführt werden. Es können Varianten existieren, bei denen Dateien auf dem Gerät gespeichert werden müssen und welche einen schon installierten Registry Editor verwenden, um die nötigen Einstellungen durchzuführen. Des Weiteren könnten zu einem späteren Zeitpunkt neue Möglichkeiten bestehen, den Speicher besser zu untersuchen. So könnte ein übermäßiges Überschreiben des Speichers zu einer Vernichtung an Beweisen führen. Diese Gefahr besteht in jedem Fall. Allerdings sollte das Risiko so gering wie möglich gehalten werden.

- **Die Veränderung muss genauestens protokolliert sein.**
  Bei jeder forensischen Untersuchung muss die Analyse genauestens protokolliert werden. Bei der Veränderung des Speichers durch die Untersuchung muss dies noch genauer vollzogen werden. Nur so kann dem Gericht verdeutlicht werden, was bei der Untersuchung gemacht wurde, welche Daten verändert wurden und vor allem, dass keine Beweise verfälscht oder absichtlich gelöscht wurden. Eine nicht protokollierte Veränderung könnte sonst als Versuch der Täuschung gewertet werden. Auch ohne Absicht könnte dies zu einem Beweisverwertungsverbot führen, da angenommen werden könnte, dass weitere nicht protokollierte Veränderungen vorgenommen wurden. Umso wichtiger ist es deshalb zu wissen, welche Veränderungen durchgeführt wurden [Kirc03]. Der Einsatz von selbst entwickelten Tools wäre ein guter Schritt in die richtige Richtung.

- **Die Veränderung darf keine Auswirkungen auf die Beweise haben.**
  Eine forensische Analyse, die Beweise löscht oder verfälscht, führt zu einem Beweisver-

wertungsverbot. Es ist deshalb sicherzustellen, dass die eingesetzten Methoden keinerlei Auswirkungen auf die Beweise haben. Durch eine lückenlose Protokollierung und den Einsatz von selbstgeschriebenen Tools kann dies bewerkstelligt werden.

4.2 Fallbeispiel: Beweissuche für Kinderpornographie

Im nachfolgenden generierten Beispiel wird gezeigt, wie anhand der aufgestellten Regeln eine forensische Untersuchung durchgeführt werden kann, die vor Gericht verwertbare Beweise liefert. Die Untersuchung erfolgt an einem LG Optimus 7 mit Windows Phone 7.5 und der Software Touchxperience.

Simuliert wird ein Austausch von kinderpornographischen Inhalten. Zur Verdeckung wurde versucht, entsprechendes belastendes Material vom Gerät zu löschen. Die forensische Untersuchung umfasst in unserem Beispiel nur die Analyse des SMS Verkehrs und die Suche nach belastenden multimedialen Inhalten.

- **Anwendung der 1. Regel: Die Veränderung muss gerechtfertigt sein.**
  Vor der Untersuchung muss geklärt werden, wie das Gerät untersucht werden kann. Es ist zu klären, ob es eine Methode gibt, die den Speicher am geringsten oder gar nicht verändert. Der Ausbau des Speichers sollte hierbei immer zuletzt gewählt werden, da der Speicher unter Umständen irreparabel beschädigt werden kann. Für das LG Optimus 7 sind bisher keine JTAG Prüfpunkte bekannt, und es existiert auch keine Bootstrap Methode. Es ist allerdings über einen Jailbreak und eine Untersuchungssoftware möglich, das Gerät mittels einer Live Analyse eingeschränkt zu untersuchen. In diesem Fall existiert keine andere Möglichkeit für eine forensische Untersuchung.

- **Anwendung der 2. Regel: Die Veränderung des Speichers sollte so minimal wie möglich sein.**
  Um die forensische Untersuchung durchführen zu können, muss das Gerät "gejailbreakt" werden, und es muss eine Applikation, die eine Untersuchung erlaubt, auf das Gerät installiert werden. LG Geräte können über den vorinstallierten Registry Editor "gejailbreakt" werden. Eine Aufspielung von Dateien, wie es bei anderen Geräten unter Umständen notwendig ist, ist hier nicht erforderlich. Des weiteren sollten zur Untersuchung, wenn möglich selbst geschriebene Applikationen oder Anwendungen verwendet werden, bei denen die Veränderung des Speichers genau nachvollzogen werden kann und aufgeblähte Software nicht unnötig Daten überschreibt. In diesem Fall wurde die Applikation "Touchxperience" in der Version 2.3 verwendet. Diese wird durch die Software "Windows Phone Device Manager", welche auf einer forensischen Workstation installiert ist, automatisch beim Start der Software als Applikation auf dem Smartphone deployed.

- **Anwendung der 3. Regel: Die Veränderung muss genauestens protokolliert sein.**
  Alle Maßnahmen und Veränderungen müssen für forensische Untersuchungen genauestens protokolliert werden. Hierzu gehören die Änderungen in der Registry für den Jailbreak und der Applikation, die installierten Daten der Applikation und die durch die Untersuchung erstellten Kopien von Dateien auf dem Flashspeicher (s.u.). Der Jailbreak an LG Sartphones erfordert nur die Änderungen von Einträgen in der Registry mithilfe des installierten Editors. Die Änderungen sind aus Abbildung 2 ersichtlich. Die Applikation TouchXperience wird durch die Software Windows Phone Device Manager auf dem Gerät automatisch deployed. Sie installiert sich im Ordner "*Applications\Install\44435744-8A09-42AA-BE3D-80A4BB68001C\Install*". Die zugehörigen Daten werden im Ord-

ner "\Applications\Data\44435744-8A09-42AA-BE3D-80A4BB68001C\Data" gespeichert. Änderungen der Registry durch die Applikation konnten nicht protokolliert werden. Eine Anfrage an den Hersteller blieb bis heute unbeantwortet. Ein Vergleich des SHA256-Hashwertes der Registry Dateien *system.hv*, *user.hv* und *default.vol* im Verzeichnis \Windows\Regsitry zeigte vor und nach der Installation von TouchXperience keine Veränderung. Ein Änderung der Registry durch TouchXperience kann somit ausgeschlossen werden.

- **Anwendung der 4. Regel: Die Veränderung darf keine Auswirkungen auf die Beweise haben.**

Damit die forensische Untersuchung vor Gericht ihre Beweiskraft entfalten kann, dürfen durch die Analyse keine Beweise gelöscht oder verfälscht werden. Anhand der folgenden beispielhaften forensischen Untersuchung wird verdeutlicht, dass eine mit Sorgfalt durchgeführte Untersuchung keine Beweise löscht oder verfälscht. Eine genaue Protokollierung ist hierbei eine Voraussetzung.

a) **Suche nach Bildern**
Auf dem Gerät werden Bilder normalerweise im Verzeichnis "\My Documents\Zune \Content\0300\00" gespeichert. In diesem Verzeichnis befinden sich allerdings keine verdächtigen Bilder. Es ist aber keine Gewähr dafür, dass sich nicht an anderen Stellen im Dateisystem Bilder befinden könnten. Diese könnten vom Benutzer gelöscht oder durch ein "gejailbreaktes" Gerät an einer anderen Stelle versteckt worden sein. Des Weiteren können sich Bilder auch als Anhang an einer SMS / eMail oder außerhalb des Gerätes z.B. in der Cloud befinden.

b) **Analyse der SMS Daten**
Die SMS Daten werden in dem File *store.vol* gespeichert. Diese befindet sich im Verzeichnis "\Application Data\Microsoft\Outlook\Stores\DeviceStore". Die Datei ist eine EDB Datenbank und wird vom System verwendet, sodass sie nicht auf die Workstation kopiert werden kann. Eine Umbenennung legt eine Kopie an. Es zeigt sich, dass Beweise hierbei weder gelöscht noch verändert werden. Die erstellte Datei kann anschließend kopiert werden.

Die *store.vol* Datei umfasst auch gelöschte SMS. Diese können mit einem beliebigen Editor ausgelesen werden.

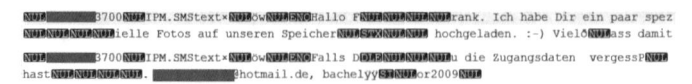

Abb. 3: Anzeige zweier gelöschte SMS mit Zugangsdaten zu einem Online Account

Aus den SMS ist ersichtlich, dass der Verdächtige mit einer Person namens Frank in Kontakt steht. Dieser hat ihm Bilder auf einem Online Speicher zur Verfügung gestellt und in einer weiteren SMS noch einmal die Zugangsdaten bereitgestellt. Neben dem Text ist auch die Telefonnummer zu ermitteln. Für welchen Dienst der Benutzername und das Passwort den Zugang ermöglicht, ist in diesem Zusammenhang noch nicht ersichtlich. Eine Analyse der installierten Applikationen könnte allerdings ein Hinweis geben. Die vom Benutzer installierten Applikationen werden im Verzeichnis "\Applications\Install" installiert.

c) **Analyse einer Cloud Applikation**
Es zeigt sich, dass der Verdächtige eine Skydrive Applikation installiert hat.

Abb. 4: Installierte Skydrive Applikation

Heruntergeladene Bilder aus dem Cloud Speicher werden normalerweise im allgemeinen Bilderverzeichnis gespeichert. Es zeigte sich aber, dass in diesem Verzeichnis kein belastendes Material zu finden war. Allerdings speichert Skydrive die online betrachtenden Bilder temporär im Verzeichnis "*Applications**Data* \{*SkydriveApplikation*}*Data**IsolatedStore**FileCache*"

Abb. 5: Temporär gespeicherte Bilder der Skydrive Applikation

Die Bilddaten werden in DATA Dateien gespeichert. Diese sind mit jeder beliebigen Bildbetrachtungs-Software zu öffnen. Die TIME Dateien enthalten die Uhrzeit und das Datum des Betrachtungszeitpunktes.

Mithilfe der via SMS übermittelten Zugangsdaten konnte auf einen Skydrive Account zugegriffen werden. Dort befanden sich weitere zahlreiche Inhalte mit kinderpornographischen Inhalten.

Abb. 6: Gespeicherte Bilder in der Cloud

- **Zusammenfassung der Analyse**
Aufgrund der beispielhaft durchgeführten forensischen Untersuchung konnte belastendes Material gefunden werden, die ohne den Jailbreak und des Verwendens der Applikation Touchxperience nicht gefunden werden konnten. Neben den Änderungen an der Registry (Änderungen und Hinzufügen von Variablen durch den Jailbreak und der Touchxperience Applikation), dem Belegen eines kleinen Teil des Speichers durch die Touchxperience

Applikation und der Kopie des SMS Datenbank wurde der Flash Speicher nur minimal durch die Untersuchung verändert. Vor allem konnte detailliert aufgezeigt werden, welche Veränderungen durchgeführt worden sind und weiter, dass diese keine Auswirkungen auf das belastende Material im Speicher hatten. Die Analyse ist nicht abschließend und stellt nur einen kleinen Teil der zu untersuchenden Daten bereit.

5 Zusammenfassung und Ausblick

Die eingesetzten Techniken des Jailbreaks und Analysemethoden haben gezeigt, dass bei einer forensischen Untersuchung keine beweisrelevanten Daten verändert werden. Die Veränderungen für den Jailbreak sind abhängig vom Gerät und Betriebssystem. Sie betreffen hauptsächlich die Registry und überschreiben je nach Unlock-Typ einen kleinen Teil des Flash Speichers. Das gleiche gilt auch für die Touchxperience Applikation. Alle Veränderungen konnten protokolliert und nachvollzogen werden. Ein Verbot für Beweise, die auf diese Weise gewonnen wurden ist deshalb nicht notwendig und wäre in Folge der obigen Ausführungen nicht nachvollziehbar. Dem hat auch das BSI Rechnung getragen, in dem es vorschreibt, dass bei Veränderungen an den Daten diese festgehalten und dokumentiert werde sollen. Im Rahmen der abschließenden Dokumentation soll dann die Verfälschung gerechtfertigt und der Verfälschungsgrad und dessen Bedeutung bewertet werden, was unter Umständen einen Einfluss auf die Beweiskrafttendenz hat [Info11].

Für forensische Untersuchungen an mobilen Endgeräten müssen und sollten deshalb die Prinzipien für forensische Untersuchungen aufgeweicht werden. Folgende Voraussetzungen sind für Untersuchungen an mobilen Endgeräten, die eine Veränderung des Beweismittels hervorrufen, zwingend notwendig:

- Die Veränderung muss gerechtfertigt sein.
- Die Veränderung des Speichers sollte so minimal wie möglich sein.
- Die Veränderung muss genauestens protokolliert sein.
- Die Veränderung darf keine Auswirkungen auf die Beweise haben.

Im Artikel von [Ro2011] werden die Regeln für zulässige Veränderungen am Beweismaterial im Rahmen einer Fallstudie für eine kontrollierte Veränderung an einem Notebook vorgestellt und auf alle forensischen Untersuchungen übertragen. Das führt aber zu dem Problem, dass durch die Verallgemeinerung nicht auf alle Besonderheiten in Bezug auf mobile Geräte eingegangen werden kann. Zum Beispiel sagt die dritte Regel nach Roth, dass Änderungen nur an den Kopien vorkommen dürfen. [Ro2011] setzt voraus, dass vom internen Speicher von Smartphones eine Kopie erstellt werden kann. Dass dies aber nicht bei allen Geräten möglich ist, wurde von Schuba, Höfken und Schäfer [SchS] an Smartphones mit dem Windows Phone Betriebssystem gezeigt. Des Weiteren geht Roth [Ro2011] auch nicht der Frage nach, ob die Veränderung überhaupt gerechtfertigt ist. Es können bessere Möglichkeiten bestehen, die den Speicher weniger oder gar nicht verändern. Diese Unterschiede sind auf die unterschiedlichen Sichtweisen zurückzuführen. Eine Verallgemeinerung auf alle forensischen Untersuchungen würde nicht alle Besonderheiten der Hard- und Software berücksichtigen. Aus diesem Grund sollte eine differenzierte Sicht bei der Erstellung der Regeln angenommen werden.

Literatur

[Beck12] H. Becker: Beweissicherung in IT-Systemen (2012), http://www.henrikbecker.de/index.php?id=Grundlagen&kat=01&part=10.

[Corp10] M. Corportion: Architecture Guide for Windos Phone OS 7.0. (2010), http://www.pocketpc.ch/windows-phone-7-entwicklung/93608-windows-phone-7-os-guides-leaked.html.

[Info11] B. für Sicherheit in der Informationstechnik: Leitfaden IT Forensik (2011), https://www.bsi.bund.de/SharedDocs/Downloads/DE/BSI/Internetsicherheit/Leitfaden_IT-Forensik_pdf.pdf?__blob=publicationFile.

[Kirc03] J. Kirchner: Forensische Analyse (2003), http://www.jenskirschner.com/pub/forensik.pdf.

[Knop09] M. Knopp: Rechtliche Perspektiven zur digitalen Beweisführung. In: S. Fischer, E. Maehle, R. Reischuk (Hrsg.), GI Jahrestagung, GI (2009), LNI, Bd. 154, 1552–1566, http://dblp.uni-trier.de/db/conf/gi/gi2009.html#Knopp09.

[Krau10] S. Krause: Mobile Forensics (2010), http://www.all-about-security.de/securityartikel/endpoint-sicherheit/mobile-computing-und-pdas/artikel/11982-mobileforensics.

[MaSc12] H. H. Marko Schuba, T. Schaefer: Smartphone Forensik (2012), http://www.schuba.fh-aachen.de/papers/12_Smartphone_Forensik_Hakin9.pdf.

[ScHS11] T. Schaefer, H. Höfken, M. Schuba: Windows Phone 7 from a Digital Forensics? Perspective. In: ICDF2C '11: Digital Forensics and Cyber Crime, Third International ICST Conference, Dublin, IRL (2011).

[XDA10] XDA Developer, Heathcliff74: WP7 Root Tools for MANGO (2010), http://forum.xda-developers.com/showthread.php?t=1265321.

[XDA11] XDA Developer, Jaxbot: The WindowBreak Project (2011), http://forum.xda-developers.com/showthread.php?p=20619864, http://forum.xda-developers.com/showthread.php?t=1265321.

Gekoppelte Management Systeme in der Informationssicherheit

Wolfgang Boehmer

Technische Universität Darmstadt
CASED building
wboehmer@cdc.informatik.tu-darmstadt.de

Zusammenfassung

Im Bereich der Unternehmensabsicherung (Enterprise Security) haben sich Management Systeme gemäß dem Deming Zyklus (PDCA-Zyklus) etabliert. Zu nennen sind das ISMS (Information Security Management System) der ISO 27001 und das BCMS (Business Continuity Management System) des BS 25999 sowie das ITSMS (IT-Service Management System) gemäß ISO 20000. Diese drei Management Systeme sind weitgehend unabhängig voneinander entwickelt worden. Jedoch werden alle drei oftmals in den Unternehmen gleichzeitig eingesetzt. Formal lassen sich Management Systeme mit der ereignisdiskreten Systemtheorie (DES) ausdrücken und werden in diesem Artikel mittels der Nachbildungsäquivalenz mit dem Deming Zyklus verglichen. Mittels dieser Formalisierung ist es möglich, die Kopplung der drei Management Systeme (ISMS, BCMS, ITSMS) in einem Unternehmen zu analysieren. Hierzu wird ein Kopplungsparameter definiert und mittels diskreter Regelkreisgleichungen gezeigt, dass im Idealfall eine starke Kopplung zwischen einem ISMS und einem ITSMS und eine schwache Kopplung zwischen einem ISMS und einem BCMS vorliegen sollte.

1 Einführung

In der Informationstechnologie haben Policies eine weitreichende Bedeutung und sind Gegenstand vielfältiger Forschungen. So werden Policies u.a. im Bereich der Firewall-Konfiguration, der Authentifizierung und des Netzwerk Managements erfolgreich eingesetzt. Dabei hat eine Policy zunächst einen statischen Charakter, der zulässige von unzulässigen Zuständen eines Systems, eines Prozesses oder Objektes steuert. Im Verlaufe der Zeit wurde erkannt, dass statische Policies allein nicht den Anforderungen der Unternehmen gerecht werden. Als Konsequenz wurden dynamische Policies entwickelt, die entweder bezüglich einer zeitlichen oder einer inhaltlichen Komponente oder hinsichtlich beider Komponenten flexibel gestaltet werden können. Detaillierte Ausführungen sind z.B. bei Pucella und Weissmann (2004) zu finden [PuWe04]. Die Grundlagen hierzu sind von Meyden (1996) gelegt worden [Meyd96]. Dieser Zugewinn an Flexibilität kam den Anforderungen der Unternehmen entgegen. Ebenso wie die statischen Policies finden heute dynamische Policies ein breites Anwendungsgebiet.

Aus dem Blickwinkel der Gesamtabsicherung eines Unternehmens haften allerdings den statischen und den dynamischen Policies der gleiche Nachteil an; sie liefern keine Rückkopplung ihrer Wirkung. Damit fehlt dem Unternehmensmanagement eine übergeordnete Steuerungsmöglichkeit.

Ferner lässt sich beobachten, dass zur Absicherung eines Unternehmens häufig Management

Systeme gemäß ISO 27001, BS25999, ISO 20000 eingesetzt werden, die dem Deming Zyklus (Plan-Do-Check-Act) folgen. Die weltweit zunehmenden Zertifikate belegen den hohen Nutzwert dieser Management Systeme. Der Standard ISO 27001 stellt Anforderungen an ein Informations Sicherheits Management System (ISMS), der BS 25999 beschreibt ein Business Continuity Management System (BCMS) und die ISO 20000 beschreibt ein IT-Service Management System (ITSMS). Diese Management Systeme werden mittels Deming Zyklus (PDCA-Zyklus) beschrieben. Es existiert jedoch bis dato keine formale Beschreibung dieser Management Systeme. Ohne formale Beschreibungen lassen sich die Methoden der Informatik kaum anwenden, wie z.b. die Nachbildungsäquivalenz, die in diesem Beitrag verwendet wird.

Policies, die eine Rückkopplung besitzen – also Management Systeme –, sind bisher wenig in der Informationstechnologie erforscht worden. Im Gegensatz dazu sind in der Ingenieurtechnik Systeme mit einer Rückkopplung – sogenannte Feedback Systeme – für rein technische Systeme zu finden, die als Regelkreise bezeichnet werden und die mit der ereignisdiskreten Systemtheorie beschrieben werden können.

Regelkreise der ereignisdiskreten Systemtheorie besitzen vier Elemente: die Regelstrecke, den Sensor, den Regler und den Aktuator. Die Elemente sind untereinander sequentiell verbunden und bilden den Regelkreis. Regelkreise haben eine weitreichende Bedeutung erlangt, denn es handelt sich nicht nur um ein rein technisches Modell, sondern um ein allgemeines Organisationsprinzip, das auch unter Begriffen wie Selbstregulation in der Biologie, Soziologie/Psychologie und der Systemtheorie vorzufinden ist. Für weitere Ausführungen wird auf die umfangreiche Literatur verwiesen, stellvertretend ist Miller zu nennen [Mill88]. Allgemein kann die Aufgabe von Regelkreisen wie folgt definiert werden:

> Def.: Regelkreise haben die Aufgabe, zeitveränderliche Größen eines Prozesses auf vorgegebene Werte zu bringen und trotz Störungen dort zu halten.

In diesem Beitrag wird untersucht, ob und wie eine Kopplung zwischen den Management Systemen ISMS, BCMS und einem ITSMS möglich ist. Weiterhin wird analysiert, ob es sich um eine schwache oder starke Kopplung handeln muss. Hierzu wird argumentativ auf die Regelkreise der ereignisdiskreten Systemtheorie (DES) zurückgegriffen.

Dieser Beitrag ist in vier Abschnitte unterteilt. Im zweiten Abschnitt wird gezeigt, wie ein Regelkreis als Ableitung einer dynamischen Policy mit Rückkopplung erfolgt und wie dieser mit formalen Methoden ausgedrückt wird. Im dritten Abschnitt werden die Management Normen ISO 27001 (ISMS), BS 25999 (BCMS) und ISO 20000 (ITSMS) formal als Regelkreis ausgedrückt. Die Kopplung der Management Systeme wird sodann mit Hilfe des Kopplungsparameters ξ diskutiert. Im Abschnitt drei folgt eine kurze Zusammenfassung der wesentlichen Ergebnisse; mit einem Ausblick auf weiterführende Untersuchungen schließt der Beitrag.

2 Regelkreise für technische Systeme

Nachfolgend werden Regelkreise für technische Systeme diskutiert. In diesem Kontext ist nicht das Zeitverhalten der Regelkreise technischer Systeme von Interesse – welche i.d.R. durch Zustandsdifferentialgleichungen beschrieben werden –, sondern das diskrete Verhalten der Regelkreise technischer Systeme, die durch algebraische Gleichungen ausgedrückt werden.

Eine Beziehung zwischen einem zeitkontinuierlichen System und einem diskreten System kann durch eine Laplace-Transformation hergestellt werden. Die Gleichungen für den Standardregelkreis sind Laplace-Transformierte und somit algebraische Gleichungen. Das Suffix (s) deutet auf die Transformation hin. Weitere Ausführungen hierzu sind in der Literatur z.b. bei Litz (2005) zu finden [Litz05]. Im nächsten Unterabschnitt wird der Übergang von statischen bzw. dynamischen Policies zu einem Regelkreis diskutiert. Weiterhin werden die Eigenschaften von Regelkreisen erläutert.

2.1 Von statischen über dynamische Policies zu Regelkreisen

Statische Policies sind Steuerungsinstrumente, die z.b. das Zustandsverhalten eines Prozesses, Systems oder Objektes bestimmen. Dabei kann ein Zustand zugelassen oder eben gerade nicht zugelassen werden. Betrachtet man die Zustandsmenge eines Prozesses in einem Zustandsraum, so lassen sich durch eine Policy bestimmte Zustände unterdrücken, so dass nur akzeptierte Eingangswerte und damit nur bestimmte Zustände zugelassen werden.

Wird ein Prozess als deterministischer E/A-Automat ($\mathcal{A}$) modelliert, in dem keine Einschränkungen für Eingangswerte, Zustände, Zustandsübergänge und Ausgangswerte existieren, so lässt sich ein Prozess als ein 6 Tupel darstellen. Dieser enthält drei Mengen, zwei Funktionen und den Anfangszustand

$$\mathcal{A} = \{\hat{\mathcal{Z}}, \mathcal{V}, \mathcal{W}, f, g, \hat{z}_0\}. \tag{1}$$

Dabei gilt für $\hat{\mathcal{Z}}$ = Menge der Zustände mit den Zustandsgrößen $\{\hat{z}_0, ..., \hat{z}_n\} \in \hat{\mathcal{Z}}$ und für $\mathcal{V}$ = Menge der Eingangswerte mit $\{v_0, ..., v_n\} \in \mathcal{V}$ und für $\mathcal{W}$ = Menge der Ausgangswerte mit $\{w_0, ..., w_n\} \in \mathcal{W}$ und f = Zustandsübergangsfunktion für die gilt $f : \hat{\mathcal{Z}} \times \mathcal{V} \to \hat{\mathcal{Z}}$ und g = Ausgabefunktion für die gilt $g : \hat{\mathcal{Z}} \times \mathcal{V} \to \mathcal{W}$ und für $\hat{z}_0$ = Anfangszustand. Fundamental ist das Konzept des Zustandsraumes für ereignisdiskrete Systeme, die mit einer diskreten Zeitfolge $k \in \mathbb{N}$ der Ausgangswerte $w(k)$ in einem kausalen Zusammenhang zu den Eingangswerten $v(k)$ stehen. Die Gleichung 2 zeigt den Zustandsraum bzw. das Zustandsraummodell von Eingangs- und Ausgangswerten.

$$\begin{aligned}\hat{z}(k+1) &= f(\hat{z}(k), v(k)), \quad \text{mit } k = 0, 1, 2, 3, \ldots \text{ und } \hat{z}(0) = \hat{z}_0; \\ w(k) &= g(\hat{z}(k), v(k)).\end{aligned} \tag{2}$$

Mit dieser Kausalität zwischen Eingangswerten und Ausgangswerten fällt dieser Zustandsraum in die Klasse der deterministischen E/A Automaten. Gerade zur Absicherung von Unternehmen auf ein zuvor definiertes Niveau von Schutzzielen wie z.b. Vertraulichkeit, Verfügbarkeit und Integrität hat sich herausgestellt, dass eine Rückkopplung der Wirksamkeit in vielen Fällen wünschenswert ist. Die Rückkopplung wird erzeugt, indem der aktuell gemessene Wert $w(k)$ mit dem Eingangswert/Sollwert $v(k)$ verglichen wird. Es findet ggf. eine Korrektur $u(k)$ statt, falls $v(k) \neq w(k)$ ist und dadurch ein Signal $e(k)$ erzeugt wird. Wird diese Art von Policy mit einem E/A-Automaten beschrieben, so entsteht die Abbildung 1. Es wird ein Automat mit einer Rückkopplung illustriert, der sich verhält wie eine einfacher linearer Laplace-Transformierter (s) Standardregelkreis für ein SISO-System (*Single-Input, Single-Output System*). Das dynamische Verhalten des Gesamtsystems $G_v(s)$ wird durch $v(k)$ und $w(k)$ beschrieben. Dabei zeigt $G_v(s)$ das äußere Verhalten des Automaten. Die Übertragungsfunktion der Korrektureinrichtung $K(s)$ regelt die Störgröße $d(k)$ bzw. die Abweichung $e(k) \in E(s)$ aus der Strecke $u(k) \in U(s)$ bzw. der internen Übertragungsfunktion $G(s)$. Im Fall des einschleifigen Standardregelkreises der Abbildung 1 sind lineare Übertragungsglieder verarbeitet worden. Durch diese Rückkopplung ist stets gewährleistet, dass ein Zustand $\hat{z}(k) \in \hat{\mathcal{Z}}$, auf dem die Störung $d(k)$ einwirkt, wieder eingeregelt

Gekoppelte Management Systeme 317

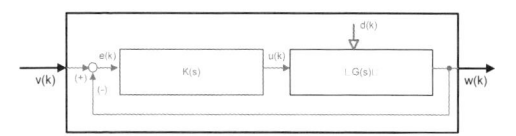

Abb. 1: Standard Regelkreis als E/A Automat

wird. Damit lässt sich das folgende algebraische Gleichungssystem zur Beschreibung des Standardregelkreises für ein SISO-System aufstellen: $\mathcal{W}(s) = G(s)U(s)$ und für $U(s) = K(s)E(s)$ und für $E(s) = \mathcal{V}(s) - \mathcal{W}(s)$. Von Interesse sind die Eigenschaften der diskreten Korrektureinrichtung $K(s)$ und die der diskreten Gesamtführungsübertragungsfunktion $G_v(s)$, wenn zunächst nur für die Ableitung die Störung mit $d(k) = 0$ unberücksichtigt bleibt (Störungsfreiheit).

$$G_v(s) = \frac{\mathcal{W}(s)}{\mathcal{V}(s)} = \frac{G(s)U(s)}{E(s) + W(s)} = \frac{G(s)K(s)E(s)}{E(s) + G(s)K(s)E(s)} \quad (3)$$

Durch Umformung der Gleichung 3 kann die Gesamtführungsfunktion $G_v(s)$ wie folgt ausgedrückt werden:

$$G_v(s) = \frac{G(s)K(s)}{1 + G(s)K(s)} \quad (4)$$

Ebenso kann die Korrektureinrichtung $K(s)$, die auch als Stellglied oder Aktuator bezeichnet wird, durch eine Umformung der Gleichung 4 ausgedrückt werden.

$$K(s) = \frac{U(s)}{E(s)} = \frac{\mathcal{W}(s)}{G(s)\mathcal{V}(s) - \mathcal{W}(s)} \quad (5)$$

Werden nun die in der Abbildung 1 dargestellten Größen verallgemeinert, entsteht ein Standard Regelkreis mit seinen vier Elementen (Regelstrecke, Sensor/Messglied, Regler, Aktuator). Abbildung 2 zeigt diesen Regelkreis. In diesem Regelkreis wird mittels Sensor eine Abweichung hervorgerufen, durch die Störung $d(k)$ registriert und an den Regler weitergegeben. In dem Regler wird eine Korrektur erarbeitet und mittels Signal $u(k)_R$ an den Aktuator übergeben. Dieser wirkt korrigierend mittels dem Signal $u(k)_A$ auf die Regelstrecke ein. Mit dieser Sequenz wird die Regelstrecke kontrolliert und ggf. bei Abweichungen korrigiert. Häufig sind für rein technische Systeme die Regelbewegungen vorgegeben. Ein universeller technischer Regler ist der PID-Regler. Technische Regler stehen jedoch nicht im Fokus des Artikels, da Management Systeme besser durch sozio-technische Regelkreise beschrieben werden können. Entsprechend

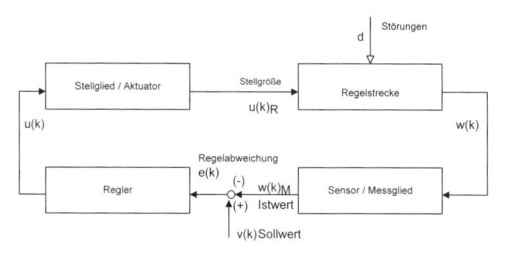

Abb. 2: Standard Regelkreis ergänzt durch Regelstrecke und Messglied

der Gleichung 4 und Gleichung 5 lassen sich für die Elemente der Abbildung 2 eine Korrektureinrichtung $K(s)$ und eine Führungsübertragungsfunktion $G(s)$ entwerfen

$$K(s) = \{\text{Regler, Aktuator}\}$$
$$G(s) = \{\text{Regelstrecke, Sensor/Messglied}\}. \qquad (6)$$

Ein Regelkreis, der aus vier Elementen besteht und eine Rückkopplung aufweist, wird in Anlehnung an den PDCA-Zyklus (vgl. Abbildung 3) als Management System definiert. Die Gleichung 6 ist dann die Management Gleichung bzw. Führungsfunktion und Korrektureinrichtung des Management Systems. Die Führungsfunktion $G(s)$ wirkt auf die Regelstrecke. Die Korrektureinrichtung $K(s)$ wirkt als Stellgröße.

2.2 Verhaltensäquivalenz und Deming Zyklus

Die eingangs erwähnten Management Systeme (ISMS, BCMS, ITSMS) basieren auf den Deming Zyklus, der die vier Elemente Plan-Do-Check-Act beinhaltet. Die Idee des PDCA-Zyklus von Deming basiert auf der Imperfektion von sozio-technischen Systemen und der Notwendigkeit einer Rückkopplung [Demi86]. Wenn die vier Elemente als Zustände interpretiert werden, lässt sich aus dem PDCA-Zyklus ein Standardautomat generieren. In der Abbildung 3 ist der Deming Zyklus als Automatengraph skizziert. Es werden die vier Elemente als Zustände $z_{(1,...,4)} \in \mathcal{Z}$ dargestellt und die Zustandsübergänge als Ereignisse $\sigma_{(1,...,4)}$. Mit σ_0 ist das Anfangsereignis in der Abbildung 3 skizziert. Ein Endzustand Z_F, wie bei Standardautomaten, existiert jedoch nicht direkt, da es sich um einen kontinuierlichen Verbesserungsprozess handelt. Dieser Verbesserungsprozess wird als Kreislauf (Regelkreis) ohne Endzustand dargestellt. Ein Zustandswechsel δ wird durch $z_n \xrightarrow{\sigma_n} z_{n+1}$ vorgenommen. Somit ist der Nachfolgezustand

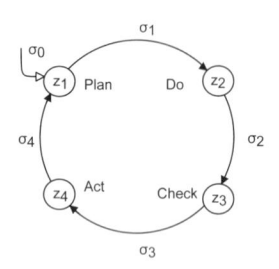

Abb. 3: PDCA-Zyklus nach Deming als Automatengraph

durch $z_{n+1} = \delta(z_n, \sigma_n)$ bestimmt. Folglich kann der Deming Zyklus als Standardautomat oder als Quintupel $\mathcal{D}$ beschrieben werden:

$$\mathcal{D} = \{\mathcal{Z}, \Sigma, \delta, z_0, Z_F\}, \qquad (7)$$

mit $\mathcal{Z} = \{z_1, z_2, z_3, z_4\}$ und $\Sigma = \{\sigma_1, \sigma_2, \sigma_3, \sigma_4\}$ sowie $z_0 = z_1$ und $Z_F = z'_1$. Die Zustandsübergangsfunktion kann wie folgt ausgedrückt werden:

$$\delta : \mathcal{Z} \times \Sigma \longrightarrow \mathcal{Z} \qquad (8)$$

Wird beachtet, dass $Z_F = z'_1 \neq z_1$ ist, wird im Sinne des Deming Zyklus eine Verbesserung erreicht. Diese Verbesserung strebt jedoch nach (n) Durchläufen des Zykluses einen Gleichgewichtszustand an. Wie Böhmer (2009a) aufgezeigt hat, entspricht dieser Zustand einem Balance-Zustand, der als Gleichgewicht interpretiert werden kann [Boeh09]. Immer dann, wenn sich der nachfolgende Zustand von dem vorherigen Zustand nicht mehr unterscheidet, ist das System in einem Gleichgewichtszustand. Der Deming Zyklus ist dann ausbalanciert. Für diesen und nur für diesen Fall ist dann $Z_F = z_1$. Verantwortlich für das Erreichen des Gleichgewichtszustandes sind die Elemente Check (Prüfen auf Verbesserungen) und Act (Durchführen von Verbesserungen).

Generell kann ein E/A-Automat, wie in Gleichung 1 dargestellt, in einen Standardautomaten überführt werden, wenn $v/w = \hat{\sigma}$ mit $\hat{\sigma}$ als diskretes Ereignis der Ereignismenge $\hat{\Sigma}$ gilt und der Endzustand mit $\hat{z}_F \in \hat{\mathcal{Z}}$ definiert wird. Weiterhin gilt $\hat{\Sigma} = \{\mathcal{V}, \mathcal{W}\}$. Dieses diskrete Ereignis, das zu einem Zustandswechsel von $\hat{z}$ nach $\hat{z}'$ führt, wird mit $\hat{\sigma}$ bezeichnet und mit $\hat{z} \xrightarrow{\hat{\sigma}} \hat{z}'$ dargestellt. Die Übergangsfunktion wird mit $\hat{\delta}$ bezeichnet. Damit kann der E/A Automat der Gleichung 1 in Analogie zur Gleichung 7 in einen Standardautomaten als Quintupel überführt werden

$$\hat{\mathcal{A}} = \{\hat{\mathcal{Z}}, \hat{\sigma}, \hat{\delta}, \hat{z}_0, \hat{z}_F\}. \tag{9}$$

Wird der Standardautomat $\hat{\mathcal{A}}$ mit vier Zuständen definiert, so gilt für $\hat{\mathcal{Z}} = \{\hat{z}_1, \hat{z}_2, \hat{z}_3, \hat{z}_4\}$ und $\hat{\Sigma} = \{\hat{\sigma}_1, \hat{\sigma}_2, \hat{\sigma}_3, \hat{\sigma}_4\}$ sowie $\hat{\delta} = \hat{\mathcal{Z}} \times \hat{\Sigma} \longrightarrow \hat{\mathcal{Z}}$ und für $\hat{z}_0 = \hat{z}_1$ und $\hat{Z}_F = \hat{z}'_1$. Basierend auf dem Antwortverhalten zweier Automaten lassen sich die Begriffe wie Ähnlichkeit und Äquivalenz unterscheiden. Dabei ist die Ähnlichkeit durch die Eingaben und Ausgaben des Automaten bestimmt. Diese Ähnlichkeit wird als Schnittstellenäquivalenz bezeichnet. Die Schnittstellenäquivalenz wird in diesem Artikel nicht weiter untersucht, sondern nur die Nachbildungsäquivalenz. Gemäß dem Axiom von Milner gelten zwei Zustände als gleich, wenn sie nicht durch (eine Kombination von) Beobachtungen unterschieden werden können [Miln06]. Eine Bi-simulation (Nachbildungsäquivalenz) zwischen zwei Objekten ist somit ein Transitionssystem, welches das beobachtbare *Verhalten* wiedergibt, das beiden Objekten gemeinsam ist. Falls zwischen dem Deming Quintupel $\mathcal{D}$ und einem Standardautomaten wie z.B. $\hat{\mathcal{A}}$ eine Relation zwischen ihren Zuständen existiert, so gilt die Nachbildungsäquivalenz $\mathfrak{S}$, mit

$$\mathfrak{S}_{\hat{\mathcal{A}},\mathcal{D}} \subset \hat{\mathcal{A}} \times \mathcal{D}. \tag{10}$$

Dabei sind $\mathcal{Z}_\mathcal{D}$ und $\hat{\mathcal{Z}}_{\hat{\mathcal{A}}}$ die Zustandsmengen der beiden Automaten $\mathcal{D}$ und $\hat{\mathcal{A}}$. Die Gleichung 10 zeigt die Simulationsrelation für die Aussage $\hat{\mathcal{A}}$ simuliert $\mathcal{D}$. Die Simulationsrelation ordnet die Zustände der Automaten $\mathcal{D}$ und $\hat{\mathcal{A}}$ einander zu, und zwar in der Bedeutung, dass der zweite Zustand des Pärchens z.B. $(z_1, \hat{z}_1) \in \mathfrak{S}$ den ersten simuliert und somit $z_1 \sim \hat{z}_1$ gilt. Die Anzahl der Zustände können in beiden Automaten unterschiedlich sein; dies ist kein Widerspruch zur Relation $\mathfrak{S}$. Wenn $\mathcal{D}|z_i$ und $\hat{\mathcal{A}}|z_j$ für alle Eingabesequenzen k äquivalent sind, werden sie k-äquivalent genannt. Beim Deming Zyklus ist $k = 4$ (vgl. Abbildung 3). Die k-äquivalenten Zustände sind auch l-äquivalent für alle $l \leq k$. Nicht äquivalente Zustände werden unterscheidbar genannt. Alle Zustände, die durch die Eingabesequenzen der Länge k unterscheidbar sind, werden k-unterscheidbar genannt.

3 Regelkreise und Normen für Managementsysteme

In diesem Abschnitt werden die Regelkreis-Elemente und Management Systeme diskutiert und es wird ihre Äquivalenz zu Standardautomaten mit Rückkopplung gezeigt. Es wird gezeigt, wie die Nachbildungsäquivalenz (vgl. Gleichung 10) zwischen dem Standardautomaten des PDCA-Zyklus durch Elemente eines Standard Regelkreises bzw. Standardautomaten der Normen ISO 27001, BS 25999 und ISO 20000 ausgedrückt werden kann. Management Systeme, die in den Normen ISO 27001, BS 25999 und ISO 20000 definiert werden, können als sozio-technische Systeme betrachtet werden. Für Managementsysteme, die eng mit der Wertschöpfungskette eines Unternehmen verbunden sind, wie z.b. das Management System gemäß ISO 27001(ISMS) und BS 25999 (BCMS) oder auch das für die ISO 20000, wird die These aufgestellt, dass diese gekoppelt sein müssen.

3.1 Regelkreis der ISO 27001 (ISMS)

Im Wesentlichen folgt ein ISMS einem PDCA-Zyklus. Werden die Regelelemente eines ISMS auf einen Standard Regelkreis (vgl. Abbildung 2) übertragen, so entsteht ein Regelkreis wie in Abbildung 4 dargestellt. In Abbildung 4 sind die vier Elemente eines Management Systems gemäß Deming Zyklus und die vier Elemente eines Regelkreises illustriert. Das in der Abbil-

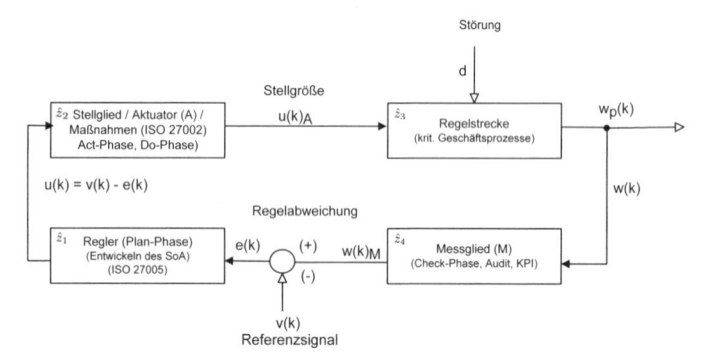

Abb. 4: Regelkreis eines ISMS

dung 4 dargestellte Referenz-Signal (Sollwert) $v(k)$ repräsentiert in dem Regelkreis die Anforderungen an die Vertraulichkeit, Integrität und Verfügbarkeit für ein zuvor definiertes Niveau. Das aktuelle Sicherheitsniveau $w(k)$ wird durch die Störung (d) auf der Regelstrecke erzeugt. Das vom Sensor gemessene aktuelle Sicherheitsniveau wird mit $w(k)_M$ bezeichnet. Der Regler korrigiert mittels des Referenzsignals $v(k)$, um das zuvor definierte Sicherheitsniveau wieder herzustellen. Als Korrekturmaßnahme ist das Signal $u(k) = v(k) - e(k)$ zu verstehen. Es spiegelt die Aktualisierung der Security Policy durch Maßnahmen wieder. Im Aktuator werden die Maßnahmen konkretisiert und in Prozeduren und Arbeitsanweisungen umgesetzt. Das Signal $u(k)_A$ illustriert das korrigierte Signal, das auf die Regelstrecke einwirkt und eine Verbesserung erzeugt.

Es wird nun untersucht, ob zwischen dem Standardautomaten des Deming Zyklus $\mathcal{D}$ und dem Standardautomaten des Regelkreises $\hat{\mathcal{A}}_{ISMS}$ für ein ISMS eine Äquivalenz gemäß der Gleichung 10 existiert. Bei der Überführung des Regelkreises in den Standardautomaten $\hat{\mathcal{A}}_{ISMS}$ werden die vier Zustände $\hat{z}_1$ = Regler/Controller, $\hat{z}_2$ = Aktuator/Stellglied, $\hat{z}_3$ = Regelstrecke und $\hat{z}_4$ = Sensor/Messglied definiert (vgl. Abbildung 4). Werden die vier Zustände des $\hat{\mathcal{A}}_{ISMS}$ mit dem Standardautomaten des Deming Zyklus mittels der Gleichung 10 verglichen, ergibt sich für $(z_1, \hat{z}_1) \in \mathfrak{S} = z_1 \sim \hat{z}_1$ und für $(z_2, \hat{z}_2) \in \mathfrak{S} = z_2 \sim \hat{z}_2$ und für $(z_3, \hat{z}_4) \in \mathfrak{S} = z_3 \sim \hat{z}_4$ und für $(z_4, \hat{z}_2) \in \mathfrak{S} = z_4 \sim \hat{z}_2$. Anschaulich können diese Ausführungen aus der Perspektive des Standardautomaten $\mathcal{D}$ wie folgt dargestellt wird:

> **Zustand 1:** Planung → Statement of applicability (SoA) (ISO 27005) → Regler
>
> **Zustand 2:** Durchführung & Anwendung → Maßnahmen (ISO 27002) → Aktuator
>
> **Zustand 3:** Prüfung & Kontrolle → Check Phase, → Sensor/Messglied
>
> **Zustand 4:** Korrektur → Act Phase, Korrektur vornehmen → Aktuator

Ersichtlich ist, dass nicht für alle k des Deming Zykluses eine Nachbildungsäquivalenz existiert, wie z.B. für den Zustand $\hat{z}_3$. Die Regelstrecke wird in dem Deming Zyklus nicht abgebildet. Diese wird nur implizit durch den Scope der jeweiligen Norm definiert. Der Scope für ein ISMS gemäß ISO 27001 ist die Wertschöpfungskette eines Unternehmens. In einem Regelkreis ist die Regelstrecke jedoch Bestandteil des Standardautomaten. Somit liegt lediglich eine l-Äquivalenz vor, denn der Zustand $\hat{z}_{k=3}$ ist unterscheidbar.

3.2 Regelkreis der BS 25999 (BCMS)

Ein Business Continuity Management System (BCMS) ist auf massive Störungen (d) (Krise) reaktiv ausgerichtet und reagiert erst dann, wenn eine Krise bzw. eine Katastrophe eingetreten ist. Im Falle einer Katastrophe wird der Business Continutiy Plan (BCP) und der Desaster Recovery Plan (DRP) aktiv. Damit wird das Überleben der Geschäftsprozesse sichergestellt. Bei den BCPs handelt es sich um Ersatzprozesse, oftmals auch als Notfallprozesse bezeichnet, die im Falle einer Katastrophe aktiv werden und die ein Unternehmen für einen begrenzten Zeitraum vital halten. Denn eine Unterbrechung der kritischen Geschäftsprozesse kann nur für einen identifizierten Zeitraum toleriert werden. Dieser Zeitraum wird durch die MTPD (Maximum tolerable period of disruption) beschrieben. Innerhalb dieses definierten Zeitraums (MTPD) müssen die Notfallprozesse aktiviert worden sein und reibungslos funktionieren. Denn mit diesen Notfallprozessen wird ein Umsatz auf einem akzeptablen Niveau erzielt und somit das Überleben der Firma gesichert. Ein Regelkreis für ein BCMS kann in ganz ähnlicher Weise wie der Regelkreis eines ISMS dargestellt werden (vgl. Abbildung 4), wie in [Boeh10] illustriert wird.

Es wird nun untersucht, ob zwischen dem Standardautomaten des Deming Zyklus $\mathcal{D}$ und dem Standardautomaten des Regelkreises $\mathcal{A}_{BCMS}$ für ein BCMS eine Äquivalenz gemäß der Gleichung 10 existiert. Bei der Überführung des Regelkreises in den Standardautomaten $\mathcal{A}_{BCMS}$ werden wiederum die vier Zustände $\hat{z}_1$ = Regler/Controller, $\hat{z}_2$ = Aktuator/Stellglied, $\hat{z}_3$ = Regelstrecke und $\hat{z}_4$ = Sensor/Messglied definiert (vgl. Abbildung 4). Die vier Zustände des $\mathcal{A}_{BCMS}$ können mit dem Standardautomaten des Deming Zyklus mittels der Gleichung 10 verglichen werden. Anschaulich können diese Ausführungen aus der Perspektive des Standardautomaten $\mathcal{D}$ wie folgt skizziert werden:

> **Zustand 1:** Planung → BIA und ISO 27005
>
> **Zustand 2:** Durchführung & Anwendung → Übungen von BCP/DRP
>
> **Zustand 3:** Prüfung & Kontrolle → Messung der Qualität der Übungen (MTPD), → Sensor
>
> **Zustand 4:** Korrektur → Act Phase, Korrektur vornehmen → Aktuator

Im Ergebnis lässt sich festhalten, dass, wie beim Regelkreis eines ISMS, lediglich eine *l*-Äquivalenz vorliegt, denn der Zustand $\hat{z}_{k=3}$ ist unterscheidbar.

3.3 Regelkreis der ISO 20000 (ITSMS)

Ziel und Zweck des IT-Service Managements ist es, eine Automatisierung und Standardisierung im Bereich der IT-Services zu erzielen. Hierzu werden eine Reihe Prozesse (Incident Management, Problem Management, Change Management, etc.) definiert, die ineinander greifen und mittels Kennzahlen gemessen werden können. Das IT-Service Management System (ITSMS) gemäß ISO 20000-1:2005 und ISO 20000-1:2005 folgt ebenfalls dem PDCA-Zyklus (vgl. Abbildung 3) und wurde aus der IT-Infrastructur Library (ITIL) bzw. dem BS 15000 abgeleitet. Eine Einführung bzw. ein Überblick ist bei Engel et al. (2008) zu finden [EnBB08]. Es wird nun untersucht, ob zwischen dem Standardautomaten des Deming Zyklus $\mathcal{D}$ und dem Standardautomaten des Regelkreises $\hat{\mathcal{A}}_{ITSMS}$ für ein ITSMS eine Äquivalenz gemäß der Gleichung 10 existiert. Bei der Überführung des Regelkreises in den Standardautomaten $\hat{\mathcal{A}}_{ITSMS}$ werden die vier Zustände $\hat{z}_1$ = Regler/Controller, $\hat{z}_2$ = Aktuator/Stellglied, $\hat{z}_3$ = Regelstrecke und $\hat{z}_4$ = Sensor/Messglied definiert (vgl. Abbildung 4). Die vier Zustände des $\hat{\mathcal{A}}_{ITSMS}$ können mit dem Standardautomaten des Deming Zyklus mittels der Gleichung 10 verglichen werden. Anschaulich können diese Ausführungen aus der Perspektive des Standardautomaten $\mathcal{D}$ wie folgt skizziert werden:

Zustand 1: Planung → IT-Objekte, IT-Infrastruktur, Service Management

Zustand 2: Durchführung & Anwendung des Service Management →

Zustand 3: Prüfung & Kontrolle → Messung der Qualität des Services, → Sensor / Monitoring

Zustand 4: Korrektur → Act Phase, Korrektur/Verbesserung vornehmen → Aktuator

---

Im Ergebnis lässt sich festhalten, dass, wie beim Regelkreis eines ISMS und BCMS, lediglich eine *l*-Äquivalenz vorliegt, denn der Zustand $\hat{z}_{k=3}$ ist unterscheidbar.

3.4 Enterprise Architekturen und der Kopplungsparameter ξ

Unter dem Begriff Kopplung wird allgemein die Verknüpfung von verschiedenen Systemen, Anwendungen oder Softwaremodulen verstanden, sowie ein Maß, das die Stärke dieser Verknüpfung bzw. der daraus resultierenden Abhängigkeit beschreibt. Das Maß der Stärke der Kopplung wird in diesem Artikel durch den Kopplungsparameter ξ ausgedrückt. Ist $\xi \leq 1$ liegt eine geringe Kopplung und somit eine schwache Wechselwirkung vor. Ist $\xi \gg 1$ liegt eine starke Kopplung und somit eine starke Wechselwirkung vor. Die Gleichung 11 beschreibt diesen Zusammenhang

$$\xi = \begin{cases} \leq 1 & \text{geringe Kopplung, schwache Wechselwirkung} \\ \geq 1 & \text{starke Kopplung, starke Wechselwirkung.} \end{cases} \quad (11)$$

Um die Kopplung von Management Systemen diskutieren zu können, ist es erforderlich, die Enterprise Architektur detaillierter zu betrachten. Enterprise Architekturen werden als hierarchische Ebenen verstanden. So wird in dem Artikel von Brandt et al. (2008) aufgezeigt, dass diese als eine dreistufig gegliederte hierarchische Ebene aufgefasst werden kann [BEBR08].

Gekoppelte Management Systeme

Dagegen wird in dem Beitrag von Braun und Winter (2007) [BrWi07] und Winter und Schelp (2008) [WiSc08] eine fünfstufige gegliederte hierarchische Ebene postuliert. Jedoch sind die Sichtweisen der Autoren kompatibel [BEBR08], [BrWi07], [WiSc08].

Abbildung 5 skizziert diese drei Ebenen und zeigt, auf welcher Ebene die Management Systeme eingesetzt werden. Die oberste Ebene zeigt die Ebene der Geschäftsprozesse. Hier ist sowohl das ISMS der ISO 27001 als auch das BCMS des BS25999 platziert, jedoch wirkt BCMS auf die Notfallprozesse. Aus dem Blickwinkel der ISO 9001 gehört das ISMS und das BCMS zu den Führungsprozessen. Auf der nächsten unteren Ebene (IT-Service-Ebene) ist das ITSMS der ISO 20000 platziert. Unterhalb dieser Ebene sind die IT-Objekte (Knoten) angesiedelt. Mittels

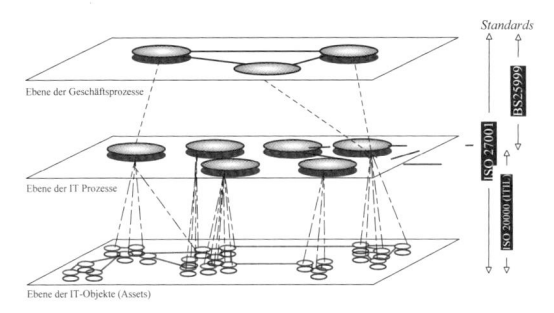

Abb. 5: Enterprise Architektur und Management Systeme

Kombination der Gleichung 11 mit der Gleichung 12 können Kopplungen zwischen Management Systemen untersucht werden. Als Kopplungskriterium werden die Regelkreisgleichung, bestehend aus der Korrektureinrichtung, und die Führungsfunktion wie in Gleichung 6 definiert. Falls die Führungsfunktion und die Korrekturvorrichtung eines Management Systems von einem anderen Management System abhängt, liegt eine starke Kopplung vor. Hängt nur die Führungsfunktion, aber nicht die Korrekturfunktion, oder die Korrekturfunktion, aber nicht die Führungsfunktion von einem anderem Management System ab, so liegt nur eine schwache Kopplung vor. Besteht keine Abhängigkeit zwischen der Führungsfunktion und der Korrekturfunktion zwischen zwei Management Systemen, liegt keine Kopplung vor. Die Gleichung 12

$$\xi = \begin{cases} 1 & \text{falls } G(s)_i = f(G(s)_{i+1}) \vee K(s)_i = f(K(s)_{i+1}) \\ 1/2 & \text{falls } G(s)_i = f(G(s)_{i+1}) \wedge K(s)_i = f(K(s)_{i+1}) \\ sonst \end{cases} \quad (12)$$

beschreibt die Kopplung zwischen zwei Management Systemen $G(s)_i$, $K(s)_i$ und $G(s)_{i+1}$, $K(s)_{i+1}$. Nach Böhmer (2009) sind beide Normen ISO/IEC 27001 und BS 25999 über die Risikoanalyse verbunden [Boeh09]. Wenn eine präventive Behandlung von Risiken vorgenommen werden soll, so ist das ISMS der ISO 27001 zu favorisieren. Wenn eine reaktive Behandlung der Risiken aus Kosten/Nutzen Betrachtungen vorgenommen werden soll, weil mit dem Eintritt der Risiken in sehr seltenen Fällen zu rechnen ist, diese jedoch eine erhebliche Auswirkung auf die Wertschöpfungskette haben werden, so ist das BCMS des BS 25999 in dem Unternehmen zu favorisieren. Da ein BCMS in erster Linie auf die Business Continuity Prozesse ausgerichtet ist, ist nur die Korrekturvorrichtung mit den Assets bzw. Ressourcen der kritischen

Geschäftsprozessen gekoppelt. Wird nun das ISMS gemäß ISO 27001 als das $i - te$ Management System und das BCMS gemäß BS25999 als das $i-te+1$ Management System bezeichnet, so liegt folgender Fall vor

$$\xi = 1/2 \text{ weil } G(s)_i \neq f(G(s)_{i+1}) \text{ aber } K(s)_i = f(K(s)_{i+1}). \qquad (13)$$

Als Ergebnis lässt sich festhalten, dass eine geringe Kopplung gegeben ist und somit eine schwache Wechselwirkung zwischen einem ISMS und einem BCMS vorliegen muss. Wird nun die Kopplung zwischen einem ISMS gemäß ISO 27001 ($i - te$ Management System) und dem ITSMS gemäß ISO 20000 ($i - te + 1$ Management System) in der Gleichung 14 betrachtet, so lässt sich aus der Kopplung folgendes ableiten. Falls in einem Unternehmen die kritischen Geschäftsprozesse von IT-Objekten abhängen (vgl. unterste Ebene der Abbildung 5), so muss eine Ebene des IT-Service Management existieren. D.h. es ist eine funktionale Abhängigkeit zwischen diesen drei Ebenen vorhanden. Denn die kritischen Geschäftsprozesse sind abhängig von den Schutzzielen (Verfügbarkeit, Vertraulichkeit, Integrität), die u.a. von den Prozessen des IT-Service Management, berücksichtigt werden müssen. Die Korrekturvorrichtung stellt eine partielle (bezogen auf die IT-Objekte) Abhängigkeit zwischen einem ISMS und einem ITSMS her. Es liegt folgende Kopplung vor:

$$\xi = 1 \text{ weil } G(s)_i = f(G(s)_{i+1}) \lor K(s)_i = f(K(s)_{i+1}). \qquad (14)$$

Hieraus wird geschlossen, dass eine starke Kopplung und somit eine starke Wechselwirkung vorliegen muss. Als Konsequenz für die Praxis bedeutet dies, dass die Service Level Agreements (SLA) des ITSMS an die kritischen Geschäftsprozesse gekoppelt sein müssen.

3.5 Gekoppelte versus integrierte Management Systeme

Es wird die Meinung vertreten, dass ein grundsätzlicher Unterschied zwischen einem gekoppelten und einem integrierten Management System existiert. Nur ein gekoppeltes Management System besitzt eine Kopplungsfunktion, die etwas über die Art der Kopplung aussagt (stark, schwach) (vgl. Gleichung 11). Integrierte Management Systeme dagegen vereinen zwei Management Systeme zu einem einzigen Management System. Zu nennen sind z.B. die Integration des Management Systems der ISO 9001 und der ISO 27001. Aus Sicht der ISO 9001 wird die Prozesskette der Wertschöpfung durch die Führungsprozesse gesteuert und durch die unterstützenden Prozesse bedient. Ferner wird die Meinung vertreten, dass die ISO 27001 die operationellen Risiken gemäß Basel II betrachtet und sich somit auf der gleichen Ebene wie die Risikobetrachtung der Markt- und finanziellen Risiken befinden muss. Die ISO 20000 ist dagegen den unterstützenden Prozessen hinzuzuzählen und eine Integration – wie z.B. die ISO 27013 vorschlägt – nur sinnvoll, wenn es sich um ein Rechenzentrum handelt. Wird jedoch die IT-Infrastruktur nebst IT-Services ausgelagert (Outsourcing), ist eine Integration der Management Systeme ISO 20000 und ISO 27001 nicht zielführend, jedoch eine Kopplung sehr wünschenswert.

4 Zusammenfassung und Ausblick

In diesem Beitrag konnte gezeigt werden, dass Regelkreise, die in der ereignisdiskreten Systemtheorie für technische Systeme beschrieben werden, auch auf sozio-technische Systeme übertragen werden können. Diese werden als Management Systeme bezeichnet und verhalten sich äquivalent zu technischen Regelkreisen, wie mit der Bi-Simulationsfunktion gezeigt werden konnte. Anhand von drei Management Systemen (ISO27001, BS25999, ISO 20000) wurde das Verhalten nach dem PDCA-Zyklus und dem Regelkreis untersucht. Weiterhin wurde ein Kopplungsparameter definiert und mit den Regelkreisgleichungen der ISO27001, BS25999 und ISO 20000 kombiniert. Ergebnis ist, dass zwischen einem ISMS und einem ITSMS eine starke Kopplung herrschen muss und zwischen einem ISMS und einem BCMS eine schwache Kopplung anzustreben ist. Praktischer Nutzen bzw. Handlungsempfehlung für Unternehmen ist, dafür Sorge zu tragen, dass die SLAs des IT-Service Managements mit den kritischen Geschäftsprozessen im Einklang stehen.

Literatur

[BEBR08] C. Brandt, T. Engel, W. Boehmer, C. Roeltgen: Diskussionsvorschlag einer Lösungsskizze zur Behandlung von operationellen IT-Sicherheitsrisiken nach Basel II auf der Grundlage von Anforderungen der Credit Suisse. In: *MKWI-2008, München* (2008).

[Boeh09] W. Boehmer: Survivability and Business Continuity Management System According to BS-25999. In: *SECUWARE '09, Athen/Glyfada (Greece), IEEE Computer Society* (2009), 142–147.

[Boeh10] W. Boehmer: Managementsysteme sind Balance-Systeme – Diskussion relevanter Kennzahlen eines ISMS gemäß ISO/IEC 27001:2005. In: *MKWI-2010, Göttingen* (2010).

[BrWi07] C. Braun, R. Winter: Integration of IT service management into enterprise architecture. In: *SAC '07: Proceedings of the 2007 ACM symposium on Applied computing*, ACM, New York, NY, USA (2007), 1215–1219.

[Demi86] W. E. Deming: Out of the Crisis. ISBN-13: 9780911379013, MIT Press (MA) (1986).

[EnBB08] C. Engle, J. Brewster, G. Blokdijk: ISO/IEC 20000 Certification and Implementation Guide. Emereo Pty Ltd, London, UK, (2008).

[Litz05] L. Litz: Grundlagen der Automatisierungstechnik, Regelungssysteme - Steuerungssysteme - Hybride Systeme. ISBN-3-486-27383-3, Oldenbourg Verlag (2005).

[Meyd96] R. van der Meyden: The Dynamic Logic of Permission. In: *J. Log. Comput.*, 6, 3 (1996), 465–479.

[Mill88] R. M. Miller: Market automation: self-regulation in a distributed environment. In: *SIGOIS Bull.*, 9, 2-3 (1988), 299–308.

[Miln06] R. Milner: Pure bigraphs: structure and dynamics. In: *Inf. Comput.*, 204, 1 (2006), 60–122.

[PuWe04] R. Pucella, V. Weissman: Foundations of Software Science and Computation Structures, Springer Berlin / Heidelberg, *Lecture Notes in Computer Science*, Bd. 2987/2004, Kap. Reasoning about Dynamic Policies (2004), 453–467.

[WiSc08] R. Winter, J. Schelp: Enterprise architecture governance: the need for a business-to-IT approach. *In: SAC* (2008), 548–552.

Wege zur Risikobewertung

Isabel Münch

Bundesamt für Sicherheit in der Informationstechnik
isabel.muench@bsi.bund.de

Zusammenfassung

Die Bewertung von Risiken ist eine wichtige Aufgabe des Risikomanagements, die sowohl zeitnah und ressourcenschonend als auch umfassend, vollständig und nachvollziehbar erfolgen sollte. Alle diese Punkte vereinbaren zu können, ist eine herausfordernde Aufgabe, für die sich verschiedene Vorgehensweisen etabliert haben. Hierbei sind vor allem quantitative und qualitative Ansätze zu unterscheiden. In diesem Beitrag wird herausgearbeitet, wodurch dem quantitativen Ansatz praxisbedingte Grenzen gesetzt sind.

1 Risikomanagement

Eine wichtige Aufgabe jeder Behörden- oder Unternehmensleitung ist das Risikomanagement. Risikomanagement umfasst die Identifikation und Bewertung von Risiken sowie die Durchsetzung von Mechanismen, um mit diesen effektiv umzugehen. Ziel von Risikomanagementsystemen aller Art ist es,

- Entwicklungen innerhalb und außerhalb einer Institution daraufhin zu untersuchen, ob hieraus Risiken entstehen können,
- Indikatoren zu identifizieren und zu beobachten, aus denen sich bestimmte Entwicklungen vorhersagen lassen, wie z. B. Gefährdungspotentiale,
- Gefährdungen und Sicherheitsvorfälle realistisch zu bewerten,
- hieraus Rahmenbedingungen für angemessene Aktionen abzuleiten.

Zu einem angemessenen Risikomanagementsystem aus Sicht der Aufsicht oder des Gesetzgebers gehören (siehe z. B. die Mindestanforderungen an das Risikomanagement, kurz MaRisk, der Bundesanstalt für Finanzdienstleistungsaufsicht (BaFin) [MAR10], oder das Gesetz über die Beaufsichtigung der Versicherungsunternehmen [VAG12]):

- eine Risikostrategie, die im Einklang mit der Geschäftsstrategie steht,
- die Einrichtung eines angemessenen internen Steuerungs- und Kontrollsystems,
- eine kommunizierte und gelebte Risikokultur zum Umgang mit den individuellen Risiken,
- die Einrichtung einer internen Revision und von internen Kontrollen.

Die Risiken, mit denen verschiedene Arten von Institutionen konfrontiert sind, können breit gefächert sein. Im Allgemeinen werden sie in folgende Kategorien unterschieden: strategische, technologische, marktwirtschaftliche, operationelle, finanzielle, personelle, rechtliche und IT-Risiken.

Dabei steht der Begriff operationelle Risiken für die Risiken durch Verluste, die aus unzureichenden oder fehlerhaften internen Prozessen, Menschen, IT-Systemen oder aus externen Ereignissen resultieren (siehe auch [BasII], Absatz 644 bzw. Anhang 9). In dieser Definition sind Rechtsrisiken eingeschlossen, nicht jedoch strategische Risiken oder Reputationsrisiken. Die benutzten Risikobegriffe werden in der Literatur unterschiedlich verwendet, je nach Schwerpunkt der Autoren. Im Folgenden wird der Begriff „operationelle Risiken" mit enger gesetztem Fokus betrachtet als im Kontext von Basel II bzw. MaRisk.

Im Folgenden sind einige Beispiele für Risikokategorien aus den verschiedenen Bereichen aufgeführt. Hieran ist auch zu sehen, dass diese Risikokategorien sich je nach Definition überlappen können:

- strategische: Fehlplanungen bzw. Fehlanschaffungen, zu hohe Kapitalbindung durch hohe Lagerbestände, unklare Kompetenzverteilung
- technologische: Entwicklung neuer Techniken erfordert Migrationen oder Umstellung von Geschäftsprozessen, Qualitätsprobleme, steigende Produktionszeiten
- marktwirtschaftliche: Preisverfall beim Verkauf bzw. Preisanstieg beim Einkauf, Veränderung der Kundenwünsche oder der Wettbewerbssituation
- operationelle: Interne oder externe betrügerische Handlungen, Geschäftsunterbrechungen und Systemausfälle, Beschädigungen oder Verlust von Sachvermögen durch Naturkatastrophen oder andere Ereignisse Wirtschaftsspionage
- finanzielle: steigende Kosten, Liquiditätsengpässe, Zahlungsmoral der Kunden
- personelle: Ausfall von Mitarbeitern in Schlüsselpositionen, unzureichende Mitarbeiterqualifikation
- rechtliche: Änderung gesetzlicher Auflagen, steigende Abgaben
- IT-Risiken: Datenverlust, IT-Ausfall

Der Risikomanagement-Prozess umfasst die Identifizierung, Bewertung sowie die Bewältigung von Risiken, also die systematische Vorgehensweise, um alle potentiellen IT-Risiken zu identifizieren und zu bewerten, sowie hierauf aufbauend entsprechende Maßnahmen zur Risikohandhabung und Chancennutzung auszuwählen und umzusetzen, sowohl auf strategischer als auch auf operativer Ebene.

2 Eintrittswahrscheinlichkeiten: Sinn und Unsinn

Der Umgang mit Risiken muss in jeder Art von Institution beherrscht werden. Die Art und Weise des Risikomanagements variiert von Branche und zu Branche, ebenso die Methodik, nach der Risikoanalysen durchgeführt werden. Daher gibt es unter anderem mehr als 50 verschiedene internationale Standards sowie unzählige nationale Standards, die sich mit Risikomanagement-Aspekten beschäftigten. Die all diesen Ansätzen zugrundeliegende Prinzipien wurden nach intensiven Diskussionen in der internationalen Norm ISO/IEC 31000 "Risk management - Principles and guidelines on implementation" [31000] zusammengefasst. In der unterstützenden Norm ISO/IEC 31010 " Risk assessment techniques" [31010] wird beschrieben, wie die Risikobewertung in ein Risikomanagementsystem integriert werden kann und wie Risiken identifiziert, analysiert und bewertet werden können. Anhang B von ISO 31010 gibt einen ausführlichen Überblick über Methoden zur Risikoanalyse, hier werden 31 verschiedene Methoden aufgeführt.

Die ISO-Standards zur Informationssicherheit finden sich in der sogenannten 2700x-Reihe. Im ISO-Standard 27005 "Information security risk management" [27005] werden Rahmenempfehlungen zum Risikomanagement für Informationssicherheit gegeben, die die Umsetzung der Anforderungen aus ISO/IEC 27001 unterstützen. Hierbei wird allerdings weder für das Risikomanagement noch für die Risikobewertung eine spezifische Methode vorgegeben.

Um den Umgang mit Risiken systematisch planen, lenken und kontrollieren zu können, müssen zunächst diese Risiken bewertet werden. Hierfür werden Risiken häufig bestimmt, indem die Eintrittswahrscheinlichkeit eines Schadens mit der Schadenshöhe multipliziert wird.

$$\text{Risiko} = \text{Eintrittswahrscheinlichkeit} \times \text{Schadenshöhe}$$

Die Ermittlung von Risiken ist aber ein komplexes Zusammenspiel von schwer zu fassenden technischen, organisatorischen und menschlichen Faktoren. Der Umgang mit und die Bewertung von Risiken wird entscheidend geprägt von der Risikokultur in einer Gesellschaft und der Risikokultur in einer konkreten Institution. Die Wahrnehmung und auch die Akzeptanz von Risiken unterliegen dabei den spezifischen Einflüssen der Umgebung.

Dies hat der Soziologe Niklas Luhmann treffend beschrieben: "Die Menschen kalkulieren in Wirklichkeit gar nicht so, wie sie es tun müssten, wenn sie Wert darauf legen würden, von den Statistikern das Prädikat "rational" zu erhalten ... Man weiß, dass Werte quantifiziert werden können – mit dem Effekt, dass nicht mehr wiederzuerkennen ist, was eigentlich gemeint war." [Luh03].

Es existieren verschiedene Vorgehensweisen, um Risikoanalysen durchzuführen. So gibt es qualitative und quantitative Risikoanalyse-Methoden. Bei ersteren wird untersucht, ob und welche Risiken für den betrachteten Bereich relevant sind, bei letzteren wird ein Risikowert beziffert. Häufig wird daneben auch noch der Begriff semi-quantitativ benutzt. Bei semi-quantitativen Risikoanalysen werden die berechneten Risiken in Kategorien eingeteilt. Eine Methode für (semi-)quantitative Risikoanalysen wurde bereits 1992 im IT-Sicherheitshandbuch des BSI [SHB] beschrieben. Auch wenn sich seitdem die IT rasant weiterentwickelt hat, ist die beschriebene Methodik davon nicht betroffen und wird immer noch benutzt, auch wenn einige technische Beispiele veraltet sind. Qualitative Risikoanalyse wird im IT-Grundschutz benutzt (siehe [BSI3]).

Quantitative Risikoanalysen benötigen als Grundlage aussagekräftiges Zahlenmaterial, um unter anderem Eintrittswahrscheinlichkeit und Schadenshöhe bestimmen zu können. Immer wieder wird daher beim BSI nachgefragt, ob hier Informationen zur Eintrittswahrscheinlichkeit verschiedener Bedrohungen oder zu typischen Schadensfällen und Schadenshöhen vorliegen. Aus verschiedenen Gründen, die im Folgenden kurz dargestellt werden, ist dies nicht der Fall.

Über die Eintrittswahrscheinlichkeit oder die Auswirkung von Risiken kann trefflich gestritten werden. Ein Irrglaube ist, dass für eine optimale Risikobewertung mathematische Genauigkeit bei der Berechnung der Eintrittswahrscheinlichkeiten notwendig ist. Hochgradig exakte und belastbare Zahlen wären zwar auch in der Informationssicherheit in vielen Bereichen wünschenswert, sind aber häufig nicht vorhanden oder nur sehr aufwendig zu erhalten. Die dafür erforderliche Energie sollte besser in die schnelle und effiziente Umsetzung von konkreten Sicherheitsmaßnahmen investiert werden.

$$\text{Risiko} = \text{Eintrittswahrscheinlichkeit} \times \text{Schadenshöhe?}$$

Die Bewertung von Schadensszenarien in Bezug auf Eintrittswahrscheinlichkeit und potentieller Schadenshöhe ist bei Risikoanalysen der "klassische" Weg zur Risikobewertung. Bei einigen Methoden werden beide Zahlen miteinander multipliziert, um daraus eine "mittlere, zu erwartende Schadenshöhe" pro Jahr abzuleiten.

In der Praxis stößt dieser Ansatz allerdings auf Probleme:

- Für viele Szenarien fehlen Erfahrungen in Bezug auf die Eintrittswahrscheinlichkeiten, beispielsweise weil neue Technologien eingesetzt werden bzw. wenig fundiertes Basismaterial vorhanden ist. Hier ist man auf grobe Schätzungen und Vermutungen angewiesen.

- Bei vielen Szenarien hängt die Eintrittswahrscheinlichkeit ebenso wie die Schadenshöhe sehr stark von den Rahmenbedingungen ab. Außerdem ist bei seltenen Ereignissen eine zuverlässige und belastbare Angabe der Eintrittswahrscheinlichkeit kaum möglich.

- Besonders problematisch ist der Fall, in dem ein sehr hoher potentieller Schaden mit einer sehr geringen Eintrittswahrscheinlichkeit einhergeht. In diesem Fall können bereits geringe Fehler bei der Schätzung der Eintrittswahrscheinlichkeit zu einer sehr stark verfälschten Einschätzung des Risikos führen (Problem der sehr großen und sehr kleinen Zahlen oder $\infty \times 1/\infty \neq 1$).

Auch in ISO/IEC 31010 wird auf diese Probleme von quantitativen Risikoanalysen eingegangen und darauf hingewiesen, dass die Ergebnisse keine größere Genauigkeit aufweisen können, als die jeweiligen Eingangsgrößen und damit immer noch Schätzungen sind (siehe [31010], Kapitel 5.3.1). Ein konsistentes Vorgehen wäre es, diese Ungenauigkeiten ebenfalls zu quantifizieren und ihre Auswirkungen auf das Endergebnis im Rahmen einer etablierten Theorie wie z. B. der Gauß'schen Fehlerfortpflanzung mit zu berechnen. Dadurch könnte aufgezeigt werden, wie sehr den einzelnen Zahlen vertraut werden kann. Allerdings würde dadurch der Aufwand für eine Risikoanalyse so stark steigen, dass er in den meisten praktischen Fällen nicht mehr zu rechtfertigen sein wird.

Im Bereich der Infrastruktursicherheit gibt es mehr belastbares Zahlenmaterial, als in der Kommunikationssicherheit, trotzdem müssen auch die Auswirkungen von Infrastruktur-Risiken auf Informationssysteme kritisch hinterfragt werden. So kann beispielsweise beim Deutschen Wetterdienst das regionale Blitzschlagrisiko erfragt werden. Die Eintrittswahrscheinlichkeit für einen Blitzeinschlag in ein Rechenzentrum in München könnte hiernach beispielsweise statistisch bei $1{,}24 \times 10^{-6}$ Einschlägen pro Jahr liegen. Dies würde bedeuten, dass alle 800.000 Jahre mit einem direkten Einschlag zu rechnen ist.

Die Auswirkungen eines Blitzeinschlags in das Gebäude wurden aufgrund eines vergleichbaren Schadens an einem anderen Standort mit 10.000 € geschätzt (durch Schäden an einigen PCs). Ein äußerer Blitzschutz (Blitzableiter) war im Gebäude bereits vorhanden; es wurde diskutiert, es zusätzlich durchgängig mit einem inneren Blitzschutz (Überspannungsschutz) auszustatten.

Das Blitzschlagrisiko wurde also mit $1{,}24 \cdot 10^{-6} \times 10.000 \, € = 0{,}124 \, €$ berechnet und die notwendigen Investitionen daher verworfen. Leider halten sich Gewitter nicht an Statistiken, und durch einen Blitz wurde die automatische Löschanlage ausgelöst, was nach sich zog, dass das gesamte Rechenzentrum mehrere Stunden nicht betreten werden konnte. Anschließend stellte sich heraus, dass einige Serverkomponenten beschädigt worden waren und ausgetauscht werden mussten. Dies zog umfangreiche Tests und Recovery-Prozeduren nach sich. Anschließend traten immer noch unerklärliche Kommunikationsprobleme und Fehler auf. Viele Administrationsstunden später stellte sich heraus, dass durch Spannungsspitzen während des Unwetters ein Kabel beschädigt worden war und dies zeitweise zu Aussetzern führte. Der Gesamtschaden bestand nur zu einem geringen Teil aus Neubeschaffungskosten (für IT-Komponenten, Netz- und Bauteile, Kabel) und zu einem hohen Prozentsatz aus Personalkosten für Fehlersuche, Tests, Wiederanlaufverfahren, aber auch aus mittelbaren Kosten durch die Serverausfälle.

Dies zeigt auf, wie sich Fehleinschätzungen bei den potentiellen Schäden verheerend auswirken können. Dazu kommt, dass auch gute statistische Werte für die Eintrittswahrscheinlichkeit nicht helfen, den Schaden zu reduzieren, falls er entgegen statistischer Vorhersagen doch eintritt.

"Zur Wahrscheinlichkeit gehört auch, dass das Unwahrscheinliche eintritt" – Aristoteles

Ein weiteres Problem beim Umgang mit "exakten" Zahlen ist, dass deren Interpretation häufig sehr schwierig ist. Bei einer Risikoanalyse wird normalerweise nicht nur ein Objekt, sondern eine Vielzahl von Geschäftsprozessen, IT-Systemen etc. betrachtet. Für alle Objekte werden dabei zunächst unabhängig voneinander Risikobewertungen durchgeführt und darauf basierend weitergehende Sicherheitsmaßnahmen ausgewählt. Hier kann es rein rechnerisch zu überraschenden Ergebnissen kommen.

Beispielsweise könnte als ein Schadensszenario die Zerstörung eines Rechenzentrums betrachtet werden und als ein weiteres Diebstähle von Laptops. Angenommen, dass die Zerstörung eines Rechenzentrums durch einen Flugzeugabsturz 20 Millionen Euro kostet und statistisch einmal in 20.000 Jahren passiert, beträgt das theoretische Risiko 1.000 Euro pro Jahr. Das gleiche Risiko ergibt sich, wenn der Schaden bei Diebstahl eines Notebooks (ohne Datenverlust) mit 2000 Euro angesetzt wird und dieser rechnerisch einmal in 2 Jahren eintritt. Obwohl das Risiko im Wert übereinstimmt, müssen diese beiden Schadensszenarien im Rahmen des Risikomanagements völlig unterschiedlich behandelt werden. Bei diesen Beispielen gehört es übrigens zu den größten Problemen, dass der völlige Verlust eines Rechenzentrums häufig als so unwahrscheinlich angesehen wird, dass keine adäquaten Sicherheitsvorkehrungen unternommen werden, wozu z. B. ein Ausweich-Rechenzentrum gehören würde. Im anderen Fall darf der rein statistische Verlust von Laptops alle 2 Jahre nicht dahingehend interpretiert werden, dass diese dann ohnehin ersetzt würden. Die verursachten Schäden hierbei entstehen nicht durch eine IT-Anschaffung, sondern durch den Verlust oder gar Offenlegung von wichtigen Daten.

2.1 Hypothesen über die Zukunft sind schwierig

Vor allem bei neueren Technologien sind darüber hinaus Aussagen über Eintrittswahrscheinlichkeiten oder Schadenshöhe häufig hypothetischer Natur, da keine entsprechenden Erfahrungen vorliegen. Anders als bei typischen Versicherungsstatistiken ist die Bildung von Vergleichsgruppen sehr schwierig und dank anhaltender technischer Innovationen auch wenig stabil. Dazu kommt, dass viele Schadensfälle wie Imageschäden schwer zu quantifizieren sind. Ein weiteres Problem ist, dass die meisten Behörden und Unternehmen ungern Informationen über eingetretene Schadensfälle weitergeben, da befürchtet wird, dass selbst anonymisierte Vorfälle negativ auf eine Institution oder Berufsgruppe zurückfallen könnten. Auf der anderen Seite sind alle Institutionen höchst interessiert an möglichst detaillierten Berichten über Schadensfälle, um diese zur Sensibilisierung und Abschreckung benutzen zu können. Diverse Institutionen veröffentlichen Zahlenmaterial zu IT-Sicherheitsvorfällen, das unterschiedlichen Zwecken dient. So gibt es IT-Sicherheitszeitschriften oder Fachverbände, die ihre Leser oder Mitglieder befragen, um Anhaltspunkte für Entwicklungen bei der IT-Sicherheit zu geben. Hersteller von IT-Sicherheitsprodukten untermauern mit Statistiken über Sicherheitsvorfälle den Nutzwert ihrer Produkte. Andere Institutionen sammeln Zahlenmaterial, um das Bewusstsein für die Notwendigkeit von Sicherheitsmaßnahmen zu verbessern.

2.2 Einige Zahlen aus Umfragen

Um bessere Grundlagen zu Aussagen rund um die Informationssicherheit zu bekommen, gibt es verschiedene Institutionen, die regelmäßig Umfragen und Statusberichte veröffentlichen. Dazu gehört beispielsweise die Zeitschriften KES (www.kes.info). Speziell zu Risiken für die Informationssicherheit aufgrund von Computerkriminalität liefern auch das Federal Bureau of Investigation (FBI) in USA (in Zusammenarbeit mit dem Computer Security Institute, siehe www.gocsi.com), das Deutsche Bundeskriminalamt (www.bka.de) und das BSI (www.bsi.de) interessante Zahlen und Informationen. Daneben führen auch verschiedene Dienstleister im Bereich Informationssicherheit Studien durch, die breit publiziert werden.

So ergab z. B. die KES/Microsoft-Sicherheitsstudie vom August 2010, dass die meisten Schäden (36%) durch Irrtum und Nachlässigkeit eigener Mitarbeiter ausgelöst wurden, und Schäden durch Malware, also Viren, Würmer oder Trojanische Pferde, mit 27% nach Software- und Hardware-Mängeln erst auf Platz 4 kommen. Zwar werden seit Jahren für Schäden durch Malware die höchsten Zuwachsraten prognostiziert, erfreulicherweise ist der Anteil der tatsächlichen Schäden aber seit Jahren gesunken. 2010 hatten 65% der Befragten im letzten Jahr durch Malware verursachte Vorfälle zu beklagen. Der dadurch verursachte Schaden ist immer schwer zu beziffern, die genannten Zahlen rangieren zwischen Beträgen in Höhe von durchschnittlich 269 € für die Bearbeitung eines Hoaxes, also einer unbegründeten Warnungen oder schlechtem Scherz, und bis zu 1.000.000 € für Schäden, die durch Infektionen mit Computer-Viren und deren Beseitigung entstanden.

Generell zeigen die Umfragen seit Jahren, dass die Informationssicherheit bei zentral administrierten und "gut bekannten" IT-Systemen, wie bei Mainframes und Servern, am höchsten ist. Je dezentraler und mobiler IT-Systeme eingesetzt werden, desto mehr Sicherheitsprobleme gab es bei diesen, wie z. B. bei mobilen Endgeräten und WLANs. 2010 beurteilten in der KES-Umfrage fast 90% der Teilnehmer die Sicherheit von Mainframes und Servern als "sehr gut" oder "gut", während fast die Hälfte die Sicherheit von Laptops, Smartphones und anderen mobilen Endgeräten für unzureichend hielt.

Über "populäre" Sicherheitsprobleme, wie Viren, Würmer und Trojanische Pferde, finden sich viele Berichte und Auswertungen, so z. B. zu Stuxnet oder Flame. Allerdings waren laut BSI-Lagebericht zur Informationssicherheit 2011 große Schadprogramm-Wellen nicht mehr zu beobachten. Typische Schadprogramme haben mittlerweile eine Einsatzdauer von wenigen Tagen und werden nur gegen einen kleinen Opferkreis eingesetzt, was die Detektion massiv erschwert. Im Berichtszeitraum nahm die Anzahl von Angriffen, die mit hoher Professionalität zu Sabotage- und Spionagezwecken durchgeführt wurden, stark zu.

2.3 Statistiken zur Informationssicherheit

Trotz einer Vielzahl von Umfragen zur Informationssicherheit in Unternehmen und Behörden liegen die meisten Aussagen zu Sicherheitsvorfällen und dadurch verursachten Kosten nur als Statistiken vor, nicht als konkrete Einzelfälle. Bei Statistiken muss allerdings grundsätzlich immer hinterfragt werden, für welchen Zweck und unter welchen Randbedingungen sie entstanden sind. Statistiken anderer Institutionen enthalten häufig wertvolle Hinweise, lassen sich aber nicht immer ohne weiteres auf die speziellen Bedürfnisse bei einer Risikoanalyse übertragen.

So schätzen beispielsweise Sicherheitsfirmen Risiken eher höher ein, da die Erarbeitung von passenden Sicherheitsvorkehrungen zu ihrem Geschäftsmodell gehört. Eine Bank dagegen tendiert eher dazu, das Ausmaß von Sicherheitsvorfällen in der Öffentlichkeit herunterzuspielen, damit das Vertrauen ihrer Kunden in ihre Sicherheitsvorkehrungen nicht leidet.

Das Arbeiten mit mathematischer Genauigkeit ist aber immer nur dann sinnvoll, wenn das vorliegende Zahlenmaterial hinreichend genau und auch nachprüfbar ist, ansonsten sind nur empirische Aussagen möglich – und selbst diese sind häufig schwierig.

Wenn die erwartete Schadenshöhe sehr hoch ist, dann reicht als Eintrittswahrscheinlichkeit auch die Aussage "es könnte passieren", damit Gegenmaßnahmen ergriffen werden müssen. Wenn es Geschäftsprozesse gibt, von denen der Geschäftserfolg eines Unternehmens unmittelbar abhängt, müssen diese dem entsprechend geschützt werden.

2.4 Risikowahrnehmung

Wie ein Mensch oder eine Institution mit Risiken umgeht, hängt aber erfahrungsgemäß nicht von einer mehr oder weniger gut bestimmbaren potentiellen Schadenshöhe und der vermuteten Eintrittswahrscheinlichkeit ab, sondern hauptsächlich von der jeweiligen Risikowahrnehmung. In Diskussionen stellt sich dabei immer wieder heraus, dass die Einschätzung von Risiken als existenzbedrohend oder hinnehmbar von einer Vielzahl subjektiver Faktoren abhängt, wie beispielsweise

- Erfolgserwartung: Bei einem erwartetem Nutzen, auch wenn dies nur der Spaßgewinn ist, werden höhere Risiken in Kauf genommen. Zeitlich noch weit weg liegende Risiken (Krebs durch Rauchen) werden eher akzeptiert als direkt drohende.

- Kontrollmöglichkeit: Dort, wo Personen meinen, das Risiko selber kontrollieren zu können, wird dieses typischerweise unterschätzt (Autounfall versus Flugzeugabsturz).

- Erfahrungswerte: Bekannte Risiken werden als beherrschbarer wahrgenommen, als solche, zu denen noch keine Erfahrungswerte vorliegen (z. B. Cloud Computing).

- Anzahl Betroffener: Wenn 20 Millionen Menschen für 10 Minuten nicht telefonieren können, wird dies als stärkeres Risiko wahrgenommen, als 2 Tote im Straßenverkehr.

Dazu haben Personen und damit Institutionen unterschiedliche Gewinn-, Verlust- und Risikopräferenzen. So gibt es eher vorsichtige und eher risikobereite Charaktere.

Ein anderes Phänomen im Bereich der Risikowahrnehmung ist, dass üblicherweise Gefährdungen, die typischerweise der "Security" zugerechnet werden, wie Angriffe, Manipulationen und andere vorsätzliche Handlungen, stärker wahrgenommen werden, als Gefährdungen aus dem Bereich "Safety", wie unbeabsichtigte Ereignisse und höhere Gewalt. Dies kann auch als systematische Aussage aus den KES-Studien abgelesen werden (siehe hierzu u.a. [Witt06], Tabelle 5).

Dies sind nur einige Beispiele für Faktoren, die die Wahrnehmung und damit die Bewertung von Risiken beeinflussen. Die Folge können erheblich voneinander abweichende Einschätzungen der Höhe von Risiken sein.

2.5 IT-Sicherheitshandbuch

Eine Methode für (semi-)quantitative Risikoanalysen ist das IT-Sicherheitshandbuch des BSI (Handbuch für die sichere Anwendung der Informationstechnik, [SHB]). Dieses hat sich als wertvoller Leitfaden zur Erstellung von Risikoanalysen erwiesen, auf dessen Grundlage eine Vielzahl von Sicherheitsuntersuchungen durchgeführt wurden. Allerdings hat die Praxis gezeigt, dass hiermit ein hoher Aufwand verbunden ist. Zum einem sind für die Durchführung von Risikoanalysen nach IT-Sicherheitshandbuch oder anderen Methoden geschulte Fachkräfte notwendig, da aufgrund der Komplexität die Methode selber geübt werden muss und ein umfassendes Grundlagenwissen erforderlich ist. Zum anderen sind die durchgeführten Risikoanalysen langwierig, da hierzu ein Vielzahl einzelner Schritte zu durchlaufen sind. Zunächst müssen die IT-Anwendungen und Daten erfasst und bewertet werden, die bedrohten Objekte sind zu erfassen, die Grundbedrohungen und Bedrohungen sind zu bestimmen, anschließend müssen die bedrohten Objekte bewertet und die Schadenshäufigkeiten bestimmt werden sowie die aktuellen Risiken zusammengestellt werden. Danach sind Sicherheitsmaßnahmen zu identifizieren und zu bewerten sowie eine Kosten-Nutzen-Betrachtung durchzuführen. Als letztes muss dann noch eine Restrisikoanalyse durchgeführt werden.

2.6 Qualitative vs. quantitative Risikoanalyse

Die Erfahrung des BSI hat gezeigt, dass es in den meisten Fällen praktikabler ist, sowohl für die Eintrittswahrscheinlichkeit als auch für die potentielle Schadenshöhe Kategorien oder Risikoklassen einzuführen. Pro Dimension sollten dabei nicht mehr als drei bis maximal fünf Kategorien gewählt werden, z. B.

- Eintrittswahrscheinlichkeit: selten, mittel, häufig, sehr häufig
- Potentielle Schadenshöhe: niedrig, mittel, hoch, sehr hoch

Es gibt Institutionen, die mit stärker differenzierten Kategorien arbeiten, um damit dem Bedarf in verschiedenen Abteilungen oder Geschäftsprozessen gerecht zu werten. Es zeigt sich aber immer wieder, dass die Anwender in der Praxis nicht in der Lage sind, mit einer Vielzahl von Klassifikationen umzugehen. Die Mehrheit neigt sogar dazu, de-facto mit nur zwei Kategorien zu arbeiten, beispielsweise "normal" und "hoch".

Wichtig ist grundsätzlich, dass jede Kategorie genau spezifiziert wird, damit keine Unklarheiten bei der Einordnung der Szenarien entstehen. So kann ein finanzieller Verlust von 1 Million Euro bei der einen Institution als "sehr hoch", da existenzbedrohend, angesehen werden, während ein anderes Unternehmen diese Schadenshöhe leicht verkraftet und daher nur als "mittel" einstuft.

Bei der Risikoanalyse muss zu jeder ermittelten Bedrohung für jedes betroffene Objekt und für jede der drei ausgelösten Grundbedrohungen (Verlust von Vertraulichkeit, Integrität oder Verfügbarkeit) ein Paar von Werten zugeordnet werden, das aus dem Schadenswert (potentielle Schadenshöhe) und der Eintrittswahrscheinlichkeit besteht. Dieses Wertepaar kennzeichnet das Risiko. Die Höhe des Risikos erschließt sich durch die Werte für die beiden Risikoanteile (siehe z. B. [SHB], Kapitel 5), hier Häufigkeitswert (Eintrittswahrscheinlichkeit) und Schadenswert.

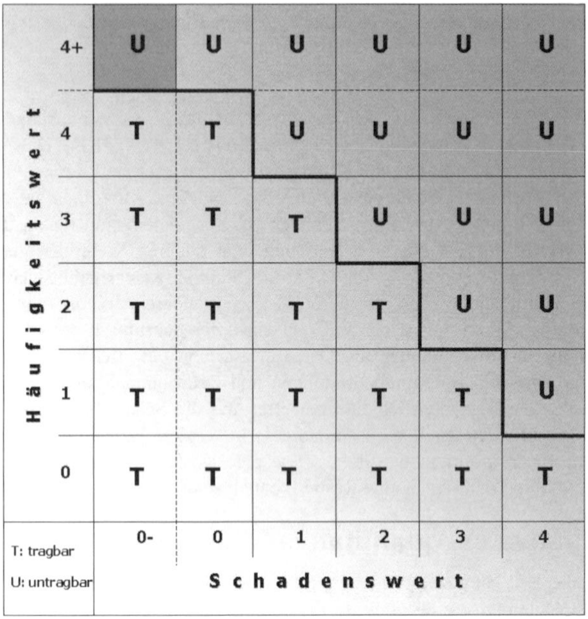

Abb.1: Beispiel für die Kennzeichnung der Risiken (aus [SHB], Anhang 8.1)

Jedes betrachtete Szenario muss in eines der Felder auf einer zweidimensionalen Matrix eingeordnet werden. Diese Einordnung auf der zweidimensionalen Matrix bildet schließlich die Grundlage für den Umgang mit dem jeweiligen Risiko-Szenario: Akzeptieren, Transferieren, Vermeiden oder Reduzieren des Risikos.

Die qualitative Methode ist leicht erklärt und einfach nachvollziehbar. Bei jeder quantitativen Methode müssen, wenn nicht exakte Eintrittswahrscheinlichkeiten und Schadenshöhen, so doch zumindest Eckwerte festgelegt werden. Die Berechnung bzw. Festlegung solcher Werte ist jedoch immer problematisch, die Werte als solche häufig umstritten.

Tab 1: Risikobewertung aus [Gaeb03]

	qualitativ	quantitativ
Eintritt	1 = unwahrscheinlich	0-25 %
	2 = kaum wahrscheinlich	26-50 %
	3 = wahrscheinlich	51-75%
	4 = sehr wahrscheinlich	76-100%
Auswirkung	1 = klein	x T€
	2 = mittel	y T€
	3 = groß	
Risiko	E x A > 5 = hoch	
	E x A < 5 = gering	

2.7 BSI-Empfehlung ist qualitative Risikoanalyse

Aus diesem Grund empfiehlt das BSI in der Regel keine quantitative, sondern eine qualitative Risikoanalyse, beispielsweise mit oben beschriebenem Ansatz. Die vom BSI als BSI-Standard 100-3 veröffentlichte Vorgehensweise zur "Risikoanalyse auf der Basis von IT-Grundschutz" geht sogar soweit, dass Eintrittswahrscheinlichkeiten gar nicht explizit in der Methodik auftauchen. Bei der Risikoanalyse auf der Basis von IT-Grundschutz werden Eintrittswahrscheinlichkeiten lediglich implizit im Rahmen der Ermittlung und Bewertung von Gefährdungen betrachtet. Diese Vorgehensweise bietet sich beispielsweise dann an, wenn Unternehmen oder Behörden bereits erfolgreich mit IT-Grundschutz arbeiten und möglichst nahtlos eine ergänzende Sicherheitsanalyse an die IT-Grundschutz-Analyse anschließen möchten. Die Risikoanalyse auf der Basis von IT-Grundschutz [BSI3] ist aber auch in anderen Fällen hilfreich, da sie schnell zu konkreten Handlungsanweisungen zur Behandlung identifizierter Risiken führt. Sie kann auch problemlos in Nicht-Standard-Umgebungen oder im Hochschutzbereich eingesetzt werden. Die methodischen Mängel einer quantitativen Risikoanalyse werden hier vermieden, indem auf Erfahrungen aus standardisierten Situationen zurückgegriffen wird und diese um spezifische Risiken ergänzt werden.

Bei der Vorgehensweise nach IT-Grundschutz wird davon ausgegangen, dass unabhängig von der Art und Ausrichtung einer Institution aufgrund des Einsatzes ähnlicher IT-Umgebungen und der Existenz vergleichbarer Umfeldbedingungen meistens vergleichbare Bedrohungen für den sicheren Betrieb der Informationsverarbeitung vorliegen. Die Sicherheitsanforderungen der Geschäftsprozesse und Fachanwendungen sind zwar individuell und können unterschiedlich sein, in der Praxis führen sie jedoch meist zu ähnlichen und vergleichbaren Sicherheitsanforderungen.

Das BSI analysiert für die Vorgehensweise nach IT-Grundschutz in den IT-Grundschutz-Katalogen Schwachstellen und Bedrohungen für typische IT-Komponenten und ermittelt daraus die resultierenden Gefährdungen. Es werden nur solche Gefährdungen betrachtet, die nach sorgfältiger Analyse eine so hohe Eintrittswahrscheinlichkeit oder einschneidende Auswirkungen haben, dass Sicherheitsmaßnahmen ergriffen werden müssen. Typische Gefährdungen, gegen die sich jeder schützen muss, sind z. B. Schäden durch Feuer, Einbrecher, Computer-Viren oder Hardwaredefekte. Dieser Ansatz hat den Vorteil, dass Anwender des

IT-Grundschutzes für einen Großteil der Geschäftsprozesse keine Bedrohungs- und Schwachstellenanalyse durchführen oder Eintrittswahrscheinlichkeiten berechnen müssen, weil ihnen das BSI diese Arbeit bereits abgenommen hat. Auf Basis der ermittelten Gefährdungen beschreiben die IT-Grundschutz-Kataloge bewährte technische, infrastrukturelle, personelle und organisatorische Standard-Sicherheitsmaßnahmen für typische IT-Komponenten.

3 Fazit

Quantitative Risikoanalysen erfordern ein umfangreiches Expertenwissen sowohl über das betrachtete Szenario als auch über die angewendete Methodik und sind sehr aufwändig. Trotzdem führen sie immer wieder zu Fehleinschätzungen der Risiken, da durch die komplizierten Berechnungen dahinter leider manchmal die tatsächlich kritischen Punkte übersehen wurden. Qualitative Risikoanalysen liefern einen gröberen, aber verständlicheren Überblick und dies wesentlich schneller. Daher empfiehlt das BSI, bei Risikoanalysen auf qualitative Bewertungen zurückzugreifen.

Der Fokus bei Risikoanalysen sollte auf der Identifikation und Bewertung von Gefährdungen für das betrachtete Szenario liegen, hieraus lassen sich die notwendigen Maßnahmen schnell ableiten. Es ist wichtig, möglichst keine Schwachstellen und Risiken zu übersehen. Die Erfahrung zeigt, dass hierfür kurze Brainstorming-Sitzung mit den Fachverantwortlichen bessere Ergebnisse bringen als komplexe Risikoberechnungen von hochbezahlten Experten.

Literatur

[BasII]   Basel II Rahmenvereinbarung zur Bankenregulierung, „International Convergence of Capital Measurement and Capital Standards: A Revised Framework - Comprehensive Version", Juni 2006, Basel Committee on Banking Supervision.

   http://www.bis.org/publ/bcbs128.pdf

[BasIII] Basel III, „Strengthening the resilience of the banking sector", December 2009, Basel Committee on Banking Supervision, http://www.bis.org/publ/bcbs164.pdf

[BCBS96] Management operationeller Risiken – Praxisempfehlungen für Banken und Bankenaufsicht, Basler Ausschuss für Bankenaufsicht, Februar 2003. http://www.bis.org/publ/bcbs96de.pdf

[BSI1]   Managementsysteme für Informationssicherheit (ISMS), BSI-Standard 100-1, Version 1.5, Mai 2008, www.bsi.bund.de

[BSI2]   IT-Grundschutz-Vorgehensweise, BSI-Standard 100-2, Version 2.0, Mai 2008, www.bsi.bund.de

[BSI3]   Risikoanalyse auf der Basis von IT-Grundschutz, BSI-Standard 100-3, Version 2.5, Mai 2008, www.bsi.bund.de

[Gaeb03] Hans-Joachim Gaebert: Methoden zur Risikobewertung, Secumedia, KES 6/2003, S 64

[GSK]   IT-Grundschutz-Kataloge – Standard-Sicherheitsmaßnahmen, BSI, jährlich neu, http://www.bsi.bund.de/grundschutz

[Luh03]	Niklas Luhmann: Soziologie des Risikos, Verlag Walter de Gruyter (2003)
[MAR10]	Mindestanforderungen an das Risikomanagement MaRisk, Bundesanstalt für Finanzdienstleistungsaufsicht (BaFin), Rundschreiben 18/2005 vom 20.12.2005 sowie Rundschreiben 11/2010 vom 15.12.2010
[SHB]	IT-Sicherheitshandbuch – Handbuch für die sichere Anwendung der Informationstechnik, BSI, Version 1.0 – März 1992, Bundesdruckerei
[VAG12]	Gesetz über die Beaufsichtigung der Versicherungsunternehmen (Versicherungsaufsichtsgesetz – VAG), zuletzt geändert durch Art. 10 G v. 15.3.2012 I 462
[Witt06]	Bernhard C. Witt: Rückblick nach vorn – Trends aus den <kes>-Sicherheitsstudien von 1998 bis 2006, <kes> 2006#6, S. 55, Secumedia verlag
[27005]	ISO/IEC 27005:2011, "Information security risk management", ISO/IEC JTC1/SC27
[31000]	ISO/IEC 31000:2009 "Risk management – Principles and guidelines on implementation"
[31010]	ISO/IEC 31010:2009 "Risk management – Risk assessment techniques"

Sicherheit von Messgeräten und der Beweiswert digitaler Daten

Carsten Rudolph[1] · Lambert Großkopf[2] · Barbara Endicot-Popovsky[3] · Thomas Kemmerich[2] · Nicolai Kuntze[1] · Aaron Alva[3] · John Christiansen[2]

[1]Fraunhofer SIT
{carsten.rudolph | nicolai.kuntze}@sit.fraunhofer.de

[2]IS-Bremen
grosskopf@is-bremen.de; kemmer@is-bremen.de

[3]University of Washington
endicott@uw.edu; aalva22@gmail.com

[4]Christiansen IT Law
john@christiansenlaw.net

Zusammenfassung

Eichung ist die vom Gesetzgeber vorgeschriebene Prüfung eines Messgerätes auf Einhaltung von eichrechtlichen Vorschriften. Geeicht werden müssen heute aber nicht nur mechanische, sondern auch digitale Messgeräte, wodurch an die Stelle abgelesener Werte mechanischer oder elektromechanischer Geräte elektronische Datensätze treten. Die Verfügbarkeit, Integrität und Authentizität dieser Messwerte hängt in hohem Masse von Hard- und Software und der Konfiguration der System ab, insbesondere von Software, die über Schnittstellen zur Auswertung der Datensätze verfügen muss, wodurch sich neue Möglichkeiten zur Manipulation ohne mechanische Einwirkungen auf die Messgeräte ergeben.

1. Nutzung und Einsatz von Messgeräten

Die Eichung von Messgeräten soll gewährleisten, dass die jeweiligen Messfunktionen authentische Ergebnisse wiedergeben, also den wirklichen Zustand eines gemessenen Objekts darstellen. Um bei der Messung des Energieverbrauchs (Strom, Gas, Benzin), des Verkehrs (Geschwindigkeit, Gewicht, Maut) sowie gleicher Wettbewerbsbedingungen (Fertigverpackungen) eine Manipulation zu verhindern, wurden und werden Messgeräte in physisch geschützten Gehäusen untergebracht und durch Plomben gesichert. Obwohl der physische Schutz digitaler Messgeräte ebenfalls nicht vernachlässigt werden sollte, reicht eine Verplombung nicht aus, um Manipulationsversuche auszuschließen, da die Integrität und Authentizität von Messungen auch von der eingesetzten Software und dem Schutz der Schnittstellen abhängt. Die Notwendigkeit des Schutzes der Software vor Manipulationen ist zwar allgemein anerkannt und auch in den einschlägigen eichrechtlichen Normen und Vorschriften berücksichtigt, nicht vorgeschrieben ist jedoch, wie dieser Schutz realisiert werden soll. Was also zu tun ist, um für die notwendige Verfügbarkeit, Integrität und Authentizität der Messdatensätzen zu sorgen, die als digitale Beweismittel im Falle von Streitigkeiten oder auch im Zusammenhang mit der Aufdeckung krimineller Aktivitäten dienen sollen, ist Gegenstand dieses Beitrags.

Die Europäische Messgeräterichtlinie (Measuring Instruments Directive) [REPR04] beschreibt zum Beispiel die Anforderungen für zehn verschiedene Typen von Messgeräten. Zu allen Typen existieren auch WELMEC guides[1]. Sowohl in den Measuring Instruments Directives, als auch in den WELMEC guides werden digitale Messgeräte berücksichtigt, aber es wird lediglich ein Schutz vor Veränderungen an der Software verlangt. Angriffe auf das Gerät durch Schwachstellen in der Software oder andere Angriffsvektoren werden nicht berücksichtigt. Auch US-amerikanische Vorgaben, zum Beispiel die NIST Guidelines zu Forensik [NIST07] auf mobilen Geräten, lässt die Frage nach unbemerkten Manipulationen am Gerät offen. Allgemein werden die grundlegenden Anforderungen an Software in Messgeräten durch die Messgeräterichtlinie vorgegeben:

7.6 Ein Messgerät ist so auszulegen, dass die Messvorgänge kontrolliert werden können, nachdem das Messgerät in Verkehr gebracht und in Betrieb genommen wurde. Erforderlichenfalls muss das Messgerät eine spezielle Ausrüstung oder Software für diese Kontrolle besitzen. Das Prüfverfahren ist in der Bedienungsanleitung zu beschreiben.

Wenn ein Messgerät über zugehörige zusätzliche Software verfügt, die neben der Messfunktion weitere Funktionen erfüllt, muss die für die messtechnischen Merkmale entscheidende Software identifizierbar sein; sie darf durch die zugehörige zusätzliche Software nicht in unzulässiger Weise beeinflusst werden.

8.3 Software, die für die messtechnischen Merkmale entscheidend ist, ist entsprechend zu kennzeichnen und zu sichern. Die Identifikation der Software muss auf einfache Weise vom Messgerät zur Verfügung gestellt werden. Eventuelle Eingriffe müssen über einen angemessenen Zeitraum nachweisbar sein.

8.4 Messdaten, Software, die für die messtechnischen Merkmale entscheidend sind, und messtechnisch wichtige Parameter, die gespeichert oder übertragen werden, sind angemessen gegen versehentliche oder vorsätzliche Verfälschung zu schützen.

Wie die Software konkret geschützt werden muss, damit von einer Integrität und Authentizität der Messdatensätze ausgegangen werden kann, ist der Richtlinie nicht zu entnehmen. Auch finden sich in der Richtlinie keine Vorgaben, wie Konfigurationsdaten zu schützen sind und ob zusätzlich zu den Messdatensätzen weitere Informationen über den Software- und Konfigurationszustand des Messgeräts zum Zeitpunkt der eigentlichen Messung erhoben werden müssen.

2. Gefahren für geeichte Geräte

Ein Messgerät soll Datensätze erzeugen, die seine mit verschiedenen Sensoren erhobenen Messwerte zum Zeitpunkt der Messung abbilden.

---

[1] http://www.welmec.org/latest/guides.html

Zu Veranschaulichung der Komplexität wird ein Messsystem (Blitzgerät) betrachtet, das für die Geschwindigkeitsmessung im Straßenverkehr benutzt wird. Die grundlegende Struktur und Komplexität eines solchen Messsystems ist in Abbildung 1 dargestellt. Dieses Beispiel ist generalisiert, weicht in der Realität aber nur in kleinen Details von der dargestellten Struktur ab. An diesem Beispiel soll gezeigt werden, dass hinter den tatsächlich sichtbaren digitalen Messwerten häufig eine Vielzahl beteiligter IT-Systeme (Rechner) und IT-Anwendungen (Software) liegt, die über unterschiedliche Wege (Netze) miteinander in Verbindung stehen. Das Beispiel ist einfach auf andere reale Szenarien zu übertragen, wie z.B. das Mess- und Abrechnungssystem beim Tanken an der Tankstelle oder das Wiegesystem an der Wursttheke im Supermarkt. Ein sog. Blitzgerät etwa sammelt, bewertet und speichert verschiedene Daten eines erfassten Fahrzeugs, siehe Abbildung 1.

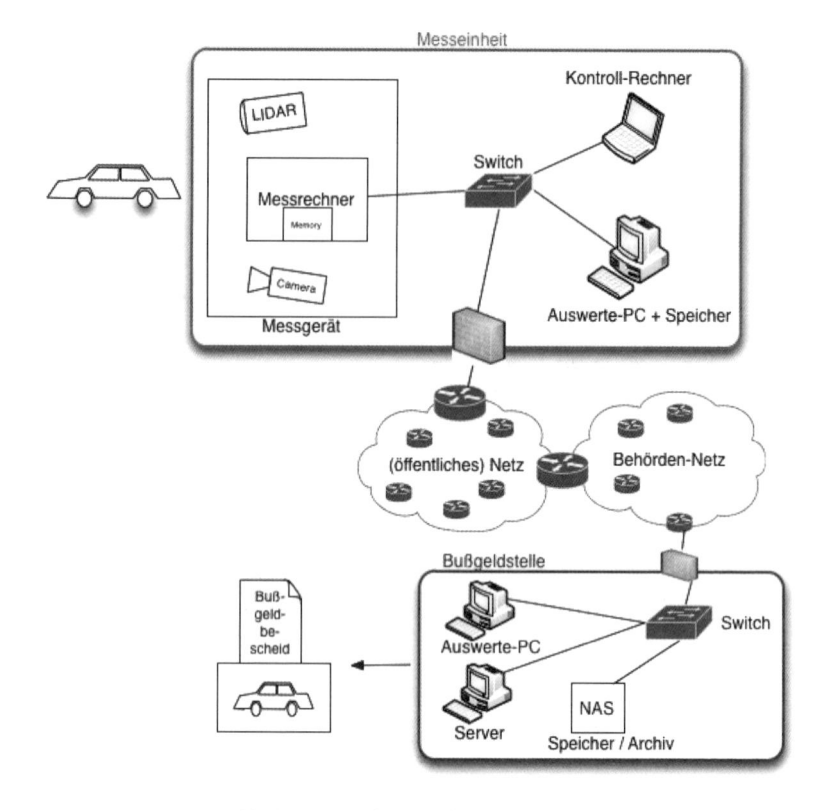

Abb. 1: Konzept eines Geschwindigkeitsmesssystems

Die eigentliche Messvorrichtung bildet dabei nur einen Teil der Messeinheit und umfasst in diesem Beispiel das Lidar (Abstandsmessung mittels Laserstrahl), die Geschwindigkeitsmesseinheit, die Kamera und den Messrechner zur Speicherung der Eingangsdatensätze. Der andere Teil der Messeinheit besteht aus einem Steuerungs- und Konfigurationsrechner, dem Auswerterechner und dem Messprotokollspeicher. Die Rechner sind über ein lokales Netzwerk (LAN) miteinander verbunden. In dem Messrechner müssen die von der Messvorrichtung erhobenen Daten, wie die Geschwindigkeit des erfassten Fahrzeugs, das Datum, die Uhrzeit, das Foto des Fahrers, mit dem Namen der Person, die das Gerät konfigurierte, der Uhrzeit der Konfigurierung des Geräts, die Typen der betreffenden Vorrichtungen (Lidar, Kamera, Messrechner, Speicher usw.) und dem Typ und Zustand der betreffenden Software aller beteiligten Vorrichtungen verbunden werden, um einen Geschwindigkeitsverstoß gerichtsfest belegen zu können. Diese Datensätze müssen dann von der Messeinheit zur Dienststelle übermittelt werden, in der die Bußgeldbescheide erstellt werden. Dies kann über öffentliche Netze erfolgen oder auch durch Auslesen der Ausgangsdaten der Messeinheit auf einen externen Speicher. In der Bußgeldstelle befindet sich ein zweites LAN, in dem die Ausgangsdatensätze der Messeinheit in einem Rechner mit Daten des Halters des beteiligten Fahrzeuges verbunden werden, um einen Anhörungsbogen ausdrucken und verschicken zu können. In diesem LAN muss auch eine Speichereinheit vorhanden sein, um die Ausgangsdatensätze der Messeinheit einschließlich der Protokolle des gesamten Mess- und Verwaltungsverfahrens zu speichern.

In dem beschriebenen Prozess muss zunächst sichergestellt sein, dass das Lidar die wirkliche Geschwindigkeit des Fahrzeuges fehlerfrei ermittelt und die wirkliche Geschwindigkeit auch protokolliert wird. Die hierzu verwendete Software einschließlich der Betriebssysteme muss sich dabei in einem vorher definierten Zustand befinden, damit die Lidar-Daten nicht verfälscht werden. Dieser Zustand muss ständig überprüft und dokumentiert werden, wie auch der Zustand der Kamera und der Zeitmessgeräte. Sämtliche Daten müssen dann zu einem Ausgangsdatensatz zusammengefasst werden. Sodann muss sichergestellt werden, dass diese Datensätze einschließlich der Protokolle weder innerhalb der Messeinheit noch auf dem Übertragungsweg von der Messeinheit zum Auswerterechner im LAN der Messeinheit und auch anschließend auf dem Wege zur Bußgeldstelle nicht verändert wurden. Dort ist sicherzustellen, dass die von der Messeinheit empfangenen Ausgangsdaten im weiteren Arbeitsprozess nicht verfälscht und sodann im Archivspeicher der Bußgeldstelle revisionssicher verwahrt bleiben. In diesem komplexen Verfahren der Protokollierung müssen die von der Messeinheit ermittelten Daten ständig verifiziert werden, es ist aber auch eine ständige Überprüfung der Software, Hardware und Netze erforderlich, um die Integrität und Authentizität der Daten sicherzustellen.

Alle Bestandteile der Messeinheit könnten durch Angriffe einzeln beeinträchtigt werden, aber auch die Gesamtfunktionalität oder das Zusammenwirken von Hard- und Software kann angegriffen werden:

- Die Betriebssysteme der Rechner und Messeinheiten können Schwachstellen aufweisen, die für den Angriff auf die Messeinheit ausgenutzt werden können.
- Das Ansprechen von Sensoren hängt von digitalen Konfigurationswerten ab, die über Schwachstellen der Gerätesoftware manipuliert werden können.
- Die Auswertungssoftware, die zur Verarbeitung der digitalen Messdaten dient, kann veranlasst werden, Messwerte falsch zu interpretieren.

Die Angriffe können durch Außenstehende mit oder ohne physischen Zugang zur Messeinheit vorgenommen werden, aber auch durch Insider. Dies kann geschehen, etwa indem:

- die Messeinheit mit einem anderen, als dem vorgesehenen Betriebssystem gestartet wird, wodurch es zu einer Veränderung der beabsichtigten Konfiguration der Messeinheit kommt;
- die Sensorsoftware verändert wird, wodurch falsche Messwerte erzeugt und protokolliert werden;
- Schwachstellen von Betriebssystemen, Treibern und Anwendungssoftware ausgenutzt werden, um etwa Daten der Sensorik mit willkürlichen ausgewählten Fotos zu verbinden;
- Fernzugriffe auf Messeinheiten vorgenommen oder örtliche Schnittstellen genutzt werden (USB oder WLAN-Schnittstellen), um Daten zu löschen;
- Protokolldateien manipuliert werden.

3. Rechtliche Perspektive

Rechtliche Ermittlungen befassen sich mit der Erhebung von Beweisen. Es gibt verschiedene Arten von Beweismitteln, z.b. den Zeugenbeweis, den Sachverständigenbeweis, den Urkundenbeweis und den Augenscheinbeweis. Augenschein ist jede eigene und gegenständliche Wahrnehmung von beweiserheblichen und streitigen Tatsachen über die Beschaffenheit von Personen und Sachen oder über sonstige Vorgänge. Sie findet durch den Gesichtssinn – woraus sich der Name „Augenscheinsbeweis" erklärt – oder durch jeden anderen Sinn, also durch Gehör, Geruch, Geschmack oder Gefühl statt. Vor dem Hintergrund dieses breiten Anwendungsbereichs ist der Augenscheinsbeweis eine Art Generalklausel des Beweisrechts („Wahrnehmungsbeweis").

Beim Augenschein geht es immer um die eigene Wahrnehmung des Richters. Demgegenüber vermitteln der Urkundenbeweis den Gedankeninhalt der Urkunde und der Zeugenbeweis, was der Zeuge wahrgenommen hat. Schwierigkeiten bereitet die Abgrenzung zwischen Augenscheins- und Urkundenbeweis – und zwar zum einen in Bezug auf das Objekt der Beweisaufnahme, zum anderen in Bezug auf ihr Ziel.

Hinsichtlich des Objekts gilt folgender Grundsatz: Eine Urkunde liegt rechtlich nur dann vor, wenn eine Gedankenerklärung erstens durch Schriftzeichen und zweitens auf einem verkehrsfähigen Medium so verkörpert wird, dass es jederzeit ohne den Einsatz technischer Hilfsmittel verfügbar ist. Fehlt eines dieser Merkmale, liegt ein Augenscheinsobjekt vor. Beispiele für Augenscheinsobjekte sind etwa Fahrgestellnummern (mangels Gedankenerklärung), Zeichnungen (mangels Schriftzeichen) sowie digitale Dateien (mangels verkehrsfähigem Medium).

Hinsichtlich des Ziels der Beweisaufnahme ergeben sich Abgrenzungsschwierigkeiten aus dem Umstand, dass Urkunden dann im Wege des Augenscheinsbeweises einvernommen werden, wenn es nicht auf den in der Urkunde verkörperten Gedankeninhalt ankommt, sondern auf äußere Merkmale der Urkunde – etwa dann, wenn die Unterschrift auf einem Dokument nur zum Beleg dessen herangezogen wird, dass sich der Unterzeichnete zu einer bestimmten Zeit an einem bestimmten Ort aufgehalten hat. Demgegenüber ist die „Inaugenscheinnahme" einer Urkunde zur Feststellung ihrer Echtheit von den Regelungen zum Urkundenbeweis umfasst. Die spezifische Fälschungssicherheit von Schriftdokumenten beruht darauf, dass nachträglich eingefügte Zeichen oder Radierungen relativ leicht festzustellen sind, was etwa bei überschreibbaren Datenträger (Festplatte, CD) nicht der Fall ist.

Digitalen Beweisen fehlt also nicht nur die „Schriftlichkeit auf einem verkehrsfähigen Medium", ihnen haftet darüber hinaus auch die Fälschungsunsicherheit an, weil nur anhand der eingesetzten Verfahren mittelbar festgestellt werden kann, ob der digitale Beweis unverfälscht ist, weshalb sie nicht dem Urkundenbeweisrecht unterfallen und das Abbild einer digitalen Datei (Vervielfältigungsstück , Ausdruck, Screenshot, Scan) grundsätzlich nur ein Augenscheinsobjekt ist, es sei denn, es ist mit einem „Beglaubigungsvermerk" versehen, etwa einer qualifizierten digitalen Signatur mit qualifiziertem Zeitstempel. Solche „Beglaubigungsvermerke" sind vergleichbar mit einem notariellen Siegel auf Urkunden. Der Schluss auf die Integrität ist aber dann nicht absolut zwingend, wenn verschiedene Dateien durch dieselbe digitale Signatur repräsentiert sein können. Ob diese eindeutige Zuordnung gewährleistet ist, ist für jedes einzelne der existierenden Signaturverfahren getrennt zu untersuchen.

Anders verhält es sich in den USA: Nach dem sog. Daubert-Test [DaMe93] müssen (auch digitale) Beweise generell bestimmte Vorgaben erfüllen, um überhaupt als gültiges Beweismittel anerkannt zu werden:

1. Is the evidence based on a testable theory or technique;
2. has the theory or technique been peer reviewed;
3. in the case of a particular technique, does it have a known error rate and standards controlling the techniques operation; and
4. is the underlying science generally accepted?

Es werden also generell die Verfahren zur Erhebung von Beweisdaten mit berücksichtigt und nicht nur die eigentlichen Beweisdaten gewürdigt. Zudem müssen die Beweisdaten reproduzierbar sein, wie aus den Federal Rules of Evidence [FRoE11] hervorgeht.

Ein Messsystem ist deshalb erst gerichtsfest, wenn die IT-Forensik festgestellt hat, dass die Messergebnisse in einer geprüften und sicheren Umgebung ermittelt wurden [KRA+12].

4. Sicherere digitale Messgeräte

Ein robuster physischer Schutz kann den Zugang zu digitalen Messgeräten erschweren, jedoch reicht dieser Schutz nicht aus, da digitale Messgeräte Standardschnittstellen benötigen, damit die erhobenen Daten weiterverarbeitet werden können. Diese Schnittstellen können zur Umgehung des physischen Schutzes genutzt werden, ohne sichtbare Spuren zu hinterlassen: Es kann ein Softwarefehler genutzt werden, um das Messsystem anzugreifen und eine bösartige Software zu installieren. Diese bösartige Software könnte zwischen dem korrekten und einem gewünschten Systemverhalten umschalten. Wird das gewünschte Systemverhalten nur für einen vorher definierten Zeitraum gestartet – beispielsweise für die nächste Messung oder für eine festgelegte Anzahl von Messungen – und dann wieder das korrekte Systemverhalten initiiert, kann durch eine spätere Überprüfung nicht mehr festgestellt werden, ob Messdaten verfälscht wurden, wenn die bösartige Software gleichzeitig auch noch die Protokollierung der Systemzustände verhindert. Es müssen deshalb zusätzliche Sicherheitsanker (auf Hardwarebasis) in die Messsysteme integriert werden, die den jeweiligen Zustand der Messeinheit revisionssicher dokumentieren. Die Messdatensätze und die Angaben über den aktuellen Zustand des Messgeräts müssen schließlich mit einer digitalen Signatur verknüpft und auch mit einem Zeitstempel durch den Sicherheitsanker versehen werden. Die Technik für solche Sicherheitsanker ist vorhanden: das Trusted Platform Module (TPM), ein Chip nach der Spezifikation der Trusted Computing Group (TCG) [CMic05]. Darüber hinaus existieren Konzepte

[RiKR10] und prototypische Implementierungen [TWBR09], [TWBR10], um die Integrität und Authentizität von Messwerten sicherzustellen.

5. Schlussfolgerungen

Datensätze von Messgeräten sind ohne zusätzliche Angaben über den Zustand aller beteiligten Systeme und Vorrichtungen zum Zeitpunkt der Messung aus der Sicht der IT-Forensik nicht als digitales Beweismittel geeignet. Erst wenn digitale Messgeräte nach dem Stand der Technik mit zusätzlichen Sicherheitsankern des Trusted Computing ausgerüstet sind, werden aus Messdaten digitale Beweise.

Literatur

[REPR04] RICHTLINIE 2004/22/EG DES EUROPÄISCHEN PARLAMENTS UND DES RATES vom 31. März 2004 über Messgeräte, ABl. EG Nr. L 135/1

[NIST07] W. Jansen and R. Ayers: Guidelines on Cell Phone Forensics, NIST Special Publication, 2007

[SigG01] Signaturgesetz vom 16. Mai 2001 (BGBl. I S. 876), das zuletzt durch Artikel 4 des Gesetzes vom 17. Juli 2009 (BGBl. I S. 2091) geändert worden ist.

[DaMe93] Daubert vs Merrell Dow Pharmaceuticals, Inc., 113, Supreme Court 2786, 1993

[FRoE11] Federal Rules of Evidence901(b)(9) – Evidence describing a processorsystem and showing that it produces an accurate result.

[KRA+12] N. Kuntze, C. Rudolph, A. Alva, B. Endicott-Popovsky, und J. Christiansen: On the creation of reliable digital evidence; in: 8th Annual IFIP WG 11.9 Conference, Pretoria, Südafrika, 2012

[CMic05] C. Mitchell: Trusted computing, Bd. 6, Iet., 2005

[RiKR10] J. Richter, N. Kuntze und C. Rudolph: Securing digital evidence; in: Fifth International Workshop on Systematic Approaches to Digital Forensic Engineering, S. 119–130, 2010

[TWBR10] T. Winkler und B. Rinner: Trustcam: security and privacy-protection for an embedded smart camera based on trusted computing; in: Advanced Video and Signal Based Surveillance (AVSs), 2010 Seventh IEEE International Conference, S. 593–600, IEEE, 2010;

[TWBR09] T. Winkler und B. Rinner: Applications of trusted computing in pervasive smart camera networks; in: Proceedings of the 4th Workshop on Embedded Systems Security, S. 2, ACM, 2009

Verhinderung „mobiler Gewalt" an Schulen

Britta Alexandra Mester

Carl von Ossietzky Universität Oldenburg
britta.mester@uni-oldenburg.de

Zusammenfassung

Gewalt an Schulen ist kein unbekanntes Phänomen. In der Vergangenheit waren aber vor allem Schlägereien der Schüler auf dem Schulhof, die Zerstörung von Schulgegenständen oder das Beschädigen mitgebrachten Eigentums Dritter die Hauptschwierigkeiten, mit denen sich Schulleitung, Lehrer und Eltern auseinander setzen mussten. Inzwischen hat sich in den Schulen jedoch eine ganz andere Form der Gewalt entwickelt. Die flächendeckende Nutzung von immer leistungsstärkeren mobilen Aufzeichnungs- und Kommunikationsmedien führt dazu, dass der Gebrauch dieser Technik nicht mehr auf die Freizeit beschränkt ist. Dabei sind die mitgebrachten Mobiltelefone schon lange nicht mehr dem einfachen Telefonat vorbehalten. Ausgestattet mit weitreichenden Funktionen und Internetzugriff werden die Geräte vielmehr auf vielfache Weise und häufig unbeobachtet von Aufsichtspersonen genutzt. Schüler sind daher im zwischenmenschlichen Umgang nicht mehr auf verbale oder körperliche Attacken gegen Mitschüler, Lehrer oder Gegenstände beschränkt. Konflikte müssen infolgedessen nicht mehr sichtbar auf dem Schulhof oder im Unterricht ausgetragen werden, sondern die Schüler können ihr Gewaltpotenzial bequem und vor allem anonym mit Hilfe mobiler Technik jederzeit und an jedem Ort ausleben. Damit verbunden ist, dass an den Schulen die sogenannte „mobile Gewalt" zunehmend zu einem Problem wird, mit dem sich alle Beteiligten auseinandersetzen müssen. In diesem Zusammenhang stellt sich für die Schulleitung und Lehrer aber die Frage, welche Maßnahmen zum Schutz der Schüler gerechtfertigt sind und wie weit sie zur Ausübung ihrer Aufsichts- und Überwachungspflicht gehen dürfen, um „mobile Gewalt" zu verhindern.

1 Einführung

Die ständig fortschreitende Funktionalität von Mobiltelefonen, deren kostengünstiger Einsatz und deren leichte Bedienbarkeit haben zu einer inzwischen fast flächendeckenden Verbreitung geführt. Während Eltern bei der sich schnell verändernden Entwicklung der Technik häufig kaum noch mithalten können, nutzen zunehmend Kinder und Jugendliche das Handy in allen Lebensbereichen. Laut einer Studie des Jugendmedienzentrums Deutschland (JMZ) besitzen bereits 92 Prozent der Jugendlichen zwischen 12 und 19 Jahren ein Handy [JMZ12].

Durch diese flächendeckende Verbreitung von multifunktionalen Mobiltelefonen in der Gesellschaft und der zunehmenden Nutzung durch immer jüngere Personen haben sich die damit verbundenen Gewaltkonflikte in den letzten Jahren immer stärker verlagert. Durch die Mobiltelefone sind die Schüler nicht mehr auf den heimischen Rechner angewiesen, sondern können von den Eltern unbeobachtet und vor allem örtlich unabhängig Daten transferieren, Fotos oder Filme aufnehmen und auf das Internet (soziale Netzwerke, pornografische Seiten) zugreifen. Damit können auch strafrechtlich relevante Handlungen mit dem Mobiltelefon jederzeit und auch vom Schulgelände aus verübt werden. Die Schulleitung und Lehrkräfte sehen sich damit zunehmend dem Problem gegenüber, den Gebrauch dieser Mobiltelefone zumindest auf dem Schulgelände zu regeln. Gerade im Bereich noch nicht strafmündiger Schüler werden Schulen dadurch, neben den häufig überforderten Eltern, zur einzigen verbleibenden Kontrolleinrichtung. Wie weitreichend Maßnahmen auf dem Schulgelände zum Schutz der Schüler vor „mobiler Gewalt" sein dürfen, wird bei den Betroffenen jedoch zumeist heftig diskutiert.

2 „Mobile Gewalt"

Gewalt in Schulen kann in ganz unterschiedlicher Gestalt auftreten [Zahlen zur Gewalt an Schulen finden sich in einer Statistik der DGVU, Dguv12]. Eine allgemeingültige Definition besteht nicht. Das liegt vor allem daran, dass die Eingrenzung der verschiedenen Erscheinungsformen uneinheitlich vorgenommen wird. Auch besteht Uneinigkeit darüber, wann schulische Gewalt begrifflich beginnt und inwieweit zum Beispiel das Mitführen von Waffen bereits dazu gezählt werden muss. Dessen ungeachtet lassen sich ein paar Übereinstimmungen finden.

Unterschieden werden kann demzufolge zunächst einmal zwischen der physischen und der psychischen Gewalt, die sowohl zwischen Schülern untereinander als auch im Verhältnis Lehrer und Schüler auftreten kann. Die schädigenden Handlungen können dabei in direkten Angriffen oder in verbaler Form ausgestaltet sein. Möglich sind außerdem indirekte Formen, indem Schüler ausgegrenzt und beispielsweise aus bestimmten Gruppen ausgeschlossen werden (soziale Isolierung). Darüber hinaus müssen unter den allgemeinen Begriff der Gewalt auch die schädigenden Einflüsse von Schülern gegenüber Gegenständen der Schule oder Eigenturm Dritter gefasst werden. Wird ein mobiles Endgerät zur Ausübung von Gewalt eingesetzt, wird diese allgemeinhin als sogenannte „mobile Gewalt" bezeichnet [zum Begriff Acke11]. Dabei gibt es inzwischen ganz unterschiedliche Formen der „mobilen Gewalt.

2.1 „Happy Slapping"

Die inzwischen zum größten Teil mit einer Kamerafunktion ausgestatteten Mobiltelefone haben dazu geführt, dass sich insbesondere das sogenannte „Happy Slapping" (oder auch „Handygewalt") unter Schülern stark verbreitet hat. Bei dieser Form der „mobilen Gewalt" werden ausgeübte Gewalttätigkeiten mithilfe der Kamerafunktionen aufgezeichnet und dann an andere Personen weitergeleitet. Gegenstand dieser Filmsequenzen können dabei sowohl sexuelle Nötigung als auch einfache oder gefährliche Körperverletzung sowie Freiheitsberaubung sein, die zumeist von einem anderen Mitschüler, der nicht unmittelbar an der Handlung selbst beteiligt ist, aufgenommen werden [Gutk07, vgl. auch VG Berlin, Beschl. v. 8.3.2006 – 3 A 80/06]. Zum einen aufgrund der einfachen und grenzenlosen Verbreitung über das Internet, zum anderen durch die vielfältigen, kostenlosen und unkomplizierten Möglichkeiten der Verbreitung von Handy zu Handy (Bluetooth, Infrarot-Schnittstelle), werden die Bilder immer mehr verharmlost und die Hemmschwelle, diese wiederum weiterzuleiten oder sogar selbst welche aufzunehmen, sinkt. Infolgedessen besteht die Gefahr, dass Schüler neue Herausforderungen suchen und immer extremere Aufnahmen herstellen (vgl. www.polizei-beratung.de).

2.2 „Mobile Bullying"

Beim sogenannten Mobbing handelt es sich hingegen um gezielte Aktionen gegen einzelne Schüler oder Lehrer [Beck08], bei denen diese über einen längeren Zeitraum und im schwerwiegenden Maße angegriffen, geärgert oder schikaniert werden. Mithilfe des Internets (Cyber-Mobbing) oder des Mobiltelefons (Mobile Bullying) werden dabei Verleumdungen und/oder Fotos des Betroffenen in für ihn peinlichen Situationen ins Netz gestellt bzw. an andere Handybesitzer weitergeleitet [Hans10]. Dieses virtuelle Mobbing kann sich darüber hinaus im realen Umfeld fortsetzen [ThMe10].

2.3 „Snuff-Videos"

Durch die Möglichkeit des unkomplizierten Austausches von Daten über Bluetooth oder die Infrarot-Schnittstelle der Handys hat sich außerdem die Verbreitung von Gewaltvideos (gewünscht oder ungewünscht) auf den Schulhöfen ausgebreitet (sogenannte Snuff-Videos). Diese Videos werden aus dem Internet heruntergeladen und enthalten zumeist gewaltverherrlichende Inhalte in Form von realen oder nachgestellten Hinrichtungen, Folter, Vergewaltigung oder Schlägereien [Acke12]. Ebenso ist es möglich, auf diese Weise aus dem Internet heruntergeladene oder selbst hergestellte Videos mit pornografischen Inhalten unter Mitschülern zu verbreiten. Nach einer Studie des Jugendmedienzentrums haben bereits 7 % aller Schüler derartige Videos auf ihren Mobiltelefonen erhalten [JMZ12].

3 Strafbarkeit

Die dargestellte Ausübung „mobiler Gewalt" durch Schüler stellt keine einfache Kinderverfehlung mehr dar, sondern es handelt sich vielmehr um strafrechtlich relevante Handlungen. In Zusammenhang mit der „mobilen Gewalt" gibt es jedoch keinen eigenen Straftatbestand, der zur Anwendung gelangt. Es müssen vielmehr die allgemeinen Straftatbestände zur Nötigung, Erpressung und Freiheitsberaubung herangezogen werden. Je nach Art und Weise der „mobilen Gewalt" kommt daher die Verletzung einer Kombination von vielen verschiedenen Straftatbeständen durch den Schüler in Betracht.

Handelt es sich beispielsweise beim „Cyber-Mobbing" bzw. dem „Mobile Bullying" um die Ausübung eines hohen Maßes an psychischer Gewalteinwirkung, so kann (je nach Ausgestaltung und Stärke der Begehung) eine Strafbarkeit nach § 185 StGB (Beleidigung), § 186 StGB (üble Nachrede), § 187 StGB (Verleumdung), § 240 StGB (Nötigung) oder § 253 StGB (Erpressung) vorliegen. Werden demgegenüber Inhalte verbreitet, die zum Hass gegen bestimmte Bevölkerungsgruppen anstacheln bzw. zu Gewalt- oder Willkürmaßnahmen gegen eine Bevölkerungsgruppe auffordern, kann der Tatbestand des § 130 StGB (Volksverhetzung) erfüllt sein.

Die Verbreitung von Inhalten über Medien- und Telediensten, die grausam oder sonst unmenschliche Gewalttätigkeiten gegen Menschen oder menschenähnliche Wesen in einer Art schildern, die eine Verherrlichung oder Verharmlosung solcher Gewalttätigkeiten ausdrückt, sind demgegenüber gemäß § 131 StGB unter Strafe gestellt. Das zur Verfügung stellen pornografischer Inhalte an minderjährige Personen ist darüber hinaus nach § 184 StGB strafbar, während bei sexuellen Inhalten eine Strafbarkeit nach den §§ 176 ff. StGB denkbar ist. Werden vom Schüler demzufolge Inhalte aus dem Internet an andere Schüler weitergeleitet, kann diese Handlung von den genannten Straftatbeständen erfüllen.

Weiterhin kann bei ungefragter Aufnahme und Weiterleitung von Fotos eines Mitschülers der Tatbestand des § 201a Abs. 1 StGB vorliegen, wenn der Mitschüler heimlich oder gegen seinen Willen in einer Wohnung oder einem vergleichbar geschützten Raum aufgenommen wird und dadurch eine Verletzung seiner Intimsphäre eingetreten ist. Allerdings sind Alltagssituationen auf dem Schulhof oder in den Unterrichtsräumen davon nicht erfasst, da es sich hierbei nicht um einen „gegen den Einblick besonders geschützten Raum" handelt [Paal10]. Werden hingegen auf dem Schulgelände Aufnahmen der Schüler auf der Toilette oder in der Umkleidekabine hergestellt, wird die Intimsphäre dieses Schülers auch im Rahmen des Schulbesuchs verletzt. Enthält die Aufnahme gleichzeitig eine Tonspur, kommt außerdem noch die Strafbarkeit nach § 201 StGB in Betracht, durch den das nicht öffentlich gesprochene Wort geschützt wird [Beck08]. Außerdem kann es sich bei der Verbreitung und/oder öffentlich zur Schau gestellten unerlaubten Aufnahmen um eine Verletzung des Rechts am eigenen Bild im Sinne der §§ 22, 33 Kunsturhebergesetz (KUG) handeln.

Bei der immer jünger werdenden Generation der Handynutzer ist jedoch zu berücksichtigen, dass die Täter bei Begehung der Tat oftmals noch gar nicht vierzehn Jahre alt sind und damit strafrechtlich nicht belangt werden können. Erst wenn die Schüler zur Zeit der Tat zwischen vierzehn und achtzehn Jahren alt sind und damit als Jugendliche im Sinne des § 1 Abs. 2 JGG gelten, findet gem. § 10 StGB in Verbindung mit § 1 JGG das Jugendstrafrecht Anwendung. In diesen Fällen können dann vom Gericht je nach Schwere des Delikts Erziehungsmaßregeln, Zuchtmittel oder Jugendstrafe verhängt werden.

Schwierigkeiten bereitet es jedoch gerade bei der „mobilen Gewalt" häufig, den oder die Täter überhaupt erst einmal zu ermitteln. Selbst wenn ein Schüler zu erkennen gibt, dass er gemobbt wird oder strafrechtlich relevante Inhalte übermittelt bekommen hat, stellt sich die Frage, welche Maßnahmen Schulleitung und Lehrkräfte ergreifen dürfen, um im konkreten Fall zu ermitteln und die Vorkommnisse eventuell sogar zu ahnden. Das wiederum wirft die Frage der Kompetenzen von Schulleitung und Lehrkräften in Zusammenhang mit „mobiler Gewalt" auf.

4 Aufgabe der Schulen

Schulen haben aufgrund ihres in den jeweiligen Landesschulgesetzen normierten Bildungs- und Erziehungsauftrages nicht nur die Aufgabe, die Schüler zu unterrichten, sondern überdies sogar die Pflicht, diese vor schädlichen Einflüssen zu schützen (vgl. bspw. § 5 BremSchulG, § 2 NSchG, § 2 SchulG NRW). Zur Sicherung der Unterrichts- und Erziehungsarbeit und zum Schutz der Schüler wird der Schulleitung und den Lehrkräften durch die Schulgesetze die Möglichkeit von Ordnungsmaßnahmen zur Verfügung gestellt (vgl. § 46 BremSchulG). Der Schulleitung obliegt danach zunächst einmal die Aufsicht über die Schulörtlichkeiten und die sich darin bzw. darauf abspielenden Geschehnisse. Diese Aufsichtspflicht wird unter anderem auf die Lehrkräfte übertragen, denen aber außerdem aufgrund ihrer Funktion die Pflicht obliegt, Schaden von ihren Schülern abzuwenden und darüber zu wachen, dass diese keinen Schaden verursachen bzw. keine Straftaten begehen (vgl. bspw. § 5 BremSchulG, § 2 NSchG, § 2 SchulG NRW). Verbunden damit ist auch eine gewisse Einschränkung des allgemeinen Persönlichkeitsrechtes des einzelnen Schülers, wenn es zum Beispiel um das Mitbringen gefährlicher Gegenstände geht (Messer, Ketten, Schusswaffen usw.). In diesen Fällen darf durch die Schulleitung und die Lehrkräfte deren Mitbringen verboten werden, sofern damit die Gefährdung anderer Schüler ausgeschlossen oder die Notwendigkeit der Aufrechterhaltung eines geordneten Schulbetriebs verbunden ist. Die Schulgesetze der Länder enthalten zu den möglichen erzieherischen Maßnahmen (teilweise auch erzieherische Einwirkung, pädagogische Maßnahmen genannt) und Ordnungsmaßnahmen durch Schulleitung und Lehrkräfte entsprechende Vorschriften (vgl. z.B. § 46 BremSchulG, § 53 Abs. 2 SchulG NRW). Diese können dann angewendet werden, wenn ein Schüler seine Pflicht verletzt, wobei unter Beachtung des Verhältnismäßigkeitsgrundsatzes neben Ermahnung und dem Ausschluss vom laufenden Unterricht auch die zeitweise Wegnahme von Gegenständen in Betracht kommt. In diesem Zusammenhang stellt sich jedoch die Frage, wie weit dieses Recht geht und ob es zum Beispiel auch die ständige Kontrolle der Schüler, den Rückgriff auf deren Datentransfer oder sogar ein generelles Verbot der Mitnahme von mobilen Geräten umfassen kann.

4.1 Ordnungsmaßnahmen

Die verschiedenen Länder enthalten in den jeweiligen Schulgesetzen Vorschriften, die sich zwar begrifflich unterscheiden, inhaltlich den Schulen jedoch unter bestimmten Voraussetzungen Maßnahmen gegen Schüler erlauben, um die Ordnung in der Schule aufrechtzuerhalten (§ 46 BremSchulG, § 61 NSchG, Art. 86 BayEUG). Unter Ordnungsmaßnahmen durch Schulleitung bzw. Lehrkräfte werden in diesem Zusammenhang Handlungsformen mit Sanktionscharakter verstanden, die das Zufügen von Nachteilen bezwecken, um damit dem Schüler die Untragbarkeit seines Verhaltens vor Augen zu führen und auf diese Weise eine Wiederholung dessen zu verhindern [StRo88]. Die Ordnungsmaßnahmen sollen vor allem einem individuellen erzieherischen Zweck dienen und das unangemessene Verhalten des Schülers korrigieren sowie auf sein künftiges Verhalten entsprechend einwirken [Hoeg98].

Insbesondere bei durch strafunmündige Schüler ausgeübter „mobiler Gewalt" werden die erzieherischen Maßnahmen als ein Mittel betrachtet, dem Schüler sein Fehlverhalten zu verdeutlichen und Wiederholungen zu verhindern. Dabei legen die Schulgesetze bestimmte Ordnungsmaßnahmen abschließend fest (§ 47 Abs. 1 Nr. 1-6 BremSchulG, § 61 Abs. 3 Nr. 1-6 NSchG, Art. 86 Abs. 2 Nr. 1-10 BayEUG). Hierzu gehören insbesondere der schriftliche Verweis, die Auferlegung besonderer schulischer Aufgaben (bspw. in Form der Wiedergutmachung oder des Hofdienstes), das Nachsitzen bzw. Nacharbeiten, der Ausschluss von besonderen schulischen Veranstaltungen, die Androhung des zeitweiligen Ausschlusses vom Unterricht und der dann tatsächliche zeitweise Unterrichtsausschluss, die Versetzung in eine Parallelklasse oder in eine andere entsprechend organisatorische Gliederung, die Überweisung in eine andere Schule sowie den Ausschluss von der Schule, aller Schularten oder sogar aller Schulen des Landes.

4.2 „Mobile Gewalt" als Pflichtverletzung

Für die Zulässigkeit von Ordnungsmaßnahmen setzen alle Schulgesetze ein Fehlverhalten des Schülers voraus, wobei auch hier die Formulierungen der jeweiligen Vorschriften uneinheitlich sind. Voraussetzung für die Verhängung einer derartigen Ordnungsmaßnahme ist danach aber bei allen die Pflichtverletzung durch den Schüler (teilweise wird auch die grobe Pflichtverletzung verlangt, so bspw. § 61 Abs. 2 NSchG). Die Pflichtverletzung kann dabei sowohl die Störung des Bildungs- und Erziehungsauftrages der Schule als auch eine Verletzung gesetzlicher Vorschriften oder in der Hausordnung der Schule enthaltener Regelungen bzw. Angriffe gegen Personen oder Sachen darstellen. Ebenso können die Verweigerung von Leistung oder unentschuldigtes Fernbleiben vom Unterricht Gegenstand von Ordnungsmaßnahmen werden. Für die verhängte Ordnungsmaßnahme kommt es aber darüber hinaus darauf an, dass es sich um ein schweres und/oder wiederholtes Fehlverhalten handelt, welches eventuell auch in der Zukunft eine Gefährdung des Erziehungs- und Bildungsauftrages bzw. der Rechtsgüter Dritter erwarten lässt (§ 61 Abs. 4 NSchG, § 25 Abs. 3 SH-SchG).

Demzufolge muss es sich bei der „mobilen Gewalt" um ein Fehlverhalten im Sinne der Schulgesetze handeln. Dabei kann nicht schon der Gebrauch des Mobiltelefons in der Pause, sofern kein ausdrückliches Verbot besteht und der Unterricht nicht gestört wird, erzieherische Maßnahmen auslösen. Vielmehr müssen konkrete Anhaltspunkte für ein Verhalten vorliegen, das andere Schüler verletzt, strafrechtlich relevante Tatbestände erfüllt oder dafür, dass auf andere Weise ein Fehlverhalten des Schülers eingetreten ist [Hans10].

4.3 Schulisches Verhalten

Zusätzlich zur Feststellung einer Pflichtverletzung des Schülers muss jedoch gerade bei der „mobilen Gewalt" die Frage gestellt werden, wie das schulische Verhalten überhaupt noch vom außerschulischen Verhalten abgegrenzt werden kann. In diesem Zusammenhang wäre es notwendig, einen allgemeingültigen Anknüpfungspunkt festzulegen, wonach entweder die Zeit, der Ort oder das Verhältnis der Betroffenen untereinander maßgebend für den Eingriff der Schulen sein müsste. Doch bereits der zeitliche Ansatz bereitet in der Praxis Probleme. Fraglich erscheint es nämlich dann, ob der Zeitpunkt des Herunterladens strafrechtlich relevanter Inhalte, dessen Weiterleitung an Mitschüler oder der Eingang beim anderen Schüler während des Aufenthaltes auf dem Schulgelände maßgeblich für die erzieherische Maßnahme sein soll. Handelt es sich also um Vorkommnisse, bei denen kein schulischer Rechner eingesetzt und auch nicht offensichtlich während der Schulzeit gehandelt wird, besteht demzufolge mangels entsprechendem Anknüpfungspunkt in den Schulgesetzen normalerweise kein eindeutiger Zusammenhang zur Schule, so dass es dem Verantwortungsbereich der Eltern und damit der elterlichen Fürsorge unterliegt, das Verhalten der Kinder bzw. Jugendlichen zu regeln [Hans10]. Zumindest solange nicht bei Strafmündigkeit ein Strafverfahren eingeleitet wird.

Allerdings ist es dennoch anerkannt und in den Landesschulgesetzen teilweise ausdrücklich mit aufgenommen, dass auch außerschulisches Verhalten Anlass für Ordnungsmaßnahmen sein kann, wenn dieses in den schulischen Bereich in der Form hinein wirkt, dass es die Verwirklichung des Erziehungs- und Bildungsauftrages der Schule unmittelbar gefährdet (zur Aufsichtspflicht der Lehrkräfte außerhalb des Schulgeländes vgl. beispielsweise § 62 NSchG). Das Vorliegen eines Verhaltens mit Schulbezug ist jedoch im Einzelfall zu prüfen und kann nicht immer schon dann automatisch angenommen werden, wenn es um das Verhältnis zwischen Mitschülern geht [Hans10]. Hinzu kommt, dass nicht schon die bloße Tatsache der strafrechtlichen Relevanz dazu führen muss, dass auch der Erziehungs- und Bildungsauftrag der Schule gestört ist. Es ist also auch dann noch konkret festzustellen, inwieweit die Handlung zu einer schulisch relevanten Beeinträchtigung führt [Hans08].

4.4 Generelles Verbot

Aufgrund der dargestellten Schwierigkeiten wird zur Eindämmung der „mobilen Gewalt" seit einigen Jahren immer wieder über ein generelles Verbot der Mobiltelefone an Schulen nachgedacht (bspw. neueren Datums http://www.helpster.de/handyverbot-an-schulen-pro-und-contra_51884 oder Fernsehbericht vom Februar http://lokalzeitjunkie.blogspot.com/). Selbst auf europäischer Ebene wurde diese Diskussion bereits geführt, wobei es dabei aber weniger um die Möglichkeiten des Missbrauchs des Mobiltelefons als Gewaltmittel ging, sondern vielmehr um den gesundheitlichen Schutz der Jugendlichen vor elektromagnetischer Strahlung [Seeg11].

Die Länder gehen beim Handyverbot im Moment noch uneinheitlich vor. So hat zum Beispiel Bayern ein generelles Verbot des Mobiltelefons mit in das Bayrische Gesetz über das Erziehungs- und Unterrichtswesen (BayEUG) aufgenommen, wonach gemäß Art. 56 Abs. 5 BayEUG das Mitführen eines Mobiltelefons oder eines anderen digitalen Speichermediums im Schulgebäude oder auf dem Schulhof verboten ist [GVBl. 2000, S. 414]. Andere Länder lassen demgegenüber konkrete Regelungen in den jeweiligen Schulgesetzen vermissen. Zum Teil wird in den Schulen daher die vorbeugende Wegnahme eines Mobiltelefons auf das allgemeine Recht der Lehrkräfte zu erzieherischen Maßnahmen gestützt (vgl. § 46 BremSchulG, § 61 NSchG). Zweifelhaft erscheint jedoch nicht nur, inwieweit die Einziehung eines Handys vom Maßnahmenkatalog der einschlägigen Vorschriften überhaupt erfasst wird, sondern übersehen wird vielmehr, dass es beim bloßen Gebrauch des Mobiltelefons bereits an den Voraussetzungen für eine erzieherische Maßnahme fehlt. Nur wenn eine Pflichtverletzung des Schülers überhaupt vorliegt, z. B. in Form des Täuschungsversuches bei Prüfungen, kann eine entsprechende erzieherische Maßnahme gerechtfertigt sein. Denn zu berücksichtigen ist, dass es sich bei den mobilen Digitalgeräten um das Eigentum der Schüler bzw. um das deren Eltern handelt (vgl. auch Art 14 GG). Die Mobiltelefone wurden den Schülern zumeist im Umsetzung der Erziehungsfürsorge der Eltern überlassen, damit die Kinder und Jugendlichen wichtige Telefongespräche tätigen und eventuell in bestimmten Fällen daheim anrufen können. Ohne entsprechend ausdrückliche Gesetzesgrundlage können Schulleitung und Lehrkräfte demzufolge nur bei Hinzutreten weiterer Umstände das Mitbringen der Mobiltelefone verbieten bzw. das Telefon an sich nehmen.

Die Unsicherheit bei der Umsetzung eines Handyverbots hat dazu geführt, dass teilweise die Schulordnungen das Mitführen der Mobiltelefone sowie deren Nutzung auf dem Schulgelände regeln. Doch unabhängig davon, dass ein generelles Handyverbot vielleicht den zwischenmenschlichen Kontakt zwischen den Schülern, die sonst nur noch via Handy kommunizieren würden, auf dem Schulhof erheblich verbessern, Störungen im Unterricht durch Klingeltöne verhindern und möglicherweise sogar die Gesundheit der Schüler schützen könnte, wird die Gefahr der mobilen Gewalt dadurch nicht beseitigt. Deren Verübung verlagert sich allenfalls in den vor- bzw. nachschulischen Bereich oder in die unüberwachten Bereiche bzw. Zeiten des Schulbesuchs.

4.5 Eingriffe in das Allgemeine Persönlichkeitsrecht

Ist das Mitführen der Mobiltelefone (vgl. Art. 56 Abs. 5 BaySchG) verboten oder soll deren Gebrauch zumindest überwacht werden, um die eventuelle Ausübung „mobiler Gewalt" festzustellen, stellt sich darüber hinaus die Schwierigkeit, auf welche Art und Weise die Schulleitung bzw. die Lehrer den Verstoß überhaupt überprüfen wollen. Denkbar wäre sicherlich eine generelle Überwachung des Datentransfers auf dem Schulgelände oder die flächendeckende Überwachung der Schüler durch Videokameras [zu den allgemeinen Anforderungen einer Videoüberwachung vgl. Seif11 und Mest11]. Zwar enthalten die Schulgesetze zum Teil eigene Ermächtigungsvorschriften zur Datenerhebung, allerdings beschränkt sich diesbezüglich zunächst einmal auf die Aufgaben der Schule, sprich deren Erziehungs- und Bildungsauftrag (bspw. §§ 120-122 SchulG NRW, § 20b SaarSchoG) [dazu Sutt08]. Nur in dem gesetzten Rahmen sind dann auch Bild- und Tonaufnahmen im Unterricht (nach zuvor eingeholter Einwilligung) möglich. Doch selbst wenn aufgrund der Berechtigung der Datenverarbeitung zum Zwecke der Erfüllung von Führsorgeaufgaben (vgl. § 31 NSchG) auch die Verhinderung von „mobiler Gewalt" erfasst werden würde, müsste die flächendeckende Kontrolle auch erforderlich sein. Das dürfte jedoch zumeist bei einer nicht anlassbezogenen Überwachung der Schüler schon an deren verfassungsrechtlich geschützten Grundrechten scheitern. Zwar wird von den Schulgesetzen dann häufig noch auf die allgemeinen Landsdatenschutzgesetze als Ermächtigung verwiesen (zur Notwendigkeit der Beachtung auch ohne ausdrücklich Hinweis vgl. [BrEG12]), doch auch dann bedarf es für die Überwachung einer gesetzlichen Ermächtigungsgrundlage, deren Voraussetzungen jeweils vorliegen müssen. Die Hausordnung oder das Hausrecht als Grundlage für einen derartig weitreichenden Eingriff in die Schülerrechte reichen demgegenüber nicht aus [Kore09]. Zwar enthalten die Landesdatenschutzgesetze Regelungen zur Videoüberwachung, die jedoch nur unter strengen Voraussetzungen erlaubt ist. Im Ergebnis müsste, selbst im Falle dessen, dass in Teilbereichen eines Schulgeländes zur Abwehr konkreter Gefahren zum Beispiel eine Videoüberwachung zulässig wäre, eine zur Verhinderung „mobiler Gewalt" flächendeckende Überwachung der Schüler immer am Verhältnismäßigkeitsgrundsatz scheitern.

4.6 Zusammenfassung

Sollen demzufolge bei der Ausübung „mobiler Gewalt" durch Schüler pädagogische bzw. erzieherische Maßnahmen ergriffen werden, kommt es darauf an, welcher Bezug zum Schulbesuch besteht. Allein die Tatsache, dass es um das Verhältnis von Schülern untereinander geht, kann nicht ausreichen, um ein Eingreifen von Schulseite auf Grundlage des Schulgesetzes zu rechtfertigen. Vielmehr müssen weitere Komponenten hinzutreten, die eine Verbindung zur Schule herstellen. Dabei sind alle Umstände zu berücksichtigen, so dass sowohl der örtliche, der zeitliche als auch der persönliche Kontakt zwischen den Mitschülern Anhaltspunkte für einen gerechtfertigten Eingriff seitens der Schule geben können. Je nach Schwere der „mobilen Gewalt" muss dann über die Höhe der zu verhängenden Ordnungsmaßnahme unter Beachtung der in den Schulgesetzen vorgesehenen Verfahren entschieden werden.

5 Ausblick

Der Schulleitung und den Lehrern steht demzufolge zwar eine Vielzahl an Ordnungsmaßnahmen zur Verfügung, deren Verhängung aber immer vom Einzelfall abhängig gemacht werden muss. Wichtig ist, dass der Bezug zum Schulbesuch bei „mobiler Gewalt" überhaupt feststellbar ist. Ein Zusammenhang allein aus der Tatsache zu konstruieren, dass es sich um Verhalten von Mitschülern untereinander handelt, reicht bisher nicht aus und muss dazu führen, dass andere Ansatzpunkte, die auch eine Einwirkung unter der Stufe der strafrechtlichen Verfolgung zulassen, ermöglicht werden. Maßnahmen, die diesen Zusammenhang nicht berücksichtigen, können im Zweifel dann vor dem Verwaltungsgericht keinen Bestand haben. Damit ist die Möglichkeit der Schulen, bereits bei strafunmündigen Schülern zu reagieren und auf diese Weise erzieherisch frühzeitig einzugreifen (und damit eventuell auch Fehler der erzieherischen Elternaufgaben zu übernehmen, dazu [Hölb10]), zwar weiterhin als sinnvoll zu erachten, aber bei „mobiler Gewalt" erheblich eingeschränkt.

Der Kinder- und Jugendschutz muss insoweit also weiter gehen, als es bisher der Fall ist. Die Schule kann das Fehlen geeigneter Kontrollinstanzen mit ihren derzeitigen Mitteln nicht allein bewältigen. Vielmehr muss ein Zusammenspiel zwischen bereits vorhandenen Mechanismen des Kinder- und Jugendschutzes durch Anbieter von Online-Diensten, den Herstellern von Mobiltelefonen, der elterlichen Sorge und staatlichen Institutionen gefunden werden, um die aufgezeigte Lücke zu schließen [zu den Aufgaben der Anbieter bereits Acke11]. Die vielfach an die Schulen gestellte Forderung, die Medienkompetenz von Schülern und Eltern zu verbessern [Feil10], ist sicherlich ein wichtiger und unbedingt voranzutreibender Aspekt, kann allein jedoch den Schutz der Kinder- und Jugendlichen vor „mobiler Gewalt" nicht gewährleisten. Hier ist vielmehr der Staat gefordert, entsprechend einheitliche sowie überregionale und institutionsübergreifende Regelungen zum Schutz vor „mobiler Gefahr" von Kindern und Jugendlichen zu schaffen.

Literatur

[Acke11] A. Ackermann: Mobile Gewalt als Herausforderung für den Jugendmedienschutz. In: P. Schartner, J. Taeger: D•A•CH Security 2011, syssec (2011), 331-342.

[Beck08] S.M. Beck: Lehrermobbing durch Videos im Internet – ein Fall für die Staatsanwaltschaft?, MMR 2008, 77-82.

[BrEG12] P. Bräth, M. Eickmann, D. Galas: Niedersächsisches Schulgesetz, Carl Link (2012), § 31 NdSchG.

[DguV12] Deutsche Gesetzliche Unfallversicherung, Gewaltbedingte Unfälle in der Schüler-Unfallversicherung, April 2012, http://www.dguv.de/inhalt/zahlen/documents/schueler/gewalt_2010.pdf, Abruf 22.6.2012.

[Feil10] C. Feil: Kinder und Internet – Chancen und Gefahren, RdJB 2010, 410-415.

[Gutk07] S. Gutknecht: Gewalt auf Handys. In: Arbeitsgemeinschaft Kinder- und Jugendmedienschutz (AJS) Landesstelle Nordreihn-Westfalen e.V., DREI-W-Verlag (2007).

[Hans08] F. Hanschmann: Schulische Ordnungsmaßnahmen und die Nutzung moderner Aufzeichnungs- und Kommunikationstechniken, NVwZ 2088, 1295-1299.

[Hans10] F. Hanschmann: Cybermobbing und Schulordnungsmaßnahmen, RdJB 2010, 445-459.

[Hoeg98] G. Hoegg: Sind Schulausschlussmaßnahmen verfassungskonform?, RdJB 1998, 352-361.

[Hölb10] P. Hölbing: Starker Staat bei schwachen Eltern?, ZKJ 2010, 388-391.

[JMZ12] Jugendmedienzentrum Deutschland e.V. (JMZ): Handys in der Schule, Essen (2012).

[Kerr10] M. Kerres: Schule und Internet, Pädagogische Aspekte der Entwicklung von Kompetenz für aktives Medienhandeln, RdJB 2010, 416-435.

[Kore09] A. Koreng: Rechtsfragen der Videoüberwachung in öffentlichen Gebäuden, LKV 2009, 198.

[Mes11] B. A. Mester: Kontrolle von Beschäftigten mittels Videoüberwachung. In: P. Schartner, J. Taeger: D•A•CH Security 2011, syssec (2011), 225-234.

[Paal10]	B. P. Paal: Personenbezogene Bewertungsportale im Internet – Spickmich.de und die Folgen -, RdJB 2010, 459-415.
[Seeg11]	A. Seeger: Mobilfunkbranche kritisiert Pläne für Handy-Verbot an Schulen, vom 18.5.2011, http://www.areamobile.de/news/18840-mobilfunkbranche-kritisiert-plaene-fuer-handy-verbot-an-schulen.
[Seif11]	B. Seifert: Videoüberwachung im künftigen Beschäftigtendatenschutzrecht, DuD 2011, 98-109.
[StRo88]	E. Stein, M. Roell: Handbuch des Schulrechts, Libelle (1992), 80 f.
[Sutt08]	C. Suttmann: Zur rechtlichen Zulässigkeit der Videoüberwachung an Schulen, NWVBl 2008, 405-410.
[ThMe10]	H. Thiery, K. Menne: Virtuelle Welten spalten die Generationen, ZKJ 2010, 152-156.

Cloud Computing und USA Patriot Act

Marian Alexander Arning

Norton Rose Germany LLP
Marian.Arning@nortonrose.com

Zusammenfassung

Der USA Patriot Act hat die Zugriffsbefugnisse US-amerikanischer Behörden auf Daten ausgeweitet. Hiervon können insbesondere auch Unternehmen betroffen sein, die Daten in einer Cloud in den USA oder in der Cloud eines Unternehmens mit einer Präsenz in den USA gespeichert haben, betroffen sein. Sofern die in diesen Clouds gespeicherten Daten für Ermittlungen im Zusammenhang mit dem internationalen Terrorismus oder mit geheimdienstlichen Aktivitäten, die sich gegen die USA richten, relevant sind, dürfen US-amerikanische Behörden nach US-amerikanischem Recht unter bestimmten Voraussetzungen auf diese Daten zugreifen. Sollten US-amerikanische Behörden auch Daten herausverlangen, die auf in Deutschland befindlichen Cloud-Servern gespeichert sind, bringt dies die betroffenen Cloud-Diensteanbieter in Konflikt mit deutschem Datenschutzrecht. Nach hier vertretener Ansicht ist jedenfalls die Übermittlung von Telekommunikationsdaten an US-amerikanische Behörden datenschutzrechtlich unzulässig, wohingegen die Zulässigkeit der Übermittlung „normaler" personenbezogener Daten noch ungeklärt ist.

1 Cloud Computing - Daten als Angriffsobjekt

Einer der großen Trends bei der Verarbeitung von Daten besteht seit einiger Zeit in der Auslagerung von Daten in so genannte Clouds. Cloud Computing bezeichnet hierbei „eine Form der Bereitstellung von gemeinsam nutzbaren und flexibel skalierbaren IT-Leitungen durch nicht fest zugeordnete IT-Ressourcen über Netze". [BITK10] Derartige Dienste werden von einer Vielzahl von Anbietern, wie z.B. Amazon, Microsoft oder auch Google angeboten. Cloud Computing-Dienste können beispielsweise in der Bereitstellung von Infrastrukturen, z.B. von Rechnerkapazitäten und Speicherplatz (Infrastructure as a Service - IaaS), von Plattformen, z.B. von Infrastrukturen mitsamt Betriebssystemen und Anwendungssoftware (Platform as a Service - PaaS) oder von Software, z.B. von ERP-Systemen (Software as a Service - SaaS) bestehen. [Gieb11], [NiHe10], [HeWe10]

In vielen Fällen geht die Nutzung von Cloud Diensten mit der Verarbeitung und Speicherung von Daten in der Cloud einher und zwar nicht nur bei der Nutzung von Cloud-basierten Speicherplätzen. Vielmehr werden auch im Rahmen von PaaS- und SaaS-Diensten Daten in der Cloud verarbeitet oder sogar gespeichert.

Datenschutzrechtlich relevant werden diese Vorgänge, wenn auch personenbezogene Daten in der Cloud verarbeitet werden. Unternehmen, die derartige Dienste nutzen, müssen deshalb stets überprüfen, inwiefern eine solche Datenverarbeitung nach den jeweils anwendbaren Datenschutzgesetzen zulässig ist. Hierfür kann es notwendig sein, dass das Unternehmen datenschutzrechtliche Vorgaben bereits bei der Vertragsgestaltung mit dem jeweiligen Cloud-Diensteanbieter berücksichtigt.

Ein besonderes Problem für Unternehmen besteht darin, dass personenbezogene Daten in vielen Fällen (auch) in Clouds verarbeitet werden, die sich in den USA befinden oder von US-amerikanischen Unternehmen betrieben werden. So geben beispielsweise viele Anbieter von Cloud-Diensten, wie z.b. Google, Microsoft und teilweise auch Amazon, keine genaue Auskunft darüber, wo ihre Server stehen, mithilfe derer die jeweiligen Cloud-Dienste erbracht werden. Es ist jedoch davon auszugehen, dass viele dieser Cloud-Server in den USA stehen, wie es teilweise auch von den jeweiligen Unternehmen bestätigt wird.

Für Unternehmen, die diese Cloud-Services nutzen wollen, ergibt sich daraufhin das Problem, dass (personenbezogene) Daten in die USA übermittelt werden. Viele Unternehmen befürchten hierbei, dass fremde Stellen auf ihre in den USA verarbeiteten bzw. gespeicherten Daten zugreifen können. Insbesondere herrscht bei vielen Unternehmen die Angst vor, dass US-amerikanischen Behörden ein solcher Zugriff nach dem USA Patriot Act gestattet sein könnte. Gleiches gilt, wenn Daten in Clouds (auch außerhalb der USA) gespeichert werden, die von US-amerikanischen Unternehmen betrieben werden. So haben US-amerikanische Behörden beispielsweise bereits auf Daten zugegriffen, die auf Cloud-Servern von Google und Microsoft gespeichert waren. Hiervon waren auch Daten betroffen, die auf Servern in Europa gespeichert waren [Böke12].

Im Folgenden wird deshalb untersucht, inwieweit und unter welchen Voraussetzungen US-amerikanische Behörden auf Daten zugreifen dürfen, die in US-basierten oder von US-amerikanischen Unternehmen betriebenen Clouds verarbeitet werden oder gespeichert sind.

2 Der USA Patriot Act

Der USA Patriot Act ('Uniting and Strengthening America by Providing Appropriate Tools Required to Intercept and Obstruct Terrorism Act") wurde als Reaktion auf die Terroranschläge in New York vom 11. September 2001 vom US-amerikanischen Kongress am 25. Oktober 2001 verabschiedet. Das Ziel dieses Gesetzes bestand darin, den US-amerikanischen Behörden „geeignete Mittel" zur Verfügung zu Stellen, um Terrorismus effektiver und besser bekämpfen zu können. [BeNi12]

2.1 Erweiterung bestehender Zugriffsmöglichkeiten

Eine der weit verbreiteten Mythen über dieses Gesetz besteht dann auch darin, dass der USA Patriot Act US-amerikanischen Behörden den Zugriff auf Daten ermöglichen würde. Dies entspricht jedoch nur indirekt der Realität. Der USA Patriot Act selbst erlaubt US-amerikanischen Behörden keinen Zugriff auf in den USA oder von US-amerikanischen Unternehmen gespeicherte Daten. Vielmehr erweitert der USA Patriot Act „lediglich" bereits in anderen US-amerikanischen Gesetzen bestehende Zugriffsmöglichkeiten.

So wurden durch Sec. 215 des USA Patriot Act insbesondere die Zugriffsbefugnisse der US-amerikanischen Behörden nach Sec. 501 des Foreign Intelligence Surveillance Act (FISA) ausgeweitet:

> *SEC. 215: ACCESS TO RECORDS AND OTHER ITEMS UNDER THE FOREIGN INTELLIGENCE SURVEILLANCE ACT.*
>
> *Title V of the Foreign Intelligence Surveillance Act of 1978 (50 U.S.C. 1861 et seq.) is amended by striking sections 501 through 503 and inserting the following:*

> "SEC. 501. ACCESS TO CERTAIN BUSINESS RECORDS FOR FOREIGN INTELLIGENCE AND INTERNATIONAL TERRORISM INVESTIGATIONS.
>
> "(a)(1) The Director of the Federal Bureau of Investigation or a designee of the Director (whose rank shall be no lower than Assistant Special Agent in Charge) may make an application for an order requiring the production of any tangible things (including books, records, papers, documents, and other items) for an investigation to protect against international terrorism or clandestine intelligence activities, provided that such investigation of a United States person is not conducted solely upon the basis of activities protected by the first amendment to the Constitution. [...]"

Das FBI darf nach dieser Vorschrift also auf sämtliche Daten zugreifen, ohne Einschränkung danach, welchen Inhalt sie aufweisen. Somit ist es nach Sec. 501 FISA auch gestattet, auf sensibelste Daten, wie z.B. Gesundheitsdaten, zuzugreifen. Voraussetzung für einen solchen Zugriff ist aber, dass diese Daten für Ermittlungen im Zusammenhang mit dem internationalen Terrorismus oder mit geheimdienstlichen Aktivitäten, die sich gegen die USA richten, relevant sind. Zu anderen als den genannten Zwecken darf das FBI nicht nach dieser Vorschrift auf in der Cloud gespeicherte Daten zugreifen.

Grundsätzlich bedarf ein solcher Zugriff der Anordnung des FISA Court, welcher geheim tagt und seine Entscheidungen nur in seltenen Ausnahmefällen veröffentlicht. [BeNi12] Cloud-Diensteanbietern ist es dabei nach Sec. 501 d FISA (ebenfalls eingeführt durch Sec. 215 des USA Patriot Act) grundsätzlich untersagt zu offenbaren, dass das FBI Zugriff auf Daten erhalten oder verlangt hat.

Nach einer Untersuchung des US-Justizministeriums sollen in der Zeit von 2002 bis 2005 insgesamt 21 Anträge für eine Anordnung nach Sec. 215 des USA Patriot Act an den FISA Court gestellt worden sein. [Fine07]

Ähnliche Regelungen bestehen allerdings auch in fast allen anderen westlichen Ländern. So besitzen die Sicherheits- und Geheimdienstbehörden auch in Deutschland weitgehende Zugriffsrechte auf gespeicherte Daten, so z.B. nach dem G10-Gesetz. Es ist somit keine Besonderheit des US-amerikanischen Rechts, dass Geheimdienste Zugriffe auf Daten zu Zwecken der Spionageabwehr und der Terrorismusbekämpfung erhalten.

2.2 National Security Letters

Zudem hat das FBI auch die Möglichkeit, bestimmte Informationen vom jeweiligen Cloud-Diensteanbieter zu verlangen, ohne dass es einer gerichtlichen Anordnung bedarf. Vielmehr ist das FBI befugt, auch selbst eine Anordnung zur Herausgabe bestimmter Informationen zu erlassen. Derartige Anordnungen werden als „National Security Letters" bezeichnet. Auch diese Möglichkeit besteht hinsichtlich Cloud-Diensteanbietern erst, seitdem Sec. 505 des USA Patriot Act die Vorschrift Sec. 2709(b) of Title 18 des United States Code erweitert hat. Nach dieser Regelung kann das FBI ohne richterlichen Beschluss einen National Security Letter erlassen und mithilfe dieser Anordnung bestimmte Informationen vom Cloud-Diensteanbieter über Kunden herausverlangen und zwar dessen Namen, dessen Adresse, die Dauer der Inanspruchnahme eines Dienstes sowie die Abrechnungsdaten. Auch hier ist es den betroffenen Cloud-Diensteanbietern grundsätzlich untersagt, Dritte über die Anfrage des FBI oder die Herausgabe von Daten zu informieren.

Im Zeitraum von 2003 bis 2006 hat das FBI nach eigenen Angaben insgesamt 192.499 derartige Anordnungen erlassen [Yost10], wobei aber anzumerken ist, dass es sich hierbei um die Gesamtzahl aller National Security Letters handelt und diese nur zu einem (geringen) Teil gegenüber Internet Service Providern erlassen wurden. Das US-Justizministerium hat in mehreren Untersuchungen festgestellt, dass eine nicht unerhebliche Zahl dieser Anordnungen gegen das Gesetz oder zumindest (in ca. 60 Prozent aller Fälle) gegen interne Richtlinien des FBI verstieß [Fine07].

Dass Sicherheitsbehörden auch ohne vorherige gerichtliche Überprüfung Zugriff auf Daten nehmen können, ist auch in Deutschland vorgesehen. So sieht beispielsweise auch das G10-Gesetz in den §§ 9 ff. für Maßnahmen nach diesem Gesetz grundsätzlich keine vorherige gerichtliche Anordnung vor. Vielmehr kann diese z.b. auch von den jeweiligen Innenministerien getroffen werden. Teilweise können die deutschen Sicherheitsbehörden nach dem G10-Gesetz sogar viel weitgehender auf Daten zugreifen als das FBI mittels der so genannten National Security Letters, ohne dass dies einer vorherigen gerichtlichen Kontrolle bedarf.

2.3 Verfassungsmäßigkeit von Sec. 215 und Sec. 505

Zwar bestehen durchaus Zweifel daran, ob Sec. 215 und Sec. 505 des USA Patriot Act mit der US-amerikanischen Verfassung vereinbar sind. So war die Verfassungsmäßigkeit dieser Vorschrift Gegenstand mehrerer Verfahren, so z.b. vor dem United States Court of Appeals[1] und dem Southern District Court of New York,[2] die auch zu (kleineren) gesetzlichen Änderungen geführt haben. Es ist jedoch davon auszugehen, dass auch weiterhin Maßnahmen auf die genannten Regelungen des USA Patriot Act gestützt werden, auch wenn nach wie vor Zweifel bei der Auslegung und der Vereinbarkeit mit der amerikanischen Verfassung verbleiben.

2.4 Verpflichtete Cloud-Diensteanbieter

Durch den USA Patriot Act werden nicht nur Unternehmen zur Herausgabe bzw. Gestattung des Zugriffs verpflichtet, die ihren Sitz in den USA haben. Vielmehr ist der USA Patriot Act auf sämtliche Unternehmen anwendbar, die eine Präsenz in den USA haben, welche rechtlich oder tatsächlich in der Lage ist, Zugang zu den von der Anordnung erfassten Daten zu erhalten [BeNi12]. Hat z.B. eine Konzerngesellschaft (oder auch eine Niederlassung etc.) ihren Sitz in den USA, ist diese bei Vorliegen einer entsprechenden Anordnung verpflichtet, auch solche Daten an das FBI herauszugeben, die auf Cloud-Servern der übrigen (ausländischen) Konzerngesellschaften gespeichert sind, soweit sie tatsächlich oder rechtlich auf sie zugreifen kann. Soweit sie dazu nicht in der Lage ist, kann sich eine Herausgabeverpflichtung aber auch mittelbar ergeben: Folgt die amerikanische Konzerngesellschaft einer Anordnung nach Sec. 501 FISA nicht, stellt dies eine Missachtung des Gerichts dar, die nach Sec. 501 und 402 of Title 18 des United States Code mit Strafe und Bußgeld sanktioniert ist [BeNi12]. Die meisten Konzerngesellschaften dürften deshalb geneigt sein, Druck auf die übrigen Konzerngesellschaften auszuüben, ihr die betroffenen Daten auszuhändigen, damit sie diese an das FBI weitergeben kann. Gleiches gilt im Ergebnis bei Nichtbefolgung von Anordnungen des FBI im Rahmen von National Security Letters.

---

[1] Siehe z.B. http://www.aclu.org/pdfs/safefree/doevmukasey_decision.pdf.
[2] Siehe z.B. http://www.aclu.org/national-security/aclu-case-federal-court-strikes-down-patriot-act-surveillance-power-unconstitution.

Nach Ansicht des amerikanischen Gesetzgebers und amerikanischer Gerichte ist es zudem auch unerheblich, ob sich die Daten, auf die sich eine Anordnung nach Sec. 501 FISA bzw. ein National Security Letter bezieht, auf Servern gespeichert sind, die sich in den USA befinden. Das allein entscheidende Kriterium besteht darin, ob der verpflichtete Cloud-Diensteanbieter tatsächlich oder rechtlich in der Lage ist, Zugriff auf die im Ausland gespeicherten Daten zu erhalten. Ist dies der Fall, ist der jeweilige Cloud-Diensteanbieter verpflichtet, auch Daten an das FBI herauszugeben, die auf eigenen oder anderen Konzerngesellschaften gehörenden Cloud-Servern im Ausland, z.b. in Deutschland, gespeichert sind.

3 Übermittlung von Daten aus Deutschland

Werden personenbezogene Daten aufgrund einer gerichtlichen Anordnung nach Sec. 501 FISA oder eines National Security Letters durch einen Cloud-Diensteanbieter an das FBI herausgegeben, handelt es sich grundsätzlich um eine datenschutzrechtlich relevante Übermittlung. Eine solche Übermittlung von personenbezogenen auf Cloud-Servern in Deutschland gespeicherten Daten in die USA steht jedoch im Konflikt mit deutschem Datenschutzrecht. Nach deutschem Datenschutzrecht ist die Übermittlung personenbezogener Daten ins Ausland nur zulässig, wenn Datenschutzkonformität auf zwei Stufen besteht: Auf der ersten Stufe ist sicherzustellen, dass die Übermittlung dieser Daten datenschutzrechtlich zulässig ist. Diese Prüfung auf der ersten Stufe ist bei jeder Übermittlung personenbezogener Daten durchzuführen, also unabhängig davon, ob Daten nur im Inland oder auch ins Ausland übermittelt werden. Auf der zweiten Stufen ist dann zu gewährleisten, dass die Übermittlung der Daten in das jeweilige Ausland datenschutzrechtlich zulässig ist (vor allem, weil dort ein hinreichendes Datenschutzniveau gewährleistet ist).

3.1 Zulässigkeit der Übermittlung (1. Stufe)

Nach § 28 Abs. 2 Nr. 2 lit. b) BDSG ist die Übermittlung von personenbezogenen Daten zur Abwehr von Gefahren für die staatliche oder öffentliche Sicherheit oder zur Verfolgung von Straftaten zulässig, sofern die schutzwürdigen Interessen des Betroffenen am Ausschluss der Übermittlung nicht überwiegen. Vorliegend würde die Datenübermittlung durchaus aus Gründen der Terrorismusbekämpfung und somit nach hier vertretener Ansicht zur Abwehr von Gefahren für die staatliche oder öffentliche Sicherheit i.S.d. § 28 Abs. 2 Nr. 2 lit. b BDSG erfolgen.[3] Auch ist es nach hier vertretener Ansicht durchaus vertretbar zu argumentieren, dass in diesem Fall das Interesse an der Übermittlung der Daten zur Terrorismusbekämpfung die Interessen des Betroffenen am Ausschluss der Datenübermittlung überwiegt.

Die Zulässigkeit der Übermittlung besonderer Arten von Daten i.S.d. § 28 Abs. 6 BDSG würde dann entsprechend aus § 28 Abs. 8 BDSG folgen.

---

[3] A.A. [BeNi12], die jedenfalls für den Fall, dass eine deutsche Gesellschaft an eine amerikanische Konzerntochter oder -mutter Daten übermittelt, lediglich den Zweck der Befolgung der Anordnung erfüllen will. Dies ist nach hier vertretener Ansicht nicht überzeugend, da ansonsten § 28 Abs. 2 Nr. 2 lit. b BDSG leer liefe, weil verantwortliche Stellen im Rahmen dieser Vorschrift stets zuvorderst ein Verlangen staatlicher Stellen erfüllen wollen und somit für die Anwendbarkeit dieser Vorschrift kein Raum mehr bliebe.

3.2 Zulässigkeit der Übermittlung der Daten in die USA

Da die Daten vorliegend in die USA übermittelt werden, also in einen Staat, der kein Mitglied der EU bzw. des EWR ist und der kein angemessenes Datenschutzniveau aufweist, müssen zudem aber auch noch die Voraussetzungen des § 4c BDSG vorliegen, damit die Übermittlung der auf einem Cloud-Server in Deutschland gespeicherten personenbezogenen Daten in die USA zulässig wäre.

Vorliegend könnte die Übermittlung der Daten in die USA nach § 4c Abs. 1 S. 1 Nr. 4 BDSG zulässig sein. Demnach ist die Übermittlung personenbezogener Daten zulässig, sofern sie für die Wahrung eines wichtigen öffentlichen Interesses erforderlich ist. Die Terrorismusbekämpfung stellt nach hier vertretener Ansicht durchaus ein solch wichtiges öffentliches Interesse dar.[4] Allerdings setzt § 4c BDSG stets eine Tätigkeit voraus, die ganz oder zumindest teilweise in den Anwendungsbereich des Gemeinschaftsrechts fällt [Gabe10], [Däub10]. Dies folgt aus dem eingeschränkten Anwendungsbereich der EU-Datenschutzrichtlinie 95/46/EG gem. Art. 3 Abs. 2, wonach sich die Datenschutzrichtlinie nicht auf Tätigkeiten im Rahmen der Gemeinsamen Außen- und Sicherheitspolitik und im Bereich der polizeilichen und justiziellen Zusammenarbeit nach Titel V und VI EUV (alt) erstrecken soll. Der Grund für diese Einschränkung bestand darin, dass die EG für diese Bereiche keine Richtlinienkompetenz besaß. Da der deutsche Gesetzgeber mit der Einführung des § 4c BDSG lediglich Art. 26 der Richtlinie umsetzen wollte, muss diese Einschränkung im Wege der richtlinienkonformen Auslegung auch für § 4c BDSG gelten.

Die Terrorismusbekämpfung fiel somit zumindest zum Zeitpunkt der Verabschiedung der EU-Datenschutzrichtlinie und deren Umsetzung in § 4c BDSG nicht in den Anwendungsbereich des Gemeinschaftsrechts [Däub10]. Nach Aufhebung der Säulenstruktur der EU durch den Vertrag von Lissabon ist dies jedoch nicht mehr so einfach zu beantworten, da der Vertrag von Lissabon zumindest ein Stück weit auch zur Vergemeinschaftung der Titel V und VI EUV (alt) geführt hat, so dass nun durchaus argumentiert werden kann, dass Art. 3 Abs. 2 der Richtlinie nunmehr obsolet und § 4c Abs. 1 S. 1 Nr. 4 BDSG jetzt auch auf Tätigkeiten in den Bereichen Gemeinsame Außen- und Sicherheitspolitik sowie polizeiliche und justizielle Zusammenarbeit anwendbar sei, da der Grund für den eingeschränkten Anwendungsbereich mittlerweile weggefallen sei. Demzufolge wäre die Übermittlung der Daten in die USA zulässig.

Nach hier vertretener Auffassung bleibt die Beschränkung des Anwendungsbereichs des § 4c BDSG jedoch auch nach dem Vertrag von Lissabon bestehen, da Art. 3 Abs. 2 der Richtlinie auch unter den gegenwärtigen Bedingungen noch anwendbar ist. Der Richtliniengeber wollte die EU-Datenschutzrichtlinie nicht auch auf den Bereich der Zusammenarbeit im Bereich der polizeilichen und justiziellen Zusammenarbeit erstrecken, unabhängig davon, ob dieser Bereich nun auch vergemeinschaftet wurde oder nicht [HiSc09], [GoSc10]. Für diesen speziellen Bereich sind spezielle Vorschriften erforderlich, die derzeit aber noch nicht existieren. So ist § 4c BDSG nach hier vertretener Auffassung nur anwendbar, soweit es um Tätigkeiten geht, die in den (ursprünglichen) Anwendungsbereich der EU-Datenschutzrichtlinie 95/46/EG fallen [GoSc10].

---

[4] A.A. [BeNi12].

Demzufolge ist die Übermittlung von Daten durch den Cloud-Diensteanbieter, die in Deutschland gespeichert sind, in die USA nach deutschem Datenschutzrecht nach hier vertretener Ansicht unzulässig. Nichtsdestotrotz ist festzuhalten, dass der Wortlaut von § 4c BDSG eine derartige Einschränkung nicht vorsieht, so dass eine gewisse Rechtsunsicherheit verbleibt.

3.3 Übermittlung von Telekommunikationsdaten

Ist der Cloud-Diensteanbieter, der in Deutschland Daten in seiner Cloud speichert, zugleich auch ein Telekommunikationsdiensteanbieter i.S.d. Telekommunikationsgesetzes (TKG) und fallen die in der Cloud gespeicherten Daten in den Anwendungsbereich des TKG, richtet sich die datenschutzrechtliche Zulässigkeit der Übermittlung dieser Daten an US-amerikanische Behörden zuvorderst nach dem TKG. Dies kann insbesondere der Fall sein, wenn ein Telekommunikationsdiensteanbieter seine Cloud dazu verwendet, die E-Mail-Postfächer seiner Kunden darin zu hosten. Die Übermittlung von Telekommunikationsdaten an US-amerikanische Behörden nach dem TKG beinhaltet noch einmal größere Risiken als die Übermittlung von „normalen" personenbezogenen Daten nach dem BDSG.

Zur besseren Verständlichkeit wird im Folgenden zuerst die 2. Stufe der Übermittlung der Telekommunikationsdaten in die USA geprüft (unter Ziffer 3.3.1), bevor anschließend die Zulässigkeit der Datenübermittlung auf der ersten Stufe (inter Ziffer 3.3.2) untersucht wird.

3.3.1 Zulässigkeit der Übermittlung in die USA

Seit dem Inkrafttreten der TKG-Novelle am 10.5.2012 richtet sich die Zulässigkeit der Übermittlung von personenbezogenen Daten, die in den Anwendungsbereich der Datenschutzvorschriften des TKG fallen, in Drittstaaten außerhalb der EU/des EWR ebenfalls nach den §§ 4b und 4c BDSG. Insoweit wird auf die Ausführungen unter Ziffer 3.2 verwiesen.

Bis zum Inkrafttreten dieser Novelle erlaubte § 92 TKG (a.F.) eine Übermittlung von personenbezogenen Daten nur in Ausnahmefällen, die im Fall der Übermittlung von Daten an US-amerikanische Behörden allesamt nicht einschlägig gewesen wären. Nach § 92 TKG (a.F.) durften Diensteanbieter (§ 3 Nr. 6 lit. a) TKG) personenbezogene Daten, die in den Anwendungsbereich des TKG fielen, nach Maßgabe des BDSG (gemeint sind §§ 4b, 4c BDSG) nur dann an nicht öffentliche Stellen ins Nicht-EU/EWR-Ausland übermitteln, soweit es für die Erbringung von Telekommunikationsdiensten, für die Erstellung oder Versendung von Rechnungen oder für die Missbrauchsbekämpfung erforderlich war. Da bei der Übermittlung von Telekommunikationsdaten an US-amerikanische Behörden aber keiner der in § 92 TKG (a.F.) genannten Zwecke verfolgt worden wäre, wäre eine solche Übermittlung vor dem Inkrafttreten der TKG-Novelle unzulässig gewesen.

3.3.2 Zulässigkeit der Übermittlung von TK-Daten

Ob und unter welchen Bedingungen die Übermittlung von in E-Mails enthaltenen personenbezogenen Daten durch Telekommunikationsdiensteanbieter nach Streichung des § 92 TKG (a.F.) aber nun zulässig ist, ist derzeit noch nicht abschließend geklärt, da die §§ 4b und 4c BDSG lediglich die Übermittlung in einen Drittstaat außerhalb der EU/des EWR, also auf der 2. Stufe, regeln. Zusätzlich muss die Übermittlung der Telekommunikationsdaten auf der ersten Stufe auch noch ganz generell zulässig sein.

In den datenschutzrechtlichen Vorschriften des TKG finden sich nach Streichung des § 92 TKG (a.F.) noch in § 95 und § 96 TKG Regelungen über die Übermittlung von Telekommunikationsdaten. § 95 TKG regelt die Verarbeitung so genannter „Bestandsdaten". Nach der Legaldefinition in § 3 Nr. 3 TKG sind dies Daten eines Teilnehmers, die für die Begründung, inhaltliche Ausgestaltung, Änderung oder Beendigung eines Vertragsverhältnisses über Telekommunikationsdienste erhoben werden. Nicht von dieser Definition umfasst sind die so genannten Verkehrsdaten, deren Verarbeitung in § 96 TKG geregelt wird. Nach § 3 Nr. 30 TKG handelt es sich bei Verkehrsdaten um Daten, die bei der Erbringung eines Telekommunikationsdienstes erhoben, verarbeitet oder genutzt werden. § 96 TKG konkretisiert in Abs. 1, welche Verkehrsdaten ein Telekommunikationsdiensteanbieter verarbeiten darf. Hierzu gehören z.b. regelmäßig die E-Mailadresse des Absenders und die des Empfängers einer E-Mail.

Bestandsdaten dürfen nach § 95 Abs. 1 S. 3 TKG nur übermittelt werden, soweit ein Gesetz dies erlaubt oder der betroffene Teilnehmer eingewilligt hat. Verkehrsdaten dürfen nach §§ 96 f. TKG übermittelt werden, wenn dies zur Nutzung, Aufrechterhaltung oder Abrechnung des Telekommunikationsdienstes erforderlich ist.

Da vorliegend weder die Voraussetzungen des § 95 noch die der §§ 96 f. TKG erfüllt sind, dürften Telekommunikationsanbieter weder Bestands- noch Verkehrsdaten an US-amerikanische Behörden übermitteln.

Für andere personenbezogene Telekommunikationsdaten, die keine Bestands- oder Verkehrsdaten sind, fehlt es sogar völlig an einer Übermittlungsvorschrift im TKG. Hiervon sind insbesondere die so genannten „Inhaltsdaten" betroffen, also z.b. der Inhalt einer E-Mail. Eine Übermittlung von E-Mails durch Telekommunikationsanbieter an Dritte wäre somit generell unzulässig, es sei denn der betroffene Teilnehmer hätte dem ausdrücklich zugestimmt.

Nach hier vertretener Ansicht handelt es sich jedoch um ein gesetzgeberisches Versehen, dass keine Regelung zur Übermittlung von Inhaltsdaten im TKG vorgesehen ist. Der Gesetzgeber hat die einschränkende Regelung des § 92 TKG (a.F.) gerade ersatzlos gestrichen, um die Übermittlung von personenbezogenen Daten, die in den Anwendungsbereich des TKG fallen, zu vereinheitlichen und zu vereinfachen (vgl. Gesetzesbegründung zu § 92 TKG in BT-Drs. 15/5707, S. 144; [EcSc11]). Da der Gesetzgeber aber keine entsprechende Übermittlungsvorschrift in das TKG eingeführt hat, würde bei wortgetreuer Auslegung die Streichung des § 92 TKG durch die Streichung des § 92 TKG (a.F.) praktisch keine Vereinfachung der Datenübermittlung erfolgen und der Sinn und Zweck der Streichung des § 92 TKG (a.F.) konterkariert. Ein Rückgriff auf die Übermittlungsvorschrift des § 28 BDSG kommt dabei regelmäßig auch nicht in Betracht, da die datenschutzrechtlichen Vorschriften des TKG grundsätzlich abschließend sind [Munz10]. Lediglich auf die Auftragsdatenverarbeitung nach § 11 BDSG kann auch im Anwendungsbereich des TKG zurückgegriffen werden [Munz10]. Ein solcher Fall der Auftragsdatenverarbeitung kann aber qua definitionem schon nicht vorliegen, da ein Datentransfer in einen Drittstaat außerhalb der EU/des EWR, wie in die USA, stets als Übermittlung zu qualifizieren ist, da eine datenschutzrechtlich privilegierte Auftragsdatenverarbeitung nach § 3 Abs. 4 S. 2 Nr. 3 i.V.m. § 3 Abs. 8 S. 3 BDSG nur innerhalb der EU/des EWR erfolgen kann.

Nach hier vertretener Auffassung ist aufgrund der klaren Intention des Gesetzgebers bei der Streichung von § 92 TKG (a.F.) jedoch davon auszugehen, dass für eine Übermittlung der Daten auf erster Stufe ausnahmsweise entweder auf § 28 BDSG oder aber auf §§ 95 und 96 TKG zurückgegriffen werden darf, soweit der Datentransfer eigentlich einer Auftragsdatenverarbeitung nach § 11 BDSG entspricht, die in dieser Vorschrift enthaltenen Voraussetzungen auch erfüllt sind und nur deshalb keine Auftragsdatenverarbeitung nach § 11 BDSG vorliegt, weil der Auftragnehmer im Nicht-EU/EWR-Ausland sitzt bzw. die Datenverarbeitung in einem solchen Drittstaat erfolgt (so wohl auch [Heun11]; a.A. [EcSc11]). Allerdings sind vorliegend auch die Voraussetzungen an die Auftragsdatenverarbeitung nach § 11 BDSG nicht erfüllt, da die US-amerikanischen Behörden die Telekommunikationsdaten für eigene Zwecke und nicht im Auftrag des jeweiligen Telekommunikationsdiensteanbieters verarbeiten wollen.

Somit ist festzustellen, dass auch nach Streichung des § 92 TKG (a.F) eine Übermittlung von Telekommunikationsdaten durch Telekommunikationsdiensteanbieter an US-amerikanische Behörden datenschutzrechtlich nicht zulässig ist.

4 Ergebnisse

Der USA Patriot Act ermöglicht es, dass US-Behörden zur Terrorismusbekämpfung und zum Schutz vor geheimdienstlichen Aktivitäten auf Daten zugreifen können, die auf Cloud-Servern von US-amerikanischen Betreibern gespeichert sind und zwar unabhängig davon, ob diese in den USA oder einem anderen Land stehen. Gleiches gilt zumindest faktisch auch für den Fall, dass die Cloud-Diensteanbieter zwar ihren Sitz außerhalb der USA haben, aber über Niederlassungen oder Konzerngesellschaften in den USA verfügen.

Derartige Zugriffsbefugnisse besitzen jedoch nicht nur US-amerikanische Behörden, sondern auch deutsche Sicherheitsbehörden, so dass eine Panikmache vor dem USA Patriot Act unangebracht ist.

Unklar ist derzeit noch, ob eine Übermittlung von auf deutschen Cloud-Servern gespeicherten Daten in die USA nach geltendem deutschen Datenschutzrecht zulässig ist. Handelt es sich um Telekommunikationsdaten ist die Übermittlung nach hier vertretener Ansicht datenschutzrechtlich unzulässig. Fallen die zu übermittelnden Daten hingegen „nur" in den Anwendungsbereich des BDSG, ist die Zulässigkeit der Übermittlung nach hier vertretener Ansicht zumindest nicht ausgeschlossen. US-amerikanische Gerichte würden in der Unzulässigkeit der Übermittlung nach deutschem Datenschutzrecht jedoch ohnehin kein zwingendes Hindernis für die Rechtmäßigkeit einer Anordnung nach Sec. 501 FISA oder im Rahmen von National Security Letters sehen [BeNi12].

Unternehmen sollten sich also über den im USA Patriot Act enthaltenen Regelungen durchaus bewusst sein und in ihre Entscheidung mit einbeziehen, ob sie Daten in der Cloud verarbeiten und gegebenenfalls einen Cloud-Diensteanbieter auswählen, der nicht in dessen Anwendungsbereich fällt. Ein zwingendes Hindernis für die Nutzung von Cloud-Diensten ist der USA Patriot Act aber grundsätzlich nicht.

Literatur

[BeNi12]   P. Becker, J. Nikolaeva: Das Dilemma der Cloud-Anbieter zwischen US Patriot Act und BDSG. In: Computer und Recht, Verlag Dr. Otto Schmidt (2012) 170-176.

[BITK10]   BITKOM – Bundesverband Informationswirtschaft, Telekommunikation und neue Medien e.V. (Hrsg.): Cloud Computing - Was Entscheider wissen müssen, Berlin 2010, abrufbar unter: http://www.bitkom.org/files/documents/ BITKOM_Leitfaden_Cloud_Computing-Was_Entscheider_wissen_muessen.pdf.

[Böke12]	A. Böken: Zugriff auf Zuruf – Patriot Act und Cloud Computing. In: iX, Heise Zeitschriften Verlag (2012) 110-113.
[Däub10]	W. Däubler: Kommentierung zu § 4c BDSG. In: W. Däubler, Th. Klebe, P. Wedde, Th. Weichert (Hrsg.): Bundesdatenschutzgesetz, Bund Verlag (2010).
[EcSc11]	J. Eckhardt, P. Schmitz: Datenschutz in der TKG-Novelle. In: Computer und Recht, Verlag Dr. Otto Schmidt (2011) 436-443.
[Fine07]	G. Fine: Statement of Glenn A. Fine, Inspector General, U.S. Department of Justice, before the Senate Committee on the Judiciary concerning "The FBI's Use of National Security Letters and Section 215 Requests for Business Records". In: Hearing before the Committee on the Judiciary, United States Senate, One Hundred Tenth Congress, First Session, U.S. Government Printing Office (2007), Serial No. J-110-19.
[Gabe10]	D. Gabel: Kommentierung zu § 4c BDSG. In: J. Taeger, D. Gabel (Hrsg.): Kommentar zum BDSG, Verlag Recht und Wirtschaft (2010).
[Gieb11]	R. Giebichenstein: Chancen und Risiken beim Einsatz von Cloud Computing in der Rechnungslegung. In: Betriebsberater 2011, Deutscher Fachverlag GmbH (2011) 2218-2224.
[GoSc10]	P. Gola, R. Schomerus: Kommentierung zu § 4c BDSG. In: P. Gola, R. Schomerus (Hrsg.): BDSG, C.H. Beck Verlag (2010).
[Heun11]	S.-E. Heun: Der Referentenentwurf zur TKG-Novelle. In: Computer und Recht, Verlag Dr. Otto Schmidt (2011) 152-163.
[HeWe10]	J. Heidrich, Chr. Wegener: Sichere Datenwolken – Cloud Computing und Datenschutz. In MultiMedia und Recht, C.H. Beck Verlag (2010) 803-807.
[HiSc09]	H. Hijmans, A. Scirocco: Shortcomings in EU Data Protection in the Third and Second Pillars. Can the Lisbon Treaty be expected to help? In: Common Market Law Review (2009) 1485-1525.
[NiHe10]	F. Niemann, Th. Hennrich: Kontrollen in den Wolken? Auftragsdatenverarbeitung in Zeiten des Cloud Computings. In: Computer und Recht, Verlag Dr. Otto Schmidt (2010) 686-692.
[Munz10]	M. Munz: Kommentierung zu § 91 TKG. In: J. Taeger, D. Gabel (Hrsg.): Kommentar zum BDSG, Verlag Recht und Wirtschaft (2010).
[Yost10]	P. Yost: FBI's push to clarify electronic authority raises privacy concerns. In: The Washington Post, 2. August 2010. http://www.washingtonpost.com/wp-dyn/content/article/2010/08/01/AR2010080103261.html.

Usability-Evaluierung der österreichischen Handy-Signatur

Thomas Zefferer · Vesna Krnjic

IAIK – Technische Universität Graz
{thomas.zefferer | vesna.krnjic}@iaik.tugraz.at

Zusammenfassung

Sicherheit ist eine zentrale Anforderung vieler E-Government-Lösungen. Das nötige Maß an Sicherheit wird dabei in der Regel durch den Einsatz von Chipkarten, die an Bürgerinnen und Bürger ausgegeben werden, erfüllt. Diese weisen jedoch eine Reihe von Nachteilen in Bezug auf Benutzerfreundlichkeit auf. Vor allem die Notwendigkeit eines Chipkartenlesegeräts stellte sich in der Vergangenheit oft als Problem heraus. In Österreich wurde aus diesem Grund vor einigen Jahren die Handy-Signatur entwickelt, die eine Alternative zu chipkartenbasierten Ansätzen darstellt. Die Handy-Signatur erlaubt österreichischen Bürgerinnen und Bürgern eine sichere Authentifizierung an E-Government-Anwendungen und die Erstellung qualifizierter elektronischer Signaturen. Eine Erhöhung der Benutzerfreundlichkeit und in weiterer Folge eine Steigerung der Akzeptanz österreichischer E-Government-Lösungen war ein zentrales Motiv für die Entwicklung der Handy-Signatur. Im Rahmen einer Usability-Studie wurde überprüft, ob dieses Ziel erreicht werden konnte. Zwanzig Testpersonen wurden dazu gebeten, einige typische Abläufe sowohl mit der Handy-Signatur, als auch mit chipkartenbasierten Lösungen durchzuführen. Die erhaltenen Ergebnisse zeigen, dass die Handy-Signatur in Bezug auf Benutzerfreundlichkeit und Akzeptanz chipkartenbasierten Ansätzen durchwegs überlegen ist und von einem Großteil der Testpersonen positiv bewertet wurde. Die durchgeführte Usability-Analyse zeigte damit, dass die österreichische Handy-Signatur sowohl gegebene Sicherheitsanforderungen erfüllt, als auch ein entsprechendes Maß an Benutzerfreundlichkeit und Akzeptanz gewährleistet.

1 Einleitung

Sicherheit spielt in E-Government-Anwendungen eine zentrale Rolle. Der Schutz persönlicher Daten, die im Rahmen von E-Government-Verfahren übertragen und verarbeitet werden, muss jederzeit höchste Priorität haben. Zur geeigneten Absicherung von E-Government-Verfahren kommen daher in der Regel erprobte kryptographische Methoden zur Anwendung. Um Bürgerinnen und Bürger geeignet über das Internet authentifizieren zu können – passwortbasierte Verfahren bieten bekanntermaßen im Allgemeinen kein ausreichendes Sicherheitsniveau – kommen häufig Hardware-Token, die die Implementierung von Zwei-Faktor-Authentifizierungen ermöglichen, zum Einsatz. In den meisten europäischen Ländern sind für diesen Zweck Chipkarten das Mittel der Wahl.

Die Integration dieser Hardware-Token in zumeist webbasierte E-Government-Anwendungen stellt Diensteanbieter immer wieder vor Herausforderungen. Vor allem, wenn zusätzliche Anforderungen wie Plattform- oder Browserunabhängigkeit die Implementierungsalternativen einschränken, müssen zur Integration von Hardware-Token in E-Government-Anwendungen mitunter komplexe Lösungswege beschritten werden. In vielen Fällen werden Hardware-

Token über entsprechende Middleware-Lösungen in bestehende E-Government-Verfahren integriert. Dieser Ansatz wird unter anderem in Österreich verfolgt und konnte sich aus rein funktionaler Sicht bereits seit vielen Jahren bewähren.

Die österreichische E-Government-Strategie sieht eine größtmögliche Flexibilität in Bezug auf die zu verwendenden Technologien vor. Als gemeinsame Basis dient die Bürgerkarten-Spezifikation [BÜRG12], die abstrakte Anforderungen an zu verwendende Hardware-Token definiert, jedoch keine Einschränkungen bezüglich derer Umsetzung macht. Durch diese Flexibilität entstand in den letzten Jahren in Österreich ein Ökosystem an unterschiedlichen Lösungen. So können österreichische Bürgerinnen und Bürger neben verschiedenen Chipkarten auch ihre Mobiltelefone verwenden, um sich sicher an E-Government-Anwendungen zu authentifizieren und um qualifizierte elektronische Signaturen gemäß EG-Signaturrichtlinie zu erstellen.

Bei der Entwicklung all dieser Lösungen hatte verständlicherweise die Erfüllung gegebener Sicherheitsanforderungen oberste Priorität. Für den Erfolg und die Akzeptanz von IT-Lösungen im Allgemeinen und E-Government-Lösungen im Speziellen spielt neben der Sicherheit jedoch auch die Benutzerfreundlichkeit eine entscheidende Rolle. Diese wurde in der Vergangenheit jedoch oft nur am Rande beachtet und im Design- und Entwicklungsprozess verschiedenster E-Government-Lösungen nicht geeignet berücksichtigt.

Vor allem die Verwendung von Mobiltelefonen anstelle von Chipkarten als Hardware-Token scheint jedoch ein vielversprechender Schritt in Richtung einer verbesserten Benutzerfreundlichkeit zu sein, entfällt doch bei der Verwendung von Mobiltelefonen doch die Notwendigkeit eines Chipkartenlesegeräts. Eine genaue Untersuchung der Benutzerfreundlichkeit und Akzeptanz der auf Mobiltelefonen beruhenden Lösung im Vergleich zu etablierten chipkartenbasierten Lösungen wurde bisher jedoch in Österreich noch nicht durchgeführt.

Um diese Lücke zu schließen, wurde im Rahmen einer Usability-Analyse die Benutzerfreundlichkeit und Akzeptanz chipkartenbasierter und mobiltelefonbasierter E-Government-Lösungen in Österreich verglichen. Dieser Artikel stellt die evaluierten Komponenten vor, beschreibt Design und Durchführung des zur Evaluierung angewendeten Usability-Tests und diskutiert schließlich im Detail die erhaltenen Resultate.

2 Bürgerkarten-Implementierungen

Die *Bürgerkarte* ist die zentrale Grundlage aller E-Government-Lösungen in Österreich und erfüllt prinzipiell zwei Aufgaben. Mit der Bürgerkarte können sich österreichische Bürgerinnen und Bürger einerseits sicher über das Internet an E-Government-Applikationen authentifizieren und andererseits qualifizierte elektronische Signaturen erstellen. Die Bürgerkarte fungiert damit als sichere Signaturerstellungseinheit und ist in der Lage, sämtliche Anforderungen der Signaturrichtlinie der Europäischen Union für die Erstellung qualifizierter Signaturen [EuPa99] zu erfüllen.

Obwohl der Begriff Bürgerkarte die Verwendung von Chipkarten zu suggerieren scheint, ist das Konzept der österreichischen Bürgerkarte tatsächlich weitgehend technologieneutral und erlaubt grundsätzlich verschiedene Implementierungsvarianten. Aktuell können in Österreich sowohl Chipkarten als auch Mobiltelefone als Bürgerkarte verwendet werden. Die Unterstützung verschiedener Implementierungen ist aus Sicht der Bürgerinnen und Bürger durchaus vorteilhaft, können diese doch die von ihnen präferierte Implementierungsvariante wählen. Aus Sicht von Dienstanbietern kann sich daraus jedoch ein beträchtlicher Mehraufwand ergeben, da mehrere verschiedene Bürgerkarten-Implementierungen (Chipkarten, Mobiltelefone, etc.) unterstützt werden müssen.

Um die Komplexität in Grenzen zu halten, wurde für das österreichische Bürgerkartenkonzept ein middlewarebasierter Ansatz vorgesehen. Zentrales Element der gewählten Architektur ist der sogenannte *Security Layer*, der in [LeHP02] vorgestellt und diskutiert wurde. Der Security Layer ist eine abstrakte XML-basierte Schnittstelle zwischen E-Government-Applikationen und verschiedenen Bürgerkarten-Implementierungen. Applikationen können über diese abstrakte Schnittstelle auf Bürgerkartenfunktionalität (Authentifizierung, Signatur, etc.) zugreifen, ohne über Implementierungsdetails der verwendeten Bürgerkarte Bescheid wissen zu müssen.

Da in der Regel weder Chipkarten noch Mobiltelefone in der Lage sind, eine XML-basierte Schnittstelle zu implementieren, bedarf es einer Middlewarekomponente, die diese Aufgabe übernimmt. Gemäß der Nomenklatur des österreichischen E-Governments wird diese Middlewarekomponente *Bürgerkartenumgebung (BKU)* genannt. Abbildung 1 zeigt das prinzipielle Zusammenspiel von Security Layer und Bürgerkartenumgebung. Durch die offene Spezifikation der Security Layer Schnittstelle gibt es in Österreich aktuell mehrere verschiedene Bürgerkartenumgebungen (d.h. Middleware-Implementierungen) [MOWS12][TrDB12]. Auch hier können Bürgerinnen und Bürger die von ihnen präferierte Lösung wählen. Jene BKUs, deren Benutzerfreundlichkeit in weiterer Folge näher untersucht werden soll, werden in den folgenden Unterabschnitten ausführlicher vorgestellt.

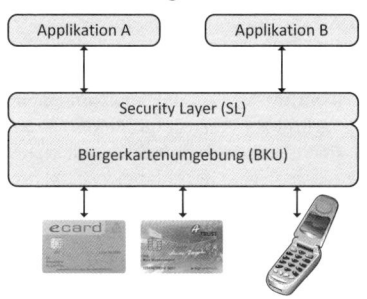

Abb. 1.: Zusammenspiel von Security Layer und Bürgerkartenumgebung

Die Bürgerkartenumgebung implementiert die Security Layer Schnittstelle und fungiert als Middleware zwischen Applikationen und Bürgerkarten-Implementierungen.

2.1 MOCCA Lokal

Die Integration von Chipkarten in (zumeist webbasierte) E-Government-Applikationen ist eine nicht-triviale Aufgabe. Nahezu alle verfügbaren Bürgerkartenumgebungen verfolgen zur Lösung dieses Problems einen sogenannten *lokalen* Ansatz. Bei diesem muss am lokalen System der Bürgerin bzw. des Bürgers eine Software installiert werden, die in der Lage ist, mit der lokal am System der Benutzerin bzw. des Benutzers vorhandenen Chipkarte (z.B. über das PC/SC-Protokoll) zu kommunizieren. Diese Software stellt außerdem das Security Layer Interface über einen lokalen Netzwerk-Port zur Verfügung. Webbasierte E-Government Applikationen können damit auf dieses Interface und in weiterer Folge auf die Bürgerkarte einfach über den Web-Browser der Benutzerin bzw. des Benutzers zugreifen. Abbildung 2 zeigt den prinzipiellen Aufbau von BKUs, die dem lokalen Ansatz folgen.

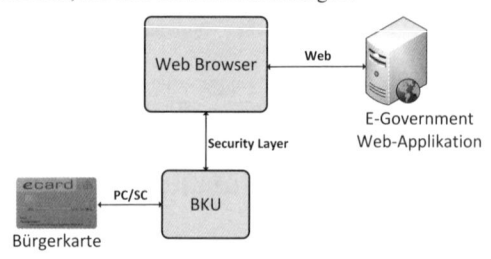

Abb. 2. Der lokale Ansatz beruht auf Software, die am lokalen System installiert werden muss.

Aktuell ist in Österreich eine Reihe von BKUs, die dem lokalen Ansatz folgen, verfügbar (z.B. [TrDB12]). *MOCCA Lokal* [MOWS12] ist jedoch derzeit die einzige Lösung, die als Open Source zur Verfügung steht. MOCCA Lokal wurde im Rahmen des MOCCA Projekts [MOCC12] entwickelt und stellt derzeit eine der meistverwendeten BKUs für den Zugriff auf chipkartenbasierte Bürgerkarten-Implementierungen dar.

2.2 MOCCA Online

Während der im vorherigen Abschnitt beschriebene lokale Ansatz durchaus zuverlässig funktioniert, ergeben sich für diesen diverse Mängel in Bezug auf die Benutzerfreundlichkeit. Vor allem die Notwendigkeit der Installation einer lokalen Softwarekomponente erwies sich in der Praxis in vielen Fällen vor allem für wenig erfahrene Computerbenutzerinnen und Benutzer als problematisch. Um diesem Problem entgegenzuwirken, wurde im Rahmen des oben erwähnten MOCCA-Projekts eine installationsfreie BKU-Alternative namens *MOCCA Online* entwickelt. MOCCA Online wurde in [CeOB10] bereits ausführlich vorgestellt und diskutiert. Der prinzipielle Aufbau von MOCCA Online ist in Abbildung 3 dargestellt. MOCCA Online besteht aus einer zentralen Server-Komponente und einem lokal im Web-Browser der Bürgerin bzw. des Bürgers gestarteten Java Applets. Die zentrale MOCCA-Komponente implementiert das Security Layer Interface. Das am lokalen System laufende Java Applet ist hingegen für den Zugriff auf die Chipkarte am lokalen System verantwortlich. Die beiden Komponenten kommunizieren über ein internes, proprietäres Interface.

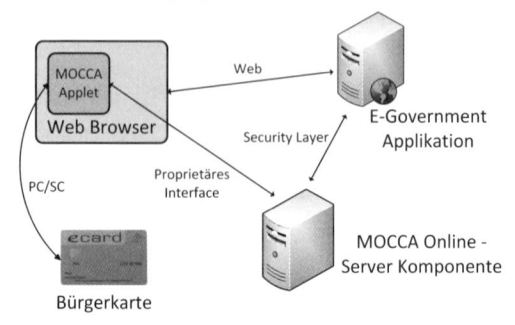

Abb. 3: MOCCA Online

MOCCA Online beruht auf einer verteilten Architektur bestehend aus einer zentralen Server-Komponente und einem lokalen Java Applet. Durch die Auslagerung eines Teils der BKU-Funktionalität auf eine zentrale Komponente und die Verwendung eines Java Applets ist bei diesem Ansatz auf dem lokalen System der Bürgerin bzw. des Bürgers keinerlei Softwareinstallation nötig. Die einzige Anforderung an das lokale System ist eine entsprechend aktuelle Java Laufzeitumgebung zur Ausführung des Java Applets.

2.3 Österreichische Handy-Signatur

Für chipkartenbasierte Bürgerkarten-Implementierungen konnte durch MOCCA Online bereits eine signifikante Verbesserung der Usability erreicht werden. Generell bergen chipkartenbasierte Ansätze jedoch das Problem, dass Bürgerinnen und Bürger über ein entsprechendes Chipkartenlesegerät verfügen müssen. Die Erfahrung zeigte, dass dies in der Praxis oft eine ernstzunehmende Hürde darstellte.

Um dieses Problem zu umgehen, wurde in Österreich die *Handy-Signatur* als Alternative zu chipkartenbasierten Bürgerkarten-Implementierungen entwickelt. Die Handy-Signatur wurde in [OrCK10] vorgestellt und diskutiert. Der prinzipielle Aufbau der Handy-Signatur ist in Abbildung 4 dargestellt. Kernkomponente der Handy-Signatur ist das zentrale Handy-Signatur Service. Dieses stellt ähnlich wie MOCCA Online die Security Layer-Schnittstelle zur Verfügung, über die E-Government-Applikationen Zugriff auf die Bürgerkartenfunktionalität erlangen können. Im Gegensatz zu MOCCA Online werden bei der Handy-Signatur alle Schlüssel und Zertifikate zentral vom Handy-Signatur Service sicher in einem HSM gehalten. Für einen Zugriff auf diese Daten bedarf es einer entsprechenden Autorisierung der Bürgerin bzw. des Bürgers. Dazu muss in einem ersten Schritt ein geheimes Passwort zusammen mit der Mobiltelefonnummer über ein abgesichertes Web-Formular an den Handy-Signatur Service übermittelt werden. Konnte dieses Passwort positiv verifiziert werden, wird ein zeitlich begrenzt gültiges Einmalpasswort (TAN) an das Mobiltelefon der Bürgerin bzw. des Bürgers gesendet. Zur endgültigen Autorisierung des Zugriffs auf die Bürgerkartenfunktionalität muss dieses Einmalpasswort über das Web-Formular ebenfalls an den Handy-Signatur Service übermittelt werden.

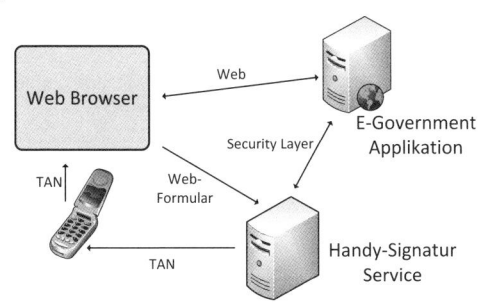

Abb. 4.: Die Handy-Signatur sieht eine zentrale Signaturerstellung in einem serverseitigen HSM vor.

Wie bei chipkartenbasierten Lösungen implementiert auch die Handy-Signatur eine Zwei-Faktor-Authentifizierung. Die Sicherheit dieses Verfahrens ist damit vergleichbar zu jener von chipkartenbasierten Ansätzen. Eine ausführliche Diskussion der Sicherheit der österreichischen Handy-Signatur und ein Vergleich zu anderen mobilen Signaturerstellungsvarianten kann unter anderem in [ZeTL11] nachgelesen werden.

Die Handy-Signatur funktioniert unabhängig von chipkartenbasierten Lösungen. Österreichische Bürgerinnen und Bürger können daher die Handy-Signatur und alternative chipkartenbasierte Lösungen parallel verwenden. Personen, die bereits über eine gültige chipkartenbasierte Bürgerkarte verfügen, können diese zudem verwenden, um die Bürgerkartenfunktionalität auf ihrem Mobiltelefon über ein entsprechendes Web-Portal freischalten zu lassen. Das Aufsuchen einer Registrierungsstelle ist in diesem Fall nicht mehr nötig.

3 Test-Design

Alle drei in Abschnitt 2 vorgestellten Bürgerkarten-Implementierungen (bzw. BKU-Implementierungen) kommen in Österreich regelmäßig zur Anwendung. Während der Fokus im Rahmen der Entwicklung dieser Komponenten hauptsächlich auf Funktionalität und Sicherheit lag, wurde Aspekten der Benutzerfreundlichkeit oft zu wenig Aufmerksamkeit zuteil. Im Rahmen einer umfangreichen Usability-Analyse wurde diesem Umstand Rechnung getragen und die Benutzerfreundlichkeit der in Abschnitt 2 beschriebenen Komponenten (MOCCA Lokal, MOCCA Online, Handy-Signatur) evaluiert. Dazu wurde ein Thinking-Aloud-Test [BoRa99] mit insgesamt zwanzig Testbenutzern durchgeführt. Durch diesen Test sollte vor allem festgestellt werden, ob die Handy-Signatur gegenüber chipkartenbasierten Lösungen aus Sicht von Benutzerinnen und Benutzern signifikante Vorteile aufweist. Das gewählte Test-Design sowie Details zu dessen Umsetzung werden in diesem Abschnitt diskutiert.

3.1 Fragestellungen

Zur Sicherstellung einer strukturierten Vorgehensweise wurden in einem ersten Schritt spezifische Fragestellungen definiert. Ziel der durchgeführten Usability-Analyse war es, geeignete Antworten auf die im Folgenden angeführten Fragestellungen zu finden.

- Wie wird die Benutzerfreundlichkeit der Aktivierung der Handy-Signatur aus Sicht der Benutzerinnen und Benutzer wahrgenommen?
- Wie wird die Benutzerfreundlichkeit der Verwendung der Handy-Signatur aus Sicht der Benutzerinnen und Benutzer wahrgenommen?
- Welche Bürgerkarten-Implementierung wird von Benutzerinnen und Benutzern generell bevorzugt?
- Wie wird die Sicherheit und Vertrauenswürdigkeit der einzelnen Bürgerkarten-Implementierungen durch Benutzerinnen und Benutzer bewertet?

Die durch die durchgeführte Usability-Evaluierung erhaltenen Antworten zu diesen Fragestellungen werden in Abschnitt 4 dieses Artikels ausführlich diskutiert.

3.2 Testmethode und Setup

Die Benutzerfreundlichkeit der evaluierten Komponenten wurde im Rahmen eines Thinking-Aloud-Tests untersucht. Bei einem Thinking-Aloud-Test werden Benutzerinnen und Benutzer gebeten, eine Reihe von praktischen Aufgaben durchzuführen. Die Tätigkeiten der Testpersonen werden dabei beobachtet und mit technischen Hilfsmitteln aufgezeichnet. Dadurch können in einem folgenden Analyseschritt auffällige Verhaltensweisen im Umgang mit den zu evaluierenden Komponenten analysiert und das Verhalten verschiedener Testpersonen verglichen werden.

Im Rahmen des durchgeführten Usability-Tests kam eine spezielle Software zum Einsatz[1]. Diese erlaubte die Aufzeichnung sämtlicher Benutzereingaben und ermöglichte zudem die Aufnahme der von den Testpersonen während des Tests getätigten Äußerungen. Zusätzlich wurde das Gesicht der Testpersonen aufgezeichnet, um etwaige Stimmungsschwankungen über deren Mimik ablesen und analysieren zu können. Die eingesetzte Software ermöglichte eine strukturierte Aufzeichnung und Speicherung der gesammelten Daten und bot zudem Unterstützung bei deren nachfolgenden Auswertung.

Die Aufzeichnung der Benutzerinteraktion ermöglichte eine objektive Analyse verschiedener Aspekte der evaluierten Komponenten. Darüber hinaus war jedoch auch der subjektive Eindruck der Testpersonen, den diese von den untersuchten Komponenten hatten, von Interesse. Um diesen festhalten zu können, wurden alle Testpersonen gebeten, nach Durchführung der einzelnen ihnen gestellten Aufgaben die verwendeten Komponenten über einen Fragebogen zu bewerten. Zusätzlich wurden alle Testpersonen im Rahmen eines abschließenden Interviews gebeten, persönliche Eindrücke und Präferenzen zu artikulieren.

Nach Abschluss des Thinking-Aloud-Tests wurden die gesammelten Daten analysiert und entsprechend statistisch aufbereitet. Dadurch war es schlussendlich möglich, die zu Beginn der Usability-Überprüfung definierten Fragestellungen zu beantworten und somit wertvolle Erkenntnisse in Bezug auf die Benutzerfreundlichkeit der evaluierten Komponenten zu gewinnen.

3.3 Aufgabenstellungen

Um bestmögliche Antworten auf die definierten Fragen zu erhalten, wurden die im Rahmen des Thinking-Aloud-Tests durchzuführenden Aufgaben auf die gegebenen Fragestellungen zugeschnitten. Aus den gegebenen Fragestellungen wurden daher folgende Aufgaben generiert und den Testpersonen zur Ausführung vorgelegt.

- Führen Sie ein gegebenes E-Government-Verfahren unter Verwendung ihrer chipkartenbasierten Bürgerkarte und MOCCA Lokal durch!
- Führen Sie ein gegebenes E-Government-Verfahren unter Verwendung ihrer chipkartenbasierten Bürgerkarte und MOCCA Online durch!
- Aktivieren Sie die Handy-Signatur mit Hilfe Ihrer chipkartenbasierten Bürgerkarte!
- Führen Sie ein gegebenes E-Government-Verfahren unter Verwendung der Handy-Signatur durch!

Um etwaige Verfälschungen der Resultate, die sich durch Lerneffekte hätten ergeben können, zu verhindern, wurden die oben genannten Aufgaben teilweise in unterschiedlicher Reihenfolge ausgeführt. Dadurch konnte die Auswirkung von Lerneffekten größtenteils ausgeglichen und die Gültigkeit und Aussagekraft der erhaltenen Resultate verbessert werden.

---

[1] Für die Durchführung der Tests wurden die Softwareprodukte Morae® Recorder, Morae® Observer und Morae® Manager der Firma TechSmith® verwendet. Weitere Informationen zu diesen Softwarelösungen finden sich unter http://www.techsmith.com/morae.html.

3.4 Testpersonen

Zur Evaluierung der Benutzerfreundlichkeit der verschiedenen österreichischen Bürgerkarten-Implementierungen wurde der Thinking-Aloud-Test mit insgesamt zwanzig Testpersonen durchgeführt. Bei der Auswahl der Testkandidatinnen und Testkandidaten wurde darauf geachtet, die österreichische Bevölkerung möglichst genau abzubilden. Es wurden daher Personen unterschiedlichen Alters und mit verschiedenem Bildungsniveau zur Teilnahme eingeladen. Ebenso wurde darauf geachtet, dass auch technisch wenig versierte Bürgerinnen und Bürger an diesem Usability-Test teilnahmen.

Die folgenden Abbildungen zeigen die Verteilung der an dem Usability-Test teilnehmenden Testpersonen in Bezug auf Alter, Ausbildungsniveau und technischem Vorwissen. Die personenbezogenen Daten wurden für jede Testkandidatin bzw. jeden Testkandidaten vor Durchführung des Tests im Rahmen eines Einführungsgesprächs erhoben. Wie aus den Abbildungen ersichtlich ist, konnte für jede Kategorie eine entsprechend ausgewogene Verteilung erreicht werden.

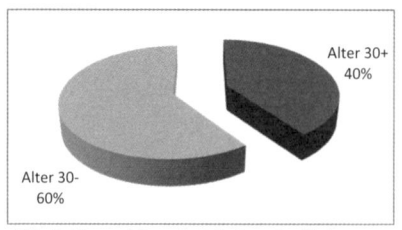

Abb. 5: Altersverteilung der teilnehmenden Testpersonen.

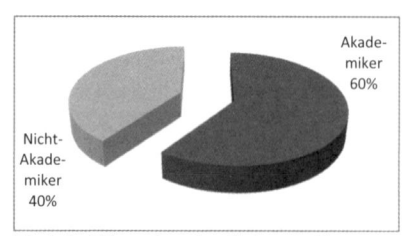

Abb. 6: Ausbildungsniveau der teilnehmenden Testpersonen.

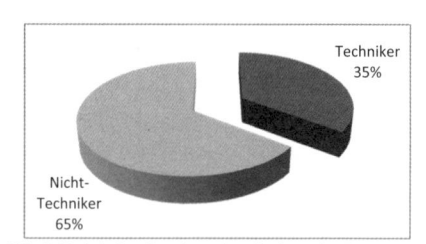

Abb. 7: Technisches Vorwissen der teilnehmenden Testpersonen.

4 Resultate

Ziel des durchgeführten Usability-Tests war die Evaluierung der Benutzerfreundlichkeit und Akzeptanz der österreichischen E-Government-Komponenten MOCCA Lokal, MOCCA Online und Handy-Signatur. Dadurch sollte überprüft werden, ob durch die chipkartenlose mobile Alternative die Akzeptanz von E-Government-Applikationen generell entscheidend erhöht werden kann. In diesem Abschnitt werden die erhaltenen Resultate des durchgeführten Usability-Tests präsentiert und diskutiert. Die folgenden vier Unterabschnitte geben dabei Antworten auf die vier zu Beginn des Usability-Tests festgelegten Fragestellungen.

4.1 Aktivierung der Handy-Signatur

Bevor die österreichische Handy-Signatur als Alternative zu chipkartenbasierten Lösungen verwendet werden kann, verwendet werden kann, muss diese für das Mobiltelefon der Bürgerin bzw. des Bürgers aktiviert werden. Die Aktivierung kann in eigens dafür vorgesehenen Registrierungsstellen oder unter Verwendung einer chipkartenbasierten Bürgerkarte von der Bürgerin bzw. dem Bürger selbst vorgenommen werden. Die Benutzerfreundlichkeit letzterer Variante wurde im Rahmen des Usability-Tests überprüft.

Abb. 8Abbildung 8 zeigt, dass die Aktivierung der Handy-Signatur von den Testpersonen durchwegs positiv bewertet wurde. Der Aktivierungsvorgang konnte in allen abgefragten Kategorien gute bis sehr gute Ergebnisse erreichen. Insgesamt kann festgehalten werden, dass die Aktivierung der Handy-Signatur von beinahe allen Testpersonen selbstständig und problemlos durchgeführt werden konnte und diesbezüglich keine groben Mängel festgestellt werden konnten.

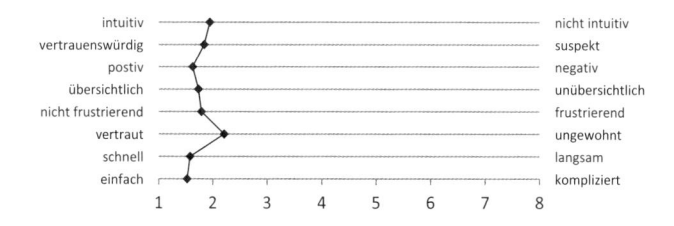

Abb. 8: Die Aktivierung der Handy-Signatur wurde von allen Testpersonen positiv bewertet.

4.2 Verwendung der Handy-Signatur

Die wohl interessanteste Frage, die im Rahmen des Usability-Tests untersucht wurde, betraf die Verwendung der Handy-Signatur und deren Abschneiden im Vergleich zu chipkartenbasierten Bürgerkarten-Implementierungen. Die Testpersonen wurden aufgefordert, ein typisches E-Government-Verfahren sowohl mit einer chipkartenbasierten Bürgerkarte (unter Verwendung von MOCCA Lokal und MOCCA Online), als auch mit der Handy-Signatur durchzuführen und danach verschiedene Aspekte der Benutzerfreundlichkeit zu bewerten. Abbildung 9 zeigt die erhaltenen Resultate.

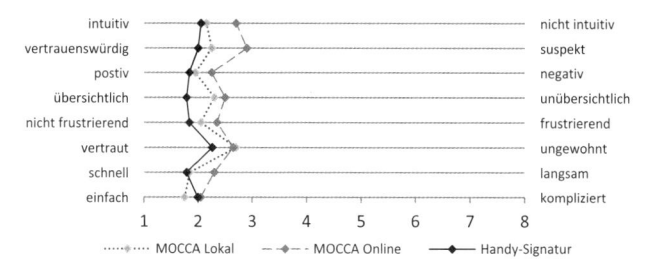

Abb. 9: Bewertung der Benutzerfreundlichkeit der Handy-Signatur

Die Handy-Signatur wurde im Vergleich zu chipkartenbasierten Lösungen in fast allen Kategorien positiver bewertet. Diese Beobachtung gilt unabhängig von der verwendeten Bürgerkartenumgebung bei der Verwendung von Chipkarten. Einzig in der Kategorie Einfachheit konnte sich MOCCA Lokal knapp gegenüber der Handy-Signatur durchsetzen.

4.3 Bevorzugte Implementierung

Nach Abschluss der Tests wurden alle Testpersonen gefragt, welche Bürgerkarten-Implementierung (Chipkarte oder Handy-Signatur) bzw. welche BKU (MOCCA Lokal, MOCCA Online, etc.) sie im Rahmen einer zukünftigen privaten Nutzung der Bürgerkarte bevorzugen würden. Auch hier ging die Handy-Signatur als klarer Sieger hervor. Abbildung 10 illustriert die erhaltenen Resultate im Detail.

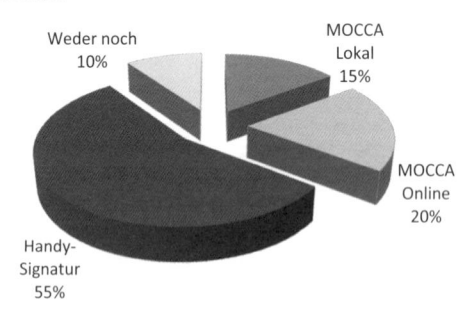

Abb. 10: Mehr als die Hälfte aller Testpersonen würde die Handy-Signatur bevorzugen.

Wie erwartet erreichte MOCCA Online etwas besserer Werte als MOCCA Lokal. Hier wurde von den Testpersonen unter anderem der Umstand gewürdigt, dass MOCCA Online im Gegensatz zu MOCCA Lokal keiner Softwareinstallation bedarf. Sowohl MOCCA Online als auch MOCCA Lokal liegen jedoch deutlich hinter der Handy-Signatur zurück, die insgesamt 55% der Testbenutzerinnen und Benutzer überzeugen konnte.

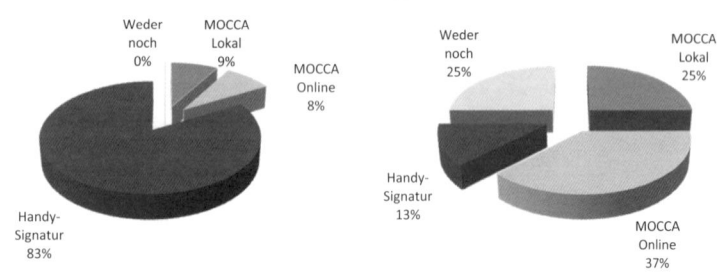

Abb. 11: Linkes Diagramm: Bei unter 30-jährigen Testpersonen konnte sich die Handy-Signatur klar durchsetzen. Rechtes Diagramm: Bei älteren Testpersonen wurden chipkartenbasierte Lösungen klar bevorzugt (rechts).

Eine getrennte Betrachtung der Resultate älterer und jüngerer Testpersonen führte zu überraschend deutlichen Ergebnissen. Abbildung 11 zeigt, dass die Handy-Signatur offenbar vor allem bei Benutzerinnen und Benutzern, die jünger als 30 Jahre sind, außerordentlich beliebt ist. Bei älteren Testpersonen konnten sich in dieser Frage hingegen chipkartenbasierte Ansätze (MOCCA Lokal und MOCCA Online) durchsetzen. Auch in dieser Gruppe behielt MOCCA Online klar die Oberhand gegenüber MOCCA Lokal.

4.4 Sicherheit und Vertrauenswürdigkeit

Aus Sicht von Dienstanbietern und Applikationsbetreibern ist auch das Maß an Sicherheit und Vertrauenswürdigkeit, das Benutzerinnen und Benutzer den verwendeten Lösungen attestieren, von Interesse. Alle Testpersonen wurden daher nach Absolvierung der ihnen gestellten Aufgaben gefragt, ob sie die verwendeten Bürgerkarten-Implementierungen und Softwarekomponenten als sicher und vertrauenswürdig einstufen würden.

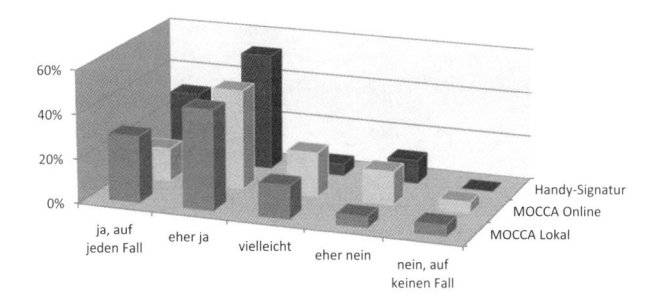

Abb. 12: Einschätzung der Vertrauenswürdigkeit von BKUs

Die in Abbildung 12 dargestellten Ergebnisse zeigen, dass generell allen evaluierten Implementierungen ein entsprechendes Maß an Sicherheit und Vertrauenswürdigkeit attestiert wurde. Die Testbenutzerinnen und Testbenutzer hatten das Gefühl, dass alle Versionen der Bürgerkartenumgebungen eher vertrauenswürdig sind. Auch bei dieser Frage konnte sich die Handy-Signatur schlussendlich gegenüber chipkartenbasierten Lösungen durchsetzen. Die Unterschiede waren hier jedoch nicht so signifikant wie bei den zuvor diskutierten Fragestellungen.

5 Fazit

Seit der Vorstellung des Konzepts der Bürgerkarte in Österreich wurden beträchtliche Ressourcen in die Entwicklung entsprechender Implementierungen investiert. Erste Varianten lokaler Bürgerkartenumgebungen für chipkartenbasierte Bürgerkarten-Implementierungen konnten funktionale Anforderungen erfüllen, waren jedoch oft nicht in der Lage, ein geeignetes Maß an Benutzerfreundlichkeit zu bieten. Die nachfolgende Entwicklung von MOCCA Online konnte einige dieser Nachteile beseitigen, beruhte jedoch ebenfalls noch auf der Chipkartentechnologie. Die österreichische Handy-Signatur repräsentiert die aktuelle Stufe der Entwicklung, in der erstmals eine vollständige Alternative zu chipkartenbasierten Lösungen geboten wird.

Die durchgeführte Usability-Analyse zeigte, dass der eingeschlagene Weg stimmt. In den meisten evaluierten Punkten konnte sich MOCCA Online gegenüber der lokalen BKU-Implementierung durchsetzen. Die Abkehr vom lokalen Ansatz und die Entwicklung einer installationsfreien BKU-Alternative für chipkartenbasierte Bürgerkarten-Implementierungen kann im Nachhinein daher als richtige Entscheidung bewertet werden.

Noch deutlicher fiel das Ergebnis der Evaluierung der Benutzerfreundlichkeit in Bezug auf die Handy-Signatur aus. Diese konnte in allen untersuchten Punkten die ebenfalls evaluierten chipkartenbasierten Lösungen klar übertreffen. Sowohl in puncto Benutzerfreundlichkeit, als auch in Bezug auf die Akzeptanz ging die Handy-Signatur jeweils als klarer Sieger hervor. Die Entscheidung, eine mobile Alternative zu chipkartenbasierten Bürgerkarten-Implementierungen zu entwickeln, stellte sich damit im Nachhinein als richtig heraus.

Die erhaltenen Resultate der durchgeführten Usability-Analyse decken sich größtenteils mit den Erfahrungen des Alltags. Diese zeigen, dass die Handy-Signatur in der österreichischen Bevölkerung im Vergleich zu chipkartenbasierten Lösungen eine breitere Akzeptanz findet. Die österreichische Handy-Signatur scheint damit in der Lage zu sein, den Spagat zwischen strikten Sicherheitsanforderungen und einem adäquaten Level an Benutzerfreundlichkeit zur Zufriedenheit der österreichischen Bevölkerung zu meistern.

Literatur

[EuPa99] Directive 1999/93/EC of the European Parliament and of the Council of 13 December 1999 on a Community framework for electronic signatures. Official Journal of the European Communities L 013, (2000) 12-20.

[LeHP02] Leitold, H., Hollosi, A., Posch, R.: Security Architecture of the Austrian Citizen Card Concept. Proceedings of the 18th Annual Computer Security Applications Con ference, Washington, DC, USA, IEEE Computer Society, (2002) 391–400.

[CeOB10] Centner, M., Orthacker C., Bauer, W.: Minimal-Footprint Middleware for the Creation of Qualified Signatures. Proceedings of the 6th International Conference on Web Information Systems and Technologies, Portugal, (2010) 64–69.

[MOCC12] Modular Open Citizen Card Architecture, http://mocca.egovlabs.gv.at/, (2012).

[BoRa99] M. Ted Boren, J. Ramey: Thinking Aloud: Reconciling Theory and Practice. In: IEEE Transactions on Professional Communication Vol. 43, No. 3 (2000) 261-278.

[BÜRG12] Bürgerkarte – Spezifikationen, (2012). http://alt.buergerkarte.at/de/spezifikation/index.html,

[MOWS12] Bürgerkartenumgebung MOCCA Webstart, (2012). http://webstart.buergerkarte.at/mocca

[TrDB12] ITSolution: trustDesk basic, (2012). http://www.itsolution.at/trustDesk-basic.html,

[OrCK10] Orthacker, C., Centner, M., Kittl, C.: Qualified Mobile Server Signature. Proceedings of the 25th TC 11 International Information Security Conference, SEC 2010, (2010).

[ZeTL11] Zefferer, T. Teufl, P., Leitold, H.: Mobile qualifizierte Signaturen in Europa. Datenschutz und Datensicherheit 11|2011, (2011).

Erhöhung der IT-Sicherheit durch Konfigurationsunterstützung bei der Virtualisierung

Kai-Oliver Detken[1] · Evren Eren[2] · Marion Steiner[3]

[1]DECOIT GmbH
detken@decoit.de

[2]Fachhochschule Dortmund
evren.eren@fh-dortmund.de

[3]IT-Security@Work GmbH
marion.steiner@isw-online.de

Zusammenfassung

IT-Infrastrukturen können mittlerweile auch schon in kleinen und mittelgroßen Unternehmen (KMU) komplex werden. Neben verschiedenen Typen von Rechnern, Peripherie und funktionalen Netzwerkkomponenten wächst die Komplexität durch unterschiedliche Sicherheitskomponenten an verschiedenen Punkten im Netzwerk. Die Auswirkungen von Änderungen an solchen Infrastrukturen sind oft erst im Echtbetrieb zu erkennen, und der Einsatz neuer Sicherheitskomponenten erfordert oft die Integration neuer Hardware und den Umbau der Netztopologie. Darüber hinaus ist das Absichern von Einzelkomponenten, insbesondere im Verbund mit anderen Komponenten, für die Integration in der Unternehmenstopologie nach BSI IT-Grundschutz sowie ISO 27001, nach denen ein ISMS (Informations-Sicherheits-Management-System) aufgebaut und betrieben werden kann, kein einfaches Unterfangen. Da immer mehr KMU ein profundes IT-Risikomanagement vorweisen müssen, muss nachweisbar sein, dass die IT-Infrastruktur über ausreichende Schutzmechanismen verfügt. Vor diesem Hintergrund muss für KMU der Umgang mit IT-Infrastrukturen vereinfacht werden, da diese wenig Personalressourcen und Know-how für das operative IT-Management vorhalten können. Um eine höhere Autonomie in der Konfiguration sowie im Betrieb ihrer IT-Infrastruktur zu erhalten, sind modulare, erprobte Lösungen und Systeme essentiell. Mittlerweile wird und wird die höhere Flexibilität durch Virtualisierung von Rechnern und Diensten erreicht. Jedoch existieren keine Lösungen, die auch Teile oder ganze Netztopologien und Infrastrukturen für Unternehmen virtualisiert abbilden. Dies will das vom BMBF geförderte Forschungsprojekt VISA ändern.

1 Einleitung

Die Virtualisierung von Betriebssystemen hat sich etabliert und hat den wesentlichen Vorteil, dass prototypische Implementierungen und Tests von Soft- und Hardware viel schneller und kostengünstiger realisiert werden können. Dies beinhaltet ebenfalls die Kontrolle und Überwachung einzelner Komponenten, wie auch eine dynamische Veränderung der Netzwerktopologie im laufenden Betrieb. Darüber hinaus ermöglichen Virtualisierungstools wie VMWare, Xen Source und KVM (Kernel Based Virtual Machine) die Simulation/Emulation von IT-Komponenten und sogar komplexen IT-Infrastrukturen (Subnetze, Router, Switches, Firewalls, DMZ etc.). Mittlerweile ist sogar die Emulation von Kabeln beispielsweise mittels VDE (Virtual Distributed Ethernet) und OpenVSwitch möglich [EREN10]. Diese Technologien und Lösungen lassen sich im Prinzip zur Konzeption und Provisionierung von IT-Sicherheitsarchitekturen und Infrastrukturen nutzen, denn einzelne virtualisierte Sicherheitskomponenten wie Firewalls, Authentisierungsserver, Intrusion Detection/Prevention etc. könnten mittels KVM, VDE und OpenVSwitch flexibel und modular zu komplexen und autarken Systemen zusammengefasst werden.

Damit können nicht nur sog. Virtual Security Appliances (VSA) erstellt, sondern auch die gesamte IT-Infrastruktur eines Unternehmens abgebildet werden, in der dann sehr flexibel und realitätsnah gearbeitet, getestet und optimiert werden kann. Dies war bislang nicht möglich, da bislang nur Virtual Appliances (VA) bzw. Virtual Machines (VM) existieren, die punktuell spezifische Anwendungen oder Dienste bereitstellen. Eine Kombination von verschiedenen Sicherheitsfunktionen und Diensten wird hierbei jedoch nicht angeboten.

2 Virtualisierungstechniken

Der Begriff *Virtualisierung* muss differenziert betrachtet werden, da er in verschiedenen Kontexten benutzt wird. Es ist essentiell, die unterschiedlichen Konzepte sowie Verfahren klar voneinander zu trennen. Die diversen Virtualisierungstechniken haben aber eines gemein: Sie trennen die Abhängigkeit zwischen Soft- und Hardware. Die Erschaffung dieser Abstraktion führt dazu, dass vorhandene IT-Ressourcen flexibel genutzt werden können und eine höhere Auslastung erzielt werden kann.

Die im Kontext wichtigste Technik ist die *Server-Virtualisierung*. Sie bezeichnet Software- oder Hardware-Techniken, die dazu dienen, mehrere Instanzen eines oder verschiedener Betriebssysteme auf einem einzigen Rechner gleichzeitig nebeneinander zu betreiben. Die einzelnen Instanzen werden als virtuelle Maschinen (VM) oder Gast bezeichnet und verhalten sich in der virtuellen Umgebung identisch zum „normalen" Betrieb direkt auf der Hardware. Der Gast wird aus Sicht des Basis-Betriebssystems (Host oder Wirt) von der Hardware abgekoppelt und kann somit wie ein Softwareobjekt flexibel und unabhängig von der darunterliegenden Hardware behandelt werden. Produkte zur Server-Virtualisierung sind primär auf Skalierbarkeit, Geschwindigkeit und Flexibilität ausgelegt. Die meisten Serversysteme kommen ohne graphische Desktopumgebungen aus und werden meist über Systemkonsolen administriert. Die Virtualisierungskomponente übernimmt die Aufgabe, die Ressourcen des Hostsystems in einzelne VMs aufzuteilen, so dass diese nicht das Gesamtsystem, sondern nur einen Ausschnitt als ihre eigene Umgebung wahrnehmen. Sie stellt weiterhin sicher, dass die virtuellen Maschinen voneinander isoliert und unabhängig auf dem Hostsystem laufen.

Das Verfahren der *Hardware-basierten Virtualisierung* kombiniert Techniken der Voll- und Para-Virtualisierung, wobei die Virtualisierungsfunktionalität in die Prozessorhardware integriert wird. Man bezeichnet es auch als Hardware Virtual Machine (HVM) und native Virtualisierung. Ziel der Hardware-basierten Virtualisierung ist es, die Vorteile der Vollvirtualisierung zu erreichen und gleichzeitig deren Performance-Nachteile zu eliminieren. Durch die immer stärkere Verbreitung der x86-Architektur in den vergangenen zwanzig Jahren traten die Schwächen in Bezug auf Virtualisierbarkeit in den Vordergrund. Der allgemeine Trend zur Virtualisierung brachte die Hardwarehersteller dazu, ihre neuen x86-Prozessoren um Virtualisierungsfunktionen zu erweitern. Die Grundfunktionalität dieser Erweiterungen besteht darin, zu erkennen, wann kritische Operationen von virtuellen Maschinen ausgeführt werden und diese gesondert zu behandeln. Diese modernen Prozessoren unterstützen die Interaktion zwischen den virtuellen Maschinen und dem *Hypervisor*. Die ersten Prozessoren mit Virtualisierungserweiterungen kamen im Jahr 2005 auf den Markt (Intel VT, AMD-V). Die Implementierungsansätze sind prinzipiell ähnlich, doch sie sind nicht zueinander kompatibel. Virtualisierungssoftware muss eine getrennte Unterstützung sowohl für Intel VT als auch für AMD-V anbieten [HIRS06].

Das Verfahren der Hardware-basierten Virtualisierung unterscheidet sich prinzipiell nicht von dem der *Vollvirtualisierung*. Ein entscheidender Unterschied liegt allerdings darin, dass das Privilegien-System der neuen Prozessoren erweitert wurde, die Gastsysteme müssen nicht mehr in nicht-privilegierten Ringen betrieben werden, sondern deren Kernel kann direkt in Ring 0 gestartet werden. Die Gastsysteme können somit unangepasst bleiben, da sie sich in ihrer gewohnten Umgebung befinden. Virtualisierungslösungen, die das Verfahren der Hardware-basierten Virtualisierung einsetzen, sind beispielsweise Xen oder KVM [DETK11].

Der *Hypervisor* ist nach wie vor für die Verwaltung und Kontrolle der virtuellen Maschinen zuständig, verhält sich aber im Gegensatz zur Vollvirtualisierung rein passiv. Durch die neuen zur Verfügung stehenden Befehlssätze können privilegierte Instruktionen regulär und somit sicher ablaufen. Ein Kontextwechsel zum Hypervisor ist nicht jedes Mal notwendig. Der Virtualisierungsprozess wird nicht gestört und der Virtualisierungsoverhead wird sehr stark reduziert. Bei dem Verfahren der hardware-basierten Virtualisierung laufen virtuelle Maschinen auf Grund der erwähnten Vorteile des Verfahrens äußerst leistungsstark [FISC09].

3 Ist-Zustand in KMU

An dieser Stelle soll einmal am Beispiel eines mittelständischen Unternehmens die Komplexität eines Netzes als Diskussionsbasis dargestellt werden. IT-Infrastrukturen in dieser Umgebung können bereits durchaus komplex werden. In der Regel sind, neben einem größeren Netzwerk, welches ebenfalls meistens auf Ethernet und Wireless LAN (WLAN) basiert, diverse Server und Clients im Einsatz. In Einzelfällen ist es trotzdem möglich, dass es keine zentrale Datenspeicherung gibt und damit auch das entsprechende Backup fehlt. Eine UTM-Appliance (Unified Threat Management) ist als Firewall die Regel, ein reiner Proxy-Server eher die Ausnahme. Auf der Appliance werden verschiedene Sicherheitsanwendungen parallel genutzt. In seltenen Fällen wird eine zweite UTM-Appliance vorgehalten, die eine Redundanz oder Load Balancing anbietet. Das WLAN-Netz ist relativ einfach abgesichert und meistens nicht zentral zu verwalten (kein WLAN-Controller). Ein Sicherheitskonzept besteht in den meisten Fällen nicht, da das grundsätzliche Funktionieren der IT einen höheren Stellenwert einnimmt. Das Ethernet-Netzwerk ist ohne Zusatzfunktionen ausgestattet. Obwohl die Switches Monitoring-fähig sind, ist kein Überwachungssystem im Einsatz.

Bei etwas fortgeschrittenen Anwendern sind grundlegende Sicherheitskonzepte vorhanden. Beispielsweise findet man eine Anordnung von zwei Firewalls oder UTM nach BSI-Grundschutz zur Abschottung verschiedener Netzwerksegmente und zum Routing des Netzwerkverkehrs auf wohl definierten und unter Sicherheitsaspekten optimierten Wegen. In der DMZ werden verschiedene Dienste angeboten. E-Mails werden nicht mehr direkt vom Webserver des Providers bezogen, sondern durch den internen eigenen E-Mail- oder Groupware-

Server abgerufen. Intern sind Verzeichnisdienst- und Applikations-Server (wie etwa ERP oder Dokumenten-Management-Systeme) im Einsatz. Weiterhin gibt es eine Vielzahl von Druckern, die mit dem Netzwerk verbunden sind.

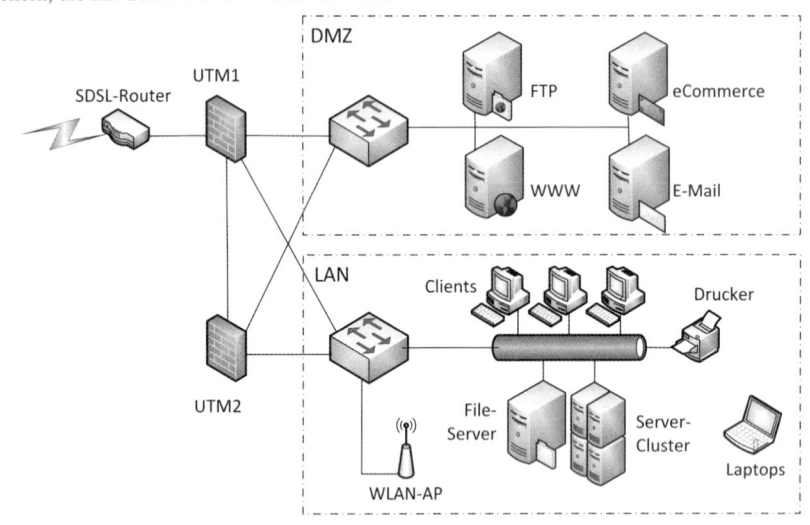

Abb. 1: IT-Infrastrukturbeispiel eines mittelständischen Unternehmens

In gehobenen Mittelstandsszenarien wird die Hardware bereits als Cluster mit einer NAS[1]- oder SAN[2]-Anbindung oder ohne Storage-Lösung umgesetzt. Die Virtuellen Maschinen (VM) können dabei redundant installiert werden. Während im NAS-Konzept die Redundanz nur durch Neustart des Service auf einem anderen VM-Server stattfindet, was auch den Verlust von Daten und Konfigurationen nach sich ziehen kann, ist beim SAN-Konzept ein Umziehen der VMs im Echtbetrieb möglich. Es werden auf logischer Ebene mehrere Server als VMs eingesetzt. Diese werden auch für den Produktivbetrieb genutzt und nicht nur zu Testzwecken.

Bei den mittelständischen Betrieben ist bereits eine kleine IT-Mannschaft im Einsatz, die sich mit allen anfallenden Arbeiten beschäftigt, die im Tagesgeschäft relevant werden könnten. Die Themenspanne reicht hier von Client-Installationen bis zu Netzwerk-Konfigurationen, Serversysteminstallation und -konfiguration, Telefonanlage bis hin zum Support diverser eingesetzter IT-Anwendungen wie z.B. ERP-/FiBu-Systeme. Dafür ist ein rudimentäres Fachwissen vorhanden, was selten in die Tiefe geht und auch nicht ausgebaut wird, da IT-Mitarbeiter im Unternehmen relativ abgeschottet arbeiten. Dadurch werden neue Markttrends nicht erkannt oder verpasst. Aus diesem Grund sind auch Überforderungen vorprogrammiert, wenn z.B. die Geschäftsleitung die Anbindung neuer Smartphones schnellstens fordert, weil diese in anderen Unternehmen bereits erfolgreich eingesetzt werden. Aufgefangen wird dies

---

[1] Network Attached Storage: Speicherlösungen für kleinere und mittlere Umgebungen.
[2] Storage Area Network: Speicherlösung mit hoher Performance für mittlere und große Umgebungen.

meistens durch externe IT-Dienstleister, die ggf. auch Projekte in Eigenverantwortung umsetzen.

Die IT-Sicherheit kommt in den KMU-Szenarien zu kurz oder wird nur rudimentär behandelt, da auch hier meist kein ausreichendes Know-how besteht und zusätzlich die IT-Mannschaft hierfür keine Ressourcen besitzt. Auch ein IT-Sicherheitsbeauftragter ist meist nicht bestellt oder aber er hat wenig Einfluss auf die konkreten Konfigurationen. Dies wäre aber aus Know-how-Gründen bereits schwierig, da dieser mehr auf konzeptioneller Basis arbeitet. Es wird gerne auf diverse Default-Einstellungen der Hersteller zurückgegriffen (inkl. Beispielpasswörter), um entsprechende Zeit im Tagesgeschäft zu gewinnen. Meistens bleiben die konfigurierten Provisorien nach der Einführung bestehen und werden nicht mehr verändert. WLANs werden oftmals unzureichend abgesichert eingesetzt. Subnetze mit ACLs und VLANs lassen sich zwar zur zusätzlichen Sicherheit auf Netzwerkebene einrichten, sind aber oftmals nicht im Einsatz. Oftmals nimmt die IT-Infrastruktur auch nur eine Nebenrolle ein, so dass auch das entsprechende Budget für Anschaffungen fehlt.

Neben dem fehlenden Bewusstsein für die IT-Sicherheit werden oft auch Compliance-Anforderungen, also die Berücksichtigung gesetzlicher Vorgaben, nicht betrachtet. Sie sind entweder gar nicht bekannt, es gibt keine klaren Richtlinien zur Umsetzung oder sie werden nicht ernst genommen. Dies liegt daran, weil Betriebswünsche nicht hinterfragt bzw. gegen andere Interessen und Anforderungen abgewogen oder die Vorgaben als nicht umsetzbar und behindernd eingestuft werden. Typische Beispiele hierfür sind neben ungeeignet vergebenen Systemberechtigungen beispielsweise auch System- oder Anwendungsprotokolle, die häufig den Datenschutz-Anforderungen widersprechen, das Testen mit Echtdaten oder sogar auf Produktivsystemen, weil keine geeignete Testlandschaft existiert.

Die Umsetzung von Standards hilft, IT-Sicherheits- und Compliance-Vorgaben zu erfüllen und Diskussionen um die Angemessenheit einer Umsetzung zu reduzieren. Fehlende Standards führen daher zu Risiken im Unternehmen. Durch diese Risiken können Imageverluste entstehen, es drohen empfindliche Geldstrafen oder sogar der Wegfall der Geschäftsgrundlage. Ursache sind häufig verschiedene IT-Sicherheitsrisiken, durch die das Unternehmen auch auf der IT-Ebene relativ einfach verwundbar ist.

Dabei ist ein Rückgriff auf bewährte Vorgehensweisen aus IT-Sicherheitsstandards sinnvoll. Standards helfen dabei nicht nur, die sicherheitsrelevanten Prozesse zu erkennen und einzuführen, sondern auch die Sicherheitsaspekte in den „normalen" IT-Prozessen zu berücksichtigen und sie zum Vorteil des Unternehmens und des Kunden zu bringen. Sie helfen bei der Entwicklung auf Management-Ebene bis hin zur technischen Implementierung durch die Bereitstellung von Methoden und Maßnahmen. Dabei werden Abläufe und Prozesse des Unternehmens transparent und damit das Gesamtrisiko reduziert.

Wesentliche Ziele beim Einsatz von IT-Standards sind unter anderem:

a. **Kostensenkung:** durch Nutzung bewährter Vorgehensmodelle, methodische Vereinheitlichung und Nachvollziehbarkeit.

b. **Wettbewerbsvorteile:** Nachweisbare Sicherheit durch Zertifizierungen und Verbesserung des Unternehmensimage.

c. **Angemessenes Sicherheitsniveau:** Orientierung am Stand der Technik, Aktualität sowie ständige Verbesserung des Sicherheitsniveaus bei Beachtung des Gleichgewichts zwischen Kosten und Nutzen.

Das im Folgenden beschriebene VISA-Projekt hat das Ziel, IT-Infrastrukturen zu vereinfachen und flexibler zu gestalten, unter Berücksichtigung der Compliance-Anforderungen.

4 Das VISA-Projekt

Durch die starke Heterogenität von IT-Infrastrukturen, der relativ begrenzten Ressourcen sowie relativ geringem Know-how muss in Zukunft die Zielgruppe KMU bessere und geeignete Methoden zur flexiblen Konfektionierung, Erprobung und Optimierung ihrer IT-Infrastrukturen bekommen. Dies ist insbesondere für die IT-Sicherheit wichtig. Der Markt für Virtualisierung und IT-Sicherheit adressiert jedoch diese Zielgruppe bis dato zu wenig, so dass meistens keine bedarfsgerechten und dem Budget angepassten Lösungen vorhanden sind. Um eine höhere Autonomie in der Konfiguration sowie im Betrieb ihrer IT-Infrastruktur zu erhalten, sind modulare und erprobte Lösungen und Systeme essentiell. Dies will das VISA-Projekt (http://www.visa-project.de) durch die Entwicklung von sog. Virtual Security Appliances (VSA) sowie Methoden und Tools zur Netzmodellierung und -simulation adressieren.

Nicht nur vor dem Hintergrund der Flexibilität, sondern auch aus Kostengründen (Investition in Hard- und Software) sind VSA auf Basis von Open-Source-Bausteinen (sowohl die Anwendungen als auch die Betriebssysteme) von Bedeutung. Außerdem würde der Einsatz in Unternehmen kein größeres Know-how erfordern, da erprobte State-of-the-Art-Technologien als integrierbare Lösung in die Unternehmens-IT eingebunden werden können. Diese können ein anerkanntes Maß an Sicherheitsmaßnahmen und Standard-Compliance-Anforderungen bereits automatisch umsetzen. Ein weiterer essentieller Aspekt ist die bessere Nachweisbarkeit der Erfüllung von Anforderungen im Sinne von Compliance. Der Aufwand zur Überprüfung von Sicherheitskomponenten bzw. der gesamten IT-Sicherheitsinfrastruktur wird erheblich reduziert, da eine angemessene Dokumentation der Systeme, Security Assessments und Compliance-Tests für VSAs bereits vorliegen können. Trotz steigender Komplexität wird die Überprüfung der Konformität vereinfacht.

Es ist daher das Ziel des Projektes VISA, durch Nutzung von Virtualisierungstechnologien das Management von IT-Infrastrukturen, insbesondere der Sicherheitskomponenten, zu erleichtern und zu unterstützen. Diese Unterstützung basiert auf drei Kernmerkmalen:

a. Simulation und Evaluierung der gesamten IT-Infrastruktur in virtuellen Umgebungen,
b. Realisierung von Sicherheitsanwendungen als virtuelle Komponenten, sog. Virtual Security Appliances (VSA),
c. Vereinfachung und Nachweisbarkeit der Einhaltung von IT-Standards, IT-Security- und Compliance Anforderungen durch geeignet entwickelte VSAs als fertig verwendbare IT-Bausteine.

Durch das VISA-Rahmenwerk wird der passgenaue und vereinfachte Einsatz von Sicherheitsanwendungen auf Basis von VSAs ermöglicht. Durch die umfassende Emulation der IT-Infrastrukturen können die betriebsrelevanten Parameter und die Integrationspunkte der VSA bereits in der virtuellen Umgebung identifiziert und der Einsatz erprobt werden.

Dadurch ergibt sich ein deutliches Verbesserungspotenzial, um eine hochverfügbare und sichere IT-Infrastruktur für KMU zu schaffen:

1. Die Infrastruktur kann logisch entzerrt werden, und Anwendungen dort im Netzwerk betrieben werden, wo es aus Security-Sicht angemessen ist.

2. Die gesamte Infrastruktur (Server, Firewall, Router, VPN etc.) wird virtuell konzipiert und kann nach erfolgreichen Tests als Live-System direkt übernommen werden. Der Vorteil liegt in diesem Szenario darin, dass logisch eine komplette Infrastruktur vorgehalten wird.
3. Die Virtualisierung kann gleichzeitig zur Hardware-Konsolidierung genutzt werden, und dadurch einen wesentlichen Beitrag zur Kostenreduktion leisten (Hardware-Bedarf, Strom- und Kühlkosten). Durch die Konsolidierung (Hardware im Allgemein und Security) reduziert sich die Komplexität der gesamten IT-Landschaft nachhaltig, was zur Eingrenzung von Know-how-Bedarf, zur Erhöhung der IT-Sicherheit und ebenfalls zur Reduktion der Kosten beitragen würde.
4. Die komplette IT-Infrastruktur könnte komplett virtuell vorgehalten werden. Dadurch lassen sich auch Redundanzen (wie Firewall oder Router) einfacher aufbauen, um neben der IT-Sicherheit auch die Verfügbarkeit zu gewährleisten.
5. Hiermit steigt auch die Möglichkeit für KMU, die bislang die Aufwände für Zertifizierungen oder ein nachweisbares Sicherheitsniveau nicht leisten konnten, dies zu tun, und sich damit neue Märkte zu erschließen.
6. Durch die Flexibilisierung der Infrastruktur bei gleichzeitiger Komplexitätsreduktion bleibt für die IT-Mitarbeiter mehr Zeit, um sich dem Thema IT-Sicherheit und geordnete Betriebsprozesse pro-aktiv zuwenden zu können.
7. Aufbau von Know-how als auch operativer Umsetzung können gezielt in den notwendigen Themenkomplexen erfolgen, die minimal notwendige Breite wird geringer und so sinkt die Gefahr, sich mit zu vielen Themen gleichzeitig zu beschäftigen.
8. Der Aufbau von Testumgebungen und damit die Abschätzung von Auswirkungen von Änderungen an der IT-Umgebung eines Unternehmens wird vereinfacht, da die Bausteine aus der Produktion nahezu identisch im Rahmen einer Testumgebung eingesetzt werden können. Notwendige Maßnahmen hierfür, wie z.B. die einfache Bereinigung des Systems von Echtdaten, können dabei durch ein geeignetes Konzept der VSA und der Bereitstellung von geeigneten Standardprozessen für ein solches Vorgehen, bereits berücksichtigt werden.
9. Die Standardbausteine können bereits ein geeignetes Maß an Dokumentation und Sicherheitsnachweisen mitbringen, so dass damit Anforderungen ohne großes eigenes Know-how und Aufwände im Unternehmen umgesetzt werden können. Das Unternehmen kann sich auf die Abweichungen vom Standard konzentrieren, bzw. die darüber hinausgehenden Themen. Das Sicherheitsniveau steigt und der Aufwand und das Knowhow, um einen sicheren Betrieb aufzubauen, sind geringer
10. Neben dem Konzept für die VSAs kann eine Empfehlung für den Umgang mit der virtuellen Infrastruktur sowie Prozessempfehlungen für das Management der Landschaft gegeben werden. Damit können auch weite Teile der Anforderungen an Betriebsprozesse (z.B. Change-Management) abgedeckt werden.

Um diese Verbesserungspotentiale nutzen zu können, muss bei der Konzeption der Virtualisierungsumgebung und der VSAs auf weitere Rahmenparameter geachtet werden. So dürfen Sicherheitsmaßnahmen auf VSA-Ebene nicht durch die Virtualisierungsschicht hinfällig werden bzw. die Virtualisierungsschicht muss ebenso geeignete Maßnahmen bieten, die wiederum die Sicherheit und Nachvollziehbarkeit in der Landschaft durchgängig ermöglichen.

Ein anschauliches Beispiel hierzu ist z.b. die Nachvollziehbarkeit von Änderungen an Daten oder einem System: in der physischen Welt ist es in der Regel ausreichend, die Änderungen am System selber sowie ggf. noch Recovery-Maßnahmen zu protokollieren, um den Stand eines Systems für jeden Zeitpunkt rekonstruieren zu können. In einer virtuellen Landschaft kommt mit der Verwaltung der VSAs hier eine Schicht hinzu: denn neben den Änderungen (Changes) an der VSA ist ebenso relevant, ob VSA bzw. virtuelle Bausteine zwischenzeitlich ausgetauscht wurden und ggf. die für ein System geltende Change-History nicht für die Landschaft gilt, weil die Maschine teilweise nicht produktiv genutzt wurde.

Für die Nachweisbarkeit der Sicherheit und Compliance muss weiterhin die Übertragbarkeit von Security Assessments oder Tests sowie die übergreifende Effektivität der umgesetzten Maßnahmen in VSAs zwischen verschiedenen Einsatzszenarien sichergestellt werden, bzw. deren Möglichkeiten und Grenzen eindeutig dargelegt werden, um valide Aussagen treffen zu können. Sind diese Voraussetzungen erfüllt, können die durch geeignete Sicherheitsmaßnahmen gemäß existierender Standards gesicherten Infrastrukturbausteine, die virtuellen Systeme der VSAs, wie bisher physische Systeme abgesichert werden. Die Maßnahmenauswahl richtet sich dabei anhand der Funktion der jeweiligen Komponente aus.

5 Bisherige Ergebnisse

Bisher wurden im VISA-Projekt die für KMU identifizierten VSA konzeptioniert, die vorrangig der Sicherheit dienen (von Netzwerksicherheit, Layer 2 bis Anwendungssicherheit, Layer 7). Diese VSA bestehen im Wesentlichen aus virtualisierten IT-Security-Bausteinen (Modulen) und Services. Sie haben das Ziel, unterschiedliche Bereiche der IT-Sicherheit in typischen KMU-Topologien abzudecken. Folgende VSAs werden an dieser Stelle kurz vorgestellt, da sie innerhalb des Projektes bereits erarbeitet wurden bzw. den größten Fortschritt beinhalten:

1. **VSA-AAA:** Virtual Security Appliance – Authentication, Authorization, Accounting
2. **VSA-MAC:** Virtual Security Appliance – Metadata Access Control
3. **VSA-SRA:** Virtual Security Appliance – Secure Remote Access

Derzeit wird von dem Projektpartner FH Dortmund (www.fh-dortmund.de) die *VSA-AAA* realisiert, der eine CA/RA (Zertifikatsserver mit Online- bzw. Offline-RA), ein Linux-basierter Domain Controller mit LDAP sowie ein RADIUS-Server beinhaltet. Bei dieser VSA steht das Zusammenspiel von State-of-the-Art Authentisierungs- und Autorisierungs- sowie PKI-Komponenten auf Open-Source-Basis im Vordergrund. Die VSA-AAA soll somit die sichere Einwahl in ein Unternehmensnetz sowie Log-In in Domänen innerhalb des Unternehmensnetzes ermöglichen. Sie wird derzeit auf Basis der Open-Source-Lösung FreeIPA realisiert. FreeIPA ist eine integrierte Sicherheitslösung, was sich aus einem Linux-Grundsystem (Fedora), 389 (ehemals Fedora Directory Server), MIT Kerberos, NTP, DNS und Dogtag-Zertifikatsserver zusammensetzt und diese kombiniert. Zur Konfiguration bietet eine Webschnittstelle und Kommandozeilenbasierte Tools [FRIPA12].

Der Projektpartner DECOIT GmbH (www.decoit.de) arbeitet an den beiden anderen VSA. Die *VSA-SRA* ermöglicht das sichere Einwählen in ein Firmennetz mittels eines Android-Smartphones. Dies beinhaltet die Komponenten Android-Client, FreeRADIUS-Server, TNC-Server und VPN-Gateway. Das Smartphone verbindet sich durch das VPN-Gateway mit dem Unternehmensnetz. Dadurch ist aber noch nicht sichergestellt, ob das Smartphone als vertrau-

Erhöhung der IT-Sicherheit durch Konfigurationsunterstützung bei der Virtualisierung

enswürdig eingestuft werden kann, da nur die Teilnehmerdaten abgefragt werden. Dies wird erst durch das Senden gesammelter Metriken des Android-Smartphones vom TNC[3]-Client an den TNC-Server ermöglicht. Die Metriken enthalten die installierte Applikationsbasis, Versionsnummern und Richtlinien, die für das Smartphone gelten. Der TNC-Server vergleicht anschließend die gesendeten Metriken mit denen in seiner Datenbank. Sind Applikationen installiert, die er nicht kennt oder die auf seiner Blacklist enthalten sind, wird dem Smartphone der Zugang verweigert bzw. das Smartphone wird in ein Quarantänenetz isoliert. Innerhalb des Quarantänenetzes kann das Endgerät mithilfe einer Softwareverteilungslösung auf den geforderten aktuellen Stand gebracht werden. Anschließend kann das Gerät gemäß den TNC-Spezifikationen eine erneute Attestierung anfordern. Sind alle Voraussetzungen erfüllt, erhält der Teilnehmer des mobilen Endgeräts Zugriff auf die gewünschte Zielapplikation und somit auf die gewünschten Zielressourcen [DDH11].

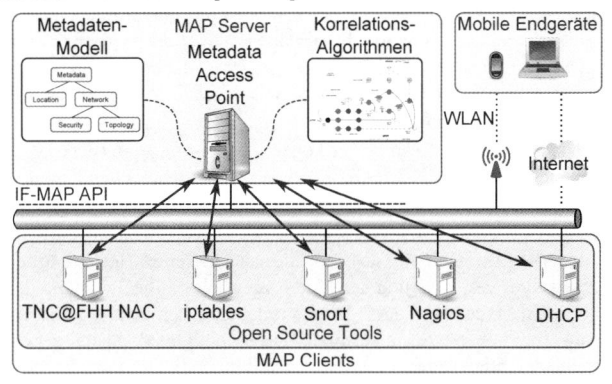

Abb. 2: IF-MAP-Architektur der VSA-MAC [DDB11]

Die VSA-MAC besteht hingegen aus den Komponenten IF-MAP[4]-Server und den IF-MAP-Clients für Android, Snort, iptables, FreeRADIUS und Nagios. Bei IF-MAP handelt es sich um ein offenes, herstellerunabhängiges Client-Server-Netzprotokoll zum Austausch von beliebigen, in XML codierten Metadaten. Dabei stellt der IF-MAP-Server die zentrale Komponente dar, indem die Daten von allen IF-MAP-Clients gesammelt und durch einen Graphen zur Verfügung gestellt werden. Weiterhin stellt er die gesammelten Daten auch den IF-MAP-Komponenten zur Verfügung. Die Stärke von IF-MAP gegenüber einer reinen IDS-basierten Anomalie-Erkennung liegt dabei in der Diversität der Daten. Durch die gesammelte Datenbasis lassen sich Korrelationen durchführen und Anomalien leichter erkennen bzw. Angriffen entgegenwirken. Beispiele hierfür sind unter anderem die Blockierung des Datenstroms durch eine Firewall, Sperrung des Zugriffes auf das Unternehmensnetz in Form eines Switches oder eines VPN-Gateways, Isolierung des Endgerätes in eine Quarantänezone etc. Abschließend können auf Grundlage der gesammelten Informationen die unterbundenen Aktivitäten sowie deren Details protokolliert und entsprechende Meldungen an die verantwortlichen Systemadministratoren generiert werden [DDB11].

---

[3] TNC = Trusted Network Connect (Spezifikation der Trusted Computing Group).
[4] IF-MAP = Interface for Metadata Access Point (Spezifikation der Trusted Computing Group).

Als essentieller Bestandteil einer Sicherheits-IT von Unternehmen sollen diese Dienste in der VSA gebündelt werden, jedoch bedarfsweise modular zu- und abschaltbar sein. Derzeit werden noch unterschiedliche Front-Ends hierzu analysiert, die in Frage kommen könnten. Wichtig dabei ist, dass das Zusammenspiel dieser Komponenten funktioniert. Als Basis wird ein gehärtetes VSA-System (Hostsystem und Gastsysteme) eingesetzt.

Essentielle Eigenschaften der im VISA-Projekt zu entwickelnden VSA sind:

1. **Integrierbarkeit:** Eine VSA soll als autarke Einheit in bestehende IT-Infrastrukturen integrierbar sein. Die Grundlage für Topologien werden Empfehlungen des BSI sein.
2. **Steuerbarkeit:** Eine VSA soll steuerbar und monitorbar sein, beispielsweise durch Tools wie libvirt oder über eine GUI bzw. andere Schnittstellen wie REST erfolgen.
3. **Konfigurierbarkeit:** Die virtuellen Maschinen der VSA sollen konfigurierbar sein.
4. **Modularität:** VSAs müssen derart modular konzipiert und realisiert werden, dass eine hohe Verzahnung und Kombination dieser zur Erhöhung der Sicherheit bzw. der Flexibilität und Integrierbarkeit ermöglicht wird. Hierzu soll eine Bibliothek von möglichst leicht integrierbaren VMs aufgebaut werden, aus denen VSAs leicht und sicher nach dem Baukastenprinzip konfektioniert werden können.
5. **Vergleichbarkeit:** VSA müssen derart konzipiert und umgesetzt werden, dass hinsichtlich Performance, Verfügbarkeit und Sicherheit keine gravierenden Unterschiede zu physikalischen und konventionellen Infrastrukturkomponenten und Topologien bestehen.
6. **Sicherheit:** Die VSA selbst muss sicher sein. Diese wesentliche Anforderung betrifft sowohl die Sicherheit der VMs (Gastsysteme), als auch die des Hostsystems. Eine Härtung des Betriebssystems der VMs und des Hostsystems sowie die Trennung der VMs voneinander durch den Hypervisor oder durch virtuelle Switches mit Authentisierungs- und Autorisierungsfunktionen wie sie beispielsweise durch OpenVSwitch gegeben sind, spielen hierbei eine wichtige Rolle.
7. **Komplementarität:** Ziel ist, VMs mit unterschiedlichen und komplementären Funktionen innerhalb einer VSA zu kombinieren. Dies bedingt auch die Vernetzung der VSAs durch Virtuelle Switches, wie z.B. VDE (Virtual Distributed Environment) oder OpenVSwitch, wobei die letztere sehr viele weitere Funktionalitäten aufweist. Hier werden praktische Erkenntnisse zur Emulation/Virtualisierung von Layer-2 Komponenten einfließen.

Bei der Absicherung von VSAs (einzeln und im Verbund) wurden etablierte Standards zur Absicherung von Komponenten eingesetzt und angewandt. Da dies eine große Zahl von Standards umfasst, können diese an dieser Stelle nicht explizit aufgezählt werden. Sie lassen sich kategorisieren in Protokolle, Verfahren, Algorithmen und fertige Lösungen (kommerzielle und Open Source). Die Absicherung von komplexen VSA, die mehr als eine Funktion bzw. Komponente beinhalten, ist entsprechend aufwändiger. Nicht nur durch die Zahl, sondern auch durch die individuellen und spezifischen Besonderheiten und damit Verwundbarkeiten der Komponenten. Hier kommen etablierte Verfahren zum Tragen kommen, um die VSA zu schützen bzw. abzusichern. Einfachstes Beispiel ist eine Firewall-VSA, die eine spezielle Implementierung einer am Markt verfügbaren Firewall ist (z.B. iptables). Sie muss mindestens den Sicherheitslevel dieser Implementierungen bzw. Distributionen abbilden, und es dürfen keine Sicherheitslücken dazu kommen.

Um in konkreten Anwendungsszenarien effizient Test- und Produktivumgebungen mit VSAs aufbauen zu können, werden von der Virtualisierungsplattform verschiedene Eigenschaften verlangt. *VSA Templating* erlaubt, für eine gegebene VSA ein „Muster" anzulegen, das dann mehrfach instanziiert werden kann. Dies ist immer dann sinnvoll, wenn in einem Szenario gleiche oder sehr ähnliche VSAs, die sich nur in Ihrer Konfiguration unterscheiden, benötigt werden. *VSA Cloning* erlaubt, eine gegebene VSA in ihrer Gesamtheit zu kopieren. Dies ist sinnvoll, um VSAs aus dem Testbetrieb in den Produktivbetrieb zu übernehmen.

Um VSAs auf mehr als einem Virtualisierungshost im Verbund betreiben zu können und dabei die Vorteile der Virtualisierungstechnologie zu bewahren, müssen Netzwerke über Hypervisor-Grenzen hinweg virtualisiert zur Verfügung stehen. Dabei stehen mehrere Design- und Implementierungsmöglichkeiten zur Auswahl (Bridge/Tun-Devices, VDE, Open-VSwitch), die im Projekt untersucht wurden. Aktuell wird der Schwerpunkt auf OpenVSwitch gelegt.

Um VSAs aus dem Testbetrieb in den Produktivbetrieb überführen zu können, wird von der Virtualisierungsplattform *Storage Migration* verlangt. Dies erlaubt, einen virtuellen Server in seiner Gesamtheit (persistente Daten der VSA inklusive Laufzeitkonfiguration) von einem Virtualisierungsserver (Hypervisor) in der Testumgebung auf einen anderen Virtualisierungshost in der Produktivumgebung zu verschieben. Um hier größtmögliche Offenheit und Flexibilität zu gewährleisten wird zusätzlich die Import- und Exportmöglichkeit für OVF/OVA-Dateien angestrebt, das einen de-facto Standard für den Austausch von virtuellen Servern zwischen verschiedenen Virtualisierungsplattformen darstellt.

Die entwickelten VSAs werden innerhalb des Projektes einzeln und im Verbund anhand verschiedener Parameter evaluiert und durch methodisch fundierte *Security Assessments* nach Sicherheitsstandards (z.B. BSI) bewertet werden. Ebenso sind, wenn die VSAs im Verbund genutzt werden sollen, auch die Management-Verfahren des Virtualisierungsrahmenwerks zu betrachten, z.B. Change-Prozesse der VSAs, Deployment-Methoden und die Verwaltung des Frameworks selber. Das Ziel ist es hierbei, die IT-Konzepte auf Sicherheitsstandards wie ISO 27001 und BSI-Grundschutz überprüfen zu können, ohne dass entsprechendes Wissen bei dem KMU vorgehalten werden muss. Diese Standards werden für Zertifizierungen bzw. zur zertifizierten IT-Sicherheit angewandt. Diese auf Standards und Vorgehensmodelle geprüften VSAs erlauben insbesondere KMU, ein definiertes Sicherheitsniveau mit angemessenem Aufwand und geringen Kosten zu erreichen, indem sie als geprüften Elemente oder Verbünde dann direkt verwendet werden können. Auf technischer Ebene werden die nötigen Sicherheitsvorgaben damit bereits weitestgehend eingehalten.

6 Fazit

Die Virtualisierungstechniken schreiten immer weiter voran und ermöglichen heute nicht nur mehr den reinen Parallelbetrieb unterschiedlicher Betriebssysteme auf einer Hardware. Längst hat die Virtualisierung auch die Produktivumgebung erreicht, da die Server-Hardware-Systeme immer leistungsstärker und ausfallsicherer werden. Damit kann letztendlich die gesamte IT-Infrastruktur nachgebildet werden, also auch das Netz zwischen Client und Server. Die Übersichtlichkeit geht allerdings durch diverse Virtualisierungstechniken verloren. Dadurch können zusätzliche Fehler und Sicherheitslücken entstehen, die das Unternehmensnetz vor neue Herausforderungen stellen.

Das Projekt VISA hat sich daher einerseits zum Ziel gesetzt, die Komplexität virtueller Umgebungen zu verringern, indem die Handhabung solcher Lösungen verbessert werden soll.

Anderseits will man aber auch eine Möglichkeit schaffen, bestehende IT-Infrastrukturen vorab simulieren zu können, um Fehlkonfigurationen zu vermeiden. Das ist nicht nur aus Sicherheitsgründen wichtig, sondern auch aus Sicht der Compliance und Verfügbarkeit relevant, wie hier aufgezeigt wurde. Nach der erfolgreichen Simulation können dann zwei Möglichkeiten ausgewählt werden: Übernahme der Konfiguration in die bestehende IT-Infrastruktur oder Überführung der Simulation in das Produktivnetz.

Beide Szenarien werden im VISA-Projekt entwickelt, untersucht und bewertet. Wenn alle Ziele des Projektes umgesetzt werden können, wird es in Zukunft in jedem Fall einfacher werden Server, Clients und ganze Netze zu virtualisieren und sicher in die Unternehmensstruktur einzubetten [DETK11].

Danksagung

Das VISA-Projekt ist ein gefördertes BMBF-Projekt mit einer Laufzeit von zwei Jahren, das im August 2011 seine Arbeiten begonnen hat. An dem Projekt sind die Firmen DECOIT GmbH (Projektleitung), Collax GmbH, IT-Security@Work GmbH sowie die deutschen Forschungseinrichtungen Fraunhofer SIT und Fachhochschule Dortmund beteiligt. Zusätzlich ist der australische Partner NICTA (National ICT Australia) mit im Konsortium vertreten.

Literatur

[DDB11]   Detken, Dunekacke, Bente: Konsolidierung von Metadaten zur Erhöhung der Unternehmenssicherheit. D.A.CH Security 2011: Bestandsaufnahme, Konzepte, Anwendungen und Perspektiven, Oldenburg 2011

[DDH11]   Detken, Diederich, Heuser: Sichere Plattform zur Smartphone-Anbindung auf Basis von TNC. D.A.CH Security 2011: Bestandsaufnahme, Konzepte, Anwendungen und Perspektiven, Herausgeber: Peter Schartner, syssec Verlag, ISBN 978-3-00-027488-6, Oldenburg 2011

[DETK11] Detken: Virtualisierung ganzer Netze – Überprüfung der eigenen Infrastruktur. NET 12/11, ISSN 0947-4765, NET Verlagsservice GmbH, Woltersdorf 2011

[EREN10] Eren, Evren: Scheinwelten – Mit Virtualisierungssoftware ganze Infrastrukturen abbilden. NET 09/10, ISSN 0947-4765, NET Verlagsservice GmbH, Woltersdorf 2011

[FISC09] Fischer, M.: Xen – Das umfassende Handbuch. Galileo Press, 2009

[FRIPA12] Open-Source-Projekt-Webseite: http://freeipa.org/page/Main_Page

[HIRS06] Hirschbach, D.: Vergleich von Virtualisierungstechnologien. Diplomarbeit an der Universität Trier. Trier 2006

Reduktion von Fehlerraten mittels ergonomischer Passwörter

David Weich · Britta Herres · Konstantin Knorr

Fachhochschule Trier
{weichd | herresb | knorr}@fh-trier.de

Zusammenfassung

Passwortgeneratoren erzeugen komplexe Passwörter, bei deren Eingabe Nutzer sich leicht vertippen. Dadurch wird die Akzeptanz solcher Passwörter reduziert. Wünschenswert sind Passwörter, die sich schnell und ohne Fehler eintippen lassen und gleichzeitig eine vorgegebene Komplexität aufweisen. Dazu wurden ein Softwareprototyp, das „Ergonomic Password Tool" (EPT), entwickelt und die generierten Passwörter einem Praxistest unterzogen. Zunächst befassen wir uns mit dem gegenwärtigen Stand von Passwortgeneratoren, mit ergonomischen Betrachtungen des Tippverhaltens und mit statistischen Untersuchungen von Tippfehlern. Daraus werden Anforderungen zur Generierung ergonomischer Passwörter abgeleitet, die im EPT umgesetzt werden. Dabei wurden das Zehnfingersystem und die deutsche QWERTZ-Tastatur zugrunde gelegt. EPT wurde einem Praxistest unterzogen, der zeigte, dass die Fehlerraten mittels EPT erzeugter Passwörter im Verhältnis zu anderen allein sicherheitsorientierten Passwörtern um durchschnittlich 52 % reduziert werden und gleichzeitig die Anschlagraten um durchschnittlich 18 % höher liegen. Den Abschluss bildet eine Diskussion der Sicherheit und Merkbarkeit der ergonomischen Passwörter und möglicher Angriffe wie z.B. ein Angriff über ein EPT-Wörterbuch und ein Ausblick auf zukünftige Arbeiten.

1 Einleitung

Eine Aufgabe, die jedem Benutzer einer passwortgeschützten Anwendung begegnet, ist die der Erstellung eines Passwortes. Soll ein Passwort so gestaltet werden, dass es gängigen Sicherheitsanforderungen genügt, so werden diese Passwörter oft sehr komplex. Passwortgeneratoren, wie beispielsweise in *KeePass* ([Kee]) enthalten, können Passwörter basierend auf Sicherheitsrichtlinien erzeugen, wie sie zum Beispiel vom *Bundesamt für Sicherheit in der Informationstechnik* ([BSI, Dat]) vorgestellt sind. Diese Passwörter erfüllen zwar die vom Benutzer eingestellten Vorgaben, jedoch lassen sich diese Passwörter oft weder schnell und fehlerfrei eintippen noch kann der Nutzer sich diese Passwörter merken [Ande08].

Wünschenswert wären Passwörter, die den folgenden drei Kriterien genügen:

- **Sicherheit:** Je nach Szenario wird z.B. die Einhaltung vorgegebener Passwort-Richtlinien, die Einhaltung einer gewissen Entropie oder Resistenz gegen Brute-Force-Angriffe gefordert.
- **Merkbarkeit:** Die Merkbarkeit sagt aus, wie leicht sich ein Anwender das Passwort merken kann. Sind Passwörter nicht merkbar, so werden diese vom Anwender nicht akzeptiert und häufig niedergeschrieben.
- **Ergonomie:** Übertragen auf die Eingabe von Passwörtern interpretieren wir die Ergono-

mie in diesem Beitrag als

a) die möglichst fehlerfreie Eingabe der Passwörter und
b) eine erhöhte Anschlagrate bei der Eingabe im Vergleich zu herkömmlichen Passwörtern.

Die Zielsetzung dieses Papiers ist es also, Passwörter zu erzeugen, die sich unter Berücksichtigung von Sicherheitsvorgaben möglichst fehlerfrei und schnell vom Anwender eingeben lassen.

Schwierig wird es, diese Kriterien in einem Passwort zu vereinen, da die einzelnen Kriterien negativ miteinander korreliert sein können. Ein Passwort, welches vollen Sicherheitsanforderungen genügt (z.B. einer komplexen Passwort-Richtlinie), ist mit hoher Wahrscheinlichkeit nicht schnell und fehlerfrei einzugeben. Dies folgt aus der Anforderung, dass Zeichen jedes Zeichenraumes in diesem Passwort enthalten sein sollen. Weiterhin ist die Sicherheit auch von der Länge des Passwortes abhängig. Mit jedem Zeichen steigt die Wahrscheinlichkeit von auftretenden Tippfehlern. Es ist zudem oft schwierig, sich ein sicheres Passwort aufgrund der Komplexität zu merken. Abbildung 1 verdeutlicht dieses Problem. Hier werden drei jeweils acht Zeichen lange Passwörter gegeneinander getestet. Die dargestellten Sicherheits- und Ergonomiewerte wurden aus dem entwickelten Ergonomic Password Tool (vgl. Kapitel 3) entnommen, die Merkbarkeitswerte sind geschätzt.

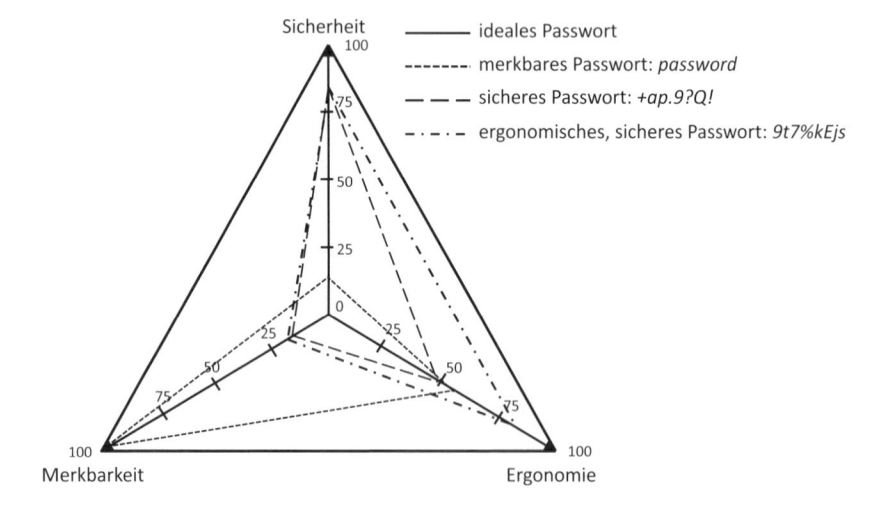

Abb. 1: Problematik der Wahl eines Passwortes bei Betrachtung der drei Kriterien

Studien wie [Cas] beschäftigen sich neben der Sicherheit mit dem Thema der Merkbarkeit von Passwörtern. Diese zielt jedoch nicht auf alphanumerische Passwörter ab, sondern beruht auf grafischen Passwortsystemen. Ross Anderson beschreibt in [Ande08] eine Nutzerstudie. Diese zeigt auf, wie Benutzer Passwörter wählen sollten, sodass sie merkbar, aber auch gleichzeitig sicher sind. Hierzu gehört die Verwendung von sogenannten *Passphrases*, wie sie auch in [Stam05] zu finden sind. Ein weiterer Vorschlag für merkbare Passwörter sind sogenannte

"Environ"-Passwörter [Ande08], die einem bestimmten Ablauf folgen, wie zum Beispiel bei acht Zeichen, die aufgeteilt sind in Konsonant, Vokal, zwei Konsonanten, Vokal, Konsonant und zwei Ziffern. Ein Beispiel ist „paspas12". Ein anderer Ansatz zum Generieren merkbarer Passwörter ist in [Dic] beschrieben.

Zusammenfassend lässt sich sagen, dass Studien über Sicherheit und Merkbarkeit von Passwörtern vorhanden sind, die Ergonomie der Passwörter jedoch noch keinen Studien zugrunde liegt. Daher haben wir uns im Rahmen eines Bachelor-Teamprojektes an der Fachhochschule Trier mit diesem Thema beschäftigt [HeWe12].

Der Rest des vorliegenden Papiers hat die folgende Struktur: Zuerst werden die Anforderungen an ergonomische Passwörter in Abschnitt 2 aufgestellt. Diese werden anhand einer Statistik und Studien bezüglich des Tastaturlayouts belegt. Im Abschnitt 3 zeigen wir die Umsetzung der Anforderungen im Ergonomic Password Tool und stellen das Programm vor. Der Praxistest der ergonomisch generierten Passwörter im Vergleich zu rein sicherheitsorientierten Passwörtern wird in Abschnitt 4 vorgestellt und ausgewertet. Zusätzlich betrachten wir die Sicherheit und Merkbarkeit der EPT-Passwörter in Kapitel 5, bevor wir abschließend in Kapitel 6 das Resümee ziehen und auf zukünftige Arbeiten eingehen.

2 Anforderungen an ergonomische Passwörter

Grundlage unserer ergonomischen Betrachtung ist die deutsche QWERTZ-Tastatur nach DIN 2137 [DIN] und das Zehnfingersystem. Dieses ist nicht standardisiert, dennoch nutzen alle Schreibtrainer dieselbe Grundlage der Fingerbelegungen, wie sie in Abbildung 2 zu sehen ist.

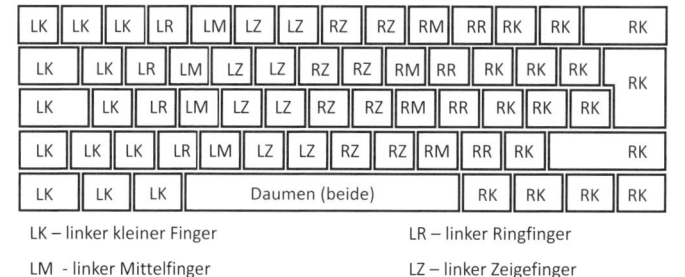

LK	LK	LK	LR	LM	LZ	LZ	RZ	RZ	RM	RR	RK	RK
LK	LK	LR	LM	LZ	LZ	RZ	RZ	RM	RR	RK	RK	RK
LK	LK	LR	LM	LZ	LZ	RZ	RZ	RM	RR	RK	RK	
LK	LK	LK	LR	LM	LZ	LZ	RZ	RZ	RM	RR	RK	RK
LK	LK	LK	Daumen (beide)						RK	RK	RK	RK

LK – linker kleiner Finger　　LR – linker Ringfinger
LM - linker Mittelfinger　　LZ – linker Zeigefinger
RZ – rechter Zeigefinger　　RM – rechter Mittelfinger
RR – rechter Ringfinger　　RK – rechter kleiner Finger

Abb. 2: Fingerbelegung der QWERTZ-Tastatur beim Zehnfingersystem

Tabelle 1 zeigt unsere Anforderungen an ergonomische Passwörter. Diese sind zum einen aus Dvoraks Thesen [JoMo88, Rohm82], zum anderen aus eigener Schreiberfahrung und der Analyse des QWERTZ-Layouts abgeleitet.

Die Anforderungen 1-3 werden durch die Arbeiten [JoMo88, NEO, Rohm82] belegt. Um die Thesen 4-8 zu prüfen, haben wir Probanden 30 deutsche und englische Texte an einer deutschen Standard-QWERTZ-Tastatur tippen lassen. Diese Texte boten nahezu den gesamten Zeichenraum der deutschen Sprache. Der Test wurde mithilfe des Schreibtrainers Tipp10 [TIP]

Tab. 1: Anforderungen an ergonomische Passwörter

Nummer	Anforderung	Belegt durch
1	Nach jedem getippten Buchstaben sollte ein Handwechsel erfolgen.	[JoMo88, Rohm82]
2	Ein Finger sollte keine „weiten Strecken" auf der Tastatur zurücklegen.	[JoMo88, Rohm82]
3	Bei wiederholter Nutzung desselben Fingers sollten horizontale Bewegungen genutzt werden.	[JoMo88, Rohm82]
4	Ist es nicht möglich das Eingeben des Passwortes auf beide Hände gleich zu verteilen, sollte der Schwerpunkt auf der stärkeren Hand des Nutzers liegen.	[JoMo88, Rohm82]
5	Je näher die Finger am Daumen liegen, desto beweglicher und stärker werden sie. Ein kleiner Finger ist demnach nicht so beweglich wie ein Zeigefinger.	Statistik, Tabelle 2
6	Sonderzeichen sollten in zu generierenden Passwörtern den kleinsten Anteil einnehmen. Dabei gibt es eine Unterscheidung von normalen und Third-Level Sonderzeichen.	Statistik, Tabelle 2
7	Das Tippen von Großbuchstaben ist dem Tippen von Sonderzeichen zu bevorzugen.	Statistik, Tabelle 2
8	Zahlen sind nach Kleinbuchstaben der Zeichenraum, der beim Generieren der Passwörter zu bevorzugen ist.	Statistik, Tabelle 2

durchgeführt, so konnten Statistiken über Fehlerraten der einzelnen Zeichen extrahiert werden. Die Gesamtstatistik der einzelnen Finger und der Zeichen zeigt Tabelle 2. Mit Third-Level Sonderzeichen sind solche gemeint, die mit *AltGr* getippt werden. Diese zeigen auffällig hohe Fehlerraten und werden daher in einer eigenen Gruppe zusammengefasst.

Tab. 2: Fehlerstatistik pro Finger und Zeichengruppe

Tippstatistik	Anzahl Zeichen	Fehleranzahl	Fehlerquote in %
Gesamt (Alle Zeichen)	274.676	7.331	2,67
Kleiner Finger	22.541	758	3,36
Ringfinger	44.946	1.370	3,04
Mittelfinger	89.666	2.279	2,54
Zeigefinger	104.333	2.489	2,39
Third-Level Sonderzeichen	787	88	11,31
Sonderzeichen	10.462	521	4,98
Großbuchstaben	15.435	902	5,84
Zahlen	2056	89	4,33
Kleinbuchstaben	245.945	5.731	2,33

3 EPT – Ergonomic Password Tool

Zur Generierung der ergonomischen Passwörter haben wir die Anforderungen zur Ergonomie in einer Software, dem EPT, umgesetzt. EPT ist ein Kommandozeilen-Programm unter Windows. Der Screenshot des Programms in Abbildung 3 zeigt ein vom EPT generiertes Passwort der Länge zwölf. Neben dem Passwort wird der Sicherheitswert ausgegeben, außerdem der Ergonomiewert. Der Sicherheitswert bestimmt die Güte eines Passwortes nach Sicherheitsrichtlinien des BSI (vgl. [BSI]). Diese ist nur die Standardvorgabe und ist editierbar. Der Ergonomiewert

Reduktion von Fehlerraten mittels ergonomischer Passwörter

wird durch die Betrachtung der ergonomischen Anforderungen (vgl. Tabelle 2) hergeleitet. Beide Werte liegen auf einer Skala von 0 bis 100, wobei 100 den bestmöglichen Wert darstellt.

```
C:\EPT>EPTv1.0.1.exe -g 12

Passwort: 5ow73k§HqhSm
Sicherheitswert: 100
Ergonomiewert: 75
```

Abb. 3: Ergonomic Password Tool – Ausgabe eines generierten Passwortes

Das EPT generiert basierend auf dem Ablaufplan in Abbildung 4 und den in der Abbildung angezeigten Konfigurationsdaten zeichenweise Passwörter, die den Anforderungen in Tabelle 1 genügen. Die Auswahl des Pfades wird mithilfe von Pseudozufallszahlen ermittelt.

Wie in Abbildung 4 zu sehen ist, gibt es verschiedene Werte, von denen das nächste Zeichen abhängig ist. Diese Werte wurden aus Dvoraks Thesen und der Statistik (vgl. Tabelle 2) abgeschätzt. Hierbei handelt es sich um Standardwerte, welche Benutzer spezifisch anpassen können. Die Konfigurationsdaten stellen Wahrscheinlichkeiten für die jeweiligen Zeichen des Passwortes dar. Die Wahrscheinlichkeiten an den Entscheidungen sagen aus, dass sich mit dieser Wahrscheinlichkeit für „ja" entschieden wird. Zudem wird in den Standardeinstellungen davon ausgegangen, dass es sich bei dem Benutzer um einen Rechtshänder handelt. Zum Generieren des ersten Zeichens im Passwort wird davon ausgegangen, dass ein vorheriges Zeichen auf der schwachen Hand getippt wurde. In dieser Version des EPT ist es noch nicht möglich, dass Leerzeichen als Zeichen im Passwort vorkommen können. Bei der Generierung werden folgende 96 Zeichen berücksichtigt:

{ a-z; A-Z; 0-9; ^; °; !; "; §; $; %; &; /; (;); =; ?; +; *; '; #; ~; Komma; Semikolon; Punkt; Doppelpunkt; -; _; @; ?; |; {; [;]; }; \; <; > }

4 Praxistest

Um zu testen, ob durch ergonomisch generierte Passwörter eine Verbesserung der Anschlagraten und eine Reduktion der Fehlerraten erreicht werden kann, eignet sich ein Praxistest. Der Ablauf und die Ergebnisse sind in den folgenden Unterkapiteln beschrieben.

4.1 Datenerhebung

In einem Praxistest wurden das EPT an 18 Probanden erprobt, die in zwei Gruppen eingeteilt wurden. Dazu wurden den Probanden in zwei Runden Passwörter gleicher Länge vorgelegt, die einzugeben waren. Die erste Gruppe G_1 startete mit von KeePass generierten Passwörtern. Es folgten Passwörter, die unter ergonomischen Gesichtspunkten mittels EPT generiert wurden. Den Probanden wurde bei Durchführung des Tests vorenthalten, ob Sie zuerst KeePass- oder EPT-Passwörter eingeben. Die Generierung der EPT-Passwörter erfolgte nach den Vorgaben aus Abbildung 4. Die zweite Gruppe G_2 startete genau umgekehrt. Die Tabelle 3 zeigt die Verbesserung (Verb. in %) der Anschläge (A/min) und die Verringerung der Fehlerraten (jeweils in Prozent) der EPT-Passwörter im Vergleich zu den KeePass-Passwörtern.

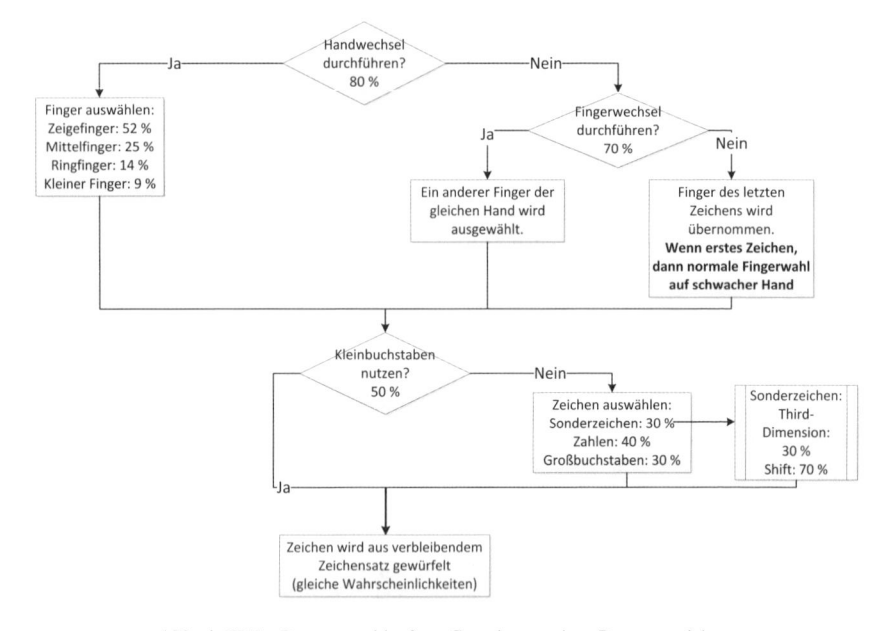

Abb. 4: EPT – Programmablauf zur Generierung eines Passwortzeichens

4.2 Auswertung des Praxistests mittels t-Test

Die Auswertung der Testergebnisse erfolgte mithilfe eines Zweistichproben-t-Tests für abhängige Stichproben nach [HaEK98]. Dieser Test wird verwandt, da wir aufgrund des zentralen Grenzwertsatzes von einer Normalverteilung der Messwerte ausgehen können. Wir wenden den t-Test für die Tippgeschwindigkeit und die Fehlerrate an.

Für die Anschläge pro Minute wurden folgende Thesen aufgestellt:

H_0 : EPT-Passwörter zeigen keine Verbesserung bezüglich der Anschläge pro Minute im Vergleich zu KeePass-Passwörtern:

$$\mu_{KeePass} - \mu_{EPT} \geq 0$$

H_1 : EPT-Passwörter zeigen eine Verbesserung bezüglich der Anschläge pro Minute im Vergleich zu KeePass-Passwörtern:

$$\mu_{KeePass} - \mu_{EPT} < 0$$

Zur Berechnung wurde aus den in Tabelle 3 angegebenen Mittelwerten der Anschläge pro Minute die Differenz gebildet und die Stichprobenstandardabweichung s_d errechnet. Damit ergeben sich die Werte: Größe der Stichprobe: $n = 18$; arithmetischer Mittelwert der Differenzen: $\bar{d} = -12,27$; Stichprobenstandardabweichung: $s_d = 10,52$.

Bei Berechnung der Teststatistik mit der Formel

$$t = \sqrt{n}\frac{\bar{d}}{s_d}$$

Reduktion von Fehlerraten mittels ergonomischer Passwörter

Tab. 3: Ergebnisse des Benutzertest

Proband	A/min KeePass	A/min EPT	Differenz der A/min	Verb. in %	Fehler KeePass	Fehler EPT	Differenz der Fehler	Verb. in %
$G_1 - 1$	75	97	-22	29,33	24	6	18	75,00
$G_1 - 2$	49	68	-19	38,78	18	11	7	38,89
$G_1 - 3$	63	76	-13	20,63	13	5	8	61,53
$G_1 - 4$	58	76	-18	31,03	28	11	17	60,71
$G_1 - 5$	50	95	-45	90,00	14	1	13	92,86
$G_1 - 6$	63	83	-20	31,74	25	13	12	48,00
$G_1 - 7$	92	96	-4	4,34	9	5	4	44,44
$G_1 - 8$	46	58	-12	26,08	46	10	36	78,26
$G_1 - 9$	70	74	-4	5,71	24	16	8	33,33
$G_2 - 1$	62	70	-8	12,90	15	6	9	60,00
$G_2 - 2$	52	61	-9	17,31	12	6	6	50,00
$G_2 - 3$	56	61	-5	8,93	16	16	0	0,00
$G_2 - 4$	67	68	-1	1,50	9	3	6	66,67
$G_2 - 5$	110	125	-15	13,63	21	7	14	66,67
$G_2 - 6$	59	68	-9	15,25	7	6	1	14,28
$G_2 - 7$	68	69	-1	1,47	15	13	2	13,33
$G_2 - 8$	64	67	-3	4,69	5	2	3	60,00
$G_2 - 9$	80	93	-13	16,25	9	9	0	0,00
Mittelwert	65,77	78,06	-12,27	18,65	17,22	8,11	9,11	52,90

erhalten wir für oben genannte Werte $t = -4,95$.

Wir testen zum Niveau $\alpha = 0,001$. Damit ergibt sich

$$t_{\alpha;n-1} = -t_{1-\alpha;n-1} = -t_{0,999;17} = -3,646 \Rightarrow t < t_{0,001;17}.$$

Da $t = -4,95 < -3,646 = t_{\alpha,n-1}$ treffen wir die Entscheidung H_1 mit 99,9%. Daraus folgt, dass durch die Verwendung von EPT-Passwörtern wahrscheinlich höhere Anschlagraten zu erzielen sind.

Auch die Gesamtfehleranzahl der getesteten Passwörter wurde dem Test unterzogen. Hier lauten die Thesen:

H_0 : EPT-Passwörter zeigen keine Verringerung der Fehleranzahl im Vergleich zu KeePass-Passwörtern.

$$\mu_{KeePass} - \mu_{EPT} \leq 0$$

H_1 : EPT-Passwörter zeigen eine Verringerung der Fehleranzahl im Vergleich zu KeePass-Passwörtern.

$$\mu_{KeePass} - \mu_{EPT} > 0$$

Die Differenz der Mittelwerte der Fehleranzahl aus Tabelle 3 ist $\bar{d} = 9,11$. Daraus folgt die

Stichprobenstandardabweichung $s_d = 8,69$. Die Teststatistik ist dann $t = 4,24$. Bei dem Niveau $\alpha = 0,001$ erhält man das Quantil

$$t_{1-\alpha;n-1} = t_{0,999;17} = 3,646 \Rightarrow t > t_{0,999;17}.$$

Da $t > t_{0,999;17}$ treffen wir die Entscheidung H_1 mit $99,9\%$. Somit ist es durch die Verwendung von EPT-Passwörtern wahrscheinlich, niedrigere Fehleranzahlen zu erzielen.

Anhand der Tabelle 3 ist erkennbar, dass Verbesserungen unabhängig von der Tippgeschwindigkeit zu erzielen sind. Es ist demnach nicht zwingend erforderlich, das Zehnfingersystem schnell zu beherrschen, um von den ergonomischen Passwörtern zu profitieren.

5 Diskussion

Wie in Abbildung 1 zu sehen, sollte ein ideales Passwort den drei Kriterien Sicherheit, Merkbarkeit und Ergonomie genügen. Vor allem mit der Sicherheit von EPT-Passwörtern muss sich kritisch auseinandergesetzt werden. Allerdings spielt auch die Merkbarkeit eine wichtige Rolle bei der Akzeptanz von Passwörtern.

5.1 Sicherheit

Um die Sicherheit ergonomischer Passwörter beurteilen zu können, haben wir praktische und theoretische Ansätze verfolgt. Diese sind in den folgenden Unterkapiteln erklärt.

5.1.1 Angriffe

In einem zwanzigstündigen Testlauf wurde eine Liste von sechs Zeichen langen, EPT-generierten Passwörtern mit dem Passwortcracking-Tool *John the Ripper* [Joh] an mehreren Rechnern abgearbeitet. Während des Testzeitraumes konnte in keinem der ausgeführten Modi (inkrementell, Wörterbuch) ein erfolgreicher Angriff durchgeführt werden. Als Grundlage der Wörterbuchattacke wurden jene Wortlisten verwendet, die auch dem Sicherheitstest des EPT zugrunde liegen. Diese beinhalten unter anderem häufig verwendete Passwörter und Passwortteile.

Die Standard-Einstellungen (vgl. Abbildung 4) des Generators lassen Angriffe über Passwort-Wörterbücher zu, die alle EPT-Passwörter über einem vorgegebenen Wahrscheinlichkeits-Threshold enthalten. So hat das Passwort „$jfjfjfjfjf$" eine Auftrittswahrscheinlichkeit von $P(jfjfjfjfjf) = 2,51 \cdot 10^{-15}$, wohingegen das sehr unwahrscheinliche Passwort „@|@|@|@|@|@" eine Auftrittswahrscheinlichkeit von $P(@|@|@|@|@|@) = 5,89 \cdot 10^{-33}$ hat. Die Werte leiten sich aus den Standardwerten aus dem Ablaufdiagramm in Abbildung 4 her. Im Gegensatz dazu ist die Auftrittswahrscheinlichkeit von gleichverteilten Passwörtern in einem Zeichenraum von 96 Zeichen $P = 1,50 \cdot 10^{-20}$. Diese Werte zeigen klar, dass die Ergonomie und Sicherheit bezogen auf die Auftrittswahrscheinlichkeit eines Passwortes negativ korreliert sind. Eine Erhöhung der Ergonomie geht auf Kosten der Sicherheit und umgekehrt. Ähnliche Beobachtungen gelten zwischen Merkbarkeit und Sicherheit wie das Beispiel der Environ-Passwörter zeigt.

Trotzdem haben ergonomische Passwörter ihre Berechtigung, da in der Praxis oft Wert auf sichere und vom Anwender akzeptierte, also merkbare und ergonomische Passwörter gelegt wird. Einem Wörterbuch-Angriff kann durch die Verlängerung der EPT-Passwörter begegnet werden. Zudem können Benutzer die Standard-Einstellungen an ihre Biometrie anpassen, was einen Wörterbuchangriff weiter erschwert. Die Verlängerung der EPT-Passwörter von z.b. zehn auf zwölf Zeichen wird durch die um durchschnittlich knapp 20 % schnellere Eingabe der EPT-Passwörter (vgl. Tabelle 3) kompensiert. Zusätzlich schlagen wir eine Blacklist der wahrscheinlichsten ergonomischen Passwörter und eine Mindestlänge von acht Zeichen vor. Dadurch erzielen wir akzeptable Werte für Sicherheit und Ergonomie bei den EPT-Passwörtern.

5.1.2 Entropie

Soll die Stärke von Passwörtern unter mathematischen Aspekten berechnet werden, eignet sich neben anderen Ansätzen wie z.b. von [Cach97] vorgeschlagen die klassische Shannon-Entropie [Shan48] als Maß. Diese lässt sich wie folgt berechnen:

$$H_1 = -\sum_{i=1}^{N}(p_i \cdot log_2(p_i)) \qquad (1)$$

mit N = Anzahl der Passwörter und p_i = Wahrscheinlichkeit des Passwortes i.

Hierzu betrachten wir zur Veranschaulichung die Auftrittswahrscheinlichkeiten aller Passwörter mit der Länge vier über dem Zeichenraum von 96 Zeichen. Die maximale Entropie wird erreicht, wenn diese Passwörter dieselbe Auftrittswahrscheinlichkeit besitzen. Anhand dieses Wertes können wir die Stärke von ergonomischen Passwörtern beurteilen.

Die Entropie von vierstelligen gleichverteilten Passwörtern ist $H_{Max_4} \approx 26$. Vierstellige ergonomische Passwörter haben einen Entropie-Wert von $H_{EPT_4} = 19,66$. Betrachten wir auch hier eine Verlängerung der ergonomischen Passwörter um etwa 20%, so erhalten wir einen Entropie-Wert von $H_{EPT_5} = 23,3$. Damit haben wir fast die Stärke von gleichverteilten Passwörtern erreicht. Auch unter den Gesichtspunkten der Shannon-Entropie erzielen wir also mit ergonomischen Passwörtern akzeptable Werte für die Sicherheit.

5.2 Merkbarkeit von EPT-Passwörtern

Passwörter, die mit EPT generiert werden, genügen den Ansprüchen der Sicherheit und der Ergonomie. Weiterhin ist die Merkbarkeit ein wichtiger Faktor für die Wahl eines Passwortes. Das EPT enthält einen Algorithmus zum Generieren merkbarer Passwörter. Dieser funktioniert nach der Beschreibung in [Ande08] zum Erstellen merkbarer Passwörter. Als Ausgabe bekommt der Benutzer nicht nur das merkbare Passwort angezeigt, sondern auch einen Sicherheits- und Ergonomiewert. Der Benutzer kann mit diesen Angaben selbst wählen, ob das erzeugte Passwort seinen Ansprüchen genügt. Dadurch ist im EPT eine teilautomatisierte Lösung zum Erstellen eines „idealen" Passwortes nach Abbildung 1 gegeben.

6 Fazit und Ausblick

In dieser Ausarbeitung haben wir Anforderungen an die Ergonomie von Passwörtern abgeleitet (Tabelle 1). Diese wurden im EPT umgesetzt. Im nächsten Schritt testeten wir die Passwörter im Vergleich zu rein sicherheitsorientieren Passwörtern. Die dargestellten Ergebnisse des Praxistests zeigen deutlich, dass es möglich ist, Passwörter so zu gestalten, dass sie vom Anwender schneller und mit geringerer Fehlerrate zu tippen sind. Dies ist auch der Fall, wenn das Zehnfingersystem nicht besonders gut beherrscht wird. Denn auch Probanden mit einer geringen Anschlagrate konnten sich bei den vom EPT generierten Passwörtern in der Anschlagrate verbessern und reduzierten ihre Fehleranzahl. Die Anschlagrate steigerte sich um durchschnittlich 18,65 %, die Fehlerrate wurde um durchschnittlich 52 % reduziert. Als problematisch stellt sich die negative Korrelation von Sicherheit und Ergonomie dar, die sich durch eine Verlängerung der Passwortlänge, die Verwendung einer Blacklist und die Anpassung der Standard-Einstellungen kompensieren lassen.

Als zukünftige Arbeiten zur Ergonomie von Passwörtern bieten sich an:

- Ausweitung der Untersuchungen auf englische und Smartphone-Tastaturen
- Berücksichtigung von Passwörtern, die auf QWERTZ-Tastaturen und Smartphones eingegeben werden müssen
- Ausweitung der Untersuchen auf andere Schreibsysteme, wie das Tippen mit zwei Fingern
- Untersuchung der Ergonomie bei in der Praxis eingesetzten Passwörtern (vgl. [Roc])
- Integration des EPT in bestehende Passwortgeneratoren
- Erweiterung und detailliertere Prüfung der Anforderungen durch eine gezielte Betrachtung von Tippfehlern für Buchstabentupel, -tripel und ganze Wörter

Mit den drei oberen Punkten beschäftigt sich [Herr12].

Literatur

[Ande08] R. Anderson: Security Engineering, Second Edition. Wiley (2008).

[BSI] Bundesamt für Informationssicherheit. Abgerufen am: 10.12.2011, https://www.bsi-fuer-buerger.de/BSIFB/DE/MeinPC/Passwoerter/passwoerter_node.html.

[Cach97] C. Cachin: Entropy Measures and Unconditional Security in Cryptography. Dissertation, Swiss Federal Institute of Technology Zürich (1997).

[Cas] CASED - Online Passwort Testzentrum. Abgerufen am: 25.01.2012, http://passwortstudie.cased.de/testing/publications/.

[Dat] Datenschutzbeauftragter Katon Zürich - Passwort-Check. Abgerufen am: 20.04.2012, https://passwortcheck.datenschutz.ch/doc/process.de.php.

[Dic] The Diceware Passphrase Homepage. Abgerufen am: 17.04.2012, http://www.diceware.com.

[DIN] DIN 2137 - Tastaturen für die Daten- und Texteingabe - Teil 1: Deutsche Tastaturbelegung.

[HaEK98] J. Hartung, B. Elpelt, K.-H. Klösener: Statistik - Lehr- und Handbuch der angewandten Statistik. Oldenbourg Wissenschaftsverlag, 11. Aufl. (1998).

[Herr12] B. Herres: Reduktion von Fehlerraten mithilfe ergonomisch sicherer Passwörter - Erweiterung des Ergonomic Password Tools für Smartphones. Fachhochschule Trier (2012).

[HeWe12] B. Herres, D. Weich: Reduktion von Fehlerraten mithilfe ergonomisch sicherer Passwörter. Fachhochschule Trier (2012).

[Joh] John the Ripper password cracker. Abgerufen am: 16.04.2012, http://www.openwall.com/john/.

[JoMo88] B. Joyce, R. A. Moxley: August Dvorak (1894-1975): Early Expressions of Applied Behavior Analysis and Precision Teaching. In: *The Behavior Analyst* (1988), http://www.ncbi.nlm.nih.gov/pmc/articles/PMC2741848/pdf/behavan00058-0036.pdf.

[Kee] KeePass 2011. Abgerufen am: 29.12.2011, http://www.keepass.info.

[NEO] Neo-Tastaturlayout. Abgerufen am: 29.12.2011, http://neo-layout.org/.

[Roc] RockYou Passwortliste. Abgerufen am: 28.06.2012, http://www.skullsecurity.org/wiki/index.php/Passwords.

[Rohm82] W. Rohmert: Forschungsbericht ergonomische Schreibmaschinentastatur. In: *Bundesministerium für Forschung und Technologie: Forschungsbericht / DV / 82,1-; 82,3* (1982), 116–136, http://forschung.goebel-consult.de/de-ergo/rohmert/Rohmert.html.

[Shan48] C. E. Shannon: A Mathematical Theory of Communication. In: *The Bell System Technical Journal* (1948).

[Stam05] M. Stamp: Information Security. Wiley (2005).

[TIP] Tipp10 - 10-Finger-Schreibtrainer. Abgerufen am: 16.04.2012, http://www.tipp10.com/de/.

Rollenbasierte qualifizierte Signaturdienste

Roland Krüger[1] · Ursula Oesing[2]

[1]secunet Security Networks AG
Roland.Krueger@secunet.com

[2]Ernst-Abbe-Fachhochschule Jena
Ursula.Oesing@fh-jena.de

Zusammenfassung

Geschäfts- und Verwaltungsprozesse verlassen nach und nach die Papierwelt und werden elektronisch abgebildet. Der Weg ist langwierig und steinig. Neben den Möglichkeiten der Prozessoptimierung sind auch rechtliche Aufgabenstellungen zu bewältigen. Es ist wichtig hierbei die Themen Datenschutz, Revisionssicherheit und Compliance bereits beim Designentwurf zu berücksichtigen. Eine nachträgliche Auseinandersetzung mit diesen Themen endet nicht selten in einem Flickwerk, welches bekannte Probleme bei der Informationssicherheit nach sich zieht. Für die Erfüllung von Nachweispflichten und Formerfordernissen wird vermehrt auf elektronische Signaturen zurückgegriffen. Genau in dieser Situation wird häufig versäumt, eine naheliegende Prozessoptimierung durchzuführen. Stattdessen wird der papiergebundene Arbeitsablauf eins-zu-eins in die elektronische Welt übertragen. Dies führt bei der Einführung elektronischer Signaturverfahren häufig zu Anlaufschwierigkeiten, so dass auf dieses Instrument letztendlich verzichtet wird. Dabei könnte alles so einfach sein: Entscheidend ist, das Zielergebnis des Geschäftsprozesses zu betrachten und nicht seine traditionellen Einzelschritte. In diesem Artikel wird gezeigt, wie rollenbasierte Signaturdienste die betrieblichen Schwierigkeiten bei der Einführung von Einzelplatzsignaturverfahren vermeiden, die laufenden Kosten minimieren und die gewünschte Prozesssicherheit bzgl. Datenschutz, Revisionssicherheit und Compliance einschließlich vorgeschriebener Formerfordernisse erfüllen. Nur die Durchgängigkeit elektronischer Geschäftsprozesse ermöglicht es letztendlich, ihre Einsparpotenziale auszuschöpfen.

1 Wann sind Signaturdienste die richtige Wahl?

1.1 Die typische Vorgehensweise

Die Einführung elektronischer Geschäfts- und Verwaltungsprozesse beginnt traditionell mit der Auswahl eines geeigneten „Kandidatenprozesses". Aus Anwendersicht sind folgende Kriterien typisch:

- Lokal – „Nicht so viele Abteilungen einbinden, schon gar nicht Abteilung XY."
- Intern – „Zunächst bei uns anfangen und bitte nicht wieder die Kunden verschrecken."
- Einfach – „Es soll funktionieren, ohne dass wir zuviel umstellen müssen."
- Unkritisch – „Bloß keine Prozesse auswählen, bei denen der Betriebsrat oder der Datenschutzbeauftragte mitreden will."

Allerdings betrifft die Auswahl nach diesem wohlgemeinten Kriterienkatalog genau die Geschäftsprozesse, bei denen das Einsparpotenzial eher gering ist.

- Lokal – die Daten werden nach der internen elektronischen Verarbeitung zur Weitergabe ausgedruckt und so in die übrigen, traditionellen Prozesse integriert.
- Intern – die Kommunikation mit dem Kunden wird weiterhin auf dem Papierweg erledigt. Eingehende Papierdokumente müssen erneut erfasst werden.
- Einfach – die Prozessoptimierung wird ausgeklammert.
- Unkritisch – das Roll-Out wird auf wenige Prozesse beschränkt.

Hier stellt sich aus Sicht des Managements, das die Gelder für die Einführung elektronischer Geschäftsprozesse bereitstellen soll, berechtigter Weise die Frage, warum viel Geld für wenig Nutzen ausgegeben werden soll. Solche Projekte scheitern, sobald unerwartete Ereignisse wie Ressourcenengpässe oder technische Schwierigkeiten auftreten. Eine kritische Masse an Geschäftsprozessen, die die Abkehr von der Papierwelt wirtschaftlich sinnvoll macht, wird nicht erreicht. Im Folgenden wird gezeigt, wie typische Hemmnisse gelöst werden, so dass man sich nicht einem wohlgemeinten Kriterienkatalog anvertrauen muss, sondern genau die Geschäftsprozesse optimiert, bei denen das höchste Einsparpotenzial besteht. Die Optimierung und exemplarische Umsetzung anspruchsvoller Geschäftsprozesse zeigt dem Management, dass sich das Konzept trägt, wirtschaftlich sinnvoll ist und einem Roll-Out in der Breite nichts im Wege steht.

1.2 Was wir nicht betrachten

Selbstverständlich dürfen innerhalb eines Geschäftsprozesses nur berechtigte Personen und Dienste auf die Geschäftsdaten zugreifen können. Dies wird typischerweise über Berechtigungen in den Anwendungen geregelt. Bei bereichs- oder anwendungsübergreifenden Geschäftsprozessen ist dies schon schwieriger zu realisieren. Einen Ausweg bieten hier Authentisierungsplattformen (vgl. authega[1]), die unterschiedliche Authentisierungsarten einzelner Bereiche bündeln und konsequent an die unterschiedlichen Mechanismen der einzelnen Anwendungen weitergeben. Das Serviceportal des bayrischen Landesamts für Steuern[2] ist ein Beispiel für eine gelungene Umsetzung dieser Strategie.

Für mobile Mitarbeiter sind zudem besondere Sicherheitsmaßnahmen notwendig, um deren Zugriff von unterwegs auf qualifizierte Signaturdienste verantworten zu können. Entsprechende Sicherheitslösungen für beispielsweise Notebooks, die bisher nur Behörden oder dem Militär vorbehalten waren, sind inzwischen auch für die Privatwirtschaft verfügbar. Ein Beispiel ist das SINA-BusinessBook[3], mit dem ein kontrollierter Zugang zu rollenbasierten Signaturdiensten sicher möglich ist.

Smartphones und Tablets sind aus sicherheitstechnischer Sicht aktuell noch nicht ausgereift genug, um qualifizierte Signaturdienste standardmäßig über diese abwickeln zu können. Aber auch in diesem Bereich gibt es bemerkenswerte Entwicklungen. So hat der Technologiekonzern Giesecke & Devrient gemeinsam mit dem Chipspezialisten ARM die massentaugliche

---

[1] http://www.authega.de.
[2] https://www.lff.bayern.de/persoenlicher_bereich/allgemeine_hinweise.aspx.
[3] http://www.secunet.com/de/produkte-dienstleistungen/business-security/sina-businessbook.

Sicherheitsplattform MobiCore[4] für Mobilgeräte entwickelt. Entwicklern künftiger Gerätegenerationen bietet die MobiCore-Umgebung eine vollständig zertifikatsbasierte Sicherheitslösung, die sich für Smartphones ebenso eignet wie für Netbooks, internetfähige TV-Geräte oder Navigationssysteme. Authentifizierungsroutinen und überwachte Datentransaktionen lassen sich auf der neuen Plattform nahtlos in verschiedene Online-Dienste und Anwendungen integrieren.

Die sichere Speicherung oder Übermittlung von vertraulichen Daten kann mit Standardmechanismen der Verschlüsselung umgesetzt werden. Hier stehen Realisierungen auf nahezu allen Schichten des OSI-Schichtenmodells zur Verfügung, wobei Verschlüsselungen auf Ebene der höheren Schichten für die Geschäftsprozessmodellierung besonders interessant sind, da diese dann vom Geschäftsprozess angestoßen und kontrolliert werden können.

1.3 Was ist zu tun?

Bei Geschäftsprozessen steht immer die Ordnungsmäßigkeit im Vordergrund. Für die Sicherstellung der Ordnungsmäßigkeit gibt es in den Unternehmen inzwischen häufiger Compliance-Beauftragte, die zudem den Nachweis der Compliance erbringen müssen.

Gleichzeitig begegnen Informatikern und Sicherheitsspezialisten zunehmend Begriffe wie Revisionssicherheit, Nachvollziehbarkeit oder Beweiswert. Nachweismöglichkeiten und Nachweispflichten spielen eine immer größere Rolle, da die reinen Datensätze hier nicht ausreichen. Um relevante Geschäftsprozesse zu optimieren und elektronisch abzubilden, müssen wir uns dieser Aufgabe stellen und entsprechende Verfahren etablieren, um die Nachweispflichten erfüllen zu können.

Der Gesetzgeber hat mit dem Signaturgesetz und der zugehörigen Verordnung einen rechtlichen Rahmen geschaffen, diesen Anforderungen gerecht zu werden. Trotzdem klagen die Unternehmen häufig über Schwierigkeiten in der praktischen Umsetzung und fordern Gesetzesänderungen. Mit dabei ist auch der Wunsch nach Unternehmenssignaturen oder Unternehmenssiegeln anstelle der bisherigen personenbezogenen Signatur. Dabei lassen sich die gewünschten Szenarien auch innerhalb des aktuellen gesetzlichen Rahmens umsetzen. Hier ist ein wenig Kreativität anstelle neuer Gesetze ausreichend. Später wird in diesem Beitrag gezeigt, wie der aktuelle rechtliche Rahmen wirtschaftlich und praxiserprobt mittels zentraler, rollenbasierter Signaturdienste genutzt werden kann.

1.4 Wie die Anforderungen traditionell umgesetzt werden

Elektronische Signaturen sind technisch gesehen dazu geeignet, dem Empfänger eine Nachweisführung zu ermöglichen. Der Nutzen der Signatur liegt primär auf Seiten des Empfängers. Für den Signaturersteller bietet die elektronische Signatur den Vorteil, dass er seinem Kommunikationspartner alternativ zu einem Papierdokument auch ein elektronisches Dokument oder einen elektronischen Datensatz zur Verfügung stellen kann.

Im Signaturgesetz werden unterschiedliche Niveaus elektronischer Signaturen festgelegt. Signaturen werden traditionell im Innenverhältnis auf allen Niveaus und im Außenverhältnis auf höherem Niveau eingesetzt. Insbesondere im Außenverhältnis ist dies die qualifizierte

---

[4] http://www.gi-de.com/gd_media/media/documents/brochures/mobile_security_2/MobiCore.pdf.

Signatur, hier aufgrund der zertifizierten Verfahren die qualifizierte Signatur mit freiwilliger Anbieterakkreditierung.

Beim Einsatz qualifizierter Signaturen ist die Verwendung von sogenannten sicheren Signaturerstellungseinheiten obligatorisch, deren technische Ausprägung heutzutage Chipkarten darstellen. An dieser Stelle stoßen Projekte, die eine qualifizierte Signatur in den elektronischen Geschäftsprozess zur Vermeidung von Medienbrüchen einbinden, auf erste Hürden. Die erste Idee, die beteiligten Mitarbeiter mit entsprechenden Signaturkarten auszustatten, klingt gut, ist es aber nur bedingt. Die Mitarbeiter sollen durch den neuen, elektronischen Geschäftsprozess in ihrer Arbeit unterstützt werden und die Produktivität soll sich erhöhen.

Bevor es überhaupt dazu kommt, muss jeder Mitarbeiter ein aufwendiges PostIdent-Verfahren durchlaufen, um die Signaturkarte zu erhalten. Da die Karten personenbezogen sind, muss zusätzlich je Mitarbeiter eine Ersatzkarte beschafft werden. Rechtliche Unsicherheiten, Sicherheitsbedenken und unbekannte Technologien steigern bei den Mitarbeitern nicht unmittelbar die Akzeptanz. So enden häufig Projekte bereits an dieser Stelle oder man zieht sich auf den bereits erwähnten, wohlgemeinten Kriterienkatalog zurück. Spätestens hier wird nach einem Unternehmenssiegel gerufen, obwohl ein solches Siegel auch in papierbasierten Geschäftsprozessen keine Rolle spielt. Denn klar geregelte Verantwortlichkeiten und Unterschriftenrichtlinien gibt es in jedem Unternehmen.

1.5 Die Praxis zeigt Lösungswege

In der Praxis sind inzwischen diese Hürden für die meisten elektronischen Geschäftsprozesse überwunden, indem auf zentrale, rollenbasierte Signaturdienste zurückgegriffen werden kann.

Um diejenigen Geschäfts- und Verwaltungsprozesse identifizieren zu können, bei denen auch innerhalb der Gültigkeit des Signaturgesetzes praxistaugliche Signaturdienste die Einzelplatzsignatur ersetzen können, müssen wir die Dokumentenarten betrachten, die im Geschäftsprozess signiert werden sollen.

Wir unterscheiden im Folgenden den Verwendungszweck der Dokumente (Daten), die signiert werden sollen.

Vertritt der Unterzeichner mit seiner Signatur das Unternehmen (z. B. durch Prokura[5]), so ist die qualifizierte Signatur mittels Einzelplatzsignatur die richtige Wahl. Entscheider entscheiden frei und mit der Signatur besiegeln sie diese freie Entscheidung. In der Praxis zeigt sich, dass wirkliche Entscheidungen im Sinne einer Willenserklärung in Geschäfts- oder Verwaltungsprozessen nur sehr selten auftreten. Dies lässt sich auch daran erkennen, dass die Anzahl der Entscheider und Prokuristen in einem Unternehmen überschaubar ist.

Hingegen fallen Entscheidungen, die nach festen Regeln getroffen werden, häufig im geschäftlichen Alltag. Ein Sachbearbeiter trifft Entscheidungen nicht frei aufgrund seiner eigenen Meinung, sondern arbeitet seine Aufgaben nach festen Vorgaben ab. Informatiker bilden solche Prozesse gerne mit Hilfe deterministischer, endlicher Automaten ab. Zur Geschäftsprozessmodellierung werden häufig Petri-Netze verwendet. Bei den Petri-Netzen betrachten wir nur die Situationen, die deterministisch ablaufen. In der Folge wird optimiert, simuliert, validiert und anschließend mittels UML-Aktivitätsdiagrammen oder BPMN der Workflow für

---

[5] http://de.wikipedia.org/wiki/Prokura

die Programmierung modelliert. Hier finden wir die Dokumente, die für zentrale Signaturdienste geeignet sind.

1.5.1 Dokumente, die für zentrale Signaturdienste geeignet sind

Der typische Mitarbeiter erhält innerhalb eines Geschäftsprozesses ein Dokument oder einen Datensatz als Bescheinigung über den Status des Geschäftsprozesses. Er arbeitet seine Aufgaben ab und erzeugt den Folgedatensatz. Am Ende des Geschäftsprozesses wird der Status dokumentiert und eine Abschlussbescheinigung erzeugt. Diese Abschlussbescheinigung wird signiert und an den Geschäftspartner übermittelt.

Der Geschäftspartner benötigt die Bescheinigung beispielsweise zur Vorlage bei einem Dritten (z.b. Finanzamt, Krankenkasse, Versorgungsamt), um ihm den Status der Geschäftsbeziehung oder eines Verwaltungsvorgangs nachweisen zu können. Er selbst kennt in der Regel die Beziehung und zieht den Status nicht in Zweifel.

Typische Beispiele hierfür sind:

- elektronische Rechnungen zur Vorlage beim Finanzamt,
- Bestellungen aufgrund von Bedarfsanforderungen,
- Urkunden und Bescheide.

Wichtig ist hierbei, dass ein Sachbearbeiter ein solches Dokument nach genau festgelegten Entscheidungskriterien erstellt. Er hat demnach gar keinen Entscheidungsspielraum – das Prozessergebnis ist deterministisch. Daher kann in diesen Fällen auch nicht von einer Willenserklärung gesprochen werden. Ein Sachbearbeiter bescheinigt mit einer Heiratsurkunde, dass die Ehe ordnungsgemäß geschlossen wurde. Es ist nicht sein Wille, dass das Paar zueinander passt und deshalb heiratet. Die neuen Eheleute waren in diesem Beispiel Entscheider.

Innerhalb des Geschäftsprozesses gibt es in der Regel mehrere Mitarbeiter, die eine Transition übernehmen (abarbeiten) und das Ganze in den Folgezustand überführen. Damit der einzelne Mitarbeiter sicher sein kann, dass er seine Transition auf validen und nachprüfbaren Annahmen (Daten) aufbaut, kann es sinnvoll sein, auch für die einzelnen Zwischenergebnisse elektronische Signaturen zu verwenden. In der Außenwirkung ist es allerdings unerheblich, wie die Einhaltung der internen Richtlinien wirkungsvoll kontrolliert wird. Die Nutzung der im Folgenden beschriebenen zentralen Signaturdienste kann auch in diesem Fall ein nützliches Hilfsmittel sein, um die Erfüllung von Compliance-Anforderungen nachzuweisen.

2 Zentrale, rollenbasierte Signaturdienste

Wir betrachten deterministische Prozesse, die von zentralen, rollenbasierten Signaturdiensten profitieren können. Diese Signaturdienste laufen im Hintergrund ab und dokumentieren den Prozessfortschritt und das Endergebnis. Über eine Vielzahl von Schnittstellen können solche zentralen Signaturdienste von den Sachbearbeitern oder durch Integration direkt aus der Fachanwendung genutzt werden (vgl. Abbildung 1).

2.1 Rollenbasierung

Die Rollenbasierung modelliert die Berechtigungen zum Zugriff auf spezielle Signaturdienste, die durch eine strikte Trennung nach Aufgaben über getrennte Signaturkarten abgebildet werden. So wird bei der Rechnungsprüfung denjenigen Mitarbeitern, die eine sachliche Prüfung verantworten, ein dedizierter Signaturdienst mit eigner Signaturkarte zugeordnet. Mitarbeitern, die die rechnerische Korrektheit einer Rechnung prüfen, wird über die Signaturlösung eine weitere, dedizierte Signaturkarte zugewiesen. Signaturlösungen, die ein solches Konzept unterstützen, müssen daher „mandantenfähig" ausgelegt sein. Für jede Rolle wird so ein spezieller Mandant eingerichtet. Moderne Signaturlösungen sind mandantenfähig, (beliebig) skalierbar und nahezu ausfallsicher.

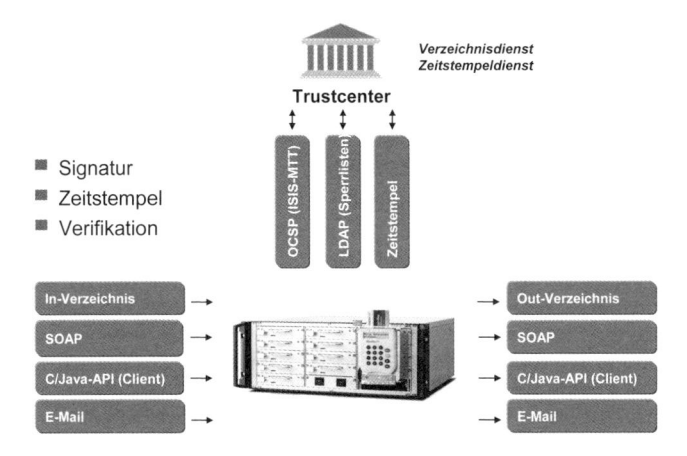

Abb. 1: Zentrale Signaturdienste und die Schnittstellen

2.1.1 Durchsetzen der Mandantentrennung

Die Mandanten können über eine Vielzahl von Schnittstellen angesprochen werden und erwarten eine erfolgreiche Authentifizierung. So wird sichergestellt, dass nur Mitarbeiter in ihrer zugewiesenen Rolle auf die ihrer Rolle zugewiesenen Mandanten und somit dedizierten Signaturkarten zugreifen können.

Zum Schutz des Unternehmens werden zusätzlich die entsprechenden Signaturkarten auf den Verwendungszweck eingeschränkt (z.B. „Nur für die sachliche Prüfung von Eingangsrechnungen der ABC AG").

Für den Empfänger signierter Dokumente oder Daten ist es hilfreich, wenn zudem anstelle des Signaturkarteninhabers ein Pseudonym verwendet wird, welches die Verbindung zum Unternehmen darstellt. Das Signaturgesetz sieht solche Pseudonyme explizit vor. Die Verwendung des Unternehmensnamens als Pseudonym ist möglich, wenn bei der Beantragung der Signaturkarte eine entsprechende Vollmacht der Unternehmensleitung mit eingereicht wird.

2.2 Datenschutz und Netzauslastung

Für die Signaturerstellung werden die zu signierenden Daten benötigt, um den Hashwert zu berechnen, Verschlüsselungen können zwar für einen sicheren Transport sorgen, irgendwann muss aber auf das Klartextdokument zurückgegriffen werden. Sind die zu signierenden Dokumente zudem sehr groß oder zahlreich, steigt die Netzauslastung, da die Dokumente zwischen Client und Server hin- und zurückgeschickt werden. Bei einem Referenzsystem werden werktags ca. 150.000 Dokumente verarbeitet, die an unterschiedlichen Standorten erzeugt und in der Zentrale signiert werden. Jedes dieser PDF-Dokumente ist ca. 200 KB groß. Die Netzlast für den Hin- und Zurücktransport der Daten zum Signaturdienst beträgt hier ca. 60 GB.

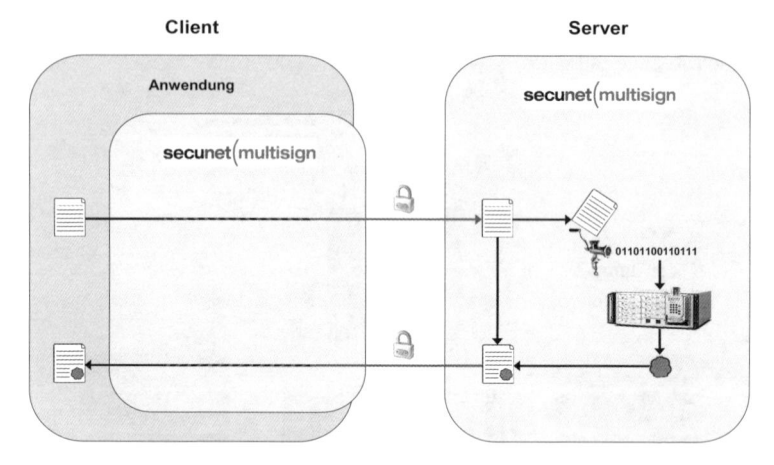

Abb. 2: Signaturdienst als traditionelle Client-Server Anwendung

Auch für diese Fragestellungen haben moderne Architekturen längst praxiserprobte Lösungen gefunden. Das System wird als verteilte Anwendung konzipiert, so dass die Hashwertbildung am Arbeitsplatz (Client) abläuft. Alle weiteren Schritte, die die Signaturkarte verwenden, laufen auf Seiten des zentralen Signaturdienstes (Server) ab. Der Vorteil ist, dass vertrauliche Daten für den Signaturvorgang den Standort nicht verlassen müssen, d.h. der Datenschutz ist grundsätzlich gewährleistet. Aufgrund der geringen Hashwertgröße ist die Netzlast minimal.

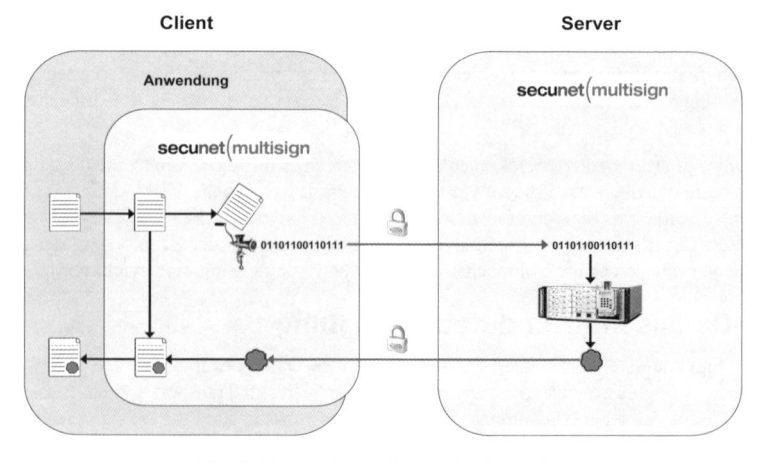

Abb. 3: Signaturdienst als verteilte Anwendung

3 Anforderungen der Modelle

3.1 Qualifizierte Einzelplatzsignaturen

Bei dieser Designentscheidung müssen für jeden beteiligten Mitarbeiter die folgenden Schritte durchlaufen werden

- Kauf eines Chipkartenlesers,
- Durchlaufen des PostIdent-Verfahrens,
- Kauf einer personenbezogene Signaturkarte (inkl. personalisierter Ersatzkarte),
- Sichere Aufbewahrungsmöglichkeit der Signaturkarte,
- Installation lokaler Signatursoftware,
- Schulung.

Diese Vorgehensweise ist für Geschäftsprozesse geeignet, bei denen eine explizite Willenserklärung abgebildet werden muss. Typische Rolleninhaber auf Anwenderseite sind Vorstände und Prokuristen (vgl. Unterschriftenmappe).

3.2 Zentrale, rollenbasierte Signaturdienste

Bei dieser Designentscheidung muss das PostIdent-Verfahren nur von den bevollmächtigten Mitarbeitern (Administratoren des Systems, i.d.R. ca. 3-5 Personen) durchlaufen werden.

Für jeden elektronischen Geschäftsprozess müssen dann die folgenden Schritte durchlaufen werden

- Kauf auf den Verwaltungsvorgang eingeschränkter Signaturkarten (inkl. Ersatzkarte), personalisiert auf die oben genannten Systemadministratoren,
- ggf. Kauf von Zusatzkarten zur Durchsatzsteigerung.

Bei dieser Designentscheidung muss für jeden Mitarbeiter (Sachbearbeiter) ein Zugangsverfahren für die kontrollierte Nutzung des Signaturservices genutzt werden. Alternativ zu den Verfahren, die die Signaturlösung bietet, können beispielsweise die folgenden Verfahren genutzt werden:

- fortgeschrittene Signaturen (S/MIME, SSL),
- vorhandene Mechanismen (SAP-Berechtigungen, Company Card etc.),
- Authentisierungsplattformen (z. B. http://www.authega.de).

Bei der Verwendung zentraler, rollenbasierter Signaturdienste ist ein valides Geschäftsprozessmodell und Rollenverständnis unabdingbar. Die Praxis zeigt, dass solche Signaturdienste die Sachbearbeiter entlasten, eine durchgängige Abbildung der Geschäftsprozesse in die elektronische Form erlauben und die Optimierungsschritte tatkräftig unterstützen.

3.3 Vergleich der Strategien

Qualifizierte Einzelplatzsignaturen eignen sich für Einzelfallentscheidungen, falls eine explizite Willenserklärung notwendig ist (z.B. Verträge).

Werden qualifizierte Einzelplatzsignaturen für Verwaltungsvorgänge eingesetzt, so sind zahlreiche Hürden zu überwinden. Bedingt durch die hohe Anzahl an Signaturkarten, dem Schulungsbedarf, den hohen laufenden Kosten, dem hohen Beschaffungsaufwand (durch einzelne Mitarbeiter gemäß PostIdent) und dem hohen, dezentralen Installations- und Aktualisierungsaufwand sind sie für solche Prozesse wenig geeignet. Zudem werden häufig weder eine Prozessverbesserung noch eine Kostensenkung erreicht. Durch mangelnde Flexibilität stellen neue Mitarbeiter, Urlaubsvertretungen und Lösungen zur Aufbewahrung der Signaturkarten die Einzelplatzsignaturen ebenfalls vor zusätzliche Herausforderungen.

Ein zentraler Signaturservice ist genau für solche Verwaltungsvorgänge (ersetzendes Scannen, Verwaltungsbescheide, Bestellungen, Rechnungen etc.) ausreichend flexibel, praxiserprobt und kann die gewünschte Durchgängigkeit elektronischer Geschäfts- und Verwaltungsprozesse erreichen, ohne auf die nachweisbare Prozesssicherheit verzichten zu müssen. Die Mitarbeiter können sich auf ihre eigentlichen Aufgaben konzentrieren – die Sicherheitstechnologie läuft im Hintergrund ab. So können Prozessverbesserungen erreicht und Kosteneinsparpotentiale genutzt werden.

Als Zugangslösung zum zentralen Signaturservice bieten sich entsprechende Authentisierungsplattformen an. Alternativ können bestehende Berechtigungsverfahren wie SAP-Berechtigungen verwendet werden. Die geringe Anzahl an Signaturkarten, die zentral verwaltet werden können, führen zu geringen Prozesskosten. Die einfache Integration neuer Mitarbeiter, die flexible Definition neuer Berechtigungen beispielsweise zur Urlaubsvertretung und die zentrale Verwaltung und Wartung sprechen für zentrale Signaturdienste. Zudem können neue Fachwendungen flexibel integriert werden und ebenfalls den zentralen Signaturdienst nutzen. Somit erübrigt sich auch der Ruf nach Unternehmenssiegeln, da deren angeblicher Nutzen auch innerhalb des aktuellen gesetzlichen Rahmens mit rollenbasierten Signaturdiensten erreicht wird und sich zunehmend in der Praxis etabliert.

Die BSI-Richtlinien TR-ESOR und TR-RESISCAN

Detlef Hühnlein[1] · Ulrike Korte[2] · Astrid Schumacher[2]

[1] ecsec GmbH
detlef.huehnlein@ecsec.de

[2] Bundesamt für Sicherheit in der Informationstechnik,
{ulrike.korte | astrid.schumacher}@bsi.bund.de

Zusammenfassung

In der öffentlichen Verwaltung werden Geschäftsprozesse zunehmend digitalisiert. Hierfür werden ursprünglich papiergebundene Schriftstücke gescannt und elektronische Daten und Dokumente oft auf Grund von Formvorschriften bzw. aus Sicherheitsgründen mit elektronischen Signaturen versehen. Besondere Herausforderungen existieren in diesem Umfeld bei der rechtssicheren Gestaltung des Scanvorganges sowie beim dauerhaften Erhalt der Beweiskraft der elektronisch signierten Dokumente. Vor diesem Hintergrund entwickelt das Bundesamt für Sicherheit in der Informationstechnik (BSI) entsprechende Technische Richtlinien mit Lösungsansätzen und Empfehlungen für diese beiden Problembereiche, die voraussichtlich auch in § 6 EGovG (Elektronische Aktenführung) und § 7 EGovG (Übertragen und Vernichten des Papieroriginals) ihren Niederschlag finden werden (siehe [EGovG-RE]). Der vorliegende Beitrag stellt die wesentlichen Inhalte und das mögliche Zusammenspiel dieser beiden Richtlinien TR-ESOR [BSI-TR-03125] und TR-RESISCAN [BSI-TR-RESISCAN] in kompakter Weise vor.

1 Einleitung

Durch die elektronische und weitgehend automatisierte Abwicklung von Geschäftsprozessen lassen sich Kosten senken, sowie Fehlerquoten und Prozesslaufzeiten reduzieren. Auf der anderen Seite geht die Nutzung elektronischer Dokumente mit zusätzlichen Herausforderungen einher: Elektronische Dokumente können ohne Hilfsmittel weder wahrgenommen noch gelesen werden. Sie liefern aus sich heraus auch weder Anhaltspunkte für ihre Integrität und Authentizität noch einen Nachweis der Ordnungsmäßigkeit im elektronischen Rechts- und Geschäftsverkehr. Diese Eigenschaften müssen vielmehr, beispielsweise bei der Transformation papiergebundener Dokumente in die elektronische Form und bei der längerfristigen Aufbewahrung elektronischer Dokumente, durch zusätzliche organisatorische und technische Maßnahmen sichergestellt und dauerhaft erhalten werden. Vor diesem Hintergrund entwickelt das Bundesamt für Sicherheit in der Informationstechnik (BSI) entsprechende Technische Richtlinien mit Lösungsansätzen und Empfehlungen für diese beiden Problembereiche, die voraussichtlich auch in § 6 EGovG (Elektronische Aktenführung) und § 7 EGovG (Übertragen und Vernichten des Papieroriginals) ihren Niederschlag finden werden (siehe [EGovG-RE]).

Dieser Beitrag beleuchtet die wesentlichen Inhalte und das Zusammenspiel dieser beiden BSI-Richtlinien und ist folgendermaßen gegliedert: Abschnitt 2 beleuchtet den Regelungsgegenstand und Anwendungsbereich dieser beiden Richtlinien. Abschnitt 3 bietet einen Überblick über die in TR-RESISCAN spezifizierten Anforderungen für das ordnungsgemäße ersetzende Scannen. Abschnitt 4 beleuchtet ausgewählte Aspekte der TR-ESOR, die auf der Grundlage bestehender rechtlicher Normen sowie nationaler und internationaler technischer Standards ein modular aufgebautes Gesamtkonzept für die beweiswerterhaltende Langzeitspeicherung bereitstellt. Abschnitt 5 fasst die wesentlichen Ergebnisse des Beitrags kurz zusammen und liefert einen Ausblick auf zukünftige Entwicklungen.

2 Zusammenwirken der beiden Richtlinien

Während die TR-RESISCAN Anforderungen für eine ordnungsgemäße und risiko-minimierende Gestaltung des Scanprozesses für die Transformation eines papiergebundenen Originals in ein elektronisches Abbild definiert, adressiert die TR-ESOR insbesondere den Beweiswerterhalt kryptographisch signierter Dokumente unter Verwendung von qualifizierten Zeitstempeln, wie dies in § 17 SigV für die langfristige Aufbewahrung von qualifiziert signierten Daten gefordert ist.

Wie in Abbildung 1 dargestellt, kann mit einem Aufbewahrungssystem gemäß [BSI-TR-03125] insbesondere auch die in [BSI-TR-RESISCAN] geforderte Integritätssicherung erfolgen.

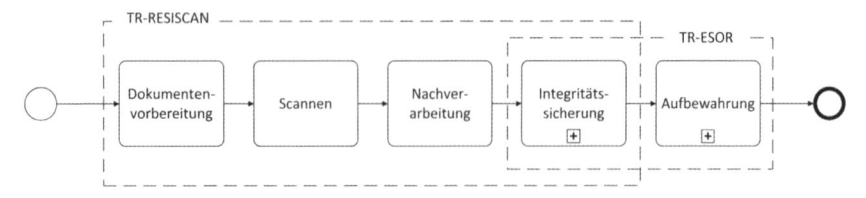

Abb. 1: Zusammenwirken der TR-RESISCAN und TR-ESOR

Auf der anderen Seite ist die Anwendung der in [BSI-TR-03125] spezifizierten Mechanismen für die ordnungsgemäße Integritätssicherung von Dokumenten gemäß [BSI-TR-RESISCAN] nicht in jedem Fall notwendig und wirtschaftlich sinnvoll. Wie im beispielhaften Entscheidungsprozess in Abbildung 2 erkennbar, können im Kontext des ersetzenden Scannens gemäß TR-RESISCAN auch alternative Mechanismen zur Integritätssicherung und Aufbewahrung eingesetzt werden. Ist der Schutzbedarf hinsichtlich der Integrität nicht sehr hoch und wird kein verkehrsfähiger Integritätsnachweis benötigt, müssen die aufzubewahrenden Dokumente nicht mit einer qualifizierten elektronischen Signatur versehen werden.

Die BSI-Richtlinien TR-ESOR und TR-RESISCAN 411

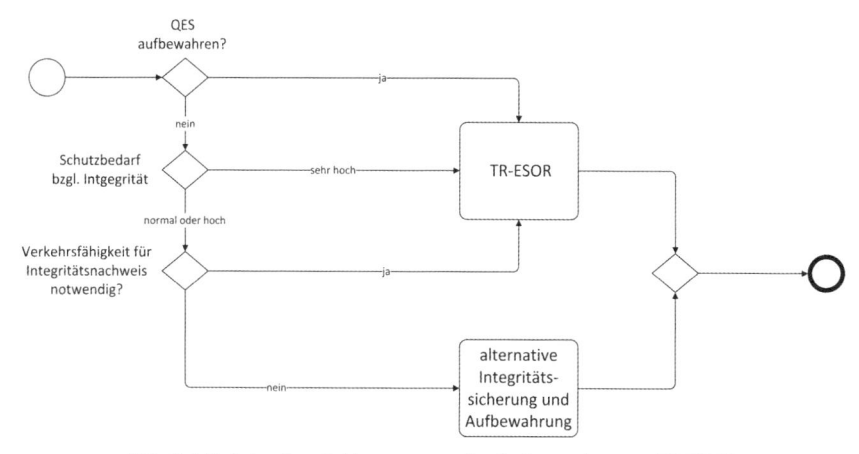

Abb. 2: Möglicher Entscheidungsprozess für die Anwendung von TR-ESOR

3 Technische Richtlinie TR-RESISCAN

Für die Entwicklung der TR-RESISCAN wurde eine Markt-, Struktur-, Schutzbedarfs- und Bedrohungsanalyse für ein „typisches Scansystem" und für den „generischen Scanprozess" durchgeführt, der die Schritte Dokumentenvorbereitung, das eigentliche Scannen, die Nachverarbeitung und schließlich die Integritätssicherung umfasst (vgl. Abbildung 1 und Abschnitt 3.1).

Hieraus wurde ein modularer Anforderungs- und Maßnahmenkatalog (vgl. Abbildung 3 und Abschnitt 3.2) entwickelt. Die Einhaltung der dort formulierten Anforderungen kann durch eine neutrale Stelle geprüft und objektiv bestätigt werden (Zertifizierung).

3.1 Struktur-, Schutzbedarfs- und Bedrohungsanalyse

Die bei der Entwicklung der TR-RESISCAN genutzte Methodik ist in informeller Weise an die internationalen Standards [ISO27001], [ISO27005], das IT-Sicherheitshandbuch [BSI-IT-SiHB] und die IT-Grundschutz-Vorgehensweise (siehe [BSI-100-2], [BSI-100-3]) des BSI angelehnt und umfasst die im Folgenden kurz erläuterten Aufgaben.

Auf Basis des durch Abstraktion aus der Praxis abgeleiteten „generischen Scanprozesses" (siehe Abbildung 1) und des „typischen Scansystemes" wurden die im weiteren Verlauf zu betrachtenden Objekte identifiziert. Hierbei wurden insbesondere die relevanten Datenobjekte (Schriftgut, Scanprodukte, Sicherungsmittel, Protokolle etc.), IT-Systeme, Netze und Anwendungen betrachtet.

Für diese identifizierten Objekte wurde in zwei Schritten eine detaillierte fachliche und technische Schutzbedarfsanalyse durchgeführt.

Im Rahmen der fachlichen Schutzbedarfsanalyse (siehe z.B. [SGHJ12] für Gerichtsakten) wurde zunächst ausgehend von den rechtlichen Anforderungen der Schutzbedarf der Datenobjekte ermittelt, wobei die differenzierten Sicherheitsziele „Integrität", „Authentizität", „Vollständigkeit", „Nach-vollziehbarkeit", „Verfügbarkeit", „Lesbarkeit", „Verkehrsfähigkeit", „Vertraulichkeit" und „Löschbarkeit" betrachtet wurden.

Danach wurde in der technischen Schutzbedarfsanalyse der Schutzbedarf der IT-Systeme, Anwendungen und Kommunikationsbeziehungen hinsichtlich der Grundwerte „Integrität", „Verfügbarkeit" und „Vertraulichkeit" bestimmt.

Um die einfache Wiederverwendbarkeit der Ergebnisse im IT-Grundschutz-Kontext [BSI-100-2] zu gewährleisten, wurde der jeweilige Schutzbedarf in Abhängigkeit des Schutzbedarfs des ursprünglichen Papierdokumentes ausgedrückt, und die differenzierten Sicherheitsziele wurden den oben genannten Grundwerten zugeordnet.

Bei der Bedrohungsanalyse wurden für die einzelnen Datenobjekte, IT-Systeme, Anwendungen und Kommunikationsverbindungen entsprechende Gefährdungen und Schwachstellen ermittelt. Hierbei wurden entlang des „generischen Scanprozesses" etwaige Bedrohungen ermittelt und geeignete Gegenmaßnahmen vorgeschlagen, die den identifizierten Gefährdungen entgegenwirken können. Dabei wurde auf anwendbare IT-Grundschutz-Bausteine [BSI-GSKat] aufgebaut und bei Bedarf eine entsprechende Präzisierung und Ergänzung vorgenommen. Hierdurch ist ein für das ersetzende Scannen spezifischer Maßnahmenkatalog entstanden, der neben den generischen Gefährdungen und Maßnahmen aus dem IT-Grundschutzhandbuch auch eine Vielzahl von zusätzlichen anwendungsspezifischen Bedrohungen und Maßnahmen enthält.

Unter den spezifischen Bedrohungen in der Dokumentenvorbereitung finden sich beispielsweise die Manipulation oder die Vernichtung des Originals sowie das versehentliche Umdrehen einzelner Blätter in einem Scan-Stapel.

Beim Scannen könnten beispielsweise Fehler bei der Erfassung des Scangutes oder gezielte Manipulationen der Scan-Workstation oder des Scanners auftreten.

Bei der Nachverarbeitung könnte beispielsweise eine falsche Zuordnung der Index- und Metadaten erfolgen, wodurch das zukünftige Auffinden der Scanprodukte erschwert oder gar unmöglich gemacht werden würde.

Die Integritätssicherung könnte schließlich gar nicht oder mit ungeeigneten Sicherungsmitteln erfolgen und die eingesetzten kryptographischen Mechanismen könnten im Laufe der Zeit ihre Sicherheitseignung verlieren. Aus all diesen Gefährdungen ergibt sich ein mehr oder weniger großes Risiko, das den Beweiswert des Scanproduktes schmälern kann.

3.2 Modularer Anforderungs- und Maßnahmenkatalog

Um diese Risiken zu minimieren, wurden entsprechende technische und organisatorische Sicherheitsmaßnahmen festgelegt, die den identifizierten Gefährdungen entgegenwirken. Aus diesen Sicherheitsmaßnahmen wurden Anforderungen abgeleitet, die bei der richtlinienkonformen Ausgestaltung des Scanprozesses berücksichtigt werden müssen, sollen oder können. Um ein für das jeweilige Anwendungsfall und damit für das konkrete Fachverfahren angemessenes Sicherheitsniveau erreichen zu können, wurde der Maßnahmenkatalog in einer modularen Weise aufgebaut. Bei der Entwicklung der TR-RESISCAN wurde bewusst dieser Weg gewählt, damit der Anwender die für seinen konkreten Einsatzbereich angemessene Sicherheitsstufe wählen und dadurch in betriebswirtschaftlicher Hinsicht effizienteste Lösung realisieren kann.

Die BSI-Richtlinien TR-ESOR und TR-RESISCAN

Aufbaumodule mit zusätzlichen Sicherheitsmaßnahmen

- Zusätzliche Maßnahmen bei besonders hohen Anforderungen bzgl. **Verfügbarkeit**
- Zusätzliche Maßnahmen bei besonders hohen Anforderungen bzgl. **Integrität**
- Zusätzliche Maßnahmen bei besonders hohen Anforderungen bzgl. **Vertraulichkeit**

Basismodul

- Maßnahmen in der **Dokumentenvorbereitung**
- Maßnahmen beim **Scannen**
- Maßnahmen bei der **Nachverarbeitung**
- Maßnahmen bei der **Integritätssicherung**

Grundlegende Anforderungen

- **Organisatorische** Maßnahmen
- **Personelle** Maßnahmen
- **Technische** Maßnahmen

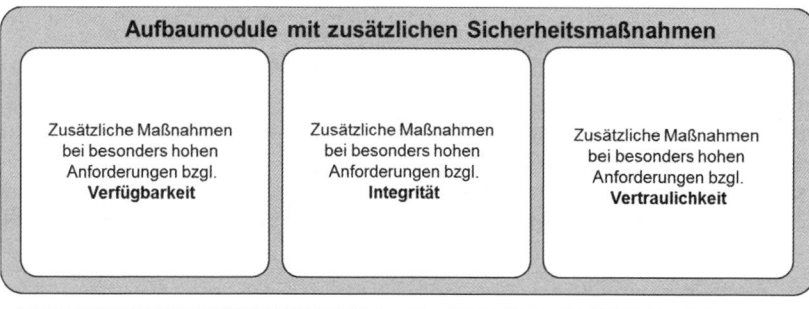

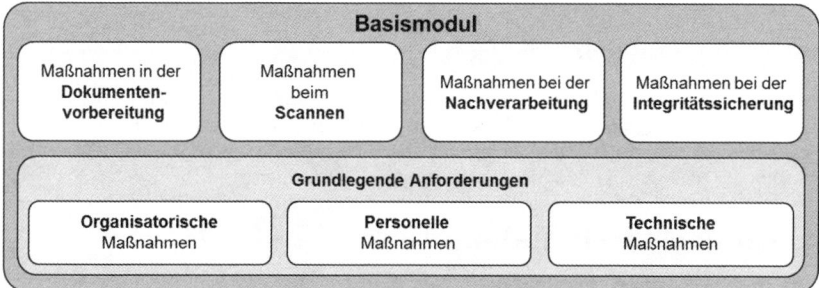

Abb. 3: Der modulare Maßnahmenkatalog der TR-RESISCAN im Überblick

Der in Abbildung 3 im Überblick dargestellte Maßnahmenkatalog sieht zunächst *grundlegende Anforderungen* vor, die für eine richtlinienkonforme Ausgestaltung des Scanprozesses umzusetzen sind. Diese umfassen übergreifende und somit in allen Phasen des Scanprozesses wirksame *organisatorische Maßnahmen*, wie z.B. Festlegung von Verantwortlichkeiten und Funktionstrennung, sowie *personelle Maßnahmen*, wie z.b. Verpflichtung zur Einhaltung von Gesetzen, Sensibilisierung und Schulung der Mitarbeiter und *technische Maßnahmen*, wie z.b. die geeignete Netztrennung bei Einsatz von netzwerkfähigen Scannern.

Darüber hinaus sieht die Richtlinie spezifische Maßnahmen in den verschiedenen Phasen des Scanprozesses vor. Dies umfasst beispielsweise:

- *Sicherheitsmaßnahmen in der Dokumentenvorbereitung*, wie die sorgfältige Vorbereitung der Papierdokumente, die Kennzeichnung der Dokumente bzgl. Sensitivität oder die Beschränkung des Zugriffs auf sensible Papierdokumente;
- *Sicherheitsmaßnahmen beim Scannen*, wie das sorgfältige Scannen, die Verwendung geeigneter Scan-Einstellungen, die Nutzung von Metainformationen aus der Dokumentenvorbereitung, die Durchführung geeigneter Schritte zur Qualitätssicherung sowie verschiedene Maßnahmen für Drucker, Kopierer, Scanner und Multifunktionsgeräte, wie z.B.
  - die Definition von Kriterien für die Beschaffung und die geeignete Auswahl,
  - die geeignete Aufstellung und Inbetriebnahme,
  - die Änderung voreingestellter Passwörter,
  - die sorgfältige Durchführung von Konfigurationsänderungen.

- die Beschränkung des Zugriffs und die Verwendung von sicheren Zugriffsmechanismen bei Fernadministration,
- die geeignete Protokollierung und Auswertung und schließlich
- die sichere Außerbetriebnahme.

- *Sicherheitsmaßnahmen bei der Nachbereitung*, wie die Durchführung von geeigneten Maßnahmen zur Qualitätssicherung und Nachbearbeitung und schließlich
- *Sicherheitsmaßnahmen zur Integritätssicherung*, wie die Nutzung geeigneter Dienste und Systeme für den Integritätsschutz. Während die oben erläuterten Maßnahmen für ein grundlegendes Schutzniveau sorgen, können in bestimmten Anwendungsszenarien zusätzliche Sicherheitsmaßnahmen zum Schutz der Verfügbarkeit, Integrität und Vertraulichkeit empfehlenswert oder unmittelbar notwendig sein.

Beispielsweise empfiehlt sich für Sozialversicherungsträger (vgl. § 110d SGB IV) oder beim Scannen besonders schützenswerter Dokumente der Einsatz qualifizierter elektronischer Signaturen für die Integritätssicherung. In entsprechender Weise kann ein besonders hohes Maß an Vertraulichkeit durch Einsatz von geeigneten Verschlüsselungsmechanismen erreicht werden. In den beiden genannten Fällen sind darüber hinaus zusätzliche Maßnahmen für das Schlüsselmanagement, die Auswahl geeigneter kryptographischer Produkte und nicht zuletzt Aspekte der Nachsignatur bzw. der Umschlüsselung zu beachten.

4 Technische Richtlinie TR-ESOR (TR 03125)

Die Übertragung von Papierdokumenten in die elektronische Form induziert zusätzliche Risiken bezüglich der Authentizität und Integrität der Daten, denen oft durch Einsatz elektronischer Signaturen begegnet wird. Auf der anderen Seite ist die Sicherheitseignung der eingesetzten kryptographischen Algorithmen selbst eine Funktion der Zeit, so dass bei der langfristigen Aufbewahrung signierter Dokumente zusätzliche Maßnahmen für den Erhalt der Beweiskraft notwendig sind.

Für diesen Zweck hat das BSI die Technische Richtlinie 03125 „Beweiswerterhaltung kryptographisch signierter Dokumente" (TR-ESOR) auf Basis des Evidence Record Syntax (ERS) Standards (vgl. [RFC4998] und [RFC6283]) und der Ergebnisse der vorausgegangenen Projekte ArchiSig [RoSc06] und ArchiSafe [ArchiSafe] entwickelt. Hierdurch kann insbesondere die Integrität und Authentizität archivierter Daten und Dokumente bis zum Ende der gesetzlich vorgeschriebenen Aufbewahrungspflicht unter Wahrung des rechtswirksamen Beweiswertes erhalten werden. Die Einhaltung der Anforderungen an die ordnungsgemäße Aufbewahrung wird dabei vorausgesetzt.

Thematisch behandelt die Technische Richtlinie dabei:

- Daten- und Dokumentenformate,
- Austauschformate für Archivdatenobjekte und Beweisdaten,
- Empfehlungen zu einer Referenzarchitektur, ihrer Prozesse, Module und Schnittstellen als Konzept einer Middleware,
- Konformitätsregeln für die Konformitätsstufe 1 „logisch-funktional" und die Konformitätsstufe 2 „technisch-interoperabel" sowie
- zusätzliche Anforderungen für Bundesbehörden.

Aus den für den Erhalt des Beweiswerts notwendigen funktionalen Anforderungen wurde eine modulare Referenzarchitektur abgeleitet, die in Abschnitt 5.1 kurz vorgestellt wird. Die Erfüllung dieser Anforderungen kann im Rahmen eines TR-spezifischen Zertifizierungsverfahrens nachgewiesen werden. Abschnitt 5.2 stellt den aktuellen Stand zur Konformitätsprüfung gemäß TR-ESOR vor.

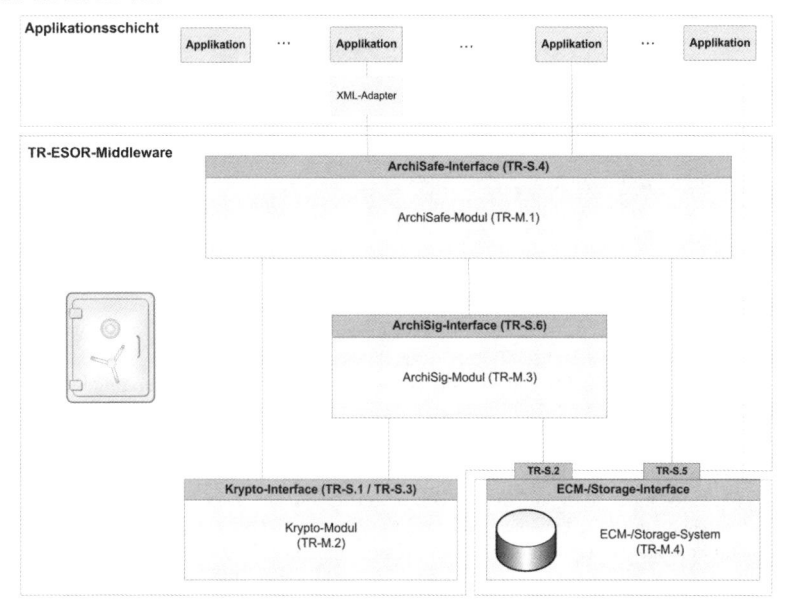

Abb. 4: TR-ESOR Referenzarchitektur

4.1 TR-ESOR Referenzarchitektur

Die in der TR-ESOR für Zwecke des Beweiswerterhalts kryptographisch signierter Daten entwickelte Referenzarchitektur (siehe Abbildung 4) besteht aus den folgenden funktionalen und logischen Einheiten:

- Das „*ArchiSafe-Interface*" (TR-S. 4) bildet die Eingangs-Schnittstelle zur TR-ESOR-Middleware und bettet diese in die bestehende IT- und Infrastrukturlandschaft ein.
- Das „*ArchiSafe-Modul*" (TR-M.1) regelt den Informationsfluss in der Middleware, sorgt dafür, dass die Sicherheitsanforderungen an die Schnittstellen zu den IT-Anwendungen umgesetzt werden und gewährleistet eine Entkopplung von Anwendungssystemen und Enterprise Content Management (ECM)/Langzeitspeicher. Die Sicherheitsanforderungen dieses Moduls sind im „Common Criteria Protection Profile for an ArchiSafe Compliant Middleware for Enabling the Legally compliant Long-Term Preservation of Electronic Documents (ACM_PP)" [BSI-PP-0049] definiert.
- Das „*Krypto-Modul*" (TR-M.2) mit den Eingangsschnittstellen TR-S.1 und TR-S.3 stellt die kryptographischen Funktionen bereit, welche für den Beweiswerterhalt kryptographisch signierter Dokumente wesentlich sind. Das Krypto-Modul stellt Funktio-

nen zur Erstellung (optional) und Prüfung elektronischer Signaturen, zur Nachprüfung elektronischer Zertifikate und zum Einholen qualifizierter Zeitstempel für die Middleware zur Verfügung. Das Krypto-Modul muss die Anforderungen des Gesetzes über Rahmenbedingungen für elektronische Signaturen (SigG) und der Verordnung zur elektronischen Signatur (SigV) erfüllen. Die Aufrufschnittstellen des Krypto-Moduls sollen nach dem ecard-API-Framework (vgl. [BSI-TR-03112], [OASIS-DSS] und [BSI-TR-03125-E]) gestaltet sein, um die Integration und Austauschbarkeit kryptographischer Funktionen zu erleichtern.

- Das „ArchiSig-Modul" (TR-M.3) mit der Schnittstelle TR-S. 6 stellt die erforderlichen Funktionen für die Beweiswerterhaltung der digital signierten Unterlagen gemäß [RoSc06] zur Verfügung. Auf diese Weise wird gewährleistet, dass die in § 17 SigV geforderte Signaturerneuerung einerseits gesetzeskonform und anderseits performant und wirtschaftlich durchgeführt werden kann und somit dauerhafte Beweissicherheit gegeben ist.

- Das *ECM*- bzw. das *Langzeitspeicher-System* mit den Schnittstellen TR-S. 2 und TR-S. 5, das nicht mehr Teil der Technischen Richtlinie 03125 TR-ESOR ist, sorgt für die physische Archivierung/Aufbewahrung.

Die in Abbildung 4 dargestellte IT-Referenzarchitektur orientiert sich an der ArchiSafe-Referenzarchitektur [ArchiSafe] und soll die logische (funktionale) Interoperabilität künftiger Produkte mit den Zielen und Anforderungen der Technischen Richtlinie ermöglichen und unterstützen (siehe auch [BSI-TR-03125-C.1] und [BSI-TR-03125-C.2]).

Diese strikt plattform-, produkt-, und herstellerunabhängige Technische Richtlinie [BSI-TR-03125] hat einen modularen Aufbau und besteht aus einem Hauptdokument und Anlagen, die die funktionalen und sicherheitstechnischen Anforderungen an die einzelnen Module, Schnittstellen und Formate der TR-ESOR-Middleware beschreiben.

4.2 Formate

Für die Langzeitspeicherung ist es erforderlich, dass nur langfristig verfügbare und verkehrsfähige Datenformate wie z. B. ASCII, TIFF, PDF/A und XML für die zu archivierenden Dokumente zum Einsatz kommen.

Aufbauend auf den Grundlagen aus den Projekten ArchiSig [RoSc06], ArchiSafe [ArchiSafe] sowie XFDU [XFDU] werden zudem die zu archivierenden Daten in ein selbsterklärendes Archivdatenobjekt als Austauschformat auf der Basis von XML (kurz „XAIP" für „XML Archival Information Package" genannt) eingebettet und so dem Langzeitspeicher zur Archivierung übergeben [BSI-TR-03125-F]. Das XAIP enthält neben einem „Inhaltsverzeichnis" und Metadaten die Originaldaten sowie Beweisdaten (z. B. Signaturen, Zeitstempel, sog. Evidence Records), so dass insbesondere auch die Verkehrsfähigkeit gegeben ist.

4.3 Konformität und Interoperabilität

Für die Technische Richtlinie 03125 TR-ESOR sind drei Stufen für die Konformitätsprüfung von Produkten und Systemen vorgesehen:

- Konformitätsstufe 1 – Funktionale Konformität gemäß [BSI-TR-03125-C.1]
- Konformitätsstufe 2 – Technische Konformität gemäß [BSI-TR-03125-C.2]

- Konformitätsstufe 3 – Technische Konformität gemäß der Profilierung für Bundesbehörden [BSI-TR-03125-B])

Diese drei Konformitätsstufen unterscheiden sich in technischen Detailspezifikationen der Schnittstellen und Formate.

Produkte und Systeme, die gemäß der Technischen Richtlinie 03125 TR-ESOR zertifiziert werden möchten, haben ihre Konformität zu den vorliegenden Spezifikationen nachzuweisen.

Die drei Konformitätsstufen bauen aufeinander auf. Um entsprechend der angestrebten Konformitätsstufe zertifiziert zu werden, muss ein Produkt oder System alle Konformitätskriterien (Testfälle) für diese Konformitätsstufe und für alle tieferen Konformitätsstufen erfüllen.

4.3.1 Funktionale Konformität

Ein System oder eine Komponente ist „funktional konform" zu [BSI-TR-03125], wenn das System oder die Komponente funktional auf die in dieser Richtlinie beschriebene Systemkomposition oder auf einzelne (auch mehrere) Module dieser Systemkomposition abgebildet werden kann und die Übereinstimmung zu den Anforderungen an das Gesamtsystem oder an einzelne Module festgestellt wird.

Funktional konform im Sinne der [BSI-TR-03125] bedeutet, dass die Komponenten die in der TR-ESOR definierten funktionalen und sicherheitstechnischen Anforderungen erfüllen, die logische Abbildung der funktionalen Anforderungen nachvollziehbar dargestellt wird und die Komponenten zweckmäßig auf der Basis der in der TR-ESOR aufgeführten Ziele und Standards miteinander arbeiten können.

Funktional konform im Sinne der TR-ESOR bedeutet nicht, dass die Schnittstellen der Komponente bzw. des Systems den ASN.1- oder XML- Spezifikationen exakt entsprechen müssen. Wesentliches Ziel dieser Konformitätsprüfung ist der Nachweis, dass das Modul bzw. das Gesamtsystem den entsprechenden Anteil für die Beweiswerterhaltung funktional umsetztAktuell wird der Anhang [BSI-TR-03125-C.1] erstellt, der im Herbst 2012 fertiggestellt sein soll.

Dieses Dokument spezifiziert die funktionalen Konformitätskriterien (Testfälle), die aus den bereits veröffentlichten Anforderungen in [BSI-TR-03125] abgeleitet wurden. Zusätzlich werden die vorliegenden Anforderungen und die daraus resultierenden Testfälle der entsprechenden Konformitätsstufe zugeordnet.

Die Testfall-Spezifikation wird so erstellt, dass dieses Dokument als Muster für die Dokumentation der Testdurchführung und Testergebnisse dienen kann.

4.3.2 Technische Konformität

Ein System oder eine Komponente ist „technisch konform" zu [BSI-TR-03125], wenn zusätzlich zum Nachweis der funktionalen Konformität auch alle bzw. die betreffenden Schnittstellen auf Basis der eCard-API [BSI-TR-03112], wie in [BSI-TR-03125-E] beschrieben, umgesetzt sind und ein definiertes XML-Datenformat (z.B. für selbsterklärende Archivdatenobjekte „XML Archiving Information Package" (XAIP) gemäß [BSI-TR-03125-F]) für die Kommunikation und das Speichern verwendet wird.

Außerdem wird in der Technischen Richtlinie TR-ESOR festgelegt, dass ein Richtlinienkonformes ArchiSig-Modul auf Anforderung Evidence Records gemäß [RFC4998] bzw. [RFC6283] erzeugen können muss.

Die Prüfung der technischen Konformität umfasst dabei insbesondere:
1. die Prüfung der in [BSI-TR-03125-E] spezifizierten Webservice-Schnittstellen (vgl. Abbildung 4),
2. die Prüfung der syntaktischen und semantischen Korrektheit der Evidence Records gemäß [RFC4998] bzw. [RFC6283] und
3. die Prüfung der syntaktischen und semantischen Korrektheit der XAIP-Container.

Als XML-Datenformat soll XAIP aus [BSI-TR-03125-F] verwendet werden. Abweichungen im verwendeten XML-Datenformat sind zulässig, allerdings muss dann erläutert werden, dass gleichwertige Funktionalität unterstützt wird. Insbesondere ist zu erläutern, wie eine Transformation in das XAIP Format aus [BSI-TR-03125-F] erfolgen kann.

Außerdem wird derzeit für die automatisierte Durchführung von technischen Konformitätsprüfungen eine erweiterbare Testumgebung geschaffen, die möglichst auf bereits beim BSI existierende Testumgebungen aufbaut, so dass Webservice-Schnittstellen und Signaturspezifische Funktionen und Datenobjekte in einer einheitlichen Umgebung getestet werden können.

5 Zusammenfassung und Ausblick

Zur weiteren Steigerung der Effizienz in der öffentlichen Verwaltung sollen Akten zukünftig elektronisch geführt werden und papiergebundene Schriftstücke zu diesem Zweck bei Bedarf eingescannt und das Original möglichst vernichtet werden. Um die hierbei im Vergleich zur papiergebundenen Verwaltungstätigkeit entstehenden Risiken kompensieren zu können, müssen entsprechende Sicherheitsmaßnahmen nach dem Stand der Technik eingesetzt werden. Gemäß dem derzeitigen Entwurf des Gesetzes zur Förderung der elektronischen Verwaltung (E-Government-Gesetz – EGovG, siehe [EGovG-RE]) wird die Einhaltung des Standes der Technik vermutet, wenn beim ersetzenden Scannen die in der TR-RESISCAN spezifizierten Anforderungen erfüllt werden (siehe § 7 EGovG (Übertragen und Vernichten des Papieroriginals)) und die langfristige Aufbewahrung qualifiziert signierter Dokumente mit einem TR-ESOR-konformen System (siehe § 6 EGovG (Elektronische Aktenführung)) erfolgt. Vor diesem Hintergrund können interessierte Parteien ab Herbst 2012 in den Prozess der Konformitätsprüfung gemäß [BSI-TR-03125] bzw. [BSI-TR-RESISCAN] eintreten.

Literatur

[ArchiSafe] Physikalisch-Technische Bundesanstalt: *ArchiSafe-Webseite*, siehe unter http://www.archisafe.de

[BSI-100-2] Bundesamt für Sicherheit in der Informationstechnik (BSI): BSI-Standard 100-2: *IT-Grundschutz-Vorgehensweise*

[BSI-100-3] Bundesamt für Sicherheit in der Informationstechnik (BSI): BSI-Standard 100-3: *Risikoanalyse auf der Basis von IT-Grundschutz*

[BSI-GSKat] Bundesamt für Sicherheit in der Informationstechnik (BSI): *IT-Grundschutz-Kataloge*, 2011

[BSI-IT-SiHB] Bundesamt für Sicherheit in der Informationstechnik (BSI): *IT-Sicherheitshandbuch – Handbuch für die sichere Anwendung der Informationstechnik*, 1992

[BSI-PP-0049]	Bundesamt für Sicherheit in der Informationstechnik (BSI): Common Criteria Protection Profile for an ArchiSafe Compliant Middleware for Enabling the Long-Term Preservation of Electronic Documents (ACM_PP), Version 1.0., https://www.bsi.bund.de/ContentBSI/Themen/ZertifizierungundAnerkennung/ZertifierungnachCCundITSEC/ Schutzprofile Protection Profile/ schutzprofile.html#PP0049, 2008
[BSI-TR-03112]	Bundesamt für Sicherheit in der Informationstechnik (BSI): *eCard-API-Framework*, Version 1.1.2, TR-03112, https://www.bsi.bund.de/Content BSI/Publikationen/TechnischeRichtlinien/tr03112/index_htm.html, 2012
[BSI-TR-03125]	Bundesamt für Sicherheit in der Informationstechnik (BSI): *Beweiswerterhaltung kryptographisch signierter Dokumente (TR-ESOR)*, TR 03125, Version 1.1, https://www.bsi.bund.de/ContentBSI/Publikationen/ Technische Richtlinien/tr03125/index_htm.html, 2011.
[BSI-TR-03125-B]	Bundesamt für Sicherheit in der Informationstechnik (BSI): Anlage B zu [BSI-TR-03125], Profilierung für Bundesbehörden, 2011
[BSI-TR-03125-C.1]	Bundesamt für Sicherheit in der Informationstechnik (BSI): Anlage C.1 zu [BSI-TR-03125], Conformity Test Specification (Level 1 – Functional Conformity), geplant für 2012
[BSI-TR-03125-C.2]	Bundesamt für Sicherheit in der Informationstechnik (BSI): Anlage C.2 zu [BSI-TR-03125], Conformity Test Specification (Level 2 – Technical Conformity), geplant für 2012
[BSI-TR-03125-E]	Bundesamt für Sicherheit in der Informationstechnik (BSI): Anlage E zu [BSI-TR-03125]: Konkretisierung der Schnittstellen auf Basis des eCard-API-Frameworks, TR 03125 Version 1.1, 2011
[BSI-TR-03125-F]	Bundesamt für Sicherheit in der Informationstechnik (BSI): Anlage F zu [BSI-TR-03125], Formate und Protokolle, 2011
[BSI-TR-RESISCAN]	Bundesamt für Sicherheit in der Informationstechnik (BSI): *Rechtssicheres ersetzendes Scannen (TR-RESISCAN)*, Version 1.0 geplant für Oktober 2012
[EGovG-RE]	Referentenentwurf der Bundesregierung: *Gesetz zur Förderung der elektronischen Verwaltung sowie zur Änderung weiterer Vorschriften*, Bearbeitungsstand 16.03.2012, über http://www.bmi.bund.de/SharedDocs/Downloads/DE/Gesetzestexte/Entwuerfe/Entwurf_EGov.html
[HFG+09]	D. Hühnlein, S. Fischer-Dieskau, U. Gnaida, U. Korte, P. Rehäußer, W. Zimmer: *Langfristig beweiskräftige Signaturen mit dem eCard-API-Framework*, DACH Security 2009, http://www.ecsec.de/pub/2009_DACH-eCard-API.pdf
[ISO27001]	ISO/IEC 27001: *Information technology – Security techniques – Information security management systems – Requirements*, International Standard, 2005
[ISO27005]	ISO/IEC 27005: *Information technology – Security techniques – Information security risk management*, International Standard, 2008

[Merk80]   R. Merkle: *Protocols for Public Key Cryptosystems*, Proceedings of the 1980 IEEE Symposium on Security and Privacy (Oakland, CA, USA), SS. 122-134, 1980

[OASIS-DSS] OASIS: *Digital Signature Service Core, Protocols, Elements, and Bindings*, Version 1.0, http://docs.oasis-open.org/dss/v1.0/oasis-dss-core-spec-v1.0-os.html, 2007

[RFC3161]   C. Adams, P. Cain, D. Pinkas, R. Zuccherato: *Internet X.509 Public Key Infrastructure – Time-Stamp Protocol (TSP)*, IETF RFC 3161, http://www.ietf.org/rfc/rfc3161.txt, 2001

[RFC4998]   T. Gondrom, R. Brandner, U. Pordesch: *Evidence Record Syntax (ERS)*, IETF RFC 4998, http://www.ietf.org/rfc/rfc4998.txt, August 2007

[RFC6283]   A. J. Blazic, S. Saljic, T. Gondrom: *Extensible Markup Language Evidence Record Syntax (XMLERS)*, IETF RFC 6283, http://www.ietf.org/rfc/rfc6283.txt, Juli 2011.

[RoSc06]   A. Rossnagel, P. Schmücker (Hrsg.): Beweiskräftige elektronische Archivierung. Ergebnisse des Forschungsprojektes „ArchiSig – Beweiskräftige und sichere Langzeitarchivierung digital signierter Dokumente", Economica Verlag, 2006

[SGHJ12]   A. Schumacher, O. Grigorjew, D. Hühnlein, S. Jandt: *Die Entwicklung der BSI-Richtlinie für das rechtssichere ersetzende Scannen*, in Tagungsband FTVI 2012, GI, LNI, 2012, http://www.ftvi.de/

[XFDU]   The Consultative Committee for Space Data Systems: *XML FORMATTED DATA UNIT (XFDU)*, CCSDS 661.0-B-1, September 2008, http://public.ccsds.org/publications/archive/661x0b1.pdf

Ein interoperabler Container für elektronische Dokumente

Klaus Stranacher · Bernd Zwattendorfer

Technische Universität Graz – IAIK
{klaus.stranacher | bernd.zwattendorfer}@iaik.tugraz.at

Zusammenfassung

Die EU Dienstleistungsrichtlinie musste bis Ende 2009 von allen EU Mitgliedsstaaten umgesetzt werden. Ziel dieser Richtlinie ist es, Vereinfachungen im Handel mit Dienstleistungen zu erreichen. So soll es beispielsweise möglich sein, mittels elektronischer Verfahren eine Dienstleistung im Ausland anzubieten oder ein Geschäft zu eröffnen. Ein zentrales Element dieses Rahmenwerks sind elektronische Dokumente, die zwischen den betroffenen Parteien ausgetauscht werden. Dabei steigt der Bedarf an Interoperabilität zwischen den Mitgliedsstaaten vor allem im Bereich der elektronischen Dokumente und digitalen Signaturen. Der vorliegende Beitrag präsentiert ein mehrschichtiges Interoperabilitätskonzept für den grenzüberschreitenden Austausch von elektronischen Dokumenten entsprechend der Dienstleistungsrichtlinie. Der so genannte „Omnifarious Container for eDocuments" (OCD) wurde im Zuge des EU Pilotprojekt SPOCS entwickelt und erfolgreich in den teilnehmenden Mitgliedsstaaten eingesetzt.

1 Einleitung

Am 28. Dezember 2009 ist die EU Dienstleistungsrichtlinie [EURO06] in Kraft getreten. Hauptziel der Richtlinie ist, *„die rechtlichen und administrativen Hindernisse für den Handel im Dienstleistungssektor zu beseitigen, damit das ungenutzte Wachstumspotenzial der Dienstleistungsmärkte in Europa freigesetzt wird"* [EURO12]. Speziell Artikel 8 der Direktive, der sich mit der elektronischen Verfahrensabwicklung befasst, ist ein essentieller Bestandteil, um dieses Ziel zu erreichen. Artikel 8 und die damit verbundenen Artikel 5, 6, 7 und 21 sind dabei auf folgende Themen fokussiert:

- Identifikation und Authentifikation von Dienstleistungserbringern in einem grenzüberschreitenden Umfeld
- Gegenseitige Anerkennung von Dokumenten
- Sicherheit des Datenaustausches zwischen EU Mitgliedsstaaten
- Prüfung und Validierung von Dokumente

Dabei spielt der Austausch von elektronischen Dokumenten eine zentrale Rolle. Das führt unmittelbar zur Frage der Interoperabilität im Bereich der elektronischen Dokumente und der digitalen Signaturen. Des Weiteren wurde im E-Government Aktionsplan der Europäischen Union [EURO10a] ein starker Fokus auf eine Erhöhung der Interoperabilität zwischen den Mitgliedsstaaten gelegt. Aus diesem Grund präsentieren wir in diesem Beitrag ein mehrschichtiges Interoperabilitätskonzept für den grenzüberschreitenden Austausch von elektronischen Dokumenten, wie es von der EU Dienstleistungsrichtlinie gefordert ist. Das Ergebnis dieses Konzept ist der so genannte „Omnifarious Container for eDocuments" (OCD), der im Zuge des EU Erprobungsprojekts SPOCS[1] entwickelt wurde.

Der Rest dieses Beitrags ist wie folgt strukturiert: Abschnitt 2 behandelt grundlegende Hintergrundinformationen zu elektronischen Dokumenten sowie dem EU Rahmenwerk. Der darauf folgende Abschnitt 3 gibt einen kurzen Überblick über das EU Pilotprojekt SPOCS. In Abschnitt 4 stellen wir den interoperablen OCD Container vor. Abschnitt 5 erläutert die entwickelten Open Source Software Module, die derzeit in den teilnehmenden Mitgliedsstaaten eingesetzt werden. Abschließend geben wir einen Ausblick auf die Evaluierung der Software Module und die weitere Arbeit.

2 Hintergrundinformationen

Dieser Abschnitt liefert entsprechende Hintergrundinformationen zum besseren Verständnis des weiteren Beitrags. Im Speziellen werden elektronische Dokumente und das Europäische Rahmenwerk wie das Europäische Interoperabilitäts-Rahmenwerk und die EU Dienstleistungsrichtlinie behandelt.

2.1 Elektronische Dokumente

Im Allgemeinen stellen elektronische Dokumente das digitale Pendant zu Papier-Dokumenten dar. Dabei kann dieselbe Information wie bei Papier-Dokumenten ausgetauscht werden, nur können diese einfacher digital verarbeitet und problemloser und rascher übertragen werden.

Prinzipiell können elektronische Dokumente in folgende drei Kategorien eingeteilt werden:

- Strukturierte Formate
- Unstrukturierte Formate
- Container Formate

Strukturierte Dokumente bzw. deren Formate sind Dokumente, deren Inhalt einem bestimmten Schema entspricht. Aus diesem Grund sind solche Formate üblicherweise maschinenlesbar und damit zur automatischen Weiterverarbeitung geeignet. Der bekannteste Vertreter dieses Formattyps ist wohl XML.

Im Gegensatz zu strukturierten Formaten kann der Inhalt von unstrukturierten Formaten nicht automatisch weiterverarbeitet werden. Solche Formate werden hauptsächlich zur (besseren) visuellen Darstellung genutzt. Das meist verwendete Format dieses Typs ist PDF.

Container Formate beinhalten normalerweise unterschiedliche Arten von Daten (wie Texte, Bilder, etc.). Das Container Format spezifiziert dabei, wie diese Daten im Container gespeichert werden. Im Allgemeinen sind solche Formate in sich abgeschlossen, d.h. sämtliche notwendige Informationen und Daten für die Verarbeitung des Dokuments sind im Container enthalten. Beginnend mit MIME, als eines der ersten Container Formate, haben diese Formate in den letzten Jahren immer mehr an Popularität erlangt, wie beispielsweise das OpenDocument Format ODF[2] oder Office Open XML OOXML[3].

---

[1] Simple Procedures Online for Cross- Border Services, http://www.eu-spocs.eu/.
[2] Spezifiziert im ISO-Standard ISO/IEC 26300.
[3] Spezifiziert im ISO-Standard ISO/IEC 29500.

2.2 EU Rahmenwerk

Im Dezember 2012 wurde von der Europäischen Kommission das Europäische Interoperabilitäts Rahmenwerk (European Interoperability Framework - EIF) in der Version 2 veröffentlicht [EURO10b]. Dieses Rahmenwerk legt Designprinzipen fest und enthält Empfehlungen wie Verwaltungen, Unternehmen und Bürger grenzüberschreitend kommunizieren sollten. Dieses Rahmenwerk war die fundamentale Basis für die Entwicklung des interoperablen Dokumente Containers, welcher in Abschnitt 4 im Detail beschrieben wird.

Die EU Dienstleistungsrichtlinie wurde durch das Europäische Parlament und den Europäischen Rat am 12. Dezember 2006 verabschiedet und wurde in den nationalen Systemen der Mitgliedsstaaten bis zum 28. Dezember 2009 umgesetzt. Die Richtlinie befasst sich mit Handelsbarrieren und legt allgemeine Bestimmungen zur Ausübung von Dienstleistungen sowie den freien Verkehr von Dienstleistung bei Beibehaltung der hohen Qualität innerhalb der Europäischen Union fest. Das Hauptziel der Dienstleistungsrichtlinie ist daher, die rechtlichen und administrativen Hindernisse im Dienstleistungssektor zu reduzieren. Die Richtlinie sieht auch eine erhöhte Transparenz für KMUs und Verbraucher vor.

Die Einrichtung von sogenannten Einheitlichen Ansprechpartnern (EAP) in den Mitgliedsstaaten ist eine Hauptanforderung der Richtlinie. Durch diese EAPs erhalten Dienstleister sämtliche Informationen von einer Stelle und können auch administrative Formalitäten zentral und elektronisch erledigen, ohne weitere Behörden aufsuchen zu müssen.

3 EU Pilotprojekt SPOCS

Der vollständige Beitrag enthält in diesem Kapitel eine Beschreibung des EU Erprobungsprojekts (Large Scale Pilot) SPOCS inkl. Ziele des Projekts, entwickelte Spezifikationen und Software Module zu elektronischen Dokumenten, elektronische Dienste, Content Syndizierung[4], elektronische Zustellung und elektronischer Safe. Zusätzlich wird kurz auf die Pilotierung eingegangen, in dessen Rahmen in den teilnehmenden Mitgliedsstaaten die in SPOCS entwickelte Lösung in den Echtanwendungen der EAPs eingesetzt und evaluiert werden.

Dienstleistungsanbieter sind bei der Aufnahme und Ausübung ihrer Dienste mit vielen bürokratischen Regulierungen konfrontiert. Dies trifft insbesondere dann zu, wenn sie grenzüberschreitend tätig sein wollen. Als Antwort auf diese Hindernisse wurde im Mai 2009 das EU Pilotprojekt SPOCS gestartet. Das Hauptziel des Projekts ist die Entwicklung einer Interoperabilitäts-Schicht zur Förderung des Dienstleistungsangebots, indem die grenzüberschreitende Geschäftseröffnung erleichtert wird. Dabei baut die Interoperabilitäts-Schicht auf den existierenden nationalen Lösungen auf.

Hierzu wurden in SPOCS Spezifikation und Open Source Software Module entwickelt, die auf öffentlichen Standards basieren. Hierbei wurden sowohl die Spezifikationen als auch die Software Module einem öffentlichen Publikum (bestehend aus Vertretern der EU Mitgliedsstaaten und der privaten Wirtschaft) vorgestellt und deren Feedback eingearbeitet.

Folgende technischen Lösungen wurden entwickelt:
- Content Syndizierung[5]

---

[4] Der, in diesem Fall grenzüberschreitende, Austausch von Informationen.

[5] Der, in diesem Fall grenzüberschreitende, Austausch von Informationen.

- Elektronische Zustellung und elektronische Safes
- Elektronischer Dienst
- Elektronische Dokumente

Alle diese Module wurden bzw. werden noch in einer Pilotierungsphase[6] erprobt. Dabei werden diese Module in den Produktivsystemen der EAPs der teilnehmenden Pilotierungsländer eingesetzt und stehen den Dienstleistungsanbietern zur Verfügung. Insgesamt erfolgt der Pilotbetrieb mit acht Mitgliedsstaaten[7], die fünf unterschiedliche Berufe[8] pilotieren.

Die folgenden Abschnitte erläutern Details zur Spezifikation und Implementierung der elektronischen Dokumente.

4 OCD – ein interoperabler Dokumente Container

4.1 Überblick

Mit Blick auf die EU Dienstleistungsrichtlinie und die Anforderung der Verbesserung von grenzüberschreitenden elektronischen Verfahren ist Interoperabilität eines der wichtigsten Themen aktueller E-Government Entwicklungen. Um die Interoperabilität zwischen allen betroffenen Parteien in solchen Verfahren zu steigern, wurde ein Interoperabilitäts-Rahmenwerk für den grenzüberschreitenden elektronischen Austausch von elektronischen Dokumenten spezifiziert (siehe Abschnitt 2.2).

Wenn man die E-Government Landschaft innerhalb Europas betrachtet, so ist ersichtlich, dass elektronische Dokumente in einer Vielzahl von Formaten erzeugt werden. Zusätzlich werden diese Dokumente von einer großen Menge an unterschiedlichen öffentlichen Verwaltungen, privaten Organisationen und Firmen sowie Bürgern ausgestellt. Des Weiteren existieren verschiedene Mechanismen, um die Integrität und die Authentizität des Ausstellers zu gewährleisten. Dabei kann zwischen Mechanismen, die eng an das jeweilige Dokumentenformat gebunden sind, wie beispielsweise PDF Signaturen, bzw. Mechanismen, die auf mehrere Dokumentenformate angewendet werden können, wie beispielsweise XML Signaturen, unterschieden werden. Basierend auf diesen Fakten haben wir folgende Hauptanforderungen an einen interoperablen Dokument-Container formuliert [SPOC11a]. Das Container Format…

- … soll ein mehrschichtiges interoperables Modell für den grenzüberschreitenden Austausch von elektronischen Dokumenten einführen.
- … soll sich nicht darauf beschränken, nur ausgewählte Formate oder Technologien zu unterstützen.
- … soll alle elektronischen Dokumente unterstützen, die derzeit in Verwendung sind, und auch offen gegenüber neuen Formaten und Technologien sein.
- … soll semantische Interoperabilität unterstützen.
- … soll eine Integrität und Authentizität unterstützen, zusätzlich zu den Authentifizierungs-Mechanismen der enthaltenen Dokumente.

---

[6] Gestartet mit 1. Juli 2011, siehe auch: http://www.eu-spocs.eu/pilots/index.php.

[7] Deutschland, Griechenland, Italien, Litauen, Österreich, Polen, Portugal und Slowenien.

[8] Architekt, Baumeister, Immobilienmakler, Reisekauffrau bzw. Reisekaufmann und Tourist-Animation.

Ein interoperabler Container für elektronische Dokumente 425

Also Antwort auf diese Forderungen wurde ein mehrschichtiger, interoperabler Container für elektronische Dokumente, der so genannte „Omnifarious Container for eDocuments" (kurz: OCD) entwickelt. Der OCD Container ist in [SPOC11b] spezifiziert. Obschon der Container in Bezug auf die Dienstleistungsrichtlinie entwickelt wurde, ist er nicht auf diesen Anwendungsfall limitiert. Aufgrund seines generischen Konzepts kann er in allen Fällen des Informationsaustausches basierend auf elektronischen Dokumenten zum Einsatz gebracht werden.

Für den OCD Container wurde in der Spezifikation eine logische und eine physikalische Struktur definiert. Diese Strukturen definieren Kernelemente des OCDs und Methoden bzw. Prozesse, die auf diese Kernelemente angewendet werden können. In den folgenden Abschnitten werden die Strukturen und Methoden näher beleuchtet.

4.2 Logische Struktur

Die logische Struktur des OCD Containers definiert mehrere Schichten und Kernelemente, die mit den entsprechenden Daten gefüllt sind. Ein OCD Container besteht dabei aus folgenden Schichten (siehe auch Abbildung 1):

- Payload Schicht
- Metadaten Schicht
- Authentifizierungs Schicht

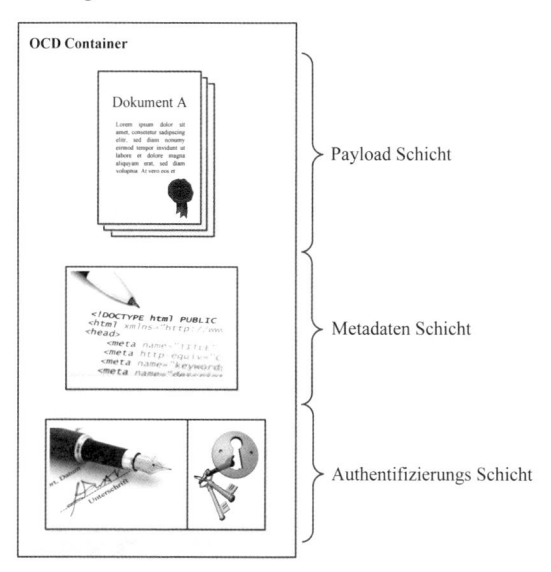

Abb. 1: Die Schichten des OCD Containers.

In der *Payload Schicht* können sämtliche Dokumente, die übertragen werden sollen, dem OCD Container hinzugefügt werden. Hierbei kann diese Schicht alle elektronischen Daten, unabhängig davon, ob diese signiert/nicht signiert, verschlüsselt/nicht verschlüsselt, etc. sind, beinhalten. Dies gewährleistet, dass jedes existierende Dokument in einem OCD Container transportiert werden kann.

Die *Metadaten Schicht* ermöglicht das automatische Verarbeiten von elektronischen Dokumenten durch das Speichern von Metainformation. Hierbei werden zwei unterschiedliche Metadaten Level unterschieden:

- Metadaten Level 1: Beschreibung der Payload Schicht
- Metadaten Level 2: Beschreibung des Containers

Metadaten Level 2 beinhaltet eine Beschreibung des gesamten OCD Containers, wie beispielsweise den Absender und den Empfänger des Containers. Metadaten Level 1 umfasst hingegen eine einheitliche Beschreibung der Dokumente in der Payload Schicht. Abhängig von der Verfügbarkeit dieser Daten kann eine Vielzahl von unterschiedlichen Metadaten angegeben werden. Zusätzlich (und im besten Fall) kann auch der extrahierte Inhalt des Dokuments in maschinenlesbarer Form angegeben werden. Beide Metadaten Level sind hierbei in einer XML Datei angegeben, die einen spezifiziertem XML Schema entspricht (siehe [SPOC11b]).

Die optionale *Authentifizierungs Schicht* stellt einen Mechanismus dar, mit dem der Container inklusive aller beinhaltenden Elemente signiert werden kann. Diese Signatur wird jedoch nur zur Integritätsprüfung herangezogen und hat keinerlei rechtliche Gültigkeit. Die rechtliche Gültigkeit wird alleine von den vorhandenen Signaturen der beinhaltenden Dokumente bestimmt.

Des Weiteren wurde eine visuelle Darstellung der Metadaten und Authentifizierungs Schicht spezifiziert. Mittels eines XSL Stylesheet werden Metadaten und Signaturdaten in eine menschenlesbare Darstellung transformiert. Ein Beispiel einer solchen Transformation ist in Abbildung 2 gegeben.

Abb. 2: Visuelle Darstellung der Metadaten und Authentifizierungs Schicht.

4.3 Physikalische Struktur

Die physikalische Struktur definiert die physikalische Implementierung der logischen Struktur des OCD Containers, d.h. welches Datenformat wird für die Speicherung des Containers verwendet. Derzeit sind zwei unterschiedliche Formate definiert:

- ZIP basierter OCD Container
- PDF basierter OCD Container

Die ZIP Variante basiert hauptsächlich auf dem ETSI Standard für Associated Signature Containers (ASiC) [ETSI12a]. ASiC spezifiziert dabei eine Container-Struktur, um signierte Daten gemeinsam mit fortgeschrittenen elektronischen Signaturen bzw. Zeitstempeln in einem Container zu speichern. Dabei werden für die Authentifizierungs Schicht XAdES Signaturen, wie sie in [ETSI09] spezifiziert sind, eingesetzt. Die Intention hinter dieser ZIP basierten Variante ist der hauptsächliche Einsatz im BackOffice-Bereich.

Die PDF basierte Variante nutzt den Mechanismus „PDF with attachments", wie er in [ISO308] definiert ist. Dabei dient die visuelle Darstellung der OCD Metadaten als Hauptdokument. Alle weiteren Objekte, wie die hinzuzufügende Dokumente oder die Metadaten-Datei, werden als Anhang dem Hauptdokument hinzugefügt. Für die Authentifizierungs Schicht werden PAdES Signaturen, wie in [ETSI12b] spezifiziert, eingesetzt. Der Haupteinsatzzweck für PDF basierte OCD Container besteht in allen Fällen, in denen Bürgerinnen und Bürger direkt beteiligt sind.

4.4 Methoden

Dieser Abschnitt beschreibt die Methoden, die auf den OCD Container bzw. dessen Kernelemente angewandt werden können. Diese Methoden werden benötigt, um den OCD Container auch in Real-Life Szenarien einsetzen zu können. Folgende Methoden sind definiert:

- Erzeugung von OCD Containern:
  In einem schrittweisen Prozess wird aus den Eingangsdaten ein OCD Container erzeugt.
- Validierung und Verifikation von OCD Containern:
  Hierbei werden sämtliche Daten im Container einer Validierung bzw. Verifikation unterzogen (Metadaten, Signaturen des Containers und der allenfalls signierten Dokumente in der Payload Schicht, etc.)

Der folgende Abschnitt gibt einen Überblick über die implementieren Software-Module basierend auf den definierten Methoden.

5 Open Source Module

5.1 Überblick

Basierend auf den definierten Methoden wurden entsprechende Open Source Software Module implementiert. Lizensiert sind diese Module unter EUPL[9], um den Einsatz der Module in den EU Mitgliedsstaaten zu vereinfachen. Alle Module stehen dabei als Java API und als SOAP Web-Service zur Verfügung. Folgende Module wurden implementiert:

---

[9] European Union Public Licence, http://joinup.ec.europa.eu/software/page/eupl.

- OCD Erzeugung
- OCD Validierung und Verifikation

Nachfolgend werden diese beiden Module näher erläutert – inklusive einer Architektur- und Schnittstellen-Beschreibung.

5.2 OCD Erzeugung

Das Modul OCD Erzeugung ist verantwortlich für die Erstellung von OCD Container entsprechend der Spezifikation. Nachfolgend werden die Schnittstellen und die Architektur des Moduls beschrieben (siehe auch Abbildung 3 bzw. [SPOC12a]).

Schnittstelle. Als Moduleingang dienen die Dokumente, die dem OCD Container hinzugefügt werden sollen, sowie die entsprechenden Metadaten. Zusätzlich kann, so ein signierte OCD Container erzeugt werden soll, ein bestimmter Signaturschlüssel aus einer Menge an vorkonfigurierten Schlüsseln ausgewählt werden[10]. Modulausgang ist der jeweilig erzeugte OCD Container.

Architektur. Abbildung 3 bietet einen Überblick über die Architektur des Moduls. Die Erzeugung eines OCD Containers erfolgt hierbei Schritt für Schritt. In der ersten Phase wird die Payload Schicht erstellt. Anschließend wird die Metadaten Schicht erzeugt, basierend auf den Eingangsdaten und den Dokumenten in der Payload Schicht. Im optionalen letzten Schritt wird der OCD Container mittels des selektierten Schlüssels signiert.

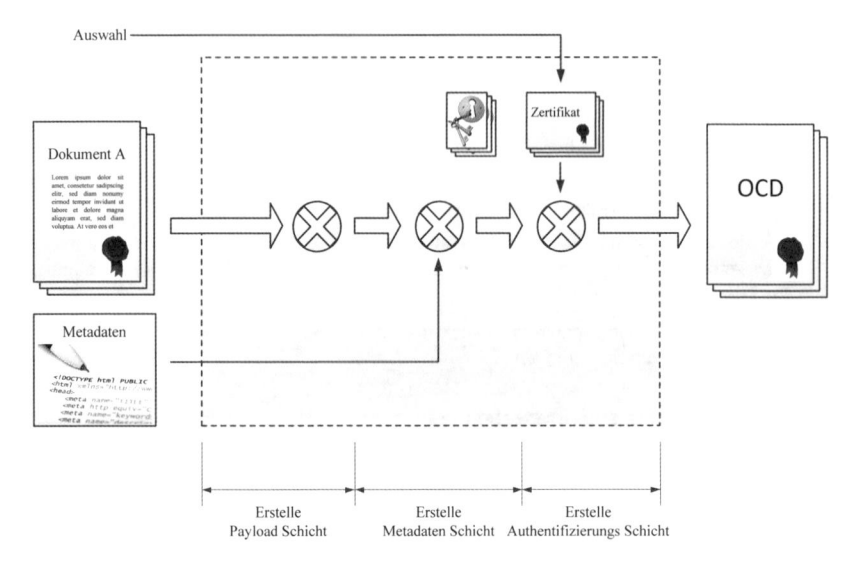

Abb. 3: Modul zu OCD Erzeugung.

---

[10] Die Modul-Konfiguration bietet die Möglichkeit, mehrere unterschiedliche Signaturschlüssel zu konfigurieren.

5.3 OCD Validierung und Verifikation

Dieses Software-Modul ist verantwortlich für die Validierung und Verifikation von OCD Container. Nachfolgend werden die Schnittstellen und die Architektur des Moduls beschrieben (siehe auch Abbildung 4 bzw. [SPOC12b]).

Schnittstelle. Der Moduleingang besteht aus einem verpflichtenden OCD Container und einem optionalen Prüfzeitpunkt[11]. Ein XML basierter Validierungs- und Verifikations-Bericht, der sämtliche Resultat der Validierung und Verifikation umfasst, dient als Ausgang.

Architektur. Abbildung 4 bietet einen Überblick über die Architektur des Moduls und zeigt die unterschiedlichen Validierungs- und Verifikationsschritte. Zu Beginn wird eine Basis-Validierung durchgeführt. Diese Validierung umfasst verschiedene Überprüfungen, ob der übermittelte OCD Container der Spezifikation entspricht. Anschließend werden sämtliche Signaturen (Signaturen auf Ebene der Payload-Dokumente und auf Ebene des Containers) verifiziert.

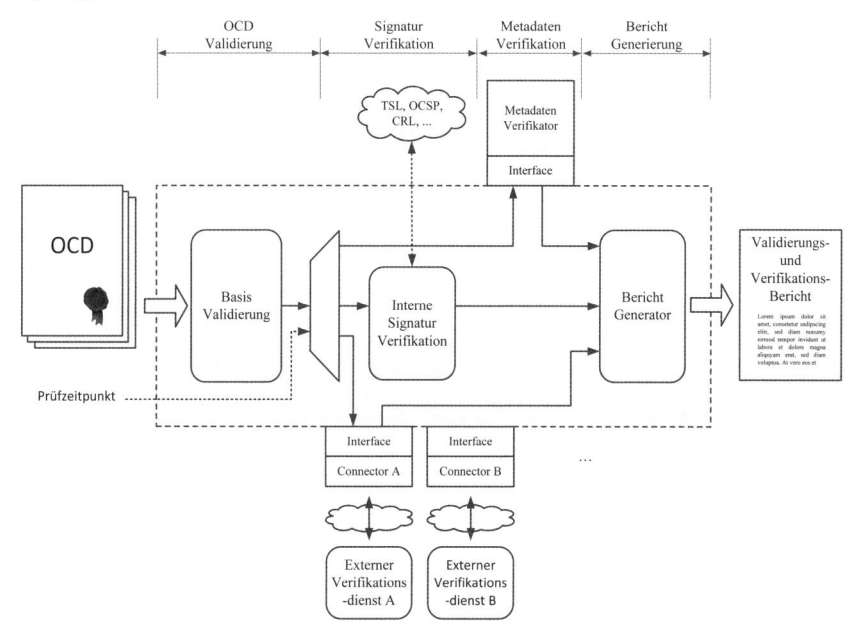

Abb. 4: Modul zu OCD Validierung und Verifikation.

Diese Verifikationen umfassen sowohl die kryptographische Signaturüberprüfung als auch die Zertifikats-Validierung. Dabei kann die Signatur-Verifikation auf zwei Arten erfolgen:
1. Mittels des internen Signatur-Verifikations-Mechanismus

---

[11] Ist kein expliziter Prüfzeitpunkt angegeben, wird abhängig vom jeweiligen Signaturschema die in der Signatur gegebene Signaturzeit oder die aktuelle Zeit herangezogen.

2. Dieser Mechanismus unterstützt alle Signaturformat, wie sie im Beschluss der Europäischen Kommission über „Mindestanforderungen für die grenzüberschreitende Verarbeitung von Dokumenten, die gemäß der Richtlinie 2006/123/EG des Europäischen Parlaments und des Rates über Dienstleistungen im Binnenmarkt von zuständigen Behörden elektronisch signiert worden sind", definiert sind (siehe [EURO11]). Die Zertifikats-Validierung basiert auf Trust-Services-Status Listen (TSL) inklusive der Möglichkeit zusätzliche Vertrauenseinstellungen vorzunehmen.
3. Mittels externer Verifikationsdienste
4. Das Modul bietet die Möglichkeit, sich zu externen Verifikationsdiensten zu verbinden, um dort die Signatur-Verifikation vorzunehmen. Diese Möglichkeit ist insbesondere dafür gedacht, um die Verifikation von proprietären Dokumentenformaten, die nicht vom internen Verifikationsmechanismus unterstützt werden, zu ermöglichen. Einige EU Mitgliedsstaaten nutzen (auch) solche proprietären Formate, wie beispielsweise Österreich oder Litauen. Üblicherweise betreiben diese Länder Verifikationsdienste, die an das OCD Validierungs und Verifikations Modul angebunden werden können.

In einem vorletzten Schritt findet die (optionale) Verifikation der Metadaten statt. Diese Verifikation bietet Möglichkeit zu überprüfen, ob der OCD Container eine bestimmte Menge an Metadaten beinhaltet (z.B. die Überprüfung, ob ein Aussteller und Empfänger des OCD Containers in den Metadaten angegeben ist). Abschließend werden im Bericht-Generator sämtliche Resultate der Validierungs- und Verifikationsprozesse gesammelt und in einem – XML basierten – Validierungs- und Verifikations-Bericht zusammengefasst.

6 Zusammenfassung und Ausblick

Dieser Beitrag präsentierte ein interoperables, mehrschichtiges Rahmenwerk für den grenzüberschreitenden Austausch von elektronischen Dokumenten (Omnifarious Container for e-Documents) in Hinblick auf die Umsetzung der EU Dienstleistungsrichtlinie. Während der Pilotierungsphase[12] im EU Pilotprojekt SPOCS wurden (und werden) die entwickelten Module in den Echtanwendungen der teilnehmenden Mitgliedsstaaten eingesetzt. Dabei werden Szenarien umgesetzt, in denen Immobilienmakler, Architekten, Baumeister oder Reisebüros ein Geschäft in einem anderen Mitgliedsstaat eröffnen können und das mit alleiniger Verwendung elektronischer Mittel. Derzeit befinden sich die OCD Module in der Evaluierung, aktuelle Ergebnisse zeigen aber bereits einen erfolgreichen Einsatz in Echtanwendungen.

Parallel zur Evaluierung werden die OCD Module mit zusätzlichen Funktionen ausgestattet, wie beispielsweise einem Verschlüsselungs-Mechanismus für den gesamten Container oder das automatische Erfassen von Metadaten aus den zu übermittelnden Dokumenten. Zusätzlich wurde eine enge Liaison mit dem Standardisierungsgremium ETSI aufgenommen. Dies hat bereits zu einer Zusammenarbeit im Rahmen der Spezifikation ETSI TS 102 918 (Associated Signature Containers ASiC) geführt.

---

[12] Die Pilotierungsphase startete am 1. Juli 2011 und endet am 31. Dezember 2012.

Literatur

[ETSI09] ETSI, ETSI TS 101 903, XML Advanced Electronic Signatures (XAdES), Version 1.4.1, June 2009

[ETSI12a] ETSI, ETSI TS 102 918, Electronic Signatures and Infrastructures (ESI); Associated Signature Containers (ASiC), Version 1.2.1, February 2012

[ETSI12b] ETSI, ETSI TS 102 778-3, Electronic Signatures and Infrastructures (ESI); PDF Advanced Electronic Signature Profiles; Part 3: PAdES Enhanced - PAdES-BES and PAdES-EPES Profiles, Version 1.2.1, July 2010

[EURO06] Richtlinie 2006/123/EG des Europäischen Parlaments und des Rates vom 12. Dezember 2006 über Dienstleistungen im Binnenmarkt.

[EURO10a] Europäische Kommission, Europäischer eGovernment-Aktionsplan 2011–2015 - Einsatz der IKT zur Förderung intelligent, nachhaltig und innovativ handelnder, COM(2010) 743, 2010

[EURO10b] Europäische Kommission, European Interoperability Framework (EIF) for European public services, COM(2010) 744 final (nur in Englisch verfügbar).

[EURO11] Europäische Kommission, Richtlinie über Dienstleistungen im Binnenmarkt, http://ec.europa.eu/internal_market/services/services-dir/index_de.htm (zuletzt abgerufen am 28. Juni 2012).

[EURO12] Beschluss der Europäischen Kommission, Mindestanforderungen für die grenzüberschreitende Verarbeitung von Dokumenten, die gemäß der Richtlinie 2006/123/EG des Europäischen Parlaments und des Rates über Dienstleistungen im Binnenmarkt von zuständigen Behörden elektronisch signiert worden sind, Bekannt gegeben unter Aktenzeichen K(2011) 1081, 2011/130/EU, 25. Februar 2011.

[ISO308] ISO 32000-1, Document management - Portable document format - Part 1: PDF 1.7, First Edition, 1 July 2008.

[SPOC11a] SPOCS, Deliverable D2.1: Inventory of standard documents and relations to open specifications, Version 1.1, 26. Juli 2011 (nur in Englisch verfügbar).

[SPOC11b] SPOCS, Deliverable D2.2: Standard Document and Validation Common Specifications, Version 1.4.0, 9 September 2011 (nur in Englisch verfügbar).

[SPOC12a] SPOCS, Deliverable D2.3: Open Source Standard Document Processing Module, Version 1.2, 24 January 2012 (nur in Englisch verfügbar).

[SPOC12b] SPOCS, Deliverable D2.4: Open Source Authentication Module, Version 1.1, 24 January 2012 (nur in Englisch verfügbar)

Reverse Engineering als Werkzeug zur biometrischen Sicherheitsanalyse

Karl Kümmel[1,2] · Tobias Scheidat[1,2]
Claus Vielhauer[1] · Jana Dittmann[2]

[1]Fachhochschule Brandenburg
{karl.kuemmel | tobias.scheidat | claus.vielhauer}@fh-brandenburg.de

[2]Otto-von-Guericke-Universität Magdeburg
{tobias.scheidat | jana.dittmann}@iti.cs.uni-magdeburg.de

Zusammenfassung

In diesen Beitrag wird eine Sicherheitsanalyse einer Optimierungsmethode eines handschriftenbasierten Verifikationssystems durchgeführt. Die Optimierung stellt eine Merkmalsselektion dar, welche es zulässt, für jeden Benutzer bestimmte statistische Merkmale dynamisch innerhalb des Verifikationsprozesses zu aktivieren bzw. zu deaktivieren. Hierfür wird zusätzlich zu den Referenzdaten ein Masking-Vektor für jede Person eingeführt, welcher Informationen zur Merkmalsselektion enthält. Im Beitrag wird insbesondere die Gefahr betrachtet, welche von einem potentiellen Angreifer ausgeht, der sich mit durch Reverse Engineering künstlich erzeugten biometrischen Rohdaten Zugang zu einem System verschaffen möchte. Dabei wird davon ausgegangen, dass der potentielle Angreifer das Verifikationssystem kompromittiert hat und somit im Besitz der Referenzdaten, einschließlich des Merkmalsselektionsvektors, mindestens einer registrierten Person ist. Auf Basis dieser Referenzdaten erzeugt er künstliche Handschriftendaten, welche er anschließend zur Nutzerauthentifikation in das System einspielt. Dieser Beitrag untersucht, inwieweit die zusätzlichen Informationen der Optimierungsmethode, gespeichert im Masking-Vektor, einem potentiellen Angreifer helfen können, bessere Angriffsdaten in Form von künstlich erzeugten Handschriftendaten zu generieren. Erste experimentell Ergebnisse zeigen, dass ein potentieller Angreifer mit Hilfe des Masking-Vektors eine höhere Falscherkennung provoziert als ohne. Die bei der experimentellen Evaluierung gemessene Equal Error Rate ist im Durchschnitt um das Achtfache höher.

1 Einleitung

Die Verwendung biometrischer Merkmale einer Person für die Verifikation an Computergestützten Zugangssystemen gewinnt immer mehr an Bedeutung. Hierfür ist es wichtig, dass die Erkennungsleistung eines Verifikationssystems entsprechend gut ist. Autorisierte Personen sollen im idealen Fall von einem System erkannt und verifiziert und nicht autorisierte Personen zurückgewiesen werden. Um diesen Anforderungen gerecht zu werden, wurden biometrische Systeme hinsichtlich ihrer Erkennungsleistung in den letzten Jahren immer wieder verbessert und optimiert.

So stellten Hollingsworth et al. in [HoBF09] ein Verfahren für Iris basierte Erkennungssysteme vor, welches potentielle fragile Iriscodebits maskiert, um eine höhere Trennung der Übereinstimmungs- und Nicht-Übereinstimmungsverteilung zu erreichen. Fratric et al. schlagen in [FrRi11] eine Merkmalsextraktionsmethode für Gesichtsbilder vor, um die Erkennungsrate zu verbessern. Hierfür verwenden sie eine sogenannte lokale binäre Diskriminanzanalyse (engl. local binary linear discriminant analysis – LBLDA), welche die positiven Eigenschaften einer Diskriminanzanalyse und einer lokale Merkmalsextraktion vereinigt.

Im Bereich der biometrischen Authentisierung wurden verschiedene Möglichkeiten der Fusion vorgeschlagen, um die Erkennungsraten biometrischer Systeme zu verbessern. Rathgeb et al. beschrieben in [RaUW11] eine generische Fusionstechnik für Iris basierte Erkennungssysteme auf Bitlevelebene (Selective Bit Fusion), um die Erkennungsgenauigkeit und Verarbeitungszeit zu verbessern.

Eine weitere Möglichkeit, neben vielen anderen, zur Verbesserung der Erkennungsperformanz ist die Bestimmung und Auswahl nützlicher Merkmale während der Merkmalsextraktion. Nützliche bzw. gute Merkmale sind in diesem Zusammenhang Merkmale, die einen positiven Einfluss auf die Erkennungsperformanz und die Generierung von biometrischen Hashwerten haben. So zeigen Kumar et al. in [KuZh05] anhand einer Evaluation und anschließender Selektion von guten biometrischen Merkmalen, dass diese die Erkennungsperformanz positiv beeinflussen und steigern konnten. Sie setzten hierfür eine korrelationsbasierte Merkmalsselektion (correlation based feature selection – CFS) für bimodale biometrische Systeme ein und analysierten anschließend die Klassifikationsperformanz der Merkmale. Makrushin et al. vergleichen in [MaSV11] verschiedene Merkmalsselektionsstrategien, um gute Merkmale zu ermitteln. Es hat sich gezeigt, dass *forward* und *backward* Selektionsstrategien stets bessere Ergebnisse erzielen als die in der Arbeit betrachteten Heuristiken.

Bei allen oben genannten Optimierungsmethoden für biometrische Systeme sollte jedoch darauf geachtet werden, dass die Sicherheit eines solchen Systems dadurch nicht negativ beeinflusst wird. In diesem Beitrag wollen wir eine Sicherheitsanalyse einer Optimierungsmethode eines handschriftenbasierten Verifikationssystems durchführen. Die Optimierung setzt hierbei auf einer Merkmalsselektion auf, welche es zulässt, für jeden Benutzer bestimmte statistische Merkmale dynamisch innerhalb des Verifikationsprozesses zu aktivieren bzw. zu deaktivieren. Hierfür wird zusätzlich zu den Referenzdaten ein Masking-Vektor für jede Person eingeführt, welcher Informationen zur Merkmalsselektion enthält. In [KSAV11] beschreiben wir diese einfache aber effektive Methode zur Optimierung der Erkennungsleistung. Im Abschnitt 3 werden die wichtigsten Funktionalitäten dieser Optimierungsmethode kurz zusammengefasst.

Die hier durchgeführte Sicherheitsanalyse bezieht sich auf folgendes Szenario. Ein potentieller Angreifer ist im Besitz der biometrischen Referenzdaten eines handschriftenbasierten Erkennungssystems aller registrierten Personen. Er kann die Referenzdaten lediglich lesen und nicht ändern bzw. untereinander vertauschen. Weiterhin ist der Angreifer in der Lage, digitalisierte Handschriftendaten, am Sensor vorbei, in das Erkennungssystem einzuspielen. Des Weiteren ist der verwendete Handschriftenalgorithmus inklusive der Generierung der Merkmalsvektoren (Merkmalsextraktion) bekannt (Kerckhoffs'sche Prinzip). In Abbildung 1 werden exemplarisch acht Angriffspunkte in einem typischen biometrischen Erkennungssystem dargestellt. Im hier vorgestellten Szenario nutzt der Angreifer die Angriffspunkte 7 und anschließend 2 aus, um seinen Angriff durchzuführen. Wobei er am zweiten Angriffspunkt keine originalen Rohdaten in das System wieder einspielt, sondern die künstlich erzeugten Daten, die er aus den im Angriff 7 erhaltenen Referenzdaten gewinnt. Weiterhin kann er am siebenten Angriffspunkt nur Operationen zum Lesen der Referenzdaten durchführen.

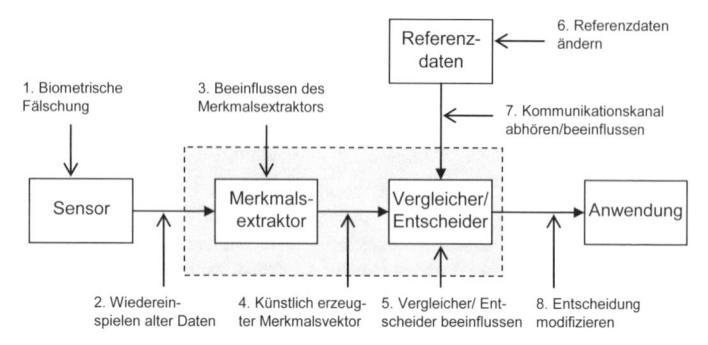

Abb. 1: Mögliche Angriffspunkte auf ein biometrisches Erkennungssystem (adaptiert von [RaCB01])

Im Kontext dieser Optimierungsmethode und des Angriffsszenarios werden aus der biometrischen Sicherheitsperspektive nun die Auswirkungen auf die Systemsicherheit untersucht.

Der Beitrag gliedert sich wie folgt. Im zweiten Abschnitt wird der verwendete handschriftenbasierte Verifikationsalgorithmus kurz dargestellt. Der darauf folgende Abschnitt erläutert die Optimierungsmethode für den Verifikationsalgorithmus. Die verwendet Reverse Engineering Methode zur Erzeugung der künstlichen Handschriftendaten auf Basis der biometrischen Referenzdaten wird im Abschnitt vier beschrieben. Abschnitt fünf schildert die Arbeitsweise der Reverse Engineering Methode unter Berücksichtigung des Optimierungsansatzes. Experimentelle Ergebnisse werden im sechsten Abschnitt gezeigt und ein Fazit mit entsprechenden Zukunftsaussichten wird im Abschnitt sieben gegeben.

2 BioHash Algorithmus für Handschriften

Zwei Ziele unserer Untersuchungen sind die Erhöhung der Performanz des Biometric Hash-Algorithmus im Hinblick auf die Verifikation als auch dessen Sicherheitsevaluierung. Mithilfe des Biometric Hash-Verfahrens (nachfolgend als BioHash bezeichnet, siehe auch [Viel06]) ist es möglich, biometrische Hash-Werte aus den Rohdaten der Handschrift zu extrahieren, welche als Referenzdaten im System hinterlegt werden. Bei einer Verifikationsanfrage wird der aktuell für den Nutzer bestimmte Hash-Vektor mit dessen Referenzvektor verglichen.

Zur Erzeugung der Referenzdaten werden während des Enrollment-Prozesses (siehe Abbildung 2a) n Handschriftenproben einer Person über einen geeigneten Sensor (z.B. Signatur-Tablett, Tablet-PC) aufgenommen. Jedes einzelne dieser sogenannten Samples D_i ($i=1, ..., n$) besteht aus einer Sequenz von zeitlich aufeinander folgenden Aufnahmepunkten. Abhängig von den Eigenschaften des Sensors kann jeder Aufnahmepunkt folgende Informationen enthalten: Stiftkoordinaten $x(t)$ und $y(t)$, den auf die Stiftspitze ausgeübten Druck $p(t)$ und die ebenfalls stiftbezogenen Winkel Altitude $\Phi(t)$ und Azimut $\Theta(t)$. Basierend auf diesen Rohdaten wird für jedes der n Sample ein k-dimensionaler Vektor statistischer Merkmale berechnet. In der aktuellen Version nutzt der BioHash-Algorithmus $k=131$ Merkmale. Während des Enrollment-Prozesses wird mithilfe der n Merkmalsvektoren einer Person eine Intervallmatrix

IM generiert, welche die nutzerspezifischen Schwankungen (Intra-Klassen-Variationen) abbildet. Der Einfluss dieser Schwankungen auf die Bildung der Intervallmatrix kann durch zwei Parameter gesteuert werden: Toleranzfaktor TF und Toleranzvektor TV. Während der TF als skalarer globaler Parameter alle Merkmale gleichzeitig beeinflusst, ermöglicht der TV eine Steuerung jedes einzelnen Merkmals. Dabei kann der TV entweder basierend auf den Daten jedes einzelnen Nutzers oder basierend auf den Daten einer Nutzergruppe bestimmt werden. Eine solche Gruppe kann beispielsweise durch alle im biometrischen System registrierten Personen, einem Teil davon oder durch nicht registrierte Personen gebildet werden. Für die Verwendung bei der Verifikation wird ein Hash-Vektor b_{Ref} erzeugt, indem die Werte des ersten Merkmalsvektors elementweise mithilfe der IM in den Hash-Raum abgebildet werden. Verknüpft mit der ID des Schreibers werden die Referenzdaten IM_{ID} und $b_{ID\ Ref}$ in der Datenbank gespeichert. Bei einer Verifikationsanfrage wird aus den aktuell präsentierten Rohdaten D_{ID} ebenfalls ein statistischer Merkmalsvektor berechnet, der mit der IM_{ID} der behaupteten Identität ID in einen Hash-Vektor b_{ID} transformiert wird. Im Anschluss werden der Referenzvektor $b_{ID\ Ref}$ und der Hash-Vektor b_{ID} mithilfe eines geeigneten Distanzmaßes verglichen. Liegt das Ergebnis unterhalb eines vorher festzulegenden Schwellwertes, so gilt die Identität der Person als verifiziert.

a) Enrollment-Prozess

Rohdaten (D_1,...,D_n) →
Toleranzvektor (TV) → Biometric Hash-Algorithmus → Intervallmatrix (IM_{ID})
Toleranzfaktor (TF) →
ID → → Hash-Vektor ($b_{ID\ Ref}$)

b) Hash-Generierung

Rohdaten (D_{ID}) → Biometric Hash-Algorithmus → Hash-Vektor (b_{ID})
Intervallmatrix (IM_{ID}) →

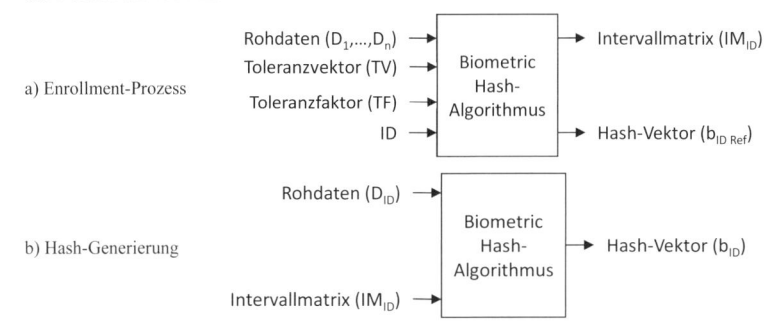

Abb. 2: Enrollment- und Hashgenerierungsprozess des Biometric Hash Algorithmus [ViSM02]

Für den interessierten Leser sind eine detailliertere sowie eine formale Beschreibung des Biometric Hash-Algorithmus für dynamische Handschrift in [Viel06] zu finden.

3 Benutzerspezifischer Masking-Vektor

Zusätzlich zu den Referenzdaten (BioHash b_{Ref} und Intervallmatrix IM) wird bei dieser Methode zur Merkmalsselektion ein ebenfalls k-dimensionaler Masking-Vektor MV für jeden Benutzer generiert. Der Masking-Vektor wird direkt nach dem Enrollment während des Prozesses der Merkmalsselektion gebildet. Die Motivation zur Generierung eines solchen Masking-Vektors besteht darin, einzelne oder mehrere Merkmale für einen bestimmten Benutzer zu aktivieren bzw. zu deaktivieren. Wird ein Bit an einer Position des Masking-Vektors gesetzt (*1*) so wird das jeweilige Merkmal, welches durch die Position im Vektor repräsentiert wird, berücksichtigt. Ist ein Bit nicht gesetzt (*0*), so fließt das Merkmal nicht in den Verifikationsprozess mit ein. Diese Methode erlaubt eine unkomplizierte Aktivierung bzw. Deaktivierung benutzerspezifischer Merkmale.

3.1 Merkmalsselektionsstrategie

Für die Generierung des Masking-Vektors werden die Referenzdaten (b_{Ref} und IM) des jeweiligen Benutzers und weitere m Handschriftendaten D_i ($i = 1, ..., m$) des selbigen benötigt (Trainigsset), welche jedoch nicht für die Generierung der Referenzdaten verwendet wurden. Die eigentliche Generierung des Masking-Vektors wird in drei Schritten durchgeführt: Zuerst werden die k-dimensionalen Merkmalsvektoren $f_0, f_1, ..., f_m$ aller zusätzlicher Handschriften D_i berechnet. Im nächsten Schritt werden mit Hilfe der Intervallmatrix des jeweiligen Benutzers alle Merkmalsvektoren $f_0, f_1, ..., f_m$ zu den BioHashes $b_0, b_1, ..., b_m$ abgebildet. Im letzten Schritt werden die Masking-Vektoren generiert. Hierfür werden elementweise der Referenz-BioHash b_{Ref} und alle weiteren BioHash-Vektoren $b_0, b_1, ..., b_m$ einer Person miteinander verglichen. Ist eine vorgegebene Anzahl aller Werte an Position i identisch, wird das Masking-Vektorbit an der i-ten Position gesetzt (*1*), ansonsten wird es nicht gesetzt (*0*). In Abbildung 3 wird beispielhaft eine Masking-Vektorgenerierung dargestellt, wobei die Vektoren nur jeweils 8 Elemente besitzen. Das Symbol für eine logische Konjunktion (∧) repräsentiert in der Abbildung 3 den elementweisen Vergleich.

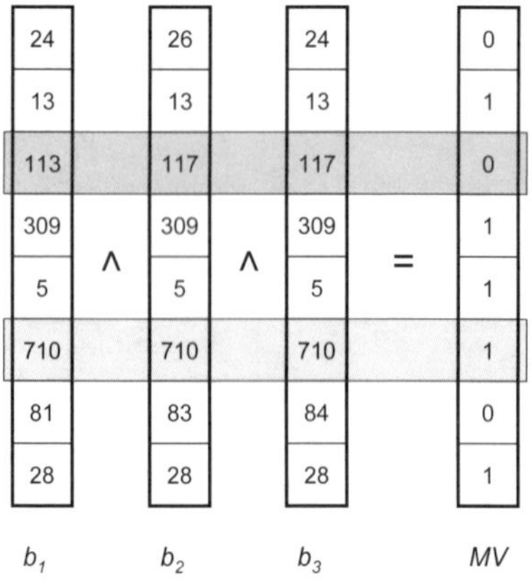

Abb. 3: Beispielhafte Generierung eines Masking-Vektors basierend auf drei Hash-Vektoren

Wir definieren zusätzlich den Ähnlichkeitsschwellwert th_s, welcher die maximal erlaubte Anzahl unterschiedlicher Werte an Position i der zu vergleichenden BioHashes bestimmt. Ist beispielsweise th_s auf *0* gesetzt, müssen alle BioHash-Werte an der Position i identisch sein damit das Masking-Vektorbit an dieser Position gesetzt wird. Wird th_s auf *1* gesetzt, darf maximal ein Wert zu den übrigen Werten abweichen und so weiter. Am Ende der Masking-Vektorgenerierung wurde für jeden Benutzer ein Masking-Vektor erstellt, welcher zusätzlich als Referenzdatum des jeweiligen Benutzers in der Datenbank abgelegt wird.

3.2 Der Masking-Vektor im Verifikationsprozess

Während eines regulären Verifikationsprozesses ohne Berücksichtigung eines Masking-Vektors wird unter Zuhilfenahme eines Distanzmaßes der aktuell generierte BioHash b_{cur} mit dem Referenz BioHash b_{Ref} vergleichen. In der aktuellen Implementierung wird die Hamming Distanz als Abstandsmaß verwendet. Bei der Berechnung der Hamming Distanz wird in einem Zwischenschritt ein sogenannter Hamming-Vektor HV berechnet. Die Anzahl aller Einsen innerhalb dieses Vektors ist gleich der Hamming Distanz der beiden Vektoren b_{cur} und b_{Ref}. Um nun die Informationen des Masking-Vektors in den Verifikationsprozess einfließen zu lassen, wird dieser Hamming-Vektor HV mit dem Masking-Vektor MV bitweise zu einem Vektor HV_{MV} mittels UND-Operator verknüpft. Letztendlich ist die Hamming Distanz der beiden Vektoren b_{cur} und b_{Ref} gleich der Summe aller Einsen innerhalb des Vektors HV_{MV}. In Abbildung 4 werden die Schritte zur Berechnung der Hamming Distanz beispielhaft dargestellt.

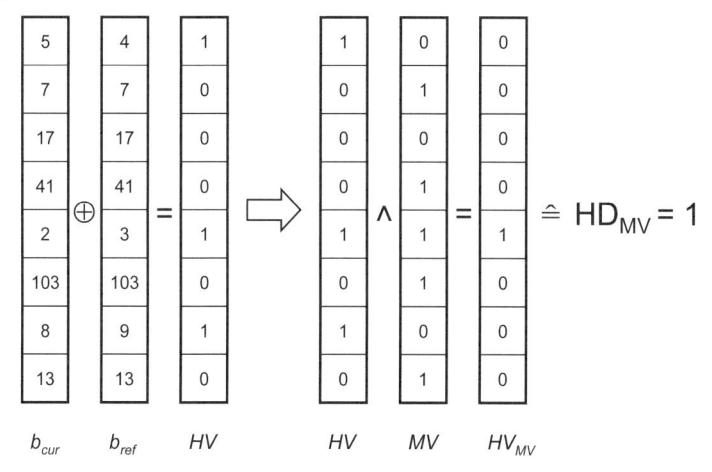

b_{cur}	b_{ref}	HV	HV	MV	HV_{MV}
5	4	1	1	0	0
7	7	0	0	1	0
17	17	0	0	0	0
41	41	0	0	1	0
2	3	1	1	1	1
103	103	0	0	1	0
8	9	1	1	0	0
13	13	0	0	1	0

$\oplus \quad = \quad \Rightarrow \quad \wedge \quad = \quad \hat{=} \; HD_{MV} = 1$

Abb. 4: Beispiel für die Verwendung des Maskenvektors während der Verifikation

In diesem einfachen Beispiel, bei dem die Vektoren nur acht Elemente besitzen, ist das Resultat zur Berechnung der Hamming Distanz der Vektoren b_{cur} und b_{Ref} $HD_{MV} = 1$.

4 Reverse Engineering Methode

Nachfolgend wird die Reverse Engineering Methode (siehe [KüVi10a]) zur Erzeugung von Rohdaten auf Basis gegebener Referenzdaten kurz beschrieben. Hierbei wird davon ausgegangen, dass die Referenzdaten (BioHash und Intervallmatrix) im Besitz eines potentiellen Angreifers sind, der eine Schwachstelle des BioHash-Algorithmus ausnutzt, um Rohdaten zu erzeugen. Diese Rohdaten möchte der Angreifer anschließend verwenden, um eine Falscherkennung am System zu provozieren. Des Weiteren wird vorausgesetzt, dass der Angreifer, wie in Abschnitt 1 beschrieben, bestimmte Komponenten des Verifikationssystems kompromittiert hat.

Aufbauend auf diesen Annahmen lässt sich ein Angriffsverfahren wie folgt zusammenfassen:

Schritt 1: Mit Hilfe der Intervallmatrix IM_{ref} und dem dazugehörigen Referenz BioHash b_{Ref} wird mit der Rückrechnungsformel ein Merkmalsvektor mv_{calc} errechnet. Aus diesem Merkmalsvektor werden anschließend Merkmale extrahiert und klassifiziert.

Schritt 2: Die Basismerkmale werden verwendet, um eine Rohdatengrundstruktur zu erzeugen. Eine Spline-Interpolationsfunktion generiert hierfür die nötigen horizontalen und vertikalen Signale der Handschrift. Fehlende Koordinatendaten für die Platzierung der Interpolationsstützpunkte werden von einem Pseudozufallszahlengenerator (PRNG) generiert. Dabei werden Kurvenverläufe von realen Handschriften imitiert.

Schritt 3: Anschließend werden weitere Merkmale in die Rohdatengrundstruktur eingebettet.

Die drei erwähnten Schritte sind in Abbildung 5 grafisch dargestellt. Detaillierte Informationen zur Funktionsweise der Reverse Engineering Methode und potentielle Schwachstellen des BioHash-Algorithmus findet der interessierte Leser in der Literatur (z.B. [KüVi10a] und [KüVi10b]).

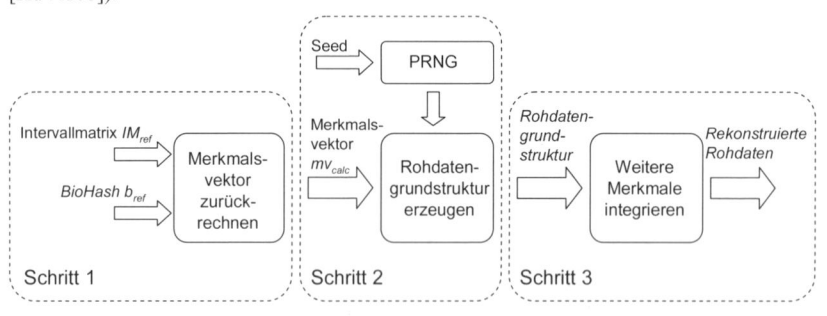

Abb. 5: Blockdiagramm der Arbeitsschritte zur Erzeugung von Rohdaten

5 Reverse Engineering und Masking Vektor

Verwendet das kompromittierte Erkennungssystem benutzerspezifische Masking-Vektoren, und ist der potentielle Angreifer im Besitz dieser Masking-Vektoren, kann er sie verwenden, um seinen Angriffsdaten zu optimieren.

Die Arbeitsweise der Reverse Engineering Methode (siehe Abschnitt 4) wird unter Berücksichtigung des Masking-Vektors prinzipiell nicht verändert. Der Angreifer generiert auf Basis der Referenzdaten (BioHash b_{Ref} + Intervallmatrix IM) eine beliebige Anzahl v von künstlichen Rohdatensamples D_i ($i=1, ..., v$). Anschließend werden die Merkmalsvektoren fv_1, fv_2, ..., fv_v der Rohdaten D_v berechnet und auf biometrische Hash-Vektoren (BioHash) b_1, b_2, ..., b_v unter Verwendung der zugehörigen Intervallmatrix IM abgebildet. Die biometrischen Hash-Vektoren b_1, b_2, ..., b_v werden dann mit dem entsprechenden Referenz-BioHash b_{Ref} unter Bestimmung der Hamming-Distanz verglichen. Die BioHash-Werte mit geringerem Hamming-Abstand werden als besser eingestuft als die mit höherem Hamming-Abstand, da sie den Referenzdaten mehr ähneln. Mit diesen Verfahren kann der Angreifer seine erzeugten Rohdaten hinsichtlich ihres Angriffspotentials einordnen. Verwendet das kompromittierte Erkennungssystem wie oben beschriebene die Optimierungsmethode mittels benutzerspezifischen Masking-Vektor, ist der Angreifer in der Lage, die Einordnung unter Berücksichtigung der Masking-Vektoren durchzuführen. So können die potentiellen Angriffsdaten exakter bestimmt und selektiert werden, um sie anschließend in das Erkennungssystem einzuspielen.

6 Experimentelle Ergebnisse

Die in diesem Beitrag durchgeführten ersten Messungen beruhen auf dem im Kapitel 5 vorgestellten Angriffskonzept und auf fünf verschiedenen Handschriftensemantiken. Semantiken in diesem Zusammenhang sind zur Unterschrift alternative Schreibinhalte, die die Identität eines Probanden nicht preisgeben. Die bei den verschiedenen Semantiken entstehenden Fehlerraten unterscheiden sich nicht signifikant gegenüber den Fehlerraten einer geleisteten realen Unterschrift, siehe dazu [Viel06]. Die Probanden wurden gebeten zu jeder Semantik zehn Handschriften-Samples in drei verschiedenen Sitzungen zu hinterlegen. Die Aufnahmesitzungen wurden im Abstand von jeweils einem Monat durchgeführt. Die verwendeten Handschriftendaten unterliefen somit einem gewissen natürlichen Alterungsprozess.

6.1 Testaufbau

Die Testdatenbank wurde aus Handschriftendaten von 53 Personen erstellt, welche in drei verschiedenen Sitzungen jeweils zehn Handschriftenproben für fünf verschiedene Semantiken abgeben haben. Die Daten der ersten Sitzung wird für die Generierung der Referenzdaten verwendet (BioHash b_{Ref} und Intervallmatrix IM), die Daten der zweiten Sitzung für die Ermittlung der Systemparameter (TV) und des Masking-Vektors und die Daten der dritten Sitzung für die Verifikation. Somit stehen 7950 Handschriftenproben für die Evaluierung zur Verfügung. Die Sitzungen wurden in einen zeitlichen Abstand von einen Monat durchgeführt. Dabei wurden folgende Semantiken verwendet: „Frei wählbares Pseudonym" (Pseudonym), „Frei wählbares Symbol (Symbol)", „Antwort auf die Frage: Woher kommst du?" (Ort), „Vorgegebene fünfstellige PIN 77993" (77993) und „Frei wählbare fünfstellig PIN" (PIN). Die Handschriftendaten der ersten Sitzung werden für die Berechnung der Referenzdaten verwendet, die Daten der zweiten Sitzung für die Erstellung des benutzerspezifischen Masking-Vektors (MV) und die Daten der letzten Sitzung für die Verifikation.

Tab. 1: Toleranzfaktoren für die jeweiligen Semantikklassen und entsprechenden Betriebsmodi

Semantik	TF im EER Modus	TF im RR Modus
77993	0.50	2.50
PIN	0.25	2.25
Pseudonym	0.50	3.25
Symbol	2.75	3.75
Ort	0.25	3.25

Der hier verwendete globale Systemparameter Toleranzfaktor TF (siehe Abschnitt 2) des Erkennungsalgorithmus wurde, wie in [MaSV11] beschrieben, für die jeweilige Semantikklasse dieses Datensatzes bestimmt. Hierbei wurden zwei Betriebsmodi gewählt, unter denen der TF berechnet wurde. Zum einen unter der Vorraussetzung, dass eine möglichst geringe EER erreicht wird (EER Modus) und zum anderen eine möglichst hohe Reproduktionsrate (RR Modus). Tabelle 1 zeigt die verwendeten Toleranzfaktoren, für die jeweiligen Betriebsmodi und Semantikklassen. Damit alle Merkmale gleich gewichtet sind, wird der Toleranzvektor TV (siehe Abschnitt 2) für alle Person auf (1, …, 1) gesetzt.

6.2 Messmethodik

Im nachfolgenden werden biometrische Fehlerraten verwendet, um die Änderungen der Erkennungsperformanz des biometrischen Systems aufzuzeigen. Hierfür werden die Falsch-Akzeptanzrate, Falsch-Rückweisungsrate und die Gleichfehlerrate eingesetzt. Die Falsch-Akzeptanzrate (FAR) beschreibt das Verhältnis zwischen der Anzahl der fälschlicherweise akzeptierten Verifikationsversuche von unautorisierten Personen und der Anzahl der gesamten Verifikationsversuche. Die Falsch-Rückweisungsrate (FRR) hingegen beschreibt das Verhältnis zwischen der Anzahl fälschlicherweise zurückgewiesener Verifikationsversuche von autorisierten Personen und der Anzahl aller getätigten Verifikationsversuche. Zur Bestimmung der Gleichfehlerrate werden die Fehlerraten FAR/FRR in einem Fehlerratendiagramm gegenübergestellt, wobei der Schnittpunkt der beiden Fehlerraten die Gleichfehlerrate oder auch *equal error rate* (EER) angibt. Die EER dient als normalisiertes Maß für die Güte eines biometrischen Erkennungssystems und erlaubt den Vergleich biometrischer Systeme mit unterschiedlichen Erkennungsverfahren bzw. Modalitäten.

Zusätzlich zu den Fehlerraten werden Reproduktions- und Kollisionsraten (RR/CR) für beide Betriebsmodi ermittelt. Sie geben an, wie häufig identische BioHash-Werte reproduziert werden konnten, wobei Kollisionen durch Angriffsdaten und Reproduktionen durch authentische Daten verursacht werden. Da sich beide Raten wechselseitig beeinflussen – optimieren der einen führt zum verschlechtern der anderen – , wird eine Kollisionsreproduktionsrate (CRR) als Qualitätsmaß zum besseren Vergleich angegeben (siehe [ScVD08]). Die Kollisionsreproduktionsrate wird wie in Formel 1 gezeigt berechnet.

$$CRR = \frac{1}{2}(CR + (1 - RR)) \quad (1)$$

Formel 1: Berechnung der Kollisionsreproduktionsrate CRR

In diesem ersten Test wird zunächst die Falsch-Rückweisungsrate (FRR) und Falsch-Akzeptanzrate (FAR) des Systems unter Verwendung der benutzerspezifischen Masking-Vektors bestimmt. Für die Bestimmung der FAR werden die Referenzdaten der jeweiligen Personen mit den Verifikationsdaten aller übrigen Benutzer verglichen. Bei dieser Methode (zufällige Angriffe) werden alle Verifikationsdaten gegen alle registrierten Personen einer jeweiligen Semantikklasse getestet. Die Equal Error Rate (EER) zeigt den Wert, bei dem die FAR und FRR gleichen groß sind. Anschließend werden 100 Rohdaten $s_1, s_2, ..., s_{100}$ auf Basis der vom Angreifer gestohlenen Referenzdaten (BioHash b_{Ref} + Intervallmatrix IM) mittels Reverse Engineering Methode erzeugt. Danach werden jeweils die zehn besten Rohdatensätze mit und ohne Hilfe des benutzerspezifischen Masking-Verktors MV bestimmt. Hierfür werden die Merkmalsvektoren $fv_1, fv_2, ..., fv_{100}$ der Rohdaten $s_1, s_2, ..., s_{100}$ berechnet und auf biometrische Hash-Vektoren (BioHash) $b_1, b_2, ..., b_{100}$ unter Verwendung der zugehörigen Intervallmatrix IM abgebildet. Die biometrischen Hash-Vektoren $b_1, b_2, ..., b_{100}$ werden dann mit dem jeweiligen Referenz BioHash b_{Ref} unter Bestimmung der Hamming Distanz, mit und ohne Verwendung des MVs, verglichen. Die jeweils zehn BioHash-Vektoren mit der geringsten Hamming Distanz werden für die Berechnung der Falsch-Akzeptanzrate FAR_{RE} verwendet. Ziel ist es, die Auswirkung der Selektion der zehn besten künstlich erzeugten Handschriftensamples mit und ohne Zuhilfenahme des jeweiligen Masking-Vektors zu analysieren.

6.3 Ergebnisse und Auswertung

In Tabelle 2 werden die Fehlerraten für alle fünf Semantikklassen dargestellt. Bei der Fehlerrate der Angriffsdaten (EER_{RE}) sind zwei Betriebsmodi angegeben (mit und ohne Verwendung des Masking-Vektors). Zum besseren Vergleich wird die ermittelte EER für diesen Datensatz unter Verwendung von zufälligen Angriffen, wie in Abschnitt 6.2 beschrieben, mit angegeben. Die höchste EER_{RE} unter Verwendung des Masking-Vektors wird von der Semantik Ort erreicht ($EER_{RE} = 4.08\%$). In Tabelle 3 werden die Reproduktions- und Kollisionsraten (RR/CR) sowie die Kollisionsreproduktionsrate (CRR) aller Semantikklassen aufgelistet. Des Weiteren zeigt Tabelle 3 die Kollisionsraten (CR_{RE}) und die daraus resultierenden Kollisionsreproduktionsraten (CRR_{RE}), welche durch die Reverse Engineering-Rohdaten erzeugt wurden, jeweils mit und ohne Verwendung des Masking-Vektors (Mit MV / Ohne MV). Die einzige Steigerung der Kollisionsrate (CR_{RE}) von *1,88%* auf *2,07%*, welche durch Reverse Engineering-Rohdaten bestimmt wurde, wird innerhalb der Semantik Symbol erreicht.

Tab. 2: EER für alle Semantikklassen mit und ohne Verwendung des Masking-Vektors

Semantik	EER	EER_{RE}	
		Ohne Masking-Vektor	Mit Masking-Vektor
77993	14,92%	0,00%	1,88%
PIN	11,15%	0,19%	2,73%
Pseudonym	5,55%	1,69%	2,52%
Symbol	6,74%	1,65%	2,50%
Ort	8,70%	1,19%	**4,08%**

Bei allen übrigen Semantiken konnte die CR_{RE} unter Verwendung des Masking-Vektors gegenüber der Verwendung ohne Masking-Vektors nicht gesteigert werden. So ist in Tabelle 3 zu sehen, dass die Kollisionsrate (CR_{RE}) für die Semantik Pseudonym ohne Verwendung des Masken-Vektor *1,88%* beträgt, jedoch unter Verwendung des Masken-Vektors sich nicht verändert (*1,88%* mit MV). Da die Reproduktionsrate (RR) aus den Referenzdaten und den authentischen Verifikationsdaten ermittelt wird, ändert sie sich nicht innerhalb des Angriffs mit künstlichen Rohdaten.

Tab. 3: Reproduktions-, Kollisions-, und Kollisionsreproduktionsrate für alle Semantikklassen

Semantik	RR	CR	CRR	CR_{RE}		CRR_{RE}	
				Ohne MV	Mit MV	Ohne MV	Mit MV
77993	89,81%	28,18%	19,18%	0,00%	0,00%	5,09%	5,09%
PIN	85,47%	17,67%	16,10%	0,00%	0,00%	7,26%	7,26%
Pseudonym	89,62%	14,05%	12,21%	1,88%	1,88%	5,28%	5,28%
Symbol	93,58%	7,87%	7,41%	1,88%	**2,07%**	3,30%	**4,24%**
Ort	90,56%	9,85%	9,64%	0,00%	0,00%	4,71%	4,71%

7 Fazit und Zukunftsaussichten

Erste experimentelle Ergebnis dieses Beitrages zeigen, dass ein Angreifer die provozierten Falscherkennungsraten seiner generierten künstlichen Handschriftendaten erhöhen kann (EER steigt durchschnittlich um das Achtfache), wenn das kompromittierte Erkennungssystem eine Optimierung durch Masking-Vektoren einsetzt und er im Besitz dieser Masking-Vektoren sowie der Referenzdaten ist. Innerhalb der Semantik Symbol konnte die höchste Gleichfehlerrate ($EER_{RE}=4,08\%$), erzeugt durch künstlich generierte Rohdaten, ermittelt werden. Eine signifikante Steigerung der Kollisionsraten (CR_{RE}) konnten im Rahmen dieser ersten experimentellen Ergebnisse nicht festgestellt werden. Lediglich innerhalb der Semantik Symbol war eine Steigerung der Kollisionsrate (CR_{RE}) von *1,88%* auf *2,07%* zu verzeichnen.

Auf Basis dieser gewonnen Erkenntnisse empfiehlt es sich, die Masking-Vektoren getrennt von den übrigen Referenzdaten (BioHash b_{Ref} und Intervallmatrix IM) abzuspeichern (z.B. auf einer separaten SmartCard), um den Angreifer den Zugang zu diesen Informationen zu erschweren.

Hat ein Angreifer ein biometrisches System, wie in diesen Beitrag beschrieben, erst einmal kompromittiert, dann ist der Aufwand für den oben beschriebenen Angriff nicht besonders hoch. Mit Hilfe der Daten aus der kompromittierten Referenzdatenbank ist der Angreifer in der Lage, auch andere Angriff durchführen. So könnte er unter Umständen die Referenzdaten in einem anderen biometrischen System einspielen, wo er ggf. Zugriff auf Angriffspunkt vier hat (siehe Abbildung 1). Das tatsächliche Risiko für einen Betreiber eines solchen Systems hängt unter anderem von der Sicherung der einzelnen biometrischen Komponenten und Kommunikationskanälen ab. Weiterhin ist es essentiell, dass die Referenzdaten besonders geschützt werden und wenn möglich nicht zentral in einer Datenbank, sondern verteilt auf z.B. Smartcards.

Für zukünftige Arbeiten ist eine weitere Untersuchung des hier vorgestellten Angriffes unter Verwendung weiterer Testdaten (Personen) geplant. Des Weiteren soll untersucht werden, ob es möglich ist, künstlich erzeugte Rohdaten zu detektieren und erst gar nicht für eine Verifikation zuzulassen, um so das biometrische System vor solchen Angriffen zu schützen.

Danksagung

Das diesem Bericht zugrundeliegende Vorhaben wurde mit Mitteln des Bundesministeriums für Bildung und Forschung unter dem Förderkennzeichen 17N3109 gefördert. Die Verantwortung für den Inhalt dieser Veröffentlichung liegt bei den Autoren. Ferner danken wir der StepOver GmbH für die Unterstützung im Rahmen des Projektes „OptiBioHashEmbedded".

Literatur

[FrRi11]   Fratric, I., Ribaric S.: Local Binary LDA for Face Recognition. In. Proceedings of the 3rd European Workshop on Biometrics and Identity Management (BioID2011), pp. 144-155, Germay, Brandenburg (2011)

[HoBF09]   Hollingsworth, K.P., Bowyer, K.W., Flynn, P.J.: The best bits in an iris code. IEEE Trans. on Pattern Analysis and Machine Intelligence 31(6), 964-973 (2009)

[KuZh05] Kumar, A., Zhang, D.: Biometric Recognition using Feature Selection and Combination, in LNCS 3546, pp. 813-822 (2005)

[KSAV11] Kümmel, K.; Scheidat, T.; Arndt, C., Vielhauer, C.: Feature Selection by User Specific Feature Mask on a Biometric Hash Algorithm for Dynamic Handwriting, 12th Joint IFIP TC6 and TC11 Conference on Communications and Multimedia Security, pp. 85-93 (2011)

[KüVi10a] Kümmel, K.; Vielhauer, C.: Potentielle Rückführbarkeit eines biometrischen Hashes für Handschriften. In: D-A-CH Security 2010, pp. 66-77 (2010)

[KüVi10b] Kümmel, K.; Vielhauer, C.: Reverse-engineer Methods on a Biometric Hash Algorithm for Dynamic Handwriting. In: MM&Sec '10: Proceedings of the 12th ACM workshop on Multimedia and security, ACM, pp. 67-72 (2010)

[MaSV11] Makrushin, A., Scheidat, T., Vielhauer, C.: Handwriting Biometrics: Feature Selection based Improvements in Authentication and Hash Generation Accuracy. In. Proceedings of the 3rd European Workshop on Biometrics and Identity Management (BioID2011), pp. 37-48, Germany, Brandenburg (2011)

[RaCB01] N. K. Ratha, J.H. Connell, Bolle, R. M.: An analysis of minutiae matching strength. In: Proceedings of the 3rd International Conference on Audio- and Video-Based Biometric Person Authentication (AVBPA '01), Halmstad, Schweden (2001) 223–228.

[RaUW11] Rathgeb, C., Uhl, A., Wild, P.: Combining Selective Best Bits of Iris-Codes. In. Proceedings of the 3rd European Workshop on Biometrics and Identity Management (BioID2011), pp. 127-137, Germany, Brandenburg (2011)

[ScVD08] Scheidat, T., Vielhauer, C., Dittmann, J.: Advanced Studies on Reproducibility of Biometric Hashes. In: Proceedings of First Workshop on Biometrics and Identity Management (BIOID 2008), pp. 150-159, Roskilde University, Denmark (2008)

[Viel06] C. Vielhauer: Biometric User Authentication for IT Security: From Fundamentals to Handwriting, Springer Verlag New York (2006)

Automatisches Erkennen mobiler Angriffe auf die IT-Infrastruktur

Kai-Oliver Detken[1] · Dirk Scheuermann[2]
Ingo Bente[3] · Jürgen Westerkamp[4]

[1]DECOIT GmbH
detken@decoit.de

[2]Fraunhofer SIT
dirk.scheuermann@sit.fraunhofer.de

[3]Hochschule Hannover
ingo.bente@fh-hannover.de

[4]macmon secure gmbh
juergen.westerkamp@mikado.de

Zusammenfassung

Eine sichere und korrekt funktionierende IT-Infrastruktur ist mittlerweile unabdingbar. Die rasant gestiegene Nutzung von mobilen Geräten (speziell Smartphones) im Unternehmenseinsatz und mangelnde Sicherheitskonzepte für diese neue Geräteklasse machen aber Unternehmensnetze zu einem attraktiven Angriffsziel. Trotz zahlreicher Möglichkeiten, das Netzwerk abzusichern, wie z.B. durch Firewalls oder VPNs, haben diese Lösungen oft das Problem, dass sie isoliert voneinander arbeiten und viele Angriffe nur durch die Kombination von Daten verschiedener Systeme erkannt werden können. Selbst wenn heute ein Angriff erkannt wird, erfolgen Gegenmaßnahmen oft zu spät und der Angreifer hat bereits den Betrieb wichtiger Systeme gestört oder sensible Informationen erlangt. Dieser Bericht beschreibt die innerhalb des vom Bundesministerium für Bildung und Forschung (BMBF) geförderten Verbundprojektes ESUKOM bisher erreichten Ziele. Das ESUKOM-Projekt versucht, die beschriebene Sicherheitsproblematik zu beheben, indem Informationen verschiedener Sicherheitssysteme zentral gespeichert, ausgewertet und abgerufen werden können. Damit wird den beteiligten Systemen Zugriff auf den aktuellen Sicherheitsstand des gesamten Netzwerkes ermöglicht. Als zusätzliches Sicherheitsinstrument soll eine automatisierte Reaktion möglich sein, um zeitnah auf Bedrohungen des Netzwerkes reagieren zu können. Als technologische Basis wird das durch die Trusted Computing Group (TCG) spezifizierte IF-MAP Protokoll verwendet.

1 Einleitung

Der erste grundlegende Schritt innerhalb des ESUKOM-Projekts war die Definition von Szenarien für den Einsatz von mobilen Endgeräten. Als Arbeitsgrundlage wurde dabei zuerst betrachtet, welche mobilen Geräte zum Einsatz kommen können, aus welchen Komponenten die

Infrastruktur besteht, über die die Geräte Zugriff erhalten, und auf welche Ressourcen diese Geräte zugreifen. Von den beteiligten KMUs wurden dazu fachliche Szenarien geliefert, die sich aus praktischen Kundenprojekten bzw. Kundenanfragen ergaben. Zudem wurde betrachtet, wie eine zentrale IF-MAP-Struktur die Sicherheit und Verwaltbarkeit weiter verbessern könnte. Aus diesen fachlichen Szenarien ergaben sich Bedrohungen, die für das mobile Gerät oder das Firmennetzwerk entstehen. Die Definition der Szenarien und Bedrohungen war wichtig für die Ableitung von Kernanforderungen für das ESUKOM-Projekt. Die Kernanforderungen zeigten klar die vielfältigen Vorteile einer zentralen IF-MAP-Struktur auf und wirken den definierten Bedrohungen entgegen. Abschließend wurde innerhalb der Anforderungsanalyse genauer betrachtet, welche Komponenten zusätzlich notwendig sind und wie die Kommunikation zwischen den Komponenten ablaufen muss, um die Kernanforderungen erfüllen zu können.

2 IF-MAP-Spezifikation

Die Trusted Computing Group (TCG) hat im Mai 2008 die erste Version der IF-MAP-Spezifikation veröffentlicht, welche später in zwei Teile aufgespalten wurde. Seit Mai 2012 liegen neue Versionen vor ([TCG12-1], [TCG12-2]). IF-MAP ist ein offenes, Herstellerunabhängiges Protokoll zum Austausch von beliebigen Daten innerhalb eines Netzwerkes in Echtzeit. IF-MAP ist ein integraler Bestandteil des Trusted Network Connect Frameworks der TCG. Die TNC-Architektur ist in Abbildung 1 dargestellt.

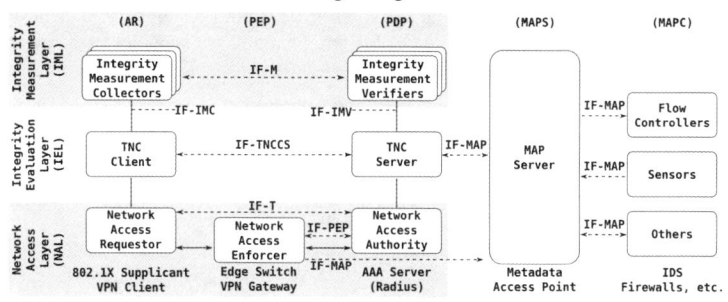

Abb. 1: TNC-Architektur in der Version 1.4 [TCG09]

Die Architektur ist in fünf verschiedene Spalten unterteilt, die jeweils eine Rolle definieren, die Komponenten in einem Netzwerk übernehmen können. Die Bedeutung der Rollen wird im Folgenden kurz beschrieben.

1. Als **Access Requestor (AR)** wird ein Endgerät bezeichnet, das Zugriff auf ein durch TNC geschütztes Netzwerk erhalten möchte.
2. Ein **Policy Decision Point (PDP)** befindet sich innerhalb des zu schützenden Netzwerkes. Basierend auf dem Integritätszustandes des Access Requestors entscheidet der PDP, in welchem Umfang Zugriff auf ein geschütztes Netzwerk gewährt wird.
3. Ein **Policy Enforcement Point (PEP)** befindet sich „am Rand" des zu schützenden Netzwerkes. Dabei handelt es sich in der Regel um Wireless Access Points oder kabelgebundene Switche. Ein PEP setzt die Zugriffsentscheidung, die ein PDP getroffen hat, um.

4. Ein Server innerhalb des zu schützenden Netzwerkes, der so genannte **Metadata Access Point (MAP)**, ist dafür verantwortlich, den aktuellen Zustand des Netzwerkes abzubilden. Dieser Zustand wird anhand eines vorgegebenen Formates für Metadaten beschrieben und kann (sicherheitsrelevante) Informationen wie angemeldete Benutzer, verwendete IP-Adressen oder erkannte Anomalien enthalten.
5. Die letzte der definierten Rollen wird als **MAP-Client (MAPC)** bezeichnet. Über die standardisierte Schnittstelle **IF-MAP** können MAP-Clients Metadaten von einem MAP-Server abfragen oder neue Metadaten veröffentlichen.

Die Rolle eines MAPC kann von verschiedenen Komponenten übernommen werden. Insbesondere auch von Komponenten, die schon als PDP oder als PEP fungieren. Zum Beispiel kann ein PDP nach erfolgreicher Authentisierung eines Benutzers sowie der Integritätsüberprüfung des verwendeten Endgerätes Metadaten in dem MAP-Server veröffentlichen. Diese Metadaten werden in der Regel den erfolgreichen Zugriff des Access Requestors auf das Netzwerk widerspiegeln. Die einzelnen Rollen sind nochmals in einzelne, logische Komponenten unterteilt. Insgesamt drei Schichten kapseln wiederum Komponenten mit ähnlicher Funktionalität. Gestrichelte Linien zeigen standardisierte Schnittstellen und Protokolle zwischen den einzelnen Komponenten an.

IF-MAP ist ein solches Standard-Protokoll im Sinne des TNC Frameworks. MAP-Clients (MAPC) können Metadaten von einem MAP-Server abfragen oder neue Metadaten veröffentlichen. Innerhalb des MAP-Servers werden die veröffentlichten Metadaten in Form eines Graphen verwaltet. Damit bietet sich die Möglichkeit, an zentraler Stelle eine Gesamtsicht auf den aktuellen Status eines Netzwerkes zu etablieren. Durch Korrelation der vorhandenen Metadaten können außerdem sicherheitsrelevante Informationen abgeleitet werden.

Die Kommunikation zwischen einem MAPC und dem MAPS basiert auf einem Publish-Search-Subscribe Modell, bei dem sowohl synchron als auch asynchron MAP-Daten ausgetauscht werden können:

1. Durch die **Publish-Operation** kann ein MAPC neue Metadaten veröffentlichen, vorhandene Metadaten ändern oder sogar löschen.
2. Ein MAPC kann per **Search-Operation** nach vorhandenen Metadaten suchen.
3. Über die **Subscribe-Operation** kann sich ein MAPC über Änderungen der im MAPS gespeicherten Metadaten informieren lassen. Dabei wird seitens des MAPC spezifiziert, welche Art von Metadatenänderungen relevant ist. Nur solche Änderungen haben eine Benachrichtigung durch den MAPS zur Folge.

Technologisch setzt IF-MAP auf eine Reihe von etablierten Standardtechnologien. Als Framework zur Übertragung der Metadaten kommt das SOAP-Protokoll in Kombination mit HTTP(S) zum Einsatz. Das Format der Metadaten ist durch XML-Schemata beschrieben. Auf diese Weise können etablierte Sicherheitssysteme, die um MAP-Client-Funktionen erweitert worden sind, beliebige Metadaten über den aktuellen Status des Netzwerkes austauschen.

3 Der Ansatz des ESUKOM-Projektes

Basierend auf den fachlichen Szenarien sowie den Bedrohungsaspekten wurden im ESUKOM-Projekt Kernanforderungen abgeleitet, welche die Basis für die weiteren Arbeiten bildeten: Anomalie-Erkennung, Smartphone Awareness, Single-Sign-Off, Secure Evidence, Identity Awareness, Location-based Services, Erkennen von Malapp-basierten Angriffen und

Real-time Enforcement. Diese Kernanforderungen bestehen aus einer Menge von Anwendungsmöglichkeiten, deren technologische Grundlage der Austausch von Metadaten über das IF-MAP-Protokoll ist. Sie ermöglichen es, den identifizierten Bedrohungen effektiv entgegenzuwirken. Durch diese Abstraktion ließen sich die erforderlichen Kern-Funktionen unabhängig von einer konkreten Fachlichkeit benennen. Auf diese Weise kann den universellen Einsatzmöglichkeiten des IF-MAP-Protokolls Rechnung getragen werden. Die Auswahl der nachfolgend beschriebenen Kernanforderungen hat sich bei den späteren Überlegungen als besonders relevant für das in Kapitel 4 beschriebene Anwendungsszenario herausgestellt.

3.1 Anomalie-Erkennung

Zur Anomalie-Erkennung werden möglichst viele Informationen, die möglicherweise auch unabhängig von diesem Einsatzszenario gesammelt worden sind, beobachtet, so dass sich Normalverhalten und Grenzverhalten identifizieren lassen. Wird dann eine Grenzwertüberschreitung festgestellt, so kann dies durch Korrelation mit dem sonstigen Systemverhalten eingeordnet werden. Insbesondere mehrere, gleichzeitige Grenzüberschreitungen könnten dabei interessant sein. Die Stärke von IF-MAP gegenüber einer IDS Anomalie-Erkennung liegt in der Diversität der Daten.

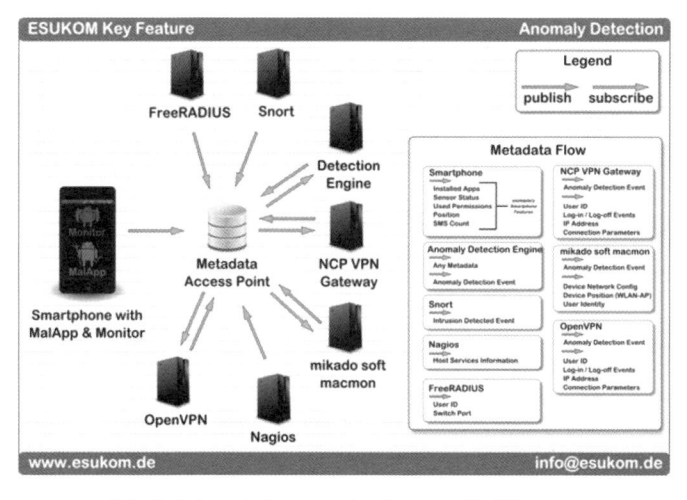

Abb. 2: Relevante Komponenten der Anomalie-Erkennung

Die Anomalie-Erkennung könnte auf verschiedene Metadaten angewandt werden. Dies sind beispielsweise die Network-Security-Metadaten wie Access-Request, IP, MAC oder Location-Information. Zusätzlich wäre es hilfreich, die Persistierung der entsprechenden Metadaten gewährleisten zu können. Zwar ermöglicht es IF-MAP, veröffentlichte Metadaten permanent in dem MAP-Server zu speichern (d.h. unabhängig von der aktuellen Session eines Clients). Diese Metadaten können später aber auch wieder gelöscht werden. Im Kontext von IF-MAP ist dieser Zustand der gleiche, als wenn die Metadaten nie veröffentlicht worden wären. Für die geplante Anomalie-Erkennung kann es allerdings erforderlich sein, sowohl das Veröffentlichen als auch das Löschen der Metadaten zu persistieren. Darüber hinaus können bei IF-

MAP Metadaten auch an die Laufzeit einer Session gebunden werden. Beendet der MAP-Client die Session, werden die entsprechenden Metadaten gelöscht. Auch in diesem Fall ist eine Persistierung der Metadaten zur Anomalie-Erkennung erforderlich. Andernfalls wäre es zum Beispiel nicht möglich, das Normalverhalten des Clients bzgl. der Anzahl der Logins zu bestimmen.

Für die Anomalie-Erkennung können nun folgende Daten gesammelt werden: Login-Count eines Useraccount (ID) oder eines Geräts (MAC), Zeit des Logins im System, Anwesenheit erfasst z. B. durch ein Arbeitszeiterfassungssystem, Anzahl der MAC-Adressen, die mit einer UserID verbunden sind, sowie die Anzahl messbarer Aktionen im System (z.B. Zugriffe auf Patientendatenbank).

3.2 Smartphone Awareness

Für das Erkennen von Angriffen auf Unternehmensnetze und die Einleitung entsprechender Gegenmaßnahmen sind auch die Typen der eingesetzten Geräte von Bedeutung. Bestimmte Geräte können gesonderte Schutzmaßnahmen erfordern oder aus Sicherheitsgründen auch gleich von der Verwendung für bestimmte Funktionen ausgeschlossen sein. Für den mobilen Datenzugriff spielen Smartphones eine besondere Rolle, weshalb gerade hier besondere Sicherheitsaspekte zu beachten sind. So ist es beispielsweise denkbar, dass in Unternehmensnetzen auf bestimmte Daten und Dienste ein Zugriff über Smartphones gar nicht zulässig ist, sondern ausschließlich über besondere unternehmenseigene Geräte erfolgen darf. Zu diesem Zweck wurde im Rahmen von ESUKOM die Kernanforderung Smartphone Awareness definiert. Sie dient dazu, ein Gerät zweifelsfrei als zur Kategorie Smartphone zugehörig zu erkennen, um aufgrund dieser Status-Meldung entsprechend Maßnahmen einleiten zu können.

3.3 Location-based Services

Bei der Nutzung von Diensten in mobilen Netzen spielt auch der Aufenthaltsort des Benutzers bzw. seines verwendeten Endgerätes eine Rolle. Bestimmte sicherheitskritische Dienste sollen nur von bestimmten Orten (z.B. ein abgegrenzter Bereich innerhalb eines Unternehmens) nutzbar sein, oder die Nutzung aus größerer Entfernung unterliegt besonderen Sicherheitsvorkehrungen. Im Rahmen von ESUKOM dient die Kernanforderung dazu, verlässliche Informationen über den Aufenthaltsort eines Benutzers bzw. den Standort eines Endgerätes zu bekommen und bei bestimmten Systemzuständen oder Zugriffsversuchen auf Dienste in Abhängigkeit der Ortsinformationen reagieren zu können.

3.4 MalApp-Erkennung

Im Rahmen der Bedrohungsanalyse haben sich MalApps als Ursache für viele Bedrohungen herausgestellt. Im Rahmen des ESUKOM-Projektes werden deshalb MalApps erkannt und so den Bedrohungen entgegengewirkt. Verschiedene Ansätze, um MalApps zu erkennen, werden dabei verfolgt:

1. Eine Möglichkeit ist es, auf Ergebnissen der Anomalie-Erkennung aufzusetzen. Wird eine Anomalie für ein Smartphone festgestellt, soll darauf aufbauend untersucht werden, ob eine auf dem Smartphone installierte App dafür die Ursache sein könnte.

2. Eine weitere Möglichkeit besteht in der Analyse der auf den Smartphones vorhandenen Apps. Basierend auf Parametern wie Urheber und gewährten Rechten kann das Bedrohungspotential der App für die IT-Infrastruktur zumindest grob ermittelt werden.

Ob die MalApps für Sensor-basierte Angriffe, DoS-Angriffe oder für das Abgreifen von (lokal) vorhandenen Daten eingesetzt werden, ist dabei für die Erkennung des Angriffes nicht relevant. Um das Bedrohungspotential von verwendeten Apps serverseitig bewerten zu können, müssen möglichst viele Parameter über IF-MAP gesammelt werden. Dafür ist eine Monitoring-Komponente auf den Smartphones erforderlich, die die erforderlichen Daten sammelt und zum MAP-Server überträgt. Folgende Metadaten wären in diesem Kontext wichtig: eine Liste der installierten Apps pro Smartphone, der Urheber einer App, die Quelle aus der die App bezogen worden ist oder die Berechtigungen, die die App auf dem Gerät hat.

Ein konkretes Beispiel kann anhand der Android-Plattform aufgezeigt werden. Dort geben Apps in einer Art Manifest an, welche System-Berechtigungen (so genannte Permissions) sie benötigen, um korrekt zu funktionieren. Der Benutzer muss diese Berechtigungen akzeptieren, bevor die App installiert und genutzt werden kann.

3.5 Real-time Enforcement

Die Kernanforderung Real-time Enforcement spielt eine übergeordnete Rolle. Sie behandelt die Reaktion auf Ereignisse, welche ggf. bei anderen Kernanforderungen erkannt wurden. Die Kernanforderung Real-time Enforcement ist deshalb auch für alle später im Anwendungsszenario betrachteten Anwendungsfälle relevant (siehe Kapitel 4).

Die vielleicht größte Herausforderung beim Real-time Enforcement, welches vollautomatisch durchgeführt wird, ist das Verhindern von falschen Entscheidungen (sog. False Positives). Hierzu kann zum Beispiel eine strikte Policy bzgl. der Rechte zur Veröffentlichung solcher Informationen eingesetzt werden. Je nachdem, an welcher Stelle die Entscheidung für das Real-time Enforcement getroffen wird, werden unterschiedliche Metadaten benötigt. Im einfachsten Fall liegt die Auswertung der Metadaten bei den einzelnen MAP-Clients, die auch die Entscheidung über das Enforcement anhand einer Policy treffen. Um die Vorteile der Korrelation von Metadaten nutzen zu können, müssen spezielle Metadaten veröffentlicht werden, auf die die einzelnen Clients reagieren können. Diese Metadaten enthalten Werte, die anhand einer Warnstufe oder einer Aktion den Clients vorgeben, welche Aktion durchgeführt werden soll.

Ein Beispiel für das IF-MAP gestützte Real-time Enforcement ist die Reaktion eines Paketfilters auf erkannte Anomalien. Anomalien können in diesem Zusammenhang klassische, durch ein Intrusion Detection System (IDS) erzeugte Events sein, die auf eine Verletzung der Unternehmens-Policy hindeuten (z.B. die Nutzung von peer2peer-Programmen). Darüber hinaus können Anomalien natürlich auch von der vorher beschriebenen Anomalie-Erkennungs-Anwendung erzeugt werden. Als Reaktion auf erkannte Anomalien wird es oft erforderlich sein, den Zugriff des verursachenden Endgerätes auf das Netzwerk zu limitieren. Ein über IF-MAP an den MAP-Server angebundener Paketfilter kann sich über solche Events informieren lassen und seine Konfiguration entsprechend anpassen, beispielsweise, um den vom verursachenden Endgerät ausgehenden Datenverkehr zu blockieren. Dies ist insbesondere auch für verteilte Firewall-Umgebungen leicht umsetzbar.

4 Generisches Anwendungsszenario

Im ESUKOM-Projekt wurde aus sechs verschiedenen realen Szenarien ein generischer Anwendungsfall beschrieben, der für die Entwicklung als Vorgabe genutzt wurde. Gemeinsamer Nenner aller Szenarien war der mobile Mitarbeiter, weshalb die Manipulation und Kompromittierung mobiler Endgeräte durch Schadsoftware speziell betrachtet wurde. Hierbei ergeben sich Risiken, welche durch die unbemerkte Installation von Schadsoftware auf mobilen Endgeräten entstehen können. Daraus ergeben sich wiederum für die Administratoren von Unternehmensnetzen zahlreiche neue Herausforderungen und Gefährdungen, welche es zu bewältigen gilt. Auf der anderen Seite werden Übergriffe auf Unternehmensnetze und deren Daten für Angreifer ein zunehmend lukrativer Geschäftsbereich [SCHM09], was wiederum dazu führt, dass die Autoren von Schadsoftware zunehmend professioneller und zielgerichteter agieren.

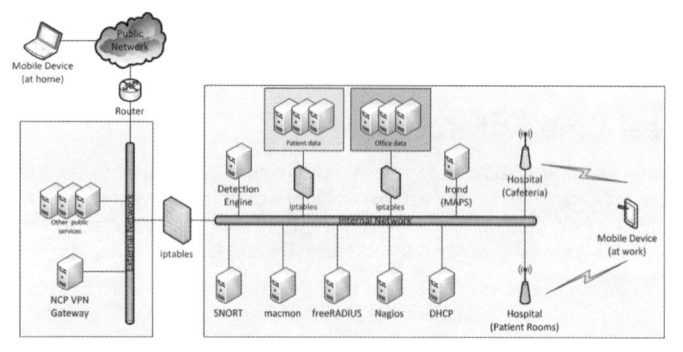

Abb. 3: IT-Infrastrukturübersicht des generischen Krankenhaus-Szenarios

Das generische Anwendungsszenario bezieht sich auf die IT-Umgebung in einem Krankenhaus. In diesem Krankenhaus werden zur Erleichterung der ärztlichen Tätigkeit mobile Endgeräte verwendet. Die mobilen Endgeräte können von der medizinischen Belegschaft verwendet werden, um mobile Patientendaten abzurufen und zu bearbeiten. Zusätzlich kann das Personal aber mobile Geräte nutzen, um über eine externe Verbindung auf ihre persönlichen Daten wie E-Mails, Kontakte oder Termine zuzugreifen.

Als Sicherheitsrichtlinien können genannt werden:

a. Aufgrund der Sensibilität von Patientendaten darf der Zugriff auf diese nur
   - aus dem internen Netzwerk erfolgen. Hierbei wird bei mobilen Geräten eine VPN-Verbindung benötigt,
   - während des Aufenthalts im Patientenbereich erfolgen. Hierzu müssen die Geräte sich geographisch in diesem Bereich befinden.

b. Ausschließlich mobile Geräte von Ärzten dürfen auf die Patientendaten zugreifen. Pflege- und Verwaltungspersonal darf ausschließlich persönliche Bürodaten abrufen.

c. Die Anwendung zum Zugriff auf die Patientendaten sowie der Office-Zugang erfordern eine Authentifizierung des Benutzers.

d. Alle mobilen Geräte, die Zugriff auf das interne Netzwerk erhalten, verfügen ausschließlich über Software, die durch den Administrator freigegebenen wurde.

Abbildung 3 zeigt eine Übersicht der IT-Infrastruktur im Krankenhaus. Folgende Netzwerksegmente sind hierbei zu unterscheiden:

a. **Internal Network:** Das interne Netzwerk enthält alle IF-MAP-Clients (ESUKOM-Sicherheitslösungen) und den IF-MAP-Server (irond), sowie die Server mit Patienten- und Bürodaten. Das interne Netzwerk ist durch eine Firewall (iptables) vom externen Netzwerk getrennt. Zusätzlich bietet das interne Netzwerk ein WLAN für den mobilen Zugriff auf Patienten- und Bürodaten. Das WLAN ist logisch durch die Position der WLAN Access Points unterteilt. Hierbei werden WLAN-APs im Patientenbereich des Krankenhauses und WLAN-APs im öffentlichen (Cafeteria) Bereich unterteilt.

b. **External Network:** Das externe Netzwerk (DMZ) enthält alle Dienste, die vom Internet erreichbar sind. Im Szenario ist ausschließlich das NCP VPN-Gateway von Bedeutung, um Verbindungen in das interne Netzwerk aufzubauen. Zusätzlich ist ein Router an das externe Netzwerk angebunden, welcher die Verbindung zum Internet herstellt.

c. **Public Network:** Das Internet (Public Network) wird von Mitarbeitern verwendet, um mit Ihren mobilen Geräten von zu Hause aus zu arbeiten.

Die verschiedenen IF-MAP-Clients, Server und Endgeräte sind wie folgt konfiguriert:

a. **Mobile Endgeräte:** Die mobilen Endgeräte der Mitarbeiter sind mit *NCP VPN-Clients* und dem *DECOIT IF-MAP-Android-Client* ausgestattet.

b. **Datenserver:** Die Server mit den Patientendaten bzw. den Bürodaten sind durch einen eigenen Authentifizierungsmechanismus geschützt.

c. **NCP VPN-Gateway:** Das *NCP VPN-Gateway* nimmt Verbindungen von den mobilen Geräten der Mitarbeiter an und leitet diese in das interne Netzwerk weiter.

d. **iptables:** Gibt den Zugang nur für Verbindungen vom VPN-Gateway vom externen Netzwerk in das interne Netzwerk frei. Verbindungen vom internen in das externe Netzwerk unterliegen keiner Beschränkung. Zusätzlich existieren zwei iptables Firewalls, welche die Patienten- und Bürodaten schützen. Diese geben den Zugriff ausschließlich für IP-Adressen frei, welche im MAPS von einem bekannten IF-MAP-Client autorisiert sind. Es wird der *DECOIT IF-MAP-Client* verwendet.

e. **SNORT:** Snort scannt das Netzwerk auf sicherheitskritische Ereignisse und publiziert diese als IF-MAP-Events. Damit wird jedes erkannte Ereignis als Event in MAPS für andere IF-MAP-Clients veröffentlicht. Es wird der *DECOIT IF-MAP-Client* verwendet.

f. **macmon NAC:** Der *macmon NAC* scannt das interne und externe Netzwerk und publiziert alle autorisierten Geräte in IF-MAP. Bei Erkennung von unautorisierten oder nicht mehr sicher konfigurierten Geräten werden diese Geräte vom Netzwerk getrennt (falls möglich). Zusätzlich werden diese Ereignisse per IF-MAP-Event publiziert.

g. **FreeRADIUS:** Der FreeRADIUS-Server veröffentlicht die Profile von externen mobilen Teilnehmern, welche sich über WLAN mit 802.1X authentifiziert haben. Es wird der *DECOIT IF-MAP-Client* verwendet.

h. **Nagios:** Das Nagios-System fragt kontinuierlich den Zustand der im Netzwerk aktiven Hosts und Services ab. Statuswechsel werden an den MAPS publiziert. Es wird der *DECOIT IF-MAP-Client* verwendet.

i. **MAP-Server:** Der MAP-Server *irond* von der Hochschule Hannover stellt die zentrale MAP-Serverkomponente (MAPS) dar.

j. **Detection Engine:** Die Detection Engine *irondetect* von der Hochschule Hannover kontrolliert die Daten des MAPS und analysiert diese auf bekannte Signaturen oder das Auftreten von Anomalien.

k. **DHCP:** Der ISC DHCP-Server ist mit der IF-MAP-Erweiterung *irondhcp* von der Hochschule Hannover ausgestattet und veröffentlicht alle IP- zu MAC-Adressen-Zuordnungen an den MAPS.

Im ersten Anwendungsfall versucht ein Angreifer, vom öffentlichen Netzwerk direkt auf Ressourcen im internen Netzwerk zuzugreifen. Der Angreifer verwendet dabei ein unbekanntes mobiles Gerät. Bei diesem Angriff scheitert der Angreifer direkt an der iptables-Firewall, da diese ausschließlich Geräte zulässt, welche vom VPN-Gateway autorisiert wurden. Das *NCP VPN-Gateway* weist jedem verbundenen Endgerät eine eigene IP-Adresse zu und veröffentlicht diese per IF-MAP. Der *DECOIT IF-MAP-Client* der Firewall übernimmt alle vom VPN-Gateway veröffentlichen IP-Adressen in seine interne Liste mit autorisierten Adressen. Dieser Anwendungsfall ist ausschließlich für die Kernanforderung Real-time-Enforcement relevant.

Beim zweiten Anwendungsfall verbindet sich ein Mitarbeiter über einen WLAN-AP in der Cafeteria mit dem internen Netzwerk und versucht, auf die Patientendaten zuzugreifen. In diesem Fall scheitert der Mitarbeiter an der iptables-Firewall, welche den Zugriff auf die Patientendaten steuert. Das Endgerät des Mitarbeiters wird von allen IF-MAP-Clients im Netzwerk autorisiert. Zusätzlich wird von *macmon NAC* die Position des Endgerätes (AP im Cafeteria-Bereich) publiziert. Von der Detection Engine *irondetect* wird dadurch ein Event ausgelöst, welches die Firewall veranlasst, die IP-Adresse des Endgerätes zu sperren. Neben dem Real-time-Enforcement spielen hier die Kernanforderungen Smartphone Awareness und Location-based-Services eine Rolle: das Endgerät könnte z.B. aufgrund seiner besonderen Eigenschaft als Smartphone oder aufgrund seiner erkannten Position zurückgewiesen werden.

In einem weiteren Anwendungsfall versucht ein Mitarbeiter mit einem mobilen Endgerät, welches von schadhafter Software befallen ist, auf die Datenserver zuzugreifen. In diesem Fall scheitert der Mitarbeiter ebenfalls an der iptables Firewall vor den Datenservern oder an der Verbindung zum *NCP VPN-Gateway*, falls eine Verbindung von außerhalb des internen Netzwerks aufgebaut wird. Das Endgerät des Mitarbeiters wird auch in diesem Anwendungsfall von allen IF-MAP-Clients ordnungsgemäß im MAPS *irond* als autorisiertes Gerät gemeldet. Der *DECOIT IF-MAP-Android-Client* veröffentlicht bei der Verbindung zum Netzwerk die installierten Anwendungen des Endgerätes an den MAPS. Die Detection Engine *irondetect* analysiert die Daten im MAPS und veröffentlicht ein Event zum Befall des Endgerätes mit einer MalApp. Die Firewalls sowie das VPN-Gateway sperren daraufhin das Endgerät aus dem internen Netzwerk aus. Unter den Kernanforderungen spielt hier die Malapp-Detection eine besondere Rolle.

Im letzten Anwendungsfall versucht ein Angreifer, mit einem gestohlenen mobilen Endgerät an sensible Daten zu gelangen. Der Angreifer verbindet sich hierbei mit einem WLAN-AP aus dem Patientenbereich. In diesem Fall scheitert der Angreifer wieder an der Firewall vor den Datenservern. Das Endgerät wird vorerst von den Sicherheitssystemen ordnungsgemäß autorisiert. Der Angreifer kann dadurch ohne Einschränkungen auf alle Daten zugreifen. Im Hintergrund werden Nutzungsdaten vom *DECOIT IF-MAP-Android-Client* an den MAPS *irond* gesendet. Von der Detection Engine werden die Nutzungsdaten analysiert und mit dem Normalverhalten des eigentlichen Besitzers des Endgerätes vergleichen. Das mehrfache und frequentierte Zugreifen des Angreifers auf beliebige Patientendaten wird hierbei als Anomalie erkannt. Die Detection Engine *irondetect* publiziert daraufhin ein Event im MAPS, welches zur Folge hat, dass alle Sicherheitssysteme das Endgerät des Angreifers sperren. Besonders relevant für diesen Anwendungsfall ist die Kernanforderung Anomalie-Erkennung, da sich ein gestohlenes Endgerät typischerweise durch die dabei betrachteten Anomalien auszeichnet.

5 Detection Engine

Durch die Integration verschiedener Netzwerkkomponenten stehen sicherheitsrelevante Informationen an einer zentralen Stelle zur Verfügung. Innerhalb des MAP-Servers werden die Daten durch einen ungerichteten Graphen strukturiert. In praktischen Einsatzszenarien können diese Metadatengraphen sehr komplex werden. Zudem sind sie ständigen Änderungen unterworfen. Durch diese Komplexität und Dynamik der vorhandenen Daten ist ihre sinnvolle Auswertung allerdings schwierig.

Die sinnvolle Erkennung und Abwehr von Angriffen kann sich nicht auf die alleinige Erkennung illegaler Systemzustände oder unerwünschter Ereignisse beschränken. Viel mehr bewirkt ein Angriffsszenario häufig eine ungewöhnliche Kombination von Systemzuständen oder eine ungewöhnliche zeitliche Abfolge von Ereignissen, welche für sich genommen in Ordnung sind. Man könnte den Ansatz verfolgen, das Datenmodell mit zugehörigen Policys gleich im Hinblick auf abzuwehrende Angriffsszenarien zu gestalten, welche dann zu illegalen System-Zuständen führen. Zur Berücksichtigung neuer Angriffs-Szenarien wäre dann aber jedes Mal eine Anpassung erforderlich.

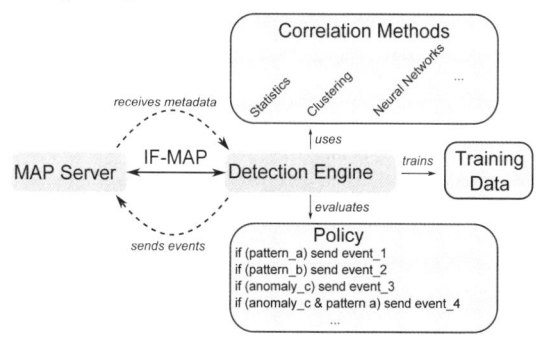

Abb. 4: Übersicht der Detection-Engine-Architektur

Im Rahmen des ESUKOM-Projektes wird der Ansatz verfolgt, eine Analyse des MAP-Graphen über einen speziellen MAP-Client, die so genannte Detection Engine, durchführen zu lassen. Das Ziel ist es, sowohl eine Muster- als auch eine Anomalie-Erkennung basierend auf den in Echtzeit gesammelten und vorliegenden Metadaten durchführen zu können. Durch eine Mustererkennung können zum Beispiel Signaturen von in einem Unternehmen nicht zugelassenen Apps auf einem Smartphone leicht erkannt werden. Über Anomalie-Erkennung sollen verdächtige Abweichungen im Verhalten eines Smartphones erkannt werden, da diese auf einen Sicherheitsvorfall hindeuten können. Als Reaktion auf erkannte Signaturen und Anomalien kann die Detection Engine ein entsprechendes Event in dem MAP-Server publizieren. Durch diese Rückkopplung wird es dann anderen Systemen ermöglicht, gemäß ihrer Policys auf die erkannten Vorfälle zu reagieren (z.B. im Rahmen eines Real-time Enforcements).

Die Detection Engine ist wie erwähnt als MAP-Client realisiert. Über passende Subscriptions können so sämtliche Metadaten, die im MAP-Server veröffentlicht werden, quasi in Echtzeit bezogen werden. Policys für die Detection Engine definieren, nach welchen Mustern bzw. Anomalien gesucht werden sollen und mit welchen Events auf erkannte Fälle reagiert werden kann. Zur Mustererkennung reicht ein einfacher Vergleich der in der Detection Engine Policy definierten Muster mit den empfangenen Metadaten aus. Wenn ein bestimmtes Angriffsmuster durch eine so definierte Regel der Policy erkannt wird, wird direkt ein entsprechender Event veröffentlicht. Der Versuch, mit laut Signatur nicht zugelassenen Apps in unbefugter Weise auf Daten zuzugreifen, ist dann ein Beispiel für ein Angriffsszenario, das man über die Mustererkennung recht einfach abwehren kann.

Die Erkennung von Anomalien (d.h. eine „zu große" Abweichung vom erwarteten Normalverhalten) ist dagegen komplexer. Voraussetzung dafür ist, dass das Normalverhalten vorher entweder trainiert oder basierend auf Expertenwissen festgelegt worden ist. Beispiele für hiermit abzuwehrende Angriffe sind die im letzten Anwendungsfall betrachteten Zugriffsversuche mit einem gestohlenen Gerät. Hier gilt es beispielsweise zu erkennen, dass Login-Versuche außergewöhnlich häufig fehlgeschlagen sind, dass ungewöhnlich häufig auf bestimmte Daten zugegriffen wird oder dass eine Verbindung zu einer Datenbank ungewöhnlich lange aufrechterhalten bleibt. Um Anomalien zu erkennen, soll die Detection Engine eine Vielzahl von verschiedenen Verfahren aus dem Bereich der Statistik (Mittelwert, Median, Clustering) und des maschinellen Lernens (Neuronale Netze) unterstützen. Neben der flexiblen Anbindung einer Vielzahl von Verfahren ist eine besondere Herausforderung festzustellen, mit welchen Verfahren sich welche Anomalien am zuverlässigsten erkennen lassen. Hierzu wird im Rahmen des ESUKOM-Prototypens aktuell eine entsprechende Evaluierung durchgeführt. Vergleichbare Ansätze zur Erkennung von Anomalien auf Smartphones haben vielversprechende Resultate geliefert [SKEGW12]. Im Gegensatz zu dem ESUKOM-Vorhaben konnten bisherige Ansätze allerdings nicht verschiedene Metadaten verschiedener Messkomponenten integrieren, sondern waren in der Regel auf Messungen nur einer Komponente beschränkt. Eine Rückkopplung von Auswerteergebnissen in Form von Events war ebenfalls bislang nicht möglich.

6 Fazit

Das IF-MAP-Protokoll stellt eine ideale Basis für die Erfüllung der Anforderungen des ESUKOM-Projektes dar. Eine Integration verschiedener Netzkomponenten hätte man grundlegend auch über alternative Ansätze realisieren können. Denkbar wäre zum Beispiel die Nutzung eines zentralen Dienstes zum Sammeln von Log-Meldungen in einem wohldefinierten Format. Die Kombination aus der Menge der unterstützten Funktionen, der Erweiterbarkeit und der durch die offene Spezifikation gegebenen Interoperabilität ist bei alternativen Ansätzen in der Form allerdings nicht vorhanden. Zudem wird IF-MAP von der TCG stark vorangetrieben und ist inzwischen auch bei den Netzwerkherstellern wie Juniper Networks, Enterasys Networks und Cisco Systems angekommen, wodurch eine weite Verbreitung zukünftig wahrscheinlich ist.

Das ESUKOM-Projekt hat zum Ziel, mit Hilfe der IF-MAP-Spezifikation die Sicherheit von Unternehmensnetzen zu steigern, gerade im Hinblick auf mangelnde Konzepte zur Sicherheit von Smartphones. Die bisher erarbeiteten Konzepte zeigen ein hohes Potential zur Verbesserung der IT-Sicherheit moderner Infrastrukturen. Die ersten funktionsfähigen Prototypen des Projektes können bereits erfolgreich Metadaten über IF-MAP austauschen, was auch auf einem internationalen PlugFest der Trusted Computing Group (TCG) im März 2012 in Darmstadt nachgewiesen werden konnte. Auf diese Weise ist jetzt schon eine Integration von zwei kommerziellen und fünf Open-Source-Produkten über IF-MAP erfolgreich umgesetzt worden.

Die größte Herausforderung ist aktuell die Umsetzung der Detection Engine. Es ist eine offene Forschungsfrage, mit welchen Methoden welche Metadaten am geeignetsten auszuwerten sind, um bestimmte Anomalien zu erkennen. Die Detection Engine wird daher so ausgelegt, dass diese Konfiguration flexibel über entsprechende Policys gesteuert werden kann. Hinzu kommt, dass eine generische Schnittstelle zur Anbindung beliebiger Analyseverfahren (Correlation Methods) geschaffen wurde. Darüber hinaus wird gerade eine Komponente entwickelt, die es erlaubt, über einen definierten Zeitraum die erforderlichen Trainingsdaten zu sammeln. Bis zum Ende des Projektes will man auch diesen letzten Meilenstein erfolgreich gemeistert haben.

Danksagung

Das ESUKOM-Projekt (http://www.esukom.de) ist ein gefördertes BMBF-Projekt mit einer Laufzeit von zwei Jahren, das im Oktober 2010 seine Arbeiten begonnen hat und im September 2012 endet. An dem Projekt sind die Firmen DECOIT GmbH (Projektleitung), macmon secure gmbh, NCP Engineering GmbH sowie die Forschungseinrichtungen Fraunhofer SIT und Hochschule Hannover beteiligt. Daher gilt der Dank den Partnern des Projektes, die durch ihre Beiträge und Arbeiten diesen Bericht erst ermöglicht haben.

Literatur

[SCHM09]   Schmitz, Peter: Datendiebstahl ist ein lukratives Geschäft – fünf Tipps gegen Datendiebstahl und Datenhandel. 14.08.09, SearchSecurity.de, Vogel IT- Medien GmbH, Augsburg 2009

[SKEGW12] Shabtai, Kanonov, Elovici, Glezer, Weiss: "Andromaly": a behavioral malware detection framework for android devices. Journal of Intelligent Information Systems, Volume 38 Issue 1, February 2012

[TCG09]   Trusted Computing Group: TNC Architecture for Interoperability.   Specification Version 1.4, Revision 4, Mai 2009

[TCG-12-1] Trusted Computing Group: TNC IF-MAP Binding for SOAP. Specification Version 2.1, Revision 15, Mai 2012

[TCG-12-2] Trusted Computing Group: TNC IF-MAP Metadata for Network Security. Specification Version 1.1, Revision 8, Mai 2012

Tatortforensik: Beweissicherer Kunstschweißdruck

Jennifer Sturm[1,2] · Mario Hildebrandt[2]
Jana Dittmann[2] · Claus Vielhauer[1]

[1]Fachhochschule Brandenburg
{sturm | vielhauer}@fh-brandenburg.de

[2]Otto-von-Guericke-Universität Magdeburg
{hildebrandt | dittmann}@iti.cs.uni-magdeburg.de

Zusammenfassung

Aufbauend auf den Arbeiten zur Fingerspurenfälschungsdetektion [KGDV11] in der Tatortforensik wird in diesem Beitrag eine Erweiterung eines bestehenden Containerformats [KiVL11] zur Unterstützung der Qualitätssicherungsprozesse in der Daktyloskopie unter Verwendung des Kunstschweißdrucks [Schw09] vorgestellt. Dieser Container wird im Gegensatz zu anderen Formaten wie FIDEX [Loth10] und AFF4 [CoGS09] verwendet, da für diesen bereits die Signalverarbeitungsprozesse einer digitalisierten forensischen Untersuchung optimiert sind. Die Erweiterung des Containerformats soll dabei die Qualitätssicherung konventioneller und zukünftiger Spurensicherungs- und Analysemethoden unterstützen, indem es existierende Anforderungen an forensische Werkzeuge der IT-Forensik und der digitalisierten Forensik [HKGV11] aufgreift. Beweissicher, u.a. durch Wahrung der IT-Sicherheitsaspekte Integrität, Authentizität und Vertraulichkeit, kann mit der vorgeschlagenen Erweiterung des Containerformats der Qualitätssicherungsprozess unter dem Gesichtspunkt der Reproduzierbarkeit von Fingerspuren abgebildet werden. Dies ist notwendig, um verschiedene Anwendungsszenarien adressieren zu können. Diese umfassen die Unterstützung der Evaluierung von konventionellen und neuen Behandlungs- und Erfassungsmethoden von latenten Fingerspuren im Spurensicherungslabor, Trainings- und Testmaßnahmen mit computergenerierten und realen Fingerabdrücken, sowie Tests und Untersuchungen von Tatorten zur Erkennung von gedruckten Spuren. Dazu sollen, insbesondere für das letzte Szenario, alle Daten und Operationen des Reproduktionsvorgangs von latenten Fingerspuren unter Einsatz einer kontaktlosen 3D Oberflächenakquise prozessbegleitend erfasst und hinsichtlich der IT-Sicherheitsaspekte gesichert werden, um eine lückenlose Beweiskette zu wahren. In diesem Beitrag werden ein generisches Prozessmodell sowie ein Datenmodell für den modifizierten Container und eine exemplarische Umsetzung des Containers vorgestellt.

1 Einleitung

In der digitalen Forensik ist das Wahren der lückenlosen Beweiskette (Chain of Custody) [Garf09] [KrHe02] immer eine besondere Herausforderung. Daten und Parameter sind flüchtige Objekte, die ungeschützt schon mit wenig Aufwand manipuliert oder bei der Übertragung, z.B. vom Sensor in verschiedene Labore beschädigt und damit fehlerhaft werden können.

Dies betrifft vor allem die forensischen Techniken, die statt der bisher ausschließlich manuellen Prozesse in der realen Tatortspurensicherung nun digitale Methoden nutzen, oder zukünftig nutzen werden. Hierfür existieren bereits Methoden aus der IT-Forensik, die das Befolgen der Chain of Custody und damit das Wahren von Integrität, Authentizität und Vertraulichkeit garantieren [Garf09].

Die Daktyloskopie ist eine solche forensische Technik, an deren Digitalisierung derzeit geforscht wird (z.B. [LKDV11]). Sie beschäftigt sich damit, latente Fingerabdrücke mittels diverser Analysemethoden von unterschiedlichen Oberflächen zu erfassen und diese dann auszuwerten. Latente Fingerabdrücke bezeichnen dabei Fingerabdrücke, die mit bloßem Auge schwer zu erkennen sind und für eine Weiterverarbeitung zuerst mit Hilfe verschiedener Methoden sichtbar gemacht werden müssen. Die herkömmliche Akquise von latenten Fingerabdrücken von einer Oberfläche ist derzeit ein manueller Prozess [BMWCS$^+$11].

Bei zukünftigen digitalen Prozessen in der Akquise, z.B. mittels kontaktloser Sensorik wie in [KHDV$^+$11], wird die Wahrung der Chain of Custody durch die Manipulierbarkeit von Daten erschwert. Darum wurde in Kiertscher et al. [KiVL11], in Anlehnung an das Advanced Forensic Format (AFF4) [CoGS09] aus der IT-Forensik, ein Containerformat vorgestellt, das sowohl Integrität und Authentizität als auch Vertraulichkeit einer Verarbeitungskette eines automatischen, daktyloskopischen Prozesses gewährleisten soll [KiVL11]. Die IT-Forensik eignet sich besonders als Vorlage für die Sicherheitsanforderungen, da sich hier die Herausforderungen hinsichtlich der Sicherheitsaspekte und der digitalen Chain of Custody in dieser forensischen Disziplin bereits in der Praxis ergeben haben und erfolgversprechende Lösungen vorgeschlagen worden sind. Durch AFF4 und den Container nach Kiertscher et al. bleiben jedoch Aspekte der Fallverwaltung derzeit größtenteils unbetrachtet. Diese deckt wiederum das Forensic Information Data Exchange (FIDEX) [Loth10] Format ab. Für die Betrachtung verschiedener Aspekte der Reproduzierbarkeit von Fingerspuren im daktyloskopischen Prozess (siehe dazu auch [KGDV11]) wird sich zunächst auf die Signalverarbeitungsaspekte beschränkt, womit der Container nach Kiertscher et al. eine geeignete Ausgangsbasis bildet.

Im daktyloskopischen Prozess ist die Reproduktion von Fingerspuren eine wichtige Evaluationsmethode für chemische Kontrastverbesserungsverfahren. Durch Schwarzs Aminosäurelösung [Schw09] existiert die Möglichkeit, Fingerabdrücke in großer Anzahl zu drucken, um so Testmengen herzustellen. Der Druckprozess ist dabei hinsichtlich mehrerer Faktoren, wie z.B. der Druckoberfläche oder den Druckparametern, beeinflussbar. Im Rahmen der Untersuchung der Reproduzierbarkeit von Fingerspuren ergeben sich mehrere Anwendungsszenarien:

1. Unterstützung der Evaluierung der Mustererkennungspipeline (z.B. kontaktlose Erfassungstechniken), sowie konventionellen Behandlungs- und Bearbeitungsmethoden von latenten Fingerspuren (z.B. zur Darstellung des Papillarlinienmusters),
2. Trainings- und Testmaßnahmen für forensische Experten und Methoden mittels computergenerierten und realen Fingerabdrücken (z.B. zur Benotung der Performance),
3. Evaluationen und Untersuchungen von Tatorten zur Erkennung von gedruckten Spuren.

Da insbesondere letzteres Szenario potentiell mit Fingerabdrücken von realen Personen als datenschutzrechtlich sensiblen Daten arbeitet, sind besondere Vorkehrungen zur Wahrung der IT-Sicherheitsaspekte Integrität, Authentizität und Vertraulichkeit zu treffen. Aufgrund der ebenfalls bestehenden Möglichkeit, dass die Methode des Drucks von Fingerspuren z.B. für die Manipulation eines Tatorts durch künstlich platzierte Fingerspuren für fälschliche Beschuldigungen missbraucht wird, werden zudem Versuche im Rahmen der Reproduzierbarkeit durchgeführt, die eine Identifikation künstlicher Spuren gewährleisten soll. Damit die Resultate dieser Versuche im Nachhinein die erforderliche Signifikanz für einen Einsatz in forensischen Untersuchungen beibehalten, besteht auch in diesem Prozess die Notwendigkeit, die Chain of Custody zu gewährleisten.

Das von Kiertscher et al. [KiVL11] vorgestellte Containerformat zur Sicherung der Chain of Custody eines automatischen, mehrfach verzweigten daktyloskopischen Prozesses bietet zwar die Möglichkeit, einen Reproduktionsprozess zu sichern, ist jedoch nicht auf verschiedene Anwendungsszenarien und der Abbildung von Arbeitsschritten des Reproduktionsprozesses ausgelegt. Darum wird im Folgenden ein modifiziertes Containerformat vorgestellt, das hinsichtlich des Qualitätssicherungsprozesses unter dem Gesichtspunkt der Reproduzierbarkeit und der für diesen Prozess nötigen Vorgehensweise (siehe z.B. [KHDV[+]11]) angepasst wurde. Es unterstützt dabei die Qualitätssicherung konventioneller und zukünftiger Spurensicherungs- und Analysemethoden, indem es existierende Anforderungen an forensische Werkzeuge der IT-Forensik und der digitalisierten Forensik [HKGV11] aufgreift.

Dieser Beitrag ist wie folgt organisiert: Im zweiten Abschnitt folgt eine Übersicht zum Stand der Technik bezüglich des Reproduktionsprozesses und geeigneter forensischer Datenformate. Der dritte Abschnitt beschäftigt sich mit einem Prozessmodell für den Reproduktionsprozess von latenten Fingerspuren in den verschiedenen Anwendungsszenarien sowie einem Datenmodell für den modifizierten Container. Im vierten Abschnitt wird eine exemplarische Umsetzung für das dritte Szenario aufgezeigt, da insbesondere für dieses aufgrund der Untersuchung von Spuren von realen Tatorten mit potentiell gedruckten Spuren die Chain of Custody wichtig ist. Zuletzt folgt in Abschnitt fünf eine Zusammenfassung mit einem Ausblick auf weitere Arbeiten.

2 Stand der Technik

Die Reproduktion latenter Fingerspuren nach Schwarz [Schw09] stellt ein wichtiges Mittel zur Qualitätssicherung und Evaluation kontaktbehafteter Kontrastverbesserungsmethoden dar. Die gleichen Herausforderungen bei der Qualitätssicherung ergeben sich in der Erforschung verschiedener zukünftiger kontaktloser Erfassungsmethoden. Da latente Spuren sich jedoch in der Regel unterscheiden und auf natürliche Weise durch einen Menschen reproduziert werden können, eignen sich natürliche Fingerspuren kaum zur Qualitätssicherung und Evaluation verschiedener forensischer Methoden. Auch die Zersetzungsprozesse, wie z.B. die Alterung, denen eine Spur ausgesetzt ist, verändern diese ständig. Daher ergibt sich auch hier die Notwendigkeit für eine reproduzierbare Spurenlegung. Da Methoden des Kunstschweißdrucks jedoch prinzipiell dazu verwendet werden könnten, Tatorte zu verändern, muss eine Aufzeichnung des Analysevorgangs in verschiedenen Anwendungsszenarien den Anforderungen an forensische Untersuchungen genügen. Daher wird in diesem Kapitel zunächst der Reproduktionsprozess von Fingerspuren nach [KHDV[+]11] beschrieben. Anschließend werden verschiedene Datenformate zur Speicherung forensischer Daten und Informationen vorgestellt sowie die Designanforderungen an diese Formate erläutert, da diese für die sichere Datenhaltung relevant sind.

2.1 Der Reproduktionsprozess

Die von Schwarz [Schw09] vorgestellte Methode zum Druck von latenten Fingerspuren mittels Kunstschweiß und Tintenstrahldruckern ist eine sinnvolle und notwendige Ergänzung für die Evaluation forensischer Methoden. Der Reproduktionsprozess (auch: Printing Pipeline

[KHDV+11]) beschreibt diesen Vorgang formal und bezieht die Analyse der Spur mit ein. Dieser Prozess besteht aus sieben Schritten [KHDV+11], welche in Abbildung 1 dargestellt werden. Im Falle der subjektiven Analyse werden die Merkmalsextraktion und Klassifikation

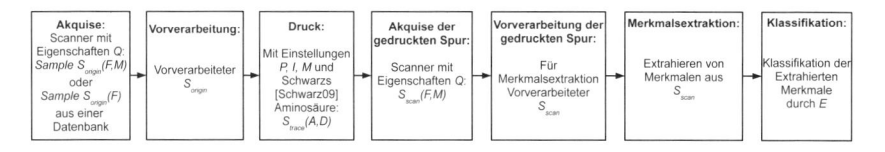

Akquise: Scanner mit Eigenschaften Q: Sample $S_{origin}(F,M)$ oder Sample $S_{origin}(F)$ aus einer Datenbank	Vorverarbeitung: Vorverarbeiteter S_{origin}	Druck: Mit Einstellungen P, I, M und Schwarzs [Schwarz09] Aminosäure: $S_{trace}(A,D)$	Akquise der gedruckten Spur: Scanner mit Eigenschaften Q: $S_{scan}(F,M)$	Vorverarbeitung der gedruckten Spur: Für Merkmalsextraktion Vorverarbeiteter S_{scan}	Merkmalsextraktion: Extrahieren von Merkmalen aus S_{scan}	Klassifikation: Klassifikation der Extrahierten Merkmale durch E

Abb. 1: Die Reproduktionspipeline nach [KHDV+11]

manuell durchgeführt. Merkmale dafür sind in [KHDV+11] zusammengefasst. Im Gegensatz dazu werden diese Schritte im Rahmen einer automatischen Detektion von gedruckten Spuren, z.B. in [HKDS+12], durch Computer durchgeführt, womit eine Aufspaltung der Analyse sinnvoll erscheint. Ab der Akquise der ausgedruckten Spur ist das Vorgehen zur Detektion gedruckter Spuren analog zu dem der biometrischen Pipeline nach Vielhauer [Viel06]. Die Art der in der Pipeline gewonnenen Referenzdaten kann sich jedoch deutlich unterscheiden: Bei der Detektion von gedruckten Spuren können diese Referenzdaten z.B. Daten über das Merkmalslevel (Level 1-3 Merkmale, siehe [BMWCS+11]) der untersuchten Spur sein, beim subjektiven Vergleich können sie hingegen Bilddaten sein.

2.2 Anforderungen und Forensische Datenformate

Die Chain of Custody muss für den gesamten forensischen Untersuchungsprozess geführt werden [KrHe02]. Diese muss primär folgende Informationen enthalten:

- wer die Spur aufgenommen hat,
- wie und wo diese aufgenommen wurde,
- wem diese ausgehändigt wurde
- wie diese gelagert und geschützt wurde,
- wer aus welchem Grund Zugriff auf die Spur hatte.

In einem digitalisierten Untersuchungsprozess muss daher in jedem Schritt des automatisierten Prozesses die Chain of Custody bewahrt werden. Dazu werden z.B. im Container nach Kiertscher et al. [KiVL11] die Ein- und Ausgabewerte eines jeden Untersuchungsschrittes zusammen mit einer Reihe von Vorgängern und einem Bearbeitungsalgorithmus mit Parametersatz aufgezeichnet. Die Abhängigkeiten zwischen Datensätzen sollen von diesem Containerformat unterstützt werden, ebenso wie die Sicherstellung von Integrität und Authentizität sowie die Vertraulichkeit jeder Quelle und jedes Datensatzes. Ein derartiges Vorgehen erhöht zudem die Nachvollziehbarkeit des Untersuchungsverlaufs und ermöglicht eine Wiederholung von diesem. Internationale juristische Anforderungen, z.B. die Daubert-Faktoren [ChYo05], erfordern dies für wissenschaftliche Expertenbeweise. Auf deren Basis muss ein Richter die Gerichtsverwendbarkeit der genutzten Verfahren einschätzen können.

Insbesondere in der IT-Forensik sind geeignete Datenformate, also Speicherformate von Ergebnissen einzelner Untersuchungsschritte, seit längerem ein Forschungsgegenstand, da hierbei in der Regel größere Datenmengen sicher bezüglich der IT-Sicherheitsaspekte Integrität, Authentizität und Vertraulichkeit gespeichert werden müssen. Als eines von vielen verschiedenen Datenformaten sei an dieser Stelle das Advanced Forensic Format in der Version 4 (AFF4) [CoGS09] genannt. Dieses Datenformat ist dazu in der Lage, Daten aus verschiedenen Quellen in einem Container aufzunehmen. Damit ergibt sich die Möglichkeit, Zwischenergebnisse zu speichern. Darüber hinaus können verschiedene Metadaten, wie z.b. das Aufnahmedatum, aufgenommen werden. Bezüglich der zuvor genannten IT-Sicherheitsaspekte werden Methoden zu deren Wahrung zur Verfügung gestellt, deren Einsatz ist jedoch optional. Die Daten werden dabei in einer ZIP-Datei oder einem Ordner gespeichert, um den Container zu bilden. Eine Besonderheit dieses Formats stellt die Möglichkeit der Nutzung von Datenströmen dar, die den externen Zugriff auf den Container ermöglichen, um z.b. Metadaten in einer externen Suchdatenbank zu speichern.

Die Kerngedanken des AFF4 Formats wurden durch Kiertscher et al. [KiVL11] für die forensische Untersuchung von Fingerspuren adaptiert. Dabei wurde auf die Möglichkeit des verteilten Zugriffs auf einen Container in Form der Datenströme verzichtet und im Gegenzug integritäts- und authentizitätssichernde Maßnahmen obligatorisch integriert. Dazu wurde der Container als Baumstruktur mit einem *Container-Element* als Wurzel entworfen. Dieses Element ist Elternelement mehrerer *Editionen* - eine aktuelle Edition und vergangene Editionen, die eine *History* bilden - und einem *Entity Index*, welcher alle im Container befindlichen *Entitäten* referenziert. Der Begriff *Entity* bezeichnet dabei die am Ende eines Bearbeitungsschrittes entstandenen Daten. Ein Entity-Element enthält einen Entity-Header sowie mindestens einen Wert und optional ein Parameterset. Zur Identifikation besitzt jedes Header-Element eine containerweit einzigartige ID sowie eine Liste aller IDs der Vorgängerentitäten, eine *Referenz* auf den Ursprung der Entity und eine Referenz eines *Entity-Typs*. *Entity-Typen* beschreiben alle benötigten und optionalen Werte einer Entität sowie deren Datentypen.

Die Vertraulichkeitssicherung bleibt hingegen auch in diesem Datenformat optional. Zusätzlich umfasst das Datenformat neben der syntaktischen Anforderungen an dessen Aufbau auch semantische Informationen zum Untersuchungsprozess, welche in Form von *Profilen* definiert sind. Auf Basis dieser Profile kann ein Datum innerhalb des Containers interpretiert und die geeignete Verarbeitungsmethode gewählt werden.

Ein sehr ähnliches Ziel verfolgt das Forensic Information Data Exchange (FIDEX) [Loth10] Format. Dieses beruht auf dem National Information Exchange Model (NIEM) [NIEM07], welches primär verschiedene Spezifikationen für den papierlosen Dokumentenaustausch verschiedener Behörden in den USA zur Verfügung stellt. Für jedes spezielle Einsatzgebiet wird hierzu eine Information Exchange Package Documentation (IEPD) in Form eines XML Schemas hinterlegt. Hier können zudem durch spezielle Message Wrapper potentiell verschiedene IT-Sicherheitsaspekte abgedeckt werden.

FIDEX stellt dabei spezialisierte IEPDs dar, welche ein forensisches Fallmanagement adressieren. Hierbei liegt der Fokus primär auf dem Informationsaustausch zwischen verschiedenen Teilen der Strafverfolgung, insbesondere den Ermittlungsbehörden und Staatsanwaltschaften hinsichtlich durchzuführender Untersuchungen, dem aktuellen Status von Ermittlungsvorgängen, sowie zu Dokumentationszwecken. FIDEX setzt sich aus zwei Komponenten zusammen: der *Fallübermittlung (case submissions)* und der *Fallhandhabung (case disposition)*. Im ersten Fall werden primär neue Untersuchungsaufträge erteilt, während im zweiten Fall z.B. Aufträge zum Einstellen der Analysetätigkeiten von der Staatsanwaltschaft an die Ermittlungsbehörde übermittelt werden. FIDEX bietet dabei die Möglichkeit, unterstützende Daten mit in das zu übermittelnde Dokument einzubetten. In zukünftigen Arbeiten sollten die Konzepte des Container-Formats von Kiertscher et al. mit denen von FIDEX kombiniert werden, um zusätzlich zu den in FIDEX spezifizierten Fallmanagementdaten eine formalisierte Struktur der unterstützenden Daten umzusetzen. Der Vorteil liegt dabei in der Speicherung des Untersuchungsverlaufs mit wichtigen Zwischenergebnissen, die die Nachvollziehbarkeit des Untersuchungsprozesses und der Ergebnisfindung verbessern können.

Für den Aspekt der Reproduzierbarkeit von Fingerspuren wird im Rahmen dieses Beitrags jedoch zunächst der Container nach Kiertscher et al. um die zusätzlichen Aspekte, wie z.B. die Vorverarbeitung zum Druck und den Druck selbst, erweitert, da der Fokus zunächst auf der Signalverarbeitung und nicht auf dem Fallmanagement liegt.

3 Modell des Reproduzierbarkeitscontainers

Im Folgenden wird ein generisches Prozessmodell zum Druck von latenten Fingerspuren zur Erweiterung des forensischen Containers hinsichtlich der Reproduzierbarkeit entworfen. Für die Datenhaltung in diesem Container wird ein erweitertes Datenmodell vorgestellt, welches unter anderem erste Definitionen für Elemente und deren Beziehungen enthält, um die im Folgenden vorgestellten Entitäten in geeigneter Weise zu speichern.

3.1 Das generische Prozessmodell der Reproduktion

Da der generelle biometrische Prozess [Viel06] (siehe Abbildung 2, grauer Kasten) die Reproduktion von Fingerspuren nicht abdeckt, ist es nötig, diesen zu modifizieren, damit er die in Abschnitt 2.1 beschriebenen sieben Schritte der Bearbeitungsreihenfolge für die Reproduzierbarkeit beinhaltet. Das in Kiertscher et al. [KiVL11] verwendete generische Prozessmodell (Abbildung 3a), welches einen von mehreren Transformationsschritten nach [Viel06] darstellt, muss aus diesem Grund ebenfalls modifiziert werden (Abbildung 3b). Die in Abbildung 3a verwendeten Abstraktionen hinsichtlich Initialisierung, Unterschrift und Transformation des Containers bleiben jedoch bestehen.

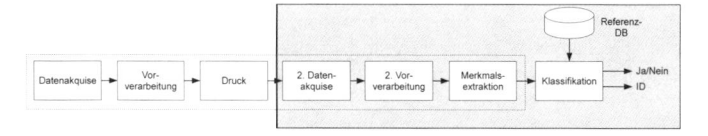

Abb. 2: Modifikation des generellen biometrischen Prozesses [Viel06] (grauer Kasten) im Rahmen der Reproduzierbarkeit nach [KHDV+11]

Das vorgeschlagene Modell setzt voraus, dass beide Akquisen oder das statt der ersten Akquise durchgeführte Laden zum Druck von bereits vorhandenen Fingerspurdaten aus einer Datenbank, sowie die Transformation, also Bearbeitung der Spuren, und auch das Signieren der Entitäten in einer vertrauenswürdigen Umgebung (in Abbildung 3a und 3b durch den gestrichelten Rahmen gekennzeichnet) durchgeführt werden.

Das in Abbildung 3b gezeigte modifizierte generische Prozessmodell zeigt die Erweiterung um den Druck des Ergebnisses. Wie im unmodifizierten Modell ist es möglich, von einem abgeschlossenen Schritt direkt in den nächsten zu gehen. Wird das Resultat eines Bearbeitungsschrittes gedruckt, muss zuerst eine neuerliche Datenakquise der ausgedruckten Fingerspur

(a) Das generische Prozessmodell aus [KiVL11]

(b) Abwandlung des generischen Prozessmodells

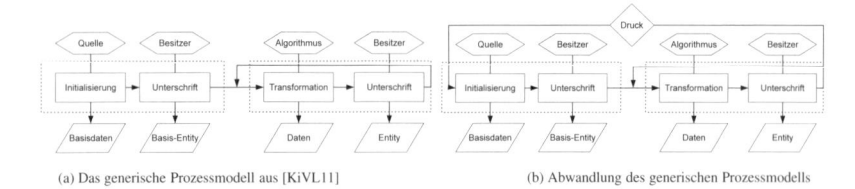

Abb. 3: Generische Prozessmodelle des forensischen Containers

durchgeführt werden, ehe ein weiterer Transformationsschritt ausgeführt werden kann. Der Schritt der Klassifikation ist in diesem Prozessmodell noch nicht verarbeitet, da es vor allem zur Veranschaulichung der Durchführung des Transformationsschrittes dient.

3.2 Profildefinition für das Containerformat

Um die in Abschnitt 1 motivierten Anwendungsszenarien zu adressieren, ist eine Erweiterung des Containerformats von Kiertscher et al. [KiVL11] für den Reproduktionsprozess notwendig. Diese Erweiterung beinhaltet vor allem die Definition dreier Entity Profiltypen.

1. Ursprungssample P_U,
2. Reproduktion P_R,
3. Klassifikationsergebnis P_K.

P_U umfasst das Originalsample S_{origin} sowie die zugehörigen Metadaten, wie z.B. den verwendeten Sensor oder den zum Scan verwendeten Punktabstand. Da eine solche Entity E_U bereits im Containerformat [KiVL11] enthalten ist, ist hier keine weitere Modifikation nötig.

Vom zweiten Profiltyp, der *Reproduktion* P_R, wird die reproduzierte Spur S_{scan}, sowie die Ergebnisse der Vorverarbeitung und die zugehörigen Druckparameter erfasst. Hinsichtlich der bereits existierenden Definitionen der von Kiertscher et al. [KiVL11] erarbeiteten Containerentity wird für diesen Profiltyp vor allem eine Erweiterung und Spezialisierung der verwendeten Algorithmen vorgenommen. So kommen zu den Algorithmen der Fingerspurdetektion (z.B. Kantendetektionsalgorithmen) weitere Algorithmen zur Bildtransformation hinzu (z.B. Algorithmen zum Einfärben bestimmter Bildelemente oder weitere Glättungs- und Transformationsfilter). Zusätzlich ist es wichtig, im Profil P_R sowohl das vorverarbeitete Sample, als auch den erneuten Scan des gedruckten Samples verwalten und vergleichen zu können. Während andere Entitäten beliebige andere Entitäten referenzieren können, ist es bei der im Profil P_R definierten Entity E_R nur möglich, das Sample zu referenzieren, welches anschließend bearbeitet wurde. Wurde also z.B. Sample S_{origin} bearbeitet und das Ergebnis in dieser Entity gespeichert, referenziert diese Entity nur das Sample S_{origin}.

Die Entität E_K des dritten Profiltyps, des *Klassifikationsergebnisses* P_K, enthält das Resultat der Merkmalsextraktion, den Merkmalsvektor, und das Resultat der Klassifikation, also, ob z.B. eine Fingerspur als gedruckt oder real klassifiziert wurde, sowie die dazugehörigen Parameter und eine Referenz auf das Sample, welches klassifiziert wurde (siehe Szenario 3). Aufgrund der unterschiedlichen Zielsetzungen der drei Szenarien aus Abschnitt 1 wird zwischen den Profiltypen P_Ka-c unterschieden. Dieses Sample kann ebenfalls sowohl ein reproduziertes Sample, als auch S_{origin} sein.

P_K kann je nach Szenario verschiedene Parameter, wie z.B. festgelegte Merkmale zur Klassifikation, erfordern. Parallel zu den Anwendungsszenarien in Abschnitt 1 kann eine Einteilung in drei verschiedene Unterprofile stattfinden:

Szenario 1, P_K**a**: Bei diesem Unterprofil wird das untersuchte Sample automatisch oder manuell anhand von für dieses Szenario festgelegten Merkmalen mit weiteren Samples des Profiltyps 3a verglichen. Das Ziel ist es hierbei, verschiedene Methoden einander gegenüberzustellen und dabei nach festgelegten Parametern das *Optimum zu finden*, also herauszufinden, welches der Samples mehr mit S_{origin} übereinstimmt. Dies involviert sowohl die Erfassungs- als auch die Verarbeitungstechniken. Ein Beispiel für eine Klassifikation im Rahmen dieses Profils ist die Trennung von Papillarlinienstrukturen einer Fingerspur von der Oberfläche des Spurenträgers.

Szenario 2, P_K**b**: Das untersuchte Sample wird nach einem Transformationsschritt (siehe Abbildung 3b) entweder nach Anwendung einer forensischen Methode automatisch mittels eines trainierten Modells oder durch subjektive Bewertung einer Person manuell anhand zuvor festgelegter Merkmale analysiert. Anschließend gibt dieses Profil die Möglichkeit, dem Untersuchungsergebnis einen Wert zuzuweisen, der eine subjektive Bewertung durch einen Experten darstellt. Das Ziel dieses Szenarios ist dabei nicht, die Qualität eines Sample zu evaluieren, vielmehr sollen hier technische Ansätze oder Leistungen von Experten eingeschätzt werden. Das Klassifikationsergebnis ist in diesem Fall somit ein *Performanzindex*, vergleichbar mit einer Note für eine Prüfungsleistung.

Szenario 3, P_K**c**: Das letzte Unterprofil 3c beschäftigt sich mit der Detektion von gedruckten Spuren. Hier wird anhand von festgelegten Merkmalen und einem mit Hilfe von Referenzdaten erstellten Trainingsmodell bestimmt, ob es sich bei dem untersuchten Sample um eine *gedruckte oder eine natürliche Spur* handelt. Bei gedruckten Spuren kann noch eine weitere Klassifizierung in Richtung natürlicher gedruckter oder künstlich erzeugter gedruckter Spur erfolgen.

3.3 Datenmodell eines Reproduzierbarkeitscontainers

Das Datenmodell des Reproduzierbarkeitscontainers dient zur Beschreibung der logischen Elemente des Containers, ohne sich dabei auf eine konkrete Implementation festzulegen. Es stellt eine Erweiterung des Datenmodells des Containers nach Kiertscher et al. [KiVL11] um die zuvor in Abschnitt 3.2 eingeführten Profiltypen dar. Darüber hinaus umfasst unsere Erweiterung die obligatorische Sicherstellung der Vertraulichkeit des Containerinhalts. Dies ist aufgrund der in Abschnitt 1 beschriebenen Anwendungsszenarien notwendig, da hier potentiell personenbeziehbare Daten in Evaluationen eingesetzt werden können. In zukünftigen Arbeiten sollten zudem die in FIDEX (siehe Abschnitt 2.2) beschriebenen Ansätze zum Informationsaustausch für das Fallmanagement integriert werden.

Während die grundlegende Struktur des Containerformats von Kiertscher et al. [KiVL11] (siehe Abschnitt 2.2) für den Reproduktionscontainer beibehalten wird, wird die allgemeine *Entity* im *Entity-Index* mit einem der drei Profiltypen P_U, P_R oder P_K ersetzt. Jedes dieser Entity-Elemente entspricht dabei den Entity-Elementen aus Kiertscher et al. (siehe Abschnitt 2.2), mit der Erweiterung, dass ihnen ein Profiltyp zugewiesen wird, welcher unter Anderem die Parameterauswahl für die Entity bestimmt. Der *Entity-Index* muss mindestens ein Element *Ursprungssample* enthalten, bevor einer der anderen beiden Profiltypen zur Verfügung steht. Abbildung 3b gibt einen Überblick über das Datenmodell.

Während der Container von Kiertscher et al. [KiVL11] eine optionale Möglichkeit bietet, Werte und Parametersätze zu verschlüsseln, wird in dieser Erweiterung das Verschlüsseln nicht als

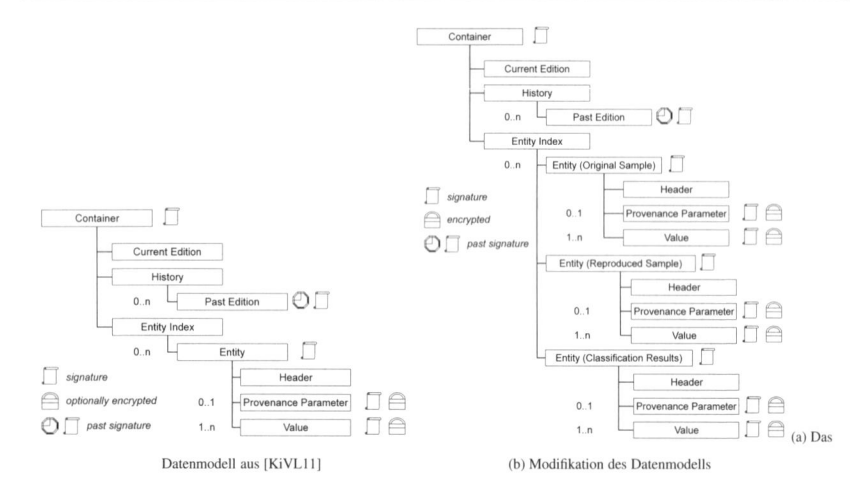

Abb. 4: Datenmodelle des forensischen Containers

optionale Möglichkeit integriert, sondern als Voraussetzung festgelegt. Eine Beschreibung der Verschlüsselung wird dafür in den Entity-Header integriert. Verschlüsselte Werte müssen vor einer möglichen Verarbeitung zuerst entschlüsselt werden. Optional kann auch eine komplette Entity zusätzlich als Einheit verschlüsselt werden.

Konkrete Verschlüsselungsverfahren werden an dieser Stelle nicht vorgeschrieben und sind flexibel zu halten, um eine einfache Anpassbarkeit an neue Anforderungen hinsichtlich sicherer Algorithmen zu ermöglichen. Die Festlegung auf bestimmte kryptografische Algorithmen sollte während der technischen Implementierung geschehen, damit ein Katalog unterstützter Algorithmen in die Anwendung eingebettet werden kann. Ein geeignetes Schlüsselmanagement ist hierzu anzuwenden (vergleiche [BSI12]).

4 Exemplarische Umsetzung

Die Prozessgrafik (Abbildung 5b) zeigt den für die Reproduktion modifizierten Prozess des Containerformats (Abbildung 5a), welcher eine Spezialisierung des generellen biometrischen Prozesses (Abbildung 2) darstellt. Dieser beginnt mit der Akquise der Ausgangsdaten. Der dazu eingesetzte *Scanner Q* übergibt die erfassten Rohdaten mit dem Entity-Typ *RAW-Daten/ Rohdaten R*. Die *Bildextraktion* B_e erzeugt aus den *Rohdaten R* die vom Transformationstyp *Vorverarbeitung V* benötigte Entity *Bilddaten* B_m. *Vorverarbeitung V* ist in diesem Szenario der einzige Transformationstyp, der *Bilddaten* B_m als Eingabe annimmt und auch wieder ausgibt. Diese *Bilddaten* B_m werden dann vom Transformationstyp *Druck P* verwendet, um ein physisches Sample S_{trace} zu erstellen. Dabei entstehen keine Daten als Endergebnis. Um S_{trace} analysieren zu können, wird dieses erneut mit dem *Scanner Q* akquiriert. Anschließend findet wiederum eine *Bildextraktion* B_e und eine *Vorverarbeitung V* statt.

Der Transformationstyp *biometrische Merkmalsextraktion* M_e erfordert sowohl *Bilddaten* B_m als auch *physikalischen Kontext* $P_k t$, zur Verarbeitung. Der *physikalische Kontext* $P_k t$ wird ana-

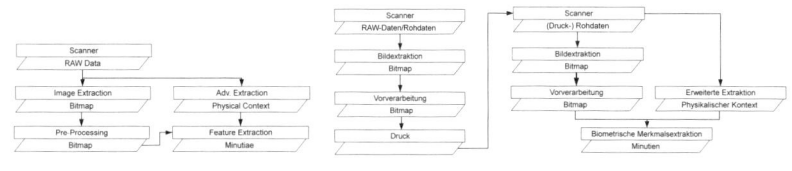

Tatortforensik: Beweissicherer Kunstschweißdruck

(a) Prozessgrafik des Containerformats nach [KiVL11]   (b) Prozessgrafik des modifizierten Containerformats

Abb. 5: Prozessbeispiele des Containerformats und des Reproduktionscontainers

log zu den *Bilddaten* B_m aus den *Rohdaten R* extrahiert und enthält z.B. Höhenangaben sowie Angaben zur Scanfläche. Mit dieser Eingabe liefert die *Biometrische Merkmalsextraktion* M_e die *Minutien-Entity M* (Minutien siehe [BMWCS+11]), die einen Minutien-Merkmalsvektor enthält. Dieser ist insbesondere für Trainingsmaßnahmen, z.B. für einen Klassifikator, relevant (siehe Abschnitt 1), um einen Vergleich mit den durch Experten gefundenen Merkmalen zu ermöglichen.

- Verwendete Entity-Typen: Rohdaten R, Bilddaten B_m, physikalischer Kontext $P_k t$, Minutien M
- Verwendete Transformationstypen:
  - Scanner Q: Q(S_{origin}) = R;
  - Bildextraktion B_e: $B_e(R) = B_m$;
  - Vorverarbeitung V: $V(B_m) = B_m$;
  - Druck P: P(Bilddaten, Druckparameter) = S_{trace};
  - Erweiterte Extraktion E: $E(R) = P_k t$;
  - Biometrische Merkmalsextraktion M_e: $M_e(B_m, P_k t) = M$;

Das folgende Beispiel soll das Verständnis für den Reproduktionsprozess vertiefen. Zu diesem Zweck wird das Anwendungsszenario 1 der Unterstützung der Evaluierung der Mustererkennungspipeline ausgearbeitet. Um kontaktlose Erfassungstechniken zu evaluieren, werden Testmengen von Fingerspuren benötigt. Zu diesem Zweck werden Fingerspuren reproduziert, die anschließend mit der zu evaluierenden Erfassungstechnik akquiriert und anschließend bewertet werden.

In Szenario 1 (Abbildung 5b) wird eine Spur generiert, mit welcher die kontaktlose Erfassungstechnik evaluiert werden soll. In unserem Beispiel wurde dazu ein künstlicher Abdruck mit SFinGe [Capp04] generiert, um ein hochqualitatives Ausgangssample S_{origin} zu erhalten. Diese künstlich erzeugte Spur wird direkt nach der Erzeugung als Entity P_U im Container gesichert (Entity-Typ: *Bilddaten*). Diese *Bilddaten* werden nun vorverarbeitet und anschließend mit einem Canon PIXMA IP4600 [Can12] mit 9600dpi mit den Druckparametern „in Graustufen drucken" und „hohe Druckqualität" sowie Kunstschweiß nach Schwarz[Schw09] gedruckt und danach auf einer Fläche von 2x2mm mit $2\mu m$ Punktabstand und einer Messfrequenz von 1000Hz mit dem FRT MicroProf 200 Oberflächenmessgerät mit CWL600-Sensor [FRT12] als *Rohdaten* wieder digitalisiert. Die Entity P_R nimmt diese Daten zusammen mit den Informationen zu Vorverarbeitung und verwendetem Druckermodell, sowie dessen Druckparameter auf. Nach einer *erweiterten Extraktion* und einer *biometrischen Merkmalsextraktion*, sowie einem

Vergleich mit mindestens einer weiteren Eingabe oder einer Referenzdatenbank wird das Ergebnis im Entity P_K gesichert.

Zur Evaluation des Reproduktionsprozesses werden sowohl mehrere verschiedene künstliche Spuren erzeugt, die anschließend akquiriert werden sollen, als auch schon erzeugte Spuren mehrfach akquiriert. Für jede neu erzeugte Fingerspur wird eine neue E_U angelegt, für jede akquirierte Spur eine E_R und für jede anschließende Merkmalsextraktion und Klassifikation eine E_K, welche anschließend anhand der extrahierten Merkmale miteinander und mittels möglicherweise schon vorhandenen Trainingsmodellen mit *Referenzdaten* verglichen werden.

5 Zusammenfassung und Ausblick

In diesem Beitrag wurde eine Erweiterung des forensischen Containerformats von Kiertscher et al. [KiVL11] hinsichtlich des Qualitätssicherungsprozesses unter dem Gesichtspunkt der Reproduzierbarkeit latenter Fingerspuren und der für diesen Prozess nötigen Vorgehensweise vorgestellt. Die vorgeschlagenen Erweiterungen sollen primär die Qualitätssicherung konventioneller und zukünftiger Spurensicherungs- und Analysemethoden sowie Trainingsmaßnahmen forensischer Experten und die Detektion gedruckter Spuren unterstützen. Dabei wurden existierende Anforderungen an forensische Werkzeuge der IT-Forensik und der digitalisierten Forensik [HKGV11] berücksichtigt. Die Erweiterung umfasst vor allem die Definition von Profilen für Entitäten, damit eine forensische Reproduktionsreihe sicher in einem Containerformat gespeichert werden kann, welches bisher nur für den automatischen Prozess der forensischen Analyse von Fingerspuren optimiert wurde. Dieser Beitrag behandelte vor allem die Motivation für eine solche Erweiterung sowie die Modifikation des generellen biometrischen Prozessmodells und des in Kiertscher et al. [KiVL11] eingeführten generischen Prozessmodells des Containers. Zudem wurden ein Datenmodell sowie eine exemplarische Umsetzung des erarbeiteten Containermodells vorgestellt.

In zukünftigen Arbeiten sollte das erweiterte Containerformat implementiert werden. Weiterhin könnten Kataloge erarbeitet werden, die die Standarddatentypen und Standardentity-Typen für den Reproduktionsprozess enthalten. Darüber hinaus sollte eine Zusammenführung des Containerformates, welches die Signalverarbeitungsaspekte einer forensischen Untersuchung adressiert, sowie des FIDEX Formates, welches primär das Fall- und Informationsmanagement beschreibt, durchgeführt werden, um ein universelles Format zu schaffen.

Danksagung

Teile dieser Veröffentlichung entstanden aus dem Forschungsvorhaben „DigiDak+ Sicherheits-Forschungskolleg Digitale Formspuren" mit den Projektnummern FKZ: 13N10818 und FKZ: 13N10816, welches vom Bundesministerium für Bildung und Forschung (BMBF) gefördert wird. Ebenso geht, für die Unterstützung dieser Projektarbeit, ein zusätzlicher Dank an Stefan Kiltz und Tobias Kiertscher.

Literatur

[BMWCS+11] J. G. Barnes, A. Maceo, K. Wertheim, B. T. Cutro Sr., L. A. Hutchins, et al.: The Fingerprint Sourcebook. National Institute of Justice (2011).

[BSI12] Geeignetes Schlüsselmanagement. Bundesamt für Sicherheit in der Informati-

	onstechnik: https://www.bsi.bund.de/ContentBSI/grundschutz/kataloge/m/m02/m02046.html; Abgerufen am 26.06.2012 (2012), .
[Can12]	Canon Europe Ltd: Canon PIXMA IP4600 (2012), http://www.canon.de/Support/Consumer_Products/products/printers/InkJet/PIXMA_iP_series/iP4600.aspx, abgerufen am 12.03.2012.
[Capp04]	R. Cappelli: SFinGe: an Approach to Synthetic Fingerprint Generation. *In: International Workshop on Biometric Technologies (BT2004)* (2004), 147–154.
[ChYo05]	E. K. Cheng, A. H. Yoon: Does Frye or Daubert Matter? A Study of Scientific Admissibility Standards. In: *Virginia Law Review*, 91, 2 (2005), 471–513.
[CoGS09]	M. Cohen, S. Garfinkel, B. Schatz: Extending the advanced forensic format to accommodate multiple data sources, logical evidence, arbitrary information and forensic workflow. In: *Digital Investigation*, 6 (2009), 5–16.
[FRT12]	FRT: Fries Research Technology, Chromatic White Light Sensor. http://www.frt-gmbh.com/en/products/sensors/cwl/, abgerufen am 28.05.12 (2012).
[Garf09]	S. L. Garfinkel: Providing Cryptographic Security and Evidentiary Chain-of-Custody with the Advanced Forensic Format, Library, and Tools. In: *International Journal of Digital Crime and Forensics (IJDCF)*, 1 (2009), 1–28.
[HKDS+12]	M. Hildebrandt, S. Kiltz, J. Dittmann, J. Sturm, C. Vielhauer: High-resolution printed amino acid traces: a first-feature extraction approach for fingerprint forgery detection. *In: Proc. SPIE 8303, 83030J* (2012).
[HKGV11]	M. Hildebrandt, S. Kiltz, I. Grossmann, C. Vielhauer: Convergence of digital and traditional forensic disciplines: a first exemplary study for digital dactyloscopy. *In: In Proceedings of the thirteenth ACM multimedia workshop on Multimedia and security* (2011), 1–8.
[KGDV11]	S. Kiltz, I. Großmann, J. Dittmann, C. Vielhauer: Fingerspurenfälschungsdetektion - ein erstes Vorgehensmodell. *In: D-A-CH Security 2011*, IT Verlag Sauerlach (2011), 361–373, ISBN 978-3-00-034960-7.
[KHDV+11]	S. Kiltz, M. Hildebrandt, J. Dittmann, C. Vielhauer, C. Kraetzer: Printed fingerprints: a framework and first results towards detection of artificially printed latent fingerprints for forensics. *In: Proc. SPIE 7867, 78670U (2011)* (2011).
[KiVL11]	T. Kiertscher, C. Vielhauer, M. Leich: Automated Forensic Fingerprint Analysis: A Novel Generic Process Model and Container Format. In: *Lecture Notes in Computer Science*, 6583/2011 (2011), 262–273.
[KrHe02]	W. Kruse, J. Heiser: Computer Forensics - Incident Repsonse Essentials. Addison & Wesley (2002), ISBN 0-201-70719-5.
[LKDV11]	M. Leich, S. Kiltz, J. Dittmann, C. Vielhauer: Non-destructive forensic latent fingerprint acquisition with chromatic white light sensors. In: *Media Watermarking, Security, and Forensics III*, 7880 (2011).
[Loth10]	K. Lothridge: Forensic Information Data Exchange (FIDEX) - Final Project Report. Tech. Rep., National Forensic Science Technology Cen-

	ter, http://www.nfstc.org/programs/forensic-information-data-exchange-fidex/fidex_final-project-report_final_v2/ (2010).
[NIEM07]	NIEM: Introduction to the National Information Exchange Model (NIEM). Tech. Rep., NIEM Program Management Office, https://www.niem.gov/documentsdb/Documents/Overview/NIEM_Introduction.pdf (2007).
[Schw09]	L. Schwarz: An Amino Acid Model for Latent Fingerprints on Porous Surfaces. In: *Journal of Forensic Sciences*, 54 (2009), 1323–1326.
[Viel06]	C. Vielhauer: Biometric User Authentication for IT Security: From Fundamentals to Handwriting. Springer, New York (2006).

Surfen im Büro? Aber sicher!

Norbert Schirmer

Sirrix AG security technologies
n.schirmer@sirrix.com

Zusammenfassung

Die Verwendung des Internet ist aus dem heutigen Arbeitsalltag kaum mehr wegzudenken. Gleichzeitig wird der PC zur Verarbeitung von vertraulichen Informationen verwendet, seien dies personenbezogene, betriebsinterne, unternehmenskritische oder Forschungsdaten. Dem immensen Nutzen des Internet stehen aber sich fortwährend wandelnde Gefahren durch Angriffe auf den Web Browser gegenüber. Diese Angriffe missbrauchen die Möglichkeiten moderner Browser (insbesondere Aktive Inhalte), um Schadsoftware in die interne Infrastruktur einzuschleusen. In diesem Artikel diskutieren wir verschiedene Ansätze, um dieser Gefahren Herr zu werden im Hinblick auf Sicherheit, Web Funktionalität, Benutzbarkeit, Aufwand und Kosten und Verfügbarkeit des Internet und Wiederaufsetzen der Infrastruktur im Falle von Infektionen.

1 Einführung

Die Verwendung des Internet ist aus dem heutigen Arbeitsalltag – alleine schon zur Informationsgewinnung – kaum mehr wegzudenken. Gleichzeitig wird der PC zur Verarbeitung von vertraulichen Informationen verwendet, seien dies personenbezogene, betriebsinterne, unternehmenskritische oder Forschungsdaten.

Dem immensen Nutzen des Internet stehen aber sich fortwährend wandelnde Gefahren durch Angriffe auf den Web Browser gegenüber. Diese Angriffe missbrauchen die Möglichkeiten moderner Browser, um Schadsoftware in die interne Infrastruktur einzuschleusen. Zusätzlich wird auch der Internetzugang von Mitarbeitern mitunter dazu genutzt, kritische Daten, aus dem Unternehmensnetz zu stehlen. Die Browser-Entwicklung der letzten Jahre kann neben allen Fortschritten in der Funktionalität und dem Komfort vor allem auch als ein beständiger Wettlauf im Kampf gegen unterschiedliche Angriffsszenarien verstanden werden. Spätestens seit das Internet mit „Web 2.0" aktiv wurde, ist die Gefahren–Nutzen–Balance verloren gegangen. „Aktive Inhalte" sind aus heutigen Webseiten nicht mehr wegzudenken, moderne Webseiten sind von vollwertigen nativen Anwendungen kaum noch zu unterscheiden. Programmierschnittstellen wie JavaScript, Java, ActiveX oder Flash erlauben auch den Zugriff auf den PC des Benutzers, etwa auf das Dateisystem oder eine angeschlossene Webcam. Trojaner und Viren können damit diese neuen mächtigen Werkzeuge zum Zugriff auf vertrauliche Daten missbrauchen.

Unternehmen und Behörden stehen heute vor dem Dilemma, die Internetnutzung (auf unterschiedliche Weisen) deutlich einzuschränken oder einen Weg zu finden, mit der Gefährdung zu leben. In diesem Artikel diskutieren wir diese Ansätze.

2 Gefahr insbesondere durch Aktive Inhalte

Technisch bedeuten Aktive Inhalte, dass Programmcode, welcher in die Webseiten integriert ist, heruntergeladen und im Browser ausgeführt wird. Fremder, externer Programmcode wird also auf dem Arbeitsplatz-PC mitten in der internen Infrastruktur ausgeführt. Enthält dieser Programmcode Schadsoftware, so gelangt diese ebenfalls zur Ausführung. Dabei ist die Ausführung der Aktiven Inhalte völlig transparent für den Benutzer und geschieht bereits beim Laden der Webseite ohne weitere Interaktion (wie beispielsweise das Öffnen von Anhängen in Emails). Somit besteht schon beim Ansehen von Webseiten die Gefahr der Infektion mit Schadcode. Dies wird als "Drive By Download" bezeichnet und ist heute eines der größten Einfallstore für die Infektion mit Schadsoftware.

Wichtig ist hier, dass Schadsoftware nicht nur von nicht vertrauenswürdigen Webportalen verbreitet wird, sondern oftmals ohne Wissen der Betreiber auf die Webserver von vertrauenswürdigen Seiten gelangen, beispielsweise über vermietete Reklameflächen (iFrames) oder Sicherheitslücken in den Webservern. Es ist nicht unüblich, dass beim Anzeigen der Startseite eines Nachrichtenportales mehr als 50 Webserver kontaktiert werden, welche alle gegebenenfalls offene Sicherheitslücken haben könnten.

Bekannt gewordene Sicherheitslücken werden üblicherweise im Laufe der Zeit durch Patches geschlossen, die aber zunächst entwickelt und dann auch von den Betreibern der Webseite eingespielt werden müssen. Dies gilt ebenso für Sicherheitslücken in Browsern und Betriebssystemen. Auch Schutzprogramme wie Virenscanner müssen regelmäßig aktualisiert werden, um wirksam gegen bekannte Schadsoftware zu sein. Im besten Falle, wenn alle Webserver und Arbeitsplatzrechner auf dem aktuellen Patchlevel sind, ist man vor bereits bekannter Schadsoftware geschützt. Gegen neuartige Angriffe, sogenannte "Zero Day Exploits", ist man aber auch in diesem Falle ungeschützt.

Der Gefahr, die von Aktiven Inhalten ausgeht, sind sich auch die Browserhersteller bewusst. Immer wieder versuchen sie durch neue Schutzmechanismen die möglichen negativen Auswirkungen von Schadsoftware einzudämmen. Leider greifen diese Mechanismen immer wieder zu kurz. Bislang wurden die Schutzmechanismen aller am weitesten verbreiteten Browser (Firefox, Internet Explorer, Safari und Google Chrome) ausgehebelt.[1] Da die eingebauten Sicherheitskonzepte zu kurz greifen, ist die Nutzung des Internet immer stärker eine große Gefahr für den operativen Betrieb des Unternehmens oder der Behörde.

Aufgrund dessen stehen Unternehmen und Behörden in einem Zwiespalt zwischen der effizienten Nutzung des Internet und dem Schutz der eigenen Daten und der IT-Infrastruktur. Im Folgenden diskutieren wir einige Konzepte, um dieses Dilemma zu überwinden. Die zentralen Schutzziele sind dabei der Schutz von vertraulichen Daten und der Schutz der internen Infrastruktur, insbesondere auch deren Verfügbarkeit.

Dabei betrachten wir die folgenden Aspekte:

- **Sicherheit:** Hier betrachten wir die Vertraulichkeit der internen Daten (welche auf dem Arbeitsplatz PC verarbeitet werden) und die Integrität der internen Infrastruktur.

---

[1] http://www.heise.de/newsticker/meldung/Google-Chrome-auf-Ansage-geknackt-1434161.html, http://www.heise.de/newsticker/meldung/Pwn2own-Wettbewerb-Safari-IE8-und-Firefox-gehackt-207855.html.

- **Web Funktionalität:** Hier werden die Lösungen hinsichtlich möglicher Einschränkungen bezüglich der Web Funktionalität untersucht. Wird beispielsweise die Darstellung von Aktiven Inhalten komplett verhindert, kann dies faktisch zur Unbenutzbarkeit von vielen Web Seiten führen.
- **Benutzbarkeit:** Hier steht die einfache Benutzbarkeit, unabhängig von der durch die Lösung angebotenen Web Funktionalität im Fokus. Beispielsweise, ob der Benutzer den Browser direkt auf dem Arbeitsplatz PC benutzen kann oder einen Internet PC aufsuchen muss.
- **Aufwand und Kosten:** Hier sind sowohl der Aufwand in der Anschaffung, als auch in der Wartung und dem Betreib zu verstehen.
- **Verfügbarkeit des Internet und Wiederaufsetzen im Falle von Infektionen:** Im Falle eines geglückten Angriffs aus dem Internet müssen entsprechende Wiederherstellungsmaßnahmen getroffen werden, um wieder in einen sauberen Zustand zu gelangen. Je nach Schutzkonzept können hier unterschiedliche Teile der Infrastruktur betroffen sein, was drastische Auswirkungen auf die Verfügbarkeit der gesamten Infrastruktur hat und sich im Aufwand bei der Bereinigung niederschlägt.
- **Mobiler Einsatz:** Hier wird die Funktionsfähigkeit der Lösung auch auf mobilen Rechnern außerhalb der internen Infrastruktur betrachtet. Mobile Arbeitsplätze nehmen im heutigen Arbeitsalltag einen immer größeren Stellenwert ein, und damit sind der Zugriff auf das Internet und der Schutz vor Angriffen aus dem Internet auch im mobilen Einsatz von großer Bedeutung für die Tragfähigkeit der Gesamtlösung. Da Sicherheitskonzepte immer nur so gut sind wie ihr schwächstes Glied, wäre es fatal, den Zugriff auf das Internet im mobilen Einsatz zu vernachlässigen.

3 Lösungsansätze

3.1 Kein Internet am Arbeitsplatz

In der konsequentesten Variante gibt es überhaupt keinen Zugriff auf das Internet, und damit sind auch alle Gefahren aus dem Internet gebannt, insbesondere auch die indirekte Verbreitung von Schadsoftware über das Herunterladen von Daten auf Datenträger wie USB-Sticks. Dieser totale Verzicht auf das Internet kann aber heutzutage nur noch von wenigen Unternehmen und Behörden durchgesetzt werden. Der Druck der Anwender verhindert diesen Ansatz zumeist.

Pro:
- Höchste Sicherheit durch totalen Verzicht auf das Internet

Contra:
- Kaum durchsetzbar, keine Akzeptanz durch die Benutzer.

3.2 Physikalische Trennung von Intranet und Internet

Ein sehr konsequenter Weg zur Isolation des Intranet und des Internet ist die komplette physikalische Trennung beider Welten. Zum Zugriff auf das Internet werden dedizierte PCs mit eigenem Netzwerk bereitgestellt, und deren Netzwerkverbindung zum Internet ist vom restlichen Intranet physikalisch getrennt. Ein Übergreifen von Schadsoftware von den Internet PCs auf die Arbeitsplatzrechner und das Intranet ist durch die physikalische Trennung zunächst ausgeschlossen. Jedoch könnte auch hier durch die Verwendung von Datenträgern eine Infektion des internen Netzes stattfinden. Allerdings hat diese konsequente Lösung auch eine Reihe von Nachteilen.

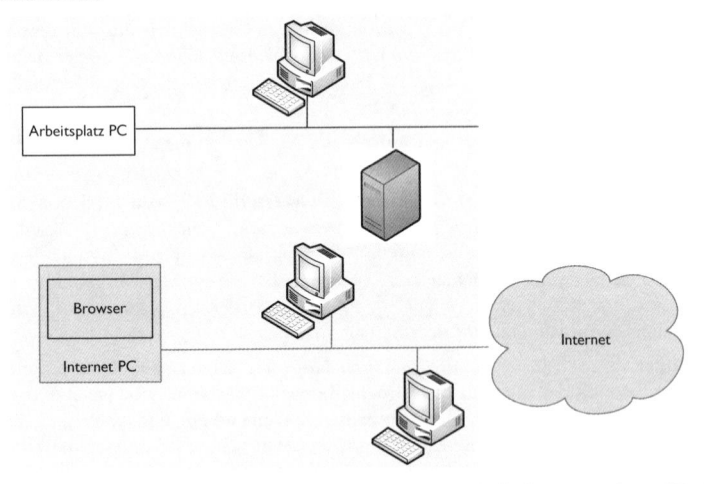

Abb. 1: Trennung von Intranet und Internet durch separate physikalische Netzwerke und Rechner

Zunächst leidet der Benutzer unter den Komplikationen für seine alltägliche Arbeit zwei PCs benutzen zu müssen. Im besten Falle hat jeder Mitarbeiter beide PCs am gleichen Arbeitsplatz. Da dies aber durch die Doppelausstattung mit PCs erhebliche Kosten verursacht, in Form von zusätzlicher Hardware und Software Lizenzen, stehen eventuell nur einige wenige Internet PCs zur Verfügung, die von vielen Mitarbeitern gemeinsam genutzt werden.

Neben den hohen Anschaffungskosten verursacht die Doppelausstattung auch einen erheblichen administrativen Zusatzaufwand, da die Software bei konsequenter Trennung von Intranet und Internet isoliert gepflegt werden muss. Zudem Bedarf es eines Schutzkonzeptes und Recovery Strategien für die Internet PCs, um sich gegen den Befall mit Schadsoftware zu schützen. Hier muss man gegebenenfalls auch Einschränkungen in der Web Funktionalität hinnehmen, falls man zum Schutz der Internet PCs beispielsweise auf die Darstellung von Aktiven Inhalten verzichtet.

Für den mobilen Einsatz ist diese Lösung kaum geeignet, da man zwei Laptops mit sich führen müsste, einen zum Surfen und einem zum Arbeiten.

Pro:
- Höchste Sicherheit durch physikalische Isolation

Contra:
- Niedriger Benutzerkomfort durch Benutzung mehrere PCs
- Ungeeignet für mobilen Einsatz
- Hohe Kosten durch redundante Hardware

- Hoher administrativer Aufwand
- Aufwändiges Recovery der Internet PCs bei Befall mit Schadsoftware

3.3 Zugriff auf das Internet über Terminal Server

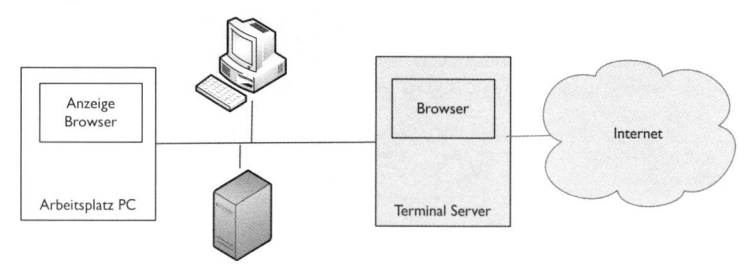

Abb. 2: Browser wird auf Terminal Server ausgeführt (Anzeige zum Arbeitsplatz PC weitergeleitet)

Die Terminal Server Lösung ist eine abgeschwächte Variante der physikalischen Trennung von Internet und Intranet. Hier werden für das Surfen im Internet dedizierte Terminal Server bereitgestellt (z.B. ReCoBS [BSI06]). Auf dem Arbeitsplatz PCs wird nicht direkt mit einem Web Browser im Internet gesurft. Stattdessen wird lediglich eine Remote-Verbindung auf dem Terminal Server aufgebaut, auf dem der Web Browser ausgeführt wird. Nur vom Terminal Server aus existiert ein Zugang zum Internet. Der Web Browser wird ausschließlich auf dem Terminal Server ausgeführt, nicht auf dem Arbeitsplatz PC, dort wird er lediglich *angezeigt*. Für die Anzeige des Browsers auf dem Arbeitsplatz PC wird eine Netzwerkverbindung vom Arbeitsplatz PC zum Terminal-Server benötigt. Allerdings werden über diese internen Netzwerkverbindungen nur noch Grafik und Audiodaten übertragen, da die eigentliche Ausführung des Browsers auf dem Terminal Server stattfindet. Dadurch ist die strikte physikalische Isolation der Netzwerke zwar nicht mehr gegeben, aber die Angriffsfläche im Vergleich zum direkten Browsen auf dem Arbeitsplatz PC deutlich reduziert. Da der Browser nicht auf dem Arbeitsplatz PC ausgeführt wird, kann er dort auch keinen Schaden anrichten. Angriffe aus dem Internet betreffen zunächst nur den Terminal Server. Damit Schadsoftware nicht vom Terminal Server aus in das Intranet gelangen kann, sind weitere Schutzmaßnahmen des Terminal Servers und dessen Abschottung vom restlichen Netzwerk (z.B. durch Firewalls) nötig.

Auch sind für die Terminal Server geeignete Recovery Strategien zu implementieren, um die Server im Falle eines Schadsoftware-Befalls wieder zu reinigen und eine durchgängige Verfügbarkeit des Internet Zugriffs zu gewährleisten.

Der Benutzerkomfort ist im Vergleich zur Bereitstellung von isolierten Internet PCs deutlich erhöht, da man direkt vom Arbeitsplatz PC aus Zugriff auf den Remote Browser hat. Auch in der Web-Funktionalität braucht man keine Einschränkungen hinzunehmen und kann Aktive Inhalte zulassen, wenn man den Terminal Server als „Opferrechner" betrachtet und eine mögliche Infektion des Terminal Servers in Kauf nimmt. Allerdings ergeben sich durch die Remote Verbindung in der Praxis oftmals Komforteinschränkungen, insbesondere was die Darstellung von Multimediainhalten angeht, die eine hohe Netzwerkbandbreite zwischen Servern und Arbeitsplatzrechnern voraussetzen.

Die Kosten für die Bereitstellung von Terminal Servern ist erheblich, da alle Benutzer über diese Server im Internet browsen und damit die entsprechenden Kapazitäten bereitgestellt werden müssen, sowohl was die Anzahl der Terminal Server als auch die Bandbreite des internen Netzwerkes betrifft.

Für den mobilen Einsatz ist diese Lösung ungeeignet. Zwar kann man über eine VPN-Verbindung auch Laptops von außerhalb in das interne Netzwerk einbinden, aber die Bandbreite, beispielsweise über UMTS, ist zu gering, um eine leistungsstarke Verbindung zum Terminal Server zur Übertragung der Grafik und Audiodaten herzustellen, mit der man flüssig im Web Surfen kann.

Pro:
- Hohe Sicherheit
- Einfache Benutzbarkeit

Contra:
- Hohe Kosten
- Hoher administrativer Aufwand
- Ungeeignet für mobilen Einsatz
- Ggf. Web-Funktionalität, insbesondere bei Multimedia-Inhalten
- Ggf. aufwändiges Recovery der Terminal Server nach Befall durch Schadsoftware

3.4 Schutz des Internetzugriffs durch Proxy / Firewall

In dieser Variante wird der Web-Browser direkt auf dem Arbeitsplatz-PC ausgeführt und hat Zugriff sowohl auf das Intranet als auch das Internet. Um das Intranet vor dem Internet abzuschotten, werden am Perimeter der Firma, beim Übergang vom Intranet ins Internet, Schutzmaßnahmen eingerichtet. Üblicherweise wird eine sogenannte DMZ eingerichtet, in der Firewalls und Proxy Server den Übergang vom Internet ins Intranet entsprechend überwachen und filtern. Durch entsprechend strikte Einstellungen kann die Gefahr der Infektion des Arbeitsplatz PCs durch Angriffe aus dem Internet gelindert werden.

Für das Surfen im Internet bedeutet dies in der Regel, dass der Browser nicht direkt ins Internet gelangt, sondern über einen Proxy in der DMZ geleitet wird. Dieser Proxy kontrolliert dann den Datenverkehr in das und von dem Internet.

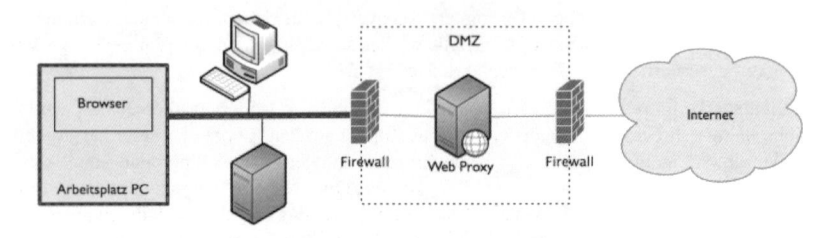

Abb. 3: Der Internetverkehr wird über einen Web Proxy und Firewalls gefiltert.

Dadurch ist es möglich, den Internetverkehr zentral nach möglicher Schadsoftware zu untersuchen und auch gezielt Aktive Inhalte zu filtern und das Intranet zu schützen. Wie effektiv dieser Schutz ist, hängt damit maßgeblich von der Erkennungsrate des Proxies für Schadsoftware ab. Diese Schutzfunktionalität ist vor allem für bereits bekannte Schadsoftware effektiv, hat aber ihre Grenzen, wenn es darum geht, neue Gefahren zu erkennen, sogenannte "Zero Day Exploits". Zum anderen steht man bei dem Problem des Ausfilterns von Aktiven Inhalten in einem ständigen Spannungsfeld zwischen Benutzbarkeit und Sicherheit. Wählt man eine sehr sichere Einstellung, die beispielsweise sämtliche Aktive Inhalte ausfiltert, führt dies schnell zur völligen Unbenutzbarkeit von vielen Webseiten und damit zu erheblichen Einschränkungen für die produktive Nutzung des Internet. Um die tägliche Arbeit erledigen zu können, wird diesem Konflikt meist mit einer liberalen Sicherheitseinstellung Rechnung getragen, was das Gefahrenpotential des Internet aber drastisch erhöht. Daher werden üblicherweise noch auf den Arbeitsplatz-PCs selbst zusätzliche Sicherheitsmaßnahmen wie Virenscanner eingesetzt. Hier gelten aber konzeptuell die gleichen Einschränkungen bezüglich der Erkennungsrate von Schadsoftware und der Wehrlosigkeit gegen "Zero Day Exploits" wie beim Proxy.

Für den mobilen Einsatz sind zwei Möglichkeiten denkbar. Über einen VPN-Client kann man zunächst den mobilen PC in das interne Netz integrieren und von dort aus wieder über die interne Proxy / Firewall in das Internet leiten. Problematisch ist in diesem Zusammenhang der Zugang über webbasierte Hotspots, beispielsweise in Cafés, Hotels, Bahnhöfen und Flughäfen. Um sich dort überhaupt anmelden zu können, bedarf es schon eines Browsers. Erst nach der erfolgreichen Anmeldung am Hotspot ist der Internetzugang aktiv und man kann mit einem VPN-Client in das interne Netz. Man hat hier also ein Henne-Ei Problem. Ohne Browser kein VPN (da man sich nicht am Hotspot anmelden kann), und ohne VPN kein Surfen (und damit keine Anmeldung beim Hotspot). Um dieses Problem zu umgehen, werden teilweise Hotspots einfach nicht unterstützt, sondern der mobile Zugang erfolgt ausschließlich über UMTS. Als Alternative kann man im mobilen Betrieb auf die zentrale, interne Proxy / Firewall verzichten und stattdessen eine lokale „Client Firewall" auf dem mobilen PC benutzen. Hier ist darauf zu achten, dass die dort durchgesetzte Richtlinie mit der auf dem zentralen Proxy / Firewall abgeglichen ist, um kein zusätzliches Sicherheitsrisiko einzuführen.

Pro:
- Zentral und einheitlich durchsetzbar
- Einfache Benutzbarkeit

Contra:
- Schwierig, die richtige Balance zwischen Sicherheit und Web-Funktionalität zu finden
- Wehrlos gegen Zero Day Exploits
- Hotspot Problem im mobilen Einsatz
- Gefahr für das gesamte Intranet im Falle einer Infektion mit Schadsoftware

3.5 Absicherung durch Browsersettings und Sandboxing

Auch die Browserhersteller sind sich der Gefahren aus dem Internet bewusst und versuchen, die Sicherheit des Browsers zu erhöhen. Zum einen kann man über die Konfigurationsoptionen des Browsers Aktive Inhalte einschränken oder abschalten. Damit steht man wie bei dem Ansatz mittels Proxy / Firewall in dem Spannungsfeld, die richtige Balance zwischen unterstützter Web-Funktionalität und Sicherheit zu finden. In diesem Zusammenhang bieten die Browser auch Zonenmodelle an, in denen man unterschiedliche Konfigurationen für vertrauenswürdige und nicht vertrauenswürdige Webseiten vorhalten kann. So kann man beispielsweise Aktive Inhalte nur für vertrauenswürdige Webseiten zulassen. Diese Zonenmodelle werden aber immer wieder durch sogenanntes „Cross-Site Scripting" ausgehebelt, bei dem Sicherheitslücken in Webservern und Webbrowsern ausgenutzt werden, um Aktive Inhalte von nicht vertrauenswürdigen Seiten in vertrauenswürdige Seiten einzuschleusen.

Zum anderen versuchen die Browserhersteller durch sogenannte Sandboxing Mechanismen die möglichen negativen Auswirkungen von Schadsoftware unter Kontrolle zu halten. Dabei ist Sandboxing kein einheitliches Konzept, sondern vielmehr die Kombination von verschiedenen Einzelmaßnahmen, welche die Betriebssystem-Plattform bereitstellt, wie z.B. der Separierung des Browsers in verschiedene Prozesse, oder die Einschränkung der Rechte des Browsers. Mit Mitteln des Betriebssystems können darüber hinaus Aktive Inhalte daran gehindert werden, Dateien auf dem Arbeitsplatz-PC zu öffnen oder anzulegen. Diese Art Sandboxing wird aber immer wieder gebrochen, wie auch jüngst wieder für Internet Explorer, Firefox und Google Chrome[2].

Grundsätzlich leiden die Sandboxing Lösungen an der Komplexität sowohl des Web Browsers als auch des Betriebssystems. Es wird versucht, den mannigfaltigen Funktionen eines modernen Browsers individuell geeignete Sandboxing Mechanismen des Betriebssystems gegenüberzustellen, die die mögliche Schadwirkung eindämmen sollen. In diesem komplexen Gebilde ist strukturell bedingt immer wieder mit neuartigen Schwachstellen und Angriffsmöglichkeiten zu rechnen, da die Sandboxing Mechanismen keine effektive Isolation des gesamten Browsers gewährleisten, sondern eine Fülle von Einzelfunktionalitäten individuell absichern.

Für den mobilen Einsatz gibt es bei diesem Ansatz keinerlei Einschränkungen, da alle Mechanismen lokal auf dem mobilen PC umgesetzt sind.

Pro:
- Keine zusätzlichen Kosten
- Gute Benutzbarkeit
- Keine Einschränkung für mobilen Einsatz

Contra:
- Niedrige Sicherheit
- Schwierig, bei der Konfiguration die richtige Balance zwischen Sicherheit und unterstützter Web-Funktionalität zu finden
- Sandboxing wird immer wieder aufs Neue gebrochen
- Gefahr für das gesamte Intranet im Falle einer Infektion mit Schadsoftware

---

[2] http://www.heise.de/newsticker/meldung/Google-Chrome-auf-Ansage-geknackt-1434161.html,http://www.heise.de/newsticker/meldung/Pwn2own-Wettbewerb-Safari-IE8-und-Firefox-gehackt-207855.html.

3.6 Live CD mit Web Browser

Die Idee der Live CD ist, für das Web-Surfen den Computer herunterzufahren und ein separates Betriebssystem direkt von einer CD zu booten[3]. Dieses System stellt einen Browser bereit und ist so konfiguriert, dass es nicht auf die Festplatte zugreifen kann. Wenn der Schutz der Festplatte nicht umgangen wird, kann sich Schadsoftware nicht dauerhaft im System festsetzen, da die CD nicht beschreibbar ist. Für die Live-CD bietet es sich an, das System auf freie Software wie Linux aufzubauen, dadurch ergeben sich keine zusätzlichen Lizenzkosten.

Die Webfunktionalität wird durch diesen Ansatz nicht eingeschränkt, allerdings leidet die Benutzbarkeit stark daran, dass man nicht gleichzeitig am gleichen PC im Web surfen und arbeiten kann. Bei jedem Wechsel muss das System neu gestartet werden, was die Produktivität stark beeinträchtigt.

Die Sicherheit der Lösung hängt stark von der Effektivität der Festplattenisolation ab. Wird diese durch Schadsoftware ausgehebelt, kann sich Schadsoftware festsetzen. Des Weiteren bietet diese Lösung zunächst keine wirksame Isolation des Intranets. Während einer Web Sitzung hat aktive Schadsoftware somit Zugriff auf das Intranet und kann dort Schaden anrichten. Hier müssen weitere Schutzmaßnahmen ergriffen werden.

Für den mobilen Einsatz hat diese Lösung keinerlei Einschränkungen.

Pro:
- Einfache Umsetzung
- Mobiler Einsatz möglich

Contra:
- Eingeschränkte Benutzbarkeit (gleichzeitiges Web-Surfen und arbeiten nicht möglich)
- Sicherheitsniveau nur akzeptabel, wenn zusätzliche Maßnahmen zur Netzwerkisolation getroffen werden

3.7 Isolation des Browsers durch Virtualisierung

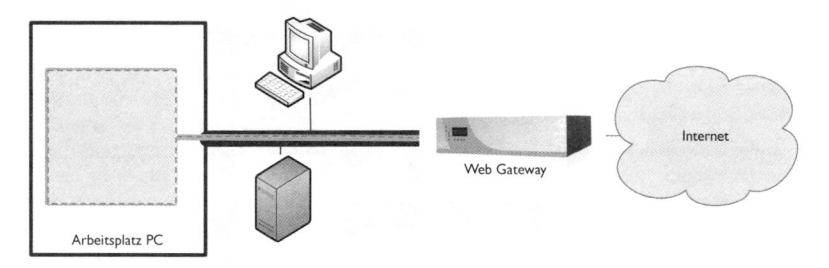

Abb. 4: Isolation des Browsers und „virtuelles Surfnetz" durch Tunnelung des Internetverkehrs

In diesem Ansatz wird die Grundidee der physikalischen Isolation aufgegriffen, aber durch Desktop Virtualisierung umgesetzt (siehe [GoSS11, So11, WeSc11]). Statt eines zusätzlichen

---

[3] https://www.bsi.bund.de/DE/Themen/ProdukteTools/SecuritySurfCD/securitysurfcd_node.html

isolierten physikalischen PCs für das Internetsurfen wird ein virtueller PC auf dem normalen Arbeitsplatz PC erzeugt. Dank der Virtualisierung werden auf dem gleichen PC zwei isolierte Arbeitsumgebungen bereitgestellt, die eine für das Surfen im Internet, die andere für die restlichen Anwendungen. Während die Anwendungen des Benutzers direkt im Betriebssystem ausgeführt werden, wird der Browser in einer virtuellen Maschine ausgeführt, in der sich ein eigenständiges Betriebssystem befindet. Die Virtualisierungsschicht überwacht alle Zugriffe auf die Hardware. Das Betriebssystem und auch der darin laufende Browser in der virtuellen Maschine haben damit keinen direkten Zugriff auf die Hardware, sondern lediglich auf die virtualisierte Hardware. Der Browser ist also gekapselt in der virtuellen Maschine und isoliert von dem restlichen System.

Die Sicherheitseigenschaften eines physikalisch isolierten Internet-PCs bleiben erhalten, und zugleich wird der Benutzerkomfort deutlich gesteigert da der virtualisierte Web-Browser wie alle anderen Anwendung vom gleichen PC aus genutzt werden können. Aktive Inhalte müssen nicht eingeschränkt werden, da die mögliche Schadwirkung in der virtuellen Umgebung gefangen bleibt und nicht auf den Arbeitsplatz-PC übergreifen kann.

Da in der virtuellen Maschine ein eigenes Betriebssystem zum Einsatz kommt bieten sich hier noch weitere Sicherungsmaßnahmen an. Zunächst kann man hier Heterogenität schaffen indem man ein anderes Betriebssystem einsetzt, beispielsweise ein Linux während der Arbeitsplatz PC mit einem Windows läuft. Angriffe die sich gegen Windows richten laufen in dem Linux System ins Leere. Des Weiteren kann man das Betriebssystem in der virtuellen Maschine entsprechend härten und minimalisieren, da dort lediglich der Browser ausgeführt werden muss und keine anderen Anwendungen. Damit wird die Angriffsfläche weiter verkleinert.

Neben diesen Sicherheitseigenschaften bietet die Virtualisierungstechnologie auch noch neuartige Funktionalitäten an, die man zur weiteren Absicherung einsetzen kann, auch um die Verfügbarkeit und die Wartbarkeit deutlich zu erhöhen. Da die Virtualisierungsschicht Kontrolle über die gesamte virtuelle Hardware hat, ist es möglich den Zustand der virtuellen Maschine (Festplatte und Speicherinhalt) abzuspeichern und zu fixieren. Mittels dieses "Snapshot"-Mechanismus kann man einen sauberen Startzustand des Browsers fixieren. Falls der Browser während einer Internet Sitzung durch Schadsoftware befallen wird, kann der Browser durch zurücksetzen auf den Startzustand gereinigt werden. Dies kann durch einen einfachen Neustart des Browsers umgesetzt werden. Ein aufwändiges Recovery eines Internet-PC oder eines Terminal Servers wird durch einen einfachen Neustart des virtualisierten Browsers ersetzt.

Durch die Virtualisierung bedarf es keiner zusätzlichen redundanten Hardware, was die Kosten deutlich senkt. Im Gegensatz zu den Sandboxing Mechanismen eines Browsers bietet die Desktop Virtualisierung viel stärkere Isolationsgarantien. Nicht einzelne Funktionen und Programme werden hier individuell geschützt, sondern der komplette Zugriff auf die Hardwareressourcen wird isoliert. Der virtualisierte Browser läuft auf einem eigenen isolierten Betriebssystem, welches nur Zugriff auf die durch die Virtualisierungsschicht bereitgestellten Hardwareressourcen hat. Schadsoftware kann sich nur in der virtuellen Umgebung ausbreiten, und damit laufen Angriffe ins Leere.

Die Virtualisierung isoliert zunächst nur den Browser von dem restlichen Arbeitsplatz-PC. Das komplette Intranet vom Internet zu isolieren, ist aber das eigentliche Ziel. Ansonsten könnte Schadsoftware zwar nicht direkt den Arbeitsplatz-PC angreifen, aber über das Netzwerk die interne Infrastruktur angreifen. Um die Isolation auf Netzwerkebene durchzuführen, wird der virtuelle Browser über VPN Technologie direkt mit dem Webgateway verbunden, welches ausschließlich Zugriff auf das Internet hat. Aus Sicht des Browsers sind also nur Internetressourcen sichtbar und zugreifbar. Das komplette Intranet ist davon abgeschottet. Durch diese Technologie entsteht ein isoliertes „virtuelles Surfnetz" im internen Netzwerk.

Auch den uneingeschränkten mobilen Einsatz ermöglicht diese Lösung, da die Virtualisierung lokal auf dem PC stattfindet. So ist der Browser auch im mobilen Einsatz gekapselt. Ist eine VPN-Verbindung zum internen Netz vorhanden, kann diese verwendet werden, um – wie im internen Betrieb auch – eine Trennung auf Netzwerkebene durchzuführen. Da lediglich der normale Internet-Verkehr durch die Verbindung läuft, hat man hier nicht die Bandbreiten-Probleme wie bei der Terminal Server Lösung. Auch das Henne–Ei-Problem beim Hotspot, welche bei der Proxy / Firewall Lösung diskutiert wurde, kann man hier lösen. Der virtualisierte Browser wird zunächst gestartet, um die Anmeldung beim Hotspot durchzuführen. Danach wird die VPN-Verbindung aufgebaut, und man kann über den internen Web-Gateway weiter surfen.

Pro:
- Hohe Sicherheit, durch Multilevel Security (security in the depth): Isolation durch Virtualisierung und gehärtetes Betriebssystem in der virtuellen Maschine
- Niedrige Kosten, durch Nutzung von vorhandenen Client Ressourcen
- Hohe Verfügbarkeit, Reinigung von Infektionen bei jedem Neustart des Browsers
- Uneingeschränkter mobiler Einsatz, bei hoher Sicherheit
- Niedrige Kosten für die Gesamtlösung bei Einsatz eines Standardproduktes

Contra:
- Regelmäßiger Pflegeaufwand der virtuellen Maschine Individuallösung
- Interne Anwendungen die einen Zugriff auf Intranetportale erfordern, müssen mit einem separatem Browser, außerhalb der gekapselten Umgebung abgedeckt werden

4 Zusammenfassung

In der folgenden Tabelle fassen wir die Ergebnisse zusammen. Grundsätzlich hängen die möglichen gangbaren Lösungen zum einen vom Schutzbedarf und zum anderen von der benötigten Funktionalität ab. Die Lösungen, bei denen man selbst für die richtige Balance zwischen Sicherheit und Web-Funktionalität verantwortlich ist, sind als kritisch zu betrachten. Schon heute sind Aktive Inhalte selbstverständlich in Web-Seiten, und in Zukunft werden diese eine noch immer größere Rolle spielen. Ein striktes Ausfiltern von Aktiven Inhalten wird also immer schwieriger werden, will man das Web weiterhin sinnvoll nutzen. Zugeständnisse bei der Darstellung von Aktiven Inhalten bedeuten aber ein erhebliches Sicherheitsrisiko für den Browser.

Die folgende Tabelle zeigt auch deutlich, wie man mit dem Thema Browsersicherheit umgehen sollte, um ein akzeptables Sicherheitsniveau zu erreichen: *Nicht der Browser sollte geschützt werden, sondern das restliche System und die Daten sollten vor dem Browser geschützt werden.* Durch die Komplexität der Browser werden diese auch in Zukunft immer genügend Angriffsfläche bieten, die von Schadsoftware ausgenutzt werden kann. Daher sind die Ansätze zu empfehlen, welche den Browser vom restlichen System isolieren. Besonders reizvoll ist die Isolation des Browsers mittels Virtualisierung. Hier wird ein hohes Sicherheitsniveau erreicht, ohne Kompromisse bei der Web-Funktionalität sowie der Benutzbarkeit im mobilen Einsatz.

Methode	Sicherheit	Web-Funktionalität	Bedienungskomfort	Mobiler Einsatz	Aufwand / Kosten	Opferrechner bei Kontamination
Kein Internet	sehr hoch	-	-	-	-	-
Physikalische Trennung	sehr hoch	uneingeschränkt	niedrig	nein	sehr hoch	nur Internet PCs
Terminal Server	hoch	leicht eingeschränkt[4]	hoch	nein	hoch	nur Terminal-Server
Proxy / Firewall	hoch – niedrig[5]	deutlich – wenig eingeschränkt[5]	hoch	eingeschränkt[6]	mittel	gesamtes Intranet
Browsereinstellungen / Sandboxing	niedrig	deutlich – wenig eingeschränkt[5]	hoch	uneingeschränkt	minimal	gesamtes Intranet
Live-CD	Mittel	uneingeschränkt	niedrig	uneingeschränkt	niedrig	Live-System - Intranet[7]
Trennung durch Virtualisierung	hoch	uneingeschränkt	hoch	uneingeschränkt	mittel	nur virtuelle Maschine

Literatur

[BSI06]   Bundesamt für Sicherheit in der Informationstechnik. Remote Controlled Browser Systems (ReCoBS) – Grundlagen und Anforderungen, v2.0, Juni 2006.[8]

[GoSS11] C. Göricke, M.l Selhorst , N. Schirmer. Browser in the Box (BITB) – Eine virtuelle Surfumgebung für Behörden, Unternehmen und Privatanwender 12th German IT Security Congress, Bonn-Bad Godesberg, Mai 2011.

[So11]   R. Sorensen. Secure Browsing Environment. SANS Institute. September 2011.

[WeSc11] M. Weber, N. Schirmer. Browser in the Box – BitBox; Safer Surfen – Freies Internet am Arbeitsplatz aber trotzdem geschützt. <kes> Die Zeitschrift für Informations-Sicherheit. Nr. 5, Oktober 2011.

---

[4] Einschränkungen bei der Darstellung von Multimediainhalten.
[5] Konfigurationsabhängig.
[6] Z.B. über VPN und internes Netzwerk, oder über Personal Firewall auf dem Laptop.
[7] Das Intranet ist gefährdet, wenn keine Mechanismen zur Isolation der Netzwerke implementiert sind.
[8] https://www.bsi.bund.de/SharedDocs/Downloads/DE/BSI/Internetsicherheit/recobslanginfo_pdf.pdf?__blob=publicationFile.

AVIRA – IT Security made in Germany

www.avira.de

info@avira.de

Die Avira ist mit rund 100 Millionen Kunden und 500 Mitarbeitern ein weltweit führender Anbieter selbst entwickelter Sicherheitslösungen für den professionellen und privaten Einsatz. Das Unternehmen gehört mit mehr als 25-jähriger Erfahrung zu den Pionieren in diesem Bereich.

Als führender deutscher Sicherheitsspezialist verfügt Avira über fundierte Erfahrung im Entwickeln und Supporten ihrer Lösungen. Neben Programmen direkt für den Einzelplatzbetrieb bietet sie hauptsächlich professionelle Lösungen für systemübergreifenden Schutz von Netzwerken auf verschiedenen Ebenen an. Hierzu zählen u. a. Produkte für Workstations, File-, Mail- und Web-Server. Auch Gateway-Rechner können wie Arbeitsplatzrechner über eine zentrale Verwaltungskonsole betriebssystemübergreifend verwaltet werden. Zu den Verwaltungsprodukten der einzelnen Lösungen kommen noch Sicherheitsprogramme für PDAs, Smartphones und Embedded Devices hinzu. Ein signifikanter Sicherheitsbeitrag ist Avira AntiVir Personal, das millionenfach bei Privatanwendern im Einsatz ist.

Avira ist in Tettnang am Bodensee einer der größten regionalen Arbeitgeber. Sie unterhält mehrere Unternehmensstandorte in Deutschland und pflegt Partnerschaften in Europa, Asien und Amerika. Mehrere Dutzend Virus-Researcher in verteilten Virenlabors kümmern sich rund um die Uhr um die lokalen und globalen Bedrohungen der Virenfront. Bestätigt wird diese Arbeit etwa durch mehrfache Testauszeichnungen mit dem VB 100% des Virus Bulletin oder der wiederholten TÜV-Zertifizierung.

Neben intelligenten Technologien bietet Avira lösungsorientierte Beratung und individuellen Support durch eigene Experten. Ein signifikanter Sicherheitsbeitrag und ein weiterer zusätzlicher Schutzwall für Unternehmensnetzwerke ist der Schutz von Anwendern durch Avira AntiVir Personal.

Auszeichnungen und Zertifizierungen der Avira-Produkte sowie Partnerschaften mit Unternehmen unterstreichen die Leistungsfähigkeit und Kernkompetenz des Unternehmens. Sicherheitslösungen von Avira sind global gefragt und über geschulte, autorisierte Partner direkt vor Ort verfügbar.

Weltweit verteilt setzen viele Integrationspartner die Avira AntiVir-Scanengine „Savapi" direkt in OEM-Produkten ein. Savapi und die darunterliegende Suchtechnologie zeichnen sich durch plattformübergreifende und prozessorunabhängige Programmierung aus. Hierzu zählen der Einsatz sowohl unter Windows und Linux als auch auf Intel und Non-Intel Prozessoren.

Darüber hinaus passt sich Avira immer wieder den aktuellen Sicherheitsbedürfnissen ihrer Anwender an. So ist AntiVir weltweit eines der ersten Produkte mit Dialer-Erkennung überhaupt. Dieser Dialer-Erkennung folgte sehr bald das Erkennen und Entfernen von Ad- und Spyware. Aktuelle Entwicklungen in diesem Bereich sind das Erkennen bereits aktiver Rootkits. Die Einführung von Firewall und Behavior-Blockern sind selbstverständlich. Die In-House-Entwicklung gestattet auch das Entwickeln diverser neuer Spezial-Suchtechnologien, beispielsweise für PDAs, Handhelds und Embedded Devices.

Zu den nationalen und internationalen Kunden zählen namhafte börsennotierte Unternehmen aber auch Bildungseinrichtungen und öffentliche Auftraggeber. Neben dem Schutz der virtuellen Umgebung kümmert sich Avira durch Fördern der Auerbach Stiftung um mehr Schutz und Sicherheit in der realen Welt. Die Auerbach Stiftung des Firmengründers unterstützt gemeinnützige und soziale Vorhaben sowie Kunst, Kultur und Wissenschaft.

Wussten Sie, dass...

... abgesehen von der Antarktis Avira Produkte **weltweit in allen Ländern** installiert sind?

... **jede Minute** durchschnittlich **192 Avira Installationen** durchgeführt werden?

... im Durchschnitt **pro Minute 1.317.128 Verbindungen** zu Aviras Update-Infrastruktur dafür sorgen, dass **über 100 Millionen Anwender** weltweit vor neuen Viren geschützt sind?

Kontakt

Avira Operations GmbH & Co. KG

Kaplaneiweg 1
88069 Tettnang
Germany

Telefon: +49 7542-500 0
Telefax: +49 7542-500 3000

Email: info@avira.de
Web: www.avira.de

CASSIDIAN CYBERSECURITY

Defending World Security

www.cassidian.com

communications@cassidian.com

Cassidian, eine Division des EADS-Konzerns, ist einer der weltweit größten Anbieter globaler Sicherheitslösungen und -systeme, der zivile und militärische Kunden als Systemintegrator und Lieferant wertschöpfender Produkte und Dienstleistungen unterstützt.

Hierzu zählen Flugsysteme (Flugzeuge und unbemannte Plattformen), boden- und schiffsgestützte sowie teilstreitkräfteübergreifende Systeme, Aufklärung und Überwachung, Cybersecurity, sichere Kommunikation, Testsysteme, Flugkörper, Dienstleistungen und Supportlösungen. Im Jahr 2011 erwirtschaftete Cassidian mit rund 28.000 Mitarbeitern einen Gesamtumsatz von 5,8 Milliarden Euro.

Ziele von Cassidian Cybersecurity sind Entwicklung, Herstellung, Erwerb und Integration von Produkten, Infrastrukturen und Konzepten, die der Informationssicherheit sowie der Sicherheit von Informationsinfrastrukturen und von Kommunikationsnetzwerken innerhalb und außerhalb des Cyber-Raumes dienen. Darüber hinaus ist die Erbringung von Beratungs- und Dienstleistungen in diesem Bereich sowie die Erstellung von Studien und der Vertrieb der vorgenannten Produkte und Dienstleistungen Teil von Cassidian Cybersecurity.

Das Portfolio umfasst Cyber Defense Services (SOC, APT Detection & Mitigation, Professional Services, Training, Consulting), Bausteine für vertrauenswürdige IT-Infrastrukturen und Lösungen zur sicheren Mobilität. Hierzu zählt auch der Betrieb des Enterprise Corporate Trust Center zur Bereitstellung vertrauenswürdiger digitaler Zertifikate als Grundlage für sicheres Identity Management und andere PKI-basierte Anwendungen. Die PKI ist zertifiziert und akkreditiert durch CertiPath.

Die vorhandenen Cybersecurity-Kompetenzen werden bereits seit vielen Jahren in Projekten und Betriebsverfahren im Auftrag von Behörden und Industriekunden sowie dem EADS-Konzern eingesetzt. Hierzu gehört auch die Entwicklung von spezifischen Lösungen im Hochsicherheitsumfeld in Partnerschaft mit dem BSI.

Aktuell ist Cassidian Cybersecurity als europäischer Anbieter mit der Fähigkeit zur internationalen aber auch nationalen Leistungserbringung mit z.Zt. über 350 Mitarbeiterinnen und Mitarbeitern in den aktuell 3 Kernländern Deutschland, Frankreich und Großbritannien aufgestellt.

Vorhandene Kompetenzen und Ressourcen werden analog zu Bedrohungslage und Marktbedarf ausgebaut. Dazu gehört auch Forschung und Entwicklung sowie Teilnahme an Forschungsprogrammen der EU sowie der einzelnen Länder.

Fernerhin agiert Cassidian Cybersecurity im Verbund mit den jeweiligen - meist mittelständischen - nationalen IT-Sicherheitskomponentenherstellern als Systemintegrator und Systembetreiber und fördert so aktiv die nationalen Technologien sowie die Platzierung von z.B. IT-Sicherheit "Made in Germany" im internationalen Markt.

EADS ist ein weltweit führendes Unternehmen der Luft- und Raumfahrt, im Verteidigungsgeschäft und den dazugehörigen Dienstleistungen mit einem Umsatz von 49,1 Milliarden Euro im Jahr 2011 und über 133.000 Mitarbeitern. Zu EADS gehören die Divisionen Airbus, Astrium, Cassidian und Eurocopter.

Kontakt

Cassidian

Deutschland (Headquarter)
Landshuter Straße 26
D-85716 Unterschleißheim

Tel.: +49 (0) 89. 3179-0
Fax: +49 (0) 89. 3179-4640

E-Mail: communications@cassidian.com
Web: www.cassidian.com

Cassidian Cybersecurity GmbH

Deutschland (Headquarter)
Willy-Messerschmidt-Straße
D-85521 Ottobrunn

Q1 Labs – An IBM Company

Markus Auer

Markus.auer@de.ibm.com

Jeden Tag lesen wir in der Presse von Hackerangriffen oder Wirtschaftsspionage in Unternehmen. Diese Straftaten sind vor allem auf Sicherheitslücken im Netzwerk zurückzuführen. Es sind sowohl größere Konzerne als auch kleine und mittelständische Unternehmen davon betroffen. Ohne intelligente und innovative Sicherheitslösungen sind Unternehmen diesen Angriffen schutzlos ausgeliefert. Security Intelligence Lösungen, helfen dabei, diesen Gefahren den entscheidenden Schritt voraus zu sein.

Q1 Labs – ein IBM Unternehmen – ist ein globaler Anbieter von hochwertigen Next Generation Security Intelligence Lösungen. Das Aushängeschild von Q1 Labs ist die QRadar® Security Intelligence Plattform. Diese kombiniert in einzigartiger Weise die bisher getrennten Funktionen wie Security Information and Event Management (SIEM), Risk Management, Log Management, Network Behaviour Analysis und Security Event Management in einer gesamten Security Intelligence Lösung. QRadar® liefert dem Kunden den entscheidenden Überblick über seine Netzwerke, Data Center und Applikationen, um die IT Assets besser zu schützen und die regulatorischen Vorgaben optimal einzuhalten. Q1 Labs ist ein US-amerikanisches Unternehmen mit Hauptsitz in Waltham, Massachuettes Es ist auch in diesem Jahr wieder als Leader im Gartner Magic Quadrant für Security Information and Event Management positioniert. Das Unternehmen wurde im Oktober 2011 von IBM übernommen und betreut weltweit über 1.700 Kunden.

QRadar® ermöglicht es Unternehmen …

- **Gefahren zu erkennen, die andere übersehen:** Angriffe und Betrügereien aus dem Internet werden immer raffinierter: Folgen sind u.a. Diebstahl von geschützten Daten, Botnet-Einbrüche, um Kreditkarteninformationen zu stehlen oder auch internationale Spionage. QRadar® hilft dabei, die Angriffe auf Unternehmensdaten zu identifizieren und Verhaltensanomalien im Verhalten von Nutzern, Anwendungen und Netzwerken zu erkennen.
- **Datensilos zusammenzulegen:** Viele Unternehmen generieren jeden Tag eine unvorstellbare Menge an Aufzeichnungen und Ereignissen. Somit entstehen in den Event- und Logdaten riesige Datenmengen. Diese Daten finden sich oft in verteilten Datenbanken und werden so häufig ignoriert, bleiben folglich ungenutzt und unbeobachtet. QRadar® führt die zuvor fragmentierten Netzwerk-, Sicherheits- und Betriebsinformationen in einer sensiblen und dennoch skalierbaren Intelligence-Plattform zusammen. So kann ein Unternehmen schnell auf wichtige Vorgänge im Netzwerk reagieren und Netzwerk- und Sicherheitsinformationen auf einer Identitäts- und Anwendungsebene zusammenfassen. Netzwerkbedrohungen und Verstöße gegen Richtlinien können somit schneller und effizienter behoben werden.
- **Betrug durch Mitarbeiter zu erkennen:** Einige der größten Bedrohungen für ein Unternehmen kommen aus den eigenen Reihen und den Unternehmen fehlt es oft an den nötigen Werkzeugen, Einzelpersonen mit böswilligen Absichten zu identifizieren. Mit einer Nutzer- und Anwendungsüberwachung können Unternehmen normale Nutzerakti-

vitäten als Basiswert festlegen und machen es so einfacher, abnormes oder gefährliches Verhalten oder Schwachstellen zu identifizieren.

- **Risiken für das eigene Unternehmen vorherzusagen:** Sicherheits- und IT-Teams stehen ständig vor der Herausforderung, besser mit den Risiken in einem stetig wachsenden Spektrum an Schwachstellen umgehen zu müssen, bevor es tatsächlich zu einer Sicherheitslücke kommt. QRadar® bietet eine Lösung, die es erlaubt, nicht nur die bestehenden Risiken während und nach einem Angriff zu bemessen, sondern ebenfalls viele „Was wäre wenn"-Fragen zu beantworten. Dieses Vorgehen kann die Betriebseffizienz signifikant erhöhen und die Sicherheitsrisiken für das Unternehmen minimieren.

- **Richtlinien zu übertreffen:** Unternehmen müssen sich heute auf komplexe und ständig verändernde gesetzliche Rahmenbedingungen einstellen. Unüberschaubare Datenmengen und Richtlinien, wie z.B. Sarbanes-Oxley, GPG-13, FSA, Garante, HIPAA, FISMA, GLBA, PCI und NERC, führen zu fast undurchführbaren Überprüfungsroutinen und Audits. Die Erhebung, Korrelierung und Integrierung von allen Überwachungen durch QRadar® liefern akkuratere Daten für den Bediener, forensische Analyse für den Sicherheitsbeauftragten und vollständigere Berichte für Prüfer.

QRadar® als intelligente, integriert und automatisierte SIEM Lösung

Die Security Intelligence-Plattform von QRadar® bietet eine einheitliche Architektur für die Erfassung, Speicherung, Analyse und Anfrage von Logdaten. QRadar® ist eine hochintelligente, integrierte und automatisierte Lösung. Aus diesem Grund profitieren Unternehmen durch die Nutzung aufeinander abgestimmter QRadar®-Module. Jede Abteilung, jeder Mitarbeiter und somit jede Position und Rolle wird soweit wie möglich beim Umgang mit sensiblen Unternehmensdaten und bei der Durchführung administrativer Voraussetzung unterstützt.

- **Intelligent:** Mit mehr überwachten Daten und intelligenten Analysetechniken wird QRadar® Bedrohungen entdecken, die andere übersehen. Es bietet eine klare Übersicht über kritische Vorgänge, die andere Lösungen nicht bieten können.

- **Integriert:** Es integriert Log-Management, SIEM und Risikomanagement in einer Lösung. Es liefert Log-Management, ohne dabei Kompromisse bei der SIEM „Intelligence" einzugehen.

- **Automatisiert:** QRadar® minimiert durch die automatisierte Sicherheits- und Netzwerkgeräteerkennung, aber auch durch Einhaltungs- und Richtlinienfunktionen den Schulungs-, Verwaltungs- und Bedienungsaufwand. Somit beseitigt QRadar® durch die Automatisierung von Erkennungs- und Einstellungsfunktionen die unüberschaubare Komplexität, die herkömmliche Security Intelligence-Plattformen meistens überfordern.

Kontakt

Q1 Labs – An IBM Company
Kerstin Olasik
Marketing Managerin Q1 Labs für D A CH
Hollerithstrasse 1
81829 München
eMail: kerstin.olasik@de.ibm.com
Tel.: +49(172)7272946

Das Bundesministerium des Innern – Innenpolitik mit vielen Facetten

Referat IT3 – Bundesministerium des Innern

poststelle@bmi.bund.de

Zusammenfassung

Kernaufgabe des Bundesministeriums des Innern ist es, allen Bürgern ein Leben in Sicherheit und Freiheit zu gewährleisten. Das Bundesministerium des Innern deckt daher ein breites Aufgabenspektrum ab. Dies reicht von der Rolle als Hüter der Verfassung und der Förderung des gesellschaftlichen Zusammenhalts über die Integration, Sportförderung und die Informationstechnik bis hin zu den Sicherheitsaufgaben.

Innenpolitik mit vielen Facetten

Das Bundesministerium des Innern ist ein Ressort mit einer langen Tradition. Seine Zuständigkeitsbereiche haben sich mit den Jahren mehrfach verändert und erweitert. Ein Faktor ist jedoch immer gleich geblieben: Die Innenpolitik betrifft alle Gesellschaftsbereiche und die gesamte Bevölkerung.

So decken das Bundesministerium des Innern und seine nachgeordneten Behörden ein breites Spektrum an Aufgaben und Tätigkeiten ab. Der Bogen reicht von der Rolle als Hüter der Verfassung und der Förderung des gesellschaftlichen Zusammenhalts über die Integration, Sportförderung und die Informationstechnik bis hin zu den Sicherheitsaufgaben.

Obwohl die Zuständigkeiten des Ministeriums so vielfältig sind, haben die einzelnen Bereiche sehr viel miteinander zu tun – mehr als sich auf den ersten Blick erschließt. Das Grundgesetz ist die Verfassung für die Bundesrepublik Deutschland. In den Artikeln, die im Rang über allen anderen deutschen Rechtsnormen stehen, sind die grundlegenden staatlichen System- und Wertentscheidungen festgelegt. Die öffentliche Sicherheit und der Bevölkerungsschutz sind notwendig, damit man friedlich und frei miteinander leben kann. Der Sport und die Religion, das Ehrenamt und die Kommunen dienen dazu, dass Menschen gemeinsam etwas für die Gemeinschaft und die Gesellschaft tun. Die Integration von Ausländern und Migranten trägt zu einem friedlichen und sozialen Zusammenleben bei. Insbesondere der Sozialstaat braucht eine bürgernahe Verwaltung und engagierte Beamte und Tarifbeschäftigte, die im Dienst für den Bürger ihre Pflicht tun. Diese wiederum sind auf sichere Informations- und Kommunikationsnetze angewiesen, damit der Schutz persönlicher Daten garantiert werden kann.

Die Gewährleistung von Sicherheit im Cyber-Raum und der Schutz der kritischen Informationsinfrastrukturen sind zu existenziellen Fragen des 21. Jahrhunderts geworden und erfordern daher ein hohes Engagement des Staates. Die Bundesregierung hat am 23.02.2011 die vom Bundesministerium des Innern federführend erarbeitete Cyber-Sicherheitsstrategie für Deutschland beschlossen. Mit dieser Strategie soll Cyber-Sicherheit auf einer der Bedeutung und der Schutzwürdigkeit der vernetzen Informationsinfrastrukturen angemessenem Niveau gewährleistet werden, ohne die Chancen und den Nutzen des Cyber-Raums zu beeinträchtigen. Kernpunkte der Strategie sind der verstärkte Schutz Kritischer Infrastrukturen vor IT-Angriffen, der Schutz der IT-Systeme in Deutschland, der Aufbau eines Nationalen Cyber-Abwehrzentrums sowie die Einrichtung eines Nationalen Cyber-Sicherheitsrates. Cyber-Sicherheit kann nur gewährleisten werden, wenn Staat, Wirtschaft und Gesellschaft eng zusammenarbeiten. Das Bundesministerium des Innern sowie seine nachgeordneten Behörden pflegen daher enge Kontakte z.B. in die Wirtschaft, zu gesellschaftlichen Gruppen, der Wissenschaft und in den Bereich der Forschung.

Deutsche Stiftung für Recht und Informatik (DSRI)

Gründung

Im Jahr 2004 wurde die Deutsche Stiftung für Recht und Informatik (DSRI) auf Initiative des Vorstands der Deutschen Gesellschaft für Recht und Informatik (DGRI), dem Berufsverband der auf dem Gebiet des Informationsrechts tätigen Juristen, gegründet. Die Stiftung nahm im Mai 2005 ihre Tätigkeit auf. Anlass für die Gründungsidee war die Feststellung, dass in der universitären Ausbildung von Juristen und Informatikern die zahlreichen und vielschichtigen Fragen des Informationsrechts nicht oder nicht in ausreichender Weise behandelt werden, obwohl die Unternehmens- und Anwaltspraxis auf dem Gebiet des Informationsrechts gut ausgebildete Juristinnen und Juristen benötigt und auch bei Informatikerinnen und Informatikern juristische Kenntnisse im Zusammenhang mit dem Einsatz von Informations- und Kommunikationstechnik förderlich sind.

Zu dem Gebiet des Informationsrechts zählt die Stiftung insbesondere den Rechtsschutz von Software und Datenbanken durch Patentrecht und Urheberrecht, das IT-Vertragsrecht, das Internetrecht, das Datenschutzrecht, das Computerstrafrecht, das Telekommunikationsrecht und andere Rechtsgebiete, die sich mit den Rechtsfolgen des Einsatzes der Informations- und Kommunikationstechnik befassen.

Nach der Einzahlung des Stiftungskapitals und Einzug in eine gestiftete Büroetage in der Oldenburger Innenstadt mit Büro- und Seminarräumen etablierten sich der Stiftungsrat und der Stiftungsvorstand. Seit 2004 wird die Stiftung von Prof. Dr. Jürgen Taeger als Vorsitzendem des Vorstands geführt.

Stiftungszweck

Der satzungsmäßige Zweck der DSRI, einer rechtsfähigen öffentlichen Stiftung des bürgerlichen Rechts, besteht in der Förderung der universitären und beruflichen Ausbildung von Juristen und Informatikern, die sich mit Fragen des Informationsrechts und der Rechtsinformatik befassen.

Dieser Stiftungszweck wird insbesondere verwirklicht durch:
- die Förderung und/oder Organisation wissenschaftlicher Veranstaltungen,
- die Förderung und Durchführung von Fortbildungsseminaren,
- die Vergabe von Stipendien, Preisen, Beihilfen oder ähnlichen Zuwendungen zur Förderung von Informationsrecht und Rechtsinformatik,
- die Initiierung von und Mitwirkung an Aus- und Weiterbildungsangeboten von Hochschulen.

Herbstakademie

Von der DSRI werden regelmäßig Seminare und Workshops zu Themen des Informationsrechts, insbesondere gemeinsam mit der DGRI die jährliche Herbstakademie für junge Juristinnen und Juristen mit einem sehr geringem Teilnahmebeitrag organisiert.

Als Veranstalterin dieser jährlichen Herbstakademie hat sich die DSRI besonderes Renommee erarbeitet. Unter einem wechselnden Motto wird Anfang September eine Tagung zu Fragen des Informationsrechts veranstaltet, die zu den bedeutendsten Konferenzen zum Informationsrecht gezählt wird (www.dsri.de/herbstakademie/herbstakademie.html). Die attraktiven Rahmenprogramme und die Möglichkeiten des Networking machen die Veranstaltung zu einem höchst beliebten und zudem sehr preiswerten jährlichen Event.

Der Tagungsband zur DSRI-Herbstakademie dokumentiert jeweils die über 50 Vorträge aus allen Gebieten des Informationsrechts und erweist sich als wichtiges Jahrbuch zu den aktuellen Rechtsfragen des Informationsrechts (www.olwir.de).

In DSRI-Workshops werden zudem aktuelle IKT-Themen aufgegriffen, so etwa IT-Compliance, Virtuellen Welten oder Datenschutz und Datensicherheit.

Wissenschaftspreis

Für eine exzellente wissenschaftliche Arbeit (Dissertation oder Habilitationsschrift) wird jedes Jahr der DSRI-Wissenschaftspreis verliehen. Für Nachwuchsarbeiten (Bachelor; Master) auf dem Gebiet des Informationsrechts oder der Rechtsinformatik lobt die DSRI einen Absolventenpreis aus (www.dsri.de/foerderpreise/foerderpreise.html).

Master-Studium ‚Informationsrecht' LL.M.

Die DSRI hat entsprechend dem Förderzweck Bestrebungen unterstützt, einen qualitativ sehr hochwertigen berufsbegleitenden weiterbildenden Masterstudiengang "Informationsrecht" mit dem anerkannten Hochschulabschluss LL.M. für Juristinnen und Juristen zu gründen. Sie arbeitete dabei eng mit der Carl von Ossietzky Universität zusammen, wo dieser Studiengang 2006 akkreditiert wurde (www.informationsrecht.uni-oldenburg.de).

Kontakt

Deutsche Stiftung für Recht und Informatik
Kurwickstr. 14-15
26121 Oldenburg
mail@dsri.de | www.dsri.de

TeleTrusT – Bundesverband IT-Sicherheit e.V.

Holger Mühlbauer

holger.muehlbauer@teletrust.de

Der Bundesverband IT-Sicherheit e.V. (TeleTrusT) ist ein Kompetenznetzwerk, das in- und ausländische Mitglieder aus Industrie, Verwaltung und Wissenschaft sowie thematisch verwandte Partnerorganisationen umfasst.

IT-Sicherheit ist ein Querschnittsthema und für fast alle Industrie- und Verwaltungszweige sowie für private Anwender von Bedeutung. Die schnelllebige IT-Welt mit ihren sich häufig ändernden Anforderungen bedingt, dass sich Fachleute und Entscheidungsträger stetig über neue Notwendigkeiten, Technologien, Prozesse und Regularien informieren müssen. Hier erfüllt TeleTrusT eine Gestaltungs- und Brückenfunktion.

TeleTrusT bietet Foren für Experten, organisiert Veranstaltungen bzw. Veranstaltungsbeteiligungen und äußert sich zu aktuellen Fragen der IT-Sicherheit. TeleTrusT ist Träger der "TeleTrusT European Bridge CA" (EBCA; Bereitstellung von Public-Key-Zertifikaten für sichere E-Mailkommunikation), des Expertenzertifikates "TeleTrusT Information Security Professional" (T.I.S.P.) sowie des Qualitätszeichens "IT Security made in Germany". Hauptsitz des Verbandes ist Berlin. TeleTrusT ist Mitglied des European Telecommunications Standards Institute (ETSI).

Verbandskontakt

TeleTrusT – Bundesverband IT-Sicherheit e.V.
Dr. Holger Mühlbauer
Chausseestraße 17
10115 Berlin
Telefon: +49 30 4005 43 06
E-Mail: holger.muehlbauer@teletrust.de
www.teletrust.de